KB179480

중국 위안화지역 연구

중국 위안화지역 연구

초판 1쇄   인쇄 2018년 5월 2일
초판 1쇄   발행 2018년 5월 5일
지 은 이   훠웨이둥(郭偉東)
옮 긴 이   김승일 · 전영매
발 행 인   김승일
편   집   마은정
펴 낸 곳   경지출판사
출판등록   제 2015 - 000026호

판매 및 공급처   도서출판 징검다리
주소 경기도 파주시 산남로 85-8번지
Tel : 031-957-3890~1   FAX : 031-957-3889   E-mail : zinggumdari@hanmail.net

ISPN 979-11-88783-42-7

중국 위안화지역 연구

· 저자
훠웨이동(郭偉東)

· 역자
김승일
전영매

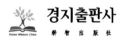
경지출판사
華智出版社
Korea Wisdom China

통화문제는 단 한 번도 통화 자체만의 문제였던 적이 없었다. 1997년 아시아 금융위기와 2008년 글로벌 금융위기 때 중국이 보여준 책임지는 자세에 힘입어 위안화의 국제적 명망이 뚜렷하게 제고되었다. 또한 위안화 가치가 장기적으로 상대적 안정세를 이어가고 중국의 종합 국력이 대폭 제고됨으로서 위안화에 대한 해외 수요의 꾸준한 상승에 유리한 조건을 마련해 주었다.

근·현대경제사는 통화의 역사라고도 할 수 있다. 과거 서방 열강의 식민지 확장에서부터 현대 패권국가의 전쟁 수요에 이르기까지, 영국 파운드화·프랑화에서 달러화·유로화에 이르기까지, 화폐 자체의 영향력이 그 국가(혹은 지역)의 종합 실력의 변화 발전과정을 반영해 주었다. 과거 통화지역의 창설에는 석유와 기타 국제 대종상품의 달러화 결제가 포함되어 있었는데, 이들 모두는 국가 확장이라는 야망과 통화문제의 핵심에 대한 관심이 반영되어 있었다. 이 책의 저자인 훠웨이동(霍偉東) 교수는 2010

년 글로벌 위기 이후 대외무역과 위안화 문제에 대비해 중국 최초로 '위안화지역을 창설할 것'을 제안했으며, 『인민일보(人民日報)』가 그 제안을 『내부참고(內參)』의 방식으로 당과 국가의 정책 결정을 하는 지도 당국에 보고해 큰 중시를 받았다. 이어 휘웨이동 교수가 이끄는 연구팀이 위안화지역 문제에 대해 깊이 있고 체계적인 연구를 진행했다. 그들은 동아시아 금융 통화협력의 진척을 토대로 위안화지역의 창설을 동아시아 금융 통화협력의 새로운 탐구 대상으로 삼아 동아시아지역의 공동 번영이라는 새로운 국면을 실현하는 데 도움이 되도록 할 것을 주장했다. 한편 이와 관련한 이론과 연구 성과에 대한 정리를 통해 파운드지역·프랑화지역·달러화지역·엔화지역·유로화지역(유로존)의 발전 역사와 효과, 시사점을 종합함으로서 위안화지역 개념의 확립을 위한 유력한 근거를 제공했다. 위안화지역 창설은 "실천 과정에서 방법을 모색하고 경험을 쌓는 식"의 실천문제로서 "지도층의 설계 식 전망성"을 갖출 것을 요구했다. 저자는 위안화지역의 내용을 다음과 같이 명확히 확정했다. 즉 "위안화지역은 과거 자본주의 국가들이 패권 다툼과 세계를 분할 점유하기 위해 세력 범위를 형성하는 그런 패턴과는 전혀 달리, 평등하고 서로 이득이 되며 서로 의존하고 협력 상생하는 것을 원칙으로 하며, 중국과 아시아, 세계 경제발전의 새로운 형세에 맞추고, 기존의 글로벌 통화시스템이라는 객관적 사실에 맞게, 중국 자유무역구의 전략적 배치와 결부시켜 중국과 자유무역구의 협의를 맺은 파트너 국가 간에 위안화의 보편적인 사용을 추진하는 것을 통해, 무역·투자·인적 왕래·국제 수입과 지출 등 활동과정에서 위안화가 결제통화와 가격표시통화·본원통화가 될 수 있도록 추진함으로서, 최종적으로 위안화의 주변화ㆍ지역화ㆍ국제화 과정에서 밀접한 통화제도의 기능을 갖춘 경제지리 지역을 형성하기 위한 것이다"라고 했다.

위안화의 주변화ㆍ지역화ㆍ국제화는 위안화지역 창설의 전제이며, 중요한 절차로서 위안화지역을 창설하려면 점진적이고 안정적인 원칙에 따라야 한다. 위안화지역 구상은 더욱이 전략성과 제도성을 갖춘 국가 이익 구도와 세계가 중국 개혁발전의 홍리(紅利, 보너스)를 공유하는 구도이다. 훠웨이동 교수는 마르크스주의 유물사관의 과학적 수단을 이용해 전략적 안목과 다각적인 시각으로 위안화지역의 내용을 설명했으며, 위안화지역이 과거의 통화지역과 본질적으로 다르며 독창성을 갖추었다고 주장했다.

저자는 과학적인 연구수단을 종합적으로 이용해 기존의 연구성과를 참고하고 또 그 성과를 뛰어넘어 위안화지역 창설의 키포인트적인 문제를 탐색했다. 그는 "국가가 강성해지려면 반드시 통화가 강대해야 한다"고 주장했다. 그는 위안화지역의 창설은 세계 경제발전의 객관적 추세에 따른 것이며, 세계 경제발전의 객관적 요구에 부합한다고 주장했으며, 위안화지역의 창설은 중국이 글로벌 무대에서 더 큰 역할을 발휘하고 있다는 것은 중요한 상징이라고 주장했다. 위안화지역의 창설은 중국 경제발전의 필연적인 결과이고, 아시아 경제발전의 필수요소이며, 세계경제 일체화의 요구이기도 하다. 위안화지역의 탐구와 창설은 동아시아 통화협력의 대담한 시도로서 동아시아 통화협력의 실질적인 진전을 추진할 수 있을 것이다. 위안화지역 창설의 경제적 여건이 초보적으로 마련됐지만 정치적 상호 신뢰와 문화적 공감 방면에서 여전히 강화해야 할 것이다. 자유무역구 전략은 중국의 국가 전략으로서 자유무역구 전략을 깊이 있게 실시하는 것을 통해 위안화지역을 안정적으로 추진할 수 있다. 자유무역구 건설과 위안화지역 창설은 내재적 상호작용 체제가 존재하므로 위안화지역의 제도적 배치를 연구하는 면에서 새로운 사고방식을 제공했다. 위안화지역의 창설은 번잡하고 체계적인 프로젝트로서 통화 일체화의 객관적 법칙에 따라야 하며 여러 통화지역의 경험과 교훈을 충분히 받아들이고 글로벌 통화시스템개혁의 객관적 요구에 부합해야 한다. 중국은 위안화지역의 주도 세력으로서 제일 먼저 과학적이고 엄격한 채무감독통제제도를 수립해 지역 내 위안화의 양호한 신용도를 수호해야 하며, 위안화지역이 일정한 협력 차원에 이른 뒤에는 다시 지역 내 재정지표체제의 보완에 주력해야 하며, 힘을 합쳐 지역 내 여러 구성원의 채무수준을 통제해야만 한다. 한편 위안화지역은 이에 상응하는 구조시스템을 구축해 유비무환을 할 필요가 있다. 그래야만 일단 일부 구성원이 위기에 닥쳤을 때, 가장 중요한 순간에 공동으로 조치를 취해 해결할 수 있다. 저자는 이러한 중요한 관점들을 제공해 정부가 관련 정책을 결정하는 데 참고할 수 있도록 했다.

경제글로벌화의 추진과 신흥 경제체의 굴기 및 국제 분업의 한층 더 깊이 있는 전개, 그리고 구미(歐美)가 가상경제의 발전에 주력하면서 전통 제조업이 발전도상 국가로 이전됨으로서 실물경제가 부실해지고 산업공동화 문제가 갈수록 불거져 감에 따라 미국에서 시작된 금융위기가 빠른 속도로 퍼지게 되었고, 그 영향으로 각국 정부의 재정 상황이 끊임없이 악화되고 채무 규모가 꾸준히 확대되어 결국 글로벌 위기로 번지게 된 것이다.

이는 세계에 경종을 울려주었다. 미국·일본과 같은 국가들에서는 이미 교훈을 받아들여 적지 않은 제조업을 중국과 같은 신흥 경제체로부터 철수시켜 본토로 이전해 갔다. 이 책의 저자인 휘웨이동 교수는 2011년 중국 경제안전포럼에서 "실물경제를 대대적으로 발전시키는 것은 중국이 굴기할 수 있는 기반"이라고 주장했다. 이러한 관점은 중앙으로부터 큰 중시를 받았으며 중요한 정책의 지도방향이 되었다. 그렇기 때문에 위안화지역 계획과정에서 우리는 여전히 실물경제가 주도적 지위를 점할 수 있도록 해야 하고, 실물경제와 가상경제의 균형적이고 조화로운 발전을 유지시켜야만 한다.

위안화지역의 제안과 내용의 확정에서 위안화지역과 자유무역구 전략의 유기적인 결합에 이르기까지 저자는 마르크스주의의 과학적인 입장과 관점, 방법으로 논술과 논증을 진행했으며, 위안화지역 창설은 중국이 글로벌 보호주의에 대응해 대국의 굴기를 실현하는 효과적인 경로라고 주장했다. '위안화의 국제화', '위안화의 지역화'라는 제기법과 달리 '위안화지역'이라는 제안은 중국학자들이 중대한 현실적인 문제에 대한 이론적 연구에 주력하게 하는 용기를 보여주었다. 저자가 중국의 현실에 입각해 경세제민(經世濟民)하고 부지런히 탐구해 중국 특색과 중국 풍격, 중국 기백이 있는 경제학 건설을 추진할 수 있도록 보다 큰 기여를 해주기를 바라마지 않는다.

류스바이(劉詩白)

서남재경대학(西南財經大學) 명예교장

서 론

중국
위안화지역
연구

堀起

> " 국가가 강성하려면 반드시
> 강대한 통화가 있어야 한다 "

서 론

....

    1492년 이탈리아의 해상탐험가인 콜럼버스에 의한 지리상의 대발견과 1519년 포르투갈의 항해 탐험가 마젤란이 동방으로 통하는 새로운 항로를 개척하면서 세계 경제사에 있어서 최대 성과인 산업혁명을 일으켜 세계 경제활동의 거대한 변혁이 나타났으며 따라서 세계 통화가 흥기하기 시작했다. 사실상 지리상의 대발견도 역시 유럽국가가 통화의 부족을 해결하기 위해 사방으로 황금과 백은을 찾아 나서게 된 결과에서 비롯된 것이었다. 1694년에 설립된 잉글랜드은행은 영국이 '해가 지지 않는 제국'을 구축하는데 없어서는 안 될 보장을 제공해주었다. 그 뒤 3백여 년 동안 거의 매 차례 세계적인 변혁이 있을 때마다 국제 금융통화가 모습을 보였으며 매 차례의 변혁은 모두 세계 재부(財富)에 대한 새로운 통제와 분배였다. 이로부터 글로벌체제 속에서 대국 관계의 역사는 또 하나의 통화 주권 쟁탈의 역사라고도 할 수 있는 것이다.

글로벌 통화시스템은 금본위제, 금·은복본위제, 브레튼우즈 체제 하에서 달러화·황금의 '이중 연동제'와 '자마이카 체제'를 통해 시작됐다. 비록 자마이카 체제가 환율의 변동을 허용하고 본원통화의 다원화를 지지하지만 달러화는 여전히 브레튼우즈 체제 하의 절대적이고 주도적인 지위를 이어가고 있으며, 황금의 비통화화로 인해 달러화를 더 이상 황금과 연동시킬 수 없게 되었기 때문에 달러화의 발행량은 황금 보유의 제한을 받지 않게 되었다. 이로써 달러화의 무절제한 발행을 초래해 개발도상국가는 더욱 달러화 과다 발행의 희생양이 되었다. 1970년 후 개발도상국가에서 금융위기가 자주 발생하면서 글로벌 금융 통화시스템 개혁을 요구하는 목소리가 계속해서 이어지고 있다.

1997년 아시아 금융위기가 폭발하자 동아시아의 수출 주도형 경제체들이 극심한 손실을 입어야 했다. 국제통화기금의 구조조정조건이 너무 가혹했기 때문에 '원죄'가 있는 동아시아 국가들은 반드시 공동협력체제를 구축해야만 위기에 대처할 수 있다는 사실을 깨닫게 되었다. 실패를 교훈으로 삼아 동아시아 경제체들은 일련의 지역 내 자아구조 방어 협력을 전개하는 한편 달러화에 고정시킨 고정환율 체제의 폐단을 되짚어보면서 지역 내 금융과 통화협력의 길을 탐구하기 시작했다.

1999년 유로화의 탄생으로 각계에 동아시아 통화 일체화에 대한 연구 붐이 일기 시작했다. '아시아통화지역', '아시아 통화

단위' 등의 구상이 잇따라 나타났고, 각계에서 동아시아'탈 달러화' 혹은 '약 달러화'에 대한 토론이 끊이지 않았으며, 동아시아의 통화 일체화가 광범위한 관심을 받게 되었다.

2008년 미국 서브 프라임 모기지 사태가 부른 글로벌 금융위기가 또 한 번 국제통화시스템의 내재적 결함을 남김없이 폭로했다. 세계 각국 특히 신흥 경제체들이 당면의 달러화 본위의 국제통화시스템 개혁을 강력히 요구했다. 중국을 포함한 신흥 경제체들이 국제통화시스템 재건을 추진하는 서막을 열었던 것이다.

일본은 1980년대에 '플라자 합의(Plaza accord)'를 맺은 뒤 '잃어버린 20년'을 거치면서 경제 침체기가 이어졌다. 2011년에 '3.11' 대지진과 후쿠시마(福島) 원자력발전소 핵 유출 사고로 인해 일본의 경제는 엎친 데 덮친 격이 되어 엔화는 지역 내 주도적 통화 지위를 도모할 수 없는 처지가 되었다. 한국과 싱가포르는 지역 경제의 안정적인 발전을 받쳐줄 수 있는 충분한 경제총량을 아직 갖추지 못하고 있다. 30여 년의 개혁개방을 거쳐 중국은 종합적 실력이 대폭 제고되어 GDP가 바로 미국 버금가는 수준에 이르렀으며, 2013년에 이미 세계 최대 무역국으로 부상했고 가장 방대한 규모의 외환보유고를 보유하게 되었으며, 아시아 나아가서 세계 경제 성장의 엔진으로 자리매김했다. 꾸준히 성장하고 있는 종합적 국력에 힘입어 중국은 동아시아 금융 및 통화 협력을 추진하는 과정에서 갈수록 중요한 역할을 발휘하고 있다.

중국이 1997년 아시아 금융위기와 2008년 글로벌 금융위기 속에서 보여준 책임지는 자세로 인해 위안화의 국제적 성망은 뚜렷이 제고되었다. 위안화 가치의 장기적인 상대적 안정은 꾸준히 상승하고 있는 위안화의 해외 보유에 대한 수요를 위한 유리한 조건을 마련했다. 주변 국가와 지역의 위안화 인정도가 갈수록 높아지고 있으며 심지어 '통화 대체' 현상까지 나타나면서 현지 결제통화 · 가격표시통화 · 심지어 본원통화로 점차 부상하고 있다. 위안화가 동남아시아 '제2의 달러화'가 되었다고 말할 수 있는 것이다.

'강성한 국가를 건설하려면 반드시 강대한 화폐를 갖추어야 한다.' 최근 몇 년간 위안화의 '해외진출전략(走出去, 세계진출)'이 정치 · 경제 분야의 초점 화제로 대두했으며 관련 연구 성과도 풍부하다. 본 도서에서는 앞 사람이 이미 탐색해낸 토대 위에서 새로운 돌파구를 모색해 동아시아에서 '위안화지역' 창설을 선행해야 한다는 주장을 제기하고 또 재차 돌파구를 찾아 자유무역구 전략의 공간 배치와 결합시켜 '위안화지역'의 영향력을 전 세계로 확대하는 한편 관련 문제를 둘러싸고 깊이 있게 논증을 전개하려고 시도했다.

연구 과정에 우리는 당면한 위안화의 '해외진출전략'은 대개 시장의 자발적 작용에 의한 결과라는 점을 발견했다. 어찌 해야 현재 중국과 주변 국가의 현실적인 경제 토대를 잘 파악하고 위안화의 지역화 발전을 제도적으로 추진해 위안화가 주변 지역에서 자유태환(自由兌換, 자유롭게 태환할 수 있는 기능) · 거래 · 유통 · 보유 등의 기능을 행사할 수 있도록 하며, "지역 내 기타 중요한 통화와의 장기적인 협력과 경쟁을 거쳐 점차 지역 내 주요 통화로 부상할 수 있게 할 수 있을까?"하는 등의 시급히 연구하고 해결해야 할 일련의 문제들이 존재하고 있는 것이다. '위안화지역'의 범위를 대체 어떻게 확정할 것인가? 그 내용은 무엇인가? 객관적인 현실이 위안화지역의 창설을 실현시킬 수 있을 것인가? 만약 답안이 긍정적이라면 위안화지역 창설의 현실적 토대는 무엇일까? 위안화지역이 장기적으로 유지될 수 있는 것일까? 최종적인 희망은 무엇일까? 통화당국이 그 과정에서 어떠한 제도적인 추진역할을 할 수 있을까? 우리는 이러한 문제들에 대해 깊이 있게 연구하고 논증해야 할 것이며, 연구 결과가 더욱 시사적일 수 있도록 노력해야 할 것이다.

1. 주요 관점

이 책은 기존의 연구 성과를 참고하는 한편 그 성과를 뛰어 넘어 과학적인 연구방법을 종합해 위안화지역 창설 관련 중요 문제를 탐구함으로써 다음과 같은 여섯 가지의 중요한 결론을 얻어냈다.

첫째, "강성한 국가를 건설하려면 반드시 강대한 화폐를 갖춰야 한다." 위안화지역의 창설은 세계 경제발전의 객관적 추세에 따른 것이고, 세계 경제 발전의 객관적 요구에 부합한 것으로 위안화지역의 창설은 중국이 국제무대에서 더 큰 역할을 발휘한다는 중요한 상징이다.

둘째, 동아시아 금융과 통화 협력이 비록 단계적 발전을 거두었지만, 아주 제한적이며 많은 제약을 받고 있다. 위안화지역 창설에 대해 탐구하는 것은 동아시아 통화 협력에서의 대담한 시도로서 동아시아 통화협력에서 실질적인 진전을 거둘 수 있도록 추진할 수 있다.

셋째, 위안화지역의 창설은 점진적 · 장기적인 과정이 될 것이므로 마땅히 세계 통화 발전의 객관적 법칙에 따라야 한다. 위안화지역 창설에 필요한 경제적 여건이 초보적으로 구비되었지만 정치적 상호 신뢰와 문화적 공감은 여전히 강화해야 한다.

넷째, 위안화지역 창설은 글로벌 통화시스템 개혁을 깊이 있게 전개하는 데 유리하며 달러화의 통화 패권 지위에 어느 정도 맞설 수 있으며, 중국에 화폐주조세 등의 수입을 가져다 줄 수 있다. 물론 반면에 중국은 위안화지역 창설에 따르는 잠재적 리스크를 엄밀히 방비해야 한다.

다섯째, 위안화지역의 창설에서 반드시 파운드지역·프랑화지역·엔화지역·유로화지역·달러지역 등 역사적인 주요 통화지역의 경험을 받아들여야 하는 한편 교훈을 종합하고 섭취해 역사적 전철을 밟지 않도록 피해야 한다.

여섯째, 자유무역구 전략은 중국의 국가 전략이므로 자유무역구 전략을 깊이 있게 실행하는 것을 통해 위안화지역 건설은 안정적으로 추진할 수 있다. 자유무역구 건설과 위안화지역의 창설 사이에는 내재적 상호작용 체제가 존재하기 때문에 위안화지역은 자유무역구 전략의 성과를 충분히 이용할 수 있다.

2. 연구 방법

이 책은 연구의 수요에 따라 다음과 같은 연구 방법을 종합적으로 채용했다.

비교 연구 : 파운드지역·프랑화지역·엔화지역·유로화지역·달러지역 등 주요 통화지역의 형성 발전과정에 대한 비교 분석을 통해 여러 통화지역의 성공 경험과 실패 교훈 및 위안화지

역 창설에 주는 시사점에 대해 탐구했다.

정성(定性)과 정량(定量) 연구를 서로 결합: 국제통화이론을 적용해 위안화지역 창설의 객관적 추세와 예기 효과에 대해 분석하고 위안화지역 창설의 가능성 및 자유무역구 전략과 위안화지역 창설의 상호작용 체제에 대한 실증 연구를 진행했다.

현지 조사 연구 : 중국의 섭외 기업과 정부 부서에 대한 현지 조사 연구를 통해 역외무역 위안화 결제·위안화 해외 사용현황 관련 원시 데이터를 얻고 해외 위안화 수요에 대해 조사해 본 연구 결론을 검증하고 지지하는 데 사용했다.

사례 분석 : 유럽 채권 위기 배경하의 유로존을 전형적인 사례로 삼아 유럽 채권위기에 휩쓸린 유럽 대륙의 배경 하에 유로존이 직면한 시련 및 위안화지역 창설에 주는 시사점에 대해 연구했다.

여러 학과에 대한 종합 연구 : 국제 경제학·국제 정치 경제학·금융학·경제사 등 여러 학과의 관련 이론을 종합 운용해 위안화지역 창설 관련 문제를 탐구했다.

3. 이론의 창조

위안화지역 연구는 다음과 같은 두 가지 특징을 띤다.

첫째, 실천적 색채가 짙다. 기존의 이론은 위안화지역 창설에 충분한 지도적 역할을 제공하지 못했다. 위안화지역 창설은 "실천 과정에서 방법을 모색하고 경험을 쌓아 가는 실천 문제"이다.

둘째, 전망적인 색채가 짙다. 달러지역의 경험은 그대로 복제해 옮겨올 수 없고 기타 통화지역의 경험도 위안화지역이 어느 정도 참고로 삼을 수 있을 뿐이다. 따라서 위안화지역의 창설은

'고위층설계(頂層設計. 전체 국면을 장악하고 최고 차원에서 문제의 해결책을 모색하는 것을 뜻하는 중국의 새로운 정치 명사)'의 성질의 전망성적인 문제이다.

그렇지만 한 국가의 통화가 세계통화의 기능을 행사하려면 마땅히 국제통화이론이 종합해낸 법칙에 따라야 한다. 위안화지역 창설에 대한 연구도 이러한 법칙성 결론을 충분히 적용하고 특정의 현실 조건을 결합시켜 이론을 확장하고 보충해야 한다. 이 책이 다음과 같은 방면에 대한 탐구에서 일부 돌파성적인 성과를 가져오길 바란다.

첫째, 위안화지역의 내용 범위를 명확하게 확정짓고자 한다. 이 책에서 제기된 위안화지역은 이왕의 자본주의 국가들이 패권 다툼과 세계 분할을 위해 세력범위를 형성하는 그런 패턴과는 전혀 달리 평등하고 서로 이득이 되며 서로 의존하고 협력 공영하는 원칙하에 중국과 아시아·세계 경제사회의 새로운 정세에 맞춰 위안화가 중국과 자유무역구협정을 체결한 파트너 사이에서 보편적으로 사용될 수 있도록 추진하는 것을 통해 위안화가 무역·투자·인적 교류 등 경제무역 교류활동 과정에서 결제통화·가격표시통화·본원 통화로 부상할 수 있도록 추진하며, 최종 위안화의 주변화·지역화·국제화 실현 과정에 엄밀한 통화제도가 수립된 경제지리지역을 형성하는 것이다. 위안화의 주변화·지역화·국제화는 위안화지역 창설의 전제와 중요한 절차이다. 위안화지역의 창설은 점진적·안정적인 원칙에 따라야 한다. 위안화지역의 구상은 전략성과 제도성을 더 잘 갖춘 국가적 이익 배치와 세계가 중국 개혁발전의 홍리(紅利, 보너스)를 공유하도록 하기 위한 배치이다.

둘째, 자유무역구 전략의 대대적인 실시를 위안화지역 창설을 추진하는 전략적 조치로 삼고 자유무역구 전략과 위안화지역 창설 간의 상호작용 관계를 중시해 위안화지역 연구를 위한 제도적 배치를 위해 새로운 구상을 마련할 것을 제안했다.

셋째, 국제 정치경제 초점 문제와 결부시켜 유럽 채무위기 배경 하에 유로존의 발전 전망과 위안화지역 창설에 주는 시사점을 분석해 위안화지역 창설이 얻기 어려운 역사적 기회에 처했음을 논증하려 한다.

4. 기본 구조

이 책의 기본 구조는 다음과 같다.

서론. 이 책의 연구배경에 대해 간략하게 서술하고 위안화지역의 내용범위를 확정지었으며, 이 책의 연구방향과 연구범위·연구방법과 기본 구조에 대해 명확히 서술했다.

제1장. 동아시아 금융통화 협력과정에 대해 회고했다. 여기에는 치앙마이 이니셔티브(Chiang Mai Initiative, CMI)의 체결·아세안 '10+3' 금융협력체제와 아시아 통화기금의 건설 등의 내용이 포함된다. 동아시아 금융통화 협력의 맥락을 토대로 당면한 국제 정치경제 정세와 연관하여 동아시아 통화협력 패턴의 선택 방안을 제기하고 위안화지역 창설이 동아시아 통화 협력의 새로운 돌파구가 될 수 있다는 관점을 제기했다.

제2장. 국제통화 이론의 연구 성과를 종합하고 관련 문헌에 대해 종합 서술했다. 생산요소의 이동 기준·경제개방도의 기준

· 제품의 다양화 기준·금융 일체화의 기준 · 통화팽창률의 유사
성 기준 · 정책의 일체화 기준 등을 지표 체제로 하는 최적화한
통화지역과 통화 대체 이론 · 결제통화 선택 이론 등에 대해 개
괄 서술함으로서 본 도서의 연구가 체계적인 이론을 갖추도록
하는 한편 이론적인 창조를 이루고자 시도했다.

제3장. 창설 배경 · 발전 맥락 · 이폐(利弊) 분석 등 방면에서
파운드지역, 유로화지역, 프랑화지역, 엔화지역, 달러지역에 대
해 비교 분석과 종합적인 평가를 진행해 이들 지역이 위안화지
역 창설에 대해 시사하는 바를 종합했다.

제4장. 위안화지역 창설의 실행 가능성과 장기적 추세에 대해
정성 · 정략 분석을 진행해 경제발전 상황 · 무역과 투자 상황 ·
자본 계정 개방과 국제 보유 기능의 발휘 등 각도에서 추산과
평가를 진행함으로써 위안화지역 창설의 타당성에 대해 실증
방식으로 검증했다.

제5장. 중국 주변 국가와 지역의 위안화 유통상황 · 해외무역
에서의 위안화 결제 · 통화스와프협정 · 역외 위안화시장의 창설
· 해외 직접투자 위안화 결제 · 위안화지역화 과정의 안정적 추
진효과 등의 방면에 대한 탐구를 통해 위안화지역 창설의 제도
적 체제를 추진했다.

제6장. 위안화지역 창설의 예기 효과에 대해 깊이 있게 탐구
했다. 국제 경제학 · 국제 정치경제학 · 세계 통화역사 등 관련
이론을 운용해 위안화지역 창설의 예기 수익과 잠재 비용에 대
해 비교적 전면적으로 평가하고 위안화지역 창설의 장단점에
대해 구체적으로 분석했으며 통일적으로 계획하고 두루 돌보는
전제하에 위안화지역 창설의 예기 수익에 대해 중점적으로 파

악할 것을 강조했다.

제7장. 중국 내부조건과 외부환경으로부터 위안화지역 창설의 제약 요소에 대해 탐구했다. 여기에는 중국이 세계에서의 경쟁력이 상대적으로 부족한 것·금융시장 성장이 미비한 것·위안화 환율 변동의 집중 효과·국제통화 사용의 관성·달러화가 여전히 절대적 지도 지위를 차지하는 것·중국 주변의 정치경제 형세가 복잡한 것·선진국이 위안화의 국제통화로의 부상을 저애함으로써 기득 이익을 수호하려 하는 것 등 여러 방면이 포함된다. 이로써 위안화지역 창설을 추진하는 과정에서 이들 제약 요소에 대해 중시하고 해결할 수 있기를 바랐다.

제8장. 중국이 자유무역구 전략의 대대적인 실시를 통해 위안화지역의 창설을 추진하는 것을 중시할 것을 제안했다. 위안화지역 창설은 여러 당사국의 제도적 배치가 필요하다. 자유무역구 전략은 중국이 협약 국가(지역)들과 여러 분야에서 깊이 있는 교류와 협력을 강화하는데 이롭고 위안화지역 창설과 양호한 상호작용을 형성하는데 이롭다. 이 과정은 또 반대로 중국의 자유무역구 전략의 공간적 배치를 최적화할 수 있다.

제9장. 국제경제의 초점과 결부시켜 유로존을 분석 사례로 삼아 유럽 채무위기 발생의 근원을 깊이 파헤쳐 미래의 발전 방향을 예측했다. 유로존을 선택한 것은 유로존이 직면한 미묘한 국면 때문만이 아니다. 그보다는 유로존이 지역경제 일체화를 통해 통화지역을 형성하고 꾸준히 발전해왔기 때문이며, 이는 본 도서 앞 문장의 내용을 증명하는 데 도움이 된다.

이 책은 위안화 지역화와 국제화의 관련 연구 성과를 초월하기 위해 노력했으며 위안화지역 창설 관련 구상과 사고방향을 제기했고, 어떻게 더 실제적이고 실행 가능한 과정을 거쳐 위안화지역을 안정하게 창설하고 공고히 할 것이냐에 대해 연구하는 면에서 중요한 이론적 가치와 실천적 의미가 있다고 하겠다.

제 1 장

위안화지역 : 구상의 제기

중국
위안화지역
연구

"
국가가 **강성**하려면 반드시
강대한 통화가 있어야 한다
"

제 1 장
위안화지역 : 구상의 제기

이 장에서는 동아시아 금융통화협력의 발전 과정—치앙마이 이니셔티브(CMI)의 체결과 아세안 '10+3' 금융협력 체제, 아시아 통화기금의 창설 등을 포함해 이에 대한 회고를 통해 동아시아 금융통화협력의 맥락을 토대로 당면한 준엄한 국제정치경제 정세와 결부시켜 동아시아 통화협력모델의 선택 가능한 방안을 제기하고 위안화지역의 수립이 동아시아 통화협력의 새로운 돌파구가 될 것이라는 주장을 제기했다.

제1절 동아시아 금융통화협력의 발전 과정

1997년 아시아 금융위기가 발생하기 전에 동아시아지역 내 경제무역 관계가 이미 아주 밀접해진 상황이었으며 심지어 전반 아시아-태평양지역에 무역 혹은 투자 관련 지역 협력 체제가 이미 형성된 상황이었다. 예를 들면 1977년 아세안 다자간 통화스와프제도 도입, 1991년 동아시아 및 태평양지역 중앙은행 관계자회의1)를 설립한 것 등이다. 그럼에도 불구하고 동아시아지역 통화금융영역에서는 경제무역영역의 지역 일체화 발전 과정에 발맞추지 못했으며 실질적인 의미가 있는 협력 체제가 미처 형성되지 않았다. 1997년에 아시아 금융위기가 폭발하자 드디어 동아시아 각 경제체들은 역내 통화금융협력의 긴박성과 중요성을 인식하고 치앙마이 이니셔티브를 비롯한 여러 가지 협력 관련 협의를 체결했으며 동아시아 금융통화협력이 급속한 발전단계에 들어섰다. 2008년 미국 서브 프라임 모기지(비우량 주택담보대출) 사태가 터지며 글로벌 금융위기로 번지자 고유의 국제통화시스템의 내재적 폐단이 낱낱이 드러났다. 그러자 신흥 경제체들이 국제통화시스템의 개혁을 적극 호소하고 나섰으며 중국을 대표로 하는 신흥 경제체들이 본위화폐 국제화의 길을 탐색하기 시작했다.

비록 경제위기가 동아시아 역내 금융통화협력을 모색하도록 추진한 도화선이긴 하지만 객관적인 경제 수요가 결정적인 요소였다. 동아시아지역 경제 일체화 수준이 갈수록 제고되고 있

---

1) 1996년부터는 동아시아 및 태평양지역 중앙은행 총재회의(Executive Meeting of East Asia Pacific, EMEAP)로 개칭했다.

는 상황이 이 지역 금융통화의 일체화 실현이라는 객관적 요구를 제기한 것이다. 동아시아의 금융통화협력의 발전 과정은 1997년 아시아 금융위기의 폭발과 2000년 치앙마이 이니셔티브 체결을 분계선으로 세 개의 단계를 거쳤다.

1. 제1단계 : 1997년 아시아 금융위기 폭발 전

1980년대에서 90년대 중기까지 동아시아 경제가 비약적인 발전을 가져왔는데 아시아 '네 마리 용', 아시아 '다섯 마리 호랑이'와 같은 경제 기적을 이루어냈다. 그러나 그 시기 동아시아 지역 경제 일체화 수준은 아주 낮았다. 세계무역기구(WTO)의 통계에 따르면 1997년 12월 31일까지 이 지역에서 체결한 무역협의는 겨우 세 건[2]뿐이었으며 지역 금융협력이 거의 존재하지 않았다.

1967년 8월, 동남아시아국가연합(ASEAN)[3]이 정식으로 설립되었으며 이 기구의 성과는 주로 외교와 안보 분야[4]에서 반영되었다. 1990년 마하티르 말레이시아 총리가 제일 먼저 동아시아 국가들은 연합해 지역 경제 협력기구를 설립해야 한다는 것을 인식하고 동아시아경제협의체(EAEC) 설립을 제창했다. 그런데 그 제의가 미국정부의 공개적 반대를 받는 바람에 EAEC는 예

---

2) 이 세 건의 협정은 1976년의 '방콕협정', 1991년의 '라오스-태국 특혜무역협정', 1992년의 '아세안 자유무역협정'을 가리킨다.

3) 동남아시아국가연합, 약칭 아세안. 영어로는 Association of Southeast Asian Nations(ASEAN). 아세안의 전신은 말라야(지금의 말레이시아), 필리핀, 태국이 1961년 7월 31일 방콕에서 설립한 동남아시아연합이다. 1967년 8월 7~8일, 인도네시아, 태국, 싱가포르, 필리핀 4개국 외무 장관과 말레이시아 부총리가 방콕에서 '방콕선언'을 발표하고 동남아시아국가연합의 설립을 공식 선언했다. 이에 따라 동남아시아국가연합은 정부간, 지역성, 일반성 국가기구가 되었다. 1967년 8월 28~29일, 말레이시아, 태국, 필리핀 3개국이 쿠알라룸푸르에서 장관급 회의를 열고 동남아시아국가연합으로 동남아시아연합을 대체하기로 결정지었다.

4) 예를 들면 이 조직은 1991년에 캄보디아의 평화를 추진하는 데 큰 공을 세웠다.

정대로 설립되지 못했다.

2. 제2단계 : 1997년부터 2000년까지

1997년에 발생한 아시아 금융위기는 아시아 특히 동남아시아 신흥 경제체에 큰 상처를 주었으며 동아시아 경제체 자체 취약성을 낱낱이 폭로했다. 그 금융위기의 '도미노현상'과 같은 높은 전염성을 경험한 동아시아 여러 경제체들은 금융위기가 이제는 갈수록 지역적인 현상이 되고 있어 아무도 독선적일 수 없다는 것을 인식하게 됐다. '한데 뭉쳐서 온기를 받는 것', 안정 금융, 위기 공동 대응이 공동 인식이 되었다. 그동안 동아시아 여러 경제체는 많은 원칙적 공동 인식을 달성했으며 역내 금융 통화 협력의 성과를 초보적으로 이루어냈다. 그러나 여전히 역내 금융통화협력의 구체적 실행성 문제에서 일치를 달성하지 못했다.

이 단계의 동아시아 역내 금융통화협력의 성과는 주로 다음과 같은 몇 가지 방면으로 소개할 수 있다.

첫째, 아시아 통화기금(AMF)을 창설할 것을 제의했다. 1997년 9월 일본정부가 아시아 국가들의 공동 출자로 아시아통화기금을 공동 창설해 국제통화기금(IMF)의 기능에 대한 보충으로 삼을 것을 제의했다.[5] 그 제의에 따라 AMF의 1,000억 달러 자금 중 중국, 중국 홍콩, 한국, 싱가포르가 절반, 일본이 절반을 분담하도록 했다. 자금은 주로 위기 구제 체제를 구축해 동아시아에서 발생할 수 있는 금융위기를 방비하고 해소함으로써 아시아에 위기가 나타났을 때 AMF가 우선적으로 나서서 구제하도

---

5) 동남아 위기가 발생한 후 IMF는 상응한 구제 체제를 구축하지 않고 수수방관했는데 이에 동아시아 국가들은 크게 실망했다.

록 확보하는 데 쓰인다. 그러나 일본의 AMF 창설 제의는 미국과 중국정부의 반대를 받았다. 당시 중국은 역내 금융통화협력에 소극적인 입장이었으며 복잡한 국제금융환경에 빨려드는 것을 원치 않았다. 그리고 미국과 IMF는 제안된 AMF와 IMF의 기능이 비슷하므로 기구를 중복 설립할 필요가 없을 뿐 아니라 설립된 후 IMF가 아시아에서의 영향력을 약화시킬 수 있다고 주장했다. 동아시아 내부 각국의 공통 인식이 부족한데다 미국 등 외부 세력의 반대 때문에 그 제안은 무산되었다.

둘째, '아시아 공동 통화' 구상을 제기했다. '아시아 공동 통화' 도입 구상은 마하티르 말레이시아 총리가 1997년의 아세안 국가 정상회의에서 제기한 것이다. 그는 동아시아 무역 거래에서 회원국 통화를 도입해 그 통화 단위로 달러화를 대체해 거래를 진행함으로써 달러화에 대한 의존도를 낮출 것을 제안했다. 그 구상은 회의에 참가한 각국 정상의 지지를 받았다. 1999년 8월, 말레이시아가 IMF에 아세안 각국이 국제 결제 과정에 통일된 통화를 사용하는 것에 관한 타당성 논증 신청서를 제출했고 IMF는 이에 대해 검토할 것을 승낙했다. 이는 아세안 통일 통화 도입 구상이 논증 단계에 들어섰음을 의미한다.[6] 같은 해 11월, 아세안과 중·일·한 비공식 정상회담에서 아세안 회원들은 지역 내에서 공동 시장을 구축하고 단일 통화를 도입하는 것은 '가능성이 있다'고 인정했으며 공동 시장과 통화 일체화 제의를 아세안 회원국이 아닌 중국·일본·한국 3국에까지 확대시켰다. '유로화의 아버지'로 불리는 로버트 먼델(Robert Mundell)은 2001년

---

6)　Koichiro Arai, Framework for Regional Monetary Stabilization in East Asia, Nov.2000.

상하이(上海)아시아태평양경제협력체(APEC)회의에서 다음과 같이 예언했다. "미래 10년간 세계에는 3대 통화지역이 나타날 것이다. 즉 유로화지역, 달러지역, 아시아 통화지역(아시아 공동 통화지역)이다. 글로벌 통화가 부족한 상황에서 아시아 혹은 아시아 태평양지역에서 통일된 통화를 도입하는 것은 대세의 흐름이다." 이 예언은 아시아 공동 통화지역의 수립에 희망을 가져다주었다. 그러나 그 과정의 복잡함과 어려움은 이미 아시아 각국이 초보적으로 느끼고 있던 바이다.7)

셋째, 역내 금융 감독 체제를 초보적으로 구축했다. 1997년 11월 28일, 아시아 태평양지역 14개 경제체의 재정부와 중앙은행 관계자들이 마닐라에서 아시아태평양지역 고위급 재정금융회의를 열고 역내 금융협력의 새로운 체제를 강화하는 데 관한 구상('마닐라 프라임워크'라고도 부름)을 제기하고 '마닐라 프라임워크'그룹을 창설하기로 했다. 그 주요 목적은 APEC 범위 내에 '마닐라 프라임워크'그룹을 설립해 아시아개발은행(ADB), 세계은행그룹(WBG), 국제통화기금과 경제정보 협력 교류와 경제 형세 감독 통제를 진행하고 지역성 금융감독을 진행하기 위한 데 있다.

아세안 10개국은 각자 감독 체제를 강화하고 서로간의 경제 정책을 조정함으로써 이 감독 체제가 후에 '10+3'감독 과정으로 확대될 수 있도록 했다. 마닐라 프라임워크 그룹 회의는 정보 교류, 위기 경감과 분산, 조기 경보에 일정한 역할을 했다.

---

7) 2006년 연초, 아시아개발은행이 '아시아 통화 단위'(Asia Currency Unit, ACU)라는 이름의 통화 부호 개념을 출범시킨 적이 있다. ACU는 일부 아시아 국가의 통화 가치와 국민총생산과 무역 규모 등의 가중치에 근거해 제정된 가상 통화바스켓을 말한다. 그러나 아시아 통화 단위는 어떤 통화를 포함시켜야 할지 그리고 그들의 비중을 어떻게 배분해야 할지 등 문제에서 정치적, 기술적 분쟁이 존재했었던 탓에 계획이 미뤄졌다.

넷째, '10+3'협력 프라임워크의 형성과 운영이다. 1997년 12월, 제1회 아세안과 중·일·한(10+3) 정상회의가 열렸다. 아세안 각국과 중·일·한 3국 정상이 말레이시아에서 21세기 동아시아지역의 전망, 발전과 협력 문제를 에워싸고 솔직하고 깊이 있게 의견을 교환했으며 폭넓은 공동 인식을 달성했다. 그 후 매년 한 회씩 정상회의를 개최했다. 1999년의 아세안과 중·일·한 비공식 정상회담에서 각 국 정상은 동아시아 협력 추진 원칙과 방향, 중점 분야에서 중요한 공동 인식을 달성했으며 최초로 역내 금융과 통화, 재정 협력을 강화하는 것을 취지로 하는 '동아시아 협력 공동 성명'을 발표했다. 이는 '10+3'협력의 프라임워크가 기본적으로 형성되고 정식 운영에 들어갔음을 상징하는 것으로써 동아시아 경제협력의 중요한 이정표가 되었다.

3. 제3단계 : 2000년 치앙마이 이니셔티브 체결부터 현재까지

치앙마이 이니셔티브의 체결은 동아시아 금융통화협력이 실질적인 발걸음을 내딛을 수 있도록 추진했다. 2000년 5월 6일 태국 치앙마이에서 열린 아시아개발은행 연차총회에서 아세안 10개국과 중·일·한 3국이 '통화스와프협정'을 체결했다. 이 협정을 '치앙마이 이니셔티브'라고도 한다. 이는 동아시아 금융협력이 실질적인 발전을 이루었음을 의미한다. CMI의 주요 내용은 대출준비공동기금을 조성하고 각국의 출자 분담금은 외환보유고 비율에 따라 배분하기로 했다. 그중 중국과 일본의 분담금이 각각 384억 달러, 한국이 192억 달러로 각각 공동기금 총금액의 32%, 32%, 16%를 분담하고 나머지 20%는 아세안이 분담키로 했다. 글로벌 금융위기가 폭발한 2008년 연말까지 회원국(지역)은 치앙마이 이니셔티브에 따라 총 16건의 양자 간 스와프협정을 체결했으며 총 규모가 840억 달러에 이르렀다. 그중 중국이 일본, 한국, 태국, 말레이시아, 인도네시아, 필리핀과 각각 6건의 양자 간 통화스와프협정을 체결했으며 총 규모가 235억 달러에 달했다.[8] CMI 체제에서 동아시아 각국은 일단 단기적 자금의 급속한 이동 등 상황이 발생했을 경우 공동기금이 즉시 대차방식으로 이동성 부족의 어려움을 겪는 회원국에 자금을 지원하게 된다.

현재까지 치앙마이 이니셔티브는 여전히 동아시아 금융 통화 협력이 거둔 가장 중요한 제도적 성과이다. 이외에 또 다음과 같은 몇 가지 분야에서 중요한 성과를 거두었다.

첫째, 조기 경보시스템을 초보적으로 구축했다. 2001년 5월 9일 미국 하와이에서 열린 제4차 '10+3' 재무장관회의에서 주로 논의된 내용에는 지역 경제와 금융형세, 동아시아지역 재정금융 협력 강화, '10+3' 국가의 경제정책 협상과 대화 강화, '치앙마이 이니셔티브' 진전과 '10+3' 정상회담 후속 행동 등 문제가 포함되었으며 특히 '10+3' 조기 경보 시스템을 구축할 것을 제기한 것이다. 2005년 5월 10일, 아시아발전은행 연차회의가 열릴 즈음에 아세안 국가와 중·일·한 재무장관들이 상하이에서 회의를 열고 역내 통화협력 진전에 대해 평가하고 역내 통화 위기 '조기 경보 시스템'(Early Warning System, EWS)을 구축할 것을 희망했다.

둘째, 아시아채권기금을 창설했다. 아시아 각국의 수출 유도 정책으로 대량의 외환보유고를 꾸준히 누적했다. 보유 자산의 가

---

8) 딩리야(丁莉娅) : 「10년에 걸쳐 검을 만들고 칼끝을 예리하게 갈다─치앙마이 이니셔티브 다자화 과정을 회고한다」, 『중국 재정보』 2009년 6월 9일자.

치를 어떻게 보유하고 증대시킬 것인가? 2002년 동아시아·태평양지역 중앙은행간 협력체(Executives' Meeting of East Asia and Pacific Central Banks, EMEAP)가 아시아채권기금(Asian Bond Fund, ABF) 설립구상을 제기했다. 채권시장을 발전시키는 것은 직접적인 융자경로를 확장해 은행 간 간접 융자경로의 리스크가 집중되는 압력을 경감시키고 보유 자산의 새로운 투자 경로를 개척하는데 이롭다. 2003년과 2005년 각각 제1, 2기 기금(ABF1, ABF2)을 실행시켰고, 2003년 6월 아시아 11개 국가와 지역이 공동으로 10억 달러 출자해 설립한 '아시아채권기금'은 동아시아 통화협력 추진을 위한 플랫폼을 마련했다, ABF1이 동아시아와 태평양지역 중앙은행간 협력체 회원 간 투자에만 제한된 것과 달리 ABF2은 기금을 일정 시기 동안 운영한 뒤 대중 투자자들에게 개방해 시장의 확신을 증강하고 제품의 영향력을 확대하며 제품의 혁신을 추진하는 역할을 할 수 있도록 한다는 계획이었다.

셋째, CMI 다자 체제의 확대와 심화. 치앙마이 이니셔티브 다자화(Chiang Mai Initiative Multilateralization, CMIM)는 중국이 발족한 것이다. 2003년 10월 당시 원자바오(溫家寶) 중국 국무원 총리가 '10+3' 정상회의에서 최초로 '치앙마이 이니셔티브 다자화를 추진할 것'을 제창했으며 치앙마이 이니셔티브 체제에서 양자 간 통화스와프 체제를 다자간 자금구제 체제로 재통합할 것을 제안했다.

2007년 5월, 아시아 금융위기 폭발 10주년을 맞아 도쿄에서 제10차 '10+3'재무장관회의를 열고 각국이 치앙마이 이니셔티브 다자화 형태와 관련해 공동 인식을 달성하고 원칙적으로 자가관리하는 역내 외화 공동기금을 창설하는데 찬성했다. 이에 따라 각국은 위기가 발생하지 않았을 때는 각자 출자금을 각각 관리하다가 위기가 발생하면 대차 방식으로 이동성 부족 어려움을 겪는 회원국에 단기적 자금 지원을 제공하도록 했다. 2008년 글로벌 금융 쓰나미가 재차 동아시아 국가의 통화금융 안정에 심각한 시련을 가져다주었다. 일부 국가들에서는 외환보유고의 부족으로 외화 이동성이 어려운 사태가 발생했다.

2008년 5월, 아세안 '10+3'재무장관과 중앙은행 총재 마드리드 회의에서 CMIM 문제와 관련해 의견 일치를 달성했다.

2008년 10월, 아세안 '10+3' 정상들이 북경에서 협의를 달성하고 2009년 6월 전까지 800억 달러 규모의 공동기금을 조성해 역내 금융위기에 대비하고 역내 통화를 수호하며 외화정보 공유 경로를 개척하는 데 찬성했다. 이에 따라 한 · 중 · 일은 80%에 해당하는 약 640억 달러의 자금을 제공하는 데 찬성했으며 나머지 160억 달러는 아세안 회원국들이 공동 분담하기로 했다. 이러한 조치는 동아시아 금융 통화 협력이 아시아통화기금 설립을 향해 한 걸음 성큼 다가섰음을 의미한다.

2009년 2월 '10+3'특별 재무장관회의가 태국 푸켓에서 열렸다. 회의에서 '아시아 경제금융안정 행동계획'을 공동 발표했다. 계획의 주요 내용에는 다음과 같은 몇 가지가 포함된다. (1) CMIM의 총 규모를 800억 달러에서 1,200억 달러로 늘리고 그 중 아세안과 한 · 중 · 일의 출자 비율은 변함없이 2 : 8을 유지한다, (2) 역내 감사체제를 진일보로 강화해 효과적이고 신뢰할 수 있는 감사 체제를 구축함으로써 CMIM의 적시적인 가동을 보장한다, (3) 독립적인 역내 감사기구를 설립해 객관적인 경제 감사를 추진한다, (4) 상기 감사 체제의 효과적인 운행을 실현한 뒤 IMF 대출 조건과 분리된 자주적 자금인출 비율을 한층 더 높인다. 행동계획의 출범은 CMIM의 최종 완성을 위한 토대를 마련했으며 독립적인 역내 감사기구 설립과 IMF와의 분리 비율 제고를 강조한 것도 역시 통화 금융협력을 한층 강화할 것이라는 각국의 결심을 분명히 드러냈다. 이를 토대로 2009년 5월에 열린 제12차 '10+3'재무장관회의에서는 역내 외화 공동기금 규모와 분담금 배분, 출자구조, 대출 한도, 정책 결정 체제, 경제 감사 체제 등 관건적인 문제에서 공동 인식을 달성했으며 중국 홍콩이 독립 통화당국의 신분으로 단독으로 공동기금에 가입하는 것에 찬성했다. 치앙마이 이니셔티브 다자화 체제는 지역 영향 범위를 한층 확대했다. 역내 경제금융의 안정을 보장하기 위해 아세안 '10+3'의 재무장관들이 2009년 12월에 '치앙마이 이니셔티브 다자화' 관련 공동 성명을 발표하고 '자가 관리 시스템하의 지역 외화 공동기금 배치'(Self-Managed Reserve Pooling Arrangement, SRPA)를 설립해 '치앙마이 이니셔티브 다자화'의 구체적 형태로 삼기로 결정함으로써 동아시아 '10+3'통화 금융협력이 진일보 심화되었다.[9]

제2절 동아시아 통화지역의 구상

1990년대 초부터 국내외 학자들, 특히 동아시아 밖의 학자들이 하나둘씩 동아시아 최고의 통화통합 관련 문제를 연구하기

---

9) 친링란(陳凌嵐), 선홍팡(沈紅芳) : 「동아시아 통화금융협력의 심화: '치앙마이 이니셔티브'에서 '치앙마이 이니셔티브 다자화'에 이르기까지」, 『동남아 종횡』 2011년 제5기.

시작했다. 1997년 아시아 금융위기가 동아시아 각국의 지역 금융통화협력 가동에 대한 열정을 불러일으켰다. 이러한 열정은 주로 이번 금융위기의 교훈을 받아들여 이와 비슷한 위기의 재발을 방지하려는 결의로 드러난다.[10] 1999년 유로존의 설립은 더욱이 열정으로 가득 찬 학자들에게 동아시아 통화지역 연구에 대한 영감과 희망을 가져다주었으며 유로화의 탄생은 동아시아 각국의 지역 통화 일체화에 대한 확신을 더욱 증강시켰다. 고토(后藤, Goto)와 하마타(浜田, Hamada, 1994)[11] 그리고 밈 베이유미(Tamim Bayoumi)와 배리 아이켄그린(Barry Eichengreen, 1994)[12]의 조기 연구가 동아시아 국가 최고의 통화통합 구성의 결론을 지지한다. 아이켄그린과 베이유미(1996)[13]는 최고의 통화통합 지수 평가 방법을 이용해 동아시아와 유럽 경제체를 비교했다. 연구 결과 동아시아 역내 무역과 투자가 이미 매우 높은 수준에 이르러 충격에 대한 조정 속도가 아주 빠르다는 사실이 밝혀졌다. 이런 방면에서 볼 때 동아시아 국가는 유럽 국가들과 마찬가지로 최고의 통화통합 기준에 부합했다. 그러나 동아시아 국가들은 유럽 국가들처럼 완벽한 국내 금융시스템을 갖추지 못했다.

10) 스젠화이(施建淮) : 「동아시아 금융 통화 협력: 단기와 중기, 장기」, 베이징대학 (北京大學) 중국경제연구센터 업무 논문, No.C2004007, 2004년.

11) Goto, Junichi and Koichi Hamada, "EconomicPreconditions for Asian Regional Integration", in Takatoshi Ito and Annoe Kruger eds., Marcoeconomiclinkage: Savings, Exchange Rates and Capital Flows, Chicago: University of Chicago Press,1994, pp 359-385.

12) Tamim Bayoumi and Barry Eichengreen, "One Money or Many? Analyzing the Prospects for Monetary Unification in Various Parts of the World", Princeton Studies in International Finance, Vol.9,1994.

13) Eichengreen, Barry and Tamim Bayoumi, "Is Asia an Optimum Currency Area? Can It Become One?" Prepared for the CEPII/AMUE/KDI conference on exchange rate arrangements for East Asian countries,1996.

금융 억압과 자본 통제가 보편적으로 존재하며 은행 시스템에 대한 정부의 직접적인 간섭이 늘 존재했다. 따라서 동아시아는 단일 통화 고정제도를 실행하건 단체 통합 통화 시스템을 실행하건 모두 큰 어려움이 있었다. 아이켄그린과 베이유미(1996)는 또 유럽 통화 일체화 진척이 나타내다시피 정치적 단합은 경제 기준의 부족함을 어느 정도 메울 수 있다며 동아시아 국가들 간에 정치적 신뢰가 부족하기에 동아시아 공동 통화 제도를 실시하는 것은 시기상조라고 주장했다. 백(Baek)과 송(Song)(2002)[14]은 동아시아 국가의 관련 경제지표에 대한 측정을 통해 통화통합의 실행가능성을 판단했다. 이런 경제지표들로는 역내 무역, 수출 중 완제품 비중, 개방 정도, 비대칭성 충격, 경제구조의 유사성, 요소의 이동성 등이 포함되었다. 그들은 연구를 거쳐 동아시아 9개 국가와 지역(한국, 중국 대륙, 인도네시아, 중국 홍콩, 일본, 말레이시아, 싱가포르, 중국 대만, 태국)을 동아시아지역 통화통합의 합리한 후보국(지역)으로 삼을 수 있다고 주장했다. 그러나 아시아 국가와 지역의 통화통합의 두 가지 결함, 즉 정치 분야의 협력 부족과 통화협력의 리더가 부족한 결함은 메우기 어렵다.

성(Sung, 2004)[15]은 동아시아 10개국이 아직 최고의 통화지역을 창설할 조건을 갖추지 못했으며 정치적 협력의 결여가 동아시아 통화지역의 형성을 저애하는 결정적인 요소라고 주장했다.

---

14) Baek, Seung-Gwan and Song, Chi-Yong, "Is Currency Union a Feasible Option in East Asia?" in Han Gwang Choo and Yun jong Wang eds., Currency Union in East Asia", Korea Institute for International Economic Policy, 2002, pp. 107-145.

15) Sung Yeung Kwack, "An Optimum Currency Area in East Asia: Feasibility, Coordination, and Leadership Role", Journal of Asian Economics, Vol.15,2004,pp.153-169.

나타리(Nathalie, 2005)[16]는 아시아의 갈수록 늘어나는 통화협력 이익을 분석하고 '소국'의 환율체제 선택과 동아시아 경제의 구조성 특징 방면에서 동아시아가 최고의 통화지역이 될 수 있을지에 대해 분석한 뒤 다음과 같은 결론을 얻어냈다. 현재 동아시아 통화 일체화는 아직 상응한 경제적 정치적 여건이 구비되지 않았고 기존의 협정서와 창의서는 목표 설정에서 매우 큰 제한성이 존재하므로 새로운 통화위기를 효과적으로 해소하기에 부족함이 있다. 신고(慎吾. Shingo)와 마사노부(正信. Masanobu)(2010)[17]는 최고 통화 이론을 토대로 아시아 공동통화지역 수립 관련 문헌 14편을 종합 논술했다. 그들은 통화 일체화 과정에서 경제적 요소 외에 역사, 정치 등 요소도 매우 중요하며 역내 통화의 성공적인 창설은 튼튼한 정치적 공동체와 통화 일체화에 대한 시장의 보편적 예기, 양호하게 운행되고 있는 금융시장과 다국적 결제체제의 안전과 고효율성이 필요하다면서 아시아 국가들은 현재, 그리고 단시일 내에 이런 여건을 구비하려면 어려움이 있다고 주장했다.

허판(何帆. 2001)[18]은 장기적인 안목으로 보면 역내 통화협력을 통해 아시아 통화지역을 수립하는 것은 대세의 흐름일 수 있다. 아시아 단일 통화지역의 경제수익은 거래비용을 줄이고 상품과 생산요소의 자유이동을 추진하며 잠재적인 정치적 수익

16) Nathalie Aminian, "Economic Integration and Prospects for Regional Monetary Cooperation in East Asia", Structural Change and Economic Dynamics, Vol.16, 2005,pp.91-110.
17) Shingo Watanabe, Masanobu Ogura, "How Far Apart are the Two ACUs from Each Other? Asian Currency Unit and Asian Currency Union", Emerging Markets Review, Vol.11, 2010, pp, 152-172.
18) 허판(何帆): 「위기 후 아시아 통화협력」, 『국제경제평론』 2001년 제21기.

을 이끌어내기 위한 데 있다. 지역 간 경제 의존도를 높이는 것은 그 지역의 안전을 수호하는 데 도움이 되며, 지역 협력은 국제 사무에서 아시아의 발언권을 확대할 수 있으며, 아시아 통화 협력의 어려움은 주로 경제에 있는 것이 아니라 정치와 문화 분야에 있다고 주장했다. 바이당웨이(白當偉. 2002)[19]는 원가 수익 분석법을 이용해 동아시아 10개국의 통화통합 실현에 대해 타당성 분석을 진행했다. 그는 개방도와 통화통합 실행 후 전환 비용의 크기, 경제발전수준의 각도에서 국가들을 그룹으로 나누어 그룹별 분석을 통해 다음과 같은 결론을 얻어냈다. 동아시아 지역은 현재 통화통합 실행에 적합하지 않다. 그러나 개방정도가 높고 전환 비용이 낮으며 경제가 비교적 발달한 국가(지역), 예를 들면 일본과 '네 마리 용' 사이에서 통화통합을 실현하는 것은 가능하다는 결론이다. 홍린(洪林. 2007)은 최적통화지역 이론을 바탕으로 분석한 결과 정적인 기준으로 볼 때 현재 동아시아지역은 오직 경제 개방성 기준만이 최적통화지역 기준에 부합하며 경제발전수준과 생산요소의 이동성, 제품의 다양성, 금융시장 일체화의 네 개 방면은 아직 최적통화지역 기준 요구에 도달하지 못했다고 주장했다. 왕원칭(汪文卿)과 황종원(黃中文)(2010)[20]은 최적통화지역 이론의 시각에서 아시아 통화 일체화를 연구했으며 아시아 경제의 발전에 따라 아시아는 반드시 그 경제 실력에 어울리는 역내 통화시스템을 구축해야 한다고 주장했다. 많은 방면에서 아시아는 이미 통화 일체화 여

---

19) 바이당웨이(白當偉) : 「동아시아 통화통합의 수익과 비용 분석」, 『아태경제』 2002년 제3기.
20) 왕원칭(汪文卿), 황종원(黃中文) : 「최적통화지역 이론으로 본 동아시아 통화 일체화」, 『상업시대』 2010년 제13기.

건이 구비되었지만 여러 가지 정치적 요소가 반드시 먼저 해결되어야만 동아시아 공동 통화의 창설을 추진할 수 있다. 우펑(吳鋒. 2010)[21]은 동아시아는 반드시 자체의 공동 통화가 있어야만 핵심 통화의 위협을 막아낼 수 있으며 동아시아 통화지역의 수립은 아메리카, 유럽, 아시아 3자 정립의 경제적 구도에 부합한다. 그러나 동아시아 통화지역은 제도화한 협력 체제가 결여되어 있으며 통화지역 내 각 경제체간의 발전수준 차이가 비교적 큰 것은 동아시아 통화 일체화의 중요한 제약 요소로 작용한다.

상기 내용을 정리해보면 동아시아의 복잡한 정치 환경이 동아시아의 통화지역 형성을 저해하는 주요 요소라는 것이 학자들의 보편적인 주장임을 어렵잖게 알 수 있다. 동아시아 통화지역 수립에서 취할 수 있는 형태를 다음과 같은 몇 가지로 고려해볼 수 있다. 첫째는 바스켓통화에 주목하는 방식인데 지역 내부에서 통일된 고정 환율을 실행하고 대외로는 통일된 변동 환율을 실행하는 것이다. 둘째는 하나의 통화 주도국을 선정하는 것인데 예를 들면 중국이나 일본처럼 본위화폐를 통화 참고기준으로 정하고 다른 국가 통화가 본받게 하는 것이다. 통화기금 설립, 통화 스와프 등 수단을 통해 역내 통화 리스크를 줄임으로써 단일 통화의 창설을 위한 토대를 마련하는 것이다. 아시아 통화 단위는 곧 첫 번째 통화협력의 시도인데 실천을 거쳐 동아시아 각국은 이익 균형을 이루기 어렵기 때문에 바스켓통화의 화폐종류와 비중을 확정하는 것이 비교적 어렵다는 것이 증

---

21) 우펑(吳鋒) : 「동아시아 통화협력 모델의 선택과 중국의 대책연구」, 『동남아종횡』 2010년 제6기.

명됐다. 따라서 동아시아 통화지역의 수립은 일종의 더욱 실행 가능성이 있는 방안이다.

학자들은 동아시아 통화지역 수립에 대해 연구하는 과정에 주로 다음과 같은 구상을 제기했다. (1) '아세안화', (2)엔화, (3) 중국 위안화(中元), (4) '중국 위안화'와 '아세안화'를 서로 융합시키는 것이다.

1. '아세안화' 구상

'아세안화'는 아세안 10개국이 공동으로 창설하게 될 일종의 새로운 통화를 가리키는데 연합 내부에서 발행 유통되며 이와 동시에 아세안 10개국은 각각 회원국 각자의 주권 통화를 포기하고 아세안 10개국으로 구성된 '아세안화'지역을 수립한다. '아세안화'지역은 아세안 내부의 장기적인 밀접한 경제협력을 바탕으로 아세안의 비교적 양호한 밀접한 조직 토대와 회원국 간에 이미 형성된 경제협력체제에 의지해 동아시아 통화협력의 제2급의 통화지역을 수립하는 것이다.

1970년대부터 끊임없이 나타나는 지역적 혹은 글로벌 금융위기로 인해 당면 국제통화 시스템의 비완벽성과 불안정성이 꾸준히 드러나고 있다. 아시아 금융위기의 발생은 더욱이 동남아 국가들에게 그 고통을 피부로 느끼게 했다. 아세안 10개국은 오직 고도의 협력 자세로 금융통화시스템을 개혁하고 지역 이익 공동체를 구성해야만 갈수록 파동이 심한 글로벌 금융통화형세에 대응할 수 있는 실력을 갖출 수 있다는 것을 인식하게 되었다. 현재 '아세안화'지역 수립 제안이 일정한 현실적 여건을 갖추었다. 즉 경제 실력으로 볼 때 2011년 아세안 10개국 총 인구가 6억 명이 넘으며 국내 총생산은 2조 2,227억 달러에 이르고 역외무역 총 규모가 5,000억 달러를 초과했으므로 아세안 10개국은 '아세안화'지역 수립을 위한 일정한 경제적 토대를 갖추었다. 주관적 의향으로 볼 때 아시아 금융위기와 글로벌 금융위기 후 아세안 각국, 특히 동아시아 신흥 경제체들 모두 역내 금융 통화협력에 대해 비교적 중시하기 시작했고 비교적 강한 주관적 협력 의식과 의향을 갖게 됐으며 서로 간에 비교적 높은 공감대를 갖게 되었다. 이는 '아세안화'지역의 수립에 매우 중요한 추진력으로 작용했다. 체제 형성에서 보면 아세안은 아태지역에서 유일한 다자 안보 대화 체제를 구축하고 최초로 미국을 배제한 아시아유럽정상회의를 여는 등 비교적 튼튼한 조직적 기반을 초보적으로 마련해놓았다. 이외에 아시아 금융위기 후 아세안 각국, 특히 아세안 신흥 경제체들이 은행 리스크 관리를 소홀히 한 탓에 쓴 맛을 보게 된 교훈을 심각하게 받아들여 자국 금융시스템에 대한 감독 관리와 개혁을 강화하기 시작했다.

그러나 '아세안화'지역의 수립에도 여러 가지 제약 요소가 존재한다. 게다가 이런 요소들은 '아세안화'지역의 순조로운 형성에 결정적인 영향을 미친다. 첫째, '아세안화'를 창설하는 것은 하나의 완전 새로운 통화를 창설하는 것으로서 일련의 사전 준비가 필요하다. 예를 들면 통화의 신인도와 수용 가능 정도, 구매력 평가의 확정, 최종 대출자 역할의 확정, 은행 시스템의 업그레이드, 투기 기습 방어 체제의 설계 등등이다. 현재 아세안 각 국의 현실 상황으로 볼 때 상기 관건적인 돌파구를 열려면 어려움이 너무 크다. 둘째, 아세안 내부에 리더 역할을 할 수 있는 주도 국가가 부족한 것이다. 유로화지역 내의 독일과 프랑스처럼 긴급 상황에서 관건적인 선두 역할을 발휘할 수 있는 강국이 부족한 것이다. 이 역시 '아세안화'지역의 형성이 어려운 중요한 원인 중의 하나이다. 셋째, 아세안 회원 대다수가 개발도상국가이며 심지어 가장 발달하지 못한 국가로써 각국 간의 경제발전단계와 경제발전목표의 차이가 비교적 크고 통화지역 창설에 대한 인식정도도 다르며 미국, 일본, 중국 등 대국과의 경제무역 연계에 정도 부동하게 의존하고 있으므로 '아세안화'지역 수립은 반드시 아세안과 관련 대국 간의 이익 균형 문제에 맞닥뜨리게 된다. 이러한 제약 요소들은 '아세안화'지역의 성공적인 수립에 결정적으로 부정적인 영향을 준다. 상대적으로 비교해볼 때 유리한 요소의 추동력이 아주 제한적이므로 이에 따라 '아세안화'지역 창설 성공 가능성도 크게 떨어진다.

2. 엔화 주도 구상

'엔화지역'의 건설은 1980년대까지 거슬러 올라간다. 그때 당시 일본의 대외무역은 전후 최고 수준에 이르렀으며 미국에 대한 거액의 무역 흑자를 유지하고 있었다. 세계 경제 무대에서 엔화의 전략적 이익을 모색하고 달러화, 독일 마르크화의 국제통화의 지위에 도전하기 위해 일본 정부는 엔화의 국제화를 추진하기 시작했으며 일본 학술계도 '엔화지역' 관련 문제를 대대적으로 연구하기 시작했다. 그러나 지금까지도 '엔화지역'은 창설되지 않았으며 일본 정부와 학계도 엔화 국제화가 실패했음을 인정했다. 1999년 후 일본 재정부가 전문 연구팀을 구성해 엔화 국제화 진전이 차질을 빚은 원인에 대해 체계적으로 분석했다. 아시아 금융위기 후 일본은 재차 '엔화지역'전략을 제기하고 엔화 국제화전략의 전환을 시도했다. 즉 일방적인 제도적 추진에서 아시아 통화협력을 모색하는 방향으로 돌려 먼저 엔화의 지역화 실현을 거친 뒤 더 나아가 엔화의 국제화 목표에 이를 계획을 세웠다.[22]

현재 엔화지역의 실현이 직면한 최대 시련은 정치 분야에서 오는 것이다. 일본은 제2차 세계대전에서 동아시아에 거대한 재앙을 가져다주었다. 그런데 일본은 침략 역사를 부정하고 역사적으로 남아 내려온 문제에 소극적인 자세를 취함으로써 동아시아 각 국가(지역)의 신뢰와 호감을 얻지 못하고 있다. 최근 몇 년간 일본과 한국, 중국 간의 섬에 대한 주권 다툼이 갈수록 치열해지고 있다. 이는 분명 엔화를 지역 통화의 리더로 부상시키고자 하는 일본의 의도와 멀어지게 하는 역할을 하고 있다. 동북아 자유무역구 구상조차도 한·중·일 정치 관계로 거듭 장애에 부딪치고 있는데 동아시아 사무에 전면적인 영향을 미치게 될 '엔화지역'의 수립은 더 말해 무엇 하겠는가?

3. '중국 위안화(中元)' 구상

역사적, 정치적 원인으로 인해 중국 내륙과 홍콩·마카오·대만지역은 서로 다른 정치, 경제, 문화제도와 발전패턴이 형성됐으며 통화금융 분야에서 '한 국가 네 통화'의 국면이 나타났다. 개혁개방 후 중국 대륙은 급속한 발전과 변화가 일어났으며 홍콩·마카오·대만지역에 대한 영향력도 눈에 띄게 커졌다. 특히 아시아 금융위기 기간에 중국 중앙정부가 위안화를

---

22) 송민(宋敏), 취훙삔(屈宏斌), 손정위안(孫增元) :「세계 3위를 향해 가고 있는 통화: 위안화 국제화문제 연구」, 북경대학출판사 2011년본, 54쪽.

평가 절하하지 않는 원칙을 끝까지 고수해 홍콩특별행정구 통화당국과 함께 통화금융 보위전을 펼침으로써 위안화의 지역 신인도를 크게 높였다. 2003년 내륙과 홍콩·마카오 간의 '더 밀접한 경제무역관계 구축 관련 배치'(Closer Economic Partnership Arrangement, CEPA) 및 2010년 대륙-대만 간 '해협양안 경제협력 기본협정'(Economic Cooperation Framework Agreement, ECFA)을 잇따라 체결함에 따라 대륙과 홍콩·마카오·대만 간의 화물무역, 서비스무역, 무역투자 편리화 및 금융, 관광 협력 등 분야에서 전례 없는 발전을 이루었다. 그래서 적지 않은 학자들이 중국 대륙과 홍콩·마카오·대만 무역 자유를 토대로 새로운 공동 통화 '중국 위안화'를 창설해 역내 자유태환과 유통을 실현하며 역내 여러 회원국(지역)들이 각자 이왕의 통화 발행권을 포기하고 새 통화를 사용할 수 있도록 할 것을 제안했다.

적지 않은 학자들이 연구를 거쳐 '중국 위안화지역'을 구축해 대륙·홍콩·마카오·대만의 통화 일체화를 추진하는 것은 네 지역의 금융시장을 안정시키고 거래 비용을 줄이는 데 이로우며, 중화민족의 국제경쟁력을 증강시키고 중화민족의 응집력을 증강시키며 네 지역 민중들의 왕래를 편리하게 할 수 있다고 주장했다. '중화경제권'은 지리적으로 가깝고 뿌리가 같고 근원이 같으며, CEPA와 ECFA의 체결로 네 지역의 경제적 연계 규모와 수준이 모두 전례 없는 수준에 이르렀으므로 통화의 통합을 위한 비교적 튼튼한 토대가 이미 마련됐다고 하겠다. 2008년 글로벌 금융위기가 발생한 후 중국 대륙경제와 위안화 상황은 더욱 돋보였으며 홍콩도 위안화의 역외 금융 중심으로 부상했다. 학자들은 대륙과 홍콩·마카오·대만 사이 무역 일체화 추진에서 착수해 '중국 위안화지역' 수립 타당성을 연구한 뒤 대륙과 홍콩·마카오·대만 사이 무역 일체화가 꾸준히 깊어짐에 따라 네 지역의 통화 일체화가 실현 가능하다고 주장했다. [선궈뼹(沈國兵) · 왕위안잉(王元穎), 2003[23]), 스펑(施峰), 2004[24]), 주명난(朱孟楠) · 천쉬(陳碩), 2004[25]), 정칭빈(曾慶賓) · 류밍쉰(劉明勛), 2004[26]), 주명난 등, 2005[27]), 리하이펑(李海峰) 등, 2011[28])]

그러나 현재 '중국 위안화지역' 창설은 아직 별로 현실적이지 않다. 중국 대륙은 경제수준, 경제체제, 경제정책 등 방면에서 홍콩 · 마카오 · 대만과의 차이가 아직도 적지 않으며 대만 당국이 협력에 대한 정치적 의향이 부족한 것은 '중국 위안화지역' 수립의 주요한 걸림돌이다.[29]) 이외 대륙은 자본 항목에서 아직 자유태환을 실현하지 못했으며 금융시장과 금융체계를 한층 보완해야 한다. 그러나 장기적으로 볼 때 '대 중화(中華) 경제권'이 단계적으로 층차(層差)를 나누어 통화협력을 진행해 최종 통화의 통일을 이루는 방향으로 나가는 것은 흐름의 대세이다.

---

23) 선궈빙(沈國兵) · 왕위안잉(王元穎) : 「'중국 위안화' 공동통화지역의 구상과 실현 경로를 논함」, 『재경연구』 2003년 제6기.
24) 스펑(施峰) : 「단일 통화 : 중국의 평화적 굴기 새 구상―양안 네 지역과 아시아 단일 통화의 점진적 실현을 주도 추동하는 데 대한 사고와 분석」, 『경제연구참고』 2004년 제5기.
25) 주명난(朱孟楠) · 천쉬(陳碩) : 「'중국 위안화지역'의 수립 : 현실적 타당성 및 전망 분석」, 『샤먼(廈門)대학학보(철학사회과학본)』 2004년 제4기.
26) 정칭빈(曾慶賓) · 류밍쉰(劉明勛) : 「중화경제권 '중국 위안화지역'실행 타당성 분석」, 『중앙재경대학학보』 2004년 제3기.
27) 주명난(朱孟楠) · 궈춘쑹(郭春松) · 왕쥔팡(王俊方) : 「'중국 위안화' 통화지역의 타당성 연구와 현실적 사고」, 『아태경제』 2005년 제4기.
28) 리하이펑(李海峰) · 정창더(鄭長德) · 장허진(張合金) : 「중국대륙과 홍콩·마카오·대만 지역 통화 일체화 분석」, 『금융과 경제』 2011년 제1기.
29) 천시(陳晞) · 주명난(朱孟楠) : 「중국 통화 일체화: 경제 토대, 실증 연구 및 경로」, 『금융발전연구』 2010년 제1기.

4. '중국 위안화'와 '아세안화'의 융합

중국은 아세안 국가들과 장기적으로 밀접한 경제무역 관계를 유지해왔다. 무역 분야에서 중국과 아세안 간의 무역 규모가 1991년 양자 간 대화 동반자 관계 수립 당시의 84억 달러에서 2002년 '전면적 경제 협력 기본협정' 체결시의 548억 달러로 늘었고, 2013년에는 44,36억 1천 만 달러에 이르러 연 평균 20% 이상의 성장을 이루었다. 중국은 이미 아세안의 최대 무역 파트너로 부상했으며 아세안은 중국의 제3 무역 파트너가 되었다. 투자 분야에서 2009년 8월 중국과 아세안은 '중국-아세안 자유무역구 투자협정'을 체결하고 2011년에 아세안이 최초로 중국기업의 대외 투자 최대 시장으로 되었다. 2013년 말까지 중국과 아세안 간의 양방향 투자 규모는 누계 기준으로 1,147억 8천만 달러에 달했으며, 그중 중국이 25.56%, 아세안이 74.44%를 각각 차지했다. 인적교류 분야에서 국가 관광국의 통계에 따르면 2012년에 동남아 관광을 다녀온 중국인 관광객 총 인원수는 연 969만 명에 이르렀으며, 말레이시아 · 싱가포르 · 필리핀 · 태국 · 인도네시아의 중국 방문 관광객 수는 연 449만 4,800명에 달했다. 무역과 투자 · 인원 이동에 따른 물류 · 자금 이동 · 인원 이동은 필연적으로 통화 결제와 기타 편리성 문제에 부딪치게 되었다.

비록 예전에는 미국과 일본이 아세안 10개국의 무역 협력 대국이었던 때가 있었지만, 지금은 중국 대륙과 홍콩 · 마카오 · 대만을 합친 광범위한 잠재적 시장이 아세안 각국에 대한 흡인력이 매우 크다. 2013년 9월 3일, 리커창(李克强) 총리가 제10회 중국-아세안 박람회 및 비즈니스 투자 정상회의에 참가해 연설을 통해 중국-아세안은 지난 '황금 10년'을 성공적으로 창조했으며 앞으로 새로운 '다이아몬드10년'을 창조할 수 있는 능력도 갖추었다면서 '중국-아세안 자유무역구 업그레이드판을 창조하기 위해' 협력할 것을 제창했다. 그는 이는 중국과 아세안이 무역과 투자자유화를 한층 촉진시키고 '역내 전면적인 경제 파트너관계'(Regional Com-prehensive Economic Partnership, RCEP)협상을 가동하며, 금융통화협력을 강화하기 위한 중요한 계기를 마련하는 것으로써 '중국 위안화'와 '아세안화'의 융합을 위한 경제적 토대를 다지는 것이라고 역설했다. 아세안지역에는 중국인들이 많으며 또 대다수 중국인은 현지에서 비즈니스 네트워크를 형성해 동남아를 아우르는 '중국인 경제권'이 형성되어 있다. 중국과 라오스, 싱가포르 등지의 육로교통이 통하게 되면서 '중국 위안화'와 '아세안화'의 융합을 위한 양호한 토대를 마련했다.

주목해야 할 사실은 예전과 달리 현재 중국이 아세안과의 교류에서 사용하는 결제 통화가 과거의 달러화에서 위안화로 점차 바뀌고 있다는 것이다. 위안화가 아세안 각국의 핫머니가 되었으며 중국과 아세안 국경지역에서는 심지어 본위화폐보다도 더 환영 받고 있는 것이 사실이다. 현실적으로 보면 '아세안화'는 여전히 구상 중에 있지만 위안화는 이미 아세안에서 일정한 시장유통의 토대를 갖춘 것이다. '하나의 시장, 한 가지 통화'라는 법칙 역시 '중국 위안화'와 '아세안화'가 서로 융합될 수 있다고 하더라도 그것은 일시적인 것이며 최종적으로 더 받아들여지고 인정받는 통화가 시장을 통일하게 될 것임을 예시하고 있다.

제3절 동아시아 금융통화협력의 제한성

본 장 앞부분에서 동아시아 금융통화협력 진척에 대해 정리하는 과정에서 그 성과에 대해 정리했으므로 본 절에서는 장황한 설명은 않고자 한다. 협력 성과에 대한 긍정을 바탕으로 본 절에서는 동아시아 통화협력의 제한성에 대해 중점적으로 분석하고자 한다.

현재까지 동아시아 금융통화협력은 아직도 국제통화협력 진척의 초급단계[30]에 처해 있으며, 협력 목표는 여전히 지역 내에서 구조적 융자경로를 제공할 따름이어서 동아시아 금융통화협력이 단일 통화의 고급단계에 이르려면 아직도 갈 길이 먼 상황이다.

치앙마이 이니셔티브와 치앙마이 이니셔티브 다자화 체제가 동아시아 금융통화협력의 실질적인 성과로 간주되고 있지만 여전히 여러 가지 문제가 존재한다. 주로 다음과 같은 방면으로 나타난다. (1) CMI협력형태의 짜임새가 엉성하고 효율적이지 않으며 지역 통화협력 관련 장기적 목표가 없는 것이다. 2012년에 비록 '10+3' 거시경제 조사연구기구(AMRO)를 설립해 치앙마이 이니셔티브 다자화 체제의 독립적인 거시경제 감시기구로 삼기로 했지만 현재까지 여전히 역할의 예기치에 미치지 못하고 있다. (2) CMI 프라임워크 내에서의 양자 간 통화 스와프는 위기가 닥쳤을 때 긴급 융자를 제공하는 것으로써 용도와 사용한도 등 면에서 모두 엄격한 규제를 받게 된다. (3) CMI 프라

---

30) 일반적으로 통화협력형태는 초급단계에서 고급단계로 차례로 국제경제정책조정 · 지역성 위기 구제 체제 구축 · 환율연동 체제 구축 · 단일 통화지역 형성 등 단계를 거친다.

임워크 내에서의 양자 간 통화스와프 협정은 정보 공개의 불완전성과 전문적인 감독기구의 결여로 인해 체제적 장애가 존재한다. 이런 문제들로 인해 CMI를 달성한 후 상당히 긴 시간 동안 동아시아 국가들이 비록 양자 간 통화 스와프 협정을 체결했음에도 실행되지 못하고 있다.

동아시아 금융통화협력의 제한성은 또 다음과 같은 방면에서 드러난다. (1) ABF는 단일 통화를 발행하는데 전부 달러화를 가격표시통화로 삼고 있으며, 자금 규모가 제한적이고 상징적 의미가 실제 의미보다 크며, 금융시장 기반시설 건설이 뒤처져 있다. (2)아시아개발은행이 최종 아시아 통화 단위(ACU) 공개 계획을 뒤로 미뤘는데 그 이유를 공개하지는 않았지만 주요 국가들의 ACU를 에워싼 입장 차이와 이익 분쟁이 근본 원인이다.[31] (3) 동아시아의 역내 환율 조율과 협력이 실질적인 진전을 이루지 못한 것이다. 최근 몇 년간 아세안 '10+3' 정상회의에서 체결한 관련 문건 중에는 지역성 환율체제 건설에 대한 어떠한 문제도 제기되지 않았으며 아세안 '10+3' 통화금융협력은 여전히 21세기 초에 달성한 기존의 기본 틀에 국한되어 있다.

동아시아 금융통화협력의 발전과정을 되돌아보면 동아시아가 최초에 금융통화협력 분야에서 진전을 가져올 수 있었던 것은 주로 관련 경제체들이 그 당시 금융위기의 영향을 받고 있었으므로 하루 빨리 어려운 상황에서 벗어나기 위해 협력협의를 달성했었던 것임을 어렵잖게 발견할 수 있다. 그래서 동아시아 금융통화협력은 전형적인 '위기 추진형'제도적 배치에 속하는 것

---

31) 리샤오(李曉) : 『후 위기시대의 동아시아 통화금융협력—위안화와 엔화의 조화는 가능한 것일까?』, 지린(吉林)대학출판사 2010년본, 208쪽.

으로써 가동 초기부터 '임시응급'색채를 띠었으며 역내 통화협력의 미래 발전방향에 대해서 공동 인식을 달성하고 장기적 목표를 제정하기가 어려웠던 것이다. 일단 위기가 사라지면 협력의식이 점차 약화되고 추동력이 현저하게 감퇴되는 것이다. 그러다 또 새로운 위기가 닥치면 또 다시 임시 구조 배치를 취해 동아시아 금융통화협력은 피동적으로 겨우 앞으로 한 발짝 내딛는 것이다. 그러나 임시적 제도 배치는 장기적인 계획이 부족하므로 체제를 형성하기 어려우며 따라서 깊은 차원의 문제는 해결할 능력이 없다.

스젠화이(施建淮)(2004)는 동아시아 각국이 역내 금융통화 협력 방안을 연구할 때 흔히 이들 방안의 시간선택 문제를 경시한다고 주장했다. 리샤오(2011)[32]는 당면의 급격하게 변화하는 국제정치경제환경에서 동아시아 통화협력은 전례 없는 시련에 직면해 있다고 주장했다. 그 글로벌 금융위기 기간에 원래 중요한 역할을 했어야 하는 CMI 혹은 CMIM 체제가 그 자체의 사용가능한 자금 규모가 IMF 지원 프라임워크의 제약[33])을 받았다. 심지어 기타 일부 단기 이동성을 해결할 수 있는 경로(예를 들면 중앙은행 간 통화 스와프 협정)가 있었음에도 그 역할을 발휘하지 못했던 것이다.

---

32) 리샤오(李曉) : 「동아시아 통화협력은 왜 좌절을 당했는가: 위안화의 국제화와 미래 동아시아 통화협력에 대한 영향을 겸해 논함」, 『국제경제평론』 2011년 제1기.

33) '치앙마이 이니셔티브' 프라임워크 내에서 모든 양자 간 통화협정 하에서 대차 가능한 최대 금액은 협의체결 양자가 의논해 정하도록 규정했다. 그런데 이 협정에서는 또 차입국이 즉각 무조건 인출할 수 있는 차관은 스와프협정의 최대 스와프 금액의 20%를 넘겨서는 안 되며 스와프 기한은 90일, 7차례 연기할 수 있으며 총 630일까지 빌릴 수 있다고 규정지었다. 그리고 나머지 차관은 반드시 IMF가 차입국에 제공한 대출과 함께 지급한다고 규정지었다. 그러므로 CMI 프라임워크 내에서 융자 액수는 실제로 IMF 대출조건의 규제를 받는 것이다.

우리는 동아시아 금융통화협력이 실질적인 진전을 가져오기 어려운 데는 주로 다음과 같은 몇 가지 방면의 내적, 외적 제약 요소가 존재한다고 본다.

1. 내적 요소

(1) 동아시아 금융통화협력은 충분한 구조성 경제적 토대를 갖추지 못했다.

동아시아 각국(지역)은 경제발전 수준의 차이가 비교적 큰데 서로 다른 경제발전단계에서 발전목표를 동일하게 조정하는 것은 아주 어렵다. 동아시아지역 내에서는 선진 국가, 신흥 공업국가, 개발도상국가, 가장 발달하지 않은 국가가 공존하며 인구당 GDP를 기준 삼아 동아시아 각국(지역)을 대체로 네 등급으로 분류할 수 있다. 일본, 한국, 브루나이가 제1등급으로 분류되는데 이들 국가는 인구당 GDP 수준이 비교적 높다. 아시아 '네 마리 용' 중의 중국 대만과 싱가포르는 제2등급으로 분류되며 전후 경제기적을 거쳐 경제 전환을 성공적으로 완성했다. 중국, 태국, 말레이시아, 인도네시아, 필리핀은 제3등급으로 분류되는데 경제의 거대한 발전을 이루었지만 여전히 경제구조 조정이라는 어려운 과제를 안고 있다. 그 외의 베트남, 캄보디아, 라오스, 미얀마와 같은 국가들은 제4등급으로 분류되는데 여전히 세계에서 가장 발달하지 않은 국가들이다.

동아시아 여러 경제체들 간 경제발전의 불균형성이 서로 다른 경제체가 직면한 주요 경제문제에서 비교적 큰 차이가 존재하는 현실을 결정지었으며, 동아시아 경제 질서를 조성함에 있어서 서로 다른 경제적 이익에 대한 선호와 지역적 전략 요구가 있게 되었다. 그들 모두는 자신에게 유리한 지역 체제를 추진함으로써 '제도적 결함' 혹은 '제도적 과잉'현상을 만들어냈다. 필요한 제도는 형성될 수 없는 반면에 이미 충분한 제도는 지나치게 많이 제정되었다.

(2) 동아시아 금융통화 협력은 견고한 정치적 토대가 결핍되어 있다.

코헨(Cohen, 2006)[34]은 지역 금융통화 협력이 일정 정도에서는 정치적 협력으로서 통화관계는 결국 주권국가의 권력 배치를 반영한다고 주장했다. 로버트 먼델(Robert Alexander Mundell)은 만약 정치적 융합이 없이 여러 국가들에 자국 통화를 포기하고 단일 통화연합에 가입할 것을 요구한다면 그건 성공할 수 없는 일이라고 했다. 유럽 통화연합의 경험에서도 알 수 있듯이 성공적인 통화연합은 강력하고 유력한 정치연합이 뒷받침되어야 하는데, 이에 비추어 보면 동아시아의 정치적 다원화가 동아시아 금융통화 협력과정에서 중요한 요소가 되는 셈이다.

정치체제와 사회제도를 보면 동아시아는 아주 다양한 국제체계이다. 사회주의국가가 있는가 하면 자본주의국가도 있고, 또 두 가지 정치체제 사이의 군주제국가도 있다. 그리고 민주제 국가가 있는가 하면 독재로 간주되는 국가도 있다. 게다가 동아시아의 여러 국가 내부에서도 정치적 동란과 사회적 소동이 자주 일어나곤 한다. 예를 들어 인도네시아의 민족 모순, 미얀마 반

---

34) Cohen,B.J., "The Macro foundations df Montary Power", in Andrews, D.W.,eds,*International Monetary Power*, Ithaca and London: Cornell University Press.

정부군의 민주운동, 필리핀의 군부 측·의회와 대통령 간의 복잡한 관계 등은 이들 국가의 정권 교체·사회적 불안정의 요소로 작용하고 있다. 동아시아 국가와 지역들 간에도 제2차 세계대전시기와 냉전시기 때부터 역사적으로 남아 내려온 문제 때문에 서로 적대시하고 배척한 적이 있었으며, 또 영토주권 문제로 인해 동아시아지역은 늘 화약 냄새가 짙곤 했다.

냉전이 끝난 후 비록 여러 국가들이 자국 발전의 길을 자주적으로 선택하는 것을 충분히 존중해야 한다는 이치를 보편적으로 인식하긴 했지만 그러나 현저하게 다른 정치체제와 사회체제는 여전히 동아시아 통화지역 창설문제에서 각국이 공동인식과 상호 신뢰를 달성하는데 불리하다. 불안정한 국내정세는 그 국가의 경제발전에 불리해 동아시아 통화협력의 정치적 기반을 약화시킬 뿐 아니라 더욱이 그 국가 정부의 대외 경제정책의 연속성과 합법성에 직접적인 영향을 주어 이미 달성한 통화협력협의를 효과적으로 관철 실시하는 데도 어려움을 조성하고 있다.[35] 동아시아지역 내 서로 다른 경제체들 사이에 정치적 모순과 분열이 광범위하게 존재하며 그로 인해 동아시아 경제체들이 통화 주권을 포기할 수 있는 자신감과 결심을 심각하게 약화시키고 있다. 복잡한 정치적 국면으로 인해 동아시아가 통화 일체화로 가는 길에서 겪어야 하는 우여곡절은 비할 데 없이 많다. 보다 실질적 의미가 있는 지역 금융통화협력 성과를 거두고 나아가 동아시아통화연합 창설을 실현함에 있어서 이 지역에 장기적으로 존재해온 정치적 분열과 심

---

35) 왕용후이(王勇輝) :「동아시아 통화협력의 정치경제학분석」, 푸단(復旦)대학 우수 박사졸업 논문, 2007년.

각한 충돌을 해소하고 서로 간에 정치적인 상호 신뢰를 진정으로 수립하는 것이 선결조건 중의 하나이다.

(3) 동아시아 금융통화협력에서 영향력을 갖춘 '주축국가'가 부족하다

찰스 킨들버거(Charles P. Kindleberger)는 『1929~939년 세계경제 대공황』(1971) 이라는 저서에서 최초로 공공재(public goods)의 개념을 국제관계 연구에 도입시켰으며 국제 경제체계의 운행은 어느 한 국가가 '공공 비용'을 부담해야 한다고 주장했다. 국제 공공재 논자 멘슈어 올슨(Mancur Lloyd Olson, Jr)은 주요한 국제 공공재에는 다음과 같은 것이 포함된다고 주장했다. 즉 안정적인 국제금융통화 시스템, 성숙된 국제 자유무역체제, 대외 경제 불균형을 시정할 수 있는 국제 거시적 경제정책 조율 체제, 공해의 자유 항해, 도량형의 표준화, 국제 안전보장체제와 국제경제지원체제 등이다.

지역성 국제 공공재는 어느 한 특정 지역을 위해 서비스를 제공하며 그 비용은 지역 내 구성원들이 공동으로 분담하는 일종의 배치와 체제·제도를 가리키는데 다음과 같은 특징을 띤다. ① 그 비용은 협상을 거쳐 분담하며 그 제품이 '사유화'되는 것을 효과적으로 방지하고 배제할 수 있다. ② 적용 범위가 지역성을 띠며 '무임승차' 현상을 비교적 잘 피할 수 있다.36) 동아시아 금융통화협력의 여러 가지 체제 건설은 지역성 국제

---

36) 판융밍(潘英明) : 「지역성 국제 공공재: 지역 협력의 또 다른 이론 시점 해석」, 『세계 경제와 정치』 2008년 제1기, 11—12쪽, 「국제 공공재에서 지역성 공공재에 이르기까지: 지역 협력 이론의 새로운 성장점」, 『세계 경제와 정치』 2010년 제1기.

공공재로서 그 창설 초기와 운행 과정에서 하나 혹은 여러 국가가 공공재의 제공자 역할을 담당해야 하며 또 그로 인해 발생하는 공공 비용을 부담해야 한다. 그렇지 않으면 여러 국가들이 관망하는 태도로 소극적으로 기다리기만 할 뿐이며 결국 절호의 시기를 놓쳐버릴 수 있다.

그런데 현재 동아시아지역에는 충분한 영향력을 갖춘 '주축 국가'가 부족하며 전지역을 위해 통화정책을 결정하고 통일적으로 계획하고 조율할 수 있는 리더형 국가가 부족하다. 엔화가 비록 일정한 정도에서 국제화를 실현했지만 여전히 경제의 대외 의존도가 높고 국내시장이 작으며 국내 금융시장 규제가 너무 많은 문제에 직면해 있다. 지난 1990년대에 '잃어버린 20년'을 겪은 뒤 일본경제는 장기적인 저조 침체기에 처했으며 2011년 '3.11' 대지진과 후쿠시마 핵 유출 사고를 겪은 뒤 일본 경제는 더욱 더 설상가상 격이 되었다. 게다가 일본 총리 아베 신조(安倍晋三)가 '무제한' 통화완화정책을 펴고 있어 엔화가 대폭 평가 절하되었으며 그로 인해 해외 주민의 엔화 보유 수요가 줄었다. 그러므로 경제적 실력으로 보나 엔화 자체의 흡인력으로 보나 일본은 동아시아 통화지역 '주축 국가'로서의 역할을 담당할 능력을 갖추지 못했다. 게다가 일본의 군국주의 침략 역사에 대한 태도가 아시아 인민의 감정을 심각하게 상하게 하고 있고 일본이 주변 국가와의 도서 주권 분쟁으로 시끄러운 비경제적인 요소도 동아시아 기타 국가와 지역이 일본을 통화지역 '주축 국가'로 받아들일 수 있는 가능성을 크게 떨어뜨리고 있다. 한국과 싱가포르는 비록 선진국이지만 경제적 총량이 동아시아지역 내의 안정적인 발전을 받쳐주기에는 역부족이다.[37)

중국은 동아시아에서 꾸준히 굴기하는 대국으로써 30여 년 간의 경제건설에서 세계가 주목할 만한 성과를 거두었으며 동 아시아와 세계 경제성장을 이끈 중요한 엔진으로 자리매김했 다. 중국은 또 점차 동아시아지역 '시장 제공자'의 역할을 담 당하고 있으며 위안화는 주변 국가와 지역에서 일정한 영향력 을 갖추었다. 그러나 중국은 과거 아주 오랜 시간 동안 지역 협력 사무에 참가하는 면에서 조심스러운 태도를 보여 왔고, 동아시아 여러 영역 협력 사무에 대한 참여도도 높지 않아 동 아시아 여러 국가들이 중국에 대한 이해가 깊지 않다. 게다가 위안화는 아직 자유태환이 허용되지 않았으며 자본 계정에도 여전히 많은 규제가 존재한다. 이러한 상황은 모두 중국이 동 아시아 금융 통화협력에서 '주축 국가' 역할을 담당하는 데 영 향을 끼친다. 최근 몇 년간 중국정부는 '소프트파워'와 '스마 트파워'를 충분히 살려 세계 각국 특히 주변 국가들의 중국에 대한 이해가 깊어지게 하고 주변국들과의 관계를 격상시켜 이 런 우호적인 움직임이 중국의 '주축 국가' 지위 획득에 유리한 조건을 창조했다는 사실을 충분히 인식하고 있다.

현재 동아시아지역 일체화에서 '소국이 대국을 추구하고 소 지역(次區域, 차지역)에서 대외로 뻗어나가는' 특별한 구도가 나타 났다. 아세안이 지역협력에서 선두적 지위를 차지할 수 있는 원 인은 아세안이 동아시아 일체화 정도가 가장 높은 소지역이라 는 것 외에도 동아시아 주요 대국들 간에 전략적 상호 신뢰가 결여되고 지역 협력의 제도적 배치가 결여되었기 때문인 것이

---

37) 시훼이(習輝) : 「국제 금융 위기 후 동아시아 통화협력」, 『중국금융』 2011년 제10기.

다.38) 지역경제에 대한 '주축 국가' 역할 담당자가 결여된 원인으로 인해 동아시아 금융통화협력이 구조시스템 건설·정보 공유시스템 건설 등 낮은 차원에 머물러 있으며 지역성 금융통화협력이 공공재로써 가져다줄 수 있는 여러 가지 공공재의 긍정적 외부효과를 얻을 수 없는 것이다.

(4) 동아시아 금융통화협력에 대한 동아시아 여러 경제체의 태도

동아시아 금융통화협력의 주체가 현재는 더욱 많이 아세안 '10+3' 틀 내에 제한되어 있고, 지역 내 기타 비교적 발달한 경제체—예를 들어 중국의 대만·홍콩 등은 동아시아 금융통화협력에 별로 큰 열정을 갖고 있지 않다. 사실상 아세안 '10+3' 틀 안에서라고 해도 말레이시아·태국·싱가포르·일본만이 비교적 적극적이다. 2008년 글로벌 금융위기가 있은 후 중국은 조심스러운 태도를 바꿔 동아시아 지역 통화협력 사무에 적극 참여했다. 여러 국가가 동아시아 금융통화협력에 대해 각자 다양한 태도를 보이고 있어 협력방안은 적극적인 호응을 얻기 어려울 뿐만 아니라 빛을 보지 못하고 좌절당하기 쉬웠다.39)

이밖에 일부 경제체들은 동아시아의 금융통화협력 심화에 의심과 우려를 품고 있었는데 동아시아 통화지역과 같은 발전 과정에 가입하면 경제주권을 상실할까 걱정했다. 아시아개발은행 (Asian Development Bank, ADB)이 아시아 통화단위지수 발표를 계속 미뤄온 원인은 동아시아 여러 국가들이 통화 바스켓 확정과 지

---

38) 마룽성(馬榮升) : 「미국이 동아시아 일체화에서 맡은 역할: 지역주의를 시각으로 하다」, 『국제논단』 2007년 제3기.
39) 왕용후이(王勇輝) : 「동아시아 통화협력의 정치경제학분석」, 푸단(復旦) 대학 우수 박사졸업 논문, 2007년.

위 등의 문제에서 의견 차이가 존재하는 것 외에도 동아시아가 일본의 침투를 우려하는 것과 관련이 있었다. 아시아개발은행은 줄곧 일본 국적의 인사가 요직을 담당해 왔는데 이는 동아시아 여러 경제체가 아시아개발은행 통화정책의 중립성에 의심을 갖게 되는 이유에서였다.40) 일본이 아시아통화 단위 실현에 전력 투구하고 있으므로 동아시아 일부 경제체들은 일본이 이를 빌려 세계대국의 꿈을 이루고 통화의 구속력을 통해 아시아에서 일본의 전방위적인 통제를 확대하려고 꾀하지 않을까 걱정하고 있다.41) 역사와 현실, 국제환경과 국내환경 등 여러 가지 요소의 공동 작용 하에서 현재 동아시아 국가들은 보편적으로 민족국가 발전 과정의 '주권 강화기'에 처해 있기 때문에 주권 문제에 크게 관심을 갖고 있어 그 어떤 주권 양도에 관련된 제도적 배치를 받아들이기가 어려운 상황이다. 동아시아 여러 경제체들이 갖는 극도로 민감한 주권 의식과 민족주의 감정 때문에 그들은 차라리 가능한 경제 이익을 포기하는 한이 있더라도 스스로 주권 상실의 위험한 경지에 처하려 하지 않을 것이다.

한편 동아시아 금융통화협력은 중국과 일본이 지역 내에서 각자가 맡을 수 있는 역할과 마땅히 맡아야 할 역할 문제를 어떻게 잘 처리하느냐 하는 문제를 떠날 수가 없다. 제2차 세계대

---

40) 아시아개발은행 관계자는 일본이 아시아개발은행을 이용해 자국의 의사일정을 추진한 적이 있다고 밝혔다. 일본 재무성은 아시아개발은행 행장 직을 자체 소유로 간주하고 재무성에서 대외사무를 담당했던 퇴직한 고위 관리를 아시아개발은행 행장에 임명하는 것이 관례로 되었다. 이에 대해 아시아개발은행 직은 너무 관료화되었다고 비난 받은 적도 있다. 헤니 센더(Henny Sender):「중일, 아시아 개발은행 행장 경쟁할 수도」『파이낸셜 타임스(Financial Times)』 2013년 3월 1일.
41) 리핑하이(黎平海) :「아시아 지역 금융협력 속에서의 일본과 중국」, 『일본학 간』 2006년 제2기.

전 후 일본은 장기적으로 아시아 제1의 경제대국의 지위를 안정적으로 차지하고 줄곧 지역의 선두주자로 자처하면서 지역 내 지역 협력에서 전방위적인 지도권을 추구해왔으며 '엔화 지역' 창설을 야심차게 추진해왔다. 중국은 비록 일본과 지역협력의 지도권을 쟁탈할 의향은 없었지만 그렇다고 아시아 지역 조직구도에서 다소곳하게 순종하는 것은 달갑지 않았다. 그리고 중국 경제실력이 꾸준히 강해짐에 따라 2010년에 중국 경제총량이 일본을 추월해 중국이 아시아 제1 경제체로 부상하게 되자 중일 양국이 상대적 실력과 지역 영향력이 새롭게 조정되었다. 중국과 일본이 어떻게 양국 관계를 잘 처리하고 불필요한 배척과 의심을 줄이고 보다 많은 상호 신뢰의 공간을 확보하느냐가 동아시아 금융통화협력의 진척에 영향을 주고 있다.

(5) '제(第)N종 통화문제'

회원국 간에 통화연합을 맺는 처음의 뜻은 최소한의 양도 대가를 통해 최대의 수익을 얻고자 하는 것이었다. 그래서 N가지 독립 통화를 가진 경제 주체들 간에 통화연합을 맺으려면 '제N종 통화문제'에 맞닥뜨려야 했다. 즉 새로운 공동통화가 창조되기 전에 회원국들은 국가 패권이 나타나는 것을 회피하기 위해 지역 내 어느 하나의 통화를 '축'으로 삼는 것을 아주 달가워하지 않았다. 그러나 또 경제 동질화의 실현을 위해서는 지역 내 주요 통화를 하나 선택해 법적통화로 정하고 기타 통화를 그에 고정시키지 않을 수 없었다. 따라서 대체 어떤 통화를 선택해 '축'으로 삼느냐 하는 것이 '제N종 통화문제'로 되었다. 유럽통화연합의 실천을 보면 회원국들이 독일 마르크화를 선택해 '통화의 축'으로 삼고, 독일이 제반 유럽공동체(EU)의 이율을 결정하도록 해 '제N종 통화문제'를 해결했다.

그러나 유럽공동체와 비교할 때 현 단계에서 동아시아는 '통화의 축'을 선정하기가 매우 어려웠다. 현재 동아시아 통화 일체화를 위한 '통화의 축' 관련에 대한 제의는 주로 다음과 같은 몇 가지에 집중된다. ① '엔화 지역'을 창도하려는 자들은 엔화를 '통화의 축'으로 삼아야 한다고 제기했다(Frankel and(Shang Jinwei,1994), Kwan,1995, Ohno와 Shirono, 1997, Oombbuseh와 Park,1999). ②로널드 맥키논(Ronald I McKinnon)(2000, 2005)을 대표로 하는 '동아시아 달러 본위'구상, 즉 외부 '통화의 닻'을 채용하자는 주장이다. ③동아시아지역에서 중국의 중요성이 갈수록 두드러짐에 따라 갈수록 많은 학자들이 위안화지역화와 국제화를 주장했다. [장보커(姜波克), 1994, 리샤오(李曉) · 딩이빙(丁一兵), 2006].

한 가지 확정 지을 수 있는 것은 달러화를 동아시아 '통화의 축'으로 삼는 것은 가장 취할 바가 아니며 가장 논리적이지 않은 방안이라는 것이다. 그것은 동아시아에서 미국의 자체 이익만 강화하는 꼴이 될 것이라는 점을 모두가 잘 알고 있다.

엔화와 위안화가 동아시아 통화 일체화의 '축'이 될 수 있느냐는 여부에 대해서 연구 결론은 각각 다르다. 종합적으로 볼 때, 엔화와 위안화는 각각 우세성와 열세성이 있다고 할 수 있다. 엔화의 우세성은 일본이 비교적 일찍 국제화로의 발전 과정을 시작해 어느 정도 국제화 경험과 국제화 기반을 마련했다는 것이고, 엔화의 최대 열세성은 일본이 동아시아 기타 국가와 지역의 정치적 인정과 신임을 얻을 수 없다는 것이며, 그 다음으로 일본 경제가 꾸준히 하락세를 보이고 있다는 것이다. 위안화의 우세성을 말하면 중국의 강대한 경제적 능력이 위안화가 지역 '통화의 축'이 될 수 있는 물질적 토대를 마련했다는 점이고, 또한 중국이 정치·외교·문화 등 소프트파워 방면에서도 점차 외부로부터 인정을 받고 있어 위안화의 국제 신임도를 높이는 데 도움이 되고 있다는 점이다. 위안화의 열세성은 중국이 자본 계정을 전면 개방하지 않아 위안화의 자유태환이 허용되지 않고 있어 해외 주민의 위안화 보유 의욕을 떨어뜨리고 있다는 점이다.

각계가 엔화와 위안화의 우열을 가리는 문제에서 아무리 서로 양보하지 않고 있어도 반드시 직시해야 하는 현실은 현재 동아시아 통화 일체화에서 '축'을 찾는 것이 아직 어려우며 동아시아 '제N종 통화문제'가 오랜 시간 동안 해결할 수 없을 것이라는 점이다.

2. 외적 요소

(1) 미국 요소

미국의 대외정책에서 동아시아는 줄곧 전략 책정과 정책 실행의 중점 지역이 되어 왔으며 냉전이 끝난 후에도 미국은 계속 아태지역에서 '패권관리전략'을 펴왔다. '9.11'사건이 있은 뒤 아시아에서 미국의 실력이 강화되었으며 이른바 '미국의 동남아 복귀'현상이 나타났다. 아태지역에서 미국의 가장 중요한 전략 목표는 그 지역에 대한 미국의 전통 영향력을 유지해 군사·정치·경제적으로 미국의 우세적 지위가 도전을 받지 않도록 확보하는 것이다. 미국의 아태지역 책략의 핵심은 '미국 주도·양자 동맹·상호 견제와 균형' 등 3대 원칙이다. 미국의 아태 안보 유지 기본 전략적 조치는 세력균형 전략이다. 그 기본 내용은 미국과 일본 간 정치·경제·안전동맹을 주체로 하고, 미국과 한국·오스트레일리아·아세안 간의 양자관계를 토대로 하는 '부채살 [허브 앤드 스포크(hub & spoke)]전략' 구조를 수립해 아태지역 각국을 포용하고 아태 경제협력기구가 달성한 의제를 확대하며 이를 안보영역에까지 확대해 아태지역 '안전보장핵심'과 지역 역량의 '균형자'역할을 담당하고자 하는 것이다. 그 최종 목표는 일본을 속박하고 중국을 제약하며 아세안을 자기편으로 끌어들이고 견제하며 러시아를 배척함으로써 아태지역에서 미국의 역량에 도전할 수 있는 적대 연맹이 나타날 수 없도록 확보하려는 것이었다.42)

정치·군사·외교 분야에서의 역량 침투 외에 미국은 또 아태지역에서 '당근+몽둥이'정책을 펴오고 있다. 한편으로는 정치·군사·외교 영역에서 아태지역에서 굴기 가능성이 있는 신흥 세력을 극구 억누르고 억제하며, 다른 한편으로는 또 경제와 건설 영역에서 동아시아지역과 밀접한 연계를 유지해오면서 무역·투자·자금 지원을 통해 동아시아 국가들의 미국에 대한 경제적 의존도를 높이려는 것이다. 장기간 미국은 동아시아 국가에 국제적 지원과 무이자 혹은 저금리 대출자금을 제공하는 것으로써 피지원국에 대한 미국의 통제능력을 키워왔다. 2009년부터 미국은 '환태평양전략적경제동반자협정(Trans-Pacific Partnership Agreement,TPP)'을 주도해오면서 '자기편 만들기'에 꾸준히 주력해 왔다. 미국이 전략 중심을 동방으로 이전하는 핵심은 무역이므로 미국은 TPP

---

42) 후지우롱(胡九龍) : 「냉전 후 아세안과 미국 간 아태 안보 사무에서의 새로운 관계를 논함」, 『동남아』 2003년 제3—4기.

를 아태 복귀 전략의 중요한 구성부분으로 보고 있으며 오바마 정부는 TPP가 아시아에서 미국의 지위를 공고히 할 수 있기를 희망한다.43)

경제 글로벌화 물결이 세계 구석구석을 휩쓸고 있는 대 배경 하에서 미국적 요소가 동아시아 금융통화 일체화에 주는 영향 은 구체적이고도 장기적인 것이다. 커트 캠벨 (Kurt Campbell) 미국 국무부 전임 동아시아태평양 담당 차관보가 말했다시피 동아시 아에 대해 미국은 일부 원칙이 있는데 그중 가장 중요한 것은 안보 · 경제 · 상업과 관련된 중요한 체제에서 미국이 제외 되어 서는 안 된다는 것이다. 이로부터 그때 당시 하토야마 유키오 (鳩山由紀夫) 일본 총리가 2009년 9월에 '동아시아 공동체' 수립 을 재차 제안했을 때 왜 미국이 그처럼 강력한 반대를 했었는 지를 쉽게 이해할 수 있다. 미국의 입장에서 보면 이는 미국을 동아시아 밖으로 배제하려는 것과 다름이 없기 때문이다. 미국 에 있어서 현재의 조건하에서는 통화일체화를 포함한 동아시아 지역주의 발전추세가 아태지역에서 패권을 수립하려는 미국의 전략적 이익에 부합하지 않는 것이 분명하다. 그러므로 미국은 반드시 동아시아 통화 일체화에 대해 어떠한 움직임이라도 취 할 것이다. 장애를 설치해 동아시아 통화 일체화를 늦추는 것으 로써 동아시아에서 미국의 세력 범위가 도전을 받지 않도록 지 키고자 할 것이다.

---

43) 장취안(張全) · 자이페이(宰飛) : 「미국, TPP 빌어 아태 경제 전면 주도 시도」, 『해방일보(解放日報)』 2011년 11월 12일자.

(2) 달러화 요소

브레튼우즈 체제(Bretton Woods system)의 붕괴와 유로화지역의 탄생이 비록 달러화의 지위에 어느 정도의 위협이 되긴 했지만 동아시아에서 달러화의 패권적 지위를 가늠하는 기준을 전 세계 달러화의 흥쇠에 따라 판단할 것이 아니라 달러화의 지위가 동아시아에서 받아들여지고 인정받고 있는 정도를 살펴야 한다. 제2차 세계대전이 동남아 경제에 막대한 파괴를 조성했고, 반(反) 식민주의·민족주의운동 역시 이 지역을 불안정한 정치 국면에 깊이 빠뜨려 경제 회복이 더디게 만들었다. 1950년에 미국 국회가 해리 트루먼(Harry Truman) 대통령의 제창에 입각한 '포인트 포 계획(Point Four Program)'44)을 통과시키고 '후진국 개발 원조'라는 명분으로 동남아에 대한 경제 확장을 진행했다. 이와 동시에 미국은 영국이 남아시아와 동남아에 기술 제공과 자금 원조를 실행하는 콜롬보계획(Colombo Plan)의 뒷심이 돼주었다. 1951년부터 1958년까지 콜롬보 계획의 85%, 30억 달러 규모의 자금 원조가 미국에서 온 것이다. 미국은 콜롬보 계획 구성원의 성분과 성질을 변화시키는 것을 통해 최종적으로 주객이 전도되고 뻐꾸기가 까치둥지를 차지하듯이 달러화가 파운드화를 대체해 그 계획 운영의 통화형식이 됐다.45) 제2차 세계대전 후 동남아·동아시아 많은 국가와 지역이 미국의 원조를 받아들인

---

44) 1949년 1월 20일, 헤리 트루먼 미국 대통령이 취임 연설에서 미국의 세계 전략 관련 4대 행동계획을 제기하고 그중 네 번째 계획에 대해 중점 서술했다. 즉 아시아·아프리카·라틴아메리카의 후진 지역에 경제기술 원조를 실행해 정치적으로 이들 지역을 통제하는 목적에 이른다는 것이다. 이것이 바로 '포인트 포계획(Point Four Program)', 즉 '후진국(지역) 개발 계획'이다.

45) 장더밍(張德明) : 「콜롬보계획에서 아세안-미국 대결 후에 이르기까지 아시아경제기구 정책 역사에 대한 고찰」, 『사학집간(史學集刊)』 2012년 제5기.

것으로 인해 달러화에 대한 사실적인 의존관계가 형성됐다.

그로 인해 달러화가 동아시아지역에서 줄곧 패주의 지위를 유지했다. 1979년 중국과 미국이 외교관계를 수립한 후 달러화의 국제 본위제가 점차 동아시아 최대 국가에 의해 받아들여졌으며, 이는 동아시아지역에서 달러화의 통화 패권을 공고히 하는 데 유력했다. 동아시아 각국은 경제 발전 초기에 외화가 극히 부족한 어려움에 봉착했는데 수출 확대를 통해 외화수입을 창출하는 것이 시급했다. 동아시아는 마침 국제 분업 재조정과 국제 산업 이전 시기에 처해 수출이 활발하게 발전했으며 외환보유고 규모가 꾸준히 확대되었다. 동아시아지역에서 달러화의 장기적 침투에다 동아시아에 유력한 본 지역 통화의 장기적 결여로 인해 대다수 동아시아 경제체들이 모두 본위화폐를 달러화에 고정시켰다. 동아시아 경제체가 보유한 거액의 외환보유고 중 달러화 자산 역시 절대적 비중을 차지했다.

표 1-1은 1995~2013년 사이 IMF에 보고한 신흥 및 개발도상 경제체 외환보유고 구조를 반영한 것이다.

[표 1-1] 신흥 경제체와 개발도상국가/지역 외환보유고의 통화 구조

(단위: %)

연도	달러화	파운드화	엔화	스위스 프랑화	유로화	기타 통화
1995	73.67	3.10	5.98	1.07	—	16.19
1996	74.91	2.95	5.55	0.95	—	15.63
1997	75.55	3.37	4.55	0.88	—	15.65
1998	75.45	3.09	3.93	0.77	—	16.75
1999	74.15	3.24	3.93	0.63	17.49	0.56

2000	74.79	3.49	2.75	0.29	18.13	0.55
2001	73.94	3.47	2.43	0.28	19.62	0.27
2002	68.57	3.23	1.70	0.16	25.27	1.07
2003	63.05	4.28	1.06	0.14	30.19	1.27
2004	62.96	4.84	1.33	0.14	29.25	1.49
2005	62.65	4.30	1.51	0.06	29.17	2.31
2006	61.45	4.83	1.34	0.07	29.49	2.82
2007	62.00	5.06	1.79	0.07	28.64	2.43
2008	60.67	3.87	1.90	0.07	29.98	3.51
2009	58.50	3.89	1.78	0.02	30.16	5.65
2010	58.30	3.62	2.77	0.04	28.37	6.89
2011	57.45	3.41	2.99	0.04	27.42	8.68
2012	56.98	5.22	3.00	0.19	24.17	7.44
2013	60.13	5.15	2.97	0.16	24.09	7.51

※자료출처 : IMF 사이트 COFER 데이터베이스

　표 1-1에서 알 수 있듯이 달러화가 절대적 지배적 지위를 차지한다. 특히 1998년 아시아 금융위기가 발생하기 직전 달러화 자산이 외화보유액 총량에서 차지하는 비중이 75.55%에나 달했으며, 그 후 그 비중이 비록 점차 하락했지만 달러화의 주도적 지위는 변함이 없었다. 거기에다 IMF에 외환보유고 통화 종류 구조를 발표하지 않은 중국까지 합치면 그 비중은 더욱 높을 것이다.

　미국 재정부의 통계 수치에 따르면 동아시아는 이미 달러화 자산을 가장 많이 보유한 지역이 되었다. 2009년 6월말 동아시아 16개 경제체가 보유한 달러화 자산 총액이 3조 5천억 달러에 달해 외국 투자자가 보유한 달러화 자산 총액의 36.5%를 차지했다.46) 2013년 신흥 경제체의 달러화 보유 비중이 하락하는 대신 오히려 상승해 글로벌 금융위기 발생 이전의 수준으로 거의 회복되었다.

한편으로는 국제 달러화 본위제와 달러화 강세 정책이 동아시아 통화 일체화의 형성을 방해하는 소프트 요소가 되었고, 다른 한편으로는 동아시아 달러라이제이션 또한 동아시아 금융통화일체화의 형성을 방해하는 하드 요소로 작용했다. 동아시아지역에서 달러화의 통화 패권이 동아시아 국가들의 지역 금융통화 일체화를 포함한 일련의 경제정책 제정에 영향을 주고 있으며, 동아시아 국가의 경제 주권 심지어 정치 주권을 직접적 혹은 간접적으로 억누르고 있었다.

(3) 동아시아 통화협력은 IMF 조례와 규정의 제약을 받고 있다

국제통화기금은 1944년 7월에 설립된 정부 간 국제금융기구로서 세계 경제 운행 · 회원국 재정 통화 상황 · 환율정책에 대해 감독 관리를 진행하고 금융적 지원을 통해 회원국 무역수지의 어려움을 해결하며, 회원국에 기술과 자문 봉사를 제공해 그 발전을 도왔다. 비록 '위기 예방자' '위기 대출자' '위기 관리자'라는 세 가지 역할을 담당하고 있었지만, 기금의 대출은 실제로 소수의 선진국이 통화 패권을 장악하고 다른 국가의 재부를 약탈하는 수단이 되었다. 마하티르 모하마드 (Mahathir Mohamad) 말레이시아 전 총리는 미국이 위기 국에 IMF대출을 제공한다는 명의를 빌려 실제로 '경제식민주의'를 실현하고 있다고 맹비난

---

46) 슝아이중(熊愛宗) · 황메이보(黃梅波) : 「국제준비체제 개혁의 동아시아 시각」, 『세계 거시적 경제정책 시리즈 연구보고』, 2010년 7월.

한 적이 있다. 한국도 IMF의 원조를 받는 것을 국가의 수치로 간주했었다.47) 그래서 아시아 금융위기 초기에 일본이 IMF에 아시아통화기금 창설을 제안했으나 바로 미국과 IMF의 반대를 받았던 것이다.

앞에서 서술했다시피 동아시아 통화협력 진전의 실질적 성과로 간주되는 CMI 혹은 CMIM체제 자체는 사용 가능한 자금 규모가 IMF 원조 프레임워크의 제한을 받는다. 이는 치앙마이 이니셔티브가 독립적인 지역 구조시스템이 아니므로 IMF에 대한 의존으로 인해 IMF 구조시스템의 종속물이 될 뿐이다.48) 아시아 지역 외환보유고도 IMF와 경쟁관계가 존재한다. 동아시아 외환보유고는 대출조건에 대한 명확한 규정이 없이 여전히 IMF와 연동 관계를 유지하고 있다. 일부 학자들은 AMF의 운행 시스템이 IMF와 다르다고 주장했다. 단기적인 보충단계에서 장기적이고 점차적인 독립 단계에 이르기까지 대출한도ㆍ시간ㆍ조건 등에서 IMF와 달랐던 것에서 점차 IMF와 일치하는 것으로, 그러다 또 다시 IMF와 달라지는 세 개의 단계를 거치면서 독립성과 합리성이 꾸준히 증강되는 과정을 나타냈다. [황메이보(黃梅波)ㆍ주단단(朱丹丹), 2013] IMF의 정치적 속성이 동아시아 자체로 지역 금융통화 사무를 관리할 수 없음을 결정지었으며 '아시아판 IMF' 창설을 결정지었던 것이다.

47) 리원룽(黎文龍) : 「'구제'냐 '간섭'이냐: 국제통화기금의 역설 분석」, 『동남아종횡』 2008년 제5기.
48) 황하이보(黃海波)ㆍ주단단(朱丹丹) : 「아시아통화기금 건설 및 IMF와의 관계」, 『아태경제』 2013년 제2기.

제4절 위안화지역 구상의 제기

1990년대부터 세계 각지에서 금융위기가 빈번히 일어났다.[49] 그 원인은 비록 각각 다르지만 하나의 공통점은 위기 원천국가들이 자국 금융리스크에 대한 관리를 소홀히 했다는 점이다. 현재 국제통화체계가 불안정하고 불공정한 문제점은 달러화가 국제통화시스템을 주도하고 있는 데 있다. 미국 연방준비제도이사회(Federal Reserve System, Fed)의 통화정책 변화는 늘 달러화에 고정시킨 신흥 경제체들에게 '아주 경미한 변화에도 대세가 흔들리는' 충격을 주어 이들 신흥 경제체 내부에서 격렬한 화폐가치의 파동을 일으킬 수 있으며 심지어 금융통화 위기까지도 불러올 수 있다. 달러화에 대한 지나친 의존은 동아시아 각국의 통화정책 자주권을 약화시켜 동아시아 각국 중앙은행의 거시적 정책 운용방면에서 손발을 꽁꽁 묶어놓았을 뿐 아니라, 동아시아 각국이 더 큰 위험에 노출되도록 하여 동아시아가 '금융 식민지화'를 겪는 뼈저린 대가를 치르게 했다.[50]

동아시아를 보면 지역 내 경제무역협력이 꾸준히 발전함에 따라 지역 경제 연계가 갈수록 밀접해져 지역 금융 통화 일체화를 실행하는 것은 이미 객관적 경제 형세에 적응하는 필연적인 선택이 되었으며, 현재 동아시아 경제체들이 달러화에 대한 지나친 의존에 따른 여러 가지 모순에 대한 현실적 사고이기도

---

49) 1992년 유럽공동체, 1994년 멕시코, 1997년 동남아, 1998년 러시아, 1999년 브라질, 2000~2001년 터키, 2001~2002년 아르헨티나, 그리고 2007년 미국 서브프라임 모기지 위기로 인한 2008년의 글로벌 금융 위기 등.

50) 류전린(劉振林) : 「동아시아 통화협력과 위안화 국제화의 전망」, 제5차 양안경제무역포럼 '후금융위기시기 지역 통화협력' 학술 세미나 논문, 2011년.

하다. 그러나 현실 상황은 동아시아 여러 경제체들이 보편적으로 호랑이 등에 올라 탄 격으로 이러지도 저러지도 못하는 진퇴양난의 경지에 처해 있다. 한편으로 동아시아가 집단적으로 '환율 변동 공포증(Fear of Floating)'[51]을 앓고 있어 달러화 대비 고정환율체제가 동아시아 금융통화협력의 중요한 걸림돌이 되고 있다. 다른 한편으로는 위기를 겪은 뒤 동아시아 각국은 달러화에 대한 지나친 의존도를 떨쳐버려야 하는 긴박성과 중요성을 깊이 인식하게 되었다.

동아시아 금융통화협력이 지지 부진한 상태로 실질적인 돌파가 어려운 시점에서 2008년에 발생한 글로벌 금융위기가 달러화 본위의 국제통화시스템의 폐단이 또 한 번 낱낱이 폭로되었고, 동아시아 경제는 또 한 번 엄청난 타격을 받아야 했다. 이에 따라 동아시아의 통화 협력이 재차 의사일정에 올려졌다. 예전과 다른 점이라면 중국정부가 '조심스러워 하던' 자세를 떨쳐버리고 위안화의 '해외진출전략(走出去, 세계 진출)'을 적극 추진함으로써 이를 빌려 국제금융위기의 부정적인 충격을 최대한 낮출 수 있기를 바란 것이었다. 중국정부의 이와 같은 조치는 위기에 대처하기 위한 것일 뿐만이 아니라 중국정부가 위기에도 당황하지 않는 제도적 자신감을 이미 갖추었음을 보여주기 위함이었다. 30여 년간의 신속한 발전을 거쳐 중국 정부는 위안화의 지역 포용력과 영향력을 확대할 수 있다는 자신감을 갖추었으며 글로벌 금융위기의 기회를 장악하여 원래 진전이 느리던 동아시아 금융통화협력을 안전하게 앞으로 밀고 나갈 수 있다

---

51) Calvo,G.,C.Reinhart, 'Fear of Floating', *Quarterly Journal of Economics*, Vol.9,2002, pp.379-408.

는 결심이 생겼다.

중국이 2010년에 일본을 추월해 미국에 이어 세계 제2위 경제체로 부상함에 따라 각계는 중국경제가 계속해서 지속적이고 안정한 발전을 유지할 수 있으리라는 확신으로 가득 차게 되었으며 중국이 지역경제 발전을 이끌 것이라는 더 큰 기대에 차게 되었다. 동아시아 금융통화협력의 배경·성과·국한성 및 새로운 형세를 종합 분석해 보면 동아시아 금융통화체계 개혁이 가장 어렵고 중요한 시기에 처했음을 어렵지 않게 알 수 있다. 동아시아의 제일 대국으로서 중국은 동아시아 금융통화 개혁 과정에 적극 참여해 성과를 이룰 수 있는 능력과 책임이 있다는 사실은 의심할 나위가 없다. 중국 또한 지역 경제 발전을 이끄는 면에서 대국의 책임을 적극적이며 자발적으로 떠메고 이행해나가고 있다.

중국이 동아시아 금융통화협력을 점차 추진해나감에 따라 위안화의 역내 영향력도 꾸준히 커지고 있다. 2008년 글로벌 금융위기가 발생한 뒤 중국 정부는 일련의 제도적 배치를 효과적으로 추진해 위안화가 대규모로 국문을 나서 아시아로 향할 수 있는 유리한 조건을 창조해냈다. 위안화는 1990년대부터 이미 시장의 자발적 역량의 추동(推動) 하에 해외 유통을 실현했으며, 위안화의 통화기능이 시장의 선택을 거쳐 국경지역에서 확대되고 있다. 중국정부가 추진하는 일련의 제도적 조치로 인해 기존의 위안화 유통시장을 공고히 했을 뿐만 아니라 정부의 역량을 충분히 발휘할 수 있게 되어 정부와 시장의 양성 상호작용을 유지함으로서 위안화의 해외 영향력을 확대했다. 우리는 위안화 지역 창설을 동아시아 금융통화 협력의 새로운 탐색과정으로 삼을 수 있으며, 위안화지역은 시장의 선택 결과를 충분히 존중해 동아시아지역 공동 번영의 새로운 국면을 실현할 수 있도록 추진할 수 있게 되었다.

다음 이어지는 내용에서는 최적통화지역이론과 기타 관련 연구 성과를 충분히 참고해 국제통화사에서 나타났던 통화지역에 대한 회고와 비교를 거쳐 이 책의 '위안화지역' 개념의 범위를 확정 짓고자 한다. 현재 중국이 직면한 내부조건과 외부적 환경에 근거해 경제·정치·문화·체제 보장 건설 등 방면에서 위안화지역 창설의 실행가능성에 대해 충분히 논증하고자 한다. 변증법적 사유의 원칙에 따르고 위안화지역 창설이 중국과 지역 기타 구성원에 대한 예상 수익과 잠재적 리스크 원가에 대해 종합적으로 평가하고자 한다. 또한 국제통화체계의 최신 중대한 사건과 결부시켜 유럽 통화 일체화 과정에 대해 정리 분석해 위안화지역 창설을 위한 사고와 계발을 제시하고자 한다. 특히 동아시아 자유무역구 실행 등을 통해 지역 내 경제무역관계를 한층 더 밀접히 함으로써 통화일체화와의 연동을 실현하고 중국 자유무역구 전략과 위안화지역 전략의 양성적 상호작용을 위안화지역의 순조로운 건설의 경로로 삼아 선택할 수 있다는 관점을 제기할 것이다.

제 2 장

위안화지역 : 이론적 토대

중국
위안화지역
연구

堀起

" 국가가 강성하려면 반드시
강대한 통화가 있어야 한다 "

제 2 장
위안화지역 : 이론적 토대

....

    최적통화지역(Optimal Currency Area, OCA)이론은 국제통화이론 체계에서 가장 중요한 분파로써 통화 일체화의 인식 및 실천 발전과정을 이론적으로 총 정리한 것이다. 최적통화지역이론의 최초는 1950년대 말의 고정환율과 변동환율 간의 분쟁으로 거슬러 올라간다. 본 장에서는 우선 학자들의 최적통화지역이론에 대한 기여에 대해 소개하고 최적통화지역 창설에서 만족시켜야 할 생산요소이동기준 · 경제개방도기준 · 제품다양화기준·금융일체화기준 · 통화팽창률유사성기준 · 정책일체화기준 등에 대해 정리하고 해당 평가지표에 대해 평가 소개한다. 그 다음 통화

대체이론·국제결제 매개이론 등 기타 국제통화이론에 대해 종합 서술하고, 마지막으로 위안화의 국제통화기능 발휘에 대한 연구현황과 관련해 종합 서술하고자 한다.

제1절 최적통화지역의 판단기준

『신 팔그레이브: 경제학 대사전』(*The New Palgrave: A Dictionary of Economics*)에서 최적통화지역에 대한 정의는 다음과 같다. 즉 최적통화지역이란 일종의 '최적'의 경제지리지역을 가리키는데 그 지역 내에서는 일반적 결제수단 혹은 일종의 단일 공동 통화, 혹은 여러 종의 통화와 그 여러 종의 통화들 사이에 무한한 태환(兌換)가능성이 존재하며 환율은 경상거래와 자본거래를 진행할 때 서로 고정 불변성을 유지하지만 역내 국가와 역외 국가와의 환율은 변동성을 유지한다. 간단히 말하자면 최적통화지역은 단일통화를 채용하거나 혹은 지역 내 여러 구성원들 사이에는 환율이 고정 불변하지만 대외적으로는 통일적으로 변동되는 경제지역을 가리킨다. 최적통화지역이론은 먼델(Mundell, 1961)[52]이 최초로 제기했으며 그 뒤 매키넌(Mckinnon, 1963)[53]·피터 케넨(Peter Kennen, 1969)[54]·크루그먼(Krugman, 1993)[55] 등이 꾸준히

---

52) Robert A.Mundell, 'A Theory of Optimum Currency Areas', *American Economic Review*, Vol.51, No4, 1961, pp.657-665.

53) McKinnon, Ronald, 'Optimum Currency Areas', *American Economic Review*, Vol.53, No4, Sep. 1963, pp.717-725.

54) Eenen, Peter, 'The Theory of Optimum Currency Areas: An Eclectic View', in R.Mundell and A.Swoboda, eds.,*Monetary Problens in the International Economy*, Chicago: University of Chicago Press,1969.

55) Paul Krugman, *Lessons of Massachusetts for EMU*, New York: Cambridge University Press,1993.

발전시켰다. 최적통화지역이론이 최초에는 브레튼우즈체제의 "각국 통화는 달러와 연동시키고 달러는 금과 연계시키는 '이중연동'과 각국 환율을 달러화에 고정시키고 '하나의 고정'이라는" 고정환율제도가 장기적으로 유지될 수 있을지 여부 및 고정환율제와 변동환율제의 우열을 가리는 등의 문제를 토론하기 위하는데 목적을 두었었다. 후에는 더욱 발전해서 어떤 조건을 만족시키는 경제지리적 공간에 최적통화지역을 창설할 수 있는지에 대해 연구하기에 이르렀다. 한 통화지역의 '최적' 여부를 판단하는 기준은 일반적으로 그 경제지리 공간이 내외 경제균형 목표를 실현할 수 있느냐 하는 것이다. 크루그먼은 최적통화지역이론을 아주 높이 평가했는데, 그는 "최적통화지역은 혹은 더 폭넓게 말해 환율체제문제는 국제통화경제학의 중심문제로 간주할 수 있다"고 주장했다.

전통적인 최적통화지역이론의 틀 안에서 여러 후보국 간에 통화지역 창설 조건을 갖추었는지를 판단하려면 적어도 다음과 같은 네 가지 지표를 고찰해야 한다. 즉 생산요소의 이동성·무역 일체화 정도·경제 주기의 협동성 및 재정 리스크 분담 체제의 수립이다. 이 네 가지 지표는 각기 다른 판단기준으로 구성된 체제이며 다음 글에서도 구체적으로 논술할 것이다. 통화지역 후보국 중 이 네 가지 지표에 더 잘 부합하는 국가가 통화지역 창설조건이 더 성숙된 것이다. 그렇지 않을 경우 이들 국가들은 당분간 통화지역 창설계획을 포기하고 대외 경제무역 활동과 기타 거래를 전개함에 있어서 계속해서 본국 통화를 사용해야 한다.

전통 최적통화지역이론에 따르면 어느 한 경제지리 지역이 최적통화지역이냐를 판단하는 기준은 외생적인 것으로 통화지역 후보국들은 마땅히 통화지역에 가입하기 전에 기준에 부합해야 하며 그런 뒤에 최적통화지역을 창설할지 여부에 대해 생각하고 토론해야 한다. 그러나 프랑켈(Frankel)과 로스(Rose, 1998)[56]는 최적통화지역의 기준은 내생적이라고 주장하면서 통화지역에 가입하면 지역 내부 구성원들 간의 무역투자가 더욱 일체화될 수 있도록 추진해 지역 구성원들 간의 경제주기의 협동성을 증강할 수 있으므로 후보국가가 '사전'에 전통 OCA이론의 각항 기준을 전적으로 만족시키지 못하더라도 통화지역에 가입한 후에 통화지역의 구성원들 간에 꾸준히 강화되는 무역 일체화 정도와 경제 협동성을 통해 요소의 자유이동을 추진할 수 있어 점차 재정 리스크 분담체제를 수립함으로서 그 지역이 OCA의 기준을 점차 만족시킬 수 있게 된다고 주장했다. 프랑켈과 로스(1998)의 이론은 사실상 전통 최적통화지역 기준이 외생적이라는 가설을 바꿨으며, 그 기준은 최적통화지역 내에서 내생하는 것이라고 주장했다. 이로써 최적통화지역의 진입 문턱을 크게 낮춰 통화지역 후보국의 범위를 확대했다.

외생론이건 내생론이건을 불문하고 그 경제지리 지역이 최적통화지역이냐의 여부를 판단하는 지표체제는 일치해야 한다. 아래에 제기한 시간의 선후 순서에 따라 그 기준의 의미와 작용체제에 대해 각각 소개하고자 한다.

---

56) Jeffrey A.Frankel, Andrew K.Rose,'The Endogeneity of the Optimum Currency Area Criteria', *Economic Journal*, Vol.108, No.449, 1998, pp.1009-1025.

1. 생산요소의 이동성 기준

생산요소의 이동성 기준은 먼델이 1961년에 제기했다. 먼델은 경제지역 내의 회원국에 국제수지 불균형 현상이 나타날 경우 생산요소(주로 자본과 노동력에서 반영됨)가 자유이동할 수 있으며, 요소가 충족한 국가에서 요소가 결핍한 국가로 이전할 수 있다고 주장했다. 그 과정에서 지역 내 여러 경제체가 제때에 경제 구조조정을 실현하도록 추진해 최종 지역 내 경제가 조화로운 발전을 회복할 수 있고, 경제주기가 자동적으로 협동할 수 있기 때문에 환율변동의 힘을 빌려 거시경제적 안정을 유지할 필요가 없게 된다. 생산요소의 자유이동 기준에 부합하는 경제지리 지역이 최적통화지역으로 될 수 있다는 것이다.

먼델은 또 생산요소 이동성 기준의 작용체제에 대해 상세하게 분석하여 세계에 오직 A와 B 두 개의 국가만 존재한다고 가정할 때, 두 국가가 최초에는 충분한 취업과 국제수지균형 상태에 처해 있었을 것이라고 했다. 먼델은 양국의 지급 불균형을 초래하는 주요 원인은 수요의 이전이라고 주장했다. 사람들이 상품에 대한 수요가 B국에서 A국으로 이전할 때, A·B 양국 간에 지급 불균형 상황이 나타나게 되며 B국은 실업이 늘어나고 A국은 통화팽창이 심해지게 된다. 만약 양국 사이에 고정환율을 실행할 경우 A·B 양국이 수지 불균형문제를 해결하는 데는 두 가지 방안이 있다. A국이 가격을 인상하는 것(즉 A국이 통화팽창정책을 실행하는 것)과 B국이 취업을 줄이거나 임금을 인하하는 것이다. 이로 볼 때 고정환율 체제하에서 수지 균형을 이루려는 목표는 A·B 양국의 통화팽창과 실업현상을 동시에 해소할 수가 없게 한다. 만약 A·B 양국 통화가 자유로운 변동이 가능하다면 수요가 B국에서 A국으로 이전할 때 A국 통화의 평가절상으로 인해 양국의 국제수지 균형은 회복될 수 있을 것이다. 그러나 일반적으로 한 국가는 서로 다른 지역으로 구성되어 있다. 만약 A국이 동·서 두 지역으로 나뉘고 B국이 남·북 두 지역으로 나뉜다고 가정할 경우 A·B 양국의 생산요소가 내부 지역 사이에서 자유이동할 수 없다면, A국 내부의 서로 다른 지역 간에는 A·B 양국이 고정환율 상황에서 나타나는 것과 비슷한 모순이 나타나게 될 것이며, A국 내부에 불균형 현상이 나타나게 될 것이다. 이는 A·B 양국이 어떠한 환율제도를 실행하든지간에 생산요소가 자유이동하지 못한다면 A·B 양국은 모두 동시에 내외 경제균형을 실현할 수 없음을 설명해 준다. 그러면 A국과 B국이 비록 단 한 가지 통화에만 존재한다고 해도 '최적'통화지역이 될 수가 없는 것이다.

먼델의 양국 모형 중에서 생산요소가 자유이동할 수 없을 경우 환율은 다만 서로 다른 통화지역 간의 수지 불균형문제만 해결할 수 있을 뿐 통화지역 내부의 경제 균형은 실현될 수 없는 것이다. 왜냐하면 동일 통화지역 내부에는 환율 조절 수단이 없기 때문이다. 반면에 서로 다른 통화지역 사이일지라도 생산요소의 자유이동이 활발하게 이루어지기만 한다면 노동력과 자본은 수요의 증가로 인해 더 높은 임금과 자본 회수율을 갖춘 지역으로 이동하게 되며, 그 이동은 두 지역의 가격이 같아질 때까지 지속될 것이다. 이로 볼 때 서로 다른 통화지역 간에 요소의 자유이동을 통해 수요의 이전으로 인한 경제의 불균형문제를 상쇄할 수 있기 때문에, 통화정책과 환율정책의 힘을 빌려 조정을 거칠 필요가 없음을 설명해 준다.

먼델은 한 걸음 더 나아가서 서로 다른 지역 간에 생산요소의 이동성이 충분하고 임금의 빠른 조정이 가능하며, 또 정부가 재정이전지급조치를 출범시켜 세수 감소 지역이 심각한 타격을 받지 않도록 보장할 경우, 이들 지역은 최적통화지역이 될 수 있으며 고정환율을 실행하고 심지어 통일된 통화를 실현할 수 있다고 주장했다. 이는 거래비용을 낮추고 상대적 가격의 불확정성을 낮출 수 있을 뿐 아니라 통화지역의 외부 충격에 저항하는 데도 이로워 전 통화지역 거시경제의 안정을 유지할 수가 있다. 이러한 조절 체제 속에서 통화지역 회원국들은 단일 통화를 사용하거나 혹은 지역 내에서 고정환율을 실행하고 지역 외 국가와는 변동환율제도를 실행한다면 경제효율에서 파레토 최적을 실현할 수가 있다.57) 이밖에 먼델은 "지리와 산업 두 방면으로 볼 때 요소의 이동성을 절대적 개념이 아닌 상대적 개념으로 보는 것이 가장 바람직하며 이 기준은 정치경제조건의 변화에 따라 수시로 바뀔 수 있다"58)라고 제기했던 것이다.

먼델의 논증에 힘입어 많은 학자들은 생산요소의 자유이동을 최적통화지역의 전제조건으로 삼았다. 이밖에 먼델은 논증 과정에서 양국이 받는 외부적 충격은 대칭된다고 가정했는데 그 가정도 최적통화지역 형성의 중요한 조건으로 광범위하게 인정받았다. 그 논증들은 비록 일부 학자의 질의와 비판을 받기도 했

---

57) 먼델이 최초로 최적통화지역에 대해 토론할 때 그 표현 형태에 대해 구분하지 않았으며 회원국 간에 고정환율을 실행하고 단일 통화를 사용하는 것 모두가 최적통화지역의 실현형태였다. 쉬밍치(徐明棋)의 「최적통화지역이론: 동아시아 통화협력에 대해 설명할 수 있을까」, 『세계경제연구』 2003년 제10기, 63쪽 참고.

58) 류덩(劉橙)·왕둥펑(王東峰)·류즈웨이(劉志偉): 「지역 경제 일체화의 최적통화지역이론 분석」, 『경제경위』 2006년 제3기, 53—56쪽.

지만 기본 결론은 여전히 대다수 경제학자들의 인정을 받았다.[59] 최적통화지역이론에 대해 제일 처음 명확하게 제기한 선구자로서의 먼델은 학자들을 위해 최적통화지역이론을 다지고 개척할 수 있는 토대를 마련했으며 창조적 기여를 했다고 할 수 있는 것이다.

2. 경제 개방도기준

먼델(1961)은 생산요소의 자유이동이 경제지리 지역 내에서 만족을 얻을 수 없을 경우 단일통화의 최적 경제지리 범위를 결정짓는 경제적 특징은 무엇인지에 대해 고찰 연구할 필요가 있다고 주장했다. 그에 따라 로널드 매키넌(1963)[60]은 경제 개방도가 최적통화지역의 창설에 주는 영향에 대해 토론했다. 매키넌이 정의한 '최적'이란 단일 통화지역 내에서 통화ㆍ재정 및 대외 변동환율정책이 (1) 충분한 취업 유지, (2) 국제수지 균형 유지, (3) 통화지역 내부 평균가격의 안정유지의 세 가지 목표를 실현할 수 있어야 한다는 것을 가리킨다. 이 세 가지 목표는 실제상에서 여전히 먼델의 사상을 계승한 것이며 매키넌은 다만 더 세분화한 것뿐이다. 그래서 그가 경제의 개방도 기준을 평가하기 위해 선택한 '무역 가능제품/무역 불가제품' 거래 비율지표가 통화지역 여러 회원국의 상기 세 가지 목표 실현에 이로운지의 여부에 대해 더욱 잘 토론할 수 있도록 했다.

매키넌은 기준의 탄력 모형에 대한 가정을 바탕으로 충분히

---

59) Howard R.Vane,Chris Mulhearn, 'Interview with Robert A.Mundell', *The Journal of Economic Perspectives*,Vol.20, No.4, 2006,pp.89-110.

60) 리샤오(李曉)ㆍ딩이빙(丁一兵) :『위안화 지역화문제 연구』, 칭화(清華)대학출판사 2010년본, 16—17쪽.

작은 지역 내에서 그 지역 수출품의 외화가격이 지역 내 환율 변화와 물가변화의 영향을 받지 않도록 했다. 그 지역은 대외 변동환율제를 실행해 대외 균형을 수호했다. 그 지역 소비품에는 주로 수출품 X와 수입품 M, 무역 불가 품목 N 등 이 세 가지 제품이 포함된다고 가정한다. 수출품과 수입품은 무역 가능 제품이다. 그러면 매키넌의 가정에 따라 N의 그 지역 공동 통화형태로 표시한 가격은 고정 불변하고, X와 M의 지역통화 가격은 그 지역 대외환율의 변화에 따라 같은 비례로 변화한다. 만약 지역통화가 대외적으로 10% 평가 절하되면 X와 M의 본위화폐 가격은 10% 올라간다. 그러면 X와 M은 N에 비해 가격이 10% 높아진 셈이다. 따라서 기존의 내외 경제균형상태가 파괴된다. 이때 정책 제정자들은 마땅히 X와 M의 생산을 확대하고 국내 소비를 줄여 무역 수지상황을 개선해야 한다. 이로부터 알 수 있듯이 만약 그 지역의 수입품 혹은 수출품 수요에 변화가 생길 경우 반드시 기존의 국제수지균형을 파괴하게 되므로 통화당국은 국제수지균형을 회복하기 위해 환율조절수단을 이용하는 수밖에 없다. 그러나 이는 또 개방도가 아주 높은 경제체의 물가안정 목표와 양립될 수가 없는 것이다.

매키넌은 개방도가 아주 높은 경제지역 내에서 만약 환율수단을 이용해 국제 수지불균형을 조정한다면 경제에 역효과를 초래하게 된다고 주장했다. 한 국가에 국제 수지 적자가 나타난 것을 예 들어 그 국가에 적자가 나타난 뒤 본위화폐를 평가 절하하는 환율정책을 조절수단으로 적용하게 되면 세 가지 효과가 나타나게 된다. 첫 번째는 본위화폐의 평가절하로 인해 본국 수입상품의 상대 가격이 오르게 된다. 이들 수입제품이 본국의 중요한 중간 투입품일 경우 수입가격의 상승으로 인해 본국 물가지수의 전면적인 상승을 초래하게 된다. 이때 만약 본국 상품에 대한 가격제한 조치를 실행한다면 본국의 총수요를 억제해 실업률이 올라갈 가능성이 크다. 두 번째는 환율 평가절하정책이 본국의 통화팽창을 불러올 수 있다는 점이다. 주민들은 최초에는 '통화환각'을 느끼겠지만 일정한 시기의 시장 반응을 거친 뒤 본국 주민들은 본위화폐가 이미 평가 절하됐음을 느낄 것이다. 그러면 그들은 실제임금수준을 유지하고자 명목임금을 높여줄 것을 요구할 것이다. 그리 되면 본국 기업의 생산에 투입되는 비용이 늘어날 것이며, 본국 수출상들은 수출 상품가격을 올릴 것이므로 이는 또 최초 본위화폐 평가절하정책 효과를 약화시키거나 심지어 상쇄시키게 된다. 세 번째는 개방된 경제체의 주민소비의 수입품에 대한 의존도가 높기 때문에 수입 수요의 탄력이 비교적 낮다. 이런 상황에서 국제수지 불균형문제를 해결하려면 대폭적인 환율조정이 필요하다.

　이상의 분석을 바탕으로 매키넌은 개방도가 높은 경제지역이 충분한 취업·국제수지균형·가격안정 등 이 세 가지 목표를 동시에 실현하려면 공동 통화지역을 형성해 역내에서는 고정환율을 실행해 물가수준을 안정시키는 한편, 역 외에서는 통일 환율을 실행해 무역 가능상품의 상대 가격과 실제임금의 적시적인 조정을 실현해야 한다고 주장했다.[61]

　매키넌는 각기 다른 제품의 분류를 바탕으로 해 서로 다르지 않은 동일한 지역 내에서 각기 다른 업종 간 생산요소의 이동성이 최적통화지역에 대한 작용 체제를 분석 고찰했다. 이외에 매

---

61)　자오랑(趙浪):「최적통화지역이론분석」,『국제금융연구』1991년 제8기.

키넌은 통화 조치 자체도 요소의 이동에 영향을 줄 수 있기 때문에 요소 이동 정도는 마땅히 '사후'(Expost) 기준이어야 한다고 주장했다.62) 이러한 관점은 최적통화지역 내생성이론의 초기 형태를 그려낸 것이다. 분명한 것은 매키넌의 경제 개방도 기준은 생산요소 이동성 기준에 대한 계승과 발전이라는 점이다.

3. 제품 다양화의 기준

피터 케넨(1969)63)은 최적통화지역의 제품 다양화 기준을 제기했다. 먼델·매키넌과 마찬가지로 케넨도 국제 수지 불균형은 주로 거시경제 수요가 균형을 잃어 생긴다고 여겼으며 충분히 다양화한 경제체는 경제 균형을 회복하는 과정에 실제 환율의 격렬한 변동을 거칠 필요가 없다고 했다. 한 국가에서 만약 전적으로 전문화된 생산을 진행해 오직 단 한 가지 제품만 생산하고 수출할 경우, 그 국가 수출품에 대한 국외의 수요가 내려가게 되면 노동자들이 국외 수요의 감소로 실업을 당하게 될 것이다. 외부 경제의 균형을 이루기 위한 실제 환율 평가절하 정책 효과는가 국내 경제균형 목표에는 수용되지 못한다. 만약 그 국가에서 수출제품과 수입 경쟁 제품 두 가지 제품을 생산한다면 그 국가 외부의 수요가 줄어 환율 평가절하 정책 실행을 요구할 경우 국내 수입경쟁제품에 대한 수요도 자극하여 실업상황이 전적으로 전문화한 상황만큼은 악화되지 않에 된다. 이로부터 알 수 있듯이 비록 한 가지 수출품이 모두 수요의 충

62) EcKinnon, Ronald, 'Optimum Currency Areas', *American Economic Review*, Vol.53,No.4, Sep. 1963, pp. 717-725.
63) Peter Kenen, The Theory of Optimum Currency Areas: An Eclectic View, Chicago: University of Chicago Press, 1969.

격·기술적 충격 등의 외생적 충격의 구속을 받기는 하지만 수출 품종과 수량이 충분히 많을 경우 그 제품의 다양화로 인해 단일 충격 대처에 필요한 실제 환율변동폭을 효과적으로 줄일 수 있는 것이다.

제품의 다양화 기준을 분석함에 있어서 전제조건이 하나 있다. 즉 수출품과 외부 충격이 서로 독립된다는 것이다. 이러한 전제조건이 주어진 상황에서 종류가 충분히 많은 수출제품은 그 어떤 재정정책·통화정책을 취할 필요가 없이 서로 상쇄하는 방식으로 경제 불균형에 대응할 수가 있다. 반면에 단일 제품만 생산하고 수출하는 국가가 외부충격을 받았을 경우에는 그 국가는 내부균형과 외부균형을 동시에 실현할 수 없게 되므로 환율정책의 작용도 효과를 잃게 된다. 케넨이 제기한 한 가지 해결 방안은 단일 제품을 생산 수출하는 국가가 더 큰 경제단위를 구성하는 것으로 곧 제품의 다양성을 확대하는 것인데 외부의 충격을 막아내기에 충분할 때까지 그 제품의 다양성을 확대하는 것이다. 이렇게 해서 최적통화지역에 새로운 판단기준을 마련했던 것인데, 즉 제품의 다양화 정도가 비교적 낮은 국가는 마땅히 단일 통화지역을 구성해야 한다는 것이다. 이는 제품의 다양성을 높이는 데 유리해 그 지역이 외부충격에 대응할 수 있는 자발적인 조정체제를 실현할 수 있도록 추진할 수 있는 것이다.

단순히 제품의 다양성이라는 각도에서 출발해서 볼 때, 자발적 조정 성질이 가장 강한 통화지역은 마땅히 전 세계여야 한다. 즉 '하나의 세계, 한 가지 통화'여야만 한다는 말이다.64) 그

64) Jeffrey A. Frankel, Andrew k. Rose, 'The Endogeneity of Optimum Currency

러나 케넨은(2000) 수출 다양성 기준은 최적통화지역을 판단하는 유일한 기준이 아니라고 특별히 강조했다. 그는 비록 통화지역 회원국 후보의 수량을 확대하면 제품의 종류를 늘릴 수는 있지만, 요소의 자유이동 난이도와 문화의 이질성이 증가되어 오히려 통화지역의 정책 조절 비용을 높일 수 있다고 주장했다.65) 케넨은 제품 다양성의 각도에서 최적통화지역이론에 대한 효과적인 보충과 확장을 전개해 통화지역 이론 연구에 새로운 사고 방향을 제공했던 것이다.

4. 금융 일체화의 기준

제임스 잉그램(James Ingram, 1969)66)은 먼델-플레밍이 제기한 자본의 자유이동·고정환율·통화정책의 독립성은 동시에 실현할 수 없다는 '불가능의 삼각'모형을 바탕으로 지역 금융 일체화 정도를 그 지역이 최적통화지역으로 될 수 있을지 여부를 판단하는 기준으로 삼을 수 있다고 제기했다. 잉그램은 먼델·매키넌·케넨의 연구가 모두 경상계정의 국제수지문제에 집중하고 자본계정의 역할을 무시했다고 말했다. 그는 장기적인 자본 자유이동과 연계되는 금융 일체화도 마땅히 통화지역의 최적 기준 여부를 판단하는 체계에 포함시켜야 한다고 주장했다.

비차익 거래 이론에 따르면 금융 일체화 수준이 아주 높은

Area Criteria', *Economic Journal*, Vol.108, No.449, 1998, pp.1009-1025.

65) Peter B. Kenen, 'Currency Union and Policy Domain', NBER Working Paper, Novermber 2000.

66) Ingram, James C., 'Comment: *The Currency Area Problem*', in R. Mundell, A.Swoboda, Monetary Problems of the International Economy, Chicago: University of Chicago Press, 1969.

지역 내에서는 이율의 어떠한 미세한 변동이라도 국가 간 자본의 빠른 이동을 초래할 수 있는데 자본의 역방향 이동을 통해 충격에 따르는 영향을 상쇄함으로써 환율의 대폭 변동을 피하게 된다. 예를 들어 i국은 외부로부터 부정적 충격을 받은 뒤 국제 대출금을 늘리거나 혹은 본국 자본의 순유출을 줄이는 것으로 국내 수요를 안정시킬 수 있으며 부정적 충격이 끝난 뒤 다시 국제 자본유출을 추진해 충격 전의 상태로 회복하면 된다. 반면에 만약 i국이 외부로부터 긍정적 충격을 받았을 경우에는 자본의 순유출을 늘리는 방식으로 인플레 압력을 해소할 수 있다. 이밖에 금융 일체화 수준이 아주 높으면 회원국 국민 서로 간의 금융자산 보유를 추진해 금융자산의 다국적 조합을 실현할 수 있다. 한 국가의 국민은 자국의 부정적 충격으로 자국 금융자산 수익이 감소하게 될 경우 자신이 보유한 기타 국가의 자산 수익으로 보상 받을 수 있으므로 각국 국민의 재부와 수입 수준의 평형이 유지되어 그 지역의 비대칭 충격에 대한 방어능력을 키울 수 있다.67) 그러므로 금융 일체화 정도가 높을수록, 자본 이동 장벽이 작은 지역일수록 최적통화지역 건설 조건에 더 잘 부합되며 반대로 지역 간 금융시장 분할이 심각하고 자본계정에 대한 통제가 엄격한 지역은 통화지역 건설에 적합하지 않다.

잉그램은 자본 자유이동의 중요성에 대해 중점적으로 강조한 반면에 먼델은 노동력 자유이동의 중요성에 치중했다. 잉그램이 제기한 금융 일체화 기준도 생산요소의 자유이동성 기준에 속한다고 말할 수 있다. 잉그램 이전의 연구 중 대다수가 경상계

---

67) 주단타오(祝丹濤) : 「최적통화지역 비판성 분석」, 『세계경제』 2005년 제1기.

정하의 국제 수지균형의 각도로 최적통화지역 건설에서 갖춰야 할 조건에 대해 분석했다면 잉그램은 처음으로 금융 일체화의 각도로 통화지역의 최적 여부 판단에 대해 분석함으로써 그 체계의 분석 시각을 풍부히 했다.

5. 통화팽창률 유사성 기준

하벌러(haberler,1970)[68]와 플레밍(Flemming, 1971)[69]은 최적통화지역의 통화팽창률 유사성 기준을 제기했다. 그들은 통화지역 회원국 간에 물가의 상대적 안정을 유지하는 것이 통화지역의 전반적인 목표일 뿐 아니라 더욱이 통화지역의 장기적인 양성 운행을 유지할 수 있는 중요한 보장이라고 주장했다. 하벌러와 플레밍은 미시적경제 · 거시경제를 동시에 선정해 연구 시각으로 삼았으며 만약 통화지역 내 여러 회원국 통화 팽창률의 높고 낮음이 각기 다르면 미시적 주체의 이익 요구에 갈림이 생기게 된다고 주장했다. 즉 인플레율이 높은 국가 경제행위의 주체는 긴축성 재정정책과 통화정책의 실행을 요구하고 인플레율이 낮은 국가 경제행위 주체는 느슨한 재정정책과 통화정책을 유지하기를 바랄 수 있다는 것이다. 그러나 통화긴축현상이 나타난 국가 경제행위의 주체는 확장성 재정정책과 통화정책을 실행할 것을 요구할 것이다. 이처럼 미시적 경제행위 주체의 정책 요구가 일정 정도에서 전반 경제체의 거시적 경제의 발전방향을 결정해

---

68) Haberler, Gottfreid, 'The International Monetary System: Some Recent Developments and Discussions', in Halm G. edi., *Approaches to Greater Flexiblity of Exchange Rates*, Princeton: Princeton University Press, 1970.

69) Flemming,J.M., 'On Exchange Rate Unification', *The Economic Journal*, Vol.81, No. 320, 1971, pp.467 -488.

통화지역의 통일재정과 통화정책 유지에 불리하게 되어 결국 통화지역 여러 회원국들 사이가 점점 멀어져 유지하기 어렵게 된다. 거시적 방면에서 구매력 평가이론과 피셔법칙에 따르면 각국의 인플레율에 만약 비교적 큰 차이가 존재할 경우 환율·금리 등 거시경제 변수에 대한 영향을 통해 단기 자본이동에 영향을 줄 수 있기 때문에 국제수지 불균형을 초래할 수가 있다. 따라서 그들은 통화지역 내 여러 구성원들이 사전과 사후에 유사한 통화팽창구조를 유지하는 것이 최적통화지역을 창설하고 유지할 수 있는 중요한 조건이라고 주장했던 것이다.

통화팽창률 유사성 기준은 최적통화지역이론 '기준체계'의 또 하나의 중요한 발전으로서 최적통화지역이론 연구가 미시적 시각에서 거시적 시각으로 바뀔 수 있도록 추진하였다.

6. 정책 일체화의 기준

에드워드 타워(Edward Tower)와 토마스 윌레트(Thomas Willett)[70]는 1976년에 최적통화지역의 경제정책 일체화 기준을 제기했다. 그들은 통화지역 창설은 회원국이 반드시 일부 심지어 전부 자국의 경제주권을 양도해야 함을 의미하며, 이들 주권의 양도 과정은 또한 여러 가지 정책을 조화롭게 하는 과정이기도 하다고 주장했다. 통화지역의 순조로운 창설과 창설 뒤 정상적인 운행을 보장하기 위해 여러 회원국들은 마땅히 자국의 통화정책·재정정책 및 기타 경제정책 나아가 사회정책을 조화롭게 조율해야 하는데 조율과정에서 반드시 여러 회원국이

---

70) Tower, Edward, Thomas D. Willett, *The Theory of Optimum Currency Areas and Exchange Rate Flexibility*, Princeton: Princeton University Press,1976.

일정한 정책적 자주성을 포기하고 조화롭고 일치한 정책조치를 취해 통화지역의 전반 목표를 수호할 것을 요구했다.

타워와 윌레트는 이를 토대로 한 걸음 나아가서 경제구조의 유사성 기준·재정 일체화 기준 등 기타 관련 기준도 제기했다.

7. 기타 기준

상기의 기준들은 어느 한 경제 지리지역이 최적통화지역이 될 수 있는지를 판단하는 데 중요한 참고적 의거를 제공했으며, 지역 나아가서 세계 통화 일체화를 위한 기준을 수립했다. 그러나 상기 최적통화지역 관련 판단기준은 대다수가 어느 한 특정 각도에서 착안한 것이다. 세계 경제 형세에서 일어나는 심각한 변화를 감안하고 거기에 지역 통화 협력이 포괄하는 문제가 점점 번잡해시고 있는 것에 비추어 학자들은 서로 다른 기준이 종합적인 체계를 이룰 수 있도록 종합해 최적통화지역 창설 조건에 대해 전면적으로 판단하고자 했다.

1970년대 후 미국의 유명한 경제학자 폴 크루그먼(1990)을 대표[71]로 하는 학자들이 종합 분석법을 응용해 통화지역 창설비용과 수익에 대한 분석을 진행해 '최적' 여부를 판단했다. 크루그먼은 다음과 같은 한계 조건을 만족시킬 경우, 한 국가가 통화지역에 가입할지 여부를 판단하는 임계상태에 처했다고 말할 수 있다고 주장했다. 그 조건인 즉 한 국가가 통화지역에 가입했을 때의 예기 수익이 예기 원가와 같아야 한다는 것이다. 수익이 원가보다 클 경우 그 국가는 통화지역 가입을 고려해봐야

---

71) [미] 폴·R. 크루그먼: 『국제경제학: 이론과 정책』, 중국인민대학출판사 2002년 본.

한다. 한 국가가 통화지역에 가입했을 때의 주요 수익에는 거래
원가의 감소·물가 안정의 증강·거시적경제환경의 개선·환율
리스크의 감소·외화보유 비용의 감소 등이 포함된다. 비용에는
주로 원 체제에서 일체화체제로 전환하는 과도성 비용·화폐주
조세 수입의 상실·경제 자주권 양도 등이 포함된다.

1990년대부터 경제학자들은 최적통화지역이론을 위한 수리
모델을 찾기 시작했으며 계량방법을 운용해 실증적 분석을 전
개했다. 모델화 연구방면에서 파미르(巴米尔)(1992)가 최적통화지
역의 정식 모델을 하나 제기하고, 리스(里斯)(1997)는 공칭가격
과 임금 강성을 갖춘 양국 무역 모델을 수립했으며, 베인(贝恩)
과 덕퀘일(多克圭尔, 1998)은 시간 요소를 도입해 정적인 최적통
화지역 모델을 동적인 것으로 만들었고, 데버루(Devereux)와 엥
겔(Engel)(1998)은 최적통화지역 환율체제 선택에서 가격 제정체
제의 역할을 중점 분석했다.[72] 실증분석 방면에서 학자들은
주로 경험 수치를 운용해 최적통화지역이론에 대한 실증 검증
을 진행했다. 검증에는 주로 최적통화지역 기준 검증·통화지
역 회원국 후보 간의 수요와 공급의 충격 대칭성 측정[73]·최
적통화지역 기준 내생성의 검증 등이 포함된다.

최적통화지역이론은 전후(戰後) 지역경제 일체화추세의 객관
적 수요에 순응한 것으로서 그중의 많은 구상들이 서유럽 통화
일체화 과정에서 지도적 역할을 했다. 유로화지역은 최적통화지
역이론의 지도하에 순조롭게 창설된 생생한 사례라고 할 수 있

---

72) 츄자오샹(邱兆祥) : 『위안화지역화 문제 연구』, 광명(光明)일보출판사 2011년본.
73) 대칭성 충격: 경제체계가 돌발 사건의 영향을 받았을 경우 균형을 잃게 되는데
　　만약 충격이 골고루 통화지역의 매개 회원국에 분산될 수 있다면 그 통화지역
　　은 최적이라 할 수 있다.

으며 최적통화지역을 이론 단계에서 현실단계로 발전시켰다고 말할 수 있다.

제2절 통화의 국제적 사용 관련 이론

최적통화지역이론의 발전과 거의 동시에 통화의 국제적 사용과 관련된 일부 이론들도 꾸준히 나타났다. 이들 이론은 서로 다른 각도에서 한 국가의 통화가 어떤 조건을 만족시켜야 다른 국가와 지역에서 일부 통화의 기능을 행사할 수 있으며, 심지어 현지 통화를 대체해 온전한 통화 기능을 행사할 수 있을지에 대해 연구했다. 본 절(節)에서는 통화 대체이론·통화 탐색이론·가격표시 통화 선택이론에 대해 중점적으로 소개하고자 한다.

1. 통화 대체이론
(1) 통화 대체의 개념

'통화대체'(Currency Substitution)는 미국 학자 체티(V.K.Chetty)가 1969년에 『미국경제평론』에 발표한 'On Measuring the Nearness of Near-Moneys'라는 제목의 글에서 최초로 제기했으며[74] 그 뒤로 대량의 학자들이 연구를 진행해 통화대체현상에 대해 정의하고자 시도했다. 비록 학계가 정의한 통화대체 개념은 아주 모호하지만 그 이론이 경제학 영역에서 일으키는 거대한 영향에는 전혀 영향을 미치지 않았다.[75] 일반적으로 통화대체는 다음

---

74) V.K.Chetty, 'On Measuring the Nearness of Near-Moneys', American Economic Review, Vol.59, No.3, 1969, pp.270-281.

75) Alverto Giovannini, Bart Turtelboom, 'Currency Substitution', NBER Working

과 같은 현상을 가리킨다. 한 국가의 시장에서 여러 가지 태환 가능한 통화가 공동으로 유통될 경우 일단 그 국가에 악성 인플레이션이 발생하면 자국의 법정 통화에 대한 그 국가 국민의 자신감을 심각하게 약화시킬 수 있다. 이때 본국 국민은 끊임없이 값이 떨어지고 있는 본국 통화의 보유량을 줄이고 상대적으로 가치가 비교적 높은 외국통화의 보유량을 늘리게 된다. 그렇게 되면 외국통화가 점차 본위화폐를 대체해 가치척도·거래매개·결제수단·가치저장 등 기능을 발휘하게 되므로 외국통화가 본국 경내에서 유통되는 현상이 나타나게 된다. '그레셤의 법칙(Gresham's law)'76)과 반대로 '통화대체'는 '양화가 악화를 몰아내는 것'을 강조한다.

매키넌(1985)77)은 통화대체를 직접통화대체와 간접통화 대체로 구분했다. 직접통화대체는 일부 상품거래영역에서 두 가지 혹은 두 가지 이상 통화가 서로 다투어 결제수단이 되는 것을 가리키고, 간접통화대체는 투자자가 서로 다른 통화로 가격을 표시하는 금융자산 사이에서 끊임없이 전환하는 것을 가리킨다. 직접통화대체는 상품시장에서 나타나는 통화경쟁현상이고, 간접통화대체는 자본시장에서 나타나는 통화경쟁현상이다. 통화대체는 통화의 자유태환을 토대로 존재함을 분명히 알 수 있으며

Paper, No.4232, Dec. 1992.

76) 그레셤의 법칙(Gresham's law)이란 금은 복본위제 조건하에서 금은의 시장 비가가 법정 비가와 일치하지 않을 경우 시장 비가가 법정 비가보다 높은 금화[양화(良幣)]는 점차 줄어들고 시장 비가가 법정 비가보다 낮은 금화는 점차 늘어나게 되어 양화가 유통에서 사라지고 악화(劣幣)만 쇄도하는 현상이 나타나는 것을 가리킨다.

77) McKinnon, R. I., Two Concepts of International Currency Substitution, New York: Praeger Publishers, 1985, pp. 101-103.

본국 국민의 외국통화에 대한 수요라고 간단하게 정의할 수도 있다.[78] 어떤 상황에서는 본국 국민과 외국 국민 모두가 서로 본위화폐와 외화에 대한 보유 수요가 있는데 이는 대칭성 통화 대체현상으로서 일반적으로 선진국들 사이에서 나타난다. 그러나 또 외국 국민은 본국 통화에 대한 보유 수요가 없는 반면에 본국 국민은 일방적으로 외화에 대한 보유 수요가 비교적 강한 상황도 있을 수 있다. 이는 비대칭성 통화대체현상으로써 개발 도상국가와 선진국 사이에서 흔히 일어난다. 예를 들면 라틴아 메리카의 달러라이제이션과 같은 경우이다.

(2) 통화대체의 결정 요소

총체적으로 통화대체는 주로 경제실력의 대비·본위화폐와 외화의 수익률 차이·시장수요·금융제도 등 요소에 의해 결정된다. 경제실력의 대비는 국민들이 어떤 화폐에 더 확신을 갖게 되는지를 직접적으로 결정하게 되기 때문에 본위화폐와 외화의 시장보유 수요를 분리해 낸다. 금융제도 요소는 주로 서로 다른 국가에서 통화의 자유이동 정도에 영향을 주기 때문에 만약 한 국가에서 아주 엄격한 자본통제를 실현하게 되면 통화대체는 가장 기본적인 조건을 상실하는 것이 된다. 본위화폐와 외화의 수입 차이는 주로 본국 금융시장의 성숙도에 의해 결정되기 때문에 만약 국내 자본시장이 완벽하지 않고 투자 경로가 결핍하게 되면 국내 투자자들은 금융자산을 외화에 집중시키는 데로 더 기울게 되기 때문에 간접통화대체가 형성된다.

---

78) 장보커(姜波克)·리신단(李心丹) : 「통화대체의 이론분석」, 『중국사회과학』 1998년 제3기.

구체적으로 보면 조바니니(Giovannini)와 투르텔붐(Turtelboom, 1992)은 통화수요의 각도에서 출발해 현금 선급금 모델(Cash-in-advance Model) · 거래원가 모델(Transaction Costs Model) · 내부 특정 모델(Ad-hoc Model)을 각각 운용해 통화대체에 영향을 주는 요소를 토론했다.[79] 현금 선급금 모델에 따르면 통화대체성은 두 개의 요소에 의해 결정된다. (1) 효용함수의 변수, 만약 본국의 대표성 주민의 소비 바스켓 중 본국 제품과 수입품 수요 간의 대체 탄력이 비교적 높을 경우 본국 통화와 수입품 생산국 통화 간에 비교적 큰 대체성이 존재한다.[80] (2) 대표성 국민의 소득 예산 제한, 국민이 보유한 지배 가능 소득의 제한으로 국민은 반드시 다양한 통화 자산 사이에서 가급적 많은 수익을 얻을 수 있는 통화자산을 선택해 효용의 최대화를 실현해야 한다. 거래원가 모델과 내부 특정 모델을 운용해 도출해낸 결론이 표명하다시피 본위화폐와 외화에 대한 본국 국민의 수요량은 그들이 다양한 통화자산조합의 수익 예기와 리스크 예기에 대한 비교에 의해 결정된다. 이 모델은 본국 금융시장에 대한 보완이 통화대체의 예방에 대한 중요성을 강조했다. 이밖에 마일즈(Miles, 1978)[81] · 폴로즈(Poloz, 1980)[82] 등 학자들은 각각 통화서비스의 생산함수 이론 · 통화의 예방수요

79) Alberto Giovannini, Bart Turtelboom, 'Currency Substitution', NBER Working Paper,No.4232, 1992.
80) 모델을 운용해 도출해낸 결론이 표명하다시피 두 가지 상품의 수요 간 대체 탄력 $\sigma>1$일 때 본국과 수입품 생산국 통화 간의 명목환율 변동 폭이 커진다. 따라서 본국 생산자와 수입품 소비자는 가치가 더 안정적인 통화를 보유하기를 원하게 된다.
81) Miles, Marc, 'Currency Substitution, Flexible Exchange Rates and Monetary Independence', *American Economic Review*, Vol. 68, No.3, 1978, pp.428-436.
82) Stephen S.Poloz, 'Simultaneity and the Demand for Money in Canada', *The Cannadian Journal of Economics*, Vol.13, No.3, 1980,pp.407-420.

이론을 바탕으로 통화대체의 형성 체제 등 문제를 연구했다.

(3) 통화대체 정도의 판단

이론상에서 통화대체 정도는 본국 통화의 이동 총량 중에서 차지하는 외화이동량 비중에 따라 판단해야 한다. 그러나 외화의 본국 내 이동 수치에 대해 통계하기 어려우므로 일반적으로 기타 추산 방법으로 추측한다. 현재 한 국가의 통화대체 정도를 판단하는 데 일반적으로 세 가지 지표를 채용한다. (1) F / M_2 지표, 즉 국내 금융시스템 중 외화자산(F)과 대중이 보유한 본위화폐 자산(M_2)간의 비율, (2) $F / (D+F)$지표, 즉 국내 금융시스템 중 외화자산(F)과 본위화폐 · 외화자산의 합($D+F$)간의 비율, (3) $F / (M_2 +F)$지표, 즉 국내 금융시스템 중 외화자산(F)과 대중이 보유한 본위화폐 · 외화자산의 합($M_2 +F$)간의 비율이다. 세계 많은 국가에 일정한 정도의 통화대체가 존재한다. 1980년대에 라틴아메리카지역에서 달러라이제이션현상이 나타나 볼리비아 · 페루 · 우루과이의 $F / (M_2 +F)$비율이 50%를 넘었었다. 90년대에 들어선 뒤에도 그 비율은 여전히 매우 높았다. 소련이 해체된 뒤 러시아와 우크라이나의 통화대체 율이 30%~45%에 달했다. 1992년 겨울 유고슬라비아지역 · 크로아티아가 악성 통화팽창을 겪었는데 $F / (M_2 +F)$비율이 80%에나 달했다. 동유럽지역에서는 알바니아가 경제 성장방식 전환 개혁이 시작된 후 통화대체 율이 20%~25% 수준으로 급격히 상승했다.[83]

---

83) 장보커 · 리신단: 「통화대체의 이론 분석」, 『중국사회과학』 1998년 제3기.

(4) 통화대체의 효과와 영향

통화대체는 대체국과 피대체국 경제에 보두 중요한 영향을 미친다. 첫째, 통화대체로 인해 대체국과 피대체국 통화 환율이 안정을 유지하기 어려워질 수 있다. 통화대체 정도가 높은 국가에서는 임의의 국가 통화 공급에서 미세한 변동이 있어도 양국 통화 환율의 격렬한 파동이 일어날 수 있다(Bordo와 Choudhri, 1982)[84]. 둘째, 통화대체는 한 국가의 통화 이동량을 추측하기 어렵게 해 통화정책의 유효성을 떨어뜨린다. 셋째, 통화 대체로 인해 본국 통화의 발행량이 국민의 수요가 줄어듦에 따라 줄어들게 되는데 이는 정부의 지폐 주조세와 통화팽창세 과세표준을 낮춰 정부의 재정수입 원천을 제한한다.

2. 통화 탐색 이론

(1) 통화 탐색 이론의 핵심 내용

보르규네트(Bourguinat, 1985)[85]는 통화의 여러 기능 사이에 등급이 존재한다고 주장했다. 그는 한 통화의 무역 수단으로서의 기능은 가치 저장과 장부기입 단위로서의 기능보다 우선시되어야 한다고 주장했다. 통화 탐색이론은 곧 통화 결제 매개 기능의 시각으로 상품이 세계시장에서 거래될 때 '수요의 이중적 일치'(Double Coincidence of Wants)문제를 어떻게 해결할지를 분석

---

84) Michael D.Bordo, Ehsan U. 'Choudhri, Currency Substitution and the Demand for Money: Some Evidence for Canada', Journal of Money, Vol.14, No.1, 1982, pp.48-57.

85) Bourguinat, H., 'La coneurrence des Monnaies véhiculaires: vers le polycentrisme monétaire?' in Croissance, échange et monnaie en économie internationale, Mélanges en l' honneur de J.Weiller, Economica, Paris, 1985.

하는 것이다.86) '수요의 이중적 일치'문제를 해결하고 거래비용을 낮추며 거래 효율을 높이기 위해서는 시장이 각자가 다 받아들일 수 있는 일반적 등가물을 찾아 결제매개의 역할을 발휘하도록 해야 한다. 이런 일반적 등가물이 바로 화폐(통화)이다. 국제무역 환경에서 일반적 등가물은 자연스럽게 국제통화가 된다. 통화탐색이론(Search Monetary Theory) 최초의 틀은 피터 다이아몬드(P.A.Diamond)87)가 짜놓은 것이다. 그러나 그때 당시 틀에는 통화를 도입하지 않았다. 그 뒤 기요타키(淸瀧, Kiyotaki)와 라이트(Wright,1989)88)가 탐색이론의 사상을 참고하고 넓혀 통화탐색모델을 제기했다. 이로써 통화가 어떻게 상품경제에 나타나고 또 어떻게 역할을 발휘해 상품교환의 효율을 높이는지 하는 등의 문제들을 해석했다.

통화탐색이론은 통화 거래의 매개물 기능의 각도에서 출발해 경제 개체들 간의 임의의 매칭체제를 통화이론모델에 도입시켜 매개 개체의 거래 책략에 대한 분석을 통해 거래에서 통화탐색과정을 형상화시킨 것이다. 통화탐색이론 분석방법의 핵심내용은 상품거래 시간과 거래 공간에 있어서 주관적 객관적 조건상에서 제한성이 존재하고 또 사는 자와 파는 자의 만남이 즉각적이지 않기 때문에 구매자는 반드시 시간과 자원을 써가면서

---

86) '수요의 이중적 일치' 문제는 윌리엄 스탠리 제번스 (W. Stanley Jevons, 1875)가 제기했다. 간단하게 말하면 '자신이 가지고 있는 상품을 상대가 원하고 상대에게 남아도는 상품을 내가 원한다는 것'이다. 물물교환에서 이 두 가지 수요를 동일한 시간에 동일한 공간에서 만족시킬 수 없으면 거래가 성사될 수 없게 되므로 '수요의 이중적 일치' 문제가 발생하는 것이다.

87) P. A. Diamond, 'Aggregate Demand Management in Search Equilibrium', *Journal of Political Economy*, Vol.90, No.5, 1982, pp.881-894.

88) N. Kiyotaki, R. Wrigh, 'A Contribution to the Pure Theory of Money', *Journal of Economic Theory*, Vol.53, No.2, April 1991, pp.215-235.

자신이 필요한 상품을 파는 판매자를 찾는 한편 자신이 팔고자 하는 상품의 구매자를 찾아야 하며. 또 매매 쌍방이 수요의 일치를 실현한 뒤에도 반드시 상품거래를 원해야 한다는 것이다. 이런 상황에서 '수요의 이중적 일치'를 이루는 것은 매우 어려운 일이다. 결국 사람들이 보편적으로 받아들일 수 있는 거래 매개물 - 통화가 거래 과정에서 내생적으로 생겨나게 된다. 그것은 통화가 물물교환에서 보편적으로 존재하는 '수요의 이중적 일치'가 결여된 문제를 극복해 무역이 쉽게 이루어질 수 있게 하기 때문이다.89)

(2) 국제통화 연구에서 통화탐색이론의 활용

본질적으로 국제통화 탐색과정과 국내통화 탐색과정은 다를 바가 없다. 다만 국제통화는 세계 상품시장에서 탐색과 매칭 과정을 완성해야 하므로 직면해야 하는 상황이 더 복잡하며 경제 · 정치 · 문화 등 요소가 공동작용을 거쳐 얻어진 결과인 것이다. 일본 학자 마쓰야마(Matsuyama, 松山) · 기요다키 · 마쓰이 (Matsui, 松井)(1993)90)가 제일 먼저 탐색이론을 운용해 국제통화의 산생과 운행을 연구했으며 Shi(1995)91) · Trejos·Wright(1995, 1996)92) 등 학자들이 연구를 넓혀 점차 비교적 풍부한 이론을

89) 류충(劉崇): 「무역 발전·금융 발전 및 통화 국제화」, 지린(吉林)대학 우수 박사 학위 논문, 2007년.
90) K.Matsuyama, N.Kiyotaki, A.Matsui, 'Toward a Theory of International Currency', *Review of Economic Studies*, Vol.60, No.2, 1993, pp.283-307.
91) Shouyong Shi, 'Money and Prices: A Model of Search and Bargaining', Journal of Economic Theory, Vol. 67, No.2, 1995, pp.461-496.
92) Alberto Trejos, Randall Wright, 'Search, Bargaining, Money and Prices', Journal of Political Economy, Vol. 103, No.1, 1995, pp.118-141.

형성했다.

마쓰야마 · 기요타키 · 마쓰이[Matsuyama(松山) · Kiyotaki(淸瀧) 천연 양가죽 토드백 Matsui(松井), 1993]가 구축한 양국 개방모델에서 각국 국민은 모두 일정한 수량의 본국 주권 통화를 보유하고 시장에 나가 무역기회를 탐색했다. 그들은 수요의 일치를 실현할 수 있는 확률 혹은 매칭 기술 변수를 도입해 개체가 만날 수 있는 무역기회의 크기를 형상화하고 무역 실현과정을 임의 매칭 모델(Random Matching Model)로 묘사했다. 매개 개체는 모두 국내 혹은 국외시장에서 탐색과 매칭을 할 수 있다. 물론 국내에서 탐색과 매칭을 완성하는 것이 가능성은 더 크다. 최초에 두 사람이 서로 만났을 때 그중 한 사람은 본국 통화를 보유하고 있고 다른 한 사람은 팔려고 하는 상품을 가지고 있다면 그 둘은 '1대 1'로 화폐와 제품을 거래할지의 여부를 결정한다. 최종 그 모델은 네 가지 균형 결과를 얻어냈다. (1) 그 두 통화는 각자 국가 내에서만 유통된다. (2) 그중 어느 한 가지 통화는 국제통화가 된다. (3) 두 가지 통화가 모두 국제통화가 되어 세계인들이 공동으로 보유할 수 있게 된다. (4) 두 가지 통화를 직접 거래할 수 있게 된다. 최종적으로 위의 네 가지 중 구체적으로 어느 한 가지의 균형 결과를 얻을 수 있을지는 두 국가의 상대적 규모와 세계경제 일체화의 정도에 의해 결정된다. Matsuyama · Kiyotaki · Matsui(1993)가 수립한 국제통화탐색이론은 한 가지 통화가 국제통화로 되려면 어떤 조건을 갖춰야 하며, 본토 통화와 기존의 국제통화가 서로 공존하는 관계인지 아니면 서로 배척하는 관계인지, 그리고 국내통화가 국제통화로 발전하게 되면 복리가 개선될지 아니면 악화될

지 등 문제에 대해 대답했다. 그러나 한편 그들도 연구에 두 가지 부족한 점이 존재한다는 것을 인정했다. 한 가지는 조기의 통화탐색모델과 마찬가지로 한 차례 교환이 '1대 1' 무역이라고 가정했기 때문에 가격과 환율 결정체제에 대한 토론을 전개하는 것이 불가능하다. 다른 한 가지는 모델 속에서 서로 다른 국가 정부와 통화당국의 태도와 작용을 고려하지 않았기 때문에 관련 정책문제에 대한 토론을 전개하는 것이 불가능하다는 것이다. Shi(1995) · Trejos · Wright(1995, 1996)의 연구는 이 두 가지 '부족점'을 해결했다.

트레호스와 라이트(Trejos와 Wright, 1996)[93]의 연구에서 그들은 모델에 대해 다음과 같은 수정을 거쳐 Matsuyama · Kiyotaki · Matsui(1993)의 두 가지 부족한 점을 미봉하고자 시도했다. 첫째, 내성화한 가격과 환율 결정체제를 위해 그들은 Shi(1995) · Trejos · Wright(1995)의 방법을 답습해 가격 흥정 분석방법(Bargaining Approach)을 통화 탐색 모델에 도입했다. 둘째, 정부의 역할을 모델의 변량에 도입해 정부에게 정책 결정권과 조화세 수익의 기회가 주어지며 그것으로 자신의 행동을 결정할 수 있다고 가정했다. Trejos와 Wright(1996)는 서로 다른 균형 결과가 나타날 수 있는 가능성과 특징에 대해 분석해 다음과 같은 기본 결론을 얻어냈다. (1) 두 국가의 통화가 오로지 본국에서만 유통된다면 몰라도 그런 경우를 제외하고 즉 첫 번째 균형 상태인 경우, 한 국가 내 가격이 통화의 확장에 따라 올라가고 통화의 수축에 따라 내려간다. 그 통화가 본위화폐이건 아니면 외화이건을 막

93) Alberto Trejos, Randall Wright, 'Toward a Theory of International Currency: A Step Further', *PIER Working Paper*, September 1996, pp.95-114.

론하고. (2) 만약 유일한 한 가지 통화가 국제통화가 되었을 경우 즉 두 번째 균형상태인 경우, 국제통화가 된 통화가 더 강한 구매력이 있다. (3) 국제통화가 된 국가의 정부가 더 많은 조화세를 얻을 수 있으며 이에 상응하게 다른 한 국가 정부의 조화세 수익은 줄어들게 되므로 정부 간에 정책 겨루기를 전개하게 된다. (4) 두 국가의 통화가 모두 국제통화가 될 경우, 즉 세 번째 균형상태일 경우 양국 모두 복리가 개선된다. 그러나 오직 한 가지 국제통화만 존재할 때만 국제통화 발행 국에 더 많은 이익을 가져다줄 수 있기 때문에 두 가지 통화가 다 국제통화인 균형 상태는 내시균형(Nash Equilibrium)이 아니므로 통일 통화가 가져다주는 수익은 하나의 지역 중앙은행이 분배하고 관리해야 한다.

통화탐색이론 모델은 전통 경제학에서 통화 요소에 대한 처리방법을 바꿔놓았다. 즉 통화를 오로지 왈라스 균형(walrasian equilibrium)체계의 외생적 교란 요소로 삼고 엄밀한 수리추리 방법으로 통화의 내생적 결정 문제를 연구한 것인데 국제통화 경제 연구 영역에서 유일무이하며(Victor E.li,2001)[94] 통화의 경합이라는 거시경제현상을 위한 미시경제토대를 마련했다.

3. 가격표시통화 선택 이론

비록 통화의 서로 다른 기능 사이에는 등급이 존재하지만 그들 서로 간에는 추진하는 사이이기도 하다.[95] 하나의 국제통화가

---

94) Victor E.Li, 'Why We Use Money Important?' *Economic Review*, Vol.86, No.1, 2001, pp.17-30.
95) Patricia S. Pollard, 'The Creation of the Euro and the Role of theDollar in International Markets', *Federal Bank of S.T.Louis*, Vol.83, No.5, 2001, pp.17-36.

한 분야에서 사용되고 있다면 그 통화가 다른 한 분야로 뻗어나가는 데 도움이 되며, 국제통화가 한 가지 기능에서 역할을 잘 발휘하면 기타 통화기능에도 긍정적 외부효과를 일으킬 수 있고 기타 기능의 실행 비용을 낮출 수도 있다. 국제무역에서 주요 가격표시통화(Invoice Currency)가 된다는 것은 그 통화가 강대한 국제적 지위가 있다는 중요한 표현이며 그 통화가 국제통화로 부상하는 데 중요한 영향을 미친다. 가격표시 통화선택이론은 곧 통화의 장부기입 기능시각을 바탕으로 전개하는 연구이다.

국제무역에서 수출상이 제품을 국외로 판매할 때 일반적으로 다음과 같은 네 가지 가격표시통화를 선택한다. (1) 본국(수출국) 통화, 생산자 가격표시통화(Producer's Currency Pricing, PCP)라고도 한다. (2) 목적국(수입국) 통화, 현지 가격표시통화(Local Currency Pricing, LCP)라고도 한다. (3) 제3국 통화, 매개통화, 국제거래통화(Vehicle Currency Pricing, VCP)라고도 한다. (4) 상기 세 가지 통화를 조합해 가격을 계산하는 것이다. 그라스만(Sven Grassman)[96]은 비교적 일찍 역사 경험수치를 이용해 국제무역의 가격표시 통화 선택 문제를 연구했다. 그는 덴마크와 스웨덴 양국의 1968년 무역 결제통화에 대한 연구과정에서 양국 모두 생산자 통화를 가격표시통화로 삼는 경향이 있음을 발견했다. 특히 공업제품무역에서 이런 경향이 더욱 두드러졌다. 그것이 곧 그라스만 법칙이다. 그 뒤 매키넌(1979)[97]이 제품구조와 제품 특징이 가격표시통화의 선택에 중요한 영향을 준다는 주장을 내놓았다. 미

---

96) Sven Grassman, 'A Fundamental Symmetry in International Payments Pattern', *Journal of International Economics*, Vol.3, No.2, 1973, pp.105-116.

97) Mckinnon, Ronald, *Money in International Exchange: The Convertible Currency System*, London: Oxford University Press, 1979.

가공 제품 무역은 단일 국가통화를 가격표시통화로 사용하는 경향이 있는데 현재는 주로 달러화를 사용하고 있다. 그것은 미 가공 제품의 차별화 정도가 낮고 거래시장의 경쟁이 치열해 단일 거래 통화를 사용하게 되면 거래비용을 낮추는 데 효과적이기 때문이다.

1980년대 후반에 이르러 많은 학자들이 국제무역 가격표시통화 선택 연구를 수리화·모델화했는데 추리해낸 이론에 대해 숫자를 이용해 실증과 검증을 하기 시작했다. 조바니니(Giovannini, 1988)[98]는 거시경제의 변동성을 국제무역 가격표시통화 선택 모델에 도입했다. 바체타(Bacchetta)와 윈쿠프(溫科普, Wincoop, 2002)[99]는 과점모델과 독점모델을 운용해 국제무역 가격표시통화에 대해 일반적 균형과 국부적 균형분석을 진행해 수출상의 극대화 이윤의 예상치를 실현할 수 있는 상황에서 최적 가격표시통화 선택 결론을 얻어냈다. (1) 수출제품의 차별 정도가 클수록 수출상이 본국 통화를 가격표시통화로 선택할 가능성이 커진다. (2) 제3국 통화가 존재해 가격표시통화로 삼을 경우 목적국(수입국)의 통화는 선택 받을 수 없다. (3) 수출국의 경제규모가 클수록 본국의 통화를 가격표시통화로 선택할 가능성이 커진다. (4) 수출국의 통화공급이 안정적일수록 수출상이 본국 통화를 가격표시통화로 선택할 가능성이 커진다. 데버루·엥겔·스토르가드(Devereux·Engel · Storegaard, 2004)[100]는 일반적 균형의 틀을 운용

98) Alberto Giovannini, 'Exchange Rates and Traded Goods Prices', Journal of International Economics, Vol.24, No.1, 1988, pp.45-68.
99) Bacchetta, P., E.A.Wincoop, 'A Theory of the Currency Denomination of International Trade', NBER Working Paper, No.9039, 2002.
100) Michae B.Devereux, Charles Engel, Storegaard, 'Endogenous Exchange Rate

해 양국 모델에서 통화의 변동이 가격표시통화의 선택에 미치는 영향에 대해 분석했다. 그들은 연구를 거쳐 어떠한 국가든 통화정책의 큰 변동은 환율의 큰 파동을 부를 수 있다면서 이 때문에 수출상은 안정적인 통화를 가격표시통화로 선택하게 되는 것이라고 주장했다. 골드버그와 틸(Goldberg와 Tille)[101]은 데버루 등(2004)의 양국 모델을 3국 모델로 확대 연구했으며 게다가 생산함수는 규모수익 불변이 아니라 규모수익체감이라고 설정하고 수출상이 제3국 통화를 선택하게 하려면 갖춰야 할 조건에 대해서 전문 토론했다. 그들은 24개 국가의 수출입무역 결제통화 데이터를 취해 연구한 결과 달러화가 미국의 양자 무역에서 가장 큰 비중을 차지하는 가격표시통화라는 사실을 발견했다. 그들은 거시경제 변동성과 업종 특징이 가격표시통화의 선택에 영향을 주는 중요한 요소이며 그리고 탄력적인 수요가 있는 업종의 생산자가 가격표시통화의 선택에서 뚜렷한 '양떼' 특징을 보인다고 주장했다. 이때 업종의 특징이 수출상의 가격표시통화 선택에 대한 영향은 거시경제 특징보다 더 크다. 제품 대체성이 매우 큰 업종(예를 들면 농산물·광산물)에서는 경쟁이 치열한 시장구조로 인해 생산자들이 가격의 변동에 특별히 민감하다. 업종 경쟁자들의 가격 수준에서 벗어나지 않기 위해 모든 생산자들은 동일한 가격표시통화를 선택하기를 원한다. 그렇게 장기간 지속된다면 그 업종 내에는 하나의 주도적 가격표시통화가 나타나게 된다.

Pass-Through When Nominal Prices are Set in Advance', *Journal of International Economics*, Vol.63, No.2, 2004, pp.263-291.

101) Linda S. Goldbberg, Cédric Tille, 'Vehicle Currency Use in International Trade', Journal of International Economics, Vol.76, No.2, 2008, pp.177-192.

가격표시통화 선택 이론과 통화탐색이론은 일맥상통하는 것으로써 한 가지 통화가 어떤 조건하에서 국제무역 결제 매개와 장부기입 단위의 기능을 발휘할 수 있는지를 공동으로 해석하고 시장의 자발적 선택 규칙과 정부의 정책이 모두 국제통화의 형성에 영향을 준다는 점을 강조했다. 한 가지 통화가 양호한 결제 매개와 장부기입 기능을 갖췄다면 비교적 양호한 가치 보유 기능을 갖췄다고 할 수 있다.

제3절 위안화 '해외진출전략' 연구 총론

중국은 세계 제2위, 아시아 최대 경제체이며 현재 세계 최대 무역국으로써 가장 활발한 발전 엔진으로 중국경제의 발전 동향은 아시아경제·세계 경제 모두에 중대한 영향을 미친다. 위안화 '해외진출전략(走出去, 세계진출)' 발걸음이 빨라짐에 따라 위안화 '해외진출전략' 전략이 아시아경제·세계 경제에 점점 더 중요한 영향을 미치고 있어 위안화 '해외진출전략' 문제가 국내외 각계의 폭넓은 관심과 연구를 불러일으키고 있다. 현재 학자들의 연구시각은 대체로 두 가지 방면으로 나뉜다. 한편으로는 전반 경제 추세와 목표 전략에서 위안화 지역화와 위안화 국제화 관련 문제를 연구하는 것으로서 타당성·유리 조건과 제약 요소·경제효과 평가와 경로 및 모델 선택 등이 포함된다. 다른 한편으로는 통화기능의 세분화 방면에서 위안화가 어떠한 국제통화의 기능을 발휘하는 것과 관련된 문제를 연구하는 것으로서 여기에는 역외무역에서 위안화 결제 하의 결제 매개 기능·산업 및 제품경쟁력과 위안화 결제 기능·위안화의 국제준비통화체계 가입과 위안화 가치 저장기능 등이 포함된다.

1. 위안화 '해외진출전략' 연구현황 : 목표전략의 시각

(1) 위안화 지역화 혹은 국제화의 타당성 연구

'위안화가 세계 통화 중의 하나로 발전할 수 있다'는 학계의 관점은 아시아금융위기 속에서 점차 형성되었다. 위안화의 지역화와 국제화가 타당성을 갖췄는지 여부에 대한 국내외 학자들의 결론은 대체로 '낙관파'와 '비관파' 두 부류로 나뉜다. 낙관파는 현재 위안화가 지역화와 국제화 실현의 가능성을 초보적으로 갖췄다고 굳게 믿으며 적극적인 지원 조치를 출범해야 할 시기가 무르익었다고 주장한다. 반면에 비관파는 위안화의 지역화 · 국제화가 내 · 외부의 끊임없는 저애를 받고 있으며 시기가 아직 미숙하다고 주장한다.

자오하이콴(2003)[102]은 '위안화가 현재까지는 지역 통화도 아니기 때문에 세계 통화가 될 수 있을지 여부에 대해 운운할 자격이 없다', '위안화의 자유태환 시기가 아직 확정되지 않았기 때문에 위안화 국제화에 대해 논할 자격이 없다', '위안화가 세계통화가 된다는 것은 현실과 거리가 너무 멀며 조건을 갖추려면 아직 멀었다'라는 등등 관점에 대해 반박했다. 그는 위안화가 세계통화 중의 하나로 발전할 가능성이 있다면서 관련 측에서 지지하는 자세로 추진해야 한다고 주장했다. 청언푸 · 저우자오광(2002)[103]은 위안화의 지역화와 국제화를 추진하

---

102) 자오하이콴(趙海寬) : 「위안화가 세계 통화 중의 하나로 발전할 수 있다」, 『경제연구』 2003년 제3기.

103) 청언푸(程恩富) · 저우자오광(周肇光) : 「위안화 지역화와 국제화의 가능성 관련 탐

는 것은 가능성이 있으며 이는 중국의 경제 글로벌화 참여와 아시아경제의 조화로운 발전의 객관적 수요에 부합한다면서 중국이 개혁개방이래 거둔 경제의 도약도 역시 이를 위해 튼 튼한 물질적 토대를 마련했다고 주장했다. 리샤오 등(2004)[104] 은 비록 위안화가 현재는 국제통화가 될 수 없지만, 현 단계 에서 중국과 동아시아지역의 상황에 비추어 볼 때 위안화는 이미 지역화로 발전할 수 있는 가능성을 초보적으로 갖추었다 고 주장했다. 슝즈민(2010)[105]의 G-PPP 이론과 공적분(cointegration) 분석방법을 바탕으로 한 연구결과가 표명하다시피 미국 · 중국 · 일본 · 한국 4개국의 실제 환율에는 공적분 관계가 존재한다. 이 는 위안화가 지역통화협력에서 더 중요한 역할을 담당해 위안화 의 지역화와 국제화를 더 잘 추진함으로써 위안화의 국제적 지 위를 높일 수 있을 것임을 의미한다.

돕슨(Dobson)과 마송(Masson, 2009)[106]은 중국이 비록 이미 세 계경제를 지탱하는 하나의 주요 세력이 되었지만 중국정부가 외환시장과 자본 이동에 대한 강도 높은 통제로 인해 중국 통 화정책의 독립성과 금융시장의 발전이 많은 규제를 받고 있다 면서 이로써 위안화가 국제화를 실현하려면 아직도 시일이 필 요하다고 주장했다. 우녠루(吳念魯) · 양하이핑(楊海平) (2009)[107]은

구」, 『당대경제연구』 2002년 제11기.

104) 리샤오(李曉) · 리쥔지우(李俊久) · 징이빙(丁一兵) : 「위안화의 아시아화를 논함」, 『세계경제』 2004년 제2기.

105) 슝즈민(熊智敏) : 「G-PPP 이론을 바탕으로 한 위안화의 국제화 관련 타당성 분 석」, 『후난(湖南) 상학원 학보』 2010년 제1기.

106) Wendy Dobson, Paul R. Masson, 'Will the Renminbi Become a World Currency?' China Economic Review, Vol.20, No.1, 2009, pp.124-135.

107) 우녠루(吳念魯) · 양하이핑(楊海平) · 진영(陳穎) : 「위안화의 태환 가능과 국제화를 논함」, 『국제금융연구』 2009년 제11기.

자본항목하의 위안화 태환가능성을 실현하는 것은 위안화 국제화 진척을 순조롭게 추진하는 과정에서 빠져서는 안 되는 조건이라는 관점을 제기했다. 그는 위안화의 자본항목 태환을 실현하려면 안정적인 거시경제 · 완벽한 미시적 체제 · 유효한 금융시스템 · 양호한 국제 수지상황 · 탄력적인 환율체제 등이 필요하다면서 그러나 현재 중국은 아직 그런 조건들을 갖추지 못했다고 주장했다. 정롄성(鄭聯盛, 2010)[108]은 현 단계에서 위안화의 국제화를 추진하게 되면 중국이 거대한 비용을 부담해야 하는 상황에 직면하게 되기 때문에 중국은 위안화의 국제화에 대해 신중한 태도를 취해야 한다고 주장했다. 궁옌자오(公衍照, 2010)[109]는 내부와 외부 조건의 이중 속박을 받아 위안화의 국제화는 단시일 내에는 실행 가능성이 없다고 주장했다. 발전도상에 있는 대국에 있어서 위안화의 국제화 압력은 다만 중국 경제 발전전략을 조정해야 하는 절박성과 필요성을 반영할 뿐 충동적 맹목적으로 위안화의 국제화를 추진하는 이유가 되어서는 안 된다. 예궈쥔(葉國俊, Kuo-chun Yeh, 2011)[110]은 AS-AD모델과 동태대책이론을 운용해 위안화 · 달러화 · 유로화 · 엔화 이 네 가지 통화가 유지 가능한 통화협력 체제를 수립할 수 있을지 여부에 대해 연구했다. 그는 이익을 고려해 상기의 네 가지 통화로 구성된 국제통화협력체제를 구축하는 것

---

108) 정롄성(鄭聯盛) : 「위안화의 국제화는 거대한 비용을 지급해야」, 『세계지식』 2010년 제6기.
109) 궁옌자오(公衍照) : 「내 · 외부 조건의 시각으로 보는 위안화의 국제화」, 『개방도보(開放導報)』 2010년 제2기.
110) Kuo-chun Yeh, 'Renminbi in the Future International Monetary System', International Review of Economics and Finance, Vol.21, No.1, 2011, pp.106-114.

은 타당치 않다고 주장했다. 스야룽(史亞榮, 2011)[111]은 위안화가 단시일 내에는 국제화의 조건을 갖출 수 없다면서 위안화의 국제화는 성급하게 서두를 일이 아니라고 주장했다. 그는 절대통화 국제화의 이익에 눈이 어두워 통화 국제화의 '부드러운 함정'에 빠져들어서는 안 된다고 경고했다. 츠유구치 요스케(露口洋介, 2011)[112]는 국제무역에서의 위안화 결제 사실은 위안화가 이미 국제화의 발걸음을 내딛었음을 설명한다면서 그러나 현재의 상황을 보면 비록 위안화 거래가 홍콩에서는 이미 비교적 자유로워졌지만 위안화 결제는 경상항목과 일부 자본항목 업무에만 국한되어 있으며 위안화가 국제화를 실현하려면 아직 시간이 필요하다고 주장했다.

(2) 위안화의 지역화 혹은 국제화에 유리한 조건과 제약 요소에 대한 연구

위안화의 지역화 혹은 국제화에 유리한 조건과 제약요소에 대한 연구는 일반적으로 타당성 논증 과정에 진행되었다. 낙관파는 유리한 조건에 대한 분석에 치중해 점차 강해지는 경제실력과 여러 분야에서 거둔 일련의 만족스러운 개혁성과를 강조한 반면, 비관파는 중국 경제구조의 비합리성·금융체제의 미숙성·위안화 자본 계정의 자유태환 불가 등 제약적 요소에 치중 점을 두었으며 위안화의 지역화·국제화의 길이 험난하다고 주장했다.

위중친(于中琴, 2002)[113]은 중국의 종합 국력이 뚜렷하게 제고

---

111) 스야룽(史亞榮) : 「위안화의 국제화에 대한 타당성 분석」, 『탐색(求索)』 2011년 제 10기.
112) [일] 츠유구치 요우스케(露口洋介) : 「위안화의 국제화 현황과 전망」, 『국제경제평론』 2011년 제3기.

되고 대외무역 구조가 꾸준히 최적화되었으며 외자 유치와 이용성과가 두드러지고 시장 경제체제가 점차 보완되고 외환관리 체제개혁의 효과가 뚜렷하며 위안화 환율이 기본상 안정된다는 사실은 위안화가 국제화로 나가는데 필요한 조건이 이미 기본상 마련되었음을 나타낸다. 천취안궁(陳全功) · 청시(程躞)(2003)[114]는 중국의 금융시장과 금융감독관리시스템이 미숙하고, 위안화의 자본항목 자유태환이 불가하며, 무역구조가 비합리적인 등 문제가 위안화 국제화의 제도적 걸림돌로 작용한다고 주장했다. 황메이보 · 슝아이중(2009)[115]은 중국 경제총량과 수출입무역 규모가 현재 국제적으로 일정한 지위를 차지했지만 서방 선진국에 비하면 여전히 일정한 거리가 있으며 대외 투자 능력은 더욱 약하다고 분석했다. 또한 위안화 가치가 장기적으로 상대적 안정 상태를 유지함으로써 위안화의 국제화에 유리한 조건을 마련했다고 주장했다. 그리고 중국 금융시장의 범위와 깊이가 위안화의 대폭적인 국제화를 지탱하기에는 아직 부족하다고 분석했다. 류수광(劉曙光, 2009)[116]은 국제환경과 중국 경제실력·중국 정치 군사력이 모두 위안화의 국제화를 지지하고 있지만 무역의 외화 결제 · 위안화의 전면적 태환 불가·환율 탄력 결여 등 제도적 배치가 위안화의 국제화를 제약하는 요소로 작용한다고 주장했다. 장지쥔(張繼軍) · 쑨보인(孫伯銀)(2009)[117]은 위안

---

113) 위중친(于中琴) : 「중국 위안화가 국제화로 가는 필요 조건에 대해 시론함」, 『당대경제연구』 2002년 제10기.
114) 천취안궁(陳全功) · 청치(程躞) : 「위안화 국제화의 조건과 전망」, 『화중(華中)과학기술대학학보(사회과학면)』 2003년 제1기.
115) 황메이보(黃梅波) · 슝아이중(熊愛宗) : 「위안화 국제화의 공간과 기회를 논함」, 『상하이(上海)재경대학학보』 2009년 제2기.
116) 류수광(劉曙光) : 「위안화 국제화의 조건 분석」, 『국제경제협력』 2009년 제4기.

화의 국제화가 이미 갖춘 조건에는 중국 경제실력의 꾸준한 굴기·무역 규모와 외화보유의 꾸준한 확대·위안화 주변화추세의 증강이 포함되며 반면에 중국 거시경제에 존재하는 구조적 문제·금융발전의 미숙·자본계정의 자유태환 불가·미국과 일본 등 국가의 저애 등이 위안화의 국제화에 걸림돌이 되고 있다고 주장했다. 톈리(田立, 2009)[118]는 현재 위안화의 국제화에 대한 심층 저애력이 중국 경제의 외수 의존도가 너무 높고 실물자산과 위안화 투자 회수 경로가 결핍된 데 있다고 주장했다. 류잉(劉穎) 등(2009)[119]은 위안화의 지역화가 양호한 조건을 초보적으로 갖추었다고 주장했다. 그 조건에는 중국 경제 규모의 꾸준한 확대·외화 보유 규모의 세계 제일·외화금융체제개혁의 꾸준한 추진 및 위안화 가치의 상대적 안정이 포함된다. 동아시아 통화 지역화의 심층 발전·미국 서브프라임 모기지와 국제통화체계의 새로운 변화가 위안화의 지역화에 새로운 기회를 제공했다. 자오시쥔(趙錫軍)·쑹샤오링(宋曉玲)(2011)[120]은 당면한 위안화 국제화의 기회와 시련에 대해 정리했다. 위안화 국제화의 기회에는 중국 종합실력의 증대·중국이 미국의 최대 채권국가로의 부상·위안화 공신력의 더 한층 증강·중국정부의 위안화 국제화를 추진하고자 하는 주관적 의념의 강화·금융위기가 위안화의 국제화에 제공한 양호한 외부적 환경 등이 포함된다. 시

---

117) 장지쥔(張繼軍)·쑨보인(孫伯銀) :「위안화의 국제화: 기회와 시련」, 『농촌금융연구』 2009년 제10기.
118) 톈리(田立) :「위안화 국제화의 심층 저애력」, 『상하이증권보』 2009년 1월 16일.
119) 류잉(劉穎)·마즈웨이(馬智偉)·장솽(張爽) :「위안화 지역화의 현실조건과 전략적 기회」, 『국제경제협력』 2009년 제10기.
120) 자오시쥔(趙錫軍)·쑹샤오링(宋曉玲) :「글로벌 금융 위기하의 위안화 국제화: 기회와 시련」, 『아태경제』 2009년 제6기.

련에는 중국의 인구 당 경제실력이 비교적 취약하고, 중국 금융 시장이 상대적으로 낙후하며, 중국 자본시장의 개방도가 부족하고, 통화의 역사적 관성에서 벗어나기 어려운 등이 포함된다. 장옌(張彦, 2011)[121]은 국내 금융시스템이 미숙하고 국내 금융 통제가 지나치게 엄격하며 아시아 통화 협력이 깊이 있게 전개되지 못하는 요소가 위안화의 지역화와 국제화를 저애하고 있다고 주장했다.

(3) 위안화의 지역화 혹은 국제화의 경제 효과 연구

정무칭(鄭木清, 1995)[122]은 위안화의 국제화가 중국에 조화세 수입을 가져다주어 중국의 대외 무역·금융 분야의 발전 및 해외 투자의 발전을 유력하게 추진할 수 있는 반면에 중국 내부와 외부의 경제 불균형 리스크를 확대하고 중국의 국제 수지 조절 비용을 높일 수 있다면서 그러나 위안화의 국제화가 중국에 가져다줄 수 있는 이점이 부정적인 효과보다 훨씬 클 것이라고 주장했다. 자오하이콴(趙海寬, 2003)은 위안화가 세계 통화로 되면 중국에 많은 혜택을 가져다 줄 수 있다면서 중국의 국제적 지위를 향상시키고 중국 기업의 외환 리스크를 줄이며 외화 사용으로 인한 재부의 유실을 줄일 수 있다고 주장했다. 그러나 그 반면에 중국의 경제 금융이 외부의 충격을 받을 가능성이 커지고 중국의 역외 위안화에 대한 감독관리의 어려움은 더 커질 것이라고 분석했다. 장칭룽(張青龍, 2005)[123]은 일반적

---

121) 장옌(張彦) : 「위안화 국제화의 현황·걸림돌 및 관련 대책」, 『금융 이론과 실천』 2011년 제2기.
122) 정무칭(鄭木清) : 「위안화 국제화의 경제적 효과를 논함」, 『국제 금융 연구』 1995년 제7기.

균형 분석방법을 운용해 고정환율제와 변동환율제 하에 위안화의 국제화가 중국의 거시경제 · 통화재정정책 및 통화 위기에 미치는 영향에 대해 각각 분석했다. 연구 결과 위안화의 국제화가 위안화 환율 안정, 그리고 환율의 대폭적인 변동에 따른 통화 위기 발생의 가능성을 낮추는 데 이롭다는 결론을 얻어냈다. 셰타이펑(謝太峰, 2007)[124]은 위안화의 국제화가 많은 긍정적인 효과가 있다고 주장했다. 예를 들면 위안화의 국제 지위를 향상시키고, 국제 금융통화시스템 중 중국의 발언권을 제고하며, 조화세 수익을 얻고, 중국의 대외경제무역발전을 추진하며, 거액의 외화 보유 관리 비용을 낮출 수 있는 등이다. 장지쥔 · 쑨보인(2009)은 위안화 국제화의 수익에는 주로 중국과 위안화의 국제적 지위를 높이고, 국제 거래에서 환율 리스크와 외환 비용을 낮추며, 달러화 보유에 대한 수요를 낮추고 국제 조화세 수입을 얻을 수 있는 것 등이 포함된다고 주장했다. 한편 위안화 국제화의 리스크에는 주로 중국 경제금융이 외부 충격을 받을 수 있는 위험이 커지고, 중국인민은행의 거시적조정의 어려움이 커지며, 위안화 환율 변동의 리스크가 커지고 '트리핀딜레마(triffin dilemma)'가 나타나는 것 등이다. 허판(2009)[125]은 위안화의 국제화 비용과 수익에 대해 보다 더 신중하게 평가해야 한다면서 위안화의 국제화는 언제나 이득이 폐단보다 큰 것은 아니며 위안화의 국제화 추진 초기에 문제가 더 많이 드러나게 되며 위

---

123) 장창룽(張青龍) : 「위안화 국제화의 경제적 효과: 일반적 균형 분석」, 『세계경제연구』 2005년 제8기.
124) 셰타이펑(謝太峰) : 「위안화의 국제화: 효과 · 가능성 및 추진 책략」, 『수도경제무역대학학보』 2007년 제1기.
125) 허판(何帆) : 「위안화 국제화의 현실적 선택」, 『국제경제평론』 2009년 제7—8기.

험이 더 클 수 있다고 주장했다. 이밖에 위안화의 국제화 비용
과 수익 배분에 대해 보다 세밀하게 분석해야 한다고 주장했다.
가오하이홍(高海紅) · 위융딩(余永定)(2010)[126]은 위안화 국제화의
수익에는 주로 중국 기업의 환율 리스크를 낮추고 중국 금융기
관의 국제 경쟁력을 높이며, 역외 거래를 추진하고 조화세 수입
을 얻으며, 중국 보유 외화 가치를 유지할 수 있는 등이다. 그
러나 위안화의 국제화 비용도 아주 뚜렷하다. 주로 국제 투기의
공격을 받을 위험이 커진다. 쉬타오(徐韜, 2011)[127]는 단기적으로
볼 때 위안화 국제화는 폐단이 이득보다 크다. 그러나 현재의
성장 국면으로 볼 때 이폐의 위치가 바뀔 수 있다. 위안화의 국
제화는 중국의 조화세 소득을 늘려 자금 취득 경로를 개척함으
로써 중국 금융업의 발전을 가속해 보유한 외화 자산 가치가
떨어질 경우 닥칠 손실을 줄일 수 있다.

(4) 위안화의 지역화 혹은 국제화 실현 경로 및 모델 선택 연구

위안화의 지역화 혹은 국제화 실현 경로 및 모델 선택 연구
와 관련해서 대체로 세 부류로 나뉜다. 첫 번째 부류는 경제와
제도 중에서 어떤 것이 가볍고 어떤 것이 중요한지를 논증하는
것이고, 두 번째 부류는 경제 분야에서의 구체적인 추진 조치이
며, 세 번째 부류는 위안화 국제화의 지역 절차 순서이다.

후즈(胡智) · 원치샹(文啓湘) (2002)[128]은 위안화의 국제화 과정

---

126) 가오하이홍(高海紅) · 위융딩(余永定) : 「위안화 국제화의 함의와 조건」, 『국제경
    제평론』 2010년 제1기.
127) 쉬타오(徐韜) : 「위안화 국제화의 수익」, 『경제연구참고』 2011년 제6기.
128) 후즈(胡智) · 원치샹(文啓湘) : 「위안화의 국제화 모델 탐구」, 『허베이(河北)경제
    무역대학 학보』 2002년 제5기.

을 단축시키려면 '따라잡기식' 발전모델을 답습해서는 안 되며 약(弱)경제 강(强)제도의 조합 모델 하에 금융통화제도의 혁신을 실현해야 한다고 주장했다. 허훼이강(何慧剛, 2007)[129]은 위안화의 국제화는 마땅히 '위안화의 주변 국제화 → 위안화의 아시아화 → 위안화의 국제화'의 점진적 경로를 따라야 하고, 거시적 경제정책과 지역경제통화협력 등 방면에서 구체적인 제도적 배치를 해야 하며, '약경제―강제도' 모델을 따라야 한다고 주장했다. 주화(褚華, 2009)[130]는 해외 위안화 수요와 위안화 자유 태환의 이중 국한성 요소의 작용 하에 위안화 국제화를 추진하려면 마땅히 '강제도' 모델을 취해야 한다고 주장했다. 그는 현시점에서는 제도를 보완해 위안화의 국제 가격표시와 결제를 추진하는 것을 위안화 국제화의 착안점으로 삼아야 한다고 주장했다. 인젠펑(殷劍峰, 2011)[131]은 엔화의 국제화가 실패한 교훈을 종합해 국내 금융개혁에서 실질적인 돌파를 실현하고 기본상 완성하기 전에 위안화의 국제화는 마땅히 '무역 결제 + 역외시장/자본항목 개방' 모델에서 '자본 수출 + 다국적기업' 모델로 방향을 바꿔야 한다고 제기했다.

탄옌닝(覃延寧, 2003)[132]은 자유무역구 창설 과정에 역내에서 위안화의 국제화를 점차 추진할 수 있다고 제기했다. 류광시(劉光溪, 2012)[133]는 위안화의 국제화를 계속 추진하려면 중국은 마

---

129) 허훼이강(何慧剛) : 「위안화의 국제화: 모델 선택 및 경로 배치」, 『재경과학』 2007년 제2기.
130) 주화(褚華) : 「위안화 국제화의 경로 의존 및 모델 배치」, 『신금융』 2009년 제9기.
131) 인젠펑(殷劍峰) : 「위안화의 국제화: '무역결제+역외시장'이냐, 아니면 '자본수출+다국적기업'이냐?―엔화 국제화의 교훈을 예 들다」, 『국제경제평론』 2011년 제4기.
132) 탄옌닝(覃延寧) : 「중국―아세안 자유무역구와 위안화의 국제화」, 『동남아종횡』 2003년 제5기.

땅히 비교 우위를 충분히 살리고 홍콩 국제금융중심의 선두 역할을 계속 발휘하며 위안화의 국제화 선행 실험구를 설립하고 금융업 시장화개혁을 가속하며 금융 감독관리효율을 높여야 한다고 제기했다. 양장용(楊長湧, 2010)[134]은 위안화 국제화의 단기 · 중기 · 장기 목표를 각각 제기하고 로드맵을 설계해 대외무역과 대외 직접투자를 발전시키는 등의 수단에 의지해 위안화의 국제화 목표를 실현해야 한다고 강조했다. 가오훙(2010)[135]은 현재 위안화의 금융순환이 상대적으로 결여된 객관적 특징을 바탕으로 상하이에 위안화 금융순환 중심을 건설하는 것을 위안화의 지역화와 국제화를 효과적으로 추진하는 주요 방향과 경로로 삼을 것을 제기했다. 샤빈(夏斌) · 천다오푸(陳道富)(2011)[136]는 위안화 지역화를 다음과 같은 로드맵에 따라 추진할 수 있다고 주장했다. 즉 역외무역에서 위안화로 가격을 표시하고 결제하는 것을 적극 보급하고, 위안화가 자본계정 항목 하에 보다 많은 거래자격을 가지는 것을 점차 허용하며 홍콩의 위안화 역외시장 발전을 추진하는 것이다. 리다오쿠이(李稻葵) 등(2011)[137]은 위안화의 국제화가 국제무역 · 국제협의 · 금융시장의 세 갈래 경로를 통해 실현될 수 있고 그중 금융시장이 관건적 핵심

---

133) 류광시(劉光溪) : 「위안화의 국제화 경로 선택과 윈난(云南)의 실천」, 『중공중앙 당학교 학보』 2012년 제6기.

134) 양창융(楊長湧) : 「위안화의 국제화 가능 로드맵 및 관련 문제 분석」, 『국제금 융연구』 2010년 제11기.

135) 가오훙(高洪) : 「위안화 국제화와 상하이 국제금융 중심의 상호 추진 발전 원리 와 방법 연구」, 『세계경제연구』 2010년 제10기.

136) 샤빈(夏斌) · 천다오푸(陳道富) : 「위안화 지역화 경로 및 관련 리스크 경계」, 『국 제금융』 2011년 제4기.

137) 리다오쿠이(李稻葵) · 쉬신(徐欣) · 푸린(伏霖) : 「위안화의 국제화 경로 연구」, 『'국 제통화시스템의 미래와 위안화의 역할'세미나 연구보고』 2011년 제11기.

경로라고 주장했다. 그들은 세 갈래 경로 사이는 서로 모순되지 않고 오히려 서로 추진할 수 있다고 강조했다. 훠웨이동·양비친(2013)[138]은 자유무역구전략이 위안화의 지역화 과정을 추진할 수 있다는 관점을 제기했으며 중국-아세안 자유무역구를 예들어 내재적 상호작용 체제를 분석했다.

런웨이(任瑋, 2003)[139]는 '중화 위안(元)'과 '아시아원'을 위안화의 국제화를 실현하는 단계적 목표와 경로로 삼을 수 있다고 제기했다. 펑위촨(馮郁川, 2007)[140]은 위안화 국제화의 첫 번째 순서가 점진적 환율개혁을 실행해 위안화가 태환 가능한 통화가 되도록 하는 것이고, 두 번째 순서가 위안화가 지역적 나아가서 국제적 '경화(하드 머니)'가 되게 하는 것이며, 세 번째 순서가 위안화와 엔화를 기초통화로 하는 전제하에 '동아시아 원'(혹은 '아시아 원')의 탄생을 추진하는 것이다. 스제(石杰, 2008)[141]는 위안화의 국제화가 미국 달러화의 라틴아메리카 지역화 경험을 보다 많이 참고해야 한다고 주장하면서 가장 적합한 경로는 우선 먼저 위안화가 경제가 발달하지 않은 주변 국가에서 사용되도록 추진하는 것이며 또 국내 관련 제도 개혁과 배치를 통해 위안화의 지역화를 우선 실현해야 한다고 주장했다. 양밍치우(楊明秋)·허더위안(何德媛)(2009)[142]은 위안화 국제화의 기본 노

---

138) 훠웨이동(霍偉東)·양비친(楊碧琴) : 「자유무역구전략, 위안화 지역화 추진」, 『역외무역문제』 2013년 제2기.
139) 런웨이(任瑋) : 「위안화의 국제화 경로 선택」, 『화난(華南)금융연구』 2003년 제5기.
140) 펑위촨(馮郁川) : 「위안화의 점진적 국제화의 경로와 정책 분석」, 서남(西南)재경대학 우수 박사졸업논문, 2007년.
141) 스제(石杰) : 「위안화 국제화 전략의 현실적 선택」, 『경제연구참고』 2008년 제64기.
142) 양밍치우(楊明秋)·허더위안(何德媛) : 「위안화의 국제화에 대한 아시아 책략을 논함」, 『중국재경대학 학보』 2009년 제11기.

선이 소지역화(대중화지역 · 동아시아) · 지역화(아시아) · 세계화의 과정에 따라야 하며 그 동력과 매개는 차례로 무역 · 관광 · 투자라는 관점을 제기했다. 리쥔뤠이(李軍睿, 2009)[143]는 위안화의 국제화는 '주변화 · 지역화 · 국제화'의 '3단계' 전략에 따라야 한다면서 구체적으로는 다음과 같은 네 개의 실행과정으로 나눌 수 있다고 주장했다. 즉 통화 가치의 안정을 유지할 수 있는 통화제도를 수립하고, 위안화의 역외시장을 발전시키며, 주변 지역과의 자유무역구 건설을 강화하고 동아시아지역 통화협력을 추진하는 것이다. 류리전(劉力臻, 2010)[144]은 위안화의 국제화가 공간구조상에서는 주변화 · 지역화 · 국제화의 추세를 따르고 통화기능상에서는 '본원통화 · 결제통화 · 투자통화'로의 '3단계' 추세에 따라야 한다고 주장했다. 왕야지웅(王雅炯, 2012)[145]은 중국의 경제구조조정 시각에서 출발해 분석한 결과 '주변화 · 지역화 · 국제화'의 '3단계' 전략이 중국의 기본 국정에 부합된다고 주장하면서 위안화 국제화의 시간 창구 선택에 대해 대략적인 결론을 내렸다. 오관정(吳官政, 2012)[146]은 위안화의 국제화가 현 시점에서는 아시아지역의 핵심 통화가 되는 것에 착안해야 한다면서 초주권통화의 창설 · 위안화를 이용한 가격표시와 결제 범위의 확대·위안화의 수출 확대를 추진하는 것을 포함해 기능이 구전한 위안화 세계 금융시장을 건설하는

---

143) 위의 논문.
144) 류리전(劉力臻) : 「위안화 국제화의 독특한 경로 및 발전 전망」, 『화난(華南)사범대학 학보(사회과학면)』 2010년 제1기.
145) 왕야지웅(王雅炯) : 「위안화 국제화의 경로와 시간 창구—경제구조조정의 시각」, 『국제경제협력』 2012년 제5기.
146) 우관정(吳官政) : 「위안화의 국제화 목표 확정 및 경로 분석」, 『경제학자』 2012년 제2기.

위안화의 국제화 경로를 제기했다.

2. 위안화 '해외진출전략' 연구 현황: 통화 기능 시각

통화 기능의 시각으로 위안화 국제화 문제에 초점을 맞추게 된 계기는 주로 두 차례 대 사건에서 비롯됐다. 첫 번째 사건은 2009년 4월 8일 국무원이 상하이 시와 광둥(廣東) 성의 4개 시에서 선참으로 역외무역 위안화 결제 시행 업무를 전개하기로 결정지은 것이다. 그 뒤 국무원 산하 6개 부와 위원회가 이정표적 의미를 띠는 『역외무역 위안화 결제 시행 관리방법』을 출범시켰다. 이는 위안화의 역외무역 가격표시와 결제기능을 연구 초점으로 부상시켰다. 두 번째 사건은 2011년 3월, G20 재정금융계 중요 지도자·국제기구 대표·금융 전문가 학자들이 난징(南京)에 모여 국제통화시스템 개혁에 대해 연구 토론했는데 그중 위안화의 특별인출권(SDR) 편입이 각국의 중요한 토론 의제가 되어 위안화가 국제준비체제에서 가치 저장 기능을 발휘하는 것 관련 각계의 광범위한 관심을 불러일으켰다.

(1) 결제 매개 기능

중국 대외무역 결제 매개로서의 위안화 관련 문제에 대한 연구가 제일 처음 시작된 시기는 1970년대 말이다. 그때 당시 중국은 심각한 외환 부족 문제를 해결하기 위해 서방 국가와의 무역에서 위안화 결제를 많이 실행했다. 그런데 그때 당시 중국의 경제 실력·국제무역 지위·위안화 환율의 주관 제정 등 제약요소가 존재했기 때문에 역외무역에서 위안화 결제는 폐단이 이득보다 많았다.[147] 2009년 역외무역 위안화 결제제도는 중국

정부가 주동적으로 추진했을 뿐 아니라 처음부터 '위안화 국제화의 돌파구'라는 큰 기대를 걸었다. 학자들은 앞 다투어 역외무역 위안화 결제제도 하에 위안화의 국제 결제 매개 기능 발휘와 관련해 연구를 진행했다. 중국인민은행 하얼빈(哈爾濱) 중심 분행 연구팀148)은 중-러 국경무역에서 실질적인 본위화폐 결제를 위안화의 지역화 및 국제화를 추진하는 돌파구로 삼고 중-러 국경무역 본위화폐 결제 제약 요소에 대해 보완조치를 제기했다. 츄자오샹(邱兆祥)과 장아이우(張愛武)(2008)149)는 교환 매개 기능을 바탕으로 통화 태환비용으로 통화의 태환 가능 정도를 판단하고 통화지역화 유통정도와 통화의 태환 가능 정도의 관련성에 대해 탐구했다. 그들은 세 가지 통화 상황에서 국제 유통 차원의 통화 지역화와 자유태환 가능 정도가 양성 상관관계에 이르며 국내 유통 차원의 통화 지역화와 자유태환 가능 정도 사이는 역상관 관계라고 분석했다. 위쑤푸 아부라이티(玉素甫·阿布來提, 2008)150)는 신장(新疆)과 중앙아시아 5개국 간의 역외무역에서 위안화 결제를 예로 들어 지연·시장 수요·제도 마련 등 요소가 국경무역에서 위안화의 결제기능을 발휘하는 데 미치는 영향에 대해 분석했다. 왕전의(王全意)와 정둥양(鄭冬陽)(2010)151)은 위안화의 국제화와 자유태환이 국제 결제(혹

147) 샤창위안(夏長源)·부잉원(卜英文) : 「대외무역 가격표시에서 위안화 사용은 폐단이 이득보다 많다」, 『국제무역문제』 1979년 제4기.

148) 중국인민은행 하얼빈(哈爾濱) 중심분행 연구팀 : 「위안화 지역화와 중-러 국경무역 본위화폐 결제 연구」, 『헤이룽장(黑龍江)금융』 2007년 제5기.

149) 츄자오샹(邱兆祥)·장아이우(張愛武) : 「통화 지역화와 자유태환 관련성 연구-교환 매개 기능을 바탕으로 한 분석」, 『금융 이론과 실천』 2008년 제10기.

150) 위쑤푸 아부라이티(玉素甫·阿布來提) : 「대(對) 중앙아시아 무역에서 위안화를 이용한 가격표시와 결제 문제에 대한 연구」, 『러시아연구』 2008년 제1기.

151) 왕취안이(王全意)·정둥양(鄭冬陽) : 「위안화 국제화와 자유태환: 국제 결제에서

은 역외 결제)에서 시작되었으며 현재 위안화 국제 결제가 '주변
화' 결제의 초급단계에 머물러 있다고 분석했다.

(2) 가격표시 기능

위안화의 대외 가격표시 기능을 발휘하는 면에서 주로 세 가
지 측면의 의미가 포함된다. 첫째는 위안화를 거래 가격표시통
화로 삼는 것, 둘째는 위안화를 관리 가격표시통화로 삼는 것,
셋째는 위안화를 통계 가격표시통화로 삼는 것이다.[152] 리둥룽
(李東榮, 2009)[153]과 판잉리(潘英麗, 2012)[154]는 위안화 국제화의 핵
심문제는 위안화의 가격표시 기능을 적극 추진하는 것이라고
주장했다. 저우셴핑(周先平, 2010)[155]은 한 국가의 통화가 대외무
역에서 가격표시와 결제 기능을 이행하는 것은 그 통화 국제화
의 시작과 초석이라면서 역외무역에서 위안화가 가격표시통화
역할을 하는 것에 대해 적극 연구하는 것은 역외무역에서 위안
화의 가격표시와 결제를 추진할 수 있는 관련 조치를 제정하는
데 도움이 되며 따라서 위안화의 국제화를 순조롭게 추진할 수
있다고 주장했다. 런진화(任錦華, 2011)[156]는 위안화의 국제화가

시작된다」, 『서남(西南)자동차정보』 2010년 제3기.

152) 장신(張新) : 「대외 경제업무에서 위안화를 이용한 가격표시 추진」, 『중국금
융』 2013년 제6기.

153) 리둥룽(李東榮) : 『위안화의 역외 가격표시와 결제: 문제와 사고』, 중국금융출판
사 2009년본.

154) 쉬이성(徐以升) : 「상하이교통대학 현대금융연구센터 판잉리(潘英麗) 주임 인터뷰:
위안화 국제화의 핵심은 가격표시 기능」, 『제일재경일보』 2012년 2월 13일.

155) 저우셴핑(周先平) : 「국제무역 가격표시통화 연구 술평—역외무역 위안화 가격표
시와 결제도 겸해서 논함」, 『국외 사회과학』 2010년 제4기.

156) 런진화(任錦華) : 「시장의 손을 빌어 해외 거래에서 위안화 가격표시의 실행을
유도해야」, 『중국증권보』 2011년 4월 21일.

파운드화 · 달러화 · 유로화와 같은 독특한 조건을 갖추지 못했기 때문에 '시장의 손'을 빌어 해외 거래소를 양성해 위안화 가격표시를 실행하는 것은 위안화 국제화의 새로운 사고라고 주장했다. 쑨즈쥔(孫志軍, 2012)[157]은 역외무역 가격표시통화의 시각을 바탕으로 현재 위안화의 평가절상 및 위안화의 수출입결제비율의 불균형상황에 대해 분석했으며 위안화가 엔화의 국제화 과정에서 보다 많은 경험과 교훈을 모색해야 한다고 주장했다. 타오웨이췬(陶爲群)(2012)[158]은 장쑤성(江蘇省) 기업의 수출무역과정 중 위안화 가격표시와 결제를 견본으로 하고 이원변량선택 프리빗(Probit)모델을 활용해 실증 분석을 거친 결과 다음과 같은 결론을 얻어냈다. (1) 그라스만 법칙의 결론이 일부 지지를 얻었지만 제품 차별화 정도가 가격표시통화의 선택에 뚜렷한 영향을 미치지 않는다. (2) 기업의 유형도 수출무역에서 위안화를 가격표시통화로 사용하는 중요한 원인이다. 다국적 회사 관련 기업 · 수출가공형 기업은 수출시 더욱이 위안화 가격표시에 치우치게 된다. (3) 미국 · 유로존 등 선진 국가를 수출 목적지로 하는 기업들이 위안화 가격표시를 추진하려면 걸림돌이 존재한다. 웡훙푸(翁洪服, 2013)[159]는 위안화의 국제 유통 과정에서 나타나는 결제와 가격표시기능이 분리되고 위안화 가격표시기능을 발휘하기 어려운 문제에 대해 통화의 축으로 부상하는

---

157) 쑨즈쥔(孫志軍) : 「역외무역에서 위안화 가격표시의 시각을 바탕으로 한 위안화의 국제화 사고」, 『금융 이론과 실천』 2012년 제9기.
158) 타오웨이췬(陶爲群) · 차오칭(曹清) · 수빈(束斌) : 「위안화 가격표시 수출에 대한 결정적 요소 연구—장쑤성의 상황을 바탕으로 진행한 실증 분석」, 『금융발전 평론』 2012년 제11기.
159) 웡훙푸(翁洪服) : 「위안화의 국제 가격표시통화 기능 발휘 경로 선택: 통화의 축 시각」, 『금융발전연구』 2013년 제2기.

것이 위안화가 국제 가격표시기능을 폭넓게 발휘하는 집중적 반영과 관건적인 토대이며 또한 국제화 성패의 최종 상징이기도 하다는 관점을 제기했다. 딩젠핑(丁劍平) 등(2013)[160]은 위안화의 국제화 과정에서 가격표시통화의 기능이 결제통화의 기능보다 훨씬 중요하다면서 위안화의 가격표시 기능을 키우는 것이야말로 위안화 국제화의 실제적인 이익이라고 주장했다. 추이리(崔歷) 등(2009)[161]은 최초로 실증방법을 운용해 위안화 환율의 탄력과 역외무역에서 가격표시통화로서의 위안화의 전망에 대해 연구했으며 무역 과정에서 위안화의 운용이 전면적으로 자유화된 후 중국은 앞으로 20%~30%의 수출이 위안화로 가격표시를 진행할 것으로 예측했다.

주목해야 할 바는 적지 않은 학자들이 통화의 가격표시기능과 결제기능(혹은 결제매개기능)을 동일시하고 있다는 점이다. 특히 가격표시기능을 간단하게 결제기능으로 간주하고 있는데(츄자오샹·장아이우, 2008; 국가외환관리국 연구팀, 2009[162]; 쑨즈췐, 2012) 이는 정확하지 않다. 일반적으로 말해서 가격표시통화가 왕왕 결제통화이지만 결제통화는 반드시 가격표시통화가 아닐 수도 있다. 한 국가의 통화가 국제화 과정에서 가격표시통화가 되는 것이 결제통화가 되는 것보다 더 큰 의미가 있다.

---

160) 딩젠핑(丁劍平)·왕징징(王婧婧)·푸싱중(付興中):「위안화 가격표시통화 기능 키워야」,『중국금융』2013년 제6기.
161) 추이리(崔歷)·수창(舒暢)·창젠(常健):「중국 수출에서 환율의 전달과 가격표시통화」,『신금융』2009년 제10기.
162) 국가 외환관리국 연구팀:「대외 교류에서 위안화 가격표시와 결제문제 연구」,『금융연구』2009년 제1기.

(3) 가치 저장 기능

한 국가의 통화가 전 세계에서 가치 저장 기능을 행사할 수 있을 때 그 통화가 국제준비통화가 되는 것이다. 스탠다드차타드은행(Standard Chartered Bank) 연구팀(2009)은 위안화가 국제준비통화의 지위를 차지하려면 자본 계정 자유화·위안화 국제화·역외 위안화 시장의 심층화 이 세 가지 서로 연관되는 요소가 병진(竝進)되어야 한다고 주장했다. 역외 위안화 시장은 기업의 환차익 취득·가치 보유·현금관리에 새로운 기회를 마련해주며 위안화가 본원통화의 방향으로 나갈 수 있는 지탱점을 마련해 주었다. 린이푸(林毅夫, 2010)[163]는 위안화의 국제화 정도가 위안화의 국제준비통화 실현까지는 아직 거리가 멀다면서 위안화가 국제준비통화로 되려면 아직 상당히 긴 여정이 필요하다고 주장했다. 첸원루이(錢文銳)·판잉리(2013)[164]는 위안화의 SDR 통화 바스켓 편입이 SDR 가치 확정의 장기적 안정성에 이롭다고 주장했다.

위안화가 SDR 편입 조건을 갖추었는지 여부와 시기가 성숙되었는지 여부에 대해 각국 정요와 학자들은 각기 다른 관점을 갖고 있다. 한 가지 관점은 중국이 세계 경제에 대해 충분한 영향력을 갖고 있기 때문에 위안화의 SDR 편입 조건이 갖추어졌다고 주장하는 것이다. 예를 들어 '유로화의 아버지'로 불리는 먼델(2010)[165]은 SDR 통화 바스켓에 위안화를 편입시킬 것을 제

---

163) 셰첸(謝謙) : 「국제통화시스템의 재구성과 위안화의 국제화에 대한 약간의 사고」, 『중국발전관찰』 2010년 제11기.

164) 첸원루이(錢文銳)·판잉리(潘英麗) : 「SDR은 위안화를 수요로 한다: SDR 가치 확정의 안정성을 기반으로 한 연구」, 『세계경제연구』 2013년 제1기.

165) 중국금융넷, http://www.zgirw.com/News/2010420/index/754943801600.shtml.

안했으며 또 위안화 · 파운드화 · 엔화의 비중을 각각 10%씩 하고 그 외는 달러화와 유로화로 해야 한다고 주장했다. 워런 코츠(Warren Coats, 2011)[166]는 기존의 국제통화체제가 현재 SDR 바스켓 통화 발행 국을 제외한 적자국과 잉여 국에 비대칭 시장 압력을 주어 상품과 자본의 자유이동을 저애한다고 주장했으며 다원화한 외화 기축통화로 글로벌 경제를 발전시켜야 한다는 주장을 제기했다. 다른 한 관점은 SDR 개혁은 어려움이 많기 때문에 중국이 SDR에 편입되려면 아직 시일이 필요하다고 주장했다. 예를 들어 지펑(紀鋒, 2010)[167]은 현재 각계가 위안화의 SDR 바스켓 통화 편입에 지나치게 높은 기대를 걸어서는 안 된다고 주장했다. 판잉리(2011)[168]는 SDR이 국제통화체제 개혁 과정에서의 역할과 국한성에 대해 분석했으며 만약 중국이 위안화의 SDR 편입을 추진하기 위해 환율제도의 개혁과 자본 계정의 개방도를 맹목적으로 빠르게 추진한다면 금융계통과 거시적 경제의 불안정을 초래할 수 있다고 지적했다. 관타오(管濤, 2009)[169]는 장기적인 안목으로 볼 때 본원통화의 다원화는 달러화의 주도적 지위를 배척하는 것이 아니며 준비 바스켓 통화가 많을수록 좋은 것도 아니라면서 비록 국제사회가 달러화 본위의 국제통화체제에 보편적으로 불만이지만 단시일 내에는 현 상황을 바꿀 수 없다고 주장했다. 자오란란(趙冉冉, 2013)[170]은

166) Warren Coats, 'A Global Currency for a Global Economy: Getting From Here to There', *IV Astana Economic Forum*, No.4, 2011.
167) 지펑(紀鋒) : 「케인즈 안 · 달러화 본위 및 특별인출권 개혁: 중국 공공정책에 대한 함의를 겸해서 논함」, 『공공관리평론』 2010년 제1기.
168) 판잉리 : 「SDR은 국제통화개혁의 좋은 해결책인가?」, 『경제』 2011년 제4기.
169) 관타오(管濤) : 「국제금융위기와 본원통화의 다원화」, 『국제경제평론』 2009년 제5기.
170) 자오란란(趙冉冉) : 「위안화 국제화 배경 하에 중국이 위안화의 SDR 편입을 추

위안화의 **SDR** 편입이 중국에 유익한 외환 보유 투자 수단을 제공할 수 있지만 위안화의 역내 시장과 역외 시장을 지나치게 빨리 개방하는 것은 중국의 거시적 경제에 막대한 위험을 가져다 줄 수 있기 때문에 위안화의 **SDR** 편입은 점진적으로 추진해야 한다고 주장했다.

3. 위안화 '해외진출전략' 연구 평론

문헌자료에 대한 정리를 통해 우리는 위안화 '해외진출전략'에 대한 국내외 학자들의 연구가 아주 풍부한 내용을 포함하고 있다고 생각한다. 위안화 지역화 혹은 국제화의 타당성·경제효과·유리한 조건·제약 요소·경로·모델 선택에 대해 비교적 전면적인 논증을 진행했으며 위안화의 기능이 해외로 뻗어나가는 관련 문제에 대해서도 비교적 구체적인 토론을 전개했다. 이러한 연구 성과가 이 책에 아주 유익한 보기와 시사점을 제공했으며, 또 우리가 비판적으로 사고할 수 있는 가능성을 열어 놓았다. 우리는 위안화 '해외진출전략' 관련 연구가 다음과 같은 방면에서 개선돼야 한다고 주장한다.

첫째, 이론적 의거가 충분하지 않다. 이론적 의거를 갖춘 관련 연구는 거의 약속이나 한 듯이 최적통화지역이론을 선정해 위안화의 지역화 혹은 국제화 문제를 연구했다. 비록 최적통화지역이론이 국제통화이론체계에서 중요한 지위를 차지하는 것은 사실이지만 그 이론 자체도 국한성이 있다. 한편 최적통화이론에 의거한 연구는 대다수가 최적통화지역 표준 체계의 여러

진하는 동기 및 경로」, 『국제금융연구』 2013년 제3기.

가지 지표를 토대로 하며 심지어 단순하게 서술만 진행한 것으로써 연구를 뒷받침해줄 수 있는 데이터가 부족하며 논증이 전면적이지 않고 치밀하지 못하다. 이에 비추어 우리는 이 책 4장에서 최적통화지역이론의 종합표준체계에 따라 대량의 상세하고 확실한 데이터를 이용해 위안화지역 창설 관련 문제를 논증하려고 시도했다. 그리고 또 이 책 5장에서는 통화 탐색 이론과 가격표시통화 선택 이론에 따라 통화의 3대 기능에 입각해 당면한, 위안화의 해외 결제 매개·가격표시통화·가치 저장 기능의 발휘에 유리한 제도적 배치에 대해 분석하려 한다.

둘째, 역사와 기존의 통화 국제화 경험에 대한 깊이 있고 상세한 분석이 부족하다. 대다수 연구가 시대적 배경에 대한 소개에 그쳤으며 통화의 국제화 이전과 현재·이후의 경제·정치·외교 등 구체적 세절(細切)에 대한 복원이 아주 적다. 이 때문에 종합해낸 역사 경험 교훈은 깊이가 없고 역사를 거울로 삼아야 하는 의미를 상실했다. 이 책의 3장에서는 대량의 역사서적 자료를 참고한 뒤 이를 토대로 파운드지역·프랑화지역·달러지역·엔화지역·유로화지역(유로존) 형성 과정의 역사조건과 작용과정에 대해 종합적으로 귀납했으며 제9장에서는 전문적으로 유럽 채권위기에 대해 상세하게 분석해 위안화지역의 건설에서 보다 훌륭한 교훈을 제공하고자 했다.

셋째, 실증연구방법을 강화하는 것이 시급하다. 대부분 학자들은 위안화(지역적)가 국제통화가 된 후의 경제효과에 대해 분석만 진행하고 게다가 논증도 비교적 간략하게 했을 뿐이며 데이터 분석과 실증방법을 이용해 위안화(지역적)가 국제통화가 되는 것에 대해 평가한 연구는 더욱 부족하다. 이 책은 6장에서 서술적 통계와 실증연구방법을 이용해 위안화지역 창설의 경제 효과에 대해 비교적 전면적인 평가와 예측을 진행했다.

넷째, 경로 선택의 중점은 전망성이 필요하다. 위안화 '해외 진출전략' 전략의 추진 경로 선택 문제와 관련해 적지 않은 학자들이 '경경제(輕經濟, 중국의 투자 선도에서 소비 선도로 방향을 바꿈에 따라 오락·관광·문화·스포츠·창의 등 산업으로 원래의 에너지 중화학공업을 대체하는 일종의 새로운 경제발전방향과 모델), 강제도(强制度, 엄격한 제도를 제정 실시하는 것)'의 관점을 주장하는데 이런 관점은 위험하다고 생각한다. 국내 통화 유통은 공급 요소에 의해 결정되는 반면에 국제통화 유통은 수요 요소에 의해 결정된다. 이로부터 한 국가의 통화가 국제통화로 될 수 있느냐 없느냐는 것은 대체로 시장의 자발적 선택에 따른 결과이며 경제 토대가 그 물질적 보장임을 알 수 있다. 만약 유력한 경제적 토대가 받쳐주지 않고 오로지 제도적 층면에서만 위안화 '해외진출전략' 전략을 맹목적으로 추진한다면 중국은 통제할 수 없는 위험에 직면하게 된다. 물론 시장의 힘을 충분히 존중하는 것을 바탕으로 하면서 정부의 힘에 의한 제도적 추진도 소홀히 할 수 없다. 그래서 우리는 위안화지역의 창설에 있어서 '강(强)경제, 강제도' 방침을 견지해야 한다는 관점을 제기했다. 이 책 5장과 7장에서 이에 대해 논증을 펼쳤다.

다섯째, 모델 선택에서 전반적으로 대책을 강구해야 한다. 역외무역에서 위안화 결제 시행을 시작하고 확대한 뒤로 절대다수 학자들이 '결제중심+역외시장' 모델을 위안화 '해외진출전략'의 이상적인 선택이라고 주장했다. 오직 소수의 학자들만 '자본 수출+다국적 기업'모델을 실행해야 한다고 제기했다. 우리는 현재 위안화 역외무역 결제가 일정한 성과를 거두었고 홍콩 역외시장도 점차 완벽해지고 있기 때문에 '결제중심+역외시장' 모델을 교정체제 속에서 보급 추진해도 된다고 주장한다. 물론 만약 위안화 환율이 절상되고 위안화의 수출입 결제 비례가 균형을 잃는다면 중국은 기업을 충분히 이용해 대외 직접투자의 발걸음을 빨려 '자본 수출+다국적 기업' 모델을 추진할 수 있다. 두 가지 모델을 병행해 '두 발로 걷기'를 한다면 위안화지역을 하루 빨리 창설하는 것이 더 이로울 것이다. 한편 자유무역구전략이 두 가지 모델을 보급 추진하는데 운반체와 플랫폼을 마련해 줄 것이다. 이 책 8장에서는 중국-아세안 자유무역구(CAFTA)를 예를 들어 중국의 자유무역구전략과 위안화지역의 내적 상호작용의 체제에 대해 충분한 논증을 펼칠 것이다.

제 3 장

위안화지역 : 모델과 참고

중국
위안화지역
연구

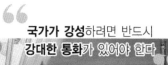

"
국가가 강성하려면 반드시
강대한 통화가 있어야 한다
"

제 3 장
위안화지역 : 모델과 참고

'역사를 거울 삼아야 한다'는 것은 그 어느 때건 준칙이 된다. 본 장에서는 파운드지역·프랑화지역·달러지역·엔화지역·유로화지역(유로존) 등 세계 주요 통화지역에 대해 그 창설 배경·발전 맥락·경제효과 등 방면으로 평가 분석을 진행해 특정 역사조건 하에서의 여러 통화지역의 발전 법칙을 정리하고 여러 통화지역의 성공한 경험과 실패한 교훈을 종합했다. 그런 다음 우리는 '위안화지역'이 동아시아지역 경제협력의 참신한 모델이 될 수 있다는 결론과, 지역 통화의 재통합을 통해 지역 내 여러 회원국의 공동 발전·공동 번영을 실현할 수 있다는 결론을 제기했다.

제1절 파운드지역

16세기부터 영국은 강대한 경제 · 군사 · 항해 실력에 힘입어 전쟁을 발동하고 식민 확장을 실현하는 방식으로 '해가 지지 않는 제국'을 수립했으며 세계 패권국가가 되었다. 파운드지역 (스털링지역, sterling area)은 곧 영국의 강대한 경제 · 정치 실력의 통화영역에서의 연장이다. 1939년에 정식 창설된 파운드지역은 영국이 통제하는, 파운드화를 중심으로 하는 국제통화집단이다. 그 전신은 1931년에 설립된 비공식 느슨한 조직 — 파운드화집단으로써 세계 경제 대공황기간에 영국이 영연방제국과 기타 무역 파트너국가들을 연합해 구성한 통화집단이다. 회원국들에 파운드화와 고정환율을 유지하고 대부분 외화준비금을 런던에 저축해 국제결제에 쓰이게 할 것을 요구함으로써 각국 시장에서 영국의 지위를 공고히 했다. 1939년 9월 영국은 외화관리조례에 따라 파운드화집단 회원국 간의 관계를 고정시키고 파운드지역이라고 개칭했다.

파운드지역 가입국은 1940년에 이르러서야 비로소 정식 확정했는데 영국 본토와 해외 식민지 · 오스트레일리아 · 뉴질랜드 · 인도 · 파키스탄 · 실론 · 남로디지아 등 26개 영연방국가 및 남아프리카연방 · 아이슬란드 · 아일랜드 · 미얀마 · 이라크 등 영연방국가 이외의 13개 국가가 포함됐다.[171] 파운드지역 내에서 파

---

171) 파운드지역 회원국들로는 구체적으로 다음과 같은 국가들이다. 영국 본토 · 아일랜드 · 아이슬란드 · 미얀마 · 말레이시아싱가포르 · 인도 · 스리랑카 · 파키스탄 · 쿠웨이트 · 요르단 · 키프로스 · 가나 · 리비아 · 나이지리아 · 시에라리온 · 케냐 · 우간다 · 탄자니아 · 잠비아 · 말라위 · 남로디지아 · 남아프리카 · 트리니다드와 토바고 · 자메이카 · 오스트레일리아 · 뉴질랜드 서사모아 및 영국의 해외 식민지 · '보호지' · 위임통치지역 등이다. 상세한 것은 [영] 코넌(康南) : 『파운드지역』,

운드화와 동등한 가치의 통화로는 가나 파운드화·나이지리아 파운드화·리비아 파운드화·서아프리카 파운드화(감비아)·로드지아 파운드화(잠비아·말라위·남로디지아)·아일랜드 파운드화·몰타 파운드화·자메이카 파운드화·버뮤다 파운드화(버뮤다제도)·키프로스 파운드화 등이다.172)

1960년대 후 달러화의 강세와 침투, 영국 경제지위의 끊임없는 쇠퇴에 따라 영국 파운드화의 지위가 갈수록 떨어져 지역 내 많은 국가의 통화가 잇따라 영국 파운드화와의 연결을 끊고 방향을 바꿔 달러화에 고정시키기 시작하면서 파운드지역의 범위가 크게 축소되었다. 1970년대에 들어선 뒤 영국은 유럽 경제공동체에 가입하기 위해 원칙상에서 영국 파운드화의 잔고를 점차 줄이는 데 찬성했다. 1972년 6월 23일 영국은 하는 수 없이 변동환율제를 실행한다고 선포한 뒤 파운드지역은 실제로 유명무실해졌으며 그 회원국에도 영국 본토와 아일랜드·지브롤터만 포함됐다. 1978년 12월 아일랜드가 유럽통화체제 가입을 결정했으며 모든 외화관리법령을 영국에 대한 경제와 무역거래에 적용시켰다. 1979년 10월 영국이 외환통제를 폐지함에 따라 파운드지역이 철저히 해체되었다.

1. 파운드지역의 발전사

(1) 파운드지역의 형성 배경

기원 775년에 영국의 색슨 왕조가 '스털링'(sterling) 은폐를 발행하고 이를 법정 통화로 지정했으며 또 1파운드의 순은으로

세계지식출판사 1956년본을 참고하라.

172) 딩촨(丁川) : 「영국 파운드화와 파운드지역」, 『세계지식』 1965년 제3기, 31쪽.

240개의 은폐를 주조할 수 있도록 규정했다. 1344년 이전에 영국은 줄곧 단일 은폐를 사용해온 국가였는데 그해부터 Noble이라고 불리는 금폐가 영국에서 유통되기 시작했으며 그때부터 영국은 금·은 두 가지 주폐를 혼합 사용하는 국가가 되었다. 에드워드 3세(1312~1377년) 재위 시기의 1327년부터 조지 2세(1683~1760년) 재위 시기의 1727년까지 400년간 영국의 주폐는 주조 공예가 거칠어 순도가 각기 다른 여러 가지 주폐가 유통 영역에 투입되었으므로 영국 통화를 혼란에 빠뜨렸다.173) 그 뒤 결제 자금의 규모가 클 때는 1파운드의 은을 단위로 해 더 이상 은폐로 나눠 주조하지 않았으므로 파운드(Pound Sterling)가 영국 기본 통화 단위가 되었다.

[그래프 3-1] 1801~1850년 영국 공업 산량 지수(1913년=100)

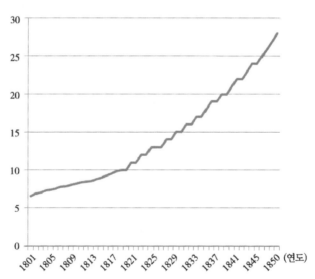

173) 멍양(孟氧) : 『자본론역사전거주석(資本論歷史典據注釋)』, 중국인민대학출판사 2005년본.

※자료출처 : [영] 미첼·팰그레이브: 『세계역사통계(유럽권)1750~1993년』, 경제
과학출판사 2002년 본, 437쪽.

　1801~1850년의 반세기 동안에 산업혁명이 일어남에 따라 영
국의 공업 산량이 324%(그래프 3-1) 폭증했다. 이는 인류 역사에
서 전례가 없는 성장속도였다. 그러나 '인클로저운동' 때문에
같은 시기 영국 노동자들의 임금은 9.1% 하락했다.

　산업혁명과 자본의 원시 축적이 완성된 후 영국은 '염가 상
품'·튼튼한 군함과 신식 대포를 앞세워 해외시장 정복에 나섰
다. 그 뒤 한 세기 동안 영국의 해외무역이 꾸준히 확장되었다.
영국 국내 금은 주폐의 비가(比價)가 기타 국가와 달랐기 때문
에 대외무역 상인들이 이익을 좇아 위험이 없는 차액 거래를
하는 현상이 나타났다. 국외 금은 주폐의 비가와 비교할 때 영
국 시장에서 황금의 가치가 고평가되고 백은이 저평가되었다.
그래서 영국의 상인들은 해외에 나가 구매할 때는 백은을 수입
해 국내에서 사용하고 대외로 수출할 때는 될수록 상대방에 금
폐를 요구하곤 했다. 이러한 실제무역을 통한 차액 거래 상황에
서 영국은 백은이 대외로 끊임없이 유출되고 황금이 국내로 지
속적으로 유입됐다. 백은이 대량으로 대외로 유출되었기 때문에
영국은 이미 은본위제도(銀本位制度) 실행에 필수인 백은 보유
기반을 잃었다. 따라서 영국인들이 이 문제에 대해 인식하기 시
작했을 때는 영국에서 은본위제도의 회복이 이미 더 이상은 불
가능한 일이 되어버린 뒤였다. 1816년에 영국정부는 하는 수 없
이 금본위제도(金本位制度)를 받아들이고 유명무실한 은본위제도
를 공식 포기했다. 1760년대에서 19세기 중엽까지 영국은 제일
먼저 제1차 산업혁명을 완성함으로써 영국 대외무역의 비약적

인 발전을 추진했다. 수출액이 1779~1783년과 1789~1793년 각각 50% 성장했고 1799~1803 연간 33.3% 성장했다.[174] 19세기에 들어선 뒤 자유무역의 추진에 따라 영국의 대외무역은 빠른 발전추세가 나타났다(표 3-1). 한편 대외투자도 빠른 성장을 유지해 같은 시기 프랑스 · 독일 · 미국 3개국을 훨씬 추월했다.(표 3-2).

[표 3-1] 영국 대외무역 연간 평균 성장률

(단위: %)

시기	1840~1860년	1860~1870년	1870~1890년	1890~1900년	1900~1913년
수입 성장률	4.5	4.4	2.9	2.6	1.5
수출 성장률	5.3	4.4	2.1	0.7	3.3

※자료 출처 : Werner Schlote, British Overseas Trade Board, Oxford, 1952.

[표 3-2] 1825~1913년 주요 국가 대외 투자액

(단위: 백만 달러)

연도	1825	1840	1855	1870	1885	1900	1913
영국	500	750	2300	4900	7800	12100	19500
프랑스	100	300	1000	2500	3300	5200	8600
독일	—	—	—	—	1900	4800	6700
미국	N	N	N	N	N	500	2500

※주 : '—' 기호는 추측 숫자가 없음을 표시하고 N은 생략해도 됨을 표시한다.
※자료출처 : [미] 찰스 · P. 킨들버거: 『서유럽 금융사』, 중국금융출판사 1991년 본, 308쪽.

---

174) Deane, P.,H.J.Habakkuk, 'The Take-Off in Britain', paper submitted to the September 1960 meeting of the International Economic Association at Constance, 1960.

끊임없이 확대되는 경제발전의 수요에 적응하고자 영국정부는 1816년에 주폐조례를 반포 시행하고 금폐를 발행하기 시작했다. 1819년에는 또 조례를 반포해 잉글랜드은행의 은행권으로 1821년에 막대기 모양의 금괴를 태환할 수 있고, 1823년에는 금폐를 태환할 수 있다고 규정지었으며 또 금폐 용화 및 금괴 수출에 대한 규제를 폐지했다. 1821년에 영국은 금본위제를 정식 채용했다. 금본위제는 파운드화 가치의 안정성을 보장했으며 파운드화의 국제 공신력을 증진했다. 그때 당시 1파운드당 순금 함유량은 7.32238그램이었다. 금본위제를 채용해서부터 1914년에 이르기까지의 93년간 파운드화는 금본위제를 국제통화로 하는 통화제도를 수립했으며 그 시기는 금본위제의 전성시기였다. 그때의 영국은 거액의 무역 흑자를 통해 대량의 황금을 보유했으며 파운드화의 통화가치가 안정되었다. 동시에 런던도 그때 당시 무역과 금융 중심의 지위에 올랐으며 잉글랜드은행은 그 때 당시 유행이었던 파운드화 표시 어음 할인으로 국제환을 통제하는 수단을 통해 국제 금본위를 조종하고 리드했다.[175] 그 시기 파운드화 어음과 단기 신용 융자가 전 세계 무역의 약 60%를 차지했다.[176]

(2) 파운드지역의 형성

1914년에 제1차 세계대전이 발발했다. 전쟁으로 영국 국민 재부의 3분의 1이 소모되었으며 영국 경제가 심각한 타격을 받았

---

175) 쑨둥성(孫東升) : 『위안화 국제 유통의 이론과 실증 분석』, 대외경제무역대학출판사 2008년 본.

176) Andrew Walter, World Power and World Money: *The Role of Hegemony and International Monetary Order*, Harvester Wheatsheaf, 1991, p. 21.

다. 런던 외환시장은 거래가 중단되었으며 금본위제의 붕괴를 초래해 파운드화의 국제통화 지위도 막대한 충격을 받았다. 영국의 해외투자가 전 세계 해외투자에서 차지하는 비중이 전쟁 전의 40%에서 1919년의 -8.5억 파운드(2010년의 307억 파운드에 해당함)로 줄었다. 주로 미국에서 온 상기 투자에 대해 영국정부가 지급한 이자는 전체 정부지출의 40%를 차지했다. 그렇지만 정부의 주도로 그때 당시 파운드화의 신임도는 여전히 비교적 안정적이었다. 런던 은행계는 자금을 빼내가지 않았을 뿐 아니라 오히려 국외에서 끌어들이기까지 했다. 외국의 수입상들이 런던의 어음인수채무를 상환하기 위해 파운드화를 수매하기 급했으므로 잉글랜드은행들에서는 이율을 10%까지 올렸다. 그로 인해 파운드화 환율은 오히려 크게 올랐다.177) 미국의 지지 하에 파운드화의 환율은 전쟁이 끝날 때까지 계속 유지되었다.

제1차 세계대전 속에서 국제 금본위제가 붕괴되는 바람에 파운드화는 '본위화폐(本位貨幣)'의 독점지위를 상실했다. 금의 환본위제 하에 국제통화체계가 점차 파운드지역·달러지역·프랑화지역의 3개 지역으로 분화되었다. 제1차 세계대전 후 파운드화의 출로는 어디에 있을까 하는 것이 그때 당시 유럽의 가장 돌출된 통화문제였다. 그때 당시 신문들에서는 금본위제 회복의 이득과 득실에 대해 논술한 글들이 난무했다. 일부 사람들은 영국의 정책은 마땅히 우선 국내 물가를 안정시킴으로써 그 어떤 대가를 치르더라도 통화를 긴축시키고 임금 수입을 낮추는 것을 피하고 단기적 환율의 안정으로 장기적 환율의 안정정책을 대체해야 한다고 주장했다. 한편 컨리프위원회(Cunliffe Committee)가

177) 왕례왕(王烈望) : 『세계금융중심』, 중국 대외경제무역 출판사 1988년본.

1918~1919년에 발표한 보고서에서는 통화긴축을 주장하며 전쟁 전의 공정가격 금본위를 회복해야 한다고 주장한 바 있다.[178] 결국 금본위제를 회복해야 한다는 목소리가 상위를 점했다.

1920년 후 영국은 전시의 물자 부족 국면을 극복했으며 실업률이 전쟁 전의 수준으로 회복되고 경제가 정상으로 회복되기 시작했다. (그래프3-2)

[그래프3-2] 1912~1927년 영국의 고정가 GDP총액
(1938년을 기준연도로 함)

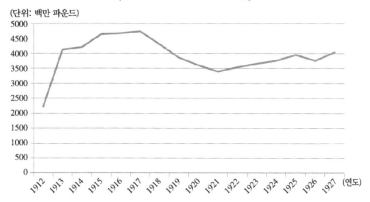

(단위: 백만 파운드)

※자료출처 : [영] 미첼·팰그레이브:『세계역사통계(유럽권)1750~1993년』, 경제과학출판사 2002년 본, 963쪽.

1925년, 당시 영국 재정대신이었던 윈스턴 처칠(Winston Churchill)이 영국의 과거 눈부셨던 성과를 계속 유지해 국가의 위망을 다시 세우고자 금본위제를 회복할 것을 결의했다. 그는 그때 당시 자치 영지에서 금본위를 이미 재건했거나 혹은 재건 중이라는 사실을 관찰해냈다. 그래서 그레이트브리튼(Great Britain) 제국

---

178) 텅마오퉁(滕茂桐): 「전후의 파운드화」. 『안휘(安徽)대학 학보』 1979년 제8기.

전역에서 '완전 일치한 행동' — 금본위제로 통일된 국가가 '함께 변화해 마치 항구에 현문을 서로 이어 놓은 배처럼 파도에 따라 함께 출렁이게 하는 것' — 을 추진하기로 결정했다. 그런데 처칠은 1파운드의 금 함유량을 전쟁 전의 123.27그레인 (grain)으로 회복시켰으며 이전의 환율은 4.87달러였다. 그 결의로 인해 파운드화가 평가 절상되어 영국 국내외에서 대규모의 차익 거래가 발생했으며 영국 제품의 수출 경쟁력이 대폭 떨어졌다. 결국 후에 영국 스스로도 인정하기에까지 이르렀다. 과거와 같은 비율에 따라 금본위를 회복하려면 반드시 고통을 감내하면서 가격을 인하하고 임금을 삭감해야 했다. 그러나 그에 따라 경제의 침체와 실업률의 상승을 초래하게 되었다. 이 모든 것은 곧 사회 불안정을 초래하는 중요한 원인이다.179)

1925년은 유럽 경제사상 유럽 재건 전과 후를 구분하는 분수령으로써 영국은 제1차 세계대전 전과 후 물가·무역·취업 등 여러 방면에서 이미 거대한 변화가 일어났다. 금본위제를 회복함으로써 영국의 전후 경제와 사회구조 불균형 문제를 더 악화시켰으며 1926년의 산업 재난과 전국 파업 붐을 일으켰다. 1929년 세계 경제 대공황이 발생했다. 1931년에 오스트리아와 독일에서 또 잇따라 대량 예금 인출로 인한 금융 사태가 발생해 영국도 충격을 받았다. 자본이 대량으로 미국으로 이전했으며 은행 이율을 거듭 올렸음에도 아무런 소용도 없었다. 이에 따라 영국은 즉시 미국과 프랑스 두 국가에서 총 1억 3천만 파운드의 자금을 빌려 현금수출 사태에 대처했다.

---

179) [미] 존 케네스 갤브레이스(John Kenneth Galbraith) : 『통화간사(貨幣簡史)』, 쑤스쥔 (蘇世軍)·쑤징징경(蘇京京) 역, 상하이 재경대학 출판사 2010년 본 121~124쪽.

사실상에서 영국이 제1차 세계대전 후 금본위제 회복 관련 협의는 미국의 지지를 얻었다. ― 뉴욕 연방준비은행과 J.P.모건 은행이 그 결의를 위해 각각 2억 달러와 1억 달러의 자금을 제공했다. 그밖에 미국은 또 일련의 관련 조치를 취했는데 훗날 사람들이 미국의 일련의 움직임을 두고 파운드화를 파괴하고 달러화의 패권을 수립하기 위한 '음모'라는 평가까지 나오기에 이르렀다.180) 1927년 7월 영국·프랑스·미국의 중앙은행장이 뉴욕의 롱아일랜드에서 합작협의를 달성해 그때 당시의 국제통화시스템을 안정시키려는 시도를 했다. 그 주요 내용에는 다음과 같은 것들이 포함된다. (1) 미국이 자발적으로 이율을 인하해 자금이 영국으로 역류할 수 있도록 유도함으로써 파운드화 환율의 안정을 유지한다는 것, (2) 미국 제품의 수출을 늘리고 저금리로 뉴욕의 금융 중심 지위를 높일 수 있도록 추진한다는 것이다. 1929년 세계경제 대공황 후 미국이 영국을 대체해 세계 최대 무역대국으로 부상했다.

1929~1931년 세계경제 대공황을 맞은 상황에서 각국은 잇따라 무역보호주의정책을 취했는데 원래부터 대공황의 수렁에 깊이 빠져든 국제 경제에는 설상가상 격임이 틀림없었다. 전후 영국의 국제 수지가 악화되어(그래프 3-3) 황금보유량이 더 이상 금본위제를 유지할 수 없는 지경에 이르렀다. 1931년 7월에 영국은 금덩이 본위제를 포기하고 경제적으로 영국과 관계가 밀접한 일부 국가들을 집결시켜 '파운드집단'을 구성했다.

---

180) 쑹홍빙(宋鴻兵) : 『화폐전쟁』, 중신(中信)출판사 2008년 본.

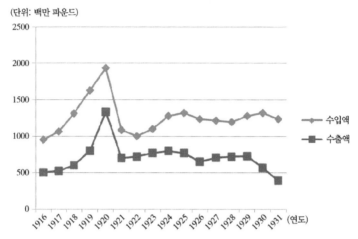

[그래프 3-3] 1916~1931년 영국 수출입총액

(단위: 백만 파운드)

※자료출처 : [영] 미첼·펠그레이브:『세계역사통계(유럽권)1750~1993년』, 경제과
학출판사 2002년 본, 963쪽.

비록 파운드화집단의 설립이 외부세력의 충격을 효과적으로
줄여 지역 내 여러 구성원 국가의 경제와 대외무역의 발전을
어느 정도 추진하긴 했지만 파운드화집단은 공식적인 조직이
아니었다. 제1차 세계대전 기간에 달러화가 빠르게 극복해 또
파운드화와 단독으로 대항할 수 있는 힘을 점차 갖추게 되었으
며 또 미국의 세력이 파운드화집단에 침투하기 시작해 의식적
으로 파운드화집단의 역할을 약화시켰다. 이와 동시에 통화집단
이 대량 설립됨에 따라 서로간의 대항이 끊이지 않았다. 이러한
혼란스러운 국면을 바꾸기 위해 국제연합은 1933년 6월에 런던
에서 '세계통화경제회의'를 열었으며 총 66개 국가가 참가했다.
그런데 이러한 모순으로 인해 회의는 최종 결과를 달성하지 못
하고 세계통화집단이 최종 5대 집단으로 나뉘었다. 즉 달러화집

단 · 금집단(프랑스 · 이탈리아·스위스 · 벨기에 · 네덜란드 · 룩셈부르크 등 금본위제를 유지하는 국가) · 파운드화집단 · 소비에트 러시아집단 및 엔화집단이다. 1935년에 금집단 회원국의 통화가 잇따라 평가 절하되어 해체된 후 영국 · 미국 · 프랑스 3국은 1936년에 통화 협정을 체결해 3개국 중앙은행간 황금매매를 허용했으며 또 외환 안정자금을 이용해 환율을 안정시켰다. 이러한 협의의 작용 하에 1935년부터 1939년 제2차 세계대전 발발 전까지 국제환율이 비교적 안정적인 시기에 처했다.

1939년에 제2차 세계대전이 발발하자 영국은 외환통제를 강화하기 위해 법률적 형식으로 회원국 간의 관계를 고정시키고 파운드지역으로 개칭했다. 파운드지역의 주요 운영 규칙은 다음과 같다. (1) 파운드지역 내 각국 통화는 영국 파운드화 대비 고정 비가를 유지하고 서로 간에 태환이 가능하며 지역 내 무역 결제는 모두 영국 파운드화로 처리한다. (2) 자금 이동이 지역 내에서는 일반적으로 제한을 받지 않으며 지역 외 국가에 대해서는 외환관리기관의 비준을 거치도록 한다. (3) 지역 내 각국의 황금 · 달러 수입은 영국 재정부에 매각해 파운드지역의 공동 준비금으로 삼도록 한다.[181]

1940년부터 영 · 미 양국은 협의를 거쳐 영국 파운드화와 달러화 간에 1파운드 대 4.03달러의 고정환율을 유지하기로 규정했다.

(3) 파운드지역의 쇠락

제2차 세계대전의 충격으로 영국은 경제가 부진하고 대외무

---

181) 진즈(金資) : 「파운드지역이란 무엇인가?」, 『중국금융』 1965년 제13기.

역이 위축되었으며 영국 파운드화의 가치가 대폭 떨어졌다. 전후 초기부터 파운드화를 안정시키기 위해 영국 노동당 정부는 국가가 환시장에 간섭하는 수단을 썼지만 여전히 파운드화 가치가 떨어지는 퇴세를 만회할 수 없었다. 1944년 7월에 열린 브레튼우즈 회의에서 국제통화체계 속 달러화의 중심지위를 확립했다. 영국은 달러화에 대항할 힘이 없어 하는 수 없이 1945년 영·미 대출담판협정을 받아들여 외환통제를 취소함과 동시에 파운드화를 달러화에 고정시키는 변동환율제를 받아들였다. 그 뒤 영국은 경상 항목 적자가 끊임없이 발생해 외환보유고가 계속 줄어들었다. 영국 정부가 금리를 거듭 인상했지만 효과를 보지 못하고 영국 파운드화 가치의 거듭되는 하락을 초래했다. 1949년에 영국 파운드화는 1파운드 당 4.03달러에서 1파운드 당 2.8달러로 떨어졌으며 가치 하락폭이 30.5%에 달했다.

1958년 11월에 자유무역구 협상이 결렬된 후 영국은 유럽 공동시장에서 제외될 수도 있는 위험한 처지에 직면했다. 그래서 1958년 12월 29일 영국은 파운드화의 제한 내 자유태환을 선포했다. 즉 무릇 파운드지역 이외의 주민들은 모두 공정가격에 따라 본인이 소유한 파운드화를 달러 혹은 기타 외국화폐로 자유로이 태환할 수 있도록 허용한 것이다. 단 파운드지역 내 주민은 여전히 외환통제를 받도록 했다. 영국의 이와 같은 조치는 파운드화의 지위를 강화해 기타 유럽 국가, 특히 프랑스와 서부독일과 무역전쟁을 치르기 위한 목적에서다. 그러나 영국의 황금 달러 보유량이 많지 않았기 때문에(겨우 32억 달러) 자유태환(自由兌換)을 실행한 직접적인 후과는 더욱 많은 미국 제품이 파운드지역에 흘러들 수 있도록 대문을 활짝 열어놓은 격이 되었다.[182) 1960년대에 이르러 환율의 장기적인 평가 절상으로 인해 파운드화 문제가 오래 누적되어 해결하기가 어렵게 되었다. 1964년에는 또 파운드화위기가 발발해 파운드화와 달러화의 비가가 1:2.8에서 1:2.3으로 하락했다.[183) 파운드화 가치가 대폭 하락함으로써 영국은 원래도 넉넉하지 않은 건설자금이 부족한 어려운 국면이 더욱 악화되어 영국 경제 발전이 더욱 어려워졌다. 1956~1970년 기간 영국 공업의 연 평균 성장률이 겨우 2.8%로 일본·미국·프랑스·이탈리아·연방독일·캐나다·오스트레일리아 등 국가들에 비해 훨씬 낮은 수준이었다. 그리고 대외무역 발전도 더뎌 1963~1968년 6년 연속 적자를 기록했다.[184) 1951~1972년 영국에서 경제 위기 혹은 경제 쇠퇴가 8차례나 잇따라 발생해[185) 파운드화 위기가 일촉즉발의 시점에 처했으며 그 국제적 지위도 위태위태한 처지에 놓였다. 결국 잉글랜드은행은 파운드화와 황금의 고정 비가에 따른 자유태환을 보장할 수 없어 금본위제를 포기하는 수밖에 없었다. 어떤 사람들은 영국이 1925년에 금본위제를 회복한 것이 현시대에 통화와 관련된 가장 결정적인 파괴 행동이었을 수도 있다고 주장한다.[186)

1960년대 초에 이르러 10개국 집단은 다 기울어져가는 국면

---

182) 황원팡(黃文方) : 「서유럽 경제 혼전 관련 몇 가지 명사에 대한 간략 설명」, 『세계지식』 1959년 제2기.

183) T.O.Lloyd, Empire, *Welfare State, Europe: English History* 1906-1992, Oxford:Oxford University Press, 1993, p. 407.

184) J.A.S.Grenville, *A History of the World in the Twentieth Century*, Cambridge: Belknap Press of Harvard University Press, 1994, pp. 859-862.

185) 진궈지(金國基) : 「영국 국제수지의 악화로 본 파운드화의 위기」, 『경제연구』 1965년 제10기.

186) [미] 존 케네스 갤브레이스 : 『통화간사(貨幣簡史)』, 쑤스쥔(蘇世軍)·쑤징징(蘇京京) 역, 상하이 재경대학 출판사 2010년 본, 124쪽.

을 바로잡아보려고 있는 힘을 다했다. 그들은 붕괴되기 직전인 파운드화를 일으켜 세우기 위해 『바젤협약』을 체결해 10년간 20억 달러의 스탠바이 차관을 제공키로 했다. 1970년대에 영국 경제가 '스태그플레이션' 상태에 빠져 생산이 정체되고 실업이 심각하며 인플레이션이 악화되어 파운드화의 부진 상태가 지속 되었다. 1972년 영국이 변동환율정책을 실행하기 시작해서부터 1977년에 이르기까지 파운드화의 환율이 굴곡적인 하락을 거듭 했다. 1978~1981년 사이에 일정한 정도의 상승 과정도 있긴 했 지만(표 3-3) 금본위시기(1파운드 당 4.03달러)에 비하면 파운드화는 이미 달러화의 적수가 아니었다. 총적으로 전후 파운드화의 환 율이 하락하는 추세를 보였으며 중간에 비록 아래위로 변동이 있긴 했지만 전체적인 하락세에서 벗어나지 못했다.

　파운드지역 내 많은 식민지가 잇따라 독립을 선언함에 따라 파운드지역이 축소되기 시작했다. 게다가 파운드지역의 6대 기둥인 오스트레일리아 · 홍콩지역 · 아일랜드 · 쿠웨이트 · 벨기 에 · 말레이시아도 1970년대에 잇따라 파운드지역을 이탈했다. 외부 압력과 내부 분화의 이중 작용 하에 주요 자본주의 국가 들이 1971년에 각국 통화 비가 조정에 관한 스미소니언협정 (Smithsonian Agreement)을 달성했다.

[표 3-3]　1972~1981년 파운드화 대비 달러화 환율 통계표

연도	1972	1973	1974	1975	1976	1977	1978	1979	1980	1981
환율	2.34	2.30	2.33	2.01	1.69	1.92	2.04	2.23	2.40	1.90

※자료출처 : IMF 데이터베이스, http://www.imf.org/external

1971년 2월, 영국이 통화제도개혁을 선포하고 10진제를 실행하기 시작했다. 보조화폐의 단위는 원래 실링(shilling)과 펜스(pence, penny의 복수형)였다. 1파운드는 환산하면 20실링이고 또 240펜스이다. 잉글랜드은행은 새로운 화폐 기수법을 실행한 뒤 보조화폐의 단위를 뉴 펜스(New Pence)로 고쳤다. 1파운드는 환산하면 100뉴 펜스이다. 이로써 약 천 년 가까이 사용해오던 옛 화폐제도가 붕괴되었음을 선고했다.

1972년 연초, 영국은 아일랜드·덴마크·노르웨이와 함께 정식으로 유럽 공동시장에 가입했다. 그런데 같은 해 6월에 서유럽 금융시장에서 또 파운드화 투매 사태가 일어났다. 잉글랜드은행이 26억 달러의 외환보유고를 풀었으나 효과가 없었으며 결국 파운드화는 변동환율 실행을 선포하고 공동시장에서 퇴출했다. 또 파운드지역 내의 자본 이동에 대한 통제를 실행키로 결정하고 파운드지역 범위를 당분간 축소해 영국 본토와 아일랜드공화국·케이맨 제도·채널 제도만 포함시키고 원 파운드지역 내 기타 국가와 지역에 대해서는 통일적으로 외환통제만 실시키로 했다.187) 1985년 2월 11일 영국 『파이낸셜 타임스』지는 런던 황금 선물시장의 회원사들이 그 시장 거래를 유지하는데 필요한 자금을 제공할 수 없어 시장 이사회가 런던황금선물시장을 폐쇄키로 결정했으며 주주회의를 열어 그 결정을 통과시킬 것이라고 보도했다. 1985년 2월 26일, 뉴욕 외환시장에서 파운드화 대 달러화 비가가 1파운드 당 1.037달러의 역사 최

---

187) 아일랜드는 제일 마지막에 파운드화시스템에서 벗어난 국가이다. 아일랜드는 1979년 3월 13일에 유럽통화시스템에 가입했으며 3월 30일에 파운드화와의 연계를 끊어버렸다.

저점으로 하락했다.[188] 여러 가지 요소의 공동 작용하에 파운드 지역은 기본상 붕괴되었으며 파운드화는 국제통화 패주의 지위를 상실했다.

창설해서부터 외부의 압력과 내부의 분화로 붕괴되기까지 파운드지역은 겨우 30여 년간 유지되었다. '부자는 망해도 3년은 간다'고 현재 비록 국제통화체계 속에서 파운드화의 국제통화 지위가 영국의 찬란했던 과거처럼 더 이상 존재하지는 않지만 그러나 세계 외환거래시장에서 여전히 앞자리를 차지하는 4대 거래통화의 지위를 차지하며 순위가 제3위이다. 파운드화는 여전히 국제통화기금 특별인출권의 구성 통화이며 그중에서 11.3%의 비중을 차지한다.[189]

1990년 10월 8일 파운드화가 유럽통화시스템에 가입했으며 통화시스템 내 여러 통화에 대한 환율 변동 폭은 6%였다. 그러나 1992년 9월 16일, 영국이 또 파운드화의 유럽통화시스템 이탈을 선포함에 따라 유럽통화연합 밖을 떠돌게 되었으며 현재까지도 여전히 유로 존에 가입하지 못하고 있다. 영국인들은 파운드화에 대해 일종의 포기할 수 없는 콤플렉스가 있다. 그들에게 있어서 파운드화는 국가의 자랑을 상징하며 파운드화를 포기하는 것은 마치 대영제국의 '틀'을 철저히 내려놓는 것과 같아 적지 않은 영국인들을 울적하고 의기소침해지게 하기에 충분하다. 그러나 꽃이 지는 것을 보고 있을 수밖에 없는 것처럼 어찌해볼 도리가 없는 것처럼 유로화가 많은 국가에서 사용되

---

188) 『국제금융연구』 편집부 자료실: 「1985년 상반기 국제 금융 대사기」, 『국제금융연구』 1986년 제1기.
189) 국무원 발전연구센터 연구팀 : 『위안화 지역화 조건과 경로』, 중국발전출판사 2011년 본.

기 시작하고 또 강세로 나감에 따라 많은 영국인들은 언젠가는 파운드화를 포기해야 한다는 사실을 이미 인식하고 있었다.[190]

2. 파운드지역의 경제효과

(1) 파운드지역의 경제효과: 지역 내 회원국의 시각

파운드지역이 비록 영국의 경제패권을 수호하기 위해 생겨난 산물이긴 하지만 금본위제 하의 고정환율제는 지역 무역·투자·경제의 안정적인 발전에 중요한 역할을 했다. 지역 내 회원국 (지역)에 있어서 파운드지역의 창설은 적어도 다음과 같은 세 가지 방면의 이점이 있다.

첫째, 파운드지역에 참가함으로써 경제성장을 추진할 수 있다. 파운드지역 가입으로 지역 내 회원국(지역) 통화와 파운드화 사이에 상대적으로 안정적인 환율을 유지할 수 있게 해 환율변동 리스크를 어느 정도 피하고 자금의 자유이동을 보장할 수 있도록 했다. 영국은 매년 파운드지역 기타 회원국에 대량의 직접 투자를 유지해 이들 국가(지역), 특히 중소 국가(지역)의 발전에 필요한 자금을 마련해줌으로써 지역 내 회원국 국민경제의 빠른 발전을 이끌었다. 파운드지역 회원국(지역)들이 파운드화와 안정적인 관계를 유지할 수 있기를 바랐던 주요 원인도 이들 모두가 영국과 중요한 상업무역관계를 가지고 있고 또 영국이 이들의 가장 좋은 단골 고객이 되었기 때문이다. 이밖에도 영국은 제2차 세계대전 전의 경제규모가 세계 제일이었으므로 지역 내 기타 회원국(지역)들도 적게 혹은 많게 그에 따른 이득을 볼 수 있었다.

---

190) 그린(greene) : 「파운드 콤플렉스(Pound complex)」, 『금융경제』 2004년 제6기.

둘째, 거래 비용을 효과적으로 낮추어 각국의 대외무역발전을 가속했다. 파운드지역 내에서 '제국 특혜제'를 실행함으로써 지역 내 무역에서 통일적으로 파운드화로 결제했을 뿐 아니라 지역 내 각국(지역) 간에 생산요소가 자유이동할 수 있도록 해 거래비용을 크게 낮추었다. '제국 특혜제' 하에서 회원국(지역) 간의 수출입상품은 서로 세율을 낮추거나 세금을 면제할 수 있었으며, 회원국(지역) 이외의 수입 상품은 고액의 관세를 적용해 미국과 기타 국가의 세력이 영연방시장에 침투하는 것을 막을 수 있었다. 다년간, 영국은 파운드지역을 이용해 기타 파운드지역 회원국(지역)에 구리·철·기계·차량·방직품·화학품 등을 판매했다. 한편 이들 국가(지역)들로부터 석유·천연 고무·주석·구리·니켈·양털·석면·금강석 등의 원료를 수입했다. 각국(지역)간의 비교우위가 충분히 체현되었으며 자원 배치가 최적화에 달했다.

[그래프3-4] 1932~1960년 영국과 파운드지역 회원국의 수출입액

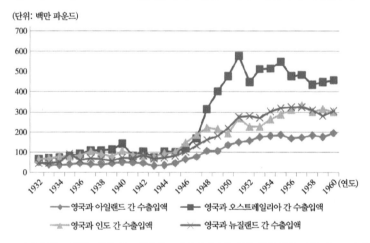

※자료출처 : [영] 미첼·팰그레이브 :『세계역사통계(유럽권)1750~1993년』, 경제과학출판사 2002년 본, 698쪽.

셋째, 외부로부터 오는 충격을 어느 정도 줄일 수 있었다. 파운드지역 내의 이들 중소 경제체는 토지 면적·경제규모·인구 등 방면에서 통화 주권을 소유한 선진국보다 작기 때문에 그때 당시 국제통화제도 하에서 국제 주요 통화 국가의 통화 가치하락과 통화팽창의 희생양이 되어 외부로부터 오는 여러 가지 충격을 받기 쉬우며 본국 경제 발전에 위협과 걸림돌이 될 수 있었다. 그러나 파운드지역에 가입해 영국에 의탁하면 자국의 통화가 파운드화에 고정되어 변동하게 되므로 이런 외부의 충격을 어느 정도 피할 수 있어 파운드지역은 이들 회원국(지역)의 '보호산'이 되었다. 파운드지역이 회원국(지역) 경제에 아주 훌륭한 선도적 역할을 했기 때문에 파운드지역이 창설된 후 비교적 긴 시간 단합과 안정을 보장할 수 있었다.

물론 파운드지역에 참가하는 것도 일정한 대가를 치러야 했다. 그 대가들은 주로 다음과 같은 방면에서 반영되었다.

첫째, 이들 국가는 자국 통화의 자주성을 잃어 통화정책 실행 효과가 자본의 이동으로 약화될 수 있으며 심지어 효력을 잃기도 했다. 크루그먼이 제기한 '삼원역설'에 따르면 개방된 경제 조건하에서 한 국가에서는 국내통화정책의 독립·자본의 자유이동·환율의 안정 이 3대 목표를 동시에 실현하는 것이 불가능했다. 지역 내 회원국이 파운드지역 통화연합에 가입한 뒤 고정환율 조건하에서 자본의 전면적인 이동을 실현하기 위해서 본국(지역) 통화정책의 효과가 전부 자본 이동의 변화에 상쇄되고 말았다. 이들 지역 내 회원국(지역)들은 본국(지역) 경제의 실제 상황에 비추어 독립적인 통화정책을 실시해 본국의 경제를 조절 통제하기가 아주 어려웠다.

둘째, 영국 투자 자금의 이동 방향이 파운드지역 회원국(지역)의 경제형태의 단일화·경제구조의 비합리화를 초래했다. 영국의 많은 다국적 회사들이 이윤 최대화를 좇기 위해 회원국(지역)의 대량의 토지·농장·광산을 점령하고 한 가지 경제작물을 집중 재배하거나 한 가지 광산자원을 개발함으로써 이들 국가(지역)에 전형적인 식민지 단일경제현상이 나타났다. 예를 들어 가나에서는 70% 경작지에 코코아만 심었으며 리비아와 나이지리아는 모두 석유 수출을 가장 주요한 수입원천으로 삼았다. 이런 단일 경제구조 상황이 파운드지역 많은 회원국(지역)들 가운데서 아주 두드러졌다.(표 3-4)

[표 3-4] 영국 식민지 1960~70년대 수출 제품 및 비중 상황

국 별	수출제품	수출 총액에서 차지하는 비중
파키스탄	목화·황마	73.4%
스리랑카	찻잎·고무·야자제품	91.3%
말레이시아	고무·주석	76%
이집트	목화·쌀	78.5%
에티오피아	커피·페인트·날가죽	76.7%
탄자니아	커피·목화	50.2%
감비아	구리·사이잘삼·땅콩제품	92.5%
시에라리온	금강석·철광석·종려나무 열매	78.8%
가나	코코아콩	68%
나이지리아	석유·코코아콩·땅콩	86.3%

※자료출처 : 『세계경제통계간편 1974』, 제286~287쪽.

지역 내 회원국(지역)의 경제가 영국 본토의 다국적 회사에 의해 통제되고 있어 이들 국가(지역)의 경제 독립과 발전의 발걸음이 심각하게 저애됐다.

셋째, 여러 회원국(지역)의 외환보유고는 영국의 엄격한 규제를 받았다. 이들 자금은 왕왕 영국정부에 무상으로 이용되었으며 심지어 영국의 대외 전쟁 비용으로 쓰이기까지 했다. 제2차 세계대전에서 영국은 약 42억 파운드의 자산을 들여 전쟁에 필요한 물자를 사들였는데 그 자산의 출처는 주로 인도·이집트와 기타 파운드지역 회원국(지역)이다. 파운드지역 회원국(지역)의 잉글랜드은행 계좌에 파운드화 예금량이 늘어나더라도 그들은 자국에서 통화를 발행할 수 있을 뿐 계좌에 있는 파운드화 예금은 사용할 수 없었다. 그 예금은 잉글랜드은행 평형기금관리기구의 통제를 받고 있으며 각국은 외환보유고 사용에서 엄격한 규제를 받았다. 파운드지역 회원국(지역)들은 대량의 전쟁 물자를 영국에 '기증'했지만 그들 자신은 물자 결핍·물가 상승의 고통을 겪어야 했다.

(2) 파운드지역의 경제효과: 영국 본토 시각

파운드지역은 영국이 지역 내 약소 경제체를 착취하고 미국에 대항하기 위해 창설된 통화연합조직으로서 파운드지역의 창설은 서로 이득이 되고 공동 번영하기 위한 것이었지만 특히 영국 본토에 더 큰 이익을 가져다주었다. 그 주요 표현은 다음과 같은 몇 가지 방면에서 나타난다.

첫째, 영국이 파운드지역을 이용해 식민지의 단일경제를 통제하면서 식민지의 경제자원을 약탈하고 이윤을 벌어간 것이다.

지리적 위치와 자연자원이 결핍한 영향으로 영국은 경제상에서 기생성이 비교적 심각한 국가가 되었다. 영국은 절대다수의 공업 원료와 50%의 식량을 수입에 의존해야 했다. 영국은 싸게 사들이고 비싸게 파는 방법을 통해 지역 내 기타 회원국(지역)에 완제품을 수출하는 한편 필요한 원료 물자를 수입해 들임으로써 거액의 이윤을 약탈했다. 따라서 식민지에 대한 통제가 영국이 첨단 기술을 발전시키고 자본 밀집형 제품을 생산하는 유력한 보장이 되었다. 통계에 따르면 1938년에 영국은 지역 내 기타 회원국(지역)에 대한 수출총액이 전체 수출의 45%를 차지했으며 전쟁 후 그 비중이 계속 확대되어 1951년에 최고로 52%에 달했다. 그러나 파운드지역 수입 규제가 완화됨에 따라 1956년부터 영국이 파운드지역 내 기타 회원국에 대한 수출이 차지하는 비중이 현저하게 하락해 1962년에는 이미 35%까지 내려갔다.[191]

둘째, 영국은 지역 외 무역수지 적자를 대부분 파운드지역 내 기타 회원국(지역)의 역외 무역 수지의 흑자로 메웠다. 1939년 파운드지역 창설 관련 규정에 따라 회원국(지역)이 역외 국가와의 대외무역에서 벌어들인 외화(주로 달러화)는 잉글랜드은행으로 넘겨야 했으며 전반 파운드지역의 외환보유고, 즉 '달러화 총 저장고'로 삼기로 했다. 잉글랜드은행은 공정가에 따라 동등한 가치의 파운드화로 환산 결제해 회원국 계좌에 기입했다. 1948~1956년 기간 영국의 역외 국가(지역)에 대한 경상항목적자가 무려 20억 파운드에 달했는데 그중 역내 기타 회원국(지역)의 달러지역에 대한 수지를 통해 약 10억 파운드의 흑자를 얻었다. 이로 볼 때 영국은 '달러화 총 저장고' 내 이들 회원국(지역)의

---

191) 칭허(靑禾) : 「갈수록 사분오열되어가는 파운드지역」, 『세계지식』 1966년 제3기.

외환보유고를 충분히 이용해 무역적자를 메울 수 있었다.

셋째, 파운드지역은 영국이 원 식민지에 대한 통화금융통제를 진행하는 주요 수단이 되었으며 이들 지역이 영국에 밀접하게 의탁하게 만들었다. 특히 제2차 세계대전 기간에 영국은 역내 회원국(지역)으로부터 대량의 전쟁 물자를 긁어모았는데 현금을 지급하지 않고 장부에 기입하는 방식으로 파운드화를 지급하는 한편 또 그 자금의 사용을 제한해 이들 국가(지역)의 파운드화 잔고가 급증했다.(표 3-5)

[표 3-5] 주요 파운드화 잔고 지역의 잔고 상황

(단위: 백만 파운드)

지역 \ 연도	1945년	1957년
서아프리카	93	489
말레이시아	87	374
중국 홍콩	33	148
서인도제도	41	152
합계	454	1309

※자료출처 : [소련] 밀레이코프스키(А.Г.Милейковский) 등: 『제2차 세계대전 후 영국 경제와 정치』, 세계지식출판사 1960년 본, 429쪽.

1950년, 미국이 조선전쟁을 발동했다. 미가공제품 가격이 폭등했으며 파운드지역 여러 회원국(지역)의 대 미국 수출 수익이 늘어났다. 영국은 한편으로 전반 파운드지역의 황금 외화를 장악하는 한편 다른 한편으로는 회원국(지역)이 보유한 파운드화 잔고 사용을 제한함으로써 지역 내 회원국(지역)들이 영국 본토의 상품을 대량 구매하도록 해 영국 상품을 위한 안정적이면서도 넓은 수출시장을 마련했다. 이런 제도는 영국이 지역 내 회원국(지역) 시장과 자원을 약탈할 수 있는 유력한 무기를 제공했을 뿐 아니라 영국이 파운드지역 회원국(지역)의 재정금융정책을 확실하게 통제할 수 있도록 함으로써 영국의 경제와 금융이 유리한 지위에 처하도록 했다.

[표 3-6] 1962~1971년 영국의 국가 유형별 직접 투자 누계액

(단위: 백만 파운드)

연 도		1962	1965	1968	1971
직접 투자 누계액		3405	4210	5585.3	6666.9
개발 도상국가	합계	1241.4	1384.6	1591.1	1755
	차지하는 백분비	36.5%	32.9%	28.5%	26.3%
	아프리카주	413.6	404.8	480.3	594.9
	아시아주	543.4	609.1	649.5	707.5
	중동	14.2	18.9	26.9	32.4
	남미주	277.4	358.8	451.3	488.5
선진국	합계	2163.6	2825.4	3994.2	4911.9
	차지하는 백분비	63.5%	67.1%	71.5%	73.7%
	서유럽	465.4	647.3	984.7	1461.5
	북미주	785.3	919	1286.9	1465.7
총액 중 영연방국가 액수		2048.9	2427.8	3013	3364.3
차지하는 백분비		60.2%	57.7%	53.9%	50.5%

※자료출처 : 『영국경기(英國商情)』, 1984년 8월 2일.

넷째, 영국의 대외 직접 투자가 대폭 증가했다. 영국정부가 파운드지역의 보유자산을 장악함으로써 영국이 이들 자산을 이

용해 대외 직접 투자를 전개할 수 있는 조건을 마련했다. 1960년에 영국이 개발도상국가에 대한 직접 투자가 2억 1400만 파운드였는데 1969년에는 3억 5700만 파운드로 증가했다.[192] 그런데 같은 시기 영국이 선진국에 대한 직접 투자는 더 많이 늘어났다.(표 3-6)

영국의 경제학자 레더웨이스(Reddaway S)는 1955년부터 1964년까지 이 기간에 말레이시아에 대한 영국 투자액이 100파운드씩 증가할 때마다 세금을 제한 한 뒤 순이윤을 18.8파운드씩 얻을 수 있었다고 설명했다. 그러나 같은 기간 영국 본토에서는 투자액 100파운드 당 이윤이 5.5파운드였다고 설명했다. 고액의 투자 회수율을 짜낸 뒤 영국은 또 이윤의 일부를 새로운 투자에 사용했다. 이러한 '투자 - 이윤 - 재투자'식 반복 과정은 영국의 원식민지에 대한 약탈의 중요한 특징이었다.[193] 1962년 연말 영국이 영연방국가에 대한 직접 투자 누계액(석유 및 금융업 포함하지 않음)이 20억 4900만 파운드에 달했으며 해외 직접 투자총액의 60.2%를 차지했다. 1971년 연말에 이르러서는 33억 6400만 파운드에 달했으나 해외 직접 투자총액 중에서 차지하는 비중은 50.5%로 감소했다.

모든 사물은 다 이중성이 있으며 이로운 일면이 있으면 해로운 일면도 있다. 영국은 파운드지역을 이용해 이득을 얻은 한편 그에 상응한 책임과 리스크도 감당해야 했다. 파운드지역은 지역 내 각 회원국(지역) 통화의 환율을 파운드화에 고정시켜 파운드화와 고정환율을 유지할 것을 요구했다. 따라서 영국 국내 경

---

192) 『영국 연도 통계 개요 1971』, 272쪽.
193) 우이캉(伍貽康) : 『유럽공동체와 제3세계의 경제관계』, 경제과학출판사 1989년 본.

제가 지역 내 기타 회원국(지역) 경제와 밀접히 연결되어 지역 내 경제의 아주 작은 변화도 전반 경제지역에 영향을 줄 수 있었다. 게다가 파운드지역 창설 당시의 영국은 이미 세계 패주의 지위를 잃은 뒤임에도 전후에 자국 경제가 전쟁 전의 쇠약에서 쇠락으로 향하고 있다는 비참하고 침통한 사실을 정시하지 못하고 여전히 영국의 패권지위 유지에 취지를 둔 금본위제를 회복하려고 시도했으며 그러한 통화 배치가 사실상에서 영국의 전후 경제를 악화시켜 파운드화의 지속적인 가치 하락을 초래하고 경제발전을 저해함으로써 영국이 쇠락으로 향하는 발걸음을 가속했다.

영국이 점점 쇠락해갈 무렵 미국은 각박한 조건을 붙인 '원조'와 미국 지배하의 국제금융기구를 이용해 파운드지역 회원국(지역)에 고금리 대출을 제공하는 것으로 경제적 침투를 진행했다. 이와 동시에 영국의 수출상은 끊임없이 미국의 압박을 받았으며 파운드지역에 대한 미국의 수출이 꾸준히 늘어났다. 1959년, 영국 본토 밖의 파운드지역 회원국(지역)의 대 미국 수입액이 6억 9600만 파운드였는데 1964년에는 13억 8800만 파운드로 늘어 성장률이 99.4%나 되었다. 반면에 같은 시기 미국이 영국 본토로부터 수입한 금액은 13억 4400억 파운드에서 고작 15억 9200만 파운드로 늘었을 뿐이었다.

파운드지역이 창설된 후 영국은 비록 매년 '여기저기서 긁어모은 자금으로' 다른 회원국(지역)에 2억 파운드 이상의 투자를 제공했지만 자체 재력으로는 감당할 수 없을 '경제발전계획'을 제정해 '산업화'를 대거 추진한 탓에 영국의 대외 투자가 점차 기타 회원국(지역)의 요구를 만족시킬 수 없게 되어 미

국이 제공하는 대출에 더 많이 의존하는 수밖에 없었다.[194] 미
국이 대외로 대출을 제공하는 조건은 대출 자금으로 미국 제
품만 구매할 수 있도록 제한한 것이었다. 그렇게 되면 미국이
'원조'를 많이 제공할수록 '원조를 받는 국가'는 미국의 제품
을 더 많이 수입하게 되어 있다. 따라서 파운드지역 회원국은
미국과의 무역이 꾸준히 확대됨에 따라 더 이상 달러 수입을
계속 파운드지역의 '달러 총 저장고'에 보관하기를 원치 않게
되었다. 그것은 그들이 달러화를 인출하려면 또 영국의 외환
통제를 받아야 했기 때문에 각 회원국(지역)이 파운드지역에서
빠져나가려는 경향이 갈수록 두드러지게 드러났다. 영국 경제
가 끊임없이 내리막길을 걷고 있고 파운드화 가치가 지속적으
로 떨어지고 있어 많은 회원국(지역)이 더 이상 파운드화를 신
임할 수 없어 파운드지역에서 점차 빠져나가기 시작했다. '해
가 지지 않는 제국' 시대가 끝나가고 있었던 것이다.

3. 파운드지역의 시사점

   제1차 산업혁명부터 1940년대에 이르기까지 파운드화는 국제통
화시스템에서 그 어떤 통화도 대체할 수 없는 중요한 지위를 차
지했다. 파운드지역의 발전 과정을 살펴보면 파운드지역 운행 과
정에서 2대 요소가 결정적인 역할을 했음을 쉽게 발견할 수 있다.
한 가지 요소는 막강한 경제실력이 파운드지역 창설의 기반이 된
것이고, 다른 한 가지 요소는 영국이 자국의 식민지·'보호지'와의
무역 전개를 통해 파운드화의 해외 유통을 추진한 것이다.

---

194) 칭허(靑禾) : 「갈수록 사분오열되어가는 파운드지역」, 『세계지식』 1966년 제3기.

전후 영국 실력의 심각한 좌절과 달러화의 굴기·영국정부에 대한 파운드지역 회원국(지역)의 원심력이 점차 커져 파운드지역에서 내부 분화가 점차 나타나기 시작했으며 최종 붕괴에까지 이르렀다. 비록 파운드지역이 창설에서 뿔뿔이 흩어지기까지 고작 30여 년간 존재했지만 후세 사람들에게 많은 사고를 남겨주었다. 파운드지역의 성공 경험과 실패한 교훈을 통해 다음과 같은 몇 가지 시사점을 얻었다.

첫째, '강성한 국가를 건설하려면 마땅히 강대한 통화가 있어야 한다.' 국내 경제의 비약적인 발전·대외무역의 발달·외환보유고의 충족함은 파운드지역 창설의 초석이었다. 제1차 산업혁명에서 제1차 세계대전 발발 전까지 백 여 년 동안 영국은 기술 혁신·공업 발전·대외 식민 확장에 힘입어 방대한 제국으로 부상했다. 금본위제하에서 파운드화 가치 안정을 실현했으며 영국은 파운드화의 안정과 세계 최대 무역국 지위를 이용해 대외무역에서 파운드화 가격표시와 결제를 추진했다. 파운드화 환어음은 영국의 수출입 융자로 이용되었을 뿐 아니라 세계 기타 대부분 지역의 수출입융자수단으로도 쓰였다.195)

영국은 거액의 무역 적자를 통해 대량의 외환보유고를 축적했다. 외환보유고는 또 파운드화 가치의 안정을 더 한층 유지할 수 있었을 뿐 아니라 영국의 대외투자를 보장해 파운드지역 기타 회원국(지역)에 대한 영국의 통제를 확대해 파운드지역을 더 한층 유지하고 공고히 했다. 영국의 대외무역은 파운드화의 국제화 과정에서 절대적으로 중요한 부분이었다. 만약 막

---

195) [오스트레일리아]A.G. 켄우드(Kenwood) · A.L. 로히드(Lougheed) : 『글로벌 경제의 성장 1820—1990』, 왕춘법(王春法) 역, 경제과학출판사 1997년 본.

강한 대외무역실력이 없었다면 파운드지역의 설립은 불가능한 일이었다. '성공 역시 소하(蕭何) 덕택이고, 실패 또한 소하 탓인 격'으로 두 차례 세계대전과 금본위제에 대한 고집이 영국 제품의 수출 경쟁력을 심각하게 약화시켜 영국의 국제수지가 급격히 악화되어 경상항목 잔고에 대규모의 적자가 나타남으로써(그래프 3-5) 파운드지역의 해체를 가속했다.

[그래프 3-5] 1816~1947년 영국 경상항목 잔고

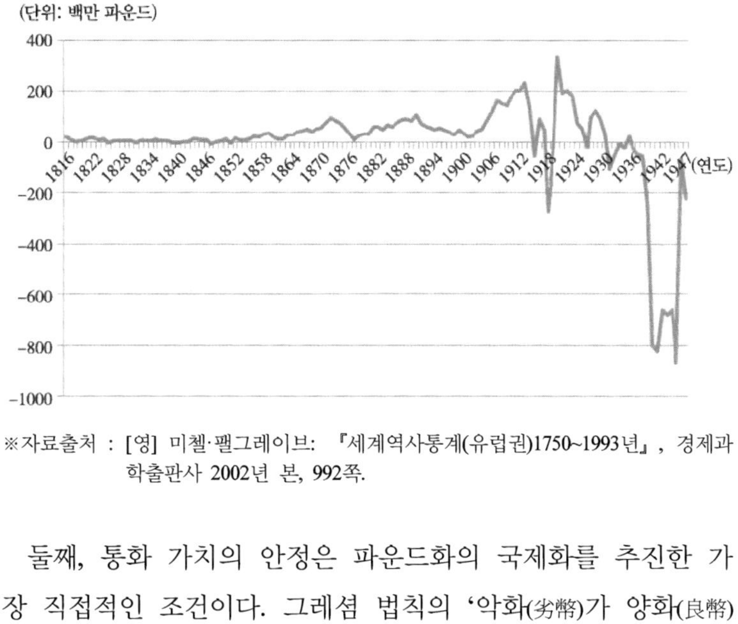

(단위: 백만 파운드)

※자료출처 : [영] 미첼·팰그레이브: 『세계역사통계(유럽권)1750~1993년』, 경제과학출판사 2002년 본, 992쪽.

둘째, 통화 가치의 안정은 파운드화의 국제화를 추진한 가장 직접적인 조건이다. 그레셤 법칙의 '악화(劣幣)가 양화(良幣)를 축출하는 것'과는 달리 통화의 국제화는 실질상에서 '양화가 악화를 축출하는' 과정이며 양화의 중요한 판단기준 중의 하나가 곧 통화 가치의 안정이었다. 두 차례의 산업혁명이 영국의 상품 생산력을 크게 제고시켰다. 따라서 생산과잉으로

영국은 꾸준히 확대되는 대외무역 수요를 갖추게 되었다. 대외무역을 전개하는 과정에서 무역 결제문제가 발생하는 것은 피할 수가 없는 일이었다. 영국은 금본위제도를 수립하고 파운드화의 발행량은 엄격히 황금보유를 준비금으로 해 파운드화 가치가 장기적으로 안정을 유지할 수 있도록 보장함으로써 기타 국가가 파운드화를 사용할 수 있는 동력과 확신을 증강했으며 영국정부도 파운드화 환율의 안정을 유지하기 위해 극구 노력했다. 통화 가치의 안정은 파운드지역 회원국(지역) 수출입상이 직면하게 될 외환 변동의 위험을 크게 낮춰 각국이 파운드지역에 가입하면 비교적 큰 경제 이익을 얻을 수 있도록 했으며 또 통화가치 안정 속의 가격체제도 상대적으로 안정적이어서 각국 거시경제의 조화에 중요한 역할을 했다.

그러나 두 차례의 세계대전으로 영국은 막대한 군사비용 지출을 소모했다. 충족한 지출자금을 보장하기 위해 영국은 금본위제도하의 황금 보장금 발행 준칙을 더 이상 따르지 않기 시작했으며 파운드화를 정액 한도를 넘어 대량 발행함으로써 파운드화 환율의 대폭적인 변동을 초래했다. 영국이 파운드화를 무절제하게 발행함으로 인해 파운드지역 내 회원국(지역)이 파운드화에 확신을 잃어 주권 통화를 투(投賣)하고 달러화를 좇기 시작했다. 파운드화 가치가 급격히 하락함에 따라 영국의 대외투자 인기도 떨어져 달러화가 그 빈틈을 타 비집고 들어갈 기회를 줌으로써 결국 파운드지역의 멸망을 초래하게 된 것이었다.

셋째, 파운드지역의 창설은 영국의 발달한 금융시스템 및 금융서비스와 갈라놓을 수 없었다. 국제무역이 어느 정도 발전한 후에는 객관적으로 금융시스템의 발전과 보완을 요구하게 되며 가상 경제가 실물경제에 더 양호한 서비스를 제공할 수 있게 되었다. 영국은 금융 혁신을 충분히 이용해 국내 금융시장의 용량과 활력을 확대함으로써 런던을 19세기 최고로 발달한 국제 금융 중심으로 건설했다.[196) 잉글랜드은행은 또 재할인율정책(rediscount rate policy)을 적극 적용해 단기 자금 이동을 조절하고 국제 수지를 조절함으로써 파운드화의 태환가능성을 실현했다. 런던은 전쟁 중에서 심각한 파괴를 받아 과거의 번화하던 도시가 폐허로 변했으며 국제금융 중심 지위도 심각하게 파괴되었다. 전장에서 멀리 떨어진 미국은 그때 이미 뉴욕을 국제금융 중심으로 건설하려는 동기를 갖고 파운드지역에 대한 침투과정에서 더 의식적으로 런던의 국제금융 중심 역할을 약화시켰으며 국제금융무대에서 뉴욕의 유리한 조건을 창조해 나갔다.

넷째, 파운드지역의 창설은 국가집단을 벗어난 연방식 일체화가 아닌 정부 간 협력 형태로 통화의 일체화를 실현했다. 통화협력은 경제와 연결될 뿐 아니라 더욱이 국가 주권 등 정치문제에 연결되어 있어 고려해야 할 요소가 복잡하게 얽혀 있었다. 파운드지역이 약 40개에 이르는 회원국(지역)을 아우르는 방대한 진용을 갖출 수 있었던 것은 영국이 그런 정부협력의 성질을 지혜롭게 이용해 파운드지역을 창설했기 때문이다. 기타 회원국(지역)의 정치 주권을 위협하지 않았기 때문에 각 당사국들이 파운드화를 사용해 국제경제무역활동을 진행하는 과정에 생길 수 있는 저촉 정서와 경각 심리를 해소함으로써 비교적 두터운 정치적 공감대를 이루고 필요한 정치적 신뢰를 쌓을 수 있었다.

---

196) 리샤오(李曉) · 딩이빙(丁一兵) : 『위안화 지역화문제 연구』, 칭화대학출판사 2010년 본.

다섯째, 영국 정부의 적극적인 추진이 파운드지역의 창설 과정에 무시할 수 없는 역할을 발휘했다. 영국 정부는 파운드지역의 창설을 추진하기 위해 자국의 세계 경제 지위를 강화하고 금융시장시스템 건설을 보완하는 외에도 식민 확장주의를 통해 방대한 식민체계를 수립함으로써 많은 식민지를 통제했으며 또 그 기회를 빌어 식민지에서 파운드화의 유통과 사용을 추진했다. 영국 정부는 의도적으로 식민지에서 통화패권을 확장하고 여러 가지 형태로 영국령 식민지에서 파운드화를 사용하는 것을 통해 파운드화가 보다 광범위한 지역에서 폭넓게 유통되도록 추진했다.

제2절 프랑화지역

1. 프랑화지역의 발전사

(1) 프랑화지역의 형성 배경

프랑화(French France)는 프랑화지역의 주도 통화로써 1360년에 탄생했다. 1337~1453년 기간 영-프 양국이 백년 전쟁을 치렀다. 프랑스 국왕 장 2세(Jean II de France)가 영국의 포로가 되었는데 국왕을 구하기 위해 프랑스는 1360년에 속금(贖金)으로 금폐를 주조했는데 이것이 곧 프랑화이다. 금폐 정면에는 갑옷을 입고 투구를 쓴 무사가 말 위에 올라타 있는 문양이 있고 그 주위에 '프랑크대왕'이라는 글자가 새겨져 있는데 '자유'의 의미를 담고 있다.[197] 프랑스 자산계급대혁명 후 집권 정부가 1803년 4월 7

---

[197] 쑨페이위(孫沛宇) : 『유로존 국가 동전 개론』, 세계지식출판사 2003년본.

일 '금프랑(프랑스어로 franc, 영어로 gold franc)'을 반포 발행했다. 그 때부터 프랑화가 프랑스 전역의 통일 유통 통화가 되었다. 그때 당시 1프랑 은 함유량은 4.5그램, 금 함유량은 0.29그램으로 확 정지었다. 1865년에 프랑스·벨기에·이탈리아·스위스가 '라틴통화 연합'을 설립하고 프랑화를 '금은본위' 통화로 규정지었다. 1914 년에 이르기까지 백은이 점차 황금에 의해 대체된 뒤에야 프랑 화는 비로소 '금본위 프랑'으로 되었다.

1914년 제1차 세계대전으로 인해 프랑스 재정은 심각한 적자 가 발생했으며 그로 인해 악성 인플레이션을 유발해 금본위 프 랑의 생존을 위협했다. 1923년에는 마르크화의 붕괴로 프랑화 환 율의 폭락을 유발했다. 1928년 6월 25일 프랑스 정부가 프랑화의 과거 몇 년간의 실제 가치 하락폭에 따라 1프랑의 금 함유량을 58.95밀리그램으로 규정짓고 동시에 프랑스 중앙은행인 프랑스은 행이 황금을 통화 발행의 준비금으로 삼는다고 규정지었다.[198]

1929년 자본주의 경제 대위기가 전반 유럽시장을 휩쓸었다. 그로 인해 심각한 경제 쇠퇴를 초래했으며 대량의 자금이 대외 로 유출되었다. 프랑스는 고통스러운 몸부림 끝에 결국 1936년 10월에 하는 수 없이 '금본위제'를 포기하고 프랑화의 금 함유 량을 최고 44.1밀리그램, 최저 38.7밀리그램으로 규정지었으며 프랑화 가치가 25%~35% 폭락했다. 이와 동시에 프랑스 정부가 황금 자유 매매를 금지시켰다.

1937년 6월 30일 프랑스정부가 프랑화의 금 함유량에 대한 규정을 폐지했으며 프랑화의 자유 변동제를 시작했다. 1938년 5월 프랑화 환율을 최초로 외국 통화에 고정시키기 시작, 파운

---

198) 왕례왕(王烈望) : 『세계금융중심』, 중국 대외경제무역출판사 1988년본.

드화에 대한 프랑화의 최저 환율이 1파운드 당 179프랑이었다.

(2) 프랑화지역의 형성

프랑화지역은 대체로 세계경제 대공황 시기(1929~1932년)에 싹
트기 시작했다. 그 위기가 세계경제에 준 영향은 다른 어느 한
차례 경제 쇠퇴 때보다도 더 폭넓고도 심각했다. 노동력시장의
대규모 실업과 자본시장의 주가 폭락을 초래했을 뿐 아니라 자
본주의국가의 금융통화시장에 심각한 혼란을 가져다주었다. 제1
차 세계대전 당시 황금은 참전국들이 무기와 탄약을 구매하는
데 대량으로 사용되었으며 적지 않은 국가들은 또 통화의 과다
발행을 통해 재정 융자를 실현하고 황금 보유량과 통화 발행량
의 비례를 더 이상 고정시키지 않았으며 많은 국가들이 잇따라
금본위제를 폐지한다고 선포하고 너도나도 불환지폐유통제도를
실행했다. 대공황으로 인해 각국은 무역보호주의정책을 실행하
는 수밖에 없었다. 수입을 제한하는 것으로 취업을 추진하고 내
수를 이끌었다. 주요 자본주의국가들 간에 잉여 상품의 판매 확
대를 위한 덤핑전과 관세전이 점점 치열해졌다. 이에 따라 일련
의 여러 자본주의 대국을 중심으로, 서로 대립되는, 봉쇄적인
통화집단이 형성되었다.

1936년 10월 1일『통화법안』을 통과시켜 외환안정기금을
창설하고 식민지 은행이 프랑스의 프랑화를 보유 가치가 있는
외국 통화로 간주해 보유하는 것을 허용했으며 프랑화변동환
율제를 프랑화 표준 환율체제로 바꾸는 방향을 선택했다. 그
결과 프랑화지역의 통화 성질을 띤 조직들이 프랑스의 통화를
중심으로 연합하기 시작했다. 일부 해외 식민지에서 사용되는

통화의 종류가 종주국에서 사용되는 통화의 종류와 다르긴 하지만 그래도 고정평가로 서로 태환했다. 1939년부터 프랑화지역은 통화지역의 속성을 띠기 시작했으며 프랑스의 통화가 프랑화지역 여러 경제체들에서 통용되기 시작하고 또 자유로 양도할 수 있게 되었다. 그 평가는 프랑화지역의 회원국이 외부로부터 얻는 바스켓통화에 의지했다.[199] 각 지역의 대외무역과 비무역 수지는 반드시 프랑화로 결제해야 했으며 그에 따라 프랑스의 프랑화를 중심으로 하는 국제통화집단이 형성되었다. 따라서 프랑스가 모든 프랑스령 해외 영토의 국제금융활동을 통제하고 이들 영토의 국제시장을 독점했으며 프랑스의 완벽한 식민주의체제를 형성했다.[200]

제2차 세계대전이 발발한 후 프랑스정부가 외환통제를 실행했다. 1940년 2월말 프랑화 가치가 폭락했으며 금 함유량이 21밀리그램으로 줄어들었다. 전쟁이 시작된 지 얼마 지나지 않아 프랑스가 전쟁에서 패배했음을 선고했으며 국토가 두 부분으로 나뉘었다. 드골(De Gaulle) 장군이 이끄는 프랑스 정부는 '자유프랑스 중앙금고'를 설립하고 '자유프랑'을 발행했다. 독일군 점령 지역에서는 독일이 1마르크=20프랑으로 강제 규정해 프랑화 가치를 50% 폭락시켰다. 1945년에 전쟁이 끝난 뒤 프랑스은행과 다른 4개의 예금은행을 국유화하고 국제통화기금과 국제부흥개발은행에 가입했으며 외환 통제를 강화하기 위해 재차 프랑화 가치를 하락시켜 1프랑 당 금 함유량을 7.461밀리그램으로

---

199) [콩고] 무저무(木澤姆, Muzemu): 「아프리카 프랑화지역의 진전 및 운행체제」, 장옌량(張延良) 역, 『서아시아아프리카』 2003년 제2기.

200) 우이캉(伍貽康) : 『유럽공동체와 제3세계의 경제관계』, 경제과학출판사 1989년본.

제3장 위안화지역 : 모델과 참고   177

규정했다.[201]

　프랑화지역(프랑크 존, franc zone)은 1945년 12월 29일에 공식 설립되었으며 프랑화 지역 정부 당국이 프랑스령 아프리카식민지 프랑, 즉 아프리카 프랑을 창설했다. 아프리카 프랑과 프랑스 프랑 간에는 고정환율을 실행했으며 창설초기에는 1아프리카 프랑 대 1.7프랑스 프랑의 환율을 유지하다가 1948년에는 2프랑스 프랑에 달한 적도 있다. 1960년에 뉴프랑화가 유통되기 시작했으며[202] 환율을 0.02로 고치고 1994년 1월까지 줄곧 유지했다. 파운드지역과 달리 프랑화지역은 엄격한 협정을 토대로 하지 않았으며 오직 원칙적으로 긍정했을 뿐이다. 1994년 1월 26일부터 아프리카 프랑과 프랑스 프랑 간의 환율을 0.01로 새롭게 확정지었다.

　프랑화지역은 최초 범위가 비교적 광범위했는데 프랑스 본토(프랑스와 모나코)와 5개 해외 성(과들루프·프랑스령 가이아나·마르티니크·레위니옹·생피에르에미클롱), 3개의 해외 영지(뉴칼레도니아·프랑스령 폴리네시아·월리스푸투나), 1개의 특별 영지 마요트 섬 및 14개 독립국(베냉·코트디부아르·니제르·세네갈·토고·부르키나파소·말리·카메룬·콩고·가봉·차드·적도 기니·중앙아프리카공화국·코모로 이슬람 연방 공화국)[203]이 포함됐으며 그 후 알제리·튀니지·라오스·캄보디아·베트남·적도 기니도 프랑화지역의 회원국이 되었다.

　프랑화지역 내에서 유통된 통화는 다음과 같다. 프랑스 본토

---

201) 왕례왕(王烈望) : 『세계금융중심』, 중국 대외경제무역출판사 1988년본.

202) 기타 서방 국가의 통화에 비해 프랑화는 화폐가치 단위가 비교적 작다. 1960년부터 프랑스은행이 '뉴프랑'을 발행하기 시작했는데 1뉴프랑이 100개의 구(舊)프랑에 해당하며 금 함유량도 180밀리그램으로 바뀌었다. 1962년 11월 11일부터 '뉴프랑'을 프랑으로 개칭했다.

203) 중국백과넷. http://www.chinabaike.com/article/baike/1049/2008/ 200807271563378.html.

에서는 프랑스은행이 발행한 프랑스 프랑화를 사용하고, 5개 해외 성과 마요트 섬에서는 해외발행은행이 발행한 프랑스 프랑화를 사용했으며, 3개의 해외 영지에서는 해외발행은행이 발행한 태평양금융공동체 프랑화를, 서부아프리카 7개 국(베냉·코트디부아르·니제르·세네갈·토고·부르키나파소·말리)은 서부아프리카국가 중앙은행이 통일 발행한 아프리카 재정 금융공동체 프랑화를, 6개 중부아프리카국가(카메룬·콩고·가봉·차드·기니·중앙아프리카공화국)는 중부아프리카국가은행이 통일 발행한 중부아프리카 금융합작 프랑화를, 코모로는 코모로중앙은행이 발행한 코모로 프랑화를 각각 사용했다.[204]

프랑화지역의 통화협력은 주로 다음과 같은 네 가지 원칙에 따랐다. (1) 지역 내에서 여러 경제체 통화는 프랑화 대비 고정환율을 유지한다. (2) 역내 자금의 자유이동이 허용되며 여러 경제체 통화 간에 자유태환이 가능하다. (3) 역내 조화롭고 통일된 외환관리 제도를 실행하며 황금 외환보유고는 프랑스가 집중 보관한다. (4) 역내 무역은 일률로 프랑스 프랑화로 결제한다.[205] 상기 원칙은 프랑화지역의 통화협력관계의 두 가지 특징을 결정지었다. 첫째, 의무를 서로 담당하는 것이다. 프랑스 국고가 아프리카 프랑에 담보를 제공하고 아프리카국가는 외화를 프랑스 국고에 개설한 자국 '업무계좌'에 집중시켜 저금하고 프랑화지역 통화규칙의 구속을 받도록 한 것이다. 둘째, 서로 혜택을 주는 것이다. 서로 이득이 되도록 하는 것이 프랑화지역의 존재와 발

---

204) 중국백과넷, http://www.chinabaike.com/article/baike/1049/2008/ 200807271563378.html.
205) [프] LAURENT BEDUNEAU-WANG(貝曉陽) : 『프랑스금융체계』, 경제관리출판사 2007년 본, 120—138쪽.

전의 전제이다. 순경제의 각도로 보면 매 회원국이 프랑화지역
으로부터 얻는 이익이 그가 담당해야 하는 의무보다 크다.206)

(3) 프랑화지역의 쇠락

프랑스는 제2차 세계대전을 겪자마자 1946년에 또 프랑스-미
얀마 전쟁을 발동했는데 전쟁이 약 9년간 지속되었다. 그 동안
에 프랑스는 1950년 7월 '유엔군'에 가입해 한국전쟁에 휩쓸렸
다. 1956년에는 또 알제리전쟁을 발동해 알제리의 독립을 저지
시키려고 시도했다. 이런 전쟁들은 두 차례의 세계대전과 경제
대공황을 겪어 원래부터 원기가 크게 상한 프랑스를 깊은 수렁
속으로 밀어 넣은 꼴이 되었다. 프랑스 외화가 전쟁 중에 대량
으로 유실되었으며 프랑화가 1948~1949년 2년 사이에 4차례나
평가 절하된데 이어 1957년 10월에 또 한 차례 절하돼 금 함유
량이 2.12밀리그램까지 떨어졌다.

프랑스는 장기적으로 전쟁상태에 처해 있었던 탓에 해외 식
민지와의 경제적 연계가 심각한 충격을 받아 프랑화지역이 거
의 마비상태에 처하기에 이르렀다. 전후 프랑스 경제가 회복기
에 접어들어 프랑화지역이 점차 정상 운행을 회복했지만 일부
식민지 국가들이 식민통치에서 벗어날 것을 요구해 왔으며 민
족의 독립과 자주를 요구하는 정서가 갈수록 짙어지고 투쟁이
갈수록 확대되어 결국 프랑스가 하는 수 없이 이들 식민지 국
가의 대다수에 대한 식민통치를 포기하는 것으로 종말을 짓게
되었다. 이들 국가들이 정치적인 독립을 얻은 뒤 잇따라 프랑화

---

206) 장훙밍(張宏明) : 「프랑화지역체제가 아프리카 회원국 경제발전에 대한 역할」,
『서부아시아 아프리카』 1991년 제3기.

지역을 벗어났으며 게다가 전후 프랑스의 경제실력이 크게 쇠락했기 때문에 프랑화지역의 범위가 점차 축소되었다. 제일 먼저는 시리아·레바논·프랑스령 소말릴란드가 1946년에 독립을 선포하고 프랑화지역을 벗어났으며 그 뒤 인도차이나반도의 프랑스령 3개국도 1954년에 프랑화지역을 이탈했다. 19세기 50년대 중엽부터 프랑화지역은 실제상에서 프랑스와 프랑스의 아프리카 식민지 혹은 '보호지'의 통화지역이 되었다.

1958년에 프랑스공동체가 설립된 후 드골 프랑스 대통령은 프랑화지역을 유지하기 위해 많은 조치를 내와 프랑화지역이 앞서 확립한 중요한 원칙들을 더 한층 보완하고 공고히 했다. 1960년대에 들어선 후 프랑화지역의 아프리카 회원국들이 잇따라 독립을 선고, 국제법 준칙에 따라 독립 국가는 본국의 통화 발행기구를 설립하고 통화주권을 소유할 수 있는 권한이 있었다. 아프리카국가도 프랑스와 협력협정을 체결할 때 법률적으로 그러한 권력을 갖았다. 그러나 역사·정치·경제적 원인으로 기니를 제외한 기타 아프리카 회원국들은 모두 프랑화지역 내에 남는 길을 택해 계속 프랑스와 이런 통화협력관계를 유지했다. 따라서 프랑화지역에는 실질적인 변화가 나타나지 않았으며 다만 아프리카 회원국 통화와 발행기구의 명칭만 일부 조정했을 뿐이었다. (1) 1945년부터 유통된 프랑스령 아프리카 식민지 프랑화를 아프리카 재정 금융공동체 프랑화와 아프리카 금융협력 프랑화로 개칭하고 서부아프리카 국가 중앙은행과 중부 아프리카 국가 은행으로 각각 독립 전의 프랑스령 서부아프리카와 토고의 두 통화발행소와 프랑스령 적도아프리카(赤道非洲)와 카메룬 통화 발행소를 대체했다. (2) 프랑화지역 내에 프랑스 중앙은행의 직접적인 통제를 받는 두 개의 지역성 통화집단 — 서부아프리카 통화연합과 중부아프리카통화연합을 결성했다. (3) 말리와 마다가스카르는 각자 프랑스와 체결한 통화협력협정에 따라 프랑스와 협력해 자국 발행기구를 설립했다.[207]

1960년대에 프랑화지역에 총 16개 국가가 포함되었으며 프랑스와 모나코를 제외한 기타 14개 국가는 모두 아프리카 국가였다. 아프리카국가는 비록 수량적으로 우세를 점했지만 프랑화지역의 결책권은 여전히 프랑스가 틀어쥐고 있었다. 1965년부터 프랑화지역은 매 분기에 한 차례씩 회원국 재무장관회의를 열었는데 명의상으로는 지역 내 각 회원국 간 통화정책을 조율하는 것이라 했지만 실제로는 아프리카 회원국은 오직 참여권만 있을 뿐 결책권은 없었다. 독립 초기에 아프리카국가 정부는 자국 통화의 붕괴를 피면하고 경제발전을 추진하기 위해 프랑화의 담보를 받는 대가로 하는 수 없이 그러한 각박한 요구를 받아들이는 수밖에 없었다.

그러나 여러 아프리카국가가 평등한 대우를 요구하는 압력 하에 프랑스도 프랑화지역에 대한 통제에서 양보하기 시작했다. 프랑스는 1967년에 여러 회원국 통화의 프랑화지역 이외 국가 통화와의 태환 규제를 폐지했으며 또 서부아프리카국가은행과 중부아프리카국가은행이 35% 이내의 기타 외국 통화를 보유해 외환보유고로 삼는 것을 허용했다.[208] 1968년에 여러 사회모순이 야기한 '5월 폭풍'으로 프랑스 외환시장이 심각한 타격을 받았다. 1969년에 조르주 퐁피두 대통령이 취임한 뒤 프랑화를

---

207) 장훙밍(張宏明) : 「프랑화지역 분석」, 『세계경제』 1988년 제10기.
208) 오이캉(伍眙康) : 『유럽공동체와 제3세계의 경제관계』, 경제과학출판사 1989년 본.

11.11% 평가 절하하고 금 함유량을 160밀리그램(1구 프랑 당 1.6밀리그램)으로 낮춘다고 선포했다. 사실상에서 경제 대공황이 시작되어서부터 프랑화가 줄곧 저조기에 처했으며(표 3-7) 1960년대에 이르러 사람들의 프랑화에 대한 확신이 대폭 하락되어 있었다.

[표 3-7] 역대 프랑화 가치 하락 시 달러화 대비 프랑화 환율

시간	달러화 대비 프랑화 환율
1928년 6월 25일	1USD=25.224FRF
1940년 2월 29일	1USD=43.800FRF
1945년 12월 26일	1USD=119.10FRF
1948년 1월 26일	1USD=214.39FRF
1948년 10월 18일	1USD=263.50FRF
1949년 4월 27일	1USD=272.00FRF
1949년 9월 20일	1USD=350.00FRF
1957년 10월 26일	1USD=420.00FRF
1958년 12월 28일	1USD=493.70FRF
1960년 1월 1일	1USD=493.70FRF
1969년 8월 10일	1USD=555.40FRF

※주 : 1960년 1월 1일부터 '뉴 프랑'을 실행했으며 1뉴 프랑=100구 프랑, 상기 표에서는 모든 단위를 구 프랑으로 통일시켰다.
※자료출처 : 왕례왕(王烈望) :『세계금융센터』, 중국대외경제무역출판사 1988년본, 197쪽.

1970년대에 지역 내 형세에 변화가 발생했다. 1971년 8월 브레튼우즈체제가 붕괴되었다. 프랑화의 안정을 수호하기 위해 프랑스정부는 이중 환율제(즉 프랑화를 금융프랑화와 무역프랑화로 나눔)를 실행하기 시작했다. 1973년 3월에 서유럽 6개국 통화에 대해 달러화 대비 '뱀 모양 변동(터널 속의 뱀, 스네이크 시스템, Snake in the tunnel)'체제를 실행하고 프랑화를 마르크화에 고정시킨 변동환율제를 실행했다. 같은 해 10월에 중동전쟁이 발발해 석유가격 폭등의 영향을 받아 프랑스의 국제수지가 악화되었으며 외환보유고가 약 3분의 2정도 유실되었다. 이에 따라 프랑화는 하는 수 없이 이듬해 1월부터 '스네이크 시스템'에서 퇴출해 자유변동제를 실행했으며 외환통제를 실시했다. 1974년 연말 프랑스·미국 양국 정상 회담 뒤 프랑스은행이 자유시장의 금가에 따라 황금보유량을 계산하기 시작했으며 외환시장에 대한 간섭력을 강화함으로써 프랑화 대 마르크의 환율이 다소 상승했다. 1980년 후 제2차 석유 가격 상승의 충격과 미국의 고이자정책의 영향을 받아 프랑화가 재차 지속적으로 평가 절하됐다.

프랑화 환율의 잦은 변동으로 인해 프랑화지역 아프리카 회원국과 프랑스 사이의 모순이 빠르게 격화되었으며 프랑화지역 정책은 이미 아프리카 회원국의 경제발전을 심각하게 속박했다. 아프리카국가 정부는 프랑스의 통화정책을 강력히 비난했으며 프랑화지역의 개혁을 강력하게 요구했다. 위기를 잠재우기 위해 프랑스정부는 하는 수 없이 타협했으며 프랑화지역에 대한 단계적 조정을 진행했다. (1) 1972년 11월과 1973년 12월에 각각 중부아프리카국가은행·서부아프리카통화연합과 새로운 통화협력협정을 체결했다. (2) 1974년 4월부터 11월까지 중부아프리카 국가은행과 담판을 거쳐 새로운 은행장정법규를 체결했다.

지역 내 두 개의 아프리카통화연합도 '아프리카화'로 방향을 바꾸기 시작했다. 그 주요 표현은 다음과 같다. (1) 프랑스가 서부아프리카통화연합 부장이사회에서 퇴출하고 중부아프리카 국가은행 이사장과 부이사장은 아프리카인이 담당했다. 프랑스가 서부아프리카국가 중앙은행이사회에서 차지하는 석위를 원래의 7개에서 2개로 줄이고 중부아프리카국가 은행이사회에서 차지하는 석위는 원래의 12개에서 3개로 줄였다. 그밖에도 상기 두 은행의 주소를 파리에서 각각 다카르와 야운데로 옮겼다. (2) 서부아프리카국가 중앙은행과 중부아프리카국가은행은 각자 35%의 외화를 보유할 수 있으며 전액을 프랑스 국고에 상납하지 않아도 된다. (3) 아프리카 회원국에 대한 중앙은행의 대출 한도를 늘렸다. 즉 매개 아프리카국가에 대한 대출 규모를 원래의 그 국가 지난 한 연도 재정수입의 15%에서 20%로 늘렸으며 동시에 중기 신용대출의 기한을 늘렸다.[209]

1972년 11월과 1973년 5월 모리타니와 마다가스카르가 잇따라 프랑화지역에서 퇴출함에 따라 프랑화지역 범위가 더 축소되었다. 그러나 프랑화지역 가입을 선택한 개별 국가도 있었다. 예를 들면 적도 기니는 1985년 1월 1일에 프랑화지역의 23번째 회원국이 되었다.[210] 1980년대 말까지 프랑화지역은 7개의 발행은행을 설립하고 5종의 프랑화를 사용했으며 25개 국가와 지역으로 구성되었다. 1994년 1월 12일 서부아프리카 중앙은행이 아프리카 프랑화를 50% 평가 절하한다고 선포함에 따라 약 반세기 가까이 유지되어오던 아프리카 프랑과 프랑스 프랑의 50:1이라는 고정환율을 결속 지었으며 환율이 75:1(실제 환율은 100:1)로 바뀌었다. 『마스트리히트조약』의 규정에 따라 프랑스 프랑화가 유로화에 의해 대체되었으며 아프리카 프랑화를 1999년 1월 1

---

209) 장훙밍(張宏明) :「프랑화지역 분석」,『세계경제』 1988년 제10기.
210) 『국제금융연구』 편집부 자료실:「1985년 상반기 국제금융대사기」,『국제금융연구』 1986년 제1기.

일부터 유로화에 고정시켜 고정환율을 1유로 당 655.957아프리카 프랑으로 정했다.211) 그때 프랑화지역에는 원래 프랑스령 아프리카 식민지 국가만 남았으며 아프리카 재정 금융공동체 프랑화지역으로 개칭하고 서부아프리카통화연합과 중부아프리카 통화연합에 포함된 15개 아프리카국가로 구성했다.212) 지역 내에서는 아프리카 프랑화를 사용했는데 주요 목적은 지역 거시경제의 안정을 공동으로 보장하기 위한 데 있다.

반세기의 변화 발전과정을 거쳐 프랑화지역은 그 범위와 기구의 구성에서나 권력 분배와 활동 취지 등 방면에서나 모두 거대한 변화가 일어났다. 프랑스가 유로존에 가입한 뒤 프랑화지역은 '아프리카화' 추세를 보였으며 아프리카 각국은 프랑스를 벗어나 본 지역에 알맞은 통화협력을 추진하는 길을 모색하기 시작했다.

2. 프랑화지역의 경제 효과

(1) 프랑화지역의 경제효과: 역내 회원국의 시각

예전에 프랑화지역이 프랑스를 제외한 기타 회원국에 대한 효과에 대해 논술할 때 아프리카국가가 프랑스의 통제와 착취를 받은 부분을 돌출히 하고 아프리카국가들이 얻은 이익 부분에 대해서는 무시했었다. 사실상 프랑화지역은 역내 회원국 경제에 일정한 긍정적인 효과를 일으켰다. 그 구체적 표현은 다음

---

211) 왕신롄(王新連) : 「아프리카프랑화 150년의 긴 여정」, 『서부아시아 아프리카』 2000년 제5기.
212) 그 15개 아프리카국가들로는 세네갈·부르키나파소·베냉·코트디부아르·말리·기니비사우·토고·니제르·카메룬·콩고공화국·적도 기니·중앙아프리카공화국·차드·가봉·코모로(그러나 코모로 프랑은 아프리카 프랑과 가치가 동등하지 않음)이다.

과 같은 다섯 가지 방면이었다.

[표 3-8] 프랑화지역 아프리카 회원국과 다른 무역 파트너의 수출입 비중

(단위: %)

	1960년대		1970년대		1980년대	
	수입 비중	수출 비중	수입 비중	수출 비중	수입 비중	수출 비중
프랑스	57.9	52.4	48.1	34.9	36.7	19.6
프랑스 외 선진국	20.4	24.4	30.9	39.1	34.2	53.2
기타	21.7	23.2	21.0	26.0	29.1	27.2

※자료출처 : 장훙밍:「프랑화 가치 하락이 프랑화지역 아프리카 회원국 경제에
주는 영향: 가치 하락 효과 이론이 프랑화지역 경제 실천 속에서의
편향을 겸해서 논함」, 『서부아시아 아프리카』 1991년 제1기.

첫째, 프랑화지역은 지역 경제의 안정적인 성장을 어느 정도
추진했다. 고정환율은 프랑화지역 통화협력의 기반이자 전제 조
건이었다.[213] 정치경제환경이 불안정하고 금융통화체제가 건전
하지 않은 형세 하에서 프랑화지역은 각 회원국에 상대적으로
안정된 환율체제를 마련해줌으로써 지역 무역과 투자를 눈에 띄
게 추진해 회원국이 국민경제 건설을 추진할 수 있도록 유리한
조건을 마련했다. 프랑화지역 내 통화의 자유태환과 지역 내 무
역결제에서 프랑화의 사용은 결제 과정을 간소화했을 뿐 아니라
거래비용도 효과적으로 절감해 프랑화지역 내부무역의 발전을
추진했다.(표 3-8) 그 밖에 아프리카프랑화지역의 발전지원자금과
FDI 주요 출처가 유럽연합 및 프랑스였으므로 환율 안정으로 보

---

213) 장훙밍(張宏明) :「프랑화 가치 하락이 프랑화지역 아프리카 회원국 경제에 주는
영향: 가치 하락 효과 이론이 프랑화지역 경제 실천 속에서의 편향을 겸해서
논함」, 『서부아시아 아프리카』 1991년 제1기.

다 많은 유럽 다국적 회사의 대 아프리카 투자를 이끌었을 뿐 아니라 지역 내 아프리카국가들이 비교적 안정된 자금지원을 받을 수 있도록 보장했다.

둘째, 통화 자체를 두고 말하면 아프리카 프랑화는 프랑스 프랑화 대비 고정환율관계를 유지함으로써 아프리카 프랑화의 안정성과 신임도를 크게 높여 태환 가능 통화가 될 수 있게 했다. 비록 프랑화지역의 2대 통화연합이 모두 국제통화기금조직과 통화 공정등가에 대해 상정하지 않았지만 아프리카 프랑화와 프랑스 프랑화는 고정평가 관계이므로 아프리카 프랑화 대비 기타 통화의 환율은 프랑스 프랑화 대비 고정환율(50:1)과 파리 시장에서의 시세에 따라 재정할 수 있었다. 이로써 아프리카 프랑화의 안정성과 신임도를 크게 높여 아프리카 프랑화가 서부 아프리카와 중부아프리카지역의 '경화'가 될 수 있도록 했다. 이는 지역 외 아프리카 국가들이 기대할 수는 있으나 절대 실현할 수 없는 일이었다.[214] 프랑화지역의 아프리카 국가들에 있어서 아프리카 프랑화가 일으키는 역할은 거의 스위스 프랑화나 서부 독일 마르크화가 유럽에서 일으키는 역할과 마찬가지였으며 심지어 많은 사람들은 아프리카 프랑화를 '아프리카의 스위스 프랑화'라고 부를 정도였다.

셋째, 프랑화지역에 참가하는 것을 통해 역내 아프리카 각국은 자국 통화의 가치를 안정시켜 물가의 심한 파동이 경제에 미치는 부정적인 충격을 효과적으로 막아냈다. 통화 가치의 안정에는 두 가지 함의가 포함되었다. 즉 대내 안정과 대외 안정

---

214) 장훙밍(張宏明) : 「프랑화지역체제가 아프리카회원국 경제 발전에 대한 작용」, 『서부아시아 아프리카』 1991년 제3기.

이었다. 대내 통화 가치 안정 방면에서 주지하다시피 통화팽창이 이미 아프리카의 보편적인 경제현상 중의 하나가 되어 많은 아프리카 국가 정부를 장기적으로 괴롭히고 있었다. 프랑화지역에서 2대 중앙은행이 아프리카 프랑화 발행권을 장악하고 있었으며 여러 회원국 정부는 간섭할 권한이 없었다. 2대 중앙은행의 통화 발행은 본 은행 장정의 제약을 받는 외에도 프랑스 중앙은행 대표의 감독을 받아야 했다. 프랑화지역의 아프리카 회원국들이 독립한 뒤의 역사를 돌이켜보면 이들 국가의 인플레율이 역외 아프리카 국가들보다 훨씬 낮았다. 대외 통화 가치 안정 방면에서 아프리카 프랑화는 프랑스 프랑화의 담보가 있었기 때문에 프랑화지역의 아프리카 회원국들이 독립한 후 통화가치 평가 절하가 나타난 경우가 극히 드물었으며 평가 절하 현상이 나타났더라도 그 절하 폭이 역외 아프리카국가의 통화 평가 절하 폭에 비하면 보잘 것 없이 작은 수준이었다.215)

2004년을 예를 들면 서부아프리카 경제통화연합의 전체 인플레율은 고작 1.6%였으며 중부아프리카 경제통화연합의 인플레

---

215) 기니·말리·마다가스카르·모리타니가 프랑화지역에서 퇴출한 후 이들 국가의 통화가 모두 대폭 평가 절하되었다. 기니가 1986년에 발행한 새 통화가 1972년 옛 통화 실리와 대비 평가 절하율은 1300%에나 달했다. 말리는 1967년 2월, 즉 프랑화지역에서 퇴출한 지 5년 만에 하는 수 없이 다시 프랑화지역으로 돌아갈 것을 신청했다. 역외 기타 프랑스어권 국가들의 화폐 평가 절하율도 놀라울 정도였다. 자이르의 예를 들어보면 1962년부터 1967년까지의 짧은 5년간에 화폐가 잇따라 세 차례나 평가 절하되었다. 1968년의 통화 가치는 1961년의 겨우 10분의 1에 해당할 정도였다. 1979년 연말, 자이르 화폐의 '특별인출권' 대비 교환율이 1975년 연말의 겨우 5분의 1에 해당했다. 상세한 것은 [프] 베르나르 브네(Bernard Venet): 『프랑화지역과 통화협력』, Editions Eyrolles 출판사 1980년 프랑스문 본, 202—203쪽을 참고하라. 장흥밍: 「프랑화지역체제가 아프리카 회원국 경제발전에 대한 작용」, 『서부아시아 아프리카』 1991년 제3기에서 인용함.

율은 0.8%였다.216) 구체적인 상황은 표 3-9를 참조.

[표 3-9] 2004년 아프리카 프랑화지역 각국 인플레율

(단위: %)

지역		인플레율
서부아프리카경제통화연합	베냉	0.9
	부르키나파소	8.0
	코트디부아르	1.5
	기니비사우	3.0
	말리	-3.1
	니제르	0.4
	세네갈	0.5
	토고	1.2
중부아프리카경제통화연합	카메룬	0.3
	중앙아프리카공화국	-2.2
	콩고공화국	3.6
	가봉	0.4
	적도기니	4.2
	차드	-5.3
	코모로	4.5

※자료출처 : IMF, 'Regional Economic Outlook: Sub-Saharan Africa', October 2005, p.27.

넷째, 지역 내 통일적인 통화정책의 실행에 이로우며 협력의 순조로운 진행을 보장했다. 프랑화지역의 '통치자'로서 프랑스는 지역 내 통화정책에 대한 결책권을 충분히 장악하고 있었다. 이처럼 공평해 보이지 않는 협력관계가 다른 한편으로는 아프

---

216) IMF, 'Regional Economic Outlook: Sub-Saharan Africa', October 2005, p.27.

리카 회원국이 통화 주권 쟁탈전에 빠져드는 것을 효과적으로 피하게 했다. 프랑스령 아프리카국가 대다수는 독립 후 경제가 낙후하고 재력이 딸렸으며 시장경제체제가 미숙하고 관리능력이 뒤처져 정부는 자체의 통화·환율정책을 제정할 수 있는 충분한 능력을 갖추지 못했다. 이런 상황에서 아프리카 회원국들은 당분간 일부 통화주권을 조정경험이 풍부한 프랑스에 양도하는 대신 경제의 안정적인 성장을 바꿔왔는데 이 역시 현명한 선택이 아닐 수 없었다. 그밖에 프랑스 프랑화의 담보가 있었기 때문에 지역 내 아프리카국가들은 대국에 의지해 자국의 국제적 지위를 높일 수 있었다.

다섯째, 프랑화지역의 '환율리스크담보' 시스템과 외환보유고 다원화 시스템은 변동환율의 실행으로 외화환율 리스크가 증대되는 배경 하에 프랑화지역 아프리카 회원국의 외환 보유 손실을 효과적으로 피면할 수 있도록 했다. 1973년, '업무계좌'의 프랑스 프랑화 보유 구매력이 프랑스 프랑화 환율의 평가 절하로 인해 저하하는 것을 피하기 위해 프랑화지역의 2대 통화연합은 담판을 거쳐 프랑스와 새롭게 수정한 양자 통화협력협정에 두 가지 내용을 보충했다. (1) 아프리카 회원국 외화 보유 통화 구성의 다원화이다. 즉 외화 보유 구성 중 프랑스 프랑화가 차지하는 비중이 과거의 100%에서 65%로 낮추고 나머지 35%는 달러화·스위스 프랑화·서부독일 마르크화 등 기타 외화로 구성한다는 것이다. (2) 프랑스 국고가 아프리카 회원국의 '업무계좌' 내 65% 프랑스 프랑화 보유고에 대해 '외환 리스크 담보'를 실행한다는 것이다. 즉 프랑스는 프랑스 프랑화가 평가 절하된 후 아프리카 회원국의 '업무계좌' 내 프랑스 프랑화 보유고를 국제통화기금 장부기입 단위인 '특별인출권'으로 표시하며 그 구매력에는 변함이 없도록 보장한다는 것이다. 이런 규정은 아프리카 회원국 외환보유고의 가치 보유 계수가 크게 제고되었음을 의미하며 적어도 외환보유고의 3분의 2를 차지하는 프랑스 프랑화 보유에 더 이상 아무런 위험도 따르지 않을 것임을 의미한다.[217]

상기 긍정적 효과를 실현하려면 조건이 필요하다. 즉 프랑스 프랑화 환율의 상대적 안정을 유지하는 것이다. 프랑화지역체제 자체의 고유한 결함으로 인해, 특히 프랑스와 아프리카국가 간 불평등한 통화협력관계로 인해 프랑스가 통화정책을 통해 이루고자 하는 경제목표가 아프리카 회원국과 전적으로 대립되지는 않는다 치더라도 적어도 동일하지는 않게 된다. 따라서 프랑화지역의 통화정책은 아프리카국가의 경제정책을 위해 봉사하기가 어렵다.

프랑화지역이 종속적 지위에 처한 아프리카 회원국에 가져다 준 부정적인 효과는 주로 다음과 같다.

첫째, 아프리카 회원국이 프랑스와 무역을 전개할 때 '협상가격차'를 받아들여야만 했다. 비교 우위 이론에 따라 지역 내 아프리카 회원국이 수출하는 상품은 주로 코코아·캐슈넛·커피·종려유 등 저급 경제작물로써 상품 구조가 단일하고 대체가능성이 아주 강하며 시장 책정 가격이 아주 낮았다. 그러나 반면에 그들이 프랑스에서 수입하는 상품은 자국 건설에 필요하지만 자체로 생산할 수 없는 기술 밀집형 제품들이었다. 따라서 프랑스가 아프리카 프랑화지역 시장을 단단히 통제했으며 지역

---

217) 장홍밍(張宏明) : 「프랑화지역체제가 아프리카회원국 경제 발전에 대한 작용」, 『서부아시아 아프리카』 1991년 제3기.

내 아프리카 회원국의 무역 파트너국가들은 수입과 수출 상품 가격에 대한 탄력이 거의 제로에 가까웠다. 프랑화가 평가 절하되었다 하여 수출이 늘어나지도 않으며 또 기술밀집형 제품에 대한 고정 수요로 인해 수입이 줄곧 높은 수위를 유지했다. 이에 따라 프랑화가 평가 절하되었을 때 원래는 수출을 통해 외화를 벌어들이는 데 유리하며 수입을 억제하고 국제수지를 개선해야 한다는 이론이 지역 내 아프리카 회원국들에서 반영되지 않았을 뿐 아니라 오히려 국제수지의 악화 상황이 나타났다.

둘째, 아프리카 프랑화와 프랑스 프랑화 사이에 고정환율을 실행했기 때문에 프랑스 프랑화가 평가 절하되면 아프리카 프랑화도 동시에 평가 절하되었다. 만약 프랑스 프랑화의 평가 절하가 프랑스에 조성하는 불리한 영향이 수입상품 가격 상승에만 국한된다면 아프리카국가에 미치는 위해성의 심각한 정도와 파급면은 전면적이다. 특히 1960년대에 아프리카 각국이 독립을 실현한 후 발전자금의 결핍으로 대대적인 대출을 통해 경제성장을 추진하려고 시도했다. 1980년대 중·후반기에 접어들어 세계 에너지·원자재 가격이 폭락한데다 아프리카는 또 전례 없는 가뭄피해와 기근이 들어 경제가 더 어려워졌다. 그런데 그때 또 마침 외채가 잇따라 만기되는 바람에 각국은 상환 능력이 없는 데다 또 짐독을 마시고 갈증을 푸는 격으로 새로운 빚을 대량으로 내지 않으면 안 되었다. 그런데 같은 시기에 나타난 프랑화의 지속적인 평가 절하에다가 비합리적인 국제무역 조건까지 가세해 무형 중에 역내 아프리카국가의 채무 부담을 가중시켜 이른바 '과도 대차 합병증'이 나타났다.

셋째, 프랑스와 아프리카 간의 협력은 아프리카 회원국의 경제발전에서 프랑스에 대한 의존도가 더 깊어지게 했다. 세계경제가 충격을 받게 되었을 때 프랑스의 경제 구조에 대한 아프리카 회원국의 기대도 물거품이 되어버렸다. 1992년 연말 서유럽 경제 불경기 배경에서 지역 내 아프리카국가들은 채권·무역 등 방면에서 프랑스의 도움이 필요했으며 프랑스가 IMF에 맞서 그들의 이익을 보장해줄 것을 기대했지만 프랑스 경제 역시 마찬가지로 하행단계에 처한 상황이어서 역내 아프리카국가들의 요구를 만족시키는 것은 분명 비현실적이었다.218)

넷째, 신흥 글로벌화 배경에서 프랑화지역 아프리카국가들은 수많은 발전의 기회를 잃어가고 있었다. 1990년대, 아프리카 재정 금융공동체(CFA)의 GDP 성장 폭이 대다수가 기타 아프리카국가보다 컸지만 그 뒤 정체상태에 빠졌다. CFA가 양호하게 운행할 수 있는 공동의 대외관세 시스템을 수립하지 않았으며 프랑화지역 내부무역은 회원국 수출입총액의 12%밖에 차지하지 않았다. 이러한 환경 속에서 CFA 프랑화 — 과대 평가된 환율로 유로화에 고정시켜 자유태환 할 수 있도록 한 공동 통화를 보유하기로 결정한 것은 타당성이 없었다. 그 체제는 구조적 재정적자·수입에 대한 지나친 의존·고질적인 부패·돈세탁·마약 밀수·대규모 자본 유출 등 현상을 불러왔다. 최근 몇 년간 중국이 아프리카와 현대사회에서 가장 성공적인 경제 및 무역 파트너관계를 수립했다. 그런데 프랑화지역의 14개 아프리카국가는 중국의 대형 프로젝트 투자를 유치하지 못한 탓에 아프리카 경제번영에서 버림을 받고 있었다.219)

---

218) 궈화(郭華) : 「아프리카 프랑화지역 통화협력 경로 연구 분석」, 『서부아시아 아프리카』 2007년 제2기.

(2) 프랑화지역의 경제효과: 프랑스 본토 시각

프랑스가 프랑화지역을 유지하려는 데는 정치적인 원인도 물론 있지만 더욱 주요한 것은 경제적인 원인에서이다. 의심할 나위 없이 프랑스는 프랑화지역의 최대 수혜국이었다. 이는 프랑스와 아프리카 협력 쌍방의 경제 실력 차이가 현저한데서 초래된 것이다.

첫째, 프랑화지역은 프랑스가 대외무역을 발전시키고 자본수출을 실현할 수 있는 편리한 조건을 마련해 주었다. 장기적으로 볼 때 프랑스의 대 아프리카 식민지와의 무역은 두 차례의 세계대전 속에서 가끔 정체현상이 나타났던 것만 제외하고 안정적으로 발전했다. 대외무역의 주기적 파동으로 말하면 식민지시장은 비교적 양호한 안전성을 띠고 있어 '파동의 흡수자'와 '조절기'의 역할을 한다.[220] 프랑화지역이 프랑스 대외무역에서 중요한 지위를 차지했다. 1954~1957년 사이 프랑화지역이 프랑스의 수입무역에서 차지하는 비중이 23%~27%에 달했으며 수출무역에서는 31%~36%에 달했다.[221] 1950~1987년 프랑스 대외무역 총액의 실제 성장 폭이 10배(수입이 11.3배, 수출이 9.2배)에 달했다.[222] 프랑스 대외무역이 세계 대외무역 총액에서 차지하는 비중도 다소 커졌다. 그 수입과 수출 비중이

---

219) [이집트] 사노 무바예(Sanou Mbaye, 萨诺·姆贝耶) :「아프리카의 프랑스라는 걸림돌」, 『중국경제보고』 2013년 제7기.

220) Roland Oliver, Anthony Atmore, *Africa Since 1800*, Cambridge University Press, 1994, pp. 41~42.

221) 황원팡(黃文方) :「서유럽 경제혼전의 몇 가지 명사에 대한 간명 해석」, 『세계지식』 1959년 제2기.

222) [프] 페르낭 브로델(Fernand Braudel, 费尔南·布罗德尔):『프랑스 경제와 사회사(50년대부터 현재까지)』, 푸단(復旦)대학출판사 1990년 본.

1950년의 5.2%, 5.4%에서 1987년에는 각각 6.27%, 6.52%로 커졌다. 1987년의 수출액이 1584억 7600만 달러에 달했는데 미국·연방독일에 이어 세계 3위를 차지했다. 수입액은 1483억 8200만 달러로서 미국·연방독일·일본에 이어 세계 4위를 차지했다.(표 3-10)

마찬가지로 역내 자본 이동에 대한 규제가 없는 것도 프랑스의 자본 수출에 양호한 조건을 마련해 주었다. 프랑스의 자본 수출은 1970년대부터 빠르게 성장하는 추세를 보였다. 1971년에 27억 7600만 프랑에 달하고 1975년에 58억 8300만 프랑, 1978년에는 100억 프랑을 넘겼으며 1984년에는 168억 프랑에 달했다. 1980년대 말기 프랑스의 대 프랑화지역 투자가 역내 외국 투자 총액의 약 80%를 차지했다.

[표 3-10] 프랑스 대외무역 발전 상황

(단위: 억 달러)

연도	세계 총액		프랑스	
	수입	수출	수입(비중)	수출(비중)
1983	16827	17518	949.43(5.04%)	1050.07(6.05%)
1984	17837	18660	975.66(4.47%)	1043.62(5.59%)
1985	18040	18811	1016.74(5.64%)	1082.51(5.75%)
1986	20032	20591	1249.48(6.24%)	1294.01(6.20%)
1987	23648	24248	1483.82(6.27%)	1584.76(6.53%)

※자료출처 : [미] 『국제금융통계』 1989년 본.

둘째, 프랑스는 프랑화지역의 역내 무역 수입을 충분히 이용해 자국 국제 수지의 균형을 이룰 수 있었다. 프랑스와 역내 아프리카 회원국 간의 무역 차액은 거의 매년 흑자를 유지했다. 1981~1984년 사이 흑자가 각각 68억 · 77억 · 64억 · 35억 프랑에 달했다.[223] 한편 같은 시기 프랑스의 경상 항목에서는 대규모의 적자가 나타났는데 그 규모가 각각 261억 · 794억 · 394억 · 76억 5500만 프랑에 달했다.[224] 아프리카 회원국으로부터 얻은 수출 순수입은 프랑스가 역외 기타 국가와의 무역 적자를 줄일 수 있도록 예비 자금을 제공했다. 1972년과 1973년에 프랑스와 아프리카 간의 『통화협력협의』에 따라 역내 아프리카 각국 정부는 프랑스 재정부에 '거래계좌'를 개설하고 아프리카 회원국의 역외 무역에 흑자가 생기게 되면 외화 잉여금의 65%를 그 계좌에 저금해야 했으며 프랑스는 그 자금을 집중 이용해 프랑스 본토 프랑화와 아프리카 프랑화의 비가(比價)를 보장했다. 프랑스 본토에 국제수지 적자가 나타나면 프랑스는 이들 역내 아프리카 국가들이 '상납한' 외화로 메울 수 있었다. 프랑화지역은 프랑스 중앙은행이 본토 국제수지의 균형을 유지하는 조절 수단이 되었다.

셋째, 프랑화지역은 프랑스 프랑화의 안정성을 높이는 데 어느 정도의 이로움을 제공했다. 아프리카 프랑화는 프랑스 프랑화가 담보했기 때문에 사람들이 보기에는 마치 프랑스의 외환보유고가 아프리카 프랑화의 안정을 보장하는 것 같은 인상을 준다. 그러나 실제상에서 프랑스와 아프리카국가 간의 통화협력 협의에

---

223) [프]『열대와 지중해 시장』 총 제2041, 2181기.
224) 프랑스의 경상항목 잔고에 대한 데이터의 출처는 [영] 미첼·팰그레이브: 『세계 역사통계(유럽권)1750~1993년』, 경제과학출판사 2002년본, 1000쪽. 중국 대만 '중앙은행'이 고시한 환율에 따라 달러화를 프랑스 프랑화로 환산하면 1981~1984년 사이 1달러 당 각각 5.4346프랑스 프랑, 6.5721 프랑스 프랑, 7.6213프랑스 프랑, 8.7391프랑스 프랑을 태환 가능했다.

따르면 오직 아프리카 회원국이 제3국가에 대한 국제수지에 적자가 나타났을 경우에만 비로소 프랑스의 국가에서 담보를 제공할 필요가 있었다. 물론 그러한 상황이 일어나는 일은 지극히 드문 일이다. 따라서 아프리카 프랑화가 프랑스 국고의 담보를 받는 것은 실제상에서는 이론적으로만 가능할 뿐이었다. 게다가 '업무계좌'를 개설하는 목적은 바로 그러한 상황이 나타나는 것을 예방하기 위한 데 있었다. 아프리카 회원국 '업무계좌' 내 외화 잉여가 프랑스 프랑화의 안정성을 높이는 데 일정한 역할을 했다. 프랑스 프랑화가 약세일 때면 프랑스 중앙은행이 '업무계좌' 내의 외화 잔고를 이용해 프랑스 프랑화를 회수했다.

[표 3-11] 프랑화지역의 국제수지 상황

(단위: 억 달러)

연도	프랑화지역 국제수지결산	그중: +는 차관 -는 앞당겨 상환한 외채	국제수지 기본 결산
1957	-10.19	+1.78	-12.97
1958	-2.76	+1.84	-4.6
1959	+10.46	-2.97	+13.43
1960	+5.32	-1.85	+7.17
1961	+9.15	-3.2	+12.71
1962	+5.85	-5.38	+11.68
1963	+6.54	-2.81	+9.35

※자료출처 : 원좡(文压):「프랑스 황금 외환보유고의 성장 관련 일부 자료」,『국제문제연구』1965년 제2기.

넷째, 프랑화지역의 국제수지 잉여가 프랑스에 충족한 황금 보유고를 제공해 프랑스의 국제 발언권을 확대시켰다. 드골이

집권한 후 프랑스는 통화금융 분야에서 미국에 거듭 도전했다. 금환본위제를 비난하고 금본위제를 회복할 것을 제안했는데 그 저력은 프랑화지역에서 꾸준히 늘어나고 있는 프랑스의 황금 보유고에 힘입은 데서 비롯되었다. 1958년 연말까지 프랑스의 황금 외화가 고작 10억 5천 만 달러에 그쳤으나 1965년 2월말에 이르러 52억 5천만 달러로 늘어났다. 프랑스의 황금 외환보유고의 증가는 1956년부터 전반 프랑화지역의 국제수지가 아주 큰 부분의 잉여가 생긴데서 비롯됐다.(표 3-11) 바로 이들 잉여에 힘입어 프랑스는 외채를 앞당겨 상환할 수 있었을 뿐 아니라 황금 보유고도 확대했다.

막대한 이익을 마음껏 누린 동시에 프랑스는 또 프랑화지역의 정상적인 운행 유지에 필요한 상응한 의무와 위험을 감내해야 했다. 그러나 프랑스 본토가 프랑화지역에서 얻은 실제 혜택에 비하면 지역 내 아프리카 회원국이 얻은 이익은 보잘 것 없는 것이라고 해도 과언이 아니었다.

3. 프랑화지역의 시사점

프랑화지역의 발전 변화 과정에 대한 분석을 통해 우리는 다음과 같은 시사점을 얻어냈다.

첫째, 경제발전수준이 각기 다른 국가들은 통화협력을 통해 서로 이득이 되고 공동 번영할 수 있는 관계를 맺을 수 있었다. 프랑화지역은 프랑스 본토와 원 프랑스령 아프리카 식민지 국가들로 구성된 통일된 통화지역이었다. 세계에서 유일하게 경제발전수준이 각기 다른 국가들이 융합되어 형성된 지역적 통화체계로써의 프랑화지역은 또 선진국과 개도국 정부 간에 제도화 협력을 진행한 결과이기도 했다. 프랑화지역은 미발달지역의 통화협력 전개에 알맞은 경로를 성공적으로 개척한 것으로써 중심(프랑스)과 주변(아프리카 회원국) 간 일종의 통화·경제·문화 협력의 반영이었다.225) 프랑스는 선진국으로써 전반 프랑화지역을 '통솔'하고 아프리카 회원국은 개발도상국가로서 프랑화지역에 참여해 각기 다른 발전 단계에 처한 국가들이 공동의 경제이익을 위해 지속적인 통화협력을 유지했다. 그러나 프랑화지역에 존재하는 여러 가지 폐단 또한 국제금융영역에서 불평등한 남북관계의 축소판이기도 했다.

둘째, 통화지역의 운행 과정에서 경제적 의존관계가 정치적 종속관계보다 더 중요했다. 프랑화지역은 프랑스가 자국의 식민지에 대한 통화적 통제를 토대로 형성된 것으로써 프랑스가 아프리카 식민지에 대한 정치적 통솔력이 프랑화지역 형성 초기에는 제1 추동력이었음이 틀림없었다. 아프리카 식민지가 독립한 후 그런 정치적 종속관계가 자연히 없어졌지만 여전히 적지 않은 국가들은 프랑화지역에 계속 남아 있거나 심지어 새롭게 가입하는 길을 택했다. 만약 1960년대 초 프랑화지역의 통화협력이 아프리카 회원국에는 어쩔 수 없는 선택이었다면 70년대에 들어선 뒤 아프리카 회원국이 프랑화지역의 위기를 겪은 뒤에도 계속 프랑스와의 통화협력관계를 선택한 것은 자각적인 염원의 요소가 더 컸다고 할 수 있었다. 이는 공동의 경제이익이 정치적 종속관계를 뛰어넘어 심지어 그 관계에서 독립해 통화지역의 형성과 운행을 결정짓는 관건적인 요소가 될 수 있다

---

225) E. Lebart Le, 'Systeme Moinetaire Europeen et le Systeme Moinetaire France-Africain', *Eurepargne*, 1985.

는 사실을 설명해준다.

셋째, 지역 내부 무역 투자가 일정한 수준까지 발전하게 되면 통화의 융합이 필요해졌다. 통화 일체화가 자금의 자유이동을 보장할 수 있을 뿐 아니라 결제 수속을 간소화할 수도 있는데 이 또한 프랑스와 아프리카 국가 무역이 줄곧 안정적인 성장을 유지해온 중요한 요소이기도 했다. 그러나 통화의 융합은 최종 실물 경제의 객관적인 수요를 토대로 이루어져야 했다. 가상 경제는 실물경제를 위해 봉사해야 했다. 그 관계가 뒤바뀌어서는 안 된다. 그렇지 않으면 내부 모순의 분화가 생겨 결국 통화지역이 위기에 빠지게 된다. 프랑스 프랑화의 외환 환율이 고평가되어 프랑스 프랑화와 고정 환율을 유지하는 아프리카 프랑화도 따라서 고평가되기 때문에 아프리카 회원국의 원래부터 취약한 대외경제가 전면적인 부정적인 영향을 받게 된다.

넷째, 프랑화지역의 정상적인 운행은 프랑스와 아프리카국가의 단합과 협력, 공동 추진을 떠날 수 없었다. 프랑스는 '통솔자'로서 아프리카 회원국에 통화 담보를 제공해 이들 개발도상국가의 경제발전을 추진했다. 반면에 아프리카국가의 외화 잉여는 프랑스의 국제수지 균형을 보장해주었다. 1960년에 역내 아프리카 회원국들이 정치적으로 잇따라 독립했지만 절대다수 국가들은 모두 계속 프랑화지역 내에 남아 있는 길을 택했다. 프랑스와 아프리카 국가 간의 통화협력관계는 한 번도 실제로 흔들린 적이 없었다. 각국 정부 간에 확고부동한 협력 공동 인식을 달성한 것은 서로 다른 주권 국가의 경제와 통화 일체화를 실현하는 핵심 역량이었다.

다섯째, 국제법의 시각에서 보면 프랑화지역은 하나의 본보기였다. 통상적으로 프랑스는 아프리카국가들을 통제하며 그들 국가들이 통화방면에서 온전한 주권을 소유하지 못하게 했다는 비난을 받고 있다. 그러나 사실상에서 프랑화지역은 그때 당시 유일하게 전적으로 국제법에 따라 창설된 통화지역이며 국제법 상에서 프랑화지역 창설 의거 및 실행모델을 찾아볼 수 있다. 프랑스와 프랑화지역조직에 참가한 아프리카국가 간에 체결한 국제협정이 바로 그 근거이다. 프랑화지역의 제도화 정도 및 회원국 간 협력관계의 조직형태 등 방면에서도 프랑화지역은 본보기이다. 프랑화지역은 아주 엄격한 통화조례와 매우 폭넓은 협력방식을 규정지었다.226)

제3절 달러지역

1. 달러지역의 발전사

(1) 달러지역의 형성 배경

달러지역(Dollar Area)의 주도 통화인 달러화는 미국의 공식 통화이며 통화 기호는 USD이다. 1792년 4월 2일 미국 국회가 『미국 동전 주조와 유통 법안』(An act Establishing a Mint, and Regulating the Coins of the United States)을 통과시키고 달러를 미국의 통화 단위로 확정했으며 미국 통화 십진제 시스템을 창립했다.227) 달러화의 발행권은 미국 재정부에 속하고 주관 부서는 미국 국고였으며 구체적 발행 업무는 미국 연방준비은행이 취급했다. 현재

---

226) [프] 도미니크 카로(Dominique Caro, 多米尼克 卡罗) : 「지역성 통화금융기구—프랑화지역」, 『외국경제참고자료』 1981년 제1기.

227) http://www.philadelphiafed.org/education/teachers/resources/money-in-colonial-times/.

유통되는 달러화 지폐는 1929년 후 발행된 여러 판본의 지폐인데 연방준비금이 위주였다.

　미국은 1776년에 독립한 후 달러화를 국내 법정 통화로 규정 짓고 1792년의 『주화법안』에 달러화는 금은 복본위제를 실행한다고 확정지었다. 그때 당시 반포한 『주화법안』에 따르면 1달러는 순은 371.25그레인(24.057그램) 혹은 순금 24.75그레인(1.6038그램)에 해당했다. 1789년에 미국 제1임 재무 장관이 취임한 후 영국을 본받아 미국 통화가 '금본위제'를 실행키로 확정했다.228)

　18세기 말 19세기 초, 미국에서 제1차 산업혁명이 시작되었고 또 빠른 속도로 완성시켜 생산력을 크게 제고 했다. 동시에 1861~1865년의 남북전쟁 후 북방의 자본주의경제가 남방의 농장경제를 전승함으로써 자본주의가 미국에서 전면적인 발전의 서막을 열었다. 링컨 정부는 남북전쟁 기간에 일련의 금융개혁을 완성했다. 그 개혁에는 외국통화의 자국 내 유통을 제한하고 최종 금지시켰으며, 연방정부가 금융감독권을 점차적으로 거둬들였으며, 금융질서를 정돈한 등등이 포함됐다. 그 일련의 금융개혁조치로 인해 미국은 점차 통일된 통화시장을 형성했으며 훗날 미국의 금융혁신과 무역경제의 비약적인 발전을 위한 필요조건을 마련해 주었다.

　19세기 말에서 20세기 초, 미국은 제2차 산업혁명을 순조롭게 완성했으며 공업생산량이 빠른 속도로 성장했다.(그래프 3-6) 미국도 기타 제국주의국가와 식민 확장 경쟁을 적극 전개함으로써 한 세기 남짓한 시간을 이용해 글로벌 경제대국으로 빠르게 부상했다. 제1차 세계대전 기간에 유럽 각국은 전쟁을

---

228) 위키백과, http://zh.wikipedia.org/wiki/%E7%BE%8E%E5%85%83.

치르느라 바빠 국내 생산을 돌볼 겨를이 없는 한편 또 대량의 군용물자 구입이 시급한 상황이었다. 전장에서 멀리 떨어진 미국은 전쟁의 상업기회를 틀어쥐고 군사제조업·전략물자 제조업 등 생산영역에서 전례 없는 발전을 거두었다. 이로써 미국 경제의 발전을 크게 자극했다. 제1차 세계대전이 일어나기 전 미국의 경제규모가 세계 1위였는데 GDP가 약 400억 달러로서 영국·프랑스·독일 3국을 합친 규모였다. 1914~1919년 전쟁 기간, 프랑스와 독일의 GDP가 30% 하락하고 영국은 5% 하락했다. 그러나 미국이 소유한 재부는 1920년에 거의 전반 유럽을 초월해 5천억 달러에 달했는데 영국·프랑스·독일 3국을 합친 것보다도 50% 더 많았다.[229]

제1차 세계대전이 발발한 후 참전국들은 군비지출이 급증하는 바람에 금폐주조와 가치 기호의 태환을 잇달아 중단했다. 각국은 황금에 대한 엄격한 통제를 실행해 황금의 수출입을 금지시키고 지폐와 황금간의 태환을 차단했으며 많은 유럽 국가들이 잇따라 금본위제에서 이탈했다. 한편 이때 미국은 유일하게 황금 '축(닻)'을 유지한 대국이 되었다. 기타 국가들은 점차 자국 통화를 황금과 분리시키고 달러화에 고정시켰다. 1922년부터 케인즈는 꾸준히 경고를 발령했으며 1923년에 출판된 『통화 개혁을 논함』(A Tract on Monetary Reform)에서는 다음과 같이 명확히 지적했다. '달러화 본위제가 물질적 재부를 토대로 일어서고 있다. 과거 2년간 미국은 겉보기에는 금본위제를 수호하는 것처럼 보였지만 사실상에서 그들이 수립한 것

---

229) 자료출처 : 쑹훙빙(宋鴻兵): 『통화전쟁4: 전국시대』, 창장(長江)문예출판사, 176~254쪽.

은 달러화 본위제였다.'

제1차 세계대전이 결속된 뒤 미국은 유럽 각국의 전쟁 차관을 상업 대출이라고 주장하면서 각국에 본금에다 이자까지 합쳐 전부 갚을 것을 요구함으로써 유럽 경제를 곤경에 빠뜨렸다. 경제 실력이 빠르게 제고됨에 따라 미국은 달러화의 국제 주도적 지위를 모색하기 시작했다. 1930년대 세계 경제 대공황을 겪은 뒤 세계 각국은 불환지폐제도를 실행하기 시작했다. 1934년 1월 31일 달러화의 금 함유량이 13.714그레인(0.888671그램에 해당함)으로 규정되었으며 달러화가 평가 절하되었다. 미국 정부는 1922년 이전 여러 가지 판본의 지폐를 점차 회수하는 한편 외국 중앙은 행만이 공정가격에 따라 미국과 황금을 태환할 수 있도록 규정지었으며 평가 절하된 후의 달러화는 태환할 수 없도록 했다.

[그래프 3-6] 1880—1914년 미국 제조업과 광산업 산량 지수
(1899년=100)

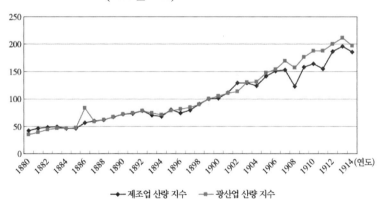

※자료출처 : [영] 미첼·팰그레이브: 『세계역사통계(유럽권)1750~1993년』, 경제과학출판사 2002년 본, 313쪽.

(2) 달러지역의 형성

1930년대에 여러 통화집단 간의 투쟁이 치열했으며 국제금융 질서가 어지러웠다. 미국은 국제시장과 투자처를 쟁탈해 파운드화와 프랑화에 대항할 수 있는 힘을 키우기 위해 캐나다·볼리비아·콜롬비아·코스타리카·도미니카·에콰도르·엘살바도르·과테말라·아이티·온두라스·라이베리아·멕시코·니카라과·파나마·필리핀·베네수엘라 등 국가들과 연합해 달러집단을 창설했다. 1939년에는 또 이를 기반으로 달러지역, 즉 달러화를 중심으로 하는 국제통화지역을 창설했다. 달러지역은 느슨한 비공식적인 조직으로서 엄격한 법률협정 기반을 갖추지 못했다.

달러지역 내 협력 원칙은 주로 (1) 지역 내 각국 통화는 모두 달러화에 고정시켜 달러화에 대한 고정환율을 유지하도록 한다는 것, (2) 달러지역 회원국은 대부분 황금과 외환보유고를 미국에 보관해 두도록 한다는 것, (3) 역내 각국 간의 무역은 일반적으로 외환통제를 실행하지 않고 자금의 자유이동을 허용한다는 것, (4) 무역과 비무역 항목 모두 달러화로 결제와 지급업무를 처리한다는 것이다.

두 차례 세계대전에서 미국 본토는 전쟁의 파괴를 피했을 뿐 아니라 오히려 앉은 자리에서 어부지리로 전쟁에서 재부를 축적했다. 제2차 세계대전이 결속되었을 당시 미국의 총생산이 전 세계 총생산의 2분의 1을 차지했으며 황금 보유량은 전 세계 황금 보유 총량의 70%를 차지해 세계 최대 채권국이 되었으며 정치와 군사 방면에서도 압도적인 우세를 차지했다. 그러나 유럽 각국과 일본은 전쟁으로 인해 심한 손상을 입었다. 따라서 제2차 세계대전이 결속된 후 경제 분야에서나 정치·군사 분야에서나 미국은 이미 세계에서 가장 영향력이 큰 국가로 되었다. 더욱 중요한 것은 각국이 미국 제품을 대량으로 수입해 들이는 동시에 달러화에 대한 의존도도 대폭 커져 달러화가 국제금융거래에서 점점 더 중요한 영향력을 갖게 된 것이었다. 먼델은 '관건적인 통화는 최강 경제실력이 제공한다. 이는 역사적 전통이 있는 사실이다'라고 말했다.230) 미국의 막강한 경제실력은 달러지역의 창설에 튼튼한 기반을 마련했다. 달러화가 파운드화를 대체해 세계 중심통화가 되었다.

1943년에 케인즈가 그때 당시 영국이 처한 상황을 토대로 '케인즈 안(국제청산동맹안)'을 제기하고231) 세계은행을 설립하고 주권을 추월한 통화 '뱅코르'(Bancor)를 발행할 것을 제안했으며 세계은행의 국제결제연맹이사회에서 뱅코르와 황금의 환율을 규정짓고 나아가 회원국 통화의 초기 환율을 환산할 것을 제안했다. 한편 화이트 미국 재무부 차관은 '화이트 안(White Plan)'을 제기해 국제통화기금을 설립하고 새로운 세계 통화단위인 '유니타'(Unita)를 발행할 것을 제안했다. 이 안에 따르면 1유니타=10달러로 규정하고 직접 황금으로 태환 가능하며 회원국 간에 양도할 수도 있고 각국 통화와 고정환율을 유지하며 동시에 세계은행을 보좌해 세계경제의 장기적인 발전을 유지할 수 있었다. 이로부터 화이트 안은 미국 황금 보유의 절대적 우세에 입각해 금본위제의 회복을 힘써 모색했음을 알 수 있었다.

---

230) Robet Mundell : 『개척자』 1983년 춘계호, 189쪽.

231) 제2차 세계대전 후 영국은 고작 약 100만 달러의 황금을 보유했는데 케인즈 안은 실제상에서 금본위제에서 벗어나려는 시도로서 그 안으로 인해 영국은 세계 70%의 황금 보유 우위를 차지한 미국과 마주치지 않을 수 있게 되었다. 참고: 주승빙(朱雄兵) : 『3백년 흥망성쇠—국제통화질서의 변화발전』, 경제관리출판사 2011년 본, 85쪽.

케인즈 안과 화이트 안은 영국과 미국의 이익을 각각 대표하는 것으로써 양국 간의 팽팽한 대립과 변론이 시작되었다. 1943년 9월 15일부터 10월 9일까지 미국과 영국이 워싱턴에서 전후 국제통화체제 수립에 대해 의논하는 회의를 열었다. 회의에서 양국 대표단은 케인즈 안과 화이트 안 사이에서 논쟁과 협상을 거듭했으며 최종 영국 대표단이 하는 수 없이 한 걸음 물러나 미국의 화이트 안을 기본상 받아들였다. 워싱턴회의가 끝난 뒤 미·영 양자간에 '시행협의'를 체결했는데 그 협의가 『브레튼우즈협정』의 토대가 되었다. 1944년 7월, 44개 국가의 대표가 미국 뉴햄프셔주(New Hampshire)의 브레튼우즈에 모여 전후 국제통화체제 문제에 대해 의논했다. 회의에서 『유엔 통화금융회의 최후 결의서』 및 『국제통화기금협정』·『국제부흥개발은행협정』의 두 부속 문서를 통과시켰으며 통틀어 『브레튼우즈협정』이라고 칭했다. 1945년 12월 27일 브레튼우즈회의에 참가한 44개 국가 중 22개국 대표가 『브레튼우즈협정』에 사인했으며 국제통화기금과 세계은행이 정식 설립되었다. 1946년 12월 18일 국제통화기금은 1달러 당 금 함유량을 0.88867그램으로 한다고 정식 선포했다. 이로써 브레튼우즈체제가 형성되었으며 달러지역은 실제로 전반 자본주의국가를 포괄했다.

사실상에서 브레튼우즈체제는 1936년 영국·미국·프랑스 3국이 체결한 '삼국 통화협정'(Tripartite Monetary Agreement)으로 거슬러 올라간다. 그 협의에서는 한 국가 통화의 나머지 양국 통화에 대비한 환율이 동등한 수준을 유지하도록 하며 한 국가가 만약 그 수준을 개변시키려면 마땅히 24시간 전에 나머지 양국에 통지하도록 규정지었다. 그 뒤 벨기에·네덜란드·스위스도 그 협정에 가입했다. 그러나 제2차 세계대전의 발발로 인해 그 협의는 바로 붕괴되고 말았다. 1945년의 '브레튼우즈체제'는 실제상에서 '삼국통화협정'의 연속이었으며 목적은 다 회원국 간의 환율관리협력을 추진하기 위한 데 있었다.232) 이 체제는 황금을 토대로 하고 달러화를 가장 주요한 국제준비통화로 삼았다. 달러화를 황금과 연결시키고 다른 국가의 통화를 달러화와 연동시키는 '이중 연동'제도는 제2차 세계대전 후 국제통화체제의 2대 지주였다. 그러나 달러화가 국제통화체제의 유망주로 떠오르게 된 것은 결코 쉽게 이루어진 것이 아니었다. 달러지역으로 말하면 그때 당시 가장 주요한 경쟁 상대가 파운드지역과 프랑화지역이었다.

브레튼우즈체제 수립 초기에 파운드화는 여전히 파운드지역의 공식 개입통화와 본원통화였다. 그러나 영국 경제가 쇠퇴기에 접어들었고 달러화 세력이 갈수록 침투됨에 따라 1968년에 이르러 파운드지역은 주변 회원국 범위 내에서 기본상 달러화에 의해 대체되었다. 1945년 8월, 영국은 케인즈를 워싱턴으로 파견해 미국으로부터 대출을 얻어 전쟁 시 『조차법안』 실행으로 영국이 미국에 진 채무를 상환하는데 쓰기로 했다. 미국은 영국에 이자율 2%의 37억 5천 만 달러 규모의 대출을 제공해 영국의 통화 결핍 문제를 해결하는데 쓰도록 했다.233) 그러나 미국은 달러화

---

232) 주슝빙(朱雄兵) : 『3백년 흥망성쇠─국제통화질서의 변화발전』, 경제관리출판사 2011년본, 83~84쪽.
233) 전후 영국은 수출능력의 제한으로 인해 미국의 제품을 구매할 수 있는 충분한 외화(주로 달러화)를 벌어들이지 못했으며 전쟁으로 진 빚을 상환할 능력도 없었고 더욱이 영국이 직면한 기타 긴급한 수요를 해결할 능력이 없었다. 이런 현상을 가리켜 '통화 부족'이라고 부른다. 구체적인 것은 J.A.S.Grenville, *A History of the World in the Twentieth Century*, Cambridge:Belknap Press of

의 지위를 강화하고 또 한 걸음 나아가서 진정한 달러화 천하 통일을 실현하기 위해 영국정부에 미국의 대출을 제공 받은 뒤 1년 내에 모든 파운드지역 국가의 현금 거래 자유태환을 허용할 것을 요구했다.[234] 영국은 선택의 여지가 없었으므로 하는 수 없 이 그 조건을 받아들여 1945년 12월에 『영미대출조약』을 체결 했다. 영국은 충분한 달러화 보유고가 없었으며 미국이 제공한 대출 액수로는 또 한 잔의 물로 한 수레의 장작에 붙은 불을 끄 는 격으로 아무런 도움도 되지 않았다. 따라서 자유태환 결과가 영국에는 재앙이었다. 각국이 잇따라 파운드화를 달러화로 태환 했는데 일시에 현금 거래에서만 태환한 것이 아니라 파운드지역 의 모든 경제체가 보유한 잔고를 달러화로 태환할 것을 요구했 다. 영국 재무부는 달러화 수요가 절박해 태환을 요구하는 모든 경제체를 통제할 길이 없었으므로 '파운드화 잔고'채무[235]는 예 리한 비수가 되어 영국 경제에 꽂혔다. 후에 영국 정부가 미국의 반대에도 불구하고 국가적 외환시장개입정책을 실행했지만 여전 히 파운드화의 평가 절하 추세를 바꿀 수 없었다. 파운드화는 평 가 절하를 거듭한 끝에 최종 달러화에 패하고 말았다.

미국은 이미 오래 전부터 아프리카에 눈독을 들이고 있었으 며 프랑스가 프랑화지역을 이용해 아프리카에서 이익을 얻는 것에 대해 불만을 가진 지가 오래였다. 냉전이 결손 된 후 미국

Harvard University Press, 1994, pp. 349~352쪽을 참고하라.

234) 리스안(李世安) · 장루이제(臧瑞杰) : 「1964년 파운드화 위기와 윌슨 정부의 대 미 경제정책」, 『무한(武漢)대학학보(인문과학편)』 2011년 제3기.

235) 이른바 '파운드화 잔고'문제는 만약 파운드지역 모든 구성원이 모두 보유한 파 운드화 주식 · 채권을 태환할 것을 요구해온다면 영국은 지급할 수 있는 자금 이 없게 된다. 그때 당시 '파운드화 잔고'가 33억 5500만 달러에나 달했다.

이 유일한 초강대국으로 부상하자 끝내 참지 못하고 프랑스의 그 '돈주머니'에 손을 뻗었다. 1992년 3월, 미국의 아프리카 사무 담당 코헨 국무차관보가 파리를 방문했을 당시 아프리카 프랑화와 프랑스 프랑화의 환율이 너무 높다고 공개적으로 비난하면서 프랑스에 통화정책을 조정해 아프리카 프랑화를 평가절하시킬 것을 요구했다.236) 이에 프랑스가 예리하게 맞서고 프랑화지역 아프리카국가들도 실제 이익에서 출발해 아프리카 프랑화의 평가 절하에 반대했지만 아프리카 프랑화는 최종 평가절하되는 운명에서 벗어나지 못했다.

[표 3—12] 1949—1958년 세계통화용 황금과 달러화 보유고 상황

(단위: 백만 달러)

연도	통화용 황금				달러화 보유고		
	총액	미국	외국	국제기구	총액	외국	국제기구
1949	35055	24563	9041	1451	8226	6409	1817
1950	35498	22820	11184	1494	10197	8393	1814
1951	35664	22873	11261	1530	10173	8271	1902
1952	35968	23252	11024	1692	11719	9864	1855
1953	36396	22091	12603	1702	12739	10825	1914
1954	37056	21793	13523	1740	14019	11895	2124
1955	37716	21753	14155	1808	15230	13028	2202
1956	38246	22058	14496	1692	16433	14590	1843
1957	38960	22857	14923	1180	16600	14861	1739
1958	39851	20582	17937	1332	17637	15598	2039
1949~1958년 변화	+4796	-3981	+8896	-119	+9411	+9189	+222

※자료출처 : [미] 로버트 트리핀: 『황금과 달러화 위기』, 상무인서관 1997년 본 6쪽.

---

236) 즈쉐(志學) :「미국-프랑스 간 아프리카 프랑화 다툼」, 『세계지식』 1992년 제12기.

제2차 세계대전 후 유럽·아프리카·남미주는 보편적으로 전후 복구에 착수했지만 모두가 자금 부족 문제에 맞닥뜨렸다. 따라서 전후 아주 오랜 시간 동안 전 세계에 '달러기근'이 나타났다. 이런 상황에서 미국은 유럽에 대해서는 '마셜 플랜'·'화이트 안'을 실행하고, 아시아주에 대해서는 주객이 전도되어 '콜롬보계획'을 주도했으며, 동시에 미국은 또 대출 제공·자금 지원의 수단을 통해 아시아주·남미주·아프리카의 개발도상국가들에 달러화를 수출했다. 1948~1951년, 미국은 매년 유럽 국가들에 40억~50억 달러 규모로 지원했는데 이 수효는 유럽 GNP의 약 4%를 차지했다.(매키넌, 1979) 브레튼우즈체제의 배치·세계 달러화 수요의 왕성·달러화 수출 등 조치의 공동 추진 하에 1940~50년대에 달러화는 세계 기축통화로 되었으며 점차 황금과 공동으로 세계 각국의 주요 준비자산이 되었다.(표 3-12)

(3) 달러지역의 쇠락

브레튼우즈체제의 배치로 인해 전후 꽤 오랜 시간 동안 국제 무역과 세계 경제 일체화의 전례 없는 발전을 이루었다. 그러나 브레튼우즈체제 자체가 극복할 수 없는 결함 — '트리핀 딜레마'(Triffin dilemma)를 갖고 있다. '트리핀 딜레마'는 미국 예일대 로버트 트리핀 교수가 1960년에 출판한 『황금과 달러화 위기』라는 책에서 제기한 개념이다. 그는 다음과 같이 주장했다. '달러화를 황금과 연결시키고 다른 국가의 통화를 또 달러화와 연동시킴에 따라 달러화가 국제 핵심통화의 지위를 얻을 수 있었다. 각국이 국제무역을 발전시키기 위해서는 달러화를 결제 수단과 보유통화로 삼아야 했다. 따라서 미국에서 유출한 달러화가 해외에 꾸준히 누적되었다. 이는 미국으로 말하면 장기적인 무역 적자가 생기는 일이었다. 한편 달러화가 국제 핵심 통화라는 전제 하에 미국은 마땅히 통화 가치의 안정과 강세를 유지해야 했다. 이는 또 미국이 장기적으로 무역 흑자국이 될 것을 요구했다. 이 두 가지 요구가 서로 모순되므로 이는 역설인 것이다.'[237]

1960년대, '트리핀 딜레마'가 나타나기 시작했다. 1963년, 일부 국가들이 달러화를 대량 투매해 황금을 대량으로 사들였다. 그로 인해 런던 황금시장에서 황금 가격이 1온스 당 41달러로 폭등해 브레튼우즈회의에서 규정한 1온스 당 35달러의 공정가를 훨씬 뛰어넘었으며 최초로 심각한 달러화위기가 폭발했다. 1968년 3월, 런던·파리·취리히 황금시장에서 제2차 달러화 위기가 폭발했다. 전례 없는 규모의 달러화 투매·황금 매입현상이 나타났다. 미국의 황금 보유고는 그 위기가 발생한 지 짧은 보름 사이에 14억 달러나 유실되었다. 파리 황금시장의 가격은 한때 황금 1온스 당 44달러까지 오르기도 했다. 1968년 3월 16일 미국은 끝내 자유시장에서 황금 1온스 당 35달러의 공정가격 적용을 중지하고 시장 금값의 자유 변동에 따르기로 했다. 그러나 브레튼우즈체제를 수호하기 위해 국가 간에는 여전히 공정가에 따라 매매하는 이른바 '황금 이중 가격제도'를 실행키로 했다. 이는 달러화를 실제로 이미 변칙적으로 평가 절하했으며 게다가 달러화의 태환성을 심각하게 떨어뜨렸음을 설명했다.

---

237) [미] 로버트 트리핀(Robert Triffin) : 『황금과 달러화 위기—자유태환의 미래』, 상무인서관(商務印書館) 1997년 본 1쪽.

[그래프 3-7]   1960~2011년 미국 경상계정 잔고 추이

(단위: 백만 달러)

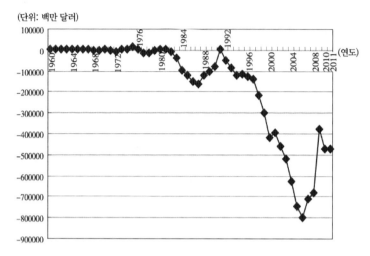

※자료출처 : 미국경제분석국

[그래프 3-8]   1959~2011년 미국 계절 조정을 거친 뒤 통화 발행량

(단위: 10억 달러)

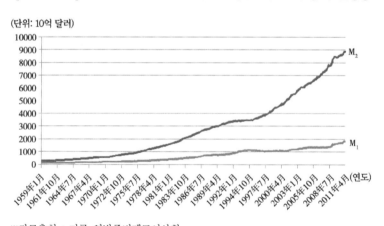

※자료출처 : 미국 연방준비제도이사회

그래프 3-7은 미국이 1990년대부터 경상계정 적자가 빠르게

확대되었음을 나타낸다. 거액의 무역 적자는 미국이 대외에 대량으로 달러화를 지급하고 있음을 의미하며 이들 달러화는 통화의 과다 발행에서 오는 것이다(그래프 3-8은 1959~2011년 미국의 계절성 조정을 거친 뒤의 통화 발행량을 보여준다). 국제시장에서 달러화 이동성의 만연은 달러화의 국제 신임도를 떨어뜨렸으며 달러화의 '이동성과 확신'간의 모순을 해결할 수 없는 후과를 초래했다.

그러나 미국은 마치 문제의 근원이 무엇인지에 대해 애초에 정확히 인식하지 못한 듯 파운드화의 평가 절하를 겨냥했다. 1968년 1월 존슨 미국 대통령이 국제수지문제 처리 행동계획에 대해 개괄 서술하는 성명에서 파운드화의 평가 절하가 국제통화체제의 불안정성과 혼란을 불러왔다면서 '국제통화체제를 제약하고 국제수지의 적자와 1967년 마지막 분기의 황금 판매를 크게 확대시켰다'고 주장했다.[238] 1968년 2월, 존슨은 국회에 바친 연차 교서에서 '미국의 국제수지 적자 — 1957년부터 시작된 만성 질환 — 가 몇 년간 개선되었다가 1967년에 악화되었으며 이런 악화는 11월 파운드화의 평가 절하가 가져다준 공포와 불안정성에서 반영된다.'라고 재차 강조했다.[239] 물론 파운드화의 평가 절하가 미국의 국제수지 악화에 영향을 끼친 것은 사실이지만 그러나 근본적인 원인은 '트리핀 딜레마'에 있다.

끊임없이 폭발하는 달러화위기로 인해 달러화의 국제적 지위가 꾸준히 하락했다. 1971년 8월 15일, 그때 당시 닉슨 미국 대통령이 달러화의 평가 절하를 선포하고 달러화와 황금의 태환

---

238) Public Papers of the Presidents of the United States: Lyndon B.Johnson, 1968-1969,Book 1, Washiongton D.D.:USGPO, 1970,p.9.

239) Public Papers of the Presidents of the United States: Lyndon B.Johnson, 1968-1969,Book 1, Washiongton D.D.:USGPO, 1970,p.128.

을 중단시켰다. 이것이 곧 '닉슨쇼크'이다. 이에 따라 브레튼우즈체제가 붕괴의 변두리에 이르렀다. 국제금융시장의 혼란과 긴장 국면을 돌려세우기 위해 주요 자본주의 국가들이 협상을 거듭한 뒤 드디어 1971년 12월에 『스미소니언협회 협정』(Smithsonian Institute Agreement)을 달성했다. 그 주요 내용은 다음과 같다. 달러화의 황금 대비 환율을 7.89% 평가 절하하고 황금의 공정가는 매 온스 당 35달러에서 38달러로 높인다, 기준환율 변동 폭을 1%에서 2.5%로 확대하고 달러화의 금 함유량을 0.818513그램으로 인하하며 달러화 대 '특별인출권' 환율을 원래의 1:1에서 1:1.08571로 평가 절하한다. 그러나 이들 조치는 미국 국제수지 적자와 달러화 위기의 악화를 막지 못했다.

1973년 2월 12일, 달러화가 재차 10% 평가 절하되고 금 함유량이 0.73663그램으로 떨어졌으며 황금의 공정가격은 매 온스 당 42.22달러로 오르고 달러화 대 '특별인출권' 환율은 1.20635달러, 즉 1개 '특별인출권'으로 평가 절하되었다. 유럽 국가 및 기타 주요 자본주의 국가들은 잇따라 고정환율제에서 퇴출했으며 고정환율제가 철저히 붕괴되고 달러화가 변동환율제로 나가기 시작했다. 브레튼우즈체제가 해체되고 달러화는 '종이황금'의 패권시대를 작별했으며 황금은 점차 비통화화로 나가기 시작했다.

1973년 브레튼우즈체제의 붕괴로 인해 달러화를 중심으로 하는 자본주의 세계통화체제가 심각한 위기에 직면했다. 달러화가 평가 절하를 거듭하며 달러화의 국제 준비금과 결제 수단으로서의 기능의 일부가 이미 기타 경화에 의해 대체되었다. 세계 기타 국가와 지역은 본국 경제를 안정시켜 제때에 달러화에 대한 의존에서 벗어나기 위해 잇따라 새로운 통화연합을 결성하고 달러화에 대항했다. 예를 들면 유럽 통화시스템에서 달러화 사용 범위가 상대적으로 축소하는 추세를 보였다.

1976년, 국제통화기금이 자메이카의 수도 킹스턴에서 회의를 열고 『자메이카협의』를 달성했으며 변동환율제를 주도로 하는 국제통화체제를 인정했다. 비록 자메이카체제가 각국의 경제발전과 안정에 유연성과 독립성을 제공했지만 그에 대한 비판의 목소리도 끊이지 않았으며 심지어 '체제답지 않은 체제'라는 평가까지 받을 정도였다. 그렇지만 자메이카체제가 변동환율의 시대를 연 것만은 사실이었다. 먼델은 자메이카체제에 대해 이렇게 평가했다. '1970년대에 전적으로 다른 새로운 시대를 열었다. 처음으로 국제통화체제가 없는 상황이 나타났으며 변동환율이 정확한 행위의 본보기로 인정받았다.'[240) 자메이카체제도 역시 한 개의 국가가 자국 발전에 적합한 환율 제도를 어떻게 선택해야 하느냐에 대해 생각하도록 했다.

『자메이카협의』가 체결된 후 국제통화체제는 다원화시대에 들어섰다. 달러화는 황금과 연결시킨 '종이황금' 지위를 잃었으며 영향력이 점차 감퇴되었다. 그러나 미국 종합 실력이 세계 으뜸이었기 때문에 달러화는 여전히 세계 최대 준비통화였으며 여전히 세계 외환보유고의 60%이상 비율을 차지했다. 2008년 글로벌 금융위기의 발발이 달러화 주도의 국제통화체제의 폐단을 또 한 번 심각하게 폭로했으며 달러화의 국제 신임도에 영향을 주었다. 많은 국가들이 국제통화체제 개혁을 호소하기 시작했다.

---

240) [미] 로버트 먼델 : 『먼델 경제학 문집』 샹쑹쥐(向松祚) 역, 중국금융출판사 2003년본, 102쪽.

2. 달러지역의 경제 효과

브레튼우즈체제가 비록 붕괴되었지만 달러화가 세계경제에 주는 영향은 여전히 도처에 존재했다. 라틴아메리카지역·동아시아지역은 여전히 달러화 추세가 줄어들 줄 모르고 있으며 달러화가 심지어 본국 화폐를 대신해 완벽한 주권통화의 기능을 행사하기까지 했다. 다른 그 어떤 통화지역과 달리 달러지역이 갖는 경제적 효과는 전반 세계에 영향을 주며 달러화의 아주 미세한 움직임도 세계 경제에는 '머리카락 한 올을 건드렸을 뿐인데 온 몸이 움직이는 것'처럼 큰 영향을 미치게 되었다.

(1) 달러지역의 경제 효과: 역내 회원국의 시각

브레튼우즈체제 틀 안에 세 개의 중요한 기구가 존재했다. 즉 국제통화질서의 안정을 유지하는 국제통화기금·세계경제의 장기적인 성장을 추진하는 국제부흥개발은행·세계무역의 자유화를 추진하는 관세무역총협정이었다. 이들 기구가 현재까지 중요한 역할을 발휘하고 있으며 각자의 취지에 따라 기구의 직능을 행사하고 있었다. 이들 기구가 달러지역의 회원국에 일으킨 긍정적 적극적인 작용은 주로 다음과 같았다.

첫째, 각국 경제가 하루 빨리 회복하고 발전할 수 있도록 도움을 주었다. 브레튼우즈체제는 제2차 세계대전 발발 전의 국제금융시장의 혼란스러운 국면을 결속 짓고 국제경제협력을 위한 비교적 유리한 환경을 마련했다. 국제통화기금과 국제부흥개발은행은 회원국에 각기 다른 유형의 대출을 제공해 회원국들이 국제수지 적자의 난관을 극복할 수 있도록 도움을 주었으며 동시에 개발도상국가에 대한 기술적 원조와 양성을 진행하고 유럽 국가와 개발도상국가들을 도와 하루 빨리 전후 복구를 진행하고 점차 발전의 길을 걷도록 했다. 1952년, 유럽 경제협력기구(OECD)의 공업생산 성장 폭이 39%에 달하고 수출 성장 폭이 200%, 수입 성장 폭은 3분의 1에 달했으며 경상계정 잉여를 실현했다.[241] 1960년 연초, 대다수 유럽 국가 경제가 이미 전쟁 전의 수준으로 회복되었으며 심지어 다소 발전하기까지 했다.(표 3-13)

[표 3-13] 1948~1970년 유럽 주요 국가 고정가 GDP의 연간 성장률

(단위: %)

연도	덴마크	핀란드	영국	프랑스	연방독일	벨기에	불가리아	체코슬로바키아	이탈리아
1948	3.32	7.92	3.01	—	—	35.60	372.16	—	6.43
1949	4.64	5.96	3.18	—	—	5.60	4.95	9.97	7.38
1950	7.05	3.92	3.70	7.25	—	3.07	13.41	10.10	6.88
1951	0.64	8.55	3.57	5.86	11.50	5.15	25.47	9.53	6.43
1952	1.58	3.24	0.00	3.40	7.94	4.38	3.74	10.63	3.90
1953	6.03	0.79	4.60	2.47	8.09	1.23	13.79	6.80	7.50
1954	2.94	8.69	3.85	4.02	10.20	4.22	0.00	3.64	4.07
1955	0.95	5.53	3.17	5.02	9.26	4.95	0.79	9.65	6.70
1956	1.89	2.91	2.05	5.88	6.78	3.14	-2.03	5.60	4.19
1957	4.63	4.72	2.01	5.90	5.82	1.94	16.90	7.58	5.03
1958	2.65	0.00	-0.49	2.62	3.50	-0.27	8.63	7.75	5.26
1959	6.03	6.31	3.47	3.19	6.76	2.86	21.06	6.54	6.36
1960	6.50	9.32	4.78	7.06	8.60	5.56	6.37	7.98	6.41
1961	5.34	6.98	4.57	5.49	4.56	4.77	5.06	6.79	3.21
1962	4.35	3.62	2.62	6.67	4.65	5.27	9.37	1.16	8.17
1963	2.78	2.80	2.98	5.47	2.78	4.32	10.04	-1.71	6.12
1964	8.11	5.44	6.20	6.48	6.76	6.98	9.30	0.58	5.42
1965	5.00	5.16	5.06	4.70	5.32	3.87	6.96	3.47	2.89
1966	2.38	2.45	-0.74	5.32	2.88	3.04	9.61	8.94	3.44

241) 란성신(冉生欣) : 「브레튼우즈체제의 비대칭성 및 시사점」, 『뉴 금융』 2006년 제2기.

1967	4.07	2.40	2.88	4.73	0.00	4.00	7.96	5.48	6.04
1968	5.59	2.34	4.21	4.22	7.01	4.30	8.95	7.36	6.84
1969	8.47	9.14	1.79	6.94	7.86	6.41	9.28	7.26	6.13
1970	3.90	7.85	2.20	5.81	6.07	6.60	12.59	5.64	5.78

※주 : 불가리아의 GDP를 현재 가치로 삼음.
※자료출처 : [영] 미첼 · 팰그레이브: 『세계역사통계(유럽권)1750~1993년』, 경제과
학출판사 2002년 본, 964~971쪽.

둘째, 세계 상품 거래 비용이 크게 줄었다. 여기서 말하는 거
래 비용은 국제무역에서 각기 다른 통화를 사용함으로 인해 발
생하는 비용을 가리키는데 통화 태환 비용과 환율의 격렬한 변
동으로 인한 무역기회 저애 · 무역 쌍방이 외환 리스크를 피면
하기 위해 액외로 가치보유제품을 구매하는 데 지급한 비용 등
등이 포함되었다. '이중 연동'의 국제통화제도의 배치 하에 달
러화가 세계 다자 지급체제와 다자 무역체제를 위한 지급 수단
과 결제수단을 마련해 세계 상품거래비용을 효과적으로 절약하
고 국제무역의 발전을 유력하게 추진했다.(그래프 3-9) 마치
1880~1914년 금본위제의 '황금시대'처럼 브레튼우즈체제의 존속
기간에 국제무역이 보편적으로 번영했으며 그 성장속도가 심지
어 실제 생산 성장률을 초과했다. WTO가 전개한 다자무역협상
도 각 국가의 무역 장벽을 크게 낮추었다. WTO의 통계수치에
따르면 국제무역액 연간 평균 성장률이 1948~1960년 기간에는
7.34%, 1960~1965년 기간에는 8.3%, 1965~1970년 기간에는
10.36%, 1913~1938년 두 차례 세계대전 기간에는 겨우 0.7%에
그쳤다.[242]

---

242) 주옹병(朱雄兵) : 『3백 년 흥망성쇠—국제통화질서의 변화발전』, 경제관리출판
사 2011년 본, 제97쪽.

[그래프 3-9] 1948~1970년 세계 화물 무역 수출액

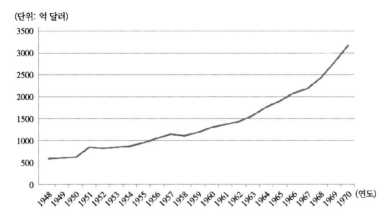

(단위: 억 달러)

※자료출처 : 세계무역기구

　셋째, 국제자본 이동의 안전을 보장하고 국제자본이 세계에서의 자유이동을 추진했다. 제2차 세계대전 후 전쟁 중에서 심각한 파괴를 당한 많은 국가들이 전후 복구를 진행해야 했다. 전쟁으로 파괴된 모든 사업을 새롭게 일으켜 세워야 했으므로 외부로부터 건설자금을 수입하는 일이 시급했다. 이들 외부 수입 자금에는 장·단기 대출, 외국인 직접 투자 유치, 국제 원조 등등이 포함되었다. 1960년대에 이르러 많은 서방 국가들은 경제가 빠르게 발전해 대량의 유휴자금을 축적했으므로 자본수출을 통해 비교적 높은 회수율을 모색해야 했다. 한편 개발도상국가들은 여전히 자금 부족의 걸림돌에 직면한 상황이었으므로 자금의 공급과 수요 간의 관계가 국제자본의 이동을 결정했다. 국제통화기금의 규정에 따라 대다수 국가의 통화가 외환시장에서 자유태환·자유매매가 가능했으며 통화 간에 상대적으로 고정된 환율관계를 유지했다. 이는 국제자본의 이동과 국제자본의

안전에 체제적 보장을 제공해 전 세계 국제자본의 최적 배치를 실현할 수 있도록 추진했다.

표 3-14는 1985년 세계 주요 국가의 해외자본 보유량이다.

[표3-14] 1985년 세계 각국 해외자산과 부채 보유량

(단위: 백만 달러)

	투자조합자산	투자조합부채	FDI자산	FDI부채	채무자산	채무부채	외환보유고
오스트리아	602	174	1343	3762	44068	54578	4767
벨기에	6652	814	9551	18447	126052	138642	4849
보츠와나	0	0	2	584	17	470	758
캐나다	9603	16741	43143	64657	73300	181536	2503
콜롬비아	85	3	301	2654	3708	14183	1595
핀란드	73	243	1829	1339	11802	26608	3750
프랑스	16933	9597	184311	54589	191922	247725	26589
연방독일	12560	34092	42603	22845	252695	232084	44380
이탈리아	5166	6731	16600	19949	82242	131569	15595
일본	5313	45950	43970	4740	360767	256210	26719
한국	165	251	526	1451	9081	56724	2869
말레이시아	340	1718	1569	7388	3989	21972	4912
네덜란드	10473	27430	47772	24952	97985	84163	10782
노르웨이	454	1870	1093	6076	13372	30909	13917
남아공	1355	2079	8905	8899	2369	24561	315
스페인	1200	1066	4455	15694	27373	50845	11175
스와질란드	0	2	19	104	99	279	83
스웨덴	788	2758	10768	4333	22192	53575	5793
스위스	23244	42414	25093	14604	181738	96682	18016
터키	23	9	0	1424	5026	26013	1056
영국	81889	22888	100313	64029	656226	668088	12859

미국	44383	136791	371036	247223	754047	841643	32095
우르과이	0	0	29	371	2808	4901	174

※자료출처 : Philip R.Lane, Gian Maria Milesi-Ferretti, 'The External Wealth of
Nations Mark II: Revised and Extended Estimates of Foreign Assets
and Liabilities, 1970~2004', Journal of International Economics, No.11,
2007, pp.223~250.

넷째, 브레튼우즈체제는 회원국들에 대해 더 엄격한 금융기율
을 제정해 '정치화'된 경제를 '비정치화'하는 데 도움이 되게 함
으로써 회원국 경제의 장기적, 안정적인 발전에 양호한 환경을
마련해 주었다. 『국제통화금융협정』(Agreement of the International
Monetary Fund)을 체결한 회원국들은 외환 배치와 환율제도의 안
정을 질서 있게 추진하는 등의 일반 의무를 이행해야 하는 외에
도 일부 특정 의무를 이행해 그러한 목표의 실현을 추진해야 했
다. 국제통화기금은 회원국들이 그러한 의무를 이행하도록 감독
할 권리가 있으며 일련의 원칙을 제정해 여러 회원국들이 환율
정책을 제정하는 것을 지도하고 그 정책을 이행하도록 엄격히
감독했다.[243] 이와 같은 감독 기능이 회원국의 여러 가지 경제
정책과 경제조건이 동일한 목표를 향해 발전할 수 있도록 추진
하기 때문에 이러한 감독은 보다 안정적인 환율모델을 형성하는
데 이로웠다. 예를 들어 발전 자금이 부족한 많은 집권자들에게
는 무절제한 통화 발행을 통해 단기적 정치목표를 달성하려는
동기가 존재할 수 있는데 일단 그 국가가 달러지역에 가입하게
되면 달러라이제이션의 도입으로 집권자에게 더 '강경한' 예산

---

243) 훠커(霍克) : 「국제통화기금이 개발도상국가에 대한 역할」, 『세계경제』 1982년
제12기.

구속을 받아들이도록 압박해 정부의 무절제한 통화 발행행위를 효과적으로 제약함으로써 악성 통화팽창에 따른 일련의 부정적인 영향을 막을 수 있게 되었다.

다섯째, 환율변동이 잦고 통화팽창이 심각한 국가는 달러지역에 가입할 경우 자국 통화의 대내 대외 가치 안정을 유지하도록 추진할 수 있었다. 대내 통화가치 안정은 주로 달러라이제이션을 도입한 경제체에 대비한 것인데 이들 경제체의 통화당국은 통화 발행능력을 상실해 통화의 이동 량은 전적으로 외환보유고에 의해 결정되었으며 통화의 과다 발행문제를 효과적으로 통제할 수 있었다. 에콰도르의 경우 2000년에 달러라이제이션을 도입한 후 국내 인플레율이 2000년의 91%에서 2001년 연말의 22%로 하락했다. 대외 통화가치 안정은 주로 '이중 연동' 제도와 국제통화기금이 출범시킨 장부기입 통화단위 — 특별인출권에서 비롯되었다. 1969년, IMF는 기존의 공식 준비통화 황금과 달러화를 토대로 새로운 국제외환보유자산을 인위적으로 창설해 황금을 대체한 보유자산과 장부기입단위로 삼았다. 그 목적은 브레튼우주체제 하에 국제통화체제의 비대칭성과 이동성 부족 등 모순을 완화하기 위한 데 있었다. SDR 창설 초기 그 등가물은 황금이었다. 즉 1단위의 SDR은 0.888671그램의 순황금과 가치가 동일했으며 곧 그때 당시의 1달러였다. 브레튼우즈체제가 해체된 뒤 SDR은 바스켓통화로 구성되었으며 지수화 보유단위로 변화했다. 1974년 7월 IMF가 SDR과 황금을 분리시키고 16종의 통화 '바스켓'을 가치산정기준으로 삼는다고 정식 선포했다.[244] SDR은 더 이상

---

244) 이 16종의 통화에는 1972년 이전까지의 5년간 세계 상품 수출과 노무송출

오로지 한 가지 통화만 참고기준으로 삼는 것이 아니기 때문에 더 합리적이 되었다.

마찬가지로 달러지역은 역내 기타 경제체에는 '양날의 칼'같은 존재이기도 했다. 이들 국가들은 달러지역이 가져다주는 이익을 얻는 동시에 다음과 같은 일정한 대가도 지불해야 했다.

첫째, 통화정책의 독립성을 잃었다. 독립적인 통화정책은 한 국가 통화당국이 반(反)주기수요관리를 진행하는 정책적 수단으로써 외부충격에 따른 경제의 주기성 파동을 무마하는 역할을 했다. 독립적인 통화정책은 국내 이율이 외부 이율의 충격을 받지 않도록 하며 자금의 대규모 유입 혹은 유출을 피면할 수 있도록 했다.245) 달러지역 내 회원국 간에 뚜렷한 경제적 차이가 존재하므로 비대칭 충격이 달러지역에 대한 파괴력을 피면할 수가 없었다. 달러지역의 미국을 제외한 회원국들은 비대칭 충격에 맞닥뜨렸을 경우 독립적인 통화정책수단의 결핍으로 높은 조정비용에 직면하게 되며 심지어 미국으로부터 오는 상반대의 거시경제정책 압력까지 감당해야 하는 경우가 있었다. 이 역시 지역 내 일부 국가가 금융위기에 빠진 뒤 달러지역에서 퇴출하는 이유이기도 했다.

둘째, 달러지역 회원국이 미국의 경제 식민지로 전락하기 쉬웠다. '달러화 — 황금'본위제 하의 고정환율제도의 최대 특징의 하나가 미국의 통화 공급이 세계 이동성 공급의 기반이 된

총액 중에서 1%이상을 차지한 회원국 통화가 포함되었다. 그 통화에는 미국 달러화·독일 마르크화·일본 엔화·프랑스 프랑화·영국 파운드화·이탈리아 리라화·네덜란드 길더화·캐나다 달러화·벨기에 프랑화·스위스 크로네화·오스트랄리아 달러화·덴마크 크러네화·스페인 페세타화·노르웨이 크로네화·오스트리아 실링화·남아프리카공화국 랜드화이다.

245) Calvo Guillermo, 'Testimony on Dollarization', Mimeo University of Maryland, 2000.

다는 것이었다. 한편 달러화 발행 권한이 있는 기관은 오로지 미국 연방준비제도이사회 뿐이었다. 이는 달러화가 미국 무역품 가격을 통해 전도되는 사실이 실제로 달러지역 기타 회원국의 인플레율을 결정하게 됨을 의미했다. 달러지역의 기타 국가 경제정책은 하는 수 없이 미국의 통화정책에 굴복하게 되며 그들의 국민산출도 종속적인 지위에 처하게 되었다.246) 따라서 미국은 이들 국가의 경제체계를 더 한층 전면적으로 통제해 다른 회원국을 변칙적으로 미국의 경제식민지로 발전시키곤 했다.

셋째, 달러라이제이션을 도입한 경제체들은 대량의 조화세 수익을 잃게 되었다.247) 조화세 수익은 주화업종이 주조 원가를 제한 외의 정상적인 소득으로서 가장 주요한 수익형태는 화폐 주조 이윤이었다. 통화국체제하에서 조화세는 주로 통화국이 준비통화로 구매한 유가증권에서 얻은 수익에서 통화의 정상적인 이동을 유지하기 위한 비용 지출을 감한 차에서 왔다. 광의적 의미에서 보면 역내 경제체의 조화세 손실에는 그가 소유한 달러화 보유자산까지 포함되어야 했다. 그 보유자산의 출처는 자

---

246) Dam, Kenneth W., The Rules of the Game: *Reform and Evolution in the International Monetary System*, University of Chicago Press, 1987, p.6.

247) 달러라이제이션은 한 국가 혹은 지역의 경제생활에서 외화가 자국 통화를 대체해 통화의 주요 기능, 즉 가치저장의 도구·장부 기입 단위 혹은 결제수단 기능을 이행하는 것을 가리킨다. 경제의 '달러라이제이션'을 개괄하면 세 가지 층면의 함의가 있다. 첫째는 경제생활 속에서 달러화를 광범위하게 사용하는 것, 둘째는 본위화폐와 달러화 사이 고정환율제를 실행하며 통화국제도를 본보기로 하는 것, 셋째는 달러화를 본국의 법정 통화로 삼는 것이다. 세 가지 함의의 경제 달러라이제이션 정도가 점진적으로 증강된다. 라틴아메리카지역은 1990년대에 비교적 강한 경제 달러라이제이션 경향을 보였다. 차이루이밍(蔡輝明)·이강(易鋼):「달러라이제이션의 이폐 및 미국의 태도」,『국제경제평론』2003년 제3·4기, 장찬화(張燦華):「라틴아메리카 경제'달러라이제이션': 원인·이폐 및 전망」,『현대국제관계』2000년 제10기.

본항목 잉여 혹은 경상항목 잉여로서 달러지역 기타 회원국의 대 미국 채권을 구성했다. 2009년을 예를 들면 그때 당시 미국의 신규 발행 통화가 2340억 달러에 달했는데 미국은 이를 통해 전 세계에서 550억 달러의 조화세를 징수했다.[248] 비록 복지경제학에서는 핵심 통화 국가가 세계통화지역에 통화를 발행하게 되면 마땅히 주변 국가와 조화세 수익 공유체제를 형성해야 한다고 주장하고 있지만 역내 기타 회원국은 아직 미국으로부터 그들이 마땅히 얻어야 하는 조화세 수익을 공유하지 못했다.

넷째, 동아시아지역이 미국의 '국제금융공포의 균형'의 희생자가 되어 미국이 조종하는 '금융 함정'에 빠졌다. 새뮤얼 헌팅턴 전 미국정치학회 회장 겸 하버드대학 전략연구소 소장은 서방문명(실제로 주요하게 미국을 가리킴)이 세계를 통제한 14가지 전략 요점을 열거했다. 그중에는 '국제 금융 시스템에 대한 소유와 조종'·'모든 경화에 대한 통제'·'국제자본시장에 대한 지배' 등의 내용이 포함되었다.[249] '금융공포의 균형'은 미국이 금융과 경제 패권을 수호하고자 있는 힘을 다해 '금융 함정'을 광범위하게 배치 통제하는 중요한 모략으로 되었다.[250] '원죄'(original sin)를 지

248) 차오허핑(曹和平) : 「20세기 세계 통화 시스템의 3대 결함」, 『베이징대학 학보(철학사회과학편)』 2003년 제4기.

249) 미] 새뮤얼 헌팅턴 : 『문명의 충돌과 세계 질서의 재건』, 저우치(周琪) 역, 신화(新華)출판사 1999년본, 75쪽.

250) '금융공포의 균형'은 환태평양 금융 균형을 전문 가리키는 것으로서 동아시아 경제체 통화를 달러화에 연동시켜 동아시아에 상대적으로 안정된 금융환경을 마련함으로써 동아시아 무역과 투자를 추진하는 것, 미국의 왕성한 국내 수요가 동아시아에 거대한 시장을 제공해 동아시아가 거액의 외환보유고를 축적할 수 있도록 하는 것, 동아시아가 꾸준히 외환보유고로 달러화자산을 구매해 미국의 이율을 낮추어 미국의 지속적이고 방대한 쌍적자를 위한 융자를 실현함으로써 미국이 경제 긴축의 고통을 면할 수 있도록 하는 것 등등이다. 상세한 것은 장용(江涌): 「국제금융공포의 균형'과 미국의 금융함정」, 『현대국제관계』 2005년 제7기 참조.

은 동아시아는 현재 여전히 달러화에서 벗어날 수 있는 해결책을 찾지 못하고 있으며251) 당면한 금융균형 구도를 유지하는 것을 차선의 선택이 되었다. 이는 아시아 경제체가 지속적으로 달러화 자산을 추가 구매하지 않으면 안 되게 만들었으며 한편 미국의 꾸준히 늘어나는 거액의 쌍적자 또한 금융 불균형추세를 심각하게 악화시키고 있고 아시아 경제체가 보유한 거액의 달러화 자산이 거대한 가치 위축 위험을 안고 있었다.

다섯째, 세계 경제가 집단적으로 미국경제위기에 대한 면역력을 잃어가고 있어 원래 미국에서 시작된 위기가 여러 경제체로 빠르게 확산되고 있었다. 제2차 세계대전 후부터 현재까지 미국에서 총 11차례의 경제위기가 발생했다.252) 매 한 차례의 위기 모두 세계 경제에 충격을 가져다주었다. 이러한 강한 전염성은 달러화 본위의 통화체제가 각국에 가져다주는 복잡하고도 깊은 영향을 반영했다.

그래프 3-10이 보여주다시피 미국의 경제 성장률은 자국 경제위기로 인해 큰 파동이 일어난 적이 없었으며 성장이 상대적으로 평온한 추세를 유지했다. 선진국들이 받은 영향도 상대적으로 적은 편인데 그것은 미국과 유럽의 경제구조가 동질성을 띠

---

251) '원죄'는 국내 통화가 국제 차관으로 사용할 수 없고 심지어 국내 장기 차관으로도 사용할 수 없는 것을 가리킨다. 자본시장이 완벽하지 않은 상황에서는 모든 국내 투자가 화폐 종류 방면에서 매칭 되지 않거나 기한상에서 매칭 되지 않는 현상이 존재하며 금융 시스템의 취약성을 피면할 수가 없다. 상세한 것은 [미] 매키넌:「동아시아 달러화 본위·변동 공포 및 원죄」,『경제사회체제비교』2003년 제3기 참조.

252) 이 11차례 경제위기는 각각 1948년 8월~1949년 10월, 1953년 8월~1954년 4월, 1957년 4월~1958년 4월, 1960년 2월~1961년 2월, 1969년 11월~1970년 11월, 1973년 7월~1975년 4월, 1980년 2월~1980년 7월, 1981년 8월~1982년 11월, 1990년 10월~1991년 3월, 2000년의 정보 거품과 2007년의 서브프라임 모기지이다. 추위충(儲玉沖):「전후 미국 제9차 경제위기의 특징 및 발전추세」,『상하이(上海)사회과학원 학술계간』1991년 제3기.

고 있어 위기가 미국에서 기타 선진국으로 옮겨갈 여지가 크게 줄어들었기 때문이었다. 미국 경제위기의 피해를 많이 받은 것은 개발도상국가들이며 특히 전환기에 처한 경제체들이다. 많은 개발도상국가들은 경제구조가 단일해 대다수가 미가공 제품을 수출했다. 미국은 이들 제품의 달러화 가격 산정권을 이용해 수출가격을 낮춤으로써 개발도상국가의 경제 이익에 심각한 손해를 주었다.[253] 전환기에 처한 경제체, 특히 동아시아 전환기 경제체들은 수출 주도형 경제를 건설했으며 수출 목적지 시장은 주로 미국이었다. 따라서 미국 경제가 불경기에 처하게 되면 자연스레 자국 경제에도 영향이 미치게 되는 것이다.

[그래프 3-10]   1971~2007년 미국과 세계 각 지역 GDP 성장률

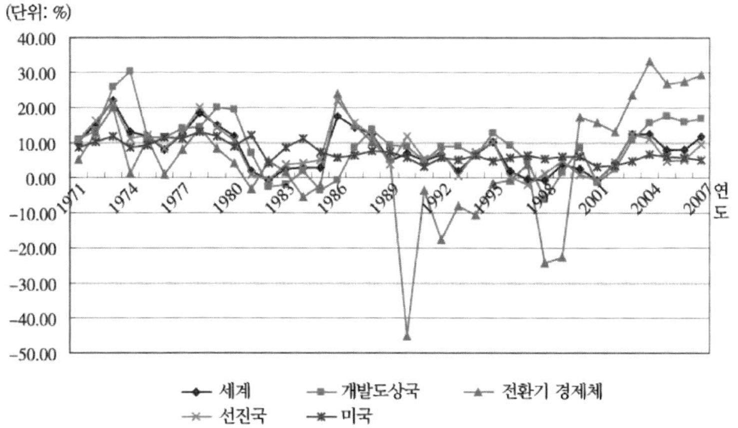

(단위: %)

※자료출처 : 유엔 웹사이트.

---

253) 이존훈(李存訓) : 「1974~1975년 미국 경제위기가 제3세계에 대한 영향」, 『무한(武漢)대학 학보(철학사회과학면)』 1978년 제5기.

(2) 달러지역의 경제효과: 미국 본토의 시각

달러지역은 미국이 세계 패권을 공고히 하기 위해 창설한 것으로써 미국은 현재까지 본위화폐 국제화의 이익을 최대로 챙긴 국가이다. 그 주요한 표현은 다음과 같다.

첫째, 미국은 화폐 인쇄 발행 수단을 통해 본국의 경상계정 적자를 위한 융자를 해결했다. 일반적으로 국제수지 균형은 한 국가 외부경제의 '경성예산제약'이지만 미국으로 말하면 국제수지균형이 '연성예산제약'이 되었다.254) 미국의 경상계정이 지속적으로 거액의 적자가 나타나 위기가 초래되었을 때마다 미국은 언제나 달러화의 세계 패주 지위를 이용해 위험에서 벗어나곤 했다. 미국은 경상계정 적자가 발생하면 이를 해결하는 두 가지 융자 경로가 있다. 첫 번째 경로는 미국의 자본계정 흑자를 통해 '돈을 빌려' 달러화의 환류를 실현하는 것이고, 두 번째 경로는 '화폐를 인쇄 발행'하는 수단을 통해 미국 국제수지의 부족한 부분을 메우는 것인데 달러화 환류가 발생하지 않았다. 그래프 3-11에서 보면 미국의 국제수지는 '화폐 인쇄 발행'을 통해 균형을 이루었다. 미국은 달러화의 특권을 이용해 본국의 거액의 경상계정적자를 위한 융자를 실현함으로써 무한한 국제수지 '연성예산제약'을 누릴 수 있었다. 1999년의 연구 결과에 따르면 미국 해외에서 유통되는 달러화가 달러화 총량의 3분의 2를 차지했으며 달러화 보유량 성장의 4분의 3이 미국 본토 밖에서 발생한 것으로 드러났다.255)

---

254) Kornai, Janos, 'The Soft Budget Constraint', Kyklos, No. 1, 1986, pp.3-30.

255) 판화(樊華) · 위페이전(余佩珍) : 「라틴아메리카경제의 달러라이제이션을 논함」, 『세계경제연구』 1999년 제5기.

[그래프 3-11]   1962~2010년 미국 경상계정과 자본계정 잔액 합계 변동 추세

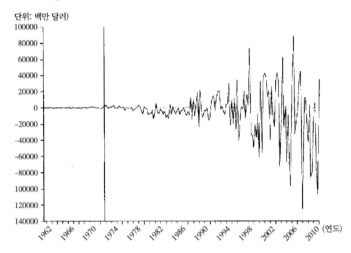

단위: 백만 달러)

※자료출처 : 미국 경제분석국.

둘째, 달러화가 일부 경제체의 본위화폐를 대체해 현지에서 유통되는 것은 미국이 역내 기타 국가로부터 거액의 무이자 대출을 제공 받는 것과 같다. 1999년 4월 로렌스 서머스 당시 미국 재정부 부부장이 상원에서 라틴아메리카지역의 '달러라이제이션' 실현이 미국에 대한 이로운 점에 대해 역설했다. 그중 가장 직접적인 이점이 '달러라이제이션'을 실행하는 국가가 통화 발행 수입을 미국에 양도함으로써 미국에 '무이자 대출'을 제공하는 것이라고 밝혔다. 만약 달러라이제이션을 전면 도입한 한 국가의 통화 유통량이 200억 달러일 경우 시중에서 달러화 유통 규모를 유지하기 위해 그 국가의 통화관리당국은 200억 달러를 미 연방준비제도이사회 계좌로 이체해야만 했다. 이와 반면에 미국이 지급할 대가는 고작 지폐 인쇄비용뿐이었다. 만약 이율이 5%라고 가정할 경우 미국 중앙은행은 1년에만 10억 달러의

수익을 챙길 수 있다. 분석 결과 만약 멕시코가 달러라이제이션을 전면 도입할 경우 매년 적어서 70억 달러의 수입이 줄게 되며 그 자금은 고스란히 미국의 국고로 흘러들어가게 되었다.256)

셋째, 달러라이제이션은 전반 지역의 외환위험과 원가를 줄일 수 있어 지역 내부 무역과 투자 증대를 추진해 지역 내 경제를 안정시킬 수 있다. 이는 미국에도 유리한 일이다. 그것은 필연적으로 미국과 지역 내 기타 회원국 간의 경제적 연계를 증강해 미국 상품과 요소를 위한 보다 넓은 시장을 개척할 수 있기 때문이었다. 예를 들어 1995년 멕시코에서 통화위기가 발생해 경제의 쇠퇴를 초래한 것과 1997년 아시아의 산출이 줄어든 것 등은 모두 미국의 수출에 지극히 불리한 영향을 조성했다. 만약 미국이 임의의 안정적인 수입 속에서 이익을 얻을 수 있다면 지역 내 기타 국가의 경제성장 속에서도 이익을 얻을 수 있었다. 이밖에 지역 내 기타 국가들은 통화의 평가 절하 전략의 '상대적 가격 효과'를 통해 상품 가격의 비교우위를 차지할 수 없으므로 이는 미국이 이미 꾸준히 확대되는 경상계정적자를 통제하는 데 이로웠다.

물론 달러지역이 미국에 수익만 가져다준 것은 아니다. 거액의 수익을 챙김과 동시에 미국은 또 그에 상응하는 비용도 감당해야 했다. 그중 가장 주요한 첫 번째는 달러라이제이션을 도입한 경제체가 미국의 통화정책에 의존할 수 있게 됨에 따라 미 연방준비제도이사회의 정책 결정에 영향을 줄 수 있으며 또 미 연방준비제도이사회에 자국 은행의 어음 할인 창구 설치를

---

256) 장찬화(張燦華) : 「라틴아메리카경제의 달러라이제이션 도입: 원인 · 이폐 및 전망」, 『현대국제관계』 2000년 제10기.

요구함으로써 미 연방준비제도이사회가 최종대출자 역할을 하도록 할 수 있다는 것이었다. 두 번째는, 미국이 달러지역 내 기타 국가의 경제 불균형 문제의 조정에 개입해야 하는 경우가 생길 수 있는 것이었다. 세 번째는, 지역 내 기타 경제체의 수량과 규모가 일정한 수준에 달했을 경우 지역 내 기타 국가의 경제 파동 역시 미국의 통화정책에 영향을 끼칠 수 있다는 것이었다. 그리고 또 미국은 지역 내 기타 경제체의 문제를 근본적으로 해결할 수가 없기 때문에 일단 위기가 발생하면 미국은 뭇 화살의 표적이 되어 반(反) 미 현상이 나타날 수 있었다. 예를 들어 2007년 미국 서브프라임 모기지로 세계 금융 쓰나미가 발생했을 때 각국은 잇따라 불공평한 달러화 본위의 국제통화체제를 타깃으로 지목했으며 미국도 온갖 비난을 받았다.

3. 달러지역의 시사점

달러화 패권은 현재까지도 여전히 존재한다. 비록 2008년의 세계 금융위기를 겪은 뒤 각국이 국제통화체제 개혁을 재차 강력히 호소했지만 달러화의 지위는 여전히 흔들릴 줄 몰랐다. 상기 달러지역의 발전과 패턴이 우리에게 다음과 같은 시사점을 던져주었다.

첫째, 탄탄한 국가종합실력은 본국 통화가 기존의 통화 '관성'을 깨고 시장 외부성을 새롭게 수립할 수 있는 기반이다. 제2차 세계대전 후 파운드화와 프랑화는 이미 일정한 정도의 '시장 외부성의 두께'(Thick Market Externalities)를 갖추었으며 그들은 각자의 세력 범위 내에서 규모경제 역할을 발휘해 점차 지역 공공재가 되었다.(Swoboda, 1968[257]); Krugman, 1980[258]); Rey, 2001[259])

달러화가 파운드화·프랑화의 세력 범위를 빼앗고 기존의 통화 사용에서의 '관성'을 깨뜨리는 것은 결코 쉬운 일이 아니었다. 만약 제2차 세계대전 후 미국이 이미 세계 패주로 발전해 경제·정치·군사 등 여러 분야에서 으뜸이 되지 못했더라면 달러화는 강세통화로 될 수 없었을 것이며 세계적으로 가장 널리 받아들여진 통화로는 더더욱 발전할 수가 없었을 것이다.

둘째, 달러화가 전반 국제화 발전 과정에서 줄곧 '경화'의 역할을 담당했으며 미국정부도 '달러강세'정책을 추진해 달러화를 적극 밀어줬기 때문에 양호한 국제적 신인도를 누릴 수 있었다. 브레튼우즈체제 존속 기간에 '이중 연동'제도가 달러화의 '종이 황금'지위를 직접 보장해줌으로써 달러화가 뜨거운 인기를 얻어 널리 환영 받았다. 부레튼우즈체제가 붕괴된 후 달러화는 이미 형성된 통화시장의 외부성 네트워크와 깨뜨리기 어려운 통화의 '사용 관성'을 이용해 계속 강세를 유지할 수 있었다. 1990년대에 들어선 뒤 미국은 지식경제와 기술경제를 핵심으로 하는 '정보고속도로' 신형 경제에 의지해 경제의 고속발전도로에 들어섰다. 미국 정부는 이를 뒷받침 삼아 '달러강세' 정책을 실행, 시장에서 달러화를 공개적으로 대량 매입하고 달러 이율을 높이는 등 직·간접적 조절방식을 통해 달러화의 강세지위를 유지했다. 21세기에 들어선 뒤 미국은 잇따라 연방기금 금리

257) Swoboda, Alexander, 'The Euro-Dollar Market: AnInterpretation', *Essays in Internationdl Finance* 64, International Finance Section, Princeton University,1968.
258) Krugman Paul, 'Vehicle Currencies and the Stucture of International Exchange', *Journal of Money, Credit and Banking*, No. 12, 1980, pp. 513-526.
259) Rey, Helene, 'International Trade and Currency Exchange', *Review of Economic Studies*, No. 68, 2001, pp.443~464.

를 자발적으로 낮춤으로써 달러환율을 하향 조절했으며 '강세'라는 개념에 새로운 정의를 부여했다. — 즉 달러화가 대중의 확신을 불러일으키게 하는 기능과 달러화의 위조방지능력이었다.260) 미국이 '달러강세' 정책을 실행한 근본 목적은 달러화에 대한 세계의 확신을 수호해 달러화의 세계 패주 지위를 계속 공고히 하기 위한 데 있었다.

셋째, '트리핀 딜레마'는 모든 주권 통화가 국제통화로 되는 과정에서 회피할 수 없는 문제였다. 신임도는 통화의 영혼이다. 한 통화가 한 국가의 주권 통화인 동시에 또 국제통화가 될 경우 그 통화 발행국의 국제수지적자가 각국이 그 통화를 얻을 수 있는 가장 주요한 출처가 되었다. 그 국가의 국제수지적자 규모가 점차 커감에 따라 기타 국가의 그 통화자산 잔고는 최종 그 통화 발행국의 황금 보유량을 초과하게 되어 통화가치가 평가 절하되며 세계 신임도를 유지하기 어렵게 되었다. 그리고 그 통화 발행국이 국제수지 균형을 유지하게 되면 또 각국이 보유한 그 통화 자산의 이동성이 떨어져 세계 경제의 활력을 약화시킨다. 이로부터 '상환능력과 신임도'간의 모순은 온전한 세계통화 기능을 발휘하는 주권 통화라면 모두 피할 수 없는 것이었다. 전후 최초 10년간은 경제 회복 운행 단계에 처했기 때문에 브레튼우즈체제의 내재적 모순이 경제성장에 가려져 있었을 뿐 달러화가 국제 준비통화 역할을 감당할 수 없는 객관적 국면을 바꾸지는 못했다.

넷째, 원활한 세계 통화 순환유통체제를 수립하는 것이 통

---

260) 「달러강세'의 새로운 정의는 미국정책의 변화를 의미한다」, 『월스트리트저널』 2003년 5월 19일.

화지역의 정상적인 운행에 지극히 중요했다. 달러화의 국제 순환은 미국의 산업정책·무역정책·금융혁신과 밀접한 연관이 있었다. 대체로 네 개의 단계로 나뉜다. 첫 번째 단계는 브레튼우즈체제의 존속 기간인데 이 단계에서 미국은 주로 자유무역과 자유 투자를 통해 달러화의 순환 유통을 실현했다. 두 번째 단계는 1980년대에서 90년대 초기까지인데 미국이 한편으로는 예전에 적극 선도해오던 자유무역정책을 바꿔 새 보호주의를 추진하고 다른 한편으로는 이율과 환율 수단을 이용해 달러화의 환류를 도왔다. 세 번째 단계는 1990년대 중기에서 2001년 2월까지인데 이 단계에서 미국은 세계 범위 내에서 자본의 자유로운 이동을 추진해 가상 경제를 이용해 전 세계의 자금을 미국으로 유입시킴으로써 달러화의 국제 순환을 실현했다. 네 번째 단계는 2001년 3월부터 현재까지인데 미국정부는 잇따른 금리 인하를 이용한 부동산 시장의 발전 추진과 투자은행의 세계에 대한 금융혁신제품 판매 등 수단을 통해 달러화 자금의 환류를 실현했다.[261] 달러화의 국제순환체제는 달러화의 국제 이동성을 보장했으며 더욱이 미국 경제가 전 세계로의 확장을 실현할 수 있는 중요한 점이 되었다.

다섯째, 통일적인 기율 감독과 정책조정기구를 설립하는 것은 통화지역의 총체적인 목표를 실현하는데 이롭다. 국제통화기금은 브레튼우즈체제의 정상적인 운영을 유지하는 국제기구로서 회원국에 대한 기율 감독을 진행하고 회원국이 『브레튼우즈협정』에 따라 경제정책을 제정할 수 있도록 보장하며 또 국제수지의 균형을 잃은 회원국들을 도와 빠른 시일 내에 균형을 회

---

261) 리칭(李靑) : 「달러화 국제순환체제 및 시사점」, 『중국금융』 2012년 제2기.

복함으로써 총체적인 목표를 실현할 수 있도록 보장했다. 그러나 국제사회는 국제통화기금이 주권을 추월한 중립성 조직이 아니라 달러화의 식민지를 정하는 수단이라고 비난하기도 했다. 따라서 어떻게 권력을 가진 국제중앙금융기구가 늘 세계 전반 이익에 부합하는 합리적이면서도 안정된 통화정책을 추구할 수 있도록 보장하느냐가 전반 체제의 운명을 결정했다.262)

제4절 엔화지역

1. 엔화지역의 발전사

(1) 엔화지역의 형성 배경

일본의 통화를 엔화라고 한다. 보조화폐와 단위 환산 관계는 1엔=100분(分)이다. 유통되는 지폐 액면 가격은 1000엔 · 2000엔 · 5000엔 · 10000엔 4가지가 있고 동전 액면 가격은 1엔 · 5엔 · 10엔 · 50엔 100엔 · 500엔 등 6가지가 있다.

메이지 5년(1871년) 5월 10일, 일본정부는 통화제도를 정돈하고 통화 가치를 안정시키기 위해 『새 통화조례』를 반포 시행했는데 새 통화를 '원(원)[元(圓)]'으로 칭하며 원래의 '주(朱) · 분(分) · 냥(兩)'의 화폐단위를 폐지하고 '원(元) · 전(錢) · 리(厘)' 십진제를 채용한다고 규정지었다. 동전 1원의 금 함유량은 1.50466그램으로 정했다. 1871년부터 일본은 금폐를 발행하는 동시에 무절제한 지폐 발행으로 물가의 상승을 초래했다. 1877년에는 또 서남전쟁까지 발발해 인플레이션현상을 가중시켰다.

---

262) [캐나다] 존 스미슨(John Smithin) : 『통화경제학의 선두: 논쟁과 반성』, 류융밍(柳永明) · 왕레이(王蕾) 역, 상하이재경대학 출판사 2004년 본, 138쪽.

세계시장 금·은 환율 변화의 영향으로 은폐가 점차 본위통화의 위치를 차지하게 됨에 따라 1878년에 일본은 정식 은본위제를 채용하기 시작했다. 불환지폐의 대량 발행으로 1881년 암시장에서 은폐 1원으로 지폐 1.69원을 태환하는 상황에까지 이르렀다. 1882년에 설립된 일본은행이 통화제도의 정돈에 들어갔다. 1885년 5월 9일에 금폐 태환 가능한 일본 은행권을 발행해 동전과 지폐 사이의 가치 차이를 없앴다. 1886년에는 금본위제를 채용하기 시작했으며 금폐 1원의 금 함유량을 0.75그램으로 정했다. 이로써 엔화 환율이 안정세에 접어들었으며 황금의 평가에 따라 환산하게 되었다. 그때 엔화 대 달러 환율은 대체로 1엔=1달러였다. 1897~1917년, 환율은 기본상 1달러 당 2.04엔의 수준을 유지했다.

제1차 세계대전 기간에 각국이 황금에 대해 엄격히 통제했으며 또 금본위제가 붕괴됨에 따라 일본도 금본위제를 폐지함으로써 엔화의 고정환율이 없어졌다. 1942년에 일본은 『일본은행법』을 반포 시행하고 '대동아공영권'으로 시야를 넓혀 아시아에서 이른바 '종합결제방식'이라는 결제동맹의 수립을 시도했다. 그 목적은 일본은행이 중추적 위치를 차지하도록 하려는 것이다. 일본은 '아시아 엔화'로써 전선을 확대하는 길을 걷기 시작했다. 비록 한때는 우세적인 국면도 나타났지만 결국은 역시 미국의 참전으로 일본과 엔화가 제1차 좌절을 당했다.[263] 제2차 세계대전으로 일본 경제는 심각한 손실을 당했다. 일본 국내에 극심한 인플레이션이 나타났으며 달러화 대비 엔화 환

---

263) [일] 기쿠치 유지(菊地悠二) : 『엔화의 국제화 — 발전과정과 전망』, 중국인민대학출판사 2002년 본, 62~65쪽.

율이 서서히 약세를 보이기 시작해 제2차 세계대전 말기에는 엔화 가치가 1달러=4.25엔까지 떨어졌다. 제2차 세계대전에서 전패한 지 1개월도 되기 전에 일본은 군용 태환 환율인 1달러 당 15엔의 환율을 적용하는 수밖에 없었다. 1947~1948년, 일본은 환율에 대해 대폭적인 조정을 거듭해 환율이 1달러=50엔에서 1달러=270엔까지 하락했다. 1949년 4월, 경제를 회복하고 수출을 활성화하기 위해 일본은 단일환율제도를 실행했으며 1달러=360엔의 단일 환율을 제정했다. 1952년, 일본은 국제통화기금에 가입했다. 1953년, 1달러=360엔의 고정환율이 국제통화기금의 공정가격으로 추인 받았다. 이 환율은 고스란히 브레튼 우즈체제하의 고정환율로 이어졌으며 1973년에 고정환율체제가 붕괴될 때까지 지속되었다.264)

1950년대에 일본은 '돗지라인(ドッジ・ライン/Dodge line)'의 관리조치를 이용해 인플레 수준을 효과적으로 통제했다.265) 1955~1970년은 일본 경제의 고속 성장기였다. 이 과정에 과도한 투자와 성장이 나타날 때마다 일본정부는 긴축정책을 통해 통제와 조절을 진행했다. 1990년 이전에 일본 인플레율은 2.5%로 미국의 5.6%와 독일의 2.9%보다 낮은 수준이었다. 일본은 세계와 미국의 인플레 수준에 비해 볼 때 비교적 낮은 수준이었다. 이는 엔화의 안정과 강세를 유지하는데 적극적인 역할을 했다. 1980년대에 일본은 경제총량과 인구당 평균 수준이 영국

---

264) [일] 기쿠치 유지(菊地悠二) : 『엔화의 국제화 ― 발전과정과 전망』, 중국 인민대학출판사 2002년 본, 15쪽.
265) 1949년, 미국이 일본의 경제를 부흥시키기 위한 계획 '돗지라인(ドッジ・ライン/Dodge line)'을 제정해 '점령지역 구제기금'과 '점령지역 경제부흥기금'을 통해 일본에 대량의 달러화 대출과 지원을 제공하는 한편 미국에 대한 경제적 개방을 일본에 요구했다.

· 프랑스 등 선진국을 추월했으며 경제총량이 세계 2위를 유지했다.(표 3-15) 한편 일본의 산업구조는 중공업 · 화학공업을 전면 추진하던 데서 후산업화, 즉 인공지능과 정보산업화를 실현하는 데로 조정했으며 주민소비구조는 의식을 만족시키는 것을 위주로 하는 저수준 생활단계에서 점차 넉넉하고 부유한 단계로 전환했다.

[표 3-15]   1980~1990년 주요 선진국의 국민총생산

(단위: 10억 달러)

	미국		일본		독일	
	1980	1990	1980	1990	1980	1990
GNP	25082	52008	10123	28899	7604	11943
세계순위	1	1	2	2	3	3
성장 폭	107.35%		185.48%		57.06%	
	프랑스		영국		이탈리아	
	1980	1990	1980	1990	1980	1990
GNP	5852	9563	4237	8407	3379	8616
세계순위	4	4	5	6	6	5
성장 폭	63.41%		98.42%		154.99%	

※자료출처 : 일본은행 조사통계국:『국제비교통계』, 1991년

전형적인 외부자원 의존형 국가로서의 일본은 제2차 세계대전 후 경제 회복을 위한 막대한 수입 요구가 존재했다. 한편 자국 수출능력이 아직 완전하게 회복되지 않은 상황이어서 1950년대의 일본은 국제무역적자 국면에 처했다. 1951~1959년 일본의 연간 무역 적자는 1억 9370만 달러에 달했다. 경제가 점차 회복됨에 따라 일본의 국제무역수지가 적자에서 흑자로 돌아섰다. 1960~1968년, 일본의 연 평균 수지 흑자가 9억 1180만 달러에 달했다.

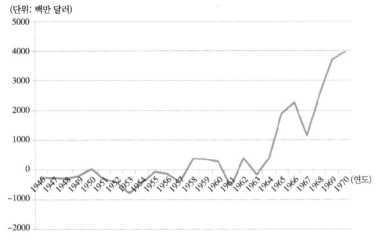

(단위: 백만 달러)

※자료출처 : 일본 통계국 사이트.

1964년 이미 국제무역흑자(그래프 3-12)를 실현한 일본은 국제통화기금의 제8조항을 수락했기 때문에266) 엔화의 외환거래가 더 이상 규제를 받지 않게 되었으며 태환 가능성이 회복됨에 따라 엔화의 대외 가격표시와 결제가 가능해졌다. 같은 해 일본은 경제협력개발기구(Organization for Economic Co-operation and Development, OECD)에 가입해 선진국대열에 들어서기 시작했으며 이로써 일본은 자본거래 자유화의 길을 모색하기 시작했다.267)

---

266) 국제통화기금 제8조항에는 다음과 같은 내용이 포함된다. (1) 통화기금의 동의를 거치지 않은 회원국은 무역·비무역 등 국제수지 경상항목 하의 지급과 자금 이전에 대해 규제할 수 없다. (2) 차별적인 환율제 혹은 다중 환율제를 채용할 수 없다. (3) 기타 회원국이 경상 거래 과정에서 축적한 자국통화에 대해 상대국이 경상 거래의 결제를 위해 태환을 요구해올 경우 회원국은 황금 혹은 상대국 통화로 본원화폐를 태환해야 한다.

267) [일] 기쿠치 유지(菊地悠二) : 『엔화의 국제화 ― 발전과정과 전망』, 중국인민대학출판사 2002년 본, 81쪽.

닉슨쇼크가 발생했을 때 엔화의 평가 절상을 방지하기 위해 일본정부는 금융규제를 한층 더 풀어놓는 수밖에 없었다. 브레튼우즈체제가 해체된 후 1973년 2월 엔화는 변동환율제를 실행하기 시작했다. 1972년 6월에 그 당시 다나카 가쿠에이(田中角榮) 일본 내각 총리가 『일본열도 개조론』을 발표하는 바람에 삽시에 일본의 땅값이 치솟는 결과를 불러왔다. 1973년 석유위기가 폭발해 일본의 물가를 끌어올리는 바람에 국제수지에 재차 적자가 나타났으며 엔화가 평가 절하되어 1달러=260엔에서 한때는 1달러=300엔의 수준으로 떨어졌었다. 그러나 일본은 금융긴축정책·에너지 절감 조치 등의 노력을 거쳐 아주 빨리 석유위기의 불리한 영향에서 벗어났으며 1976년에 국제수지 흑자를 회복했다. 그러나 엔화 평가 절상 추세는 나타나지 않았다. 이 때문에 일본정부는 환율을 조종했다는 비난을 받았으며 그 변동환율은 '간섭 받는 변동'으로 간주되었다.

1974년, 엔화가 '특별인출권' 바스켓 통화로 되었으며 국제무역과 금융거래에 사용되기 시작했다. 그 뒤 엔화 가치가 꾸준히 올라 1978년 6월 달러 대비 엔화 환율이 제2차 세계대전 후 최초로 200엔을 돌파했으며 10월에는 또 176엔으로 올랐다. 1980년대에 들어서서 정부 산업규제 완화의 세계의 흐름 속에서 일본 경제가 전성기를 맞이했으며 일본정부는 국내 금융시장 보완과 정부 금융규제 완화에 착수하기 시작했다. 1980년 12월, 일본정부는 『외환 및 외국 무역 관리법』 (『외환법』으로 약칭)을 수정함에 따라 엔화의 자본항목에 대한 태환이 '원칙적 태환 제한'에서 '원칙적 규제 개방'으로 과도했다. 일본은 자본항목 자유화와 금융 자유화 방면에서 비교적 큰 발전을 이루었다.

(2) 엔화지역의 형성

엔화의 국제화는 1960년대 중기에 시작되었으며 엔화가 국제통화기금의 바스켓 통화로 부상함에 따라 국제 경제활동에서 엔화의 사용이 확대되었다. 1967년에 일본의 경제 조사 협의회가 발표한 『엔화의 국제적 지위에 대한 위원회 보고』는 엔화의 국제화 관련 첫 중요 문건으로 인정받았다. [마스다 야스라(益田安良) 등, 1998][268) 엔화 국제화의 첫 움직임은 엔화 표시 채권의 발행이다. 1973년 세계은행·미주개발은행이 엔화로 가격을 정한 채권을 발행, 1975년에 핀란드와 뉴질랜드도 엔화 국채를 발행, 1976년에 아시아개발은행이 150억 엔의 채권을 발행했다. 엔화 국제화의 두 번째 움직임은 엔화가 보다 많은 국가에 의해 외환 보유 시스템에 포함된 것이다. 1976년에 나이지리아가 파운드화를 투매하고 대신 엔화로 파운드화를 대체했다. 이어 사우디아라비아·말레이시아 등 국가가 잇따라 엔화를 국제자산의 일부분으로 삼았다. 엔화 국제화의 세 번째 움직임은 엔화가 국제무역에서 달러화의 일부를 대체해 계산·결제 통화로 된 것이다. 그때 당시 엔화는 지속적인 강세를 보이고 달러화는 꾸준히 약세를 보였으므로 일본 기업이 여전히 달러화를 국제 결제통화로 채용하는 것은 기필코 큰 외환위험에 직면하게 되었다. 특히 선박과 기계설비 수출에서 수출 신용대출의 비중이 매우 컸는데 그로 인해 채권 회수 과정에서 달러화의 평가 절하에 따른 손실을 피면할 수 없게 되

---

268) 그 시기 엔화는 결제통화로서의 엔화와 보유통화로서의 엔화로 엄격히 구분되었다. 결제통화로서 '엔화의 국제화'에 대한 탐구와 선도가 시작된 반면에 보유통화로서 '엔화의 국제화'는 외면당했다.

었다. 이 때문에 일본 기업은 더욱 엔화를 대외 거래의 결제통화로 사용하는 쪽으로 치우쳤다. 1970~1980년, 일본 수출액과 수입액 중에서 엔화 결제 비중이 각각 0.9%와 0.3%를 차지하던 데서 29.4%와 2.4%로 각각 커졌다.[269] 그러나 1970년대 말에 이르기까지 '엔화의 국제화는 국내 금융정책을 어지럽힐 것'이라는 관점이 일본은행과 대장성[270] 내에서 여전히 주류 지위를 차지했다.[271] 일본정부도 자본계정을 개방하게 되면 일본 중앙은행의 정책 독립성을 약화시키고 환율의 급격한 변동이 경제의 불안정을 초래할까 걱정이었기 때문에 엔화의 국제화를 회피하는 태도를 보였다.[272]

1970년대 후기에 엔화가 지속적으로 평가 절상하고 달러화위기가 이따금씩 발생함에 따라 세계 각국에서 엔화에 대한 수요가 갈수록 늘어나는 현상이 나타났다. 구체적으로 다음 두 가지 방면에서 반영된다. 첫 번째는 해외 주민의 엔화 예금 량과 일본 채권·주식 구매 수량이 늘어나기 시작한 것이고, 두 번째는 일본의 금리 저하에 따른 세계 각국의 엔화 외채와 엔화 대출에 대한 이용도 다소 늘어나기 시작한 것이다. 1976~1980년, 세계 각국의 외환 보유고 중에서 엔화의 비중이 2.0%에서 4.5%로 커졌다. 1982년에 유럽 금융자본시장의 통화 구성 중에서 엔화가 1.6%를 차지하고, 국제 채권 발행량 중에서 엔화 채권이 5.6%를 차지했으며, 각국 은행의 대외 자산 중에서 엔화 자산이 3.7%를

---

269) 류창리(劉昌黎) : 「엔화 국제화의 발전 및 정책 과제」, 『세계경제연구』 2002년 제4기.
270) 2001년에 일본 대장성(大藏省)이 재무성과 금융청으로 나뉘었다.
271) 장궈칭(張國慶)·류쥔민(劉駿民) : 「엔화의 국제화: 역사·교훈 및 시사점」, 『상하이(上海)금융』 2009년 제8기.
272) 리샤오(李曉) : 「엔화 국제화의 곤경 및 전략적 조정」, 『세계경제』 2005년 제6기.

차지했다.273) 이런 형세에서 일본정부도 의도적으로 엔화의 국제화를 추진하기 시작했다. 1978년 12월, 일본정부는 '엔화의 국제화를 정시해 엔화와 서부독일의 마르크화가 함께 국제통화의 일부 보충 기능을 발휘할 수 있도록 하자'는 방침을 제기하고 '유럽의 엔화 채권 발행 규제 대폭 완화'와 '엔화의 태평양지역 유통 촉진' 등 보조적인 정책조치를 출범시켰다. 대장성도 정부의 의도에 맞춰 '엔화 국제화'의 통일적인 견해를 공식 발표해 '이른바 엔화 국제화 혹은 국제통화 화는 곧 엔화의 국제적 사용과 보유'라고 제기했다. 1980년 12월 1일 일본은 새로운 외환관리법을 실행해 외환규제를 대폭 완화함으로써 엔화가 국제거래에서 가격표시·결제 통화로 널리 사용되도록 했다.

엔화의 국제화가 점점 더 탄력이 붙고 있을 때 나카소네 야스히로(中曾根康弘)가 일본 내각 총리에 임명됐다. 그는 일본의 '대국 사유'전략, 즉 일본은 국제경제조정에 적극 참여하는 것을 통해 국제적 지위를 높이고 국제 이미지를 개선해 일본의 정치대국 이상을 실현해야 한다고 선도했다. 나카소네 정부가 엔화의 국제화를 한 걸음 더 추진했다. 그러나 엔화의 국제화가 정식으로 일본의 대외경제발전전략이 될 수 있은 것은 일본과 미국이 엔-달러 위원회를 설립한 것이 계기가 되었다.

1980년대에 일본은 무역수지 잉여국 지위를 공고히 다졌다. 잉여의 출처는 주로 독자적으로 일본의 경제를 일떠세운 미국에서 왔다. 자유환율조절기 이론에 따르면 무역수지 잉여국 통화는 평가 절상하고 수지 적자국 통화는 평가 절하했다. 그러나

---

273) 류창리(劉昌黎) : 「엔화 국제화의 발전 및 정책 과제」, 『세계경제연구』 2002년 제4기.

그때 당시의 상황은 정반대로 엔화가 평가 절하되고 달러화가 평가 절상되었다.(그래프 3-13) 이러한 문제에 대한 미국의 처방은 도쿄금융시장의 자유화와 엔화의 국제화였다. 1983년 11월 레이건 대통령이 일본을 방문했다. 도쿄금융시장 개방을 촉구하려는 것이 방문의 중점이었다. 레이건 정부는 원래는 무역 분야에만 국한되었던 일본시장에 대한 개방을 금융자본거래분야로 확대했다. 일본과 미국 양국이 엔-달러 위원회를 설립한 뒤 일·미 양국은 이를 플랫폼 삼아 협상을 전개했으며 1984년 5월에 『엔-달러 위원회 보고서』를 발표하고 대장성이 『금융 자유화 및 엔화의 국제화 현상과 전망』을 발표했다.274) 1985년 3월, 대장상(大藏相)의 개인 자문기구인 '외국 외환 등 심의회'가 상기 두 보고서에 근거해 '엔화의 국제화 관련' 답변을 발표했으며 엔화의 국제화전략이 정식으로 서막이 올랐다.

[그래프 3-13]   1973~1984년 달러 대비 엔화 환율

---

274) [일] 다키타 요이치(瀧田洋一) : 『일본-미국 통화 협상: 내막 20년』, 천하오(陳昊) · 양쉬(楊旭) 역, 치청화(清華)대학 출판사 2009년 본, 2쪽.

엔-달러 위원회의 일본 금융통화정책 관련 토론에는 주로 다음과 같은 네 가지 방면이 포함된다. (1) 금융자본시장의 자유화, 여기에는 이자·엔화 전환 규칙 및 엔화 표시 대외대출 등이 포함된다. (2) 시장 진출 허용 조건의 개선, 여기에는 외국 증권회사의 도쿄 증권거래소 진출 자격과 외자은행의 신탁업무 참여 허용 등이 포함된다. (3) 유럽시장의 확대, 일본의 대 미국 무역 잉여를 줄이기 위한 데 취지가 있다. (4) 직접 투자 추진이다. 대장성은 국내와 국외 두 방면으로 엔화의 국제화 의의에 대해 설명했다. 국내로는 기업의 자금관리와 외환위험에 대한 관리가 더 쉬워져 일본 금융기구의 국제 경쟁력을 키우는 데 도움이 되게 해 도쿄를 국제금융 중심으로 부상시킬 수 있다. 국제적으로는 국제통화의 다원화를 추진해 달러화의 기능을 보충할 수 있다. 대장성은 또 엔화의 국제화가 외환 환율에 부정적인 영향을 가져다줄 수도 있지만 일본이 양호한 실물경제질서를 유지하기만 한다면 엔화의 국제화는 엔화 환율의 안정에 도움이 될 것이라고 주장했다.

엔-달러 위원회 설립을 계기로 일본 금융기구는 외환규제를 풀었다. 일본 정부는 1986년 12월에 일본 역외시장(Japanese Offshore Market,JOM)을 정식 건립하고 1988년 1월과 12월에 엔화 상업어음시장과 외환 상업어음시장을 잇따라 대외에 개방했으며 1989년 5월에 국내 중장기 유럽 엔화 대출을 개방하고 6월에 유럽엔화채권과 주민해외예금의 자유화를 실현함으로써 엔화의 국제화를 적극 추진했다. 1989년 4월, 전 세계 외환거래에서 엔화의 비중이 13.5%를 차지해 독일 마르크화와 비슷한 수준을 유지했으며 미국의 45.0%에 버금가고 파운드화의 7.5%와 스위스 프랑화의 5.0%보다 높은 수준에 달했다.[275] 전 세계 통계를 보면 1973년 엔화의 비중은 겨우 0.11%였는데 1980년에는 4.4%로, 1990년에는 8.18%로 확대되었다. 그중 선진국이 9.16%를 차지하고 개발도상국이 19.12%를 차지했으며 개도국중에서는 또 아시아 국가들이 위주였다.[276] 1990년에 이르러 일본의 수출액과 수입액 중 엔화 결제 비중이 37.5%와 14.5%로 늘어 1980년에 비해 각각 8.1%포인트와 12.1%포인트 상승했다. 세계 각국의 외환보유고 중에서 엔화가 차지하는 비중이 8.0%에 달해 파운드화의 3.0% 비중을 추월했다.

(3) 목표에서 갈수록 멀어지는 엔화지역

1980년대 말, 엔화의 국제화가 추구하는 목표는 '달러화 · 마르크화 · 엔화 3극 통화체제를 형성하는 것'이었다. 그런데 일본은 소원대로 엔화지역을 건립하기는커녕 목표와의 거리가 갈수록 멀어졌다. 이는 일본경제가 '잃어버린 20년'을 겪은 뒤 일본이 엔화지역 창설에 갈수록 무력함을 느꼈기 때문이다.(그래프 3-14) 그러나 많은 학자들이 일본의 '잃어버린 20년'을 『플라자합의』 탓으로 돌려 일본이 협의 체결 후 엔화가 평가 절상되어 일본 수출과 경제의 경쟁력이 타격을 받았으며 더욱이 장기적인 저조기에 빠져들게 된 것이라고 주장했다. (양홍량, 2004[277]); 장

---

275) 류창리(劉昌黎): 「엔화 국제화의 발전 및 정책 과제」, 『세계경제연구』 2002년 제4기.
276) 장이룽(張義龍): 「유로화 가동이 엔화의 국제화에 주는 영향」, 『일본학 논단』 1999년 제2기.
277) 양홍량(楊洪亮): 「'플라자합의' 및 위안화 평가 절상을 떠벌이는 일본의 의도」,

젠화, 2008[278]) 이는 진상에 대한 그릇된 이해일 수 있다.

『플라자합의』 체결 배경은 미국 경제상황과 밀접한 연관이 있다. 1980년대 초 레이건 정부는 경제 '침체' 문제를 해결하기 위해 '재정 완화 · 통화 긴축' 종합정책을 실행해 미국경제를 '쌍둥이 적자' 곤경에 빠뜨렸다. '재정 완화' 정책의 실행으로 미국은 고액의 재정적자가 나타났다. 1985년에 미국은 재정적자가 2127억 달러에 달해 1980년에 비해 약 2배나 확대되었으며 그해 미국 GDP의 5.1%를 차지했다. '통화긴축' 하의 고금리정책은 대량의 외자가 미국으로 흘러들게 해 달러화 외환 수요가 늘어나고 달러 환율이 대폭 평가 절상됐다. 이는 미국의 국제수지 불균형을 더욱 가중시켰는데 1985년 미국 경상항목 적자가 1177억 달러에 달했다. 그런데 1980년에만 해도 미국은 경상항목 잉여가 아직도 18억 달러에 달했었다. 미국 이외에 오랜 전통의 제국인 영국 · 프랑스 등 국가도 경상항목 적자 상황에 처했지만 제2차 세계대전 전패국인 일본과 (연방)독일은 새롭게 굴기한 국가로서 다년간 안정적인 잉여국 지위를 차지했다.(표 3-16) 미국 여론들은 국외 제품이 국내시장을 강점했다고 주장했으며 또 이는 달러 환율이 지나치게 높아 초래된 결과라고 주장했다. 이에 따라 미국정부는 G5(미국, 영국, 독일, 프랑스, 일본) 재무장관을 초청해 달러화 평가 절하를 위해 공동으로 노력하는 문제에 대해 의논했다.

『국제관계학원 학보』 2004년 제3기.
278) 장젠화(張薦華) : 「중국은 플라자합의의 전철을 밟아서는 안 돼」, 『국제융자』 2008년 제2기.

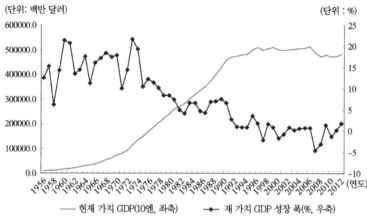

[그래프 3-14] 1956~2012년 일본 국내총생산 상황

(단위: 백만 달러)   (단위 : %)

───── 현재 가치 GDP(10엔, 좌축)   ◆── 재 가치 GDP 성장 폭(%, 우축)

※자료출처 : 일본통계국 사이트.

[표 3-16] 1981~1985년 '플라자합의' 체결국의 무역수지 상황

(단위: 억 달러)

	1981년	1982년	1983년	1984년	1985년
미국	-280	-365	-673	-1142	-1243
영국	72	39	-13	-59	-23
프랑스	-100	-158	-88	-47	-45
연방독일	166	253	223	223	287
일본	200	181	315	443	560
미국 대 일본	-158	-170	-211	-370	-430

※자료출처 :『세계경제연감』 관련 연도 데이터 추산.

　　일본으로 말하면 전후 엔화가 객관적으로 저평가된 사실이
존재한다. 구매력 평가(Purchasing Power Parity, PPP)에 비추어 추산
해보면 엔화는 1980년대 초기에 약 20% 저평가되어 있었다. 그
때 당시 일본은 이미 세계 2위 경제체가 되었고 엔화는 세계 3
대 준비통화로 되었으므로 엔화가 이미 평가 절상의 기반을 갖

춘 상태여서 일본정부도 엔화의 평가 절상을 바라고 있었다. 한 편으로 엔화의 평가 절상을 통한 엔화 강세 유지로 엔화의 흡 인력을 높임으로써 엔화의 국제화를 순조롭게 추진하는 것이고, 다른 한편으로는 엔화의 평가 절상을 통해 일본 무역수지의 잉 여를 삭감함으로써 일본 경제구조를 조정하는 것이었다. 미국의 엔화 평가 절상에 대한 바람은 더욱 강렬했다. 1987년에 대 일 본 무역 적자가 이미 미국 총 무역적자의 43.3%를 차지한 상황 이어서 미국은 엔화 평가 절상을 통해 대 일본 무역 적자 형세 를 통제하기를 바랐다. 각국이 모두 이익 접점이 존재하는 배경 하에 1985년 9월 22일 미국·일본·영국·프랑스·연방독일 5 개국 재무장관과 중앙은행 총재가 뉴욕의 플라자호텔에서 회의 를 열었다. 회의에서 일련의 합의를 달성했는데 인플레이션 통 제·내수 확대·무역 간섭 축소·외환시장 공동 개입의 내용이 포함되었으며 주요 통화에 대한 달러 환율을 질서 있게 하향 조절하도록 했다.

『플라자합의』 중에는 엔화 환율 방면에서 일본정부에 명확 히 실행할 것을 요구한 내용이 있는데 다음과 같다. (1) 일본정 부는 탄력적인 금융정책을 실행해야 한다. (2) 일본정부는 금융 ·자본시장의 자유화와 엔화의 국제화를 강력 추진해야 한다. 동시에 합의는 일본정부가 주의해야 할 바를 다음과 같이 제시 했다. (1) 일본경제는 주로 내수 확대에 의지해 성장을 실현하 는 단계에 처했다. (2) 일본정부는 마땅히 지속적이면서도 인플 레이션을 동반하지 않는 성장을 확보해 외국 제품이 일본 국내 시장에 진출할 수 있는 충분한 기회를 마련해야 하며 또 엔화 의 국제화와 국내 자본시장의 자유화에 이로운 정책을 계속 실 행해야 했다.[279]

『플라자합의』가 엔화 평가 절상의 서막을 열었다. 1985년 9월, 엔화 환율은 1달러=250엔 수준에서 상하로 변동했었다. 『플라자합의』가 발효한 지 3개월도 채 되지 않은 사이에 엔화는 1달러=200엔으로 급격히 평가 절상했으며 절상 폭이 20%에 달했다. 1986년 연말에는 1달러=152엔으로, 1987년에는 1달러 당 122엔으로 평가 절상되었으며 그 뒤 엔화가 계속 평가 절상을 거듭해 1994년에 이르러서는 1달러=99.83엔까지 절상했다. 이는 엔화가 『플라자합의』체결 전에 비해 약 60% 평가 절상된 것이다.(그래프 3-15) 그러나 엔화의 평가 절상이 일본경제에 타격을 주지는 않았다. 오히려 자신감의 팽창·투자의 팽창·소비의 팽창에 힘입어 약 7년간의 경제 번영기가 나타났다. 1988년에 일본의 고정가 GDP가 6.5%의 성장 폭을 보였다.[280] 그 주요 원인은 다음과 같다. (1) 일본 수출은 엔화의 평가 절상으로 인해 줄어들지 않고 J곡선 효과가 존재한 것이 원인 중의 하나였다. 그러나 더 중요한 것은 일본 수출상품구조가 엔화의 평가 절상에 대한 강한 면역력을 갖춘 때문이다.[281] (2) 일본정부가 지속적으로 금융완화를 실행해 초 저금리정책을 실현함으로써 투자를 자극한 것이 원인 중의 하나이다. (3) 달러화로 가격을 책정하고 환산해 엔화 자산의 명의적 가치가 대폭 상승했기 때문에 해외 요소 가격이 상대적으로 하락했다. 이에 따라

---

279) 양쩡(楊錚) : 「경제위기하에 사회성 위기를 거절할 수 있을까? 1980년대의 '플라자합의'와 일본경제의 쇠퇴」, 『사회』 2009년 제1기.

280) 왕윈구이(王允貴) : 「플라자합의'가 일본경제에 대한 영향 및 시사점」, 『국제경제평론』 2004년 제1기.

281) 일본이 미국 등 선진국에 수출하는 제품은 모두 고부가가치의 중간 제품과 자본품으로써 환율의 변동에 민감하지 않다. 미국 학자는 심지어 달러화 평가 절하정책이 오직 일본에만 이로운 것이라고 비난하기까지 했다. Peter F. Drucker, Managing in a Time of Great Change, Dutton Adult, 1995.

일본은 해외 투자와 국제화 생산을 확대할 수 있었다. (4) 그 시기 세계 석유가격이 하락해 자원의 대외 의존도가 심각할 정도로 큰 일본은 보다 저렴한 생산요소를 얻을 수 있었다. (5) 일본의 IT기술이 1980년대 중 후반기 세계 IT산업 고속 성장추세와 들어맞아 신흥산업의 발전기회를 잘 포착할 수 있었다.

[그래프 3-15] 1985~2005년 달러화 대비 엔화 환율의 변화추이

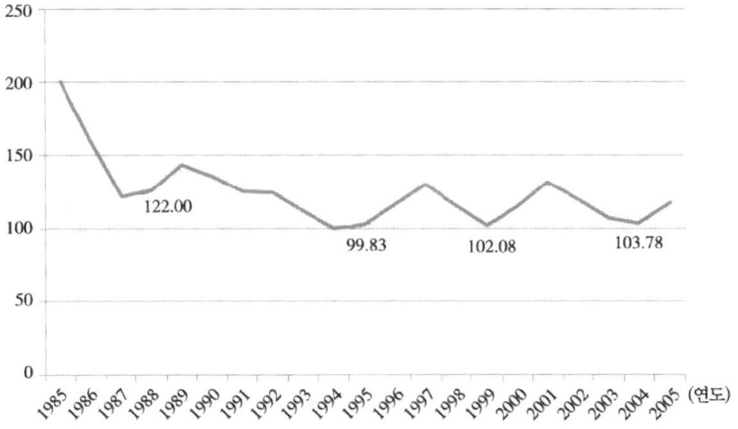

※자료출처 : 일본통계국 사이트

1980년대 후기에 일본 경제의 번영이 미국에서 일본의 성공 신화에 대한 연구 붐을 일으켰다. '일 미 역전'이라는 말이 일본과 미국 각계에서 자주 나타났으며282) 일본정부도 자아도취 상태에 빠진 듯했다. 따라서 엔화의 지나친 평가 절상에도 방심하기에까지 이르렀다. 엔화의 평가 절상은 일본 원자재 수입 원

---

282) 1987년에 미국이 전후 세계 최대의 채권국가에서 대외 순 채무국가로 바뀌고 일본이 세계 최대 채권국가로 부상했다. 일 · 미 양국 인구 당 국민총생산에도 역전이 나타났다.

가를 낮추고 인플레이션을 통제했다. 게다가 일본 기업의 관리 강화까지 합세해 일본 수출제조업의 생산력이 제고되면서 점점 더 많은 사람들이 엔화가 강세를 이어갈 것이라고 믿었으며 심지어 '만약 엔화가 1달러=70엔의 수준까지 평가 절상한다면 달러화로 계산한 일본의 GDP는 미국을 추월할 것'이라는 소문까지 퍼뜨렸다. 그러나 일본 당국은 이에 대해 방임하는 태도를 취했다.283)

엔화의 지속적인 평가 절상이 '엔화 가치가 더 오를 것'이라는 확신의 팽창과 투자의 팽창을 불러왔으며 일본 주식시장과 부동산시장에서 가격 거품을 형성하는 즉각적인 변화를 초래했다. 주식과열로 인해 주식투자가 철저한 주식투기행위로 변해버렸다. 주식투자자들의 주식 투자 목적은 주가가 오르면 투매해 이익을 챙기기 위한 것이 주된 것이었으며 기업의 이익 분배가 목적이 아니었다. 일본정부는 민영화의 구호아래 전보전화회사 주식을 고가에 상장시켰는데 개인 투자자들이 다투어 사들이는 바람에 일본 전 국민을 거품경제의 소용돌이 속에 밀어 넣었다.284) 주식시장의 열기와 해외 신용평가등급의 상승은 일본 기업에 더 편리한 융자 경로를 제공했으며 일본은행은 '돈은 있으나 대출을 발행할 수 없는' 상황에서 자금을 부동산업에 쏟아 붓기 시작했다. 결국 일본 땅값이 급격히 치솟았다.285) 일본

283) [일] 기쿠치 유지(菊地悠二) : 『엔화의 국제화 ― 발전과정과 전망』, 중국인민대학출판사 2002년 본, 101~110쪽.
284) 엔화가 평가 절상된 후 일본인은 경제의 전망에 대한 낙관적인 정서로 가득 차 상장회사 주식이 열광적인 인기를 얻었다. 1986년 1월부터 일본 주식시장이 강세에 들어섰으며 닛케이지수가 13000에 달했고 1989년 연말에 이르러서는 39000로 폭등했다.
285) 985~1990년, 도쿄 상업용지 가격이 3.4배 상승하고 주택용지 가격이 2.5배 상

에 투기가 성행할 때 일본정부의 저금리정책으로 일본 경제 버블의 붕괴를 가속했다.[286]

[그래프 3-16] 1980~2013년 일본 CPI 성장률

(단위: 백만 달러)

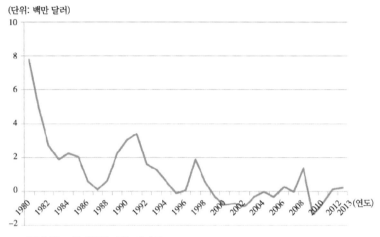

※자료출처 : 국제통화기금 사이트.

버블 붕괴의 심각한 국면에 직면한 일본 금융당국의 최초 반응은 무감각·마비·갈팡질팡이었으며 국면이 스스로 호전되기를 바랐다.[287] 그 뒤 일본정부는 황망히 대응에 나섰는데

승했으며 일본 전역도 상응하게 각각 약 1배와 60% 상승했다.

286)『플라자합의』체결 후 엔고로 인해 일본경제가 타격을 입어 디플레이션이 발생하는 것을 방지하기 위해 일본 도쿄은행은 통화확대정책을 실행해 공정할인율을 꾸준히 낮추었는데 1985년 연말의 5%에서 1986년 11월의 3%로 낮추었다. 1987년 2월의 '블랙 월요일' 위기가 발생한 뒤 서방 7개국 집단이 프랑스의 파리에서 '루브르합의'를 달성했다. 회의 후 일본이 독자적으로 금리를 낮추었는데 금리를 2.5%의 초저수준으로 낮추어 1989년 5월까지 줄곧 유지했다. 초저금리정책으로 인해 일본은 더 많은 이동성을 방출했는데 은행과 기업들은 회수율이 높은 투자항목을 찾기 위해 갖은 애를 썼으며 결국 너도나도 주식과 부동산에 눈길을 돌리게 되었다.

287) 왕뤄린(王洛林)·위융딩(余永定)·리웨이(李薇) :「일본 거시경제정책의 중대 전환」,『국제경제평론』1998년 제7—8기.

결국 두 차례나 브레이크와 액셀러레이터를 잘못 밟았다. 버블이 붕괴되고 있을 때 억제책을 써야 할 시점에 금융통제 완화조치를 취하고 버블 붕괴가 끝나갈 때 오히려 금융긴축정책을 실행함으로써 결국 1991년에 일본 주식시장과 부동산시장의 붕괴를 초래했다. 일본경제 버블 붕괴 과정에서 일각에서는 버블이 일시적인 현상으로써 일본의 성공신화가 1990년대에 재현될 수 있기만을 기대했었다. 그러나 그 기대는 이루어지지 않았으며 오히려 장기적인 디플레이션의 불안을 가져다주었다.(그래프 3-16)

1990년대에 경제 버블의 붕괴와 함께 일본경제가 지속적인 침체기에 접어들었으며 엔화의 국제화가 정체되고 심지어 퇴보하는 국면이 나타났다.[288] 엔화가 일본 수출무역에서 차지하는 결제 비중이 1992년의 40.1%에서 1997년의 35.8%로 하락하고 각국 외환보유고중에서 차지하는 비율은 1980년대 중기의 7.8%에서 1997년의 6.0%로 하락했다. 1990년부터 엔화의 대외 송출이 대폭 하락해 1995년에는 11조 4310억 엔으로 줄었다.

1990년대 초, 미국·캐나다와 체결한 자유무역협정 및 유럽공동체가 구성한 통일시장에 맞서 새 무역보호주의를 무너뜨리고 앞으로 세계 범위 내에서 일본 기업의 경제무역·금융활동을 추진하기 위해 일본의 일부 인사들은 유럽통화체제(EMS)를 본받아 아시아·태평양지역의 일본·중국 대만·한국·중국 홍콩·싱가포르·인도네시아·태국·말레이시아·필리핀·브루나이 10개 국가와 지역을 포함한 '동아시아통화체제'를 창

---

288) 장루이핑(江瑞平) : 「동아시아 통화체제 위기와 재건 배경하의 엔화의 국제화 문제」, 『세계경제』 2001년 제1기.

설함으로써 여러 경제체 통화환율의 변동을 미리 규제할 것을 건의했다. 엔화가 그 시스템 환율 환산에서 통화의 축(닻)이 될 것임은 의심할 나위가 없다. 동아시아 통화체제의 구상은 사실상 일본의 엔화지역 창설 의도의 복제판이었다.[289]

1995년 4월 하순, 서방 7개국이 '환율변동의 질서 있는 반전'에서 의견 일치를 달성해 드디어 예전에 예기했던 것처럼 시장에서 달러화 반전 기미를 보이기 시작했다. 엔화는 1달러 당 79.75엔의 역사적 엔고 수준을 겪은 뒤 평가 절하하기 시작해 1995년 8월 초 90엔까지 하락하고 8월 말에 100엔 수준에서 상하로 변동했다. 1996년 4월, 일본과 미국은 108엔 수준을 유지하는 것에 일제히 찬성했지만 7월 초 계속 평가 절하해 1달러 당 110엔까지 하락했고, 1997년 2월에는 120엔에 달했으며, 1998년에는 144.67엔까지 떨어졌다. 엔화의 지속적인 평가 절하는 시장에서 엔저에 따른 주가 하락 우려를 낳았으며 따라서 엔화 투매 · 일본 주식 투매 등 '일본 투매' 붐을 일으켰다. '당면한 엔화의 평가 절하는 곧 일본경제 약세의 상징'이라는 것이 점차 사람들의 보편적인 견해가 되었으며 이른바 '일본 딜레마'가 이미 수면 위로 드러나기 시작했다.[290] '일본 딜레마'는 일본의 금융 국제화 과정의 실패와 아시아 통화환율제도의 취약성을 반영했다.

---

289) 청사오하이(程恕海) : 「엔화의 국제화와 엔화지역」, 『현대일본경제』 1990년 제6기.
290) 이른바 일본 문제에는 두 가지가 포함된다. 한 가지 문제는 일본 자체의 문제로서 주로 일본 경제구조가 합리적이지 않고 금융 시스템이 완벽하지 않은 데서 반영된다. 다른 한 가지 문제는 선형의 국제금융 시스템 문제이다. 즉 아시아 통화는 대다수가 사실상에서 달러화에 고정시킨 환율제도를 실행하기 때문에 달러화에 고도로 의존하고 있다. 참고: [일] 기쿠치 유지(菊地悠二) : 『엔화의 국제화 ― 발전과정과 전망』, 중국인민대학출판사 2002년 본, 132~133쪽.

1996년에 일본은 금융 시스템 개혁 연락 협의회를 설립했다. 11월에 하시모토(橋本)정부는 차별화한 '금융 대폭발'을 제안하고 1997년 6월에는 또 금융 시스템 개혁계획을 제기하는 등 일본의 금융 시스템을 철저히 개혁하려고 시도했다. 1997년, 일본은 『외환 및 대외무역 관리법』을 수정했다. 그리고 외환 자유거래 환경을 마련하고자 1998년 4월에 재차 수정을 진행했는데 다음과 같은 세 가지 방면에서 엔화의 국제적 사용 추진에 이로울 수 있도록 수정했다. (1) 국민이 해외에서 엔화 은행 계좌 개설이 가능토록 해 해외 엔화 결제가 더욱 편리하도록 했다. (2) 국민은 엔화 표시 채권(유럽 엔화 표시 채권)을 해외에서 임의로 발행할 수 있도록 하고 국민이 아닌 자도 도쿄시장에서 엔화 표시 채권(무사 채권)을 임의로 발행할 수 있도록 했다. (3) 국민이 아닌 자가 일본 예금과 상업 어음에 투자하는 것을 규제하지 않기로 했다.[291]

1997년의 아시아금융위기가 일본을 포함한 동아시아 국가에 막대한 충격을 가져다준 뒤 각국은 또 다시 국제 금융통화체제에 대해 깊이 생각하기 시작했다. 일본은 엔화의 국제화전략을 재차 의사일정에 올려놓았으며 엔화 국제화 길의 득과 실, 성패에 대해 되돌아보았다. 일본 대장성은 1999년 9월에 '엔화의 국제화 추진 연구회'를 설립하고 엔화의 국제화에 대해 다음과 같이 새롭게 구체적으로 정의했다. 엔화의 국제화란 국제 융자거래와 해외거래에서 엔화의 사용 비중을 늘리고 외국인 투자자 자산 중 엔화로 표시하는 비중을 늘리는 것으로서 다시 말

---

291) 관즈슝(關志雄) : 『아시아 통화 일체화 연구 —엔화지역의 발전 추세』 , 중국재정경제출판사 2002년 본, 187~188쪽.

하면 국제통화제도에서 엔화의 역할 및 경상 거래 · 외환보유고 중에서 엔화의 지위를 가리켰다.

유로화의 탄생은 일본이 달러화의 압력에서 벗어날 수 있는 새로운 경로를 볼 수 있게 했다. 그로부터 일본은 엔화의 기능성 전략에서 엔화의 지역화 전략으로 방향을 돌리기 시작했다. 일본은 아시아 경제위기를 빌어 동아시아지역과의 통화협력을 강화하고 지역 내에서 엔화의 역할을 적극 추진했으며 '엔화의 아시아화' 전략을 펼치기 시작했다. 2000년 5월, 아세안 10개국과 중 · 일 · 한 3국이 태국의 치앙마이에서 『치앙마이 이니셔티브』를 달성했다.

2002년 2월, '새로운 미야자와 구상'[292)]에 따라 일본은 한국 · 말레이시아 · 필리핀 등 몇 개의 위기 국가에 200억 달러 규모의 대출을 제공했다.[293)] 일본이 지역 금융협력을 심화하려는 노력에서 일본의 엔화 국제화에 대한 긴박감이 반영되며 이러한 긴박감은 미국 실력의 하강과 유로화의 흥기에서 오는 것이다.

그러나 엔화의 국제화 진척을 적극 추진하고자 하는 일본정부의 여러 가지 노력은 효과가 지극히 미미한 것으로 보였다. 무역 가격표시 방면에서 2001~2004년 기간에 일본의 수출무역 중 엔화 가격표시 비중이 6%포인트 상승해 약 40.1%에 달했었는데 2005년에 들어선 뒤 그 비중이 39.3%로 내려갔다.[294)] 엔

---

292) 1998년 10월, 일본 대장 대신 미야자와 기이치(宮澤喜一)가 '새로운 미야자와 구상'을 제기해 총 규모가 300억 달러인 아시아기금 설립을 창의했다. 그중 150억 달러는 위기가 닥친 국가의 중장기 자금 수요를 만족시키는데 사용하고 150억 달러는 단기 자금 수요를 만족시키는데 쓰기로 했다.

293) 그중에는 135억의 중장기 대출과 65억의 단기 대출, 그 이외에 22억 6천만의 대출 담보가 포함된다.

294) 천후이(陳雨) 『엔화 국제화의 경험과 교훈』, 사회과학문헌출판사 2011년 본 102쪽.

화는 심지어 개혁 실행중인 '엔화의 아시아화'전략을 실현하기가 너무 어려우며 아시아에서 달러화의 전통적인 세력을 뒤흔들기가 어려웠다.(표 3-17) 국제 준비통화 방면에서 엔화의 표현은 그런대로 괜찮았다. IMF가 발표한 2010년 제2분기 데이터에 따르면 엔화가 각국 외환보유고 중에서 차지하는 비중이 3.1%인데 1985년에는 그 비중이 7.3%에 달했었다. 국제 채권발행 방면에서 엔화가 차지하는 비중은 낮은 편이었다. 1994년에 엔화 표시 국제 채권의 시장 점유율이 이미 13.3%에 달했으나 2002년에는 4.4%로 하락했다. 국제금융 중심 건설 방면에서 일본의 역외 금융시장이 빠르게 발전했지만 국제금융 중심으로서의 도쿄는 거래 규모나 이동성·안전성 방면에서를 막론하고 뉴욕·런던과는 거리가 너무 멀었다. 아시아의 관건 통화는 여전히 엔화가 아닌 달러화였다.

총적으로 말해서 일본 경제의 빠른 발전과 외환보유고의 급성장·엔화의 뚜렷한 평가 절상·강한 국제 보유 의향은 엔화의 국제화에 기반을 마련해주었다. 엔화의 국제화 진척도 정부의 주도하에 빠르게 추진되었다. 유로화지역(유로존)의 창설이 동아시아에 '엔화지역'을 창설하려는 일본의 웅심을 더욱 키워주었다. 일본은 엔화를 중심으로 하는 통화연합을 설립해 동아시아에서의 달러화의 지위에 맞설 수 있기를 바랐다. 그러나 반드시 설명해야 할 것은 엔화지역이 더욱 많이는 일본의 일방적인 바람일 뿐 현재까지도 여전히 학술적인 화제에 그쳐 광범위하게 받아들여지거나 인정을 받지 못하고 있으며 엔화의 국제화가 더욱 정확한 서술이라는 점이다. 이 책에서 우리는 잠시 학계의 명칭을 본받아 동아시아 경제체들 중에서 엔화를 비교적

많이 사용하는 지역을 엔화지역이라고 부른다.295)

[표 3-17] 1992~2005년 일본의 대 아시아 수출 중 가격표시통화 구성

(단위: %)

시간	엔화	달러화	기타 통화
1992년 9월	52.3	41.6	5.9
1993년 9월	52.5	44.3	3.2
1994년 9월	49.0	47.9	3.1
1995년 9월	44.3	53.4	2.3
1996년 9월	46.3	51.3	2.4
1997년 9월	47.0	50.2	2.7
2001년 1월	50.0	48.2	1.8
2004년 9월	52.8	—	—
2005년 7월	51.6	46.6	1.8

※자료출처 : 일본 통산성(通産省): 『수출입무역 통화동향 조사』 (1997년과 그 이전);
대장성: 『무역 가격표시통화 비례』 (1999년과 그 이후).

2. 엔화지역의 경제 효과

엔화지역의 창설은 필연적으로 세계경제에 일정한 영향을 주게
된다. 본 부분에서는 일본의 시각과 아시아 시각 이 두 서로 보완
되는 각도에서 엔화지역 창설의 영향에 대해 분석하고자 한다.

---

295) 학자들이 엔화지역에 대한 정의는 매우 모호하며 포함시켜야 할 회원국에도 차
이가 존재한다. Aggarwal과 Mougouè(1996)는 일본+아시아 '네 마리의 작은 호랑
이', 일본+동남아시아 4개국(말레이시아 · 필리핀 · 태국 · 싱가포르) 두 개 그룹
의 경제체를 선택하고, Chakriya Bowman(2005)은 일본 · 인도네시아 · 한국 · 태
국 · 말레이시아 · 필리핀 · 중국 대만 · 중국 홍콩 · 싱가포르 · 중국 대륙을 선택
했다. 사실상 그들은 엔화와 기타 경제체 통화 간 환율의 조정관계에 대해 더
욱 많이 고찰했다.

(1) 엔화지역의 경제 효과: 지역 내 기타 회원국의 시각

제2차 세계대전 후 국제경제교류는 일반적으로 달러화 가격 표시를 위주로 이루어졌다. 아시아 국가들도 실제상에서는 달러지역의 회원국이었다. 따라서 엔화가 달러화를 대체해 아시아국가의 주요 통화가 될 수 있느냐 여부는 엔화지역의 창설이 아시아 국가들에 주는 영향에 의해 결정된다.

첫째, 아시아 국가들은 본 지역에서 핵심통화를 모색해 달러화에 대한 지나친 의존에 따른 위험에서 벗어나야만 한다. 대다수 아시아 국가들이 실제로 달러화 고정 환율정책을 실행하고 있기 때문에 아시아지역의 통화환율이 쉽게 균형을 잃을 수 있으며 이에 따라 투기자들의 저격을 받아 국부적인 지역에서 위기를 조성한 뒤 빠르게 전반 아시아로 퍼질 위험이 따른다. 1997년의 아시아 금융위기가 바로 이를 가장 잘 증명해 줄 수 있는 실례이다. 아시아는 보다 안정적인 외환환율 제도를 수립할 필요가 있다. 지역 내에서 가장 영향력이 있는 통화 중의 하나인 엔화를 아시아 바스켓통화 시스템에 편입시키게 되면 아시아 국가들이 보다 쉽게 엔화 거래와 보유를 실현할 수 있어 지역 내 금융형세를 안정시키는데 도움이 된다.

둘째, 동아시아지역에서 일본의 꾸준한 영향력 확대로 인해 객관적으로 동아시아 경제체들이 엔화의 역할을 더욱 중시할 것을 요구한다. 동아시아지역에서 달러화와 밀접히 연동하는 환율제도를 실행하게 된 것은 결코 우연적인 것이 아니라 깊은 역사적 근원이 있다. 전후 미국이 동아시아 대외 활동에서 절대적으로 중요한 위치를 차지했기 때문에 동아시아 본위화폐의 대 달러화 환율의 안정을 유지하는 것은 자국 경제의 운행과

발전에 이로웠다. 1960년대부터 일본은 아시아태평양지역에서
무역·투자를 확대하고 국제 원조를 늘려왔으며 점차 미국을
대체해 동아시아 경제활동의 핵심과 주도가 되었다. 1997~1997
년 기간에 동아시아 10개 국가와 지역(아시아 '네 마리의 작은 용'·
아세안 4개 국·중국과 베트남)의 수입 무역과 외국인 직접 투자·외
국은행 대출 중에서 일본이 차지하는 비중은 각각 20.3%,
21.2%, 34.3%에 달했다. 한편 같은 기간에 미국이 차지한 비중
은 각각 14.3%, 10.7%, 5.5%에 그쳤다. 동아시아 통화체제는 이
지역의 대외경제에서 일본의 지위를 중시하는데 이는 본위화폐
와 엔화 환율의 지나친 파동이 일으키는 소극적인 영향을 줄이
는 데 이롭다.

셋째, 지역 환율의 상대적인 안정은 아시아 내부 경제활동의
거래 비용과 불안정성을 낮추는데 이롭다. 아시아지역 내 수출
이 아시아 총 수출에서 차지하는 비중이 1986년의 30.9%에서
1994년의 45.7%로 늘었으며 반면에 미국 수출이 차지하는 비중
은 34.0%에서 24.5%로 줄었다. 아시아 내부 생산판매 네트워크
의 형성과 아시아경제의 빠른 성장에 따라 아시아에 본 지역
핵심력을 주도로 하는 통화연합인 엔화지역을 창설하는 것은
지역 환율의 상대적 안정을 유지해 잠재적 경제효과와 수익을
제고하는데 이롭다. 관즈슝(1997)은 엔화지역의 창설로 아시아는
일본과의 거래에서 40%의 환율변동위험을 해소할 수 있다고
주장했다.[296]

다른 통화지역과 마찬가지로 오직 일본 경제가 안정적인 상
황에서만 특히 엔화의 통화가치가 안정된 상황에서만 상기 경

---

296) 관즈슝(關志雄) : 「아시아 엔화지역: 일종의 일체화한 경로」, 『태평양학보』 1997년 제3기.

제효과가 나타날 수 있다. 엔화가 파동이 심하고 일본 경제가 불경기일 때는 엔화지역의 창설로 지역 내 다른 경제체에 심각한 악영향을 일으키게 된다.

첫째, 엔화 대 달러화 가치의 심한 변동과 일본의 거시적 조정정책이 아시아 금융위기를 가속하고 악화시켰다. 『플라자합의』 체결 후 엔고에 대처하기 위해 일본은 저금리정책을 출범시켜 일본의 대규모의 이동성을 초래하고 투기성이 아주 강한 은행 대출이 동아시아에 흘러들어 동아시아 경제의 버블화를 초래했다. 1995년 엔화의 급격한 평가 절하로 인해 일본에 대한 동아시아 기타 경제체들의 수출 경쟁력이 약화되었다. 일부 동아시아 국가(지역)들의 대외무역 적자의 급성장으로 인한 금융위기는 어느 정도에서는 엔화의 평가 절하가 낳은 결과였다.[297]

둘째, 단기 내에 달러화에서 벗어날 길이 없었던 동아시아는 여전히 일본을 생산체계중심국과 국제통화체계 달러라이제이션의 불일치 상황에 처하게 해 동아시아 기타 국가들도 일본과 함께 '엔고 합병증'을 앓게 했다. 생산체계와 국제통화체계의 불일치 상황에서 일본과 미국 양국 간 무역이 균형을 잃을 경우 달러화 대비 엔화의 평가 절상은 시정체제로 되며 '선단식 경영 모델'하에 엔고가 일본경제에 대한 영향은 또 아시아 다른 경제체로 전이되었다. 일본은 1980년대와 90년대에 다 '엔고 불황' 시기를 겪었으며 아시아 다른 경제체들에도 그 뒤를 이어 경제 하행현상이 나타났다.[298]

297) 왕뤄린(王洛林) · 위융딩3 · 리웨이(李薇) : 「일본 거시적경제정책의 중대한 변화」, 『국제경제평론』 1998년 제7~8기.

298) 관즈슝(2002)은 매 번 엔화가 평가 절상할 때마다(1986~1988년, 1991~1995년, 1999~2000년) 아시아 경제성장폭이 커지고, 엔화가 평가 절하할 때마다(1989~1990년, 1997~1998

(2) 엔화지역의 경제 효과: 일본 본토의 시각

1970년대에 일본정부는 엔화의 국제화를 추진하는 것을 원치 않았다. 1980년대부터 엔화의 국제화에 대한 일본정부의 태도가 바뀌기 시작했다. 이는 일본정부가 엔화지역 창설 효과에 대한 다양한 고려에서 비롯된 것이었다. 엔화의 국제화가 적어도 일본에 다음과 같은 네 가지 방면의 이점을 가져다 줄 수 있었다.

첫째, 일본경제 재생을 위한 돌파구를 찾을 수 있었다. 1990년대 초 경제 버블이 붕괴된 후 일본경제는 '헤이세이 불황'을 겪었으며 그 뒤 아시아 금융위기가 잇따라 발생했다. 위기 후 일본이 경제의 불경기에서 벗어나고자 갖은 애를 썼지만[299] 뚜렷한 효과가 없었다. 일본 대장성은 방향을 바꿔 엔화의 국제화를 추진하는 것을 통해 일본의 대외무역을 진흥시키고 나아가서 경제성장을 이끎으로써 이를 빌어 지속적인 불황을 겪고 있는 일본에 새로운 활력을 주입할 수 있기를 희망했다.

둘째, 일본기업이 아시아무역상과 무역을 전개할 때 맞닥뜨릴 수 있는 환율위험을 줄일 수 있었다. 2011년에 동아시아가 일본 수출무역 총액의 52.8%를 차지하고 미국이 15.3%, 유럽이

년, 2001년) 아시아 경제성장폭이 하락했다면서 따라서 엔화의 평가 절상은 아시아의 다른 경제체의 경제발전에 이로운 것이라고 주중했다. 그러나 관즈슝(2002)의 연구 결론은 검토해볼 필요가 있다. 선단식 모델 하에 아시아 경제의 하락은 엔고와 일치하지 않았으며 엔고 뒤에 처졌다. 따라서 엔화가 평가 절하할 때는 마침 이에 앞서 엔고가 아시아 경제에 대한 부작용이 발효하기 시작한 때이므로 아시아 경제 성장 폭의 하락 현상이 나타나기 시작하는 것이다.

299) 1998년 오부치(小淵)가 취임한 뒤 잇따라 두 차례의 40조엔 규모의 '종합경제대책을 실행했다. 1999년 2월 12일 일본 중앙은행은 무담보 은행 오버나이트 대출률을 0.25%에서 0.15%로 인하했다. 그 뒤 오버나이트 대출률이 꾸준히 하락해 심지어 이른바 제로금리 시대에 들어섰으며 2000년 8월 15일까지 지속된 뒤에야 비로소 결속되었다.

13.3%를 각각 차지함에 따라 아시아가 일본의 최대 무역파트너로 부상했다. 엔화지역의 창설은 아시아 기타 통화 환율에 대한 엔화의 안정성을 유지하는 데 이로우며 따라서 일본기업이 아시아 기타 경제체와 무역을 전개하는 데 도움이 되었다.

셋째, 일본의 금융체제 개혁을 심화하는데 이로웠다. 일본정부는 1980년대에 엔화의 국제화 진행 과정을 시작해 다양한 조치를 통해 일본의 금융 자유화 개혁을 심화함으로써 일본의 '강무역, 약금융'의 이원 경제구도를 개선했다. 비록 일본 금융 시스템의 건전성이 현재까지도 많은 비난을 받고 있긴 하지만 일본 금융체제 개혁이 엔화지역 건설 협조 과정에서 이룬 성과는 부정할 수 없었다. 엔화지역 건설은 역내 여러 회원국 간의 자본과 상품 이동을 가속시켜 일본 금융기구에 새로운 상업기회를 가져다주었으며 또 도쿄 국제금융 중심의 발전과 장대에도 이로웠다. 이밖에 엔화지역은 일본은행이 미국에 바치는 '일본학비'를 줄이는 데도 이로웠다.300)

넷째, 엔화지역은 일본의 국제적 지위를 높이고 강통화를 통해 일본의 정치 꿈을 실현하는 데 도움이 되었다. 1980년대부터 일본은 줄곧 정치대국의 꿈을 꾸면서 꾸준한 강세를 보이는 엔화를 통해 정치 자본을 모색하는 것이 일본이 정치대국을 꿈꾸

---

300) 일본은행은 줄곧 달러화로써 업무를 확대해왔다. 일본은행의 자산 부채 표에 대량의 불량 대출이 생기게 되면 그들은 이른바 일본학비를 상납해야 했다. 일본학비가 최초로 나타난 것은 1995년 여름인데 다이와(大和)은행이 뉴욕에서 거액의 거래 손실을 빚은 데 이어 10월에 급격히 상승했다. 1996년에 일본학비가 다소 하락했지만 1997년 11월 홋카이도 다쿠쇼쿠(拓殖)은행과 야마이치(山一)증권이 부도 난 뒤 재차 심각해졌다. 일본은행의 많은 대외 경영이 밑지는 장사로 변해버렸다. 참고: [일] 이토 요시다카(伊藤隆敬) : 「엔화의 국제화 지위 실현」, 『일본 전망』 1999년 제47기.

는 중요한 한 부분이 되었다.

엔화지역이 일본에 미치는 악영향에는 다음과 같은 부분이 포함되었다.

첫째, 일본 중앙은행의 통화조정에 어려움을 더했다. 통화 유통 규모 방면에서 엔화의 국제화를 실현한 후 해외 엔화 보유량이 늘어났다. 이 부분의 금액은 흔히 추측하기가 어려워 일본 중앙은행이 총량정책을 이용해 거시적 조정을 실행하는 데 불리했다. 금리 방면에서 엔화지역은 일본의 금리자유화 실행을 가속시키고 금리 자유화는 또 일본 국내 금리 구조에 충격을 주어 일본 중앙은행이 가격정책을 이용해 거시적 조정을 진행하는 데 불리했다. 그리 되면 국제 금융시장에 미세한 움직임만 있어도 엔화 투매 붐이 일어날 수 있으며 심지어 엔화 위기를 초래할 수 있었다. 이 같은 상황은 일본이 엔화의 국제화를 추진하는 과정에 나타난 적이 있었다.

둘째, 일본은 엔화지역을 건설하기 위해 일본 금융체제 개혁에서 '알묘조장(揠苗助長)'격으로 성급하게 서두르는 것마저 서슴지 않았다. 일본정부와 대장성은 원래 엔화지역 건설을 통해 일본 금융체제 개혁을 추진할 계획이었다. 그런데 엔화의 국제화는 애초부터 건전한 금융체제를 기반으로 창설된 것이 아니라 일본의 엄격한 금융규제와 낙후한 자본시장의 여건 하에 서둘러 도입한 것이었으므로 결과적으로 원래부터 어려움이 많은 일본 금융개혁에 더 많은 복잡한 요소가 겹치게 했다. 일본 정부가 엔화지역 건설을 위해 취한 적지 않은 금융개혁 조치는 시의적절하지 않았을 뿐 아니라 '알묘조장(揠苗助長)'격이어서 일본경제에 위기의 씨앗을 묻어둔 꼴이 되었다. 이밖에 동아시아 경제 고도의 동질성으로 인해 엔화지역은 고도의 연동성을 띠며 역내 어떠한 충격이든 일본 금융시장에 큰 영향을 일으킬 가능성이 있었다.

3. 엔화지역의 시사점

엔화의 국제화 과정에 대한 분석을 통해 우리는 다음과 같은 시사점을 종합해 낼 수 있었다.

첫째, 금융시장의 완벽성은 통화의 국제화에 필수 조건이었다. 전후 일본경제는 이원구조의 폐단을 드러내기 시작했다. 한편으로는 수출상품을 생산하는 제조업이 막강한 국제 경쟁력을 띤 것이고 다른 한편으로는 일본의 금융업이 정부의 과잉보호를 받아 국제경쟁력이 저하된 것이었다.[301] 이는 일본의 경제무역 네트워크와 금융시장이 매칭 되지 않음을 반영하며 이에 따라 엔화 국제화의 금융 공급이 엔화 국제화의 무역 수요를 만족시킬 수 없었다. 실물 경제와 가상 경제가 어떻게 동시에 발전해 양자의 양성 연동을 실현하느냐는 것은 통화 국제화과정에서 마땅히 깊이 연구해야 하는 과제였다.

둘째, 한 가지 통화가 국제 경화가 됨에 있어서 통화가치의 '안정성'은 선결조건이다. 엔화는 1973년 3월에 변동환율제를 실행하기 시작해서부터 1995년 4월에 이르기까지 달러화 대비 지속적인 평가 절상 추세를 유지했다. 그러나 1995년 4월말 후 엔화 환율이 폭락하기 시작해 3년도 채 안 되는 사이에 약 100% 평가 절하되었다. 달러화 대비 엔화 환율의 장기적 대폭적인 변

---

301) 천후이(陳暉) : 『엔화의 국제화 경험과 교훈』, 사회과학문헌출판사 2011년 본, 118쪽.

동은 엔화의 흡인력을 저하시켰다.

셋째, 한 국가의 통화는 국제화 과정에서 국제 결제매개 기능과 가격표시기능을 충분히 발휘해야 했다. 한편 이는 또 그 국가의 무역 구조와 경제성장 방식과 연결되었다. 엔화는 결제매개 기능과 가격표시 기능의 국제화정도가 높지 않은데 그 주요 원인은 일본의 대 미국 무역 의존도가 너무 높아 설령 아시아와 무역을 전개할지라도 '삼각무역' 모델 하에 여전히 미국을 주요 목표시장으로 삼아야 했다. 엔화가 달러화의 '관성'을 깨고 지역 수출입상의 계산 결제 통화로 되기는 너무 어려웠다.

넷째, 시장의 기반 역할 하에 정부는 절차에 따라 질서 있게 본위화폐의 국제화에 대한 장기적 전략을 짜야 했다. 시장 관을 확립해 시장 자체의 조절기능을 믿어야 했다. 정부가 통제해야 하는 것은 시장 자체가 아니라 통화의 국제화 과정에서 시장과 관련된 리스크였다. 그러나 일본은 '행정적인 수단을 중요시하고 규칙을 중요시하지 않는' 관료주의가 엔화의 국제화 과정을 주도했다.302) 일본정부는 엔화의 국제화를 추진하기 위해 일련의 구체적인 조치를 취했으며 또 여러 가지 제도적 배치를 진행했다. 그러나 이러한 조치와 제도가 엔화의 국제화에 어느 정도 크기의 추진 작용을 할 수 있을지는 여전히 시장에 의해 결정되었다. 이밖에 정부는 제도적 배치를 진행할 때 마땅히 자주적인 장기적 구상을 확립해야 하지만 일본정부는 엔화의 국제화 과정에서 '머리가 아프면 머리를 치료하고 발이 아프면 발을 치료하는' 단기적 책략을 더 많이 적용했으며 장기적 전략

302) [일] 기쿠치 유지(菊地悠二) : 『엔화의 국제화 ― 발전과정과 전망』, 중국인민대학출판사 2002년 본, 134쪽.

이 부족했다.303)

다섯째, 정치와 외교실력은 한 가지 통화가 국제통화로 될 수 있는지 여부를 결정하는 중요한 조건이었다. 일본이 제기한 엔화 지역 구상에 대해 아시아 국가들은 대뜸 '대동아공영권'의 악몽을 떠올렸다. 일본은 확실히 '통화 제조권을 이용해 식민지 인민들을 압박 착취한' 역사가 있기 때문이었다.304) 일본의 정치와 외교상의 국한성은 엔화의 국제화 진전에 아주 큰 영향을 주었다.

여섯째, 통화의 국제화는 자국 경제 주권의 일부로서 마땅히 한 국가가 자주적으로 결정해야 하며 다른 사람의 제약을 받아서는 안 되었다. 엔화의 국제화는 1984년 일본과 미국 양국의 엔-달러 위원회 설립이 계기였다. 그때 당시 엔화의 국제화에 대한 의념은 미국정부가 일본정부보다도 더 강렬했는데 이는 지극히 비정상적이었다. 다른 임의의 통화지역을 전면적으로 관찰해봐도 외국이 본위화폐의 국제화를 요구한 사례를 찾아볼 수 없었다. 따라서 엔화가 줄곧 미국의 '예속물'로써 존재한다는 일부 학자들의 주장은 결코 이해하기 어렵지 않았다.305) 통화의 국제화전략은 한 국가 통화 주권의 일부분으로서 마땅히 자국 수중에 확고하게 장악되어 있어야 하며 자국 이익 최대화의 원칙에 따라 통화의 국제화 과정을 선택해야지 타국의 배치에 복종해 타국의 이익을 도모하는 바둑돌로 되어서는 안 된다.306)

---

303) 일본 국제금융 전문가도 일본정부가 엔화의 국제화문제에서 마땅히 일찍 정책 목표를 제정했어야 한다며 일본은 적어도 10년 시간을 놓쳐버렸다고 인정했다. 참고: 쉬완성(徐萬勝) : 「엔화 국제화에 대한 쉬운 분석」 『현대 일본경제』 1999년 제6기.
304) [일] 하마다 고이치(濱田宏一) : 『국제금융』 , 이와나미(岩波)서점 1996년 본, 201쪽.
305) 리샤오(李曉) : 「엔화의 국제화 곤경 및 전략 조정」 , 『세계경제』 2005년 제6기.
306) 청사오하이(程紹海)(1990)는 미국이 엔화의 국제화를 요구한 것은 '다른 속셈이 있어서'이며 일본의 금융시장 자유화를 요구해 미국의 재 일본 은행에 국민 대

제5절 유로화지역(유로존)

1. 유로존의 발전사

(1) 유로존의 형성 배경

유럽은 서방문명의 발상지이고 현대 자본주의제도의 발원지이며 또 근대사상 세계 정치경제무대의 중심이기도 하다.[307] 유럽 통일은 역대 유럽인들의 꿈이었다. 일찍 기원 7세기 샤를마뉴 대제시기에 유럽인들은 이미 한 가지 통화로써 유럽 내부 상품 유통을 추진하려는 생각을 하기 시작했다.[308] 그러나 그 꿈이 현실로 되기 시작한 것은 20세기 중엽부터였다.

제2차 세계대전 후 유럽은 산산조각이 나고 모든 사업을 새롭게 일으켜 세워야 하는 상황에 처했다. 전후 복구사업에는 대량의 수입이 필요했다. 이에 따라 수입과 수출의 불균형으로 인해 유럽 각국에서 보편적인 결제 위기가 발생했다.[309] 브레튼우즈체제가 유럽의 결제 위기를 해결할 방법이 없었기 때문에 유럽 각국은 통화협력의 길을 모색하기 시작했다. 1950년 7월, 서유럽 17개 국가(오스트리아 · 벨기에 · 덴마크 · 프랑스 · 스웨덴 · 영국 · 연방독일 · 그리스 · 네덜란드 · 아이슬란드 · 아일랜드 · 이탈리아 · 룩셈부르크 · 터키 · 노르웨이 · 포르투갈 · 스위스)가 유럽결제동맹(European Payment Union, EPU)을 설립하기로 결정했다. 이 동맹은 실제상에서 결제 동맹으로써 유럽 각국 간 무역 장애를 제거하기 위한

우를 줄 것을 요구하기 위한 데 있다고 주장했다.

307) 위궈빈(俞國斌) : 『당대 세계경제와 정치』, 서남재경대학출판사 2008년 본, 129쪽.
308) 뤄밍충(羅明忠) 등 : 『유로화 창세기』, 광동(廣東)경제출판사 1998년 본, 21쪽.
309) 왕위안룽(王元龍) · 우쉐린(吳雪林) : 『유로화제국의 굴기』, 중앙민족대학출판사 1999년 본.

데 목적을 두었으며 유럽 통화 일체화의 기원이 되었다. 그러나 유럽결제동맹은 더욱이 일종의 응급책이며 유럽 통화 일체화는 근본적으로 유럽의 전면 일체화의 결과였다.

수백 년간의 알력을 겪은 뒤, 특히 20세기 두 차례의 세계 대전의 대재앙을 겪은 서유럽 열강들의 세력이 크게 위축되어 유럽은 점차 세계 중심의 지위를 잃어갔다. 뼈아픈 역사 교훈을 경험한 유럽인들은 유럽의 정치 · 경제 · 사회구조를 새롭게 구축해 통일과 연합의 길을 걸음으로써 민족 간의 원한을 해소하고 전쟁 충돌에서 벗어나야 한다는 사실을 인식하게 되었다.310) 유럽 연방주의 사조의 영향 하에 서유럽 각국은 어떻게 평화적 수단과 경로를 통해 유럽을 통일시키고 지역 일체화를 기반으로 유럽을 재건할 수 있을지 고민하기 시작했다.

그러나 1870년의 프로이센-프랑스 전쟁으로부터 짧은 70여 년 사이에 유럽 내부에서 세 차례 대전을 치른 역사를 돌아볼 때 '유럽의 아버지' 로베르 슈만(Robert Schuman)과 장 모네(Jean Monnet)는 유럽연합의 최대 걸림돌은 프랑스와 독일의 대대로 내려온 숙원이라고 주장했다. 로베르 슈만은 '유럽은 단숨에 건설할 수 있는 것이 아니였다. 사실상에서 서로 의존할 수 있는 구체적 성과를 통해서만 건설할 수 있다.'라고 솔직하게 말했다. 따라서 슈만은 경제 연합으로 착수하는 '슈만플랜(Schuman Plan)'을 제기해 프랑스와 연방독일 등 국가의 석탄과 철강 산업을 연합 경영할 것을 제안했으며 또한 그 경영권을 국가 범위를 벗어난 관리기구에 맡길 것을 제안했다. 그 계획에 따라 네덜란드 · 벨기에 · 룩셈부르크 · 이탈리아 · 연방독일 · 프랑스 등 국가

---

310) 천옌(陳艶): 「유럽의 선택―유로화의 탄생과 유로존 건설」, 『경제 시각』 2011년 제2기.

정부가 1951년 4월 파리에서 유효기가 50년인『유럽 석탄 철강 공동체 설립 조약』(『파리 조약』이라고도 함)을 체결하고 1952년 7월 25일에 유럽 석탄 철강 공동체(European Coal and Steel Community, ECSC)가 정식 설립되었다.

석탄 철강 공동체가 설립된 후 유럽에서는 한때 여러 가지 공동체 계획과 구상으로 가득했지만 대다수는 비현실적인 것이어서 스쳐 지나가 버렸다. 유럽 정치가들은 유럽 통일 사업이 낮은 단계에서 높은 단계로 한 걸음 씩 발전해 나가야 한다는 사실을 인식하게 되었다. 그들은 석탄 철강 공동체와 원자력 공동체를 기반으로 삼고 경제무역 일체화를 선도로 하기로 결정했다. 1957년 3월 25일, 네덜란드 · 벨기에 · 룩셈부르크 · 프랑스 · 연방독일 · 이탈리아가 로마에서 『유럽 경제공동체 설립 조약』을 체결했다. 조약의 최종 목적은 유럽 경제와 통화의 완벽한 일체화로 나가기 위한 것이었다. 1958년 유럽 경제 공동체 각국이 『유럽 통화 협정』을 체결해 유럽결제동맹을 대체함으로써 유럽 통화의 자유태환을 추진하는 방면에서 보다 더 적극적인 역할을 일으켰다. 1967년 7월 1일, 유럽 석탄 철강 공동체 · 유럽 경제 공동체 · 유럽 원자력 공동체의 주요 기구를 합병해 유럽 공동체를 구성했다. 1969년 12월, 유럽 공동체 6개국이 헤이그에서 열린 정부 수뇌자 회의에서 유럽경제통화동맹(European Economic and Monetary Union)을 결성키로 결정했다. 1970년 10월, 그때 당시 피에르 베르너(Pierre Werner) 룩셈부르크 총리 겸 재무대신 을 수반으로 하는 위원회가『공동체 내부에 단계별로 경제와 통화 동맹을 실현하는 것에 관한 보고서』, 즉 베르너플랜(『베르너 보고」라고도 함)을 유럽공동체에 제출했다. 보고서에서는 1971년부터 1980년까지 세 단계로 나누어 유럽경제통화동맹을 결성하고311) 최종 단일 통화로 각국 통화를 대체한다는 계획을 작성했다. 1971년 3월에 그 계획이 통과되어 유럽통화동맹 계획이 정식 실행에 들어갔으며 유럽 단일 통화건설이 첫 걸음을 내디뎠다. 그러나 유럽통화동맹계획은 '때를 잘못 타고났다'고 할 수 있다. 실시 초기부터 세계경제의 대혼란에 맞닥뜨려 달러화 위기와 석유 위기가 베르너플랜을 거의 완전히 물거품으로 만들었다. 『베르너 보고』가 제기한 10년 과도기가 거의 끝나는 1979년에 이르기까지 유럽통화동맹의 제1단계 목표조차 실현하지 못했다.

그래도 1970년대에 유럽 통화 일체화 건설은 여전히 일부 진전을 거두었다. 여러 회원국들은 원칙적으로 단기 경제정책을 통일 조율했으며 경제정책위원회·통화위원회 등 기구도 공동으로 유럽 통화 일체화 과정을 추진하는 데 진력했다. 1972년 4월 24일 유럽경제공동체 6개국 통화는 달러화와 '연합 고정 환율'제도를 실행했다. 즉 6개국 통화 간에 고정환율을 실행하고 환율 변동 폭을 원래의 4.5%에서 2.25%로 축소했으며 또 6개국 통화가 달러화에 대비해 함께 오르내리는 변동환율제도를 실행했다. 이어 영국·덴마크·노르웨이도 잇따라 '스네이크 시스템'에 가

---

311) 제1단계(1971년 연초~1973년 연말)의 주요 목표는 회원국 통화의 변동 폭을 축소하고 통화준비기금을 설립하며 통화와 경제 정책 조정을 강화하고 회원국 간 경제구조 차이를 줄이는 것이다. 제2단계(1974년 연초~1976년 연말)의 주요 목표는 각국 통화 간의 환율을 보다 더 안정시키고 공동체 내부 자금 이동의 자유화를 추진하는 것이다. 제3단계(1977년 연초~1980년 연말)에는 상품·자본·노동력이 자유로 이동할 수 있는 경제 통일체를 건설하고 고정환율에서 통일통화로 발전시키며 통화준비기금에서 통일 중앙은행으로 발전시키는 것이다.

입했다. 그런데 달러화 가치가 끊임없이 떨어짐에 따라 '스네이크' 통화 시스템 내부에 점점 분화가 발생해 강통화 집단(독일 마르크화 · 네덜란드 길더화 · 노르웨이 크로네화)과 약통화 집단(기타 통화)이 형성되었다.[312] 브레튼우즈체제가 철저히 붕괴된 후 이에 앞서 '스네이크' 시스템에 가입한 국가들이 환율규제를 풀기 시작했으며 또 잇따라 '뱀의 굴'에서 빠져 나왔다. 1978년 연말에 이르러 연방독일 · 룩셈부르크 · 덴마크만 여전히 '스네이크' 시스템 내에 남았다. '스네이크' 시스템은 유럽 통화 일체화의 심화와 그 뒤 유럽 통화체제 건설에 참고와 본보기를 제공했다. 1973년에 유럽공동체가 '유럽 경제 일체화와 통화의 통일'이라는 제목의 보고서를 발표해 '유럽 통화'를 창설할 것을 제안했으며 몇 개 단계로 나뉘어 실행할 것을 제기했다. 제일 먼저 유럽 통화를 공동체의 거래 계산 통화로 삼고, 다음에 회원국 정부 간의 결제 단위와 보유 통화로 삼으며, 그 다음에 동등한 통화로 삼아 회원국 통화와 함께 유통하도록 하고, 마지막에 회원국 통화를 대체한다는 것이다. 이는 유럽 통화 통일의 첫 설계도이다. 1974년 7월 1일, 유럽 통화계산단위(EMUA)를 창설하고 이 통화계산단위가 황금 0.888671그램과 동등한 가치라고 규정지어 여러 회원국 중앙은행 간에 채무결제와 스네이크 시스템의 통화업무에 사용했다. 1975년 3월에 유럽계산단위(European Unite of Accout, EUA)를 창설해 유럽통화계산단위(EMUA)를 대체했다. 유럽 계산단위는 유럽통화단위의 초기 형태이며 유로화의 맹아이기도 하다. 1976년에 네덜란드 재무대신 빔 두이젠베르크 (Wim Duisenberg)가 여러 회원국 통화 환율 '목표구역'[타깃존(target zone)]을 설치해 공동체 내

---

312) 뤄밍충(羅明忠) 등 : 『유로화 창세기』, 광둥(廣東)경제출판사 1998년 본, 9쪽.

부 환율을 안정시킬 것을 주장했다. 1978년 4월, 독일 총리와 프랑스 대통령이 코펜하겐에서 유럽공동체 정상회담을 열어 유럽통화시스템을 구축할 것을 제기했다.313) 프랑스와 독일 양국의 추진 하에 1978년 12월 5일 브뤼셀 정상 회담에서 유럽공동체 각국이 협의를 달성하고 1979년 1월 1일 유럽통화시스템(European Monetary System, EMS)을 창설하기로 결정했다. 유럽통화시스템은 실질상에서 조정 가능한 고정환율제도로서 그 주요 내용에는 유럽통화단위(European Currency Unit, ECU)의 창설·환율 안정 체제의 수립·유럽통화협력기금의 설립이 포함되었다. 1979년 3월, 유럽공동체의 8개 회원국(프랑스·독일·이탈리아·벨기에·덴마크·아일랜드·룩셈부르크·네덜란드)이 유럽통화시스템 가입을 결정함에 따라 유럽통화시스템이 정식 설립되었다. 그 뒤 스페인과 포르투갈(1984년)·영국(1990년)·오스트리아(1995)가 잇따라 유럽통화시스템에 가입했다.

유럽통화시스템은 유럽이 최종 통화를 통일하는데 이정표적인 의미가 있다. 구체적으로 다음과 같은 부분에서 반영된다. (1) 유럽통화단위를 창설하고 회원국의 GDP·무역 할당액 및 기금 할당액에 따라 통화 바스켓을 확정하고 조정해 점차 유럽의 국제 결제 통화와 보유 통화가 되도록 했다. (2) 보다 더 긴밀하고 효과적인 '슈퍼 스네이크 연합 변동' 시스템을 확립했다. (3) 유럽통화기금을 확정했다. 유럽통화시스템은 유럽공동체에 상대적으로 안정된 통화환경을 마련해 주어 회원국들이 통화의 일체화 전망에 대해 큰 확신을 갖도록 해 유럽의 통화 통

---

313) 왕위안룽(王元龍)·우쉐린(吳雪林):『유로화제국의 굴기』, 중앙민족대학출판사 1999년 본, 14쪽.

일을 위한 유리한 조건을 마련했다.

1985년, 공동체 회원국 정상들이 룩셈부르크에서 회의를 열고 『유럽 일체화 방침』 백서를 통과시켜 법률 형식으로 유럽경제통화동맹 실현 목표를 확정 지었다. 1989년 4월, 자크 뤼시앵 장 들로르(Jacques Lucien Jean Delors)를 수반으로 하는 유럽공동체 위원회가 『유럽공동체 경제통화동맹 관련 보고서』(『들로르 보고』라고도 함)를 제출해 세 단계로 나누어 통화의 일체화를 실현하고 유럽경제통화동맹을 수립하며 단일 통화로 여러 회원국 통화를 대체할 것을 재차 제안했다. 같은 해 6월, 유럽공동체 마드리드 회의에서 그 보고서가 통과되었으며 1990년 7월 1일부터 실행하기로 결정되었다. 『들로르 보고』는 유럽 민중들에게 처음으로 '유럽경제통화동맹'에 대한 비교적 명확하고 구체적인 인식을 갖게 했다. 이 보고서는 『베르너 보고』의 기본 사상을 답습했으며 유럽경제통화동맹을 실질적인 건설기에 들어서도록 추진하고 또 『마스트리히트조약』의 출범을 위한 기반을 다져놓았으며 유럽연합의 창설을 위한 새로운 역사의 장을 열어놓았다.

(2) 유로존의 형성

1991년 12월, 유럽공동체 회원국 정상회의가 네덜란드의 마스트리히트에서 열렸다. 회의에서 『정치동맹조약』과 『경제통화동맹조약』이 통과되었으며 『유럽경제통화동맹 관련 마스트리히트조약』(The Masstricht Agreement on Economic and Monetory Union, 『마스트리히트조약』이라고 약칭함)이라고 통칭했다. 또한 '유럽공동체'를 '유럽연합'으로 개명하기로 결정했다. 『마스트리히트조약』에서는 유럽 통화 일체화 과정·목표·경제통화동맹 가입 '수렴기준'·여러 회원국의 의무 및 이러한 목표 실현을 위해 설립해야 할 관련 기구와 시스템에 대해 규정지었다.[314] 『마스트리히트조약』은 또 유럽 통화의 통일을 실현하는 관건이 단일통화의 추진·통일된 통화정책 실행·통일된 중앙은행 시스템 설립이라고 강조했다. 유럽 의회와 여러 회원국의 협상을 거쳐 1993년 11월 1일 『마스트리히트조약』이 정식 발효되었다. 이는 유럽 통화 역사상 또 다른 이정표로서 유럽경제통화 일체화는 이로부터 새로운 여정을 시작했다.

그런데 『마스트리히트조약』이 발효한 뒤 유럽 경제금융 발전이 기복이 많았다. 동·서 독일 통일 뒤 독일이 인플레이션·재정적자 등 문제에 맞닥뜨렸고, 1992년에 이탈리아 리라화가 투기성 공격을 받아 최종적으로 유럽통화시스템이 9월 16일의 '블랙 수요일'을 맞이하기에까지 이르러 영국과 이탈리아가 잠시 유럽통화시스템의 환율체제에서 퇴출하고 스페인과 포르투갈·프랑스 등 국가의 통화도 모두 잇따라 위급을 알리기에 이르렀다. 유럽통화시스템의 위기로 인해 유럽통화동맹의 가장 열정적인 지지자마저도 유럽통화동맹에 의심을 갖기에까지 이르렀다. 그래도 유럽연합 정상들은 『마스트리히트조약』을 바꿀 수 없으며 어려움을 극복하고 단계적 임무를 완성하도록 견지할 것을 주장했다.

1995년 5월, 유럽연합위원회는 단일 통화의 전환에 맞춰 유럽 단일통화 『그린북』을 발표해 1999년 연초에 유럽연합 15개 국 중에서 일부 국가가 단일통화기준에 도달하게 할 것이

---

314) 왕밍취안(王明權) : 『유로화에 대한 인식』, 복단(復旦)대학 출판사 1998년 본, 29쪽.

라고 제기했다. 1995년 12월 유럽연합 정상회의가 스페인의 수도 마드리드에서 열렸으며 회의에서 다음과 같은 문제에서 의견 일치를 달성했다. (1) 『마스트리히트조약』의 통화동맹 가입 관련 경제 수렴 기준을 반드시 엄격히 따름으로써 유럽 연합이 1999년 1월 1일 통일 통화를 실행할 수 있도록 확보할 것을 거듭 강조했다. (2) 유럽 단일 통화를 '유로'(EURO)로 명 명키로 결정했다. (3) 보다 구체적이고 보다 실행 가능한 실행 계획 시간표를 제정했다.

1996년 9월 유럽연합의 15개국 경제 · 재무 장관 이사회가 아 일랜드의 수도 더블린에서 열렸다. 회의에서 유럽연합 단일통화 운행체제 관련 일부 중대한 문제에서 공동 인식을 달성했으며 단일 통화 실행 관련 세 가지 법률 문서 즉 『유로화 사용의 법 률적 지위』 · 『경제통화동맹 제3단계 예산 기율 확보 관련 안정 공약』 · 『경제 수렴 절차와 새 통화 태환 체제 강화』 등 문서를 제출하고 '유로화'의 법률적 지위를 확정지었다.

1997년 6월, 유럽연합 여러 회원국 원수 · 정부 수뇌 · 외교부 장이 네덜란드 암스테르담에 모여 유로화 가동을 위해 기술적 법률적 장애를 제거하고자 준비했으며 『암스테르담』 초안을 달 성했다. 같은 해 10월 프랑스 총리와 독일 총리가 유로화 이사 회 설립에 관한 협정을 달성하고 유로화 이사회를 유로존 각 국 경제정책 조율을 위한 비공식기구로 확정 지었으며 이사회 는 유로화를 사용하는 국가들로 구성했다.

1998년 5월, 유럽연합은 특별 정상회의를 열어 15개국 지도자 들이 벨기에의 수도 브뤼셀에 모여 유로화 탄생 전야에 중요한 내용을 달성했다. (1) 제1진으로 '유로화 열차' 첫차에 승차할 11

개 국가 리스트를 정식으로 공개했다.(표 3-18) (2) 유럽 중앙은행 총재는 그때 당시 유럽 통화국 국장이며 네덜란드 중앙은행 전임 총재인 빔 다위센베르흐(Wim Duisenberg)가 담당하기로 확정지었다. (3) 유럽연합 여러 회원국 통화 대 유로화 환율을 공개하고 유로화 일정표를 제정했다.(그래프 3-17)

[표3-18] 유로존 최초 회원국 재정 통화 상황 고찰

(단위: %)

	인플레이션	정부 재정			유럽통화 시스템 가입여부	장기금리
		재정적자의 GDP점유율	국채의 GDP 점유율			
고찰시간	1997년 2월~1998년 1월 평균	1997년	1997년	동기비 변화		1997년 2월~1998년 1월 평균
가입 조건	2.7	3	60			7.8
벨기에	1.4	2.1	122.2	4.7	가입	5.7
독일	1.4	2.7	61.3	-0.8	가입	5.6
스페인	1.8	2.6	68.8	1.3	가입	6.3
프랑스	1.2	3.0	58.0	-2.4	가입	5.5
아일랜드	1.2	-0.9	66.3	6.4	가입	6.2
이탈리아	1.8	2.7	121.6	2.4	가입	6.7
룩셈부르크	1.4	-1.7	6.7	-0.1	가입	5.6
네덜란드	1.8	1.4	72.1	5.0	가입	5.5
오스트리아	1.1	2.5	66.1	3.0	가입	5.6
포르투갈	1.8	2.5	62.0	3.0	가입	6.2
핀란드	1.3	0.9	55.8	1.8	가입	5.9

※자료출처 : 유럽 중앙은행 사이트.

[그래프 3-17] 유로화 유통 일정표

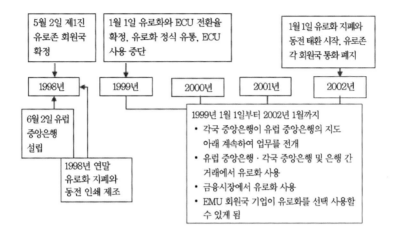

여러 회원국의 노력 하에 유로화가 1999년 1월 1일 예정대로 탄생했으며 11개 국가 통화의 유로화로의 전환을 점차적으로 완성하고 동시에 1:1의 비례로 유럽통화단위를 태환할 수 있게 되었다. 유로의 기호는 €인데 유럽 문명의 그리스 자모 epsilon(ε)과 유로화의 안정성을 상징하는 가로 평행선의 조합이다. 유로화 지폐는 5유로·10유로·220유로·250유로·2100유로·2200유로·2500유로의 7가지로 나뉘며 동전은 1센트·22센트·25센터·10센트·20센트·50센트·1유로·2유로의 8가지로 나뉜다. 유로존의 모든 회원국이 발행한 유로화 지폐는 디자인이 모두 같지만 동전은 한쪽 면만 같고 다른 한 면은 '국가의 면'이라고 불리우며 각 국가가 스스로 설계했다.

2000년 12월, 그리스가 유로화를 사용하기 시작하고 유로존에 가입했다.

2002년 1월 1일, 유로화 지폐와 동전이 정식 유로존 유통영역에 도입되어 본격적인 의미에서의 현대 통화가 되었다.[315] 2개월간의 과도기를 거쳐 2002년 2월 28일 유로존 12개 회원국 원래의 주권통화가 역사 무대에서 완전 퇴출하고[316] 유로화가 유로존의 유일한 법정화폐가 되었다. 그 후 슬로베니아·키프로스·몰타·슬로바키아·에스토니아가 잇따라 유로존에 가입했다. 인류 역사상 첫 초주권 통화로서 유로화는 인류 역사 발전 과정에서의 이정표라고 할 만 하다.\

(3) 유로존의 현황과 전망

2014년 1월 1일까지 유럽연합의 28개 회원국 중 18개 국가가 이미 유로존 회원국이 되었다. 라트비아가 2014년 1월 1일에 유로존의 제 18번째 회원국이 되었다. 유럽연합의 다른 회원국들인 덴마크·리투아니아·불가리아·체코·루마니아·헝가리·폴란드·스웨덴·영국도 본위화폐 환율을 유로화에 고정시켰다. 비유럽연합 국가 중에서도 적지 않은 국가와 지역이 본위화폐를 유로화에 고정시켰다. 예를 들면 코소보·몬테네그로 공화국·보스니아·유고슬라비아·알바니아·아이슬란드·세르비아·터키·스위스·싱가포르·시리아·보츠와나·피지·이란·쿠웨이트·아프리카 프랑화 지역 등의 유럽연합과 밀접한 경제무역 관계가 있는 국가와 지역들이다.[317]

유로화가 2002년 정식 유통되기 시작해서부터 국제시장에서 유로화 유통량이 급증했다.(그래프 3-18) 유로화 유통량의 대폭적

---

315) 양웨이궈(楊偉國) : 『유로화 생성론』, 사회과학문헌출판사 2002년 본, 1쪽.
316) 쑨페이위(孫沛宇) : 『유로존 국가 동전 개론』, 세계지식출판사 2003년 본, 6~9쪽.
317) European Central Bank, The International Role of the Euro, July 2013, p. 67.

인 증가는 주민과 비주민들의 유로화에 대한 수요가 갈수록 늘어나고 있음을 표명했다.

[그래프 3-18]   1999~2013년 유로화 유통 수량

(단위: 백만 유로)

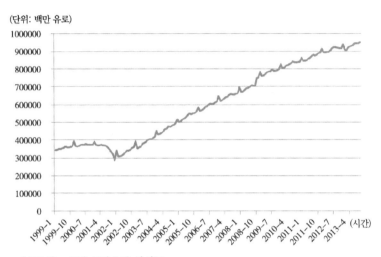

※자료출처 : 유럽 중앙은행 사이트.

통화의 기능에서 보면 유로화가 이미 국제 가격표시기능 · 금융자산 가격표시기능 · 국제 보유 기능 등 방면에서 두각을 나타내기 시작했다. 국제 가격표시와 결제 기능에서 보면 유로화가 유럽연합 내부 국제무역 가격표시와 결제에서 주도적 지위를 차지했으며 전반적으로 수출 분야에서 차지하는 비중이 수입 비중보다 조금 더 크고, 서비스무역과 화물 무역에서 차지하는 비중은 비슷한 수준을 유지하는 기본 추세를 보였다.(표 3-19)

[표 3-19]　2006~2012년 국제무역 가격표시 결제 통화로서 유로화 비중

(단위: %)

			2006년	2007년	2008년	2009년	2010년	2011년	2012년
화물무역	유로존 내부	수출	59.5	59.6	63.6	64.1	63.6	64.9	62.5
		수입	48.8	47.9	47.5	45.2	49.5	49.8	49.0
	기타유럽연합 국가	수출	62.5	64.3	65.7	68.9	66.7	65.4	66.4
		수입	62.3	63.6	63.6	65.2	63.2	62.5	61.2
서비스무역	유로존 내부	수출	51.1	54.5	55.5	53.4	52.6	54.2	52.1
		수입	53.8	55.7	57.7	56.1	56.8	58.8	58.4
	기타유럽연합 국가	수출	62.5	63.5	66.6	68.1	62.7	63.6	63.4
		수입	57.6	60.0	61.4	65.4	62.7	60.9	59.2

※주 : 유로존 이외의 국가들로는 불가리아 · 체코 · 리투아니아 · 라트비아 · 폴란드 · 루마니아 등이다.
※자료출처 : European Central Bank, The International Role of the Euro, July 2013, p. 79-81.

금융자산의 가격표시 결제 기능에서 보면 유로화가 국제 채권시장과 국제 예금 · 대출시장에서 차지하는 비중이 약 25%로서 달러화의 버금간다. 공공채권시장에서 유로화는 금융기구가 발행하는 채권 중에서 절대적 우위를 차지하지만 채권시장과 기타 공공부문 채권 중에서 차지하는 비중은 비교적 낮은 편이다.(표 3-20) 국제 보유 기능을 보면 유로화가 세계 외환보유고 중에서 차지하는 비중이 1999년의 22%에서 2012년의 23.9%로 소폭 증가했다. 비록 달러화의 61.9%와는 여전히 거리가 멀지만 이미 세계 2위를 차지한 상황이다.

[표 3-20] 1999~2012년 유로화의 각기 다른 금융시장 점유율

(단위: %)

시간	채권시장		공공채권시장				국제 예금	국제 대출
	협의	광의	주권 채권	기타공 공채권	금융 기관	국제 기구	—	—
1999	24.0	26.5	17.3	3.6	57.0	22.0	—	—
2000	25.8	28.9	15.6	3.0	64.3	17.1	18.6	14.4
2001	28.4	31.3	13.5	2.5	70.2	13.8	19.2	15.0
2002	30.3	32.8	11.8	2.1	73.9	12.2	21.5	17.0
2003	31.6	35.1	10.5	1.8	77.1	10.6	23.6	19.4
2004	32.6	36.9	9.2	1.8	79.6	9.4	24.3	21.7
2005	32.6	38.6	8.8	1.6	81.3	8.4	21.7	18.7
2006	30.9	39.4	7.9	1.4	83.4	7.4	20.4	18.5
2007	29.8	39.4	7.9	1.1	85.4	6.6	20.9	22.2
2008	30.7	40.0	6.6	1.0	86.0	6.4	21.0	22.1
2009	29.6	40.6	7.2	0.8	84.0	8.1	21.4	20.7
2010	27.5	40.0	7.2	0.8	83.4	8.7	21.1	20.1
2011	26.2	39.6	7.8	0.7	81.2	10.3	20.7	20.7
2012Q1	26.9	39.6	7.2	0.6	74.8	17.4	20.6	21.1
2012Q2	26.5	39.1	7.2	0.6	73.8	18.4	19.2	35.0
2012Q3	26.1	38.3	7.3	0.6	72.3	19.7	19.0	20.3
2012Q4	25.5	37.7	7.6	0.6	71.2	20.5	—	—

※자료출처 : 유럽 중앙은행과 국제결제은행 사이트.

그러나 2009년은 10주년 생일을 맞은 유로화에게 결코 평안한 한 해가 아니었다. 미국의 서브 프라임 모기지 사태로 인해 미국 경제가 수렁에 빠지자 사람들은 유로화가 세력을 펼쳐 달러화의 패주 지위에 도전할 수 있는 절호의 기회가 온 줄로 여겼다. 그런데 점점 악화되던 유럽 채무위기가 폭발하게 될 줄을 누가 알았겠는가. 그 위기가 유로화에 가져다 준

타격이 비록 치명적이지는 않았지만 그래도 결코 가볍게 여길 수 있는 것은 아니었다. 국제 금융시장이 민감하게 반응했다. 표 3-21의 수치도 그 위기가 유로화에 가져다 준 부정적인 충격을 반영했다. 우리는 이 책 마지막 장에서 유럽 채무위기를 예 들어 관련 문제에 대해 깊이 있게 분석할 것이다.

2. 유로존의 경제 효과

다른 통화지역과 비교해 볼 때 유로화지역은 역내 경제환경을 개선하고 정치·문화·사회 등 영역에서도 유럽 일체화를 심화했다. 유로화의 초주권 성질이 유로존이 창설되어서부터 운행 과정에 이르기까지 복잡성과 타협성을 띠게 됨을 결정했으며 이로 인해 유로존 내부에 깊은 차원의 문제가 잠재하게 되는 결과를 불렀다.

(1) 유로존의 긍정적 효과

첫째, 유통 수속을 간소화해 거래 비용을 낮추었다. 유로화의 사용으로 원래 계약통화담판에 필요한 수속을 대대적으로 간소화하고 시간을 대폭 단축시켜 상품과 자금의 유통 속도를 가속시켰다. 유럽연합위원회의 추측에 따르면 유로화 실행으로 거래 비용을 효과적으로 절약할 수 있다.(표 3-21)

[표 3-21] 단일 통화 환경에서 유럽연합 내부 통화 거래 비용 절약 추측

(단위: 10억 1990년 ECU)

항목	비용 절감 범위 추측
금융 거래 비용	8.2—13.1

은행 계좌이체 송금	6.4—10.6
현찰·범 유럽 수표·관광 수표· 신용카드	1.8—2.5
기업 내부 통화종류 관리 비용	3.6—4.8
국제 결제 절감 비용	1.3—1.3
합계	13.1—19.2

※자료출처 : 투치위(屠啓宇) :『제도 혁신: 통화 일체화의 국제 정치경제학』, 고등교육
　　출판사 1999년 본, 50~51쪽.

둘째, 금융시장을 번영시키고 기업의 융자 비용을 낮추었다. 유로화가 유로존의 자본시장을 통일시켜 금융업무 활동이 더욱 밀집됐으며 금융 서비스 범위가 확대되었다. 이와 동시에 이러한 변화는 또 유로화로 가격을 책정하는 금융 제품의 개발을 추진하고 새로운 융자 경로와 투자 기회를 개척할 수 있어 기업의 융자 비용을 낮추는 데 도움이 되었으며 시장의 활력을 불러일으켰다.318)

셋째, 시장의 투명도를 더욱 높였다. 유로화가 상품 가격의 투명도를 높여 국가 간의 가격 차이를 표면화시켰다. 한편으로, 소비자들이 유로화라는 가격 측정기를 편리하게 이용해 동일 상품의 국가별 가격 차이를 비교할 수 있기 때문에 소비자들이 실제로 혜택을 보고 있음을 느끼게 했다. 다른 한편으로, 기업이 생산 원가를 비교할 수 있어 원가와 이윤에 대한 계산을 강화해 가급적 노동생산율을 제고할 수 있도록 도움으로써 가격 경쟁 우위를 갖추도록 했다.

---

318) 마건시(馬根喜) :「유로화와 유로존시장: 유럽 경제 일체화 발전의 전략적 조치」,『국제무역』 1998년 제12기.

넷째, 자원 배치를 최적화하고 역내 경제 협력을 확대했다. 무역의 창조 효과·확대 효과 및 생산의 규모 경제효과·공장 부지 선정의 최적화 등은 모두 역내 다국적 회사의 발전과 자원의 효과적인 배치에 이로웠다. 한편 유로화를 실행해서부터 유로존 내부 결제는 더 이상 환율변동의 영향을 받지 않게 되었으며 또 유로존 국가 간 자유무역을 더욱 편리하게 해 유로존 내부 무역 규모를 확대하는데 이로웠다.

다섯째, 달러화의 패권 지위에 맞서 국제통화체제의 다원화를 추진했다. 유로화의 탄생은 유럽이 자체의 경제실력에 어울리는 통화지위를 추구해 달러화와 각각의 특징을 띨 수 있기를 원했다는 사실을 잘 보여주었다. 십여 년 간의 노력을 거쳐 유로화는 확실히 국제통화체제의 다원화 발전을 유력하게 추진했으며 달러화의 전통 세력 범위를 희석시켰다. 비록 유럽 채무위기가 한때는 유로화의 전망에 먹구름을 몰아온 적도 있었지만 시장은 여전히 유로화에 확신을 보였고 유로화도 꾸준한 개혁 과정에서 국제통화체제의 한 극으로서의 지위를 계속 유지했다.

정치적 각도에서 보면 유로화도 유럽연합 정치 의도의 수단이 되었으며 유로화의 창설은 유럽 일체화가 앞으로 튼튼한 한 걸음을 내디뎠음을 의미했다. 사회문화 각도에서 보면 유로화는 유로존 역내에 국계의 제한이 없고, 신분의 제약을 받지 않으며, 통화를 통용하고, 인구의 자유이동이 가능한 플랫폼을 창설함으로써 유럽 사회문화의 융합을 추진하는데 도움이 되었다. 각국 간 문화의 상호 침투는 유럽인들에게 한 지붕 아래에 사는 것 같은 분위기를 조성해 주어 유럽인의 운명 공동체의 느낌을 증강시킴으로써 유럽 일체화에 구심력과 응집력을 마련해 주었다.

(2) 유로존의 부정적 효과

유로화는 필경 일종의 통화일 뿐으로서 유로화의 추진이 비록 경제 발전에 일정한 긍정적인 추진역할을 할 수 있지만 그 자체도 시장 법칙의 구속을 받기 마련이다. 현재 세계 최초의, 그리고 유일한 초주권 통화로써 유로화지역 제도는 여전히 '결함'이 존재한다. 이런 '결함'들은 2009년의 유럽 채무위기 속에서 '나무통효과'의 파괴력을 남김없이 연출했다.

첫째, 역내 재정 경제 연계의 짜임새가 엉성하고 감독관리가 부족하다. 유로존은 비록 통화의 통일은 실현했지만 재정경제체제 통일의 실현까지는 거리가 멀다. 유로존이 회원국의 유로존 가입 당시의 재정 상황에 대해 비교적 엄격한 기준과 규제를 적용했지만 가입 후 충분한 감독관리가 따라가지 못했다. 게다가 유로존 회원국의 정치 입장·의식형태가 집권당의 교체에 따라 바뀌곤 했는데 이로써 이들 회원국이 전반 유로존 경제의 장기적인 발전에 어울리는 계획을 제정할 수 없는 상황을 결정지었다. 경제 운행이 안정적인 시기에는 유로존의 운영이 정상적인 상황을 유지할 수 있지만 일단 2008년 글로벌 금융 위기나 경제하행 압력과 같은 충격을 받을 경우에는 지역 내 느슨한 재정경제연계가 해결책의 제정과 실행을 저해해 위기 해결의 최적기를 놓치게 된다. 유럽 채무위기의 변화발전과정을 돌이켜보면 유로존 재정제도의 배치와 감독관리의 결여가 유럽 채무위기의 발생과 확산을 초래한 직접적인 요소라는 사실을 쉽게 발견할 수 있다.

둘째, 유로존은 '남북 차이'가 너무 크고 경제발전이 불균형적이다. 경제실력과 지리적 위치에 따라 유로존을 일반적으로 남부 국가와 북부 국가로 나누었다.[319] 유로존 창설 전에 유럽에는 이미 남북 차이가 존재했다. 비록 회원국 후보가 유로존에 가입하려면 비교적 엄격한 수렴 기준의 심사를 거쳐야 하고 또 유로존에 가입하게 되면 회원국 간의 경제 차이를 좁히는 데 도움이 될 것이라고 믿고 있었지만 현실적으로는 유로존에 가입한 뒤 회원국 간의 경제발전 수준 차이가 좁혀질 대신 오히려 더 확대되었다.[320] 유로존에 가입한 뒤 그리스·슬로베니아·키프로스를 제외한 기타 유로존 남부 회원국 모두 인구당 GDP 성장 폭이 조금씩 하락했다. 단일통화가 비록 비교적 강한 경제 주기 동보성 효과를 가져다주었지만 회원국 간 소득 수준은 그로 인해 동일 수준에 이르지 못했다.[321] 앨런 그린스펀 (Alan Greenspan) 미국 연방준비제도이사회 전임 의장은 그리스·이탈리아·포르투갈 등 '지중해클럽' 회원국의 경제경쟁력이 줄곧 독일 등 북부 국가들보다 낮았으며 유로존 창설 뒤에 이러한 근본적인 문제는 해결되지 않았을 뿐 아니라 오히려 더 악화되었다면서 이는 유로화 체제에 문제가 생기게 된 근본적인 원인이라고 밝혔다.

---

319) 남부 국가는 또 유로존 주변 경제체로 불리는데 여기에는 키프로스·그리스·이탈리아·몰타·포르투갈·스페인이 포함된다. 북부 국가는 또 유로존 핵심국가로 불리는데 여기에는 오스트리아·벨기에·폴란드·프랑스·독일·아일랜드·룩셈부르크·네덜란드 등이 포함되었다.

320) 수출경쟁력을 예 들면 독일은 마르크화 사용을 포기하고 환율이 상대적으로 낮은 유로화를 채용한 뒤 수출경쟁력이 더 강해졌다. 그러나 그리스·이탈리아 등 남부 국가들은 유로존에 가입한 뒤 환율의 평가 절상에 맞닥뜨리게 되자 원래도 취약했던 수출경쟁력이 더욱 약화되었으며 게다가 이들 국가들은 더 이상 통화의 평가 절하 정책을 통해 가격 우세를 얻을 수 없게 되었다.

321) 류훙중(劉洪鐘)·양궁옌(楊攻研) : 「'유로화 낙원'의 방황과 재건 — 동아시아 지역 통화협력에 주는 시사점에 대해 겸해서 논함」, 『당대 아태』 2011년 제2기.

[그래프 3-19] 1995~2013년 유로존 실업률과 인플레율 추이

(단위: %)

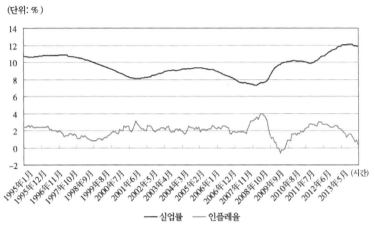

━ 실업률 ━━ 인플레율

※자료출처 : 유럽 중앙은행 사이트.

셋째, 통일된 통화정책과 분산된 재정정책 사이에 조절할 수 없는 모순이 존재한다. 저인플레이션을 유지하는 것이 유로존의 제1 목표였다. 필립스곡선은 인플레이션과 실업률 사이에 대체관계가 존재함을 보여주고 있는데 저인플레이션을 유지하려면 반드시 고실업비용을 지불해야 했다.(그래프 3-19) 유로존에 가입한 후 비록 여러 회원국이 통화에 대한 주권을 상실했지만 재정권은 여전히 소유하고 있었다. 이러한 '통일된 통화정책과 분산된 재정정책' 체제에는 많은 국한성이 존재했다. 즉 통화정책과 재정정책의 분리가 정책 조합 우세의 효과적인 발휘를 제한해 최종 유로존의 안정적인 운행에 불리한 요소로 작용하는 것이었다. 저인플레이션을 유지하기 위해 각국은 반드시 유럽 중앙은행을 협조해 재정긴축정책을 실행함으로써 통화긴축정책의 실행 효과를 보장해야 했다. 그러나 회원국들이 경제 불황의 곤경에 빠지게 될 경우 국내 정치압력을 경감시키기 위해 회원국

정부는 재정법칙을 무시할 수 있으며 심지어 경제성장을 유지하기 위해 적자 상한선을 뛰어넘는 것도 서슴지 않을 수 있었다. 대량의 재정지출로 인해 예산적자가 더 늘어날 것이며 지나치게 높은 재정 적자는 유럽 중앙은행의 통화긴축정책 실행을 방해해 유로존의 물가 안정 목표를 실현하기 어렵게 되었다.

넷째, 유럽 통화 일체화 확장의 깊이와 범위를 조절하기가 어렵다. 2004년 5월 1일 에스토니아·리투아니아·폴란드·체코·슬로바키아·헝가리·슬로베니아·라트비아·키프로스·몰타 10개국이 유럽연합의 새로운 회원국이 되었다. 이로써 유럽연합은 27개 회원국을 망라한 방대한 지역 집단으로 한 걸음 더 발전했다. 여건이 성숙되면 새 회원국은 언제든 필연적으로 유로존에 가입하게 되었다. 금융 일체화 방면에서는 유로존의 판도가 확대된 후 신·구 회원국 간 경제 이익 등 요소의 관계 및 의존 정도가 커졌으며 새 회원국의 가입은 또 유로존의 금융통화일체화의 심화에 새로운 도전이 되었다. 주로 지역 금융 조절의 난이도가 커지고, 역내 금융시장 리스크가 빠르게 퍼지며, 신·구 회원국 간 금융 불균형이 가중되고, 금융 감독관리가 시련을 겪으며, 통일된 정책 하에 무임승차를 하는 행위 등에서 반영되었다. 세계 경제가 복잡하게 변화하는 오늘날, 유로존의 확대는 유로존 일체화정도에 영향을 주는 가장 직접적인 요소이다.322) 확장 과정에 일체화 깊이와 범위를 어떻게 조절할 것이냐는 것도 유로존이 심각하게 반성해야 할 문제이다.

---

322) 주샤오메이(朱小梅)·딩옌루(丁艶如) : 「유로존의 확대가 유로존의 금융 일체화 심화에 주는 영향」, 『후베이(湖北)대학 학보』 2009년 제5기.

3. 유로존의 시사점

유로존 역내 주권 국가들이 자발적으로 본위화폐를 포기하고 새로운 공동 통화를 사용한 것은 전례가 없는 일이었다. 비록 이에 앞서 파운드지역·프랑화지역·달러지역이 이미 생겼고 통화의 통일을 실현한 적이 있지만 그 회원국들 대다수가 자원한 것이 아니며 식민 통치나 경제 패국 상황에서의 모종의 정치 동맹이었을 뿐이었다. 유로존은 최적 통화지역 관련 이론을 생생하게 실천했으며 국제통화체제 내용을 최대한 풍부하게 했다. 유럽 통화 일체화가 내디딘 한 걸음이 세계 경제 발전사에 심각한 시사점을 남겼다.

첫째, 경제 일체화는 통화지역 창설의 가장 중요한 기반이다. 국제 경제사회에서 경제 일체화의 형성과 발전은 한 국가의 경제 안전의 수요·경제실력과 경쟁력의 수요·경제 패권의 수요를 만족시키는 데 도움이 되며 이 세 가지 경제 수요의 차원이 낮은데서 점차 높아지고 있다. 회원국 간의 경제 수요가 강렬하고 차원이 높을수록 경제 일체화에 대한 추진 역할이 더 크다.323) 통일된 대 시장에서 통화동맹으로 발전한 것은 유럽 경제연합의 내재적 요구이며 유럽의 연합 통일의 거대한 역사적 응집력을 보여주었다.324) 유로존의 준비단계에 서부터 최종 형성에 이르기까지 전반 과정을 돌이켜보면 유럽 경제 일체화가 유럽 통화 일체화를 위한 경제적 기반을 마련해 주었음을 발견할 수 있으며 또 유럽 통화 일체화가 유럽

---

323) 성샤오바이(盛曉白) : 「경제 일체화의 형성과 발전의 내재적 동기에 대해 논함」, 『세계경제연구』 1995년 제5기.
324) 중국 무역구조 최적화 연구팀: 「유럽 경제 일체화의 역사적 변혁과 중국의 대책」, 『관리세계』 1991년 제6기.

경제 일체화의 고급 단계임을 알 수 있다.

둘째, 엄격하고 명확한 수렴 기준은 통화지역 회원국 선택의 선결조건이다. 수렴 기준을 만족시키는 것은 회원국 후보가 통화지역에 가입한 뒤 대칭성 충격을 갖출 수 있도록 보장해 통화지역 회원국 경제정책과 제도가 공동의 조절을 거쳐 한 방향으로 몰릴 수 있도록 추진함으로써 여러 회원국 간의 경제 차이를 좁혀 최종 통화지역의 장기적이고 안정적인 발전을 공고히 하기 위한 데 목적이 있다. 유로존이 비록 회원국 후보에 대한 비교적 엄격하고 명확한 수렴 기준이 있긴 하지만 심사 과정에서 일부 회원국 후보들이 장부 수치에 대해 '기술적인 처리'를 거쳐 겨우 기준에 도달하는 경우가 있다. 한편 유로존은 진용을 확대하기 위해 이에 대해 타협하고 받아들이는 태도를 취했으며 결과적으로 유럽 채무위기에 우환을 심어 놓은 격이 되었다.

셋째, 통화지역 내부에 중성의 독립적인 지역조직기구를 설립해 지역 전반 이익 최대화를 목표로 삼고 공평하고 공정하게 통화정책과 기타 정책을 제정하고 이행하며 감독 관리해야 했다. 지역조직 기구는 반드시 주권 국가의 이익범위를 벗어나 실제적으로 지역의 공공재가 되어야 하며 지역 강세 국가가 이익을 도모하는 수단으로 전락하는 것을 피해야 했다. 유로존 내부에서는 유럽 통화 중앙은행이 유로화 발행과 지역 통화정책·금융정책의 제정을 책임지며 '최후의 대출인' 직책을 행사했다. 유럽의회는 입법감독권을 행사하며 지역 사무가 법률 틀 내에서 운행되도록 보장했다. 통화지역이 복잡성을 띠기 때문에 이들 지역조직기구가 전 국면을 종합 관리할 것을 요구했다. 이들 기구가 제때에 공공 정책을 제정하고 각자의 위기에 빠르게 대응할 수 있는 예방과 조기 경보 체제를 수립함으로써 통화지역의 안정을 수호할 것을 요구했다.

넷째, 통화지역의 재정정책과 통화정책은 반드시 통일해야 했다. 재정정책과 통화정책은 모두 사회의 총 수요에 영향을 주는 것을 통해 거시적 경제 조정 목표를 실현하며 양자 간 협력이 밀접할수록 거시적 조정 효과가 더 양호하다. 반면에 양자가 만약 정반대 방향으로 가면 조정 효과가 서로 상쇄될 뿐 아니라 위기를 배로 확대시킬 수 있다. 유로존의 여러 회원국 재정에 대한 기율 감독이 부족하고 재정정책과 통화정책이 정반대 방향으로 갔기 때문에 유로존 내부 분화를 초래한 것이다. 유럽 채무위기가 발생한 중요한 원인 중의 하나는 유로존의 '통일된 통화정책과 분산된 재정정책'체제의 탓으로 돌리지 않을 수 없다.

제6절 위안화지역 내용에 대한 정의

본 절에서는 형성 시간의 순서에 따라 파운드 지역·프랑화 지역·달러 지역·엔화 지역 및 유로화 지역의 발전역사·효과 및 시사점에 대해 각각 논술했다. 이들 통화지역의 발전법칙은 우리가 위안화지역에 대해 연구하는 데 큰 도움이 되며 뒷글을 논증하는데 의거를 마련해주었다.

제2장과 제3장에서 최적통화지역 관련 기준 시스템·기존 통화지역의 잇단 창설 등 사실은 모두 통화지역의 창설이 방대한 공정으로써 조금만 신중하지 않아도 자칫 철저히 실패할 수가 있음을 설명한다. 그렇다면 우리는 왜 여전히 위안화지역 구상을 제기하는 것일까?

파운드 지역·프랑화 지역은 영국과 프랑스가 종주국 지위를 이용해 식민지를 착취하고 통제하는 수단이었으며 영국과 프랑스가 세계시장을 확장하고 쟁탈하는 무기이기도 했다. 파운드 지역과 프랑화 지역은 착취와 피착취·약탈과 피약탈의 불평등 관계를 토대로 창설된 것으로써 신뢰할 수 없고 장기적일 수 없다. '평화·발전·협력·공영'을 제창하는 시대적 배경 하에 파운드 지역과 프랑화 지역 모델은 다시는 돌아올 수 없다. 달러 지역의 형성은 역사적 우연성을 띤다. 미국은 두 차례의 세계대전을 거치며 전쟁으로 큰 재부를 축적함으로써 원유의 세계경제와 정치 구도를 바꿨으며 슈퍼 패주의 지위에 힘입어 세계에 달러화 네트워크를 구축했다. 달러 지역 모델은 다원화 제약과 균형을 이루는 현재에도 복제가 불가능한 것이다. 엔화지역은 비록 아시아 대국인 일본이 의도적으로 주도해 창설한 통화지역이긴 하지만 일본경제의 저조와 정치 외교적으로 인심을 얻지 못함에 따라 엔화지역도 갈수록 점점 멀어지고 있다.

우리가 제기한 위안화지역은 예전의 통화지역과 본질적으로 구별된다. 우리는 위안화지역을 다음과 같이 정의한다. 위안화지역은 예전 자본주의국가가 패권 쟁탈과 세계 분할을 위해 세력범위를 형성하는 그런 모델과 전적으로 구별되며, 평등하고 서로 이득이 되며, 서로 의존하고, 협력을 통해 공동으로 번영하는 것을 원칙으로 삼으며, 중국과 아시아·세계 경제사회 새로운 정세에 적응하고, 기존 국제통화체제의 객관적 사실에 맞추며 중국 자유무역구 전략적 배치와 결합시켜 중국과 자유무역구 협의 체결 동반자 간에 위안화의 보편적인 사용을 추진하는 것을 통해 위안화가 무역·투자·인적 왕래 등 경제무역교류활동 과정에서 결제통화·가격표시통화·준비통화가 될 수 있도록 추진하며 최종적으로 위안화의 주변화 · 지역화 · 국제화 과정에서 밀접한 통화제도 배치를 실현한 경제지리구역을 형성하는 것을 가리킨다. 위안화의 주변화 · 지역화 · 국제화는 위안화지역 창설의 전제와 중요한 과정이며 위안화지역 창설에서 점진적 · 안정적 원칙에 따라야 한다. 위안화지역 구상은 더욱 전략적이고 제도적인 국가 이익 구도이며, 세계가 중국 개혁발전의 홍리(보너스)를 공유할 수 있는 구도이다.

제 4 장

위안화지역 : 추세와 타당성

중국
위안화지역
연구

堀起

" 국가가 **강성**하려면 반드시
강대한 통화가 있어야 한다 "

제 4 장
위안화지역 : 추세와 타당성

‘국가가 강성해지려면 반드시 통화가 강대해야 한다.’ 위안화지역 창설은 중국이 자국 이익에 대한 자발적인 추구일 뿐 아니라 세계 경제 글로벌화의 객관적인 요구이기도 하다. 본 장에서는 국내와 국제 두 방면으로 위안화지역 창설의 객관적인 추세에 대해 정성분석을 진행하고, 경제발전·무역투자·자본계정 개방 및 국제 준비기능 등 각도에서 위안화지역 타당성 여부 판단 지표에 대해 추산과 평가를 진행하며, 실증 방법으로 위안화지역 창설 조건에 대해 계량 검정을 진행함으로써 위안화지역 창설의 타당성 판단에 빈틈없는 논증과 의거를 제공한다.

제1절 위안화지역 창설은 세계경제발전의 객관적 요구

1. 중국 경제발전의 필연적인 결과

한 국가의 통화가 세계에서 어떠한 지위를 차지하느냐는 그 국가가 세계무대 위에서 어느 정도의 영향력을 발휘할 수 있느냐에 따라 결정된다. 중국은 세계 경제·정치·외교 등 영역에서 발휘하는 영향력이 꾸준히 커져 그에 따라 객관적으로 위안화지역 창설의 필요성과 필연성이 커졌다.

(1) 중국의 막강한 경제실력은 위안화지역 창설에 물질적 토대를 마련했다.

한 국가의 통화가 지역 핵심 통화가 될 수 있는 것은 주로 시장의 자발적 선택의 결과이다. 그리고 시장이 자발적으로 모종의 통화를 선택하는 것은 그 통화 발행 국이 막강한 경제 실력을 갖췄기 때문이다. 첫째, 오직 한 국가 경제가 정상적으로 질서 있게 운행되며 안정하게 성장하는 전제하에서만이 국내외 시장이 비로소 그 국가 경제 형세에 대해 낙관적인 예기가 생길 수 있고 나아가서 그 국가 통화가 충분한 상환능력을 갖췄다는 것에 충분한 확신이 생길 수 있어 그 국가 통화가 비로소 국내외 시장에서 널리 인정받을 수 있다. 둘째, 세계경제 글로벌화 배경 하에서 흔히 한 국가 경제 규모가 크고 경제성장이 안정적일수록 그 국가 대외 경제활동 전개 능력이 더 강하다는 것을 의미하게 된다. 방대한 규모의 대외 경제 교류는 반드시 방대한 자금 이동을 부르게 되므로 이에 따라 통화 선택 문제에 부딪치게 된다. 만약 그 국가가 대외 경제

교류에서 충분한 가격결정권을 행사할 수 있다면 그 국가 대외경제 규모가 클수록 그 국가 통화의 역외 사용을 확대하는데 이롭다. 셋째, 한 국가의 경제실력이 커지면 지역경제에 대한 그 국가의 영향력을 확대하는데 도움이 되어 지역 내 기타 경제체들이 그 국가에 대한 의존도를 형성할 수 있으므로 이는 그 국가 통화를 지역 내에서 널리 보급하는데 도움이 된다.

한 가지 통화가 지역 주도 통화가 됨에 있어서 가장 기본적인 물질적 보장이 되는 것은 통화 발행 국이 막강한 경제실력을 갖추는 것이다. 파운드 지역·프랑화 지역·달러 지역·엔화 지역의 형성과 발전을 돌이켜보면 어느 것 하나 주도 통화 발행국의 막강한 경제실력에 의지하지 않은 경우가 없다. 파운드 지역과 프랑화 지역은 영국과 프랑스가 식민지 확장을 통해 수립한 강대한 경제 네트워크에 의지했고, 달러 지역은 제2차 세계대전 후 미국의 세계 최대 경제대국 지위에 의지했으며, 엔화가 국제준비통화 반열에 오를 수 있었던 것도 역시 제2차 세계대전 후 일본의 경제 진즉에 의존한 것이 사실이다. 그렇기 때문에 위안화지역 또한 반드시 중국이 막강한 경제실력을 갖춘 토대 위에 창설되어야 한다.

1978년 개혁개방정책의 실행, 1992년 덩샤오핑(鄧小平)의 남부 지역 순방 연설, 2001년 세계무역기구 가입이 중국 경제의 지속적이고 빠른 발전을 추진해 전반 실력이 뚜렷이 증강되었다. 국가통계국 수치에 따르면 2001년~2012년, 중국은 고정가 기준의 GDP가 연 평균 9.83%의 빠른 성장 폭을 이어왔다. 2005년에 중국은 GDP가 18조 2천억 위안(元)에 달해 프랑스와 영국을 추월해 세계 순위가 제6위에서 제4위로 올라 미국·일본·독일

버금가는 제4위 경제체로 부상했다. 2007년에 중국은 GDP가 24
조 6600억 위안에 달해 경제규모가 독일을 추월해 세계 제3위
경제체로 되었다. 그리고 2010년에 중국은 GDP가 39조 7400억
위안에 달해 처음으로 일본을 추월해 미국 버금가는 세계 2대
경제체로 부상했다.

그래프 4-1에서는 중국이 개혁개방 후 다년간 고정가 기준의
GDP 총량과 성장 폭 및 그 추이를 반영했다.

[그래프 4-1] 1980~2017년 중국 고정가 기준 GDP의 실제 수치와 예
기치 추이

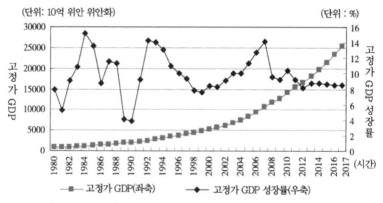

※주 : 2013—2017년 데이터는 예기 치임.
※자료출처 : IMF 사이트 WEO 데이터베이스.

그래프 4-1에서 알 수 있듯이 중국의 고정가 기준 GDP가 안
정하게 성장했고 줄곧 고속 성장을 이어 왔으며 1984년과 1992
년ㆍ2007년 모두 단계적 최고치에 달했다. 중국 경제가 장기적
으로 안정적이면서도 높은 성장을 이어온 사실에서 중국 경제
발전의 막강한 활력이 충분히 반영된다.

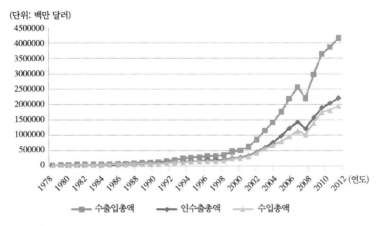

(단위: 백만 달러)

※자료출처 : 중국 국가통계국 사이트.

그래프 4-2는 1978~2012년 기간 중국의 대외무역상황 추이이
다. 그래프를 통해 개혁개방 후 특히 2001년 세계무역기구 가입
후 중국의 대외무역 규모가 눈에 띄게 확대된 것을 알 수 있다.
비록 2008년 글로벌 금융위기가 중국 수출입에 어느 정도 충격
을 가져다주었지만 그 후 매우 빨리 회복되었다.

외국인직접투자(Foreign Direct Investment, FDI) 방면에서 개혁개
방 초기 중국의 FDI 유치 규모는 무에서 유로, 작은데서 커졌
으며 안정하게 성장했다. 1992년 덩샤오핑 남부지역 순방 연설
뒤 중국은 외자 유치의 발걸음이 빨라져 1990년대 중기부터 상
당 규모에 달하기에 이르렀다.(그래프 4-3) 이에 따라 중국 개혁
개방 초기 자금과 외화가 극도로 부족한 어려움을 유력하게 해
결했으며 경외 직접투자자가 중국 경제성장의 중요한 추진 역
량이 되었다. 2001년 중국의 세계무역기구 가입은 중국이 대외

개방의 새 단계에 들어섰음을 의미하며 외국인직접투자 규모가
안정하게 확대되었다. 상무부의 통계에 따르면 2012년 중국은
총 2만 4925개의 FDI 프로젝트를 비준 유치했으며 외국인직접
투자 총액이 실행 기준으로 1117억 1600만 달러에 달했다. 이는
비록 동기 비해 각각 10.06%와 3.7% 하락한 수준이지만 총체적
인 형세는 세계 직접 투자의 대세보다 양호한 수준이었다. FDI
규모의 꾸준한 확대는 중국 경제의 더욱 우월한 투자환경과 갈
수록 강해지는 경제실력을 반영한 것이다.

[그래프 4-3] 1979~2012년 중국 FDI 유치 추이

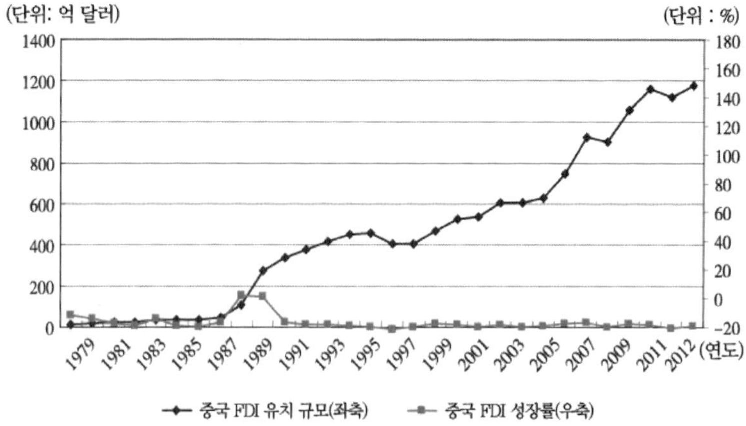

(단위: 억 달러)   (단위 : %)

━◆━ 중국 FDI 유치 규모(좌축)   ━■━ 중국 FDI 성장률(우축)

※자료출처 : 중국 상무부 사이트.

외환보유고 방면에서 1978년에 중국은 외환보유고가 겨우 1
억 6700만 달러로 외화가 턱없이 부족한 수준이었는데 30여 년
간의 발전을 거쳐 중국의 수출을 통한 외화 수입 창출 능력이
뚜렷이 증강되었다. 2006년 2월에 중국이 일본을 추월해 세계

최대 외화보유국이 된 후로 현재까지 다년간 연속 세계 외환보유고 최대국 지위를 이어오고 있다. 중국인민은행이 발표한 데이터에 따르면 2014년 3월말까지 중국 외환보유고 잔고가 3조 9500억 달러에 달했다.

그래프 4-4에서는 1978~2012년 기간 중국 외환보유고 보유량 추이를 반영했다. 충족한 외환보유고는 중국이 충분한 국제 상환능력을 갖추었음을 의미하며 중국이 대외결제능력과 국제수지균형 조절능력을 제고하는데 이롭고 위안화지역의 창설을 위한 외화 분야 토대를 마련해 줄 수 있다.

[그래프 4-4]   1978~2012년 중국 외환보유고 보유량 추이

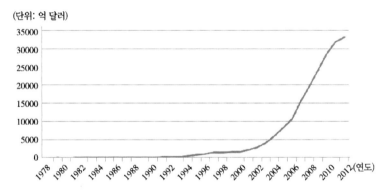

(단위: 억 달러)

※자료출처 : 중국 국가외환관리국 사이트

(2) 중국 거시적경제 장기적으로 상대적 안정 유지

통화지역을 창설하려면 주도 통화 발행 국에 반드시 상대적으로 안정된 거시적 발전환경이 마련돼야 한다. 한 경제체의 거시적경제형세의 좋고 나쁨은 경제성장률 · 인플레율 · 실업률 ·

국제수지균형상황 4대 지표를 통해 종합적으로 판단할 수 있다.

국가통계국이 발표한 데이터에 따르면 2012년 중국의 국내총생산 성장 폭이 7.7%인 것으로 최종 확인됐고 2013년 성장 폭은 7.7%로써 합리적인 성장구간을 유지했으며 경제 성장이 완화된 가운데 안정적인 추세를 보였다. 그래프 4-1에서도 IMF가 중국 2013~2017년 경제성장에 낙관적인 예상 치를 유지하고 있고 중국 경제가 여전히 안정적이고 질서 있는 성장을 유지할 것임을 알 수 있다. 중국의 생산능력 과잉 · 성장방식의 조방성 · 경제구조의 비합리성 등 문제에 대해 제18기 3중전회에서는 『개혁을 전면적으로 심화하는 것 관련 몇 가지 중대한 문제에 대한 중공중앙의 결의』를 발표했다. 전회 성명에서는 경제체제 개혁이 개혁을 전면적으로 심화하는 중점이라면서 안정적인 성장 · 구조조정 · 개혁 추진에 주력해야 한다고 강조했다. 중앙경제업무회의에서는 GDP에 대한 인식을 심화했으며 'GDP로 영웅을 논하는' 정치 업적의 주도 방향을 시정하는 데 주력해야 한다며 경제성장의 질을 강조했다. 이로부터 중국의 전면적인 개혁 심화가 보다 많은 개혁의 혜택을 창출할 것이며 중국 경제 총량과 구조가 모두 새로운 단계로 올라설 수 있을 것임이 예견된다.

물가안정은 한 국가 경제운행의 여러 방면에 영향을 준다. 중국의 재정 · 금융 등 영역 개혁이 꾸준히 심화됨에 따라 중앙정부는 적극적인 재정정책과 안정한 통화정책 조합을 충분히 적용해 눈에 띄는 효과를 거둠으로써 중국 경제의 빠르고 안정적인 발전을 보장한 동시에 물가를 합리적인 구간에 통제시켰다. 그래프 4-5에서는 1987부터 중국 소비자 물가 지수(CPI)의 추이를 반영했다.

[그래프 4-5] 1987~2017년 중국 인플레율의 실제 수치와 예상치

(단위: %)

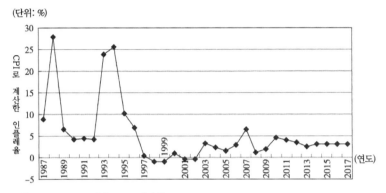

※주 : 2013—2017년은 IMF 예기치.
※료출처 : IMF 사이트 WEO 데이터베이스.

이로부터 21세기에 들어선 뒤 중국은 1990년대의 고인플레 문제를 극복하고 물가가 장기적인 안정 상태를 유지했으며 변동 폭이 상대적으로 작았다. IMF는 중국이 앞으로 몇 년 내에 물가의 상대적 안정을 유지할 것으로 예기했다.

경제의 빠른 성장은 노동력에 보다 많은 취업기회를 마련해 줌으로써 중국의 실업률이 장기간 낮은 수준을 유지해 취업상황이 비교적 이상적이었다. 그래프 4-6에서 볼 수 있듯이 1980년부터 시작해 중국은 실업률이 안정적으로 하락해 1.8%의 낮은 수준에 이른 뒤 줄곧 3~4%의 수준을 유지했다. 심지어 1997년 아시아 금융위기와 2008년의 글로벌 금융위기도 중국의 취업형세에 심각한 충격을 주지 못했다. 상대적으로 낙관적인 취업형세는 거시적경제가 양호하게 운행되고 있음을 직접 반영했

으며 한편 또 사회질서를 안정시켜 사회와 경제의 질서 있는 발전에 조화로운 환경을 마련해 주었다.

[그래프 4-6]   1980~2011년 중국 실업률 상황

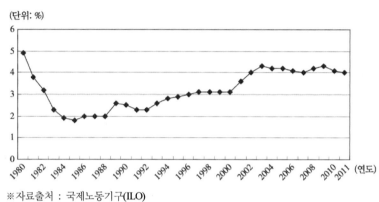

(단위: %)

※자료출처 : 국제노동기구(ILO)

중국의 국제수지균형 상황은 오랜 시간 동안의 '이중 흑자'를 겪은 뒤 일련의 '재 균형' 조치를 거쳐 일정한 정도로 완화되었다. 표 4-1을 보면 중국의 경상항목이 장기적으로 흑자를 유지했으며 2008년에 경상항목 차액이 최고치에 달한 뒤 정부가 '수출 안정·수입 추진·구조조정'의 대외무역정책 기조를 확립함에 따라 경상항목 불균형 상황이 완화되기 시작했음을 알 수 있다. 화물무역은 줄곧 중국 경상항목 흑자의 기여자인 반면에 중국의 서비스무역은 장기간 적자에 처해 있었다. 자본항목을 보면 1998년에 아시아 금융위기의 영향을 받은 것을 제외하고 중국의 자본항목은 줄곧 흑자였는데 이는 중국에 대한 외자의 순유입을 설명하며 중국 경제 환경의 안정성과 흡입력을 반영한다.

[표 4-1]   2001~2012년 중국 국제수지균형표

(단위: 억 달러)

연도	경상항목 차액	화물차액	서비스 차액	자본과 금융항목 차액	자본항목 차액	금융계정 차액	보유계정 차액
2001	174	340	-59	348	-0.5	348	-473
2002	354	442	-68	323	-0.49	323	-755
2003	431	444	-85	549	0	549	-1061
2004	689	590	-78	1082	-1	1082	-1901
2005	1324	1342	-96	953	41	912	-2506
2006	2318	2177	-88	493	40	453	-2848
2007	3532	3154	-79	942	31	911	-4607
2008	4206	3159	-118	401	31	371	-4795
2009	2433	2495	-294	1985	39	1945	-4003
2010	2378	2542	-312	2869	46	2822	-4717
2011	1361	2435	-616	2655	54	2600	-3878
2012	1931	3216	-897	-168	43	-211	-966

※자료출처 : 중국 국가외환관리국.

중국은 거시적경제가 장기적으로 빠르고 건전한 발전추세를 유지해 왔는데 이는 중국이 경제실력을 공고히 하고 증강하는 데 중요한 보장이 되었으며 또 위안화지역의 창설을 위한 튼튼한 물질적 토대를 마련한 것이기도 하다. 한편 거시적경제의 장기적인 상대적 안정은 중국 경제에 대한 해외 주민의 확신을 높여주어 위안화지역의 창설을 위한 강대한 국제적 공신력을 형성하는데 도움이 된다.

(3) 완벽화한 금융시장과 금융시스템은 위안화지역 창설의 유력한 보장

금융시장과 금융시스템이 충분히 건전하고 완벽한 것은 통화지역의 순조로운 창설과 정상적인 운행을 실현할 수 있는 조건이다. 통화지역의 여러 회원국, 특히 통화지역 주도 통화 발행국은 상당한 범위와 깊이·탄력을 갖춘 금융시장이 지탱해주어야 한다. 그것은 다음과 같은 이유에서다. (1) 통화지역 내 서로 다른 통화 사이의 자유태환은 주로 금융시장과 금융기구를 통해 완성하기 때문이다. (2) 통화지역은 완벽한 외환시장을 통해 가격발견 체제와 가격조절 체제를 형성해야 하며 금융시장의 반응기능에 의지해 존재하는 문제를 제때에 발견하고 해결함으로써 통화지역 중앙은행이 효과적인 조정을 진행하는 데 이롭도록 해야 한다.

사회주의 시장경제가 깊이 발전함에 따라 중국의 금융시장화 개혁도 탁월한 성과를 거두었다. 현재 중국 금융시장의 범위·깊이·탄력이 모두 비교적 큰 발전을 이루어 거래장소의 다차원성과 거래 품목의 다양성·거래체제의 다원화 등 특징을 갖춘 금융시장시스템을 형성했다.

1990년대부터 중국 금융시장의 발전이 눈에 띄는 성과를 거두었다. 통화시장이 중앙은행 거시적조정의 중요한 플랫폼이 되었고, 자본시장 규모가 꾸준히 커져 국제금융시장에서 차지하는 지위가 꾸준히 상승했으며, 외환시장체제가 기본상 형성되었고, 황금시장의 발전이 비교적 완벽하며, 선물시장이 중국 경제 금융의 안정적인 발전을 위해 리스크를 피면할 수 있는 체제를 마련했다. 중국은 경제와 금융의 글로벌화 진행에 적극 참여했

으며 중국[상하이(上海)]자유무역시험구가 바로 중국이 개방을
전면 심화하는 새로운 시작이다.

2. 아시아 경제발전의 수요

제2차 세계대전 후 세계 경제가 빠르게 발전했으며 특히 아
시아 '네 마리의 작은 용'을 대표로 하는 신흥경제체는 기적을
창조했다. 그러나 1997년 아시아 금융위기가 아시아 경제체에
엄청난 타격을 입혔고 2008년 미국의 서브프라임 모기지 사태
로 인한 금융위기가 세계를 휩쓰는 바람에 아시아 경제가 또
한 번 저조기에 빠졌다. 현재 유럽연합이 여전히 주권 채무위
기의 영향을 받고 있고 미국 경제는 비록 회복의 기미를 보이
고 있지만 세계 경제형세는 총체적으로 낙관할 수 없는 상황
이었다. 글로벌화가 갈수록 심화되는 배경 하에 아시아의 어
느 한 경제체도 세계 경제를 떠나 독선적이 될 수는 없었다.
따라서 아시아 자체에 속하는 통화체제를 공동으로 수립하는
것이 아시아 경제체들에는 더욱 실무적이고 이성적인 선택이
라 할 수 있다.

아시아의 신흥 경제체들은 단기적으로는 성장 폭 유지 임무
를 안고 있고 장기적으로는 발전방식 전환과 업그레이드의 시
련에 직면했다. 이러한 문제는 모두 아시아 지역 경제협력을 강
화하는 것에 의지해야 한다. 아시아 지역 경제 일체화는 이미
폭넓게 성과를 거두었다. 경제무역활동의 심층 교류는 반드시
지역 금융협력을 강화해 달러화에 대한 의존도를 점차 낮추고
최종 달러화에 대한 의존에서 벗어나 아시아 지역성 통화를 점
차 창설할 것을 요구하게 되었다. 아시아 지역 통화 협력의 진

전은 금융위기로 인해 크게 빨라졌다. 위안화지역의 창설도 그 과정에 순응하기 위해 전개한 유익한 탐색과 적극적인 시도였다. 위안화지역이 창설될 수만 있다면 아시아경제의 안정적인 발전을 추진해 세계 경제 정치에 대한 아시아의 발언권을 높이는 데 도움이 되었을 것이다.

(1) 동아시아 통화 일체화의 침투는 위안화가 관건 통화로 부상하는 계기이다.

1997년 아시아 금융위기와 2008년 글로벌 금융위기를 겪은 아시아 여러 경제체들은 경제의 글로벌화로 인해 그 어떠한 국가도 독립적으로 글로벌 금융 리스크를 막아낼 수 있는 힘이 없다는 것을 깊이 인식하게 되었다. 지역 통화협력은 각국이 거래비용을 낮추고 공동으로 외부 충격을 막아낼 수 있는 효과적인 경로를 마련해줄 수 있기 때문에 금융위기에 대처하는 필연적인 선택이었다. 비록 동아시아 여러 국가와 지역이 지역협력을 통해 금융리스크를 막아내야 한다는 공동 인식을 보편적으로 달성했고 또 일련의 협력 성과를 거두었지만 현재 동아시아 통화협력의 진일보의 발전을 제약하는 중요한 요소는 아시아에 지역 핵심 통화가 결여된 것이다. 이처럼 '용의 무리에 우두머리가 없는 것'과 같은 현황이 동아시아 통화협력에 핵심 역량이 부족한 상황을 만들었다.

위안화가 동아시아 지역화에서 관건 통화로 될 가능성이 꾸준히 커지고 있다. 중국정부는 지역과 국제 사무의 여러 분야에서 참여도를 꾸준히 높이고 있는데 이는 중국이 책임지는 대국의 풍채를 보여준 것이다. 특히 1997년 아시아 금융위기 때 일본 등 국가들이 타국의 이익에 영향을 주는 것을 아랑곳 않고 엔화의 평가 절하를 방임하고 있을 때 중국 정부가 '위안화는 평가 절하하지 않을 것'이라는 승낙을 했으며 동아시아 경제체의 이익을 최대한 수호했다. 표 4-2에서 보다시피 아시아 금융위기 후 상당히 긴 시간 동안 위안화는 평가 절하하지 않았을 뿐 아니라 오히려 안정적으로 평가 절상했다. 중국정부의 책임지는 자세는 아시아시장에 대한 각 국 투자자들의 확신을 유지시켰을 뿐 아니라 중국정부를 위해 양호한 국제 신용을 얻어왔으며 또 아시아지역에서 위안화의 공신력을 크게 제고함으로써 위안화의 탄탄하고 믿음직한 신용 기반을 마련했다.

[표 4-2] 아시아 금융위기 후 위안화 환율 변동 상황

연도	1997	1998	1999	2000	2001	2002	2003	2004	2005
CNY/USD	8.2898	8.2791	8.2783	8.2784	8.2770	8.2770	8.2770	8.2768	8.1943

※자료출처 : 중국 외환관리국.

한편 엔화는 동아시아지역 관건 통화 지위 쟁탈에서 갈수록 무기력해졌다. 한편으로 1990년대부터 경제 버블이 붕괴된 후 엔화가 평가 절상에 이어 급격히 평가 절하하는 갑작스러운 상황에 일본 경제는 미처 손 쓸 틈이 없어 '헤이세이 불황'에서 벗어나기가 어려웠다. 국제생산분업체제와 국제산업이전도 일본을 상대적 약세지위에 처하게 만들었으며 일본 경제가 지속적인 침체기에 빠지게 되었다. 다른 한편으로 일본은 동아시아 여러 국가와 정치역사문제에서 장기적으로 장벽이 존재해 왔다. 일본이 침략역사를 미화하는 태도가 아시아 피해지역 국민의 감정

을 크게 상하게 했다. 이에 따라 엔화는 주변 국가와 지역의 신임을 얻기가 어렵게 되었다. 최근 몇 년간 아베정부의 외교적 움직임이 잦고 우익세력의 군국주의사상이 다시 살아나고 있어 더욱 아시아 여러 국민의 경계와 불만을 불러일으키고 있다. 이러한 요소들로 인해 엔화가 인정받을 수 있는 정도를 약화시키고 있으며 따라서 엔화는 동아시아지역 관건통화가 될 수 있는 가능성을 잃고 있다.

(2) 아시아에서 중국경제의 절대적 우세는 위안화지역 창설의 토대이다

1990년대부터 중국 경제 평균 성장 폭이 줄곧 아시아 기타 국가와 지역보다 높았다. 그래프 4-7은 1990~2018년 중국과 아시아 대표 경제체의 고정가 기준 GDP 성장률 실제 수치와 예측 수치이다. 여기서 1992년 후부터 중국 경제 성장률이 줄곧 아시아 기타 경제체보다 높았음을 알 수 있다. 세계 경제 쇠퇴의 그늘 아래서도 중국 경제는 여전히 평온하면서도 빠른 성장을 유지했다.

중국 경제의 빠른 발전은 평균 성장 폭에서 반영될 뿐 아니라 성장의 안정성에서도 반영된다. 장기간 중국 경제 발전이 기타 아시아 경제체보다 더 안정적이었으며 아시아의 경제 안정에 중요한 역할을 발휘했다. 각국 GDP 성장률의 베타상관계수에 대한 계산을 통해 알 수 있듯이 아세안 6개국과 비교해 보면 베트남을 제외하면 중국 GDP 성장률의 베타상관계수가 가장 낮아 0.27밖에 안 된다.(표 4-3)

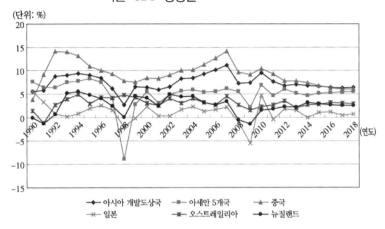

※주 : 2013—2018년 수치는 예측 수치.
※자료출처 : IMF 사이트 WEO 데이터베이스.

[표 4-3] 1981~2012년 중국과 아세안 6개국 GDP 성장률 기본 분석표

	평균치	표준차	변이계수
중국	10.10%	2.78%	0.27
싱가포르	6.91%	4.20%	0.61
태국	5.63%	4.48%	0.80
말레이시아	5.98%	3.94%	0.66
인도네시아	4.95%	3.79%	0.77
필리핀	3.16%	3.46%	1.10
베트남	6.91%	1.69%	0.24

※자료출처 : IMF 사이트 WEO 데이터베이스.

(3) 위안화 해외 유통이 이미 초보적으로 규모를 갖추었다

중국 경제는 30여 년의 축적을 거쳐 실력이 유력하게 탄탄
해지고 증강되었으며 게다가 아시아 경제에 넓은 시장공간을

마련해 놓았다. 중국과 아시아 기타 경제체간의 양자 경제무역거래에서 위안화에 대한 해외 수요가 꾸준히 늘어나고 있다. 이는 위안화지역 창설을 위한 시장 구동력을 마련해주었다.

수출입시장 구조를 보면 중국의 수출입시장은 아시아지역 내부로 점차 이전하고 있으며 중국이 점점 아시아지역에서 가장 중요한 시장 제공자로 부상하고 있다. 중국 해관의 통계에 따르면 2012년 중국의 아시아 여러 경제체에 대한 수출입무역 총액이 중국 수출입무역 총액의 절반을 차지했으며 아세안 10개국에 대한 무역액이 무역총액 중에서 차지하는 비중은 약 10%로 역내 선진국인 일본과 한국이 아세안에서 차지하는 무역 비중을 추월했다. 중국이 동아시아지역의 국제 분업에 꾸준히 참여함에 따라 동아시아 경제체의 중국에 대한 의존도가 꾸준히 증강되고 있다. 앞으로 몇 년 내에 중국은 점차 미국을 대체해 동아시아 최대 수입국으로 부상할 것이고, 동아시아 기타 경제체의 절반 이상을 차지하는 수출이 중국으로 향하게 될 것이며, 중국은 동아시아지역에서 '시장 제공자'의 지위를 강화할 것으로 전망된다.

대외무역잔고의 지리적 분포 구조를 보면 비록 최근 몇 년간 중국의 대외무역 흑자가 아주 크지만 중국과 동아시아 기타 경제체 간의 무역은 방대한 적자가 형성되었다. 그 적자는 주로 중국과 동아시아 기타 경제체 간에 자원구조와 산업구조상에서 비대칭 상호보완성이 존재하는데서 비롯되었다. 중국의 국부적인 적자 추세가 한층 더 확대될 것이다. 그 원인은 다음과 같다. (1) 중국과 동아시아 경제구조의 상호 보완성이 여전히 매우 크기 때문이다. 현재 여전히 채 개발되지 못한 많은 협력공간이 존재한다. (2) 중국은 더 이상 무역 흑자를 추구하기 위해 고심하지 않고 '수출 안정 · 수입 추진 · 구조 조정'의 대외무역 정책을 제기해 수입의 역할에 대해 더욱 중시하고 있기 때문이다. (3) 위안화의 평가 절상 · 미국과 유럽 등 서방 국가 경제가 곤경에 빠진 등 요소로 인해 중국의 수출 성장속도가 더욱 더뎌졌지만 국내 경제 발전은 객관적으로 발전에 필요한 더 많은 에너지 · 원자재 · 소비품에 대한 수입을 필요로 한다. 따라서 동아시아 기타 경제체에 대한 중국의 무역 적자가 안정 속에서 다소 늘어나게 될 것이다.

해관의 통계 수치에 따르면 2011년 중국의 대 아세안 무역 적자가 226억 8800만 달러에 달하고 2012년에는 중국의 대 아세안 무역이 비록 적자에서 흑자(흑자금액이 81억 5100만 달러)로 돌아섰지만 중국의 아세안으로부터의 수입은 여전히 상승했다. 이밖에 중국은 이미 한국의 최대 수출시장과 일본의 제2위 수출시장, 태국의 제3위 수출시장, 인도네시아 · 싱가포르 · 필리핀 · 말레이시아 등 국가의 제4위 수출시장으로 부상했다. 동아시아 기타 경제체에 대한 중국의 무역 적자는 동아시아 경제 벨트에 발전기회를 가져다준 동시에 위안화가 상품과 서비스 결제 방식으로 동아시아로 유입되도록 유리한 조건을 마련함으로써 위안화가 동아시아지역 무역에서 점차 국제 가격표시와 청산 결제 기능을 발휘할 수 있는 가능성을 마련했다.

(4) 동아시아 경제체와의 협력관계를 강화하는 것은 위안화지역 창설을 위한 기반을 마련하는 것이다

최근 몇 년간 중국은 동아시아지역과 보다 밀접한 경제무역

관계를 수립하기 위한 행보를 빨리하고 있다. 2002년에 중국은 아세안과 『포괄적 경제협력 기본협정』을 체결한데 이어 '조기 수확계획'을 가동해 화물무역협정·서비스무역협정·투자협정 등 협력협정을 체결했으며 또 2010년에는 중국-아세안 자유무역구(China-ASEAN Free Trade Area, CAFTA)를 정식으로 전면 가동했다. 현재 중국과 아세안은 CAFTA업그레이드판의 가동에 주력함으로써 중국과 아세안이 '황금 10년'에서 '다이아몬드 10년'으로 나갈 수 있도록 추진하고 있다. 그동안 중국 대륙은 홍콩·마카오·대만 지역과도 『더욱 밀접한 경제무역관계 수립 관련 배치』·『해협 양안 경제협력 기본협정』을 체결했다. 이러한 제도적 배치는 모두 중국이 동아시아 기타 경제체로부터 더 많은 상품과 서비스를 수입하는데 이로우며 중국과 동아시아 기타 경제체의 지역경제 일체화를 강화하는데 이롭다.

양자 무역 방면에서 중국과 아세안의 무역 총액이 2002년의 548억 달러에서 2012년의 4천 억 9천 만 달러로 늘어 5배 넘게 성장했다. 2012년에 중국은 이미 아세안의 최대 무역 파트너로 부상했으며 아세안은 중국의 제3위 무역파트너로 되었다. 2013년에 중국-아세안 수출입총액이 4436억 1천만 달러에 달했다. 제품의 시장 진출 허용 기준을 보면 2010년 중국-아세안 자유무역구가 가동된 후 중국의 대 아세안 평균 관세를 9.8%에서 0.1%로 낮췄고 아세안 6개 오랜 회원국의 대 중국 평균 관세는 12.8%에서 0.6%로 낮췄다. 중국과 아세안 간에 7881종의 제품과 90%의 화물에 대해 제로 관세를 실현했으며 2018년에 이르러 나머지 지극히 민감한 제품에 대해서도 관세를 한 층 더 낮추게 될 것이다.

양자 투자 방면에서 2011년 중국 대륙의 대 아세안 금융류 직접투자가 25억 4천만 달러에 달해 동기보다 13.1% 성장했으며 아세안이 최초로 중국 기업의 해외투자 최대 시장으로 부상했다. 2013년 연말까지 중국과 아세안 간 양방향 투자가 누계 기준으로 1147억 8천만 달러에 달했다. 그중 아세안 국가가 중국에 대한 실제 투자액이 누계 기준으로 854억 4천만 달러에 달해 중국 외자유치 총액의 6%를 차지했다. 중국기업이 아세안 국가 비금융류 투자 총액은 누계 기준으로 293억 4천만 달러에 달했다. 2013년 신규 직접 투자가 57억 4천만 달러에 달해 29.8% 늘어났다.

2003년 중앙정부가 각각 홍콩특별행정구정부·마카오 특별행정구정부와 『더욱 밀접한 경제무역관계 수립 관련 배치』에 대한 주체 협정을 체결했으며 실행 첨부 서류와 보충 협정도 체결했다. 2010년 대륙 해협 양안관계협회와 대만 해협교류기금회가 『해협 양안 경제협력 기본협정』을 체결했다. 중국 대륙과 홍콩·마카오·대만의 일련의 제도 조치는 대륙과 홍콩·마카오·대만 간의 관세와 비관세 무역 장벽을 대폭 낮추었으며 무역 자유화와 투자 편리화를 추진함으로써 경제무역협력 수준을 제고했다. 각항 협정의 실행 효과가 뚜렷하게 나타났는바 홍콩 방면에서는 2004년 홍콩경제가 아시아 금융위기의 그늘을 벗어나기 시작했고, 2004~2006년 경제 복합성장폭이 7.21%에 달했으며 홍콩 제품의 중국 본토에 대한 수출이 성장세가 나타나기 시작해 3년간 이어오던 지속적인 하락세를 돌려세웠다. 마카오 방면에서 마카오경제는 도박 관광업 위주의 단일 구조인데 CEPA 체결 후 마카오의 도박업과 관광업을 탄탄히 다지고 강화했을 뿐 아니라 마카오 경제의 다원화 발전을 추진하는 데도 도움을 주어 경제 리스크를 낮추었다. 대만 방면에서는 2003년부터 대륙이 미국과 일본을 추월해 대만의 최대 무역 파트너와 최대 수출시장이 되었으며 2010년에 체결한 경제협력 기본협정은 해협 양안의 경제무역 관계를 유력하게 개선하고 탄탄하게 다졌다. CEPA와 ECFA는 중국 대륙이 홍콩·마카오·대만과 제도적 협력을 전개하는 새로운 수단으로서 대륙과 홍콩·마카오·대만 간의 경제무역 관계를 심화시켜 '중화 경제권' 일체화 과정을 추진했다.

중국-아세안 자유무역구·'중화경제권'은 위안화지역의 창설을 위한 양호한 계기를 마련했으며 현재 위안화는 홍콩·마카오·대만·아세안 지역에서 원활하게 유통되고 있다. 태국의 방콕 은행(Bangkok Bank) 중국인 사무부 고문 수텝(Suthep)은 2010년 중국-아세안 자유무역구가 전면 가동된 후 주민이 보유한 위안화 수량과 위안화 수요가 대폭 늘어날 것이므로 위안화에 '지역 주도 통화로 부상할 수 있는 기회'를 가져다 줄 것이라고 주장했다.

중국은 마땅히 기존의 경제무역협력제도의 프레임워크를 충분히 이용해 지역 경제협력을 강화해 동아시아지역에서 위안화가 하루 빨리 사실상의 주도통화가 될 수 있도록 추진함으로써 위안화지역의 형성을 추진해야 한다.

3. 세계 경제 일체화의 요구

(1) 경제 일체화가 통화 일체화를 이끈다

경제일체화는 세계 각국(지역) 서로 간에 경제 개방을 실현해 서로 연계하고 서로 의존하는 유기체를 형성하는 과정을 가리킨다.

글로벌화 물결 속에서 세계는 갈수록 편평해지고 있으며 글로벌 경제는 갈수록 일체화되고 있다. 그 과정에서 통일된 지역 통화는 필수 내용과 표현형태이다. 경제 일체화의 추진 하에 지역 경제체 간의 무역 왕래가 갈수록 잦아지고 있고 투자 규모가 꾸준히 확대되고 있으며 투자 주체가 갈수록 다원화되고 있고 국가 간의 금융활동도 꾸준히 늘어나고 있다. 지역 통일 통화는 지역 내 거래 비용을 효과적으로 낮춰 지역 간의 경제 효율을 높일 수 있어 이로써 지역 각국(지역)이 모두 이익을 얻을 수 있게 된다. 때문에 경제 일체화가 꾸준히 심화됨에 따라 역내 통화 일체화는 반드시 의사일정에 오르게 된다.

(2) 경제 일체화 정도가 꾸준히 깊어짐에 따라 금융 통화 일체화를 추진한다

통화의 지역화는 경제 일체화 정도가 꾸준히 깊어짐에 따라 점차 발전한다. 지역 경제 일체화의 주요 목적은 역내 제품과 요소의 자유이동을 추진하는 것이다. 지역 통화 일체화(혹은 지역 통화협력)가 비록 지역 경제 일체화 최초의 목적은 아니지만 지역 경제 일체화가 깊어짐에 따라 경제 일체화의 결과가 될 가능성이 크다. 지역 경제 일체화 강화에 대한 제도적 배치를 통해 지역 내부 경제 연계를 한층 더 밀접히 하고 역내 통화 사용 기반을 탄탄히 다지며 통화의 지역화 진전을 가속할 수 있다. 영국과 프랑스는 각각 자국의 식민지에 대한 지역 무역 우대조치를 통해 종주국과 식민지 사이 요소의 이동 방면에서 적극적인 역할을 발휘한 동시에 각자 식민지체제 내에서 파운드화와 프랑화의 주도적 지위도 강화했다. 식민지체제가 붕괴된 뒤에도 역사적 관성으로 인해 파운드화와 프랑화의 국제적 지위가 여전히 장기간 유지될 수 있었다. 유로화의 형성과 확장은 더욱 그러하다. 먼저 지역 내에서 경제 일체화를 실현하고 한 걸음 나아가 일부 회원국 범위 내에서 공동 통화를 창조하고 그 다음 지역 내 새로운 회원국을 끌어들였으며 전반 통화지역이 유럽연합의 확대와 함께 확장되었다. 이로부터 알 수 있듯이 통화의 지역화는 반드시 경제 일체화 정도가 꾸준히 깊어진 상황 하에서 점차 발전하는 것으로서 경제 일체화 정도가 깊을수록 통화지역 형성의 가능성이 커지는 것이다.

(3) 위안화지역의 창설이 세계 경제 일체화를 더 잘 추진할 수 있다

위안화지역이 만약 성공적으로 창설된다면 위안화는 먼저 지역통화로써 주변 국가와 지역에서 기능을 이행할 수 있게 되는데 이는 중국이 주변 국가 및 지역과 경제와 무역·금융 왕래를 강화하는데 이로우며 역내 여러 회원국 통화의 해외 유통이 점점 더 빈번해질 것이며 여러 회원국 간의 대외무역 연동성도 대폭 제고되어 전반 역내 경제 일체화 진전이 뚜렷이 빨라질 것이며 나아가서 세계 경제 일체화를 추진할 수 있을 것이다. 이밖에 중국과 주변 국가 및 지역 간의 일체화 발전으로 국제 정치와 경제 사무에서 동아시아지역의 지위를 증강시킬 수 있어 글로벌 경제의 안정에 긍정적인 영향을 일으킴으로써 세계 경제 일체화를 더 잘 추진할 수 있다.

4. 위안화의 국제 영향력이 뚜렷이 제고되었다

(1) 위안화 가치의 장기적인 상대적 안정이 위안화의 국제 영향력을 높였다

한 국가의 통화가 국제시장에서 널리 유통되려면 그 가치가 반드시 충분히 안정적이어야 한다. 안정적인 통화만이 그에 대한 사람들의 확신을 유지시킬 수 있다. 만약 한 국가의 통화 환율이 변동이 잦으면 통화 보유자들은 변동으로 인한 위험을 피하기 위해 그 통화의 보유를 줄이고 대신 다른 통화를 보유하는 것으로 위험을 분산시키려 할 수 있다. 이런 상황에서 그 국가 통화 보유에 대한 수요가 제한적일 수밖에 없으며 지역화와 국제화의 전개는 논할 필요도 없다. 중국은 1990년대 중·후기부터 위안화 환율이 줄곧 안정을 유지하는 가운데서 소폭 상승했다. 1997년 아시아 금융위기가 발생한 뒤에도 위안화 가치는 여전히 대폭적인 변동이 나타나지 않았다.

[표 4-4] 1990~2013년 위안화와 동아시아 기타 주요 통화 간 태환 환율

연도	엔화	한화	싱가포르 달러화	타이 밧화	링기트화	필리핀 페소화
1990	30.27	147.97	0.38	5.35	0.57	5.08
1991	25.30	137.76	0.32	4.79	0.52	5.16
1992	19.40	119.60	0.25	3.89	0.39	3.91
1993	12.81	92.47	0.19	2.92	0.30	3.12
1994	11.86	93.22	0.18	2.92	0.30	3.07
1995	11.26	92.35	0.17	2.98	0.30	3.08
1996	13.08	96.76	0.17	3.05	0.30	3.15
1997	14.60	114.75	0.18	3.78	0.34	3.56

1998	15.81	169.28	0.20	5.00	0.47	4.94
1999	13.76	143.61	0.20	4.57	0.46	4.72
2000	13.02	136.61	0.21	4.85	0.46	5.34
2001	14.68	155.97	0.22	5.37	0.46	6.16
2002	15.15	151.15	0.22	5.19	0.46	6.23
2003	14.01	143.97	0.21	5.01	0.46	6.55
2004	13.07	138.38	0.20	4.86	0.46	6.77
2005	13.45	124.98	0.20	4.91	0.46	6.72
2006	14.59	119.75	0.20	4.75	0.46	6.44
2007	15.48	122.15	0.20	4.54	0.45	6.07
2008	14.87	158.60	0.20	4.79	0.48	6.38
2009	13.70	186.92	0.21	5.02	0.52	6.98
2010	12.97	170.76	0.20	4.68	0.48	6.66
2011	12.35	171.52	0.19	4.72	0.47	6.70
2012	12.61	179.25	0.20	4.92	0.49	6.72
2013	15.51	176.41	0.20	4.92	0.50	6.80

※주 : 표의 수치는 1 단위 위안화로 태환할 수 있는 기타 통화의 액수.
※자료출처 : 국가외환관리국.

표 4-4에서 보면 위안화가 엔화와 한화에 대해서 환율 변동
이 비교적 큰 외에 아세안 주요 통화에 대한 환율은 상대적으
로 안정을 유지해 변동 폭이 크지 않음을 알 수 있다. 중국과
무역 연관성이 큰 동아시아 각국에 있어서 통화가치가 안정적
인 위안화로 결제하는 것은 환율 리스크를 고정시켜 양자 무역
과 투자를 추진하는데 도움이 된다. 위안화 가치의 장기적 안정
과 안정 속 소폭 상승은 위안화가 국문을 나서 주변 국가(지역)
와의 양자 경제 결제에서 결제 매개 역할을 담당할 수 있는 중

요한 원인이다.

(2) 위안화는 이미 지역 시장 유통 규모를 초보적으로 갖추었다

최근 몇 년간 중국 경제가 안정적으로 성장을 이어왔고 대외 경제무역협력과 문화교류가 꾸준히 심화되면서 위안화도 그 과정에서 점차 중국의 주변 국가와 지역에서 널리 사용되어 왔다. 현재 위안화는 중국과 베트남·태국·미얀마·조선·몽골·러시아·파키스탄·네팔 등 국경 지역에서 결제통화와 청산통화로 보편적으로 사용되고 있으며 방글라데시·말레이시아·인도네시아·필리핀·싱가포르·한국 등 국가와 지역 금융기구들도 이미 위안화 예금을 접수하고 기타 위안화 업무를 취급하고 있다. 왕야판(王雅范) 등(2002)은 조사와 통계를 거쳐 몽골공화국 경내에서 유통되는 통화의 약 50%가 위안화이며 위안화가 이미 몽골에서 보편적으로 거래 결제와 상품 가격표시에 사용되고 있다는 사실을 발견했다. 국가외환관리국 연구인원(2004)의 조사 통계에 따르면 매년 위안화의 해외 이동 량이 약 1천억 위안에 이르며 경외 보유량은 약 200억 위안에 이르는 것으로 알려졌다. 중국 위안화 공급량(M_2)이 약 2조 위안이므로 해외 위안화가 위안화 총량의 약 1%에 달함을 의미한다. 이로부터 위안화가 이미 중국 주변 국가 및 지역으로부터 어느 정도 널리 인정을 받고 있음을 알 수 있다. 중국은 이들 국가(지역)와 관련 정책을 제정해 중국과 이들 국가(지역) 간의 국경무역에서 위안화 결제를 추진할 수 있다. 위안화 결제 방식이 중국 국경무역에서 사용 규모가 확대되고 주변 국가와 지역에서의 이동 량이 꾸준히 늘어나면서 위안화의 지역 영향 범위가 확대되었다.

중국의 갈수록 증강되는 경제실력으로 인해 위안화가 주변 국가와 지역에서 흡인력이 있다. 이밖에 동남아시아 일부 국가 (예를 들어 미얀마 · 캄보디아 · 라오스)들은 외환보유고가 상대적으로 부족한데다 이들 국가 자체 통화가 지극히 안정적이지 않은 상황에서 각자의 자금 안전을 확보함에 있어서 위안화 결제가 최선의 선택이 되며 이는 또 객관적으로 이들 동남아 국가의 위안화 보유 수요를 향상시켰다. 위안화는 이미 주변 지역 주민들로부터 널리 환영 받는 '민간 준비통화'가 되었으며 해외 일부 지역에서의 유통도 현지 정부의 허가를 받아 합법적인 유통통화가 되었다. 위안화지역의 건설은 위안화의 주변화에 힘입어 만리장정(萬里長征)의 첫 걸음을 뗐다.

(3) 정부가 출범시킨 일련의 제도 조치는 위안화 국제 지위의 향상에 도움이 된다

2008년 국제 금융위기 후 중국정부는 과거의 피동적인 자세를 바꿔 위안화의 '해외진출전략'을 적극 추진하기 시작했다. 2009년 7월 중국은 상하이(上海) · 광저우(廣州) · 선전(深圳) · 둥관(東莞) · 주하이(珠海) 5개 도시에서 위안화 대외무역 시행 결제를 가동했으며 400여 개 기업이 시행 자격을 얻었다.

위기 대처의 다른 한 중요한 조치로써 중국은 아시아 기타 국가와 통화스와프협정도 잇따라 체결했다. 위안화가 현재까지는 자유태환이 가능한 통화가 아니기 때문에 통화 스와프가 가져다준 하나의 객관적 결과는 스와프 협정 국가(지역)들이 결제 시 위안화를 더 많이 사용하게 된 것이다. 중국정부가 출범시킨 일련의 제도 조치에 대해서 우리는 이 책 5장에서 구체적으로 소개할 것이다. 이러한 제도 조치는 중국정부의 태도와 결심·확신을 표명했으며 더욱이 실무적인 차원에서 위안화의 국제지위를 실제적으로 높여 위안화지역 창설 면에서 제도적 걸림돌을 제거하는 것을 도왔다.

5. 국제통화체제개혁의 개관적 요구에 순응했다

(1) 기존의 국제통화체제가 더 이상 세계정치경제 발전의 수요에 어울리지 않는다

국제통화체제의 형성과 발전에는 내재적 규칙성이 있으므로 국제통화체제는 반드시 세계경제정치 발전의 기본 추세와 맞물려야 한다. 1973년에 브레튼우즈체제가 붕괴된 후 자메이카체제가 국제통화체제의 주류가 되었다. 자메이카체제는 준비통화의 다원화·환율 배치의 다원화·황금의 비통화화를 주요 특징으로 하며 '체제가 아닌 체제'로 일컬어지고 있어 국제통화체제가 무질서한 상태에 빠졌다.

미국 버지니아 대학교 알랜 테일러(Alan M. Talor) 교수는 「국제이동성의 미래와 중국의 역할(The Future of International Liquidity and the Role of China)」이라는 글에서 당면 국제통화체제가 직면한 일대 모순이 본질적으로 보면 '트리핀 딜레마'라고 주장했다. 자메이카체제에서 준비통화의 수요측은 신흥 경제체(예를 들면 중국 등)이며 그들이 준비통화에 대한 수요는 발달한 경제체가 제공할 수 있는 수량을 훨씬 초과했다. 어찌 해야 준비통화의 공급과 수요가 불균형적인 모순을 잘 조율해 국제통화체제의 안정을 유지할 수 있겠느냐는 것이 당면 국제통화체제가 직면한 중대한

문제이다. 따라서 위안화지역의 창설은 중국 자체에 이로울 뿐
아니라 당면의 국제통화체제가 드러내는 문제를 수정해 국제통
화체제가 다시 안정을 회복할 수 있도록 추진할 수 있다.

(2) 2008년 글로벌 금융위기가 위안화지역 창설에 역사적 기회를 마련했다

2008년에 미국 서브프라임 모기지 사태로 초래된 글로벌 금
융위기가 세계를 휩쓰는 바람에 세계 경제가 침체기에 들어서
아직까지도 완전하게 회복되지 않고 있다. 피해지역으로 보면
위기가 선진국에서 빠르게 신흥경제체로 퍼졌으며 나아가 세
계 구석구석으로 확산되었다. 피해 분야로 보면 위기가 금융
분야에서 발단했지만 실물경제 분야로 빠르게 파급되어 글로
벌 경제의 엔진이 속도를 늦추고 심지어 멈추는 수밖에 없었
다. 전 세계가 미국 서브프라임 모기지로 인해 대가를 치렀으
며 글로벌 경제가 심각한 타격을 받았다. 그 금융위기가 일정
한 정도에서 미국 경제의 성장세와 달러화의 국제적 지위를
약화시켰는데 주로 다음과 같은 방면에서 반영된다. (1) 그 위
기 속에서 철강과 자동차와 같은 미국의 기둥산업이 심각한
타격을 받았으며 이는 달러화가 세계 패주의 지위를 유지할
수 있었던 경제적 기반을 약화시켜 미국경제와 달러화의 상환
능력에 대한 국제 투자자들의 확신을 뒤흔들어놓았다. (2) 장
기적으로 존재해온 '이중 적자' 문제로 인해 미국 경제가 거대
한 압력을 감당해야 했고 달러화 평가 절하에 대한 시장의 예
기가 커졌으며 한편 한 국가 통화의 평가 절하는 흔히 그 국
가 통화가 쇠락으로 향하는 기점에 섰음을 의미한다. (3) 미국

서브프라임 모기지 사태가 불거진 후 달러화를 국제 주도 통화로 삼았을 때 폐단이 점점 더 불거지고 있음을 전 세계가 명확하게 인식했다.

위기가 발생한 후 세계는 신흥 경제체에 눈길을 돌리기 시작했다. 국제통화체제를 개선하려면 반드시 신흥 경제체의 발언권을 키워야 하며 위안화·루블화를 포함한 신흥 국가 통화가 마땅히 국제통화체제 속에서 더 중요한 역할을 담당해야 한다고 인식했다. 국제통화체제 개혁을 호소하는 국제사회의 목소리가 위안화지역의 창설에 전략적 기회를 마련했다고 말할 수 있다. 비록 그 국제금융위기가 국제통화체제에서 차지하는 달러화의 패주 지위를 흔들 수는 없었지만 세인에게 귀가 번쩍 뜨일 정도로 경종을 울려준 것만은 사실이다. 우리는 이와 같은 역사적 기회를 놓치지 말고 국제통화와 국제금융 사무에서 중국의 영향력을 한층 더 키워 미래 국제통화체제에서 위안화가 중요한 자리를 차지할 수 있도록 노력해야 하며 위안화지역의 건설을 대거 추진해야 한다.

(3) 위안화 강세는 국제통화체제개혁에서 위안화가 주동을 차지하도록 한다

2008년 미국 서브프라임 모기지 사태로 글로벌 금융위기가 발생한 후 달러화 가치가 줄곧 하락세를 이어왔다. 약 1년간 대폭 평가 절하된 후 비록 다시 절상되긴 했지만 그 후 또 장기간 평가 절하상태에 처했다.(그래프 4-8) 미국 경제가 달러화의 평가 절하로 인해 이익을 얻은 것과는 정반대로 글로벌 경제는 그로 인해 더 큰 재앙을 겪을 수 있다. 글로벌 외환보유고가 달러화의 평가 절하로 보유 가치가 대폭 줄었다. 한편 달러화 가치의 대폭적인 하락이 국제 금융시장의 격렬한 파동을 불렀으며 일련의 악영향을 가져다주었다.

[그래프 4-8] 2007년 7월부터 2014년 2월까지 달러 실제 환율 지수 추이

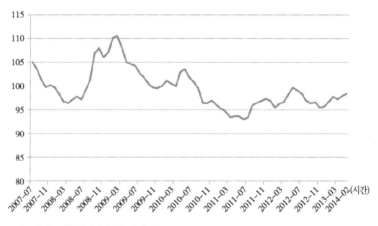

※자료출처 : 국제결제은행 사이트.

달러화가 별로 잘한 것이 없어서 말할 필요도 없는 것과 비교해 볼 때 위안화가 그 금융 쓰나미 속에서의 표현은 찬탄을 받을 만큼 출중했다. 위안화 환율이 금융 쓰나미 전 과정에서 줄곧 상대적 안정 상태를 유지했으며 계속 소폭적인 평가 절상 추세를 유지했다.(그래프 4-9) 이는 국제 금융시장에서 위안화의 영향력을 키우는데 매우 이로운 것이다. 달러 보유고의 대체방안을 모색해야 한다고 단체로 호소한 것이거나 국제통화기금의 특별인출권 확대를 위한 일치한 노력이거나를 막론하고 공정하고 합리한 국제경제 새 질서를 수립하는 것은 이미 대세의 흐름이 되었다.325) 금융 쓰나미 속에서 위안화의 안정 상태는 위

안화가 국제통화체제개혁에서 주동을 차지하도록 했으며 위안
화지역과 위안화의 국제화가 갈수록 국제에서 관심 받는 초점
이 되도록 했다.

[그래프 4-9] 2008년 8월부터 2014년 2월까지 위안화 실제 환율 지수 추이

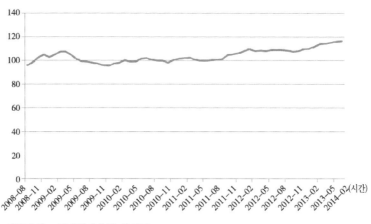

※자료출처 : 국제결제은행 사이트.

제2절 위안화지역 창설에 대한 타당성 분석

1. 위안화지역 창설에 대한 OCA 지표 분석

최적통화지역이론은 최초로 유로화의 아버지로 불리는 먼델
이 변동환율제도와 고정환율제도의 우열에 대해 토론할 때 제
기한 것이다. 그 이론은 실제상에서 어느 한 경제 지리 지역에
서 어떤 환율적 배치를 선택해야 지역 내부 예기 수익을 최대

---

325) 신화넷(新華網), http://news.xinhuanet .com/mrdx/2009-09/15/content_12056009.htm.

화할 수 있을지에 대한 이론이다. 최적통화지역의 표준체계는 통화지역의 후원국 후보 확정에 기본 원칙을 제공해 주었다.

최적통화지역이론의 분석방법에는 주로 단일 지표 분석법과 원가-수익 종합 분석법이 있다. 그중 단일 지표 분석법은 역내 요소 이동성 상황과 개방정도 등 일련의 단일 지표에 대한 평가에 치중해 이로써 그 지역이 통화지역 형성에 적합한지 여부를 판단한다. 원가-수익 분석법은 한 국가 혹은 지역이 통화지역에 가입할 경우 얻게 될 효과와 수익 및 원가에 대해 중점 평가한다. 이 두 가지 분석방법은 다만 서로 다른 각도에서 모 경제지리지역의 통화지역 건설 타당성에 대해 고찰하고 모 통화지역의 최적통화지역 여부를 평가했을 뿐이다. 단일 지표 분석법은 통화지역 원가와 수익에 대해 개괄적으로 총화한 것으로서 원가-수익 분석법과 방법은 다르지만 똑같은 효과를 낸다. 우리는 단일 지표 분석법을 주로 적용해 위안화지역 회원국 후보가 최적통화지역 창설의 특징과 조건을 갖추었는지 여부를 판단한다.

학자들은 흔히 최적통화지역 평가 지표를 일체화 지표와 수렴성 지표로 나누었다. 일체화는 함의가 매우 풍부한데 서로 다른 학과 · 서로 다른 분야에서 일체화 개념에 대한 서술이 각기 다르다. 시스템 론의 관점에서 보면 일체화는 두 개 혹은 여러 개의 상대적으로 폐쇄되고 서로 독립된 시스템으로서 같은 목표 혹은 공동의 이익에 대한 수요를 바탕으로 기존의 고립 폐쇄 상태에서 벗어나 관리체제 · 조직시스템 · 운행 체제 · 실시 경로 · 자원 개발 · 평가수단 등 방면에서 동일 시스템과 비슷한 개방과 협력 · 재통합의 양성운행 상태를 형성하는 과정을 가리킨다.326) 수렴성은 여러 역량의 대칭을 이루는 변화추세를 가리키는데 역내 경제체 간의 거시적 경제 구조와 특징 · 경제 변동성과 받는 충격이 대칭성을 띰을 포함할 뿐 아니라 역내 여러 경제체 거시적 경제정책의 선호성과 제도 변화발전 과정의 유사성도 포함한다. 최적통화지역이론의 지표 시스템과 결부시켜 요소의 이동성 · 경제의 개방성 · 제품의 다양성 · 국제금융 일체화 정도를 일체화 지표에 귀납시키고, 경제주기의 동기성·경제구조의 유사성 · 인플레의 일치성 · 거시적 경제정책 목표의 일치성을 수렴성 지표에 귀납시켰다. 이어 우리는 일체화 지표와 수렴성 지표 두 차원에서 위안화지역 창설의 타당성에 대해 데이터 논증과 실증 검증을 진행하고자 한다. 토론하고자 하는 위안화지역 회원국 후보에는 주로 동아시아 경제체 · 중국과 이웃해 있는 국가와 지역 · 중국 경제에 대한 의존도가 큰 국가와 지역이 포함된다. 데이터 입수의 편의성을 감안해 우리는 분석 과정에 주로 동아시아 경제체를 위주로 했다.

(1) 일체화 지표

1. 노동력 시장의 일체화

노동력시장을 보면 동아시아 각국의 정치제도 차이 · 문화제도와 종교 신앙의 차이 · 언어와 생활습속의 차이 · 정보 정책결정시스템의 불충분 등 장애가 존재하며 게다가 개별적인 국가와 지역에는 외지에서 온 이민을 차별하는 심리가 존재하기 때문에 동아시아지역 내부 노동력 이동 비용이 상대적으로 비교

---

326) 장링(姜凌) · 셰훙옌(謝洪燕) : 『경제 글로벌화 조건 하의 국제통화체제개혁』, 경제과학출판사 2011년 본, 185쪽.

적 높으며 위험도 비교적 크다. 여러 가지 장애 요소의 존재로 인해 동아시아지역 노동력의 이동성이 유럽연합·북미 자유무역구 등 경제 일체화지역에 비해 훨씬 낮다.

표 4-5를 보면 위안화지역의 일부 회원국 후보는 인구 구성이 복잡하고 민족이 많으며 언어와 문자 종류가 많을 뿐 아니라 여러 민족의 종교 신앙에도 비교적 큰 차이가 존재하며 풍속 습관과 문화가치체계도 천차만별이다. 따라서 지역 내 인구의 자유이동을 실현하는데 어려움이 아주 크다. 게다가 지역 내 정치체제도 많이 달라 사회주의국가가 있는가 하면 자본주의국가도 있으며 의식형태의 차이도 지역 내 인구 이동을 제한하는 중요한 요소로 작용한다. 노동력 이동이 원활하지 않은 것도 역내 전반 노동시장의 저효율을 초래하는 원인이다. 표 4-6은 여러 경제체의 2010~2011년 세계 경쟁력지수(GCI) 중 노동시장 유효성(Labor Effiecncy) 지수 득점 상황이며 또 이를 유로존 회원국인 독일의 상황과 비교한 것이다.

[표 4-5] 위안화지역 일부 회원국 후보의 기본 국정 간략 소개

	인구 민족	언 어	종 교	정 치
브루나이	인구 37만 100명, 그중 말레이인이 67%, 중국인이 15%, 기타 종족 18%	국어는 말레이시아어, 통용어는 영어	국교는 이슬람교	주권·민주·독립된 말레이 무슬림 군주국가
미얀마	인구 약 5540만 명, 총 135개 민족이 있으며 버마족이 총 인구의 65% 차지	미얀마어가 공용어	전국 80%이상 인구가 불교 신앙	미얀마연방사회주의공화국
캄보디아	인구 1340만 명, 20여 개 민족, 그중 크메르족이 총 인구의 80% 차지	통용어는 크메르어, 영어, 프랑스어 모두가 공용어임	국교는 불교	군주입헌제왕국

필리핀	인구 약 8520만 명, 다민족국가, 말레이족이 전국 인구의 85%이상 차지	국어는 타갈로그어를 바탕으로 하는 필리핀어, 통용어는 영어	국민의 약 84%가 천주교를 신앙	군주입헌제왕국
인도네시아	인구 약 2억 1700만 명, 100여 개 민족, 그중 자바족이 45% 차지	공용어는 인도네시아어	약 87%의 주민이 이슬람교 신앙	대통령내각제
싱가포르	공민과 영주민이 355만 4천 명, 중국인이 76.7% 차지	국어는 말레이어, 공용어는 영어·중국어·말레이어·타밀어, 행정용어는 영어	주요 종교는 불교·도교·이슬람교·기독교·인도교	의회공화제
태국	인구 약 6308만 명, 30여 개 민족	국어는 태국어	국교는 불교	국왕을 수반으로 하는 민주정치제도
말레이시아	인구 약 2626만 명, 그중 말레이인과 기타 원주민이 66.1%, 중국인이 25.3%, 인도인이 7.4%	국어는 말레이어, 통용어는 영어, 중국어도 비교적 널리 사용	국교는 이슬람교	최고 원수가 국가 수뇌와 이슬람교 수령 겸 무장부대 사령관임
베트남	인구 8400여 만 명, 54개 민족	통용어는 베트남어	불교·천주교·호아하오교	사회주의공화국
라오스	인구 약 600만 명, 60여 개 부족	통용어는 라오스어	85% 주민이 불교 신앙	민주공화제
일본	인구 약 1억 2800만 명, 야마토 민족을 위주로 하는 단일 민족 국가	일본어	주요 종교는 신도교와 불교	군주입헌정치체제
한국	인구 약 5051만 5천 명, 한민족 위주	한국어	불교·천주교·기독신교	대통령공화제

※자료출처 : 아세안 10개국 자료는 중국—아세안 자유무역구 사이트(http://www.cafta.org.cn/)에 근거해 정리하고 기타 국가의 자료는 인터넷 자료를 정리한 것임.

표 4-6을 보면 이들 위안화지역 회원국(지역) 후보 중에서 싱가포르·브루나이·중국 홍콩·일본의 노동력시장 효율이 비교적 높은 외에 기타 경제체의 노동력시장 효율은 모두 높지 않

은 편이었다. 특히 필리핀과 인도네시아·한국은 더욱 낮은 편이었다. 비록 위안화지역은 노동력의 총체적 이동성이 높지 않지만 20세기말부터 이 지역 노동력 이동성이 대폭 커졌다. 중국의 대외 청부 프로젝트/노무합작을 예 들면 2012년 연말 해외로 송출한 다양한 유형의 중국인 노무인원이 85만 200명에 이른다.『중국 대외 노무합작발전보고 2011~2012』가 발표한 데이터에 따르면 2012년 연말까지 중국이 파견한 다양한 유형의 노무인원이 누계 기준으로 511만 7450명에 달하며 중국의 아시아지역에 대한 노무송출 비중이 줄곧 65%를 유지했다.

[표 4-6] 위안화지역 일부 회원국 후보의 노동시장 유효성 상황

국가/지역	노동시장의 유효성		국가/지역	노동시장의 유효성	
	득점	순위		득점	순위
브루나이	5.25	10	베트남	4.76	30
캄보디아	4.59	51	중국	4.7	38
인도네시아	4.23	84	중국 홍콩	5.82	3
미얀마	—	—	중국 대만	4.74	34
말레이시아	4.74	35	일본	5.08	13
필리핀	3.93	111	한국	4.27	78
싱가포르	5.92	1	태국	4.82	24
라오스	—	—	독일	5.47	5
위안화지역 평균 점수	4.781				

※주 : 점수 범위는 [0,10], 점수가 높을수록 노동력시장의 자유도가 높음을 의미함.
※자료출처 : 세계경제논단 사이트, 글로벌 경쟁력보고 2010~2011.

표 4-7과 표 4-8에서는 위안화지역 일부 회원국 후보의 1990~2011

년 노동시장 자유도상황과 1995~2020년 기간 인구 순이동률 상황에 대해 열거했다.

[표 4-7] 1990~2011년 기간 위안화지역 일부 회원국 후보의
노동시장 자유도

국가/지역	1990년	1995년	2000년	2005년	2009년	2011년
인도네시아	—	4.22	4.97	4.90	4.81	4.70
말레이시아	8.19	7.55	6.60	7.70	7.75	8.00
필리핀	7.65	6.82	6.06	6.00	6.02	6.10
싱가포르	—	7.13	4.56	10.00	10.00	7.70
태국	—	5.77	3.94	6.70	6.67	5.00
베트남	—	—	—	10.00	8.90	5.60
중국 대륙	3.16	4.54	4.66	5.00	4.82	5.60
중국 홍콩	8.92	8.14	8.55	9.10	9.46	9.30
중국 대만	—	5.43	6.18	8.00	10.00	5.00
일본	—	7.55	8.90	8.90	8.90	8.30
한국	—	5.83	4.14	8.90	5.57	4.70

※주 : 점수 범위는 [0.10], 분수가 높을수록 노동력시장의 자유도가 높음을 의미함.
※자료출처 : 캐나다 프레이저연구소(Fraser Institute 원문은 莎菲, 혹시 菲莎?): 세계경제
자유도: 2013년 본.

[표 4-8] 1995~2020년 위안화지역 회원국 후보와 유럽 인구 순이동률 대비

국가/지역	1995 ~ 2000년	2000 ~ 2005년	2005 ~ 2010년	2010 ~ 2015년	2015 ~ 2020년
중국 대륙	-0.109	-0.357	-0.285	-0.258	-0.274
캄보디아	1.584	-1.832	-3.709	-1.749	-0.845
중국 홍콩	17.043	-0.331	5.082	7.96	7.632
인도네시아	-0.752	-1.075	-1.107	-0.817	-0.731
일본	0.028	0.083	0.427	0.428	0.433

라오스	-3.461	-4.155	-2.51	-2.316	-2.123
마카오	9.519	18.611	19.755	14.328	11.207
말레이시아	3.824	3.204	0.62	0.57	0.525
베트남	-0.752	-1.068	-1.007	-0.463	-0.419
필리핀	-2.118	-2.77	-2.759	-2.044	-1.75
미얀마	0.018	-4.382	-2.121	-0.408	-0.195
유럽	1.112	2.557	2.464	1.481	1.446

※자료출처 : UN 데이터베이스 인구통계연감 2010.

표 4-7과 표 4-8에서 위안화지역 회원국 후보의 노동력 이동 속도가 꾸준한 상승세를 보였고 노동시장이 더 효과적으로 발전했음을 알 수 있다.

동아시아의 현재 비교적 낮은 노동력 이동성이 동아시아 통화 일체화에 근본적인 제약 요소로 작용하는 것이 아닐까? 이 문제에 대해 우리는 기타 학자의 연구를 통해 일부 답을 찾을 수 있다. 먼델은 1960년대에 이미 상품의 자유 무역과 요소의 자유이동 사이에 대체관계가 존재하며 한 국가의 요소시장을 완전히 대외에 개방하지 않았을지라도 그 국가가 완전한 자유 개방정책을 실행하기만 한다면 마찬가지로 상품에 응결되어 있는 요소의 자유이동을 실현할 수 있도록 추진한다는 관점을 제기했다. 량룽빈(梁隆斌)과 장화(張華)(2010)는 통화지역 내에 노동 요소의 자유이동 조건이 갖춰져 있지 않더라도 외부 충격을 받았을 경우 여전히 통화지역 내 여러 회원국의 균형을 회복할 수 있는 대체 수단이 존재하는데 이러한 수단이 곧 임금 탄력이라면서 동일 통화지역 내에 처한 서로 다른 회원국 간 임금 탄력이 충분하기만 하면 통화지역 회원국이 경제 충격을 받았을 경우 균형의 회복을 실현할 수 있다고 주장했다.[327]

구미 국가들과 달리 아시아 경제체들에는 노동조합의 힘이 약한 현상이 보편적으로 존재하며 노동력의 임금을 생산업체가 객관적 경제형세에 따라 제정하는 경우가 더 많고 최저임금기준 거의가 노동력시장의 평균 임금 수준에 못 미칠 뿐 아니라 실행 과정도 엄격하지 않다. 이런 실정에서 위안화지역 여러 회원국이 전 사회적으로 비교적 큰 규모의 임금협상체제를 형성하고자 하는 것은 가능성이 별로 없고 대형 집회나 파업을 조직하는 것도 가능성이 별로 없으므로 노동자의 임금 협상을 수호하는 방면에서 뜻대로만 되지 않는다. 바로 이러한 원인으로 인해 아시아 각국 노동자의 임금은 미세 조정형태인 것이 비교적 많다. 이처럼 고빈도 저비용의 임금 미세 조정으로 인해 아시아 각국 노동자 임금이 비교적 양호한 탄력을 갖추어 마침 노동력 요소의 이동성이 부족한 약점을 미봉할 수 있다. 이로써 동아시아 노동력시장이 통화 일체화 과정에서 비교적 빨리 외부 충격에 대한 조절을 진행할 수 있게 된다.

2. 자본 요소 시장의 일체화

제2차 세계대전 후 위안화지역 회원국 후보의 국제자본이동상황이 개방에서 상대적으로 폐쇄되는 과정을 거쳤는데 1997년 아시아 금융위기가 분계선이 되었다. 1950년대부터 아시아 금융위기가 발생하기 전까지 전쟁의 재난을 겪은 동아시아 경제체들은

---

327) 량룽빈(梁隆斌)·장화(張華):「동아시아 통화 일체화 요소의 이동성 문제」,『중경(重慶)과 세계』 2010년 제11기.

모든 사업을 새롭게 흥기해야 하는 상황에 처했다. 그러나 반면에 또 자체 자금의 결핍·재정능력의 저하 등 문제를 안고 있기 때문에 국외 자금 유입에 대한 수요가 절박했다. 미국·서유럽·일본 등 선진국들은 국제 원조·대외 직접 투자 확대 등 방식을 통해 자국의 자본을 동아시아 개발도상국가와 지역에 수입시킴으로써 자금 수입국가의 발전에 피를 주입시켰다. 또 마침 그때 동아시아 적지 않은 신흥 경제체들이 대외 자본 규제를 꾸준히 완화하고 금융시장의 자유화를 추진했다. 점차 동아시아 적지 않은 경제체들에 자본시장의 지나친 개방문제가 나타났으며 금융업이 높은 투기성 위험에 노출됨에 따라 결국 아시아금융위기가 발발하기에까지 이르렀다. 동아시아 신흥 경제체들은 그 아시아 금융위기 속에서 심각한 타격을 받았으며 실패의 원인에 대해 깊이 생각하게 되었다. 피해국들도 국제자본이동의 부정적인 작용에 대해 돌이켜보기 시작했으며 국제 유휴자금의 의도적인 공격이 이번 아시아금융위기의 장본인이라는 일치한 인식을 갖게 되었다. 이에 따라 동아시아 경제체들은 국제자본이동의 실행에 대해 더욱 엄격하게 통제하기 시작했다.

용동링(翁東玲, 2010)[328]은 아시아금융위기 발생 전후 동아시아 지역 국제자본이동 상황과 특징에 대해 대조 분석했으며 그 배경과 발생 원인에 대해 탐구하고 동아시아지역 국제자본이동의 추이를 판단했다. 이 책은 웡둥링 등 학자의 연구 성과[329]를 참

---

328) 용동링(翁東玲) : 「동아시아지역의 국제자본이동: 1997년 전후의 비교와 미래 전망」, 『동남학술』 2010년 제6기.

329) 이러한 연구 성과에는 다음과 같은 내용이 포함된다. 왕무항(王慕恒) : 「90년대 아태 개발도상국가와 지역의 국제자본이동」, 『샤먼(廈門)대학학보』 1996년 제4기; 양지웅(楊炯) : 「아태지역 증권시장의 발전추세」, 『아태경제』 1996년 제6기; 웡둥링: 「아시아지역 국제자본이동의 주요 특징」, 『아태경제』 2002년 제6기;

고로 해 동아시아 각국의 국제자본이동상황을 돌이켜 보고 위안화지역 자본요소의 일체화정도를 탐구했다.

(1)1997년 이전 동아시아지역 국제자본이동 개황

제2차 세계대전 후부터 1997년 아시아금융위기 발생 전까지 동아시아지역 국제자본이동상황을 세 단계로 나눌 수 있으며 그 사이에 두 차례의 절정기를 거쳤다. 1980년대 말 90년대 초, 미국을 위수로 하는 선진국들이 지속적인 저금리정책을 실행해 발달한 지역의 자본을 해외로 이동시켜 더 높은 투자 회수율을 모색하고자 했다. 때마침 동아시아 신흥 경제체 경제가 지속적으로 빠르게 성장하고 있었기 때문에 선진국의 유휴자본에 서식처를 마련해 주었으며 동아시아 신흥 경제체는 외부의 자금을 대대적으로 유치해 본 지역 경제를 발전시켰다.

[표 4-9] 제2차 세계대전 후부터 1997년 아시아금융위기 발생 전까지 동아시아의 국제자본 이동 단계 획분

	시 간	특 징
제1단계	제2차 세계대전 후부터 1960년대까지	미국이 같은 방향으로 자본을 수출했으며 자본 이동방식이 단일함
제2단계	1960년대 중, 후기부터 1980년대 초기까지	전후 국제자본이동이 다양한 형태가 나타나기 시작하고 규모가 갈수록 확대됨(제1차 절정기)

웡둥링: 「국제자본이동이 아태지역 경제발전에 주는 영향」, 『푸젠(福建)농림대학학보』 2003년 제1기; 홍웨이즈(洪維智) : 「개발도상국가는 어떻게 국제자본을 유치하고 관리해야 할까?」, 『중국외환관리』 2003년 제6기; 웡둥링: 「2001년 이후 아시아 신흥 경제체와 개발도상 경제체의 자본이동과 대응책」, 『동남아연구』 2010년 제5기; 웡둥링: 「인도네시아 자본항목 개방 연구」, 『아태경제』 2010년 제6기; 왕쥔(王軍) · 쑤싱(蘇星): 「신흥경제체 자산 거품 리스크 및 미래추세」, 『경제연구참고』 2010년 제38기.

제3단계	1980년대 중, 후기부터 1997년 아시아금융위기 발생 전까지	국외 자금 유치 형태가 FDI 위주임(제2차 절정기)

표 4-9와 그래프 4-10에서는 동남아시아 국제자본 유입의 단계별 특징을 반영했다.

동아시아 증권시장이 동아시아지역 제2차 국제자본이동 절정기를 맞아 전례 없는 발전을 이루었다. 1984년 동아시아지역 신흥 증권시장의 시가 총 가치가 전 세계의 4%에 그쳤었지만 1993년에 이르러 그 비중이 12%로 늘었다. 총 거래액은 1993년 연말에 동아시아지역 신흥 증권시장의 전 세계 증권시장 점유율이 이미 15%에 이르는 약 1조 달러에 달했다.

데이터에 따르면 대량의 국제 단기 자본이 이미 1997년 동아시아 금융폭풍이 일어나기에 앞서 동아시아지역으로 흘러들었음을 반영했다.

1970년부터 국제자본 중에서 갈수록 많은 민간자본이 개발도상국가와 지역에 유입되었다. 1970년대 말 민간자본이 국제 자본 총량 중에서 차지하는 비중이 이미 약 50%를 차지했고 1980년대 초에 그 비중은 약 60%에 달했으며 1993년에 이르러서는 그 비중이 이미 70%에 달했다. 동아시아지역의 국제자본 유치 부문 구성을 보면 민간 부문이 주도를 이루며 관영과 국영 기업이 차지하는 비중은 하락세를 보였다.

그래프 4-10은 1980~1997년 기간 동아시아지역의 대내 송금액의 변화인데 송금액이 빠른 성장세를 보이고 있음을 알 수 있다.

[그래프 4-10] 1980~1997년 동아시아지역 송금 총액

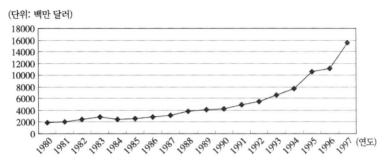

※자료출처 : UNCTAD 데이터베이스.

[그래프 4-11] 1970~1997년 동아시아지역 FDI 총 이동량 및 세계
점유율 추이

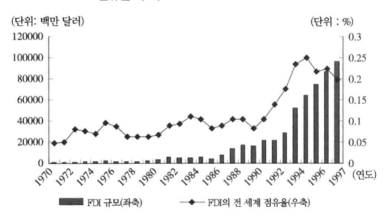

※자료출처 : UNCTAD 데이터베이스.

　1997년 아시아금융위기가 발생하기 직전에 동아시아지역의
국제자본 유입은 주로 증권투자와 국제은행 대출의 빠른 성장
으로 표현되었다. 비록 국제 직접투자도 성장했지만 비중은 하
락했다.(그래프 4-11) 이는 기실 이미 유휴자금이 유입되는 기미가
나타난 것이다. 그렇기 때문에 비록 그 기간 동아시아지역의 융

자형태가 이미 갈수록 다양해지고 있었지만 금융시장의 잠재적 투기위험도 배로 확대되었다. 이는 1997년의 금융위기의 발생에 복선을 깔아둔 것이다.

(2) 1997년부터 현재까지 동아시아지역 국제자본 이동 상황

아시아금융위기 후 동아시아 국제자본 이동에 다음과 같은 두 가지 특징이 나타났다.

첫째, 대량의 국제 사유자본이 동아시아지역을 빠져나간 것이다. IMF가 추산한데 따르면 동아시아지역에서 위기가 가장 심각한 5개 국가(한국 · 태국 · 말레이시아 · 인도네시아 · 필리핀)의 1996년 외자 순 유입량이 950억 달러였는데 1997년에 120억 달러로 줄었으며 1998년에는 순 유출 액이 152억 달러로 1997~1998년 자본 순 유출 총액이 300억~400억 달러에 이르렀다.

둘째, 국제 직접투자가 안정적으로 성장한 것이다. 아시아금융위기가 발생한 후 중국을 제외한 동아시아 기타 국가와 지역이 외자에 대한 흡인력이 눈에 띄게 약화되었다. 2002년에 아태지역에 유입된 외국인직접투자가 아시아금융위기 후의 최저점으로 떨어졌다. 2002년 후부터 2008년의 글로벌 금융위기 발생 전까지 동아시아지역의 외국인직접투자가 또 매년 성장하기 시작했으며 아시아금융위기 발생 전의 최고수준을 추월해 동아시아지역은 전후 국제자본이동의 세 번째 절정기를 맞이했다.(그래프 4-12) 이 시기의 자본 이동 규모는 아시아금융위기 전의 1995년과 1996의 최고치를 초과했다. 2004년 아시아 신흥 경제체와 개발도상 경제체의 자본 유입 총량이 그 지역 GDP의 9%에 접근했으며 동시에 동아시아지역 자본 유출도 전례 없는 규모에 달했다.

그래프 4-12 아시아금융위기 발생 전과 후 동아시아와 동남아의
FDI 이동상황

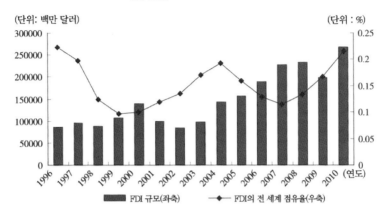

(단위: 백만 달러)   (단위 : %)

범례: FDI 규모(좌축) ■   FDI의 전 세계 점유율(우축) ◆

※자료출처 : UNCTAD 데이터베이스.

아시아금융위기 후 비록 동아시아 자본 유입 규모가 빠르게 확대되었지만 자본 이동 량의 GDP 점유율을 보면 동아시아 자본 순 유입 비중이 여전히 장기간 평균 수준에 접근했으며 그 지역 GDP의 약 2%에 해당한다. 동아시아 자본 유입 규모가 확대됨에 따라 증권 투자·은행대출·파생상품 거래규모도 따라서 확대되었으며 동아시아 신흥 경제체의 국제자본 이동이 이왕의 그 어느 때보다도 파동이 더 컸다.

2001년 후 동아시아 국제자본 이동이 새로운 특징을 보였다. 즉 국제 직접 투자의 성장이 평온하고 대외 채무 규모와 구조가 갈수록 합리적으로 변했다. 그러나 증권투자의 변동 폭은 다소 확대되었다.

아시아금융위기 후 비록 동아시아 각 국가와 지역의 자본이동성에 대한 통제가 더 엄격해졌지만 총적으로 동아시아 자본시장 일체화는 이미 일정한 수준에 도달했다. 존스턴(Johnston,

1997)·미니안(Miniane, 2000)·바이허쑹(白和末, 2002) 등 학자들은 '자본 유입/GDP'를 자본시장 개방도를 가늠하는 지표로 삼아 1994~1998년의 동아시아지역과 1985~1989년 유럽연합 국가의 자본이동성을 비교하고 추산을 거쳐 동아시아의 자본 이동성이 유럽연합 국가보다 높다는 결론을 얻어냈다.

3. 경제 개방성 지표

(1) 경제 개방도의 측정

경제 개방도는 한 국가(혹은 지역) 사회 재생산과정과 국제사회 재생산과정의 연계 정도를 가리킨다. 즉 한 국가(혹은 지역) 경제의 대외 개방 정도로서 한 경제체와 기타 경제체 간의 경제교류 여러 방면에서 반영되며 그 경제체가 국제경제에 융합된 정도와 국제경제와의 상호 의존도를 체현한다.

중국학자들은 적지 않은 경제개방도 측정방법을 제기했다. 예를 들어 황더파(黃德發, 2000)[330]·선뤼주(沈綠珠, 2000)[331]·리충(李翀, 1998)[332]·란이성(蘭宜生, 2002)[333] 등이다.

종합해 보면 경제 개방도를 판단하는 지표체계와 측정방법에는 주로 다음과 같은 몇 가지가 있다. 첫째, 대외무역비율·대외융자비율·대외투자비율, 둘째, 국제수지 자주적 거래항목의 대부잔고와 대변잔고의 GDP 점유율, 셋째, 대외무역 의존도·

---

330) 황더파(黃德發) : 「광동(廣東) 개방 수준에 대한 측정과 연구 판단」, 『통계와 예측』 2000년 제5기.
331) 선뤼주(沈綠珠) : 「중국 지역 경제 외향화정도의 실증 분석」, 『샤먼(廈門)대학학보』 2000년 제4기.
332) 리충(李翀) : 「중국 대외개방 정도의 측정과 비교」, 『경제연구』 1998년 제1기.
333) 란이성(蘭宜生) : 「대외개방도와 지역 경제성장의 실증 분석」, 『통계연구』 2002년 제2기.

가격 차이·실제 관세율 및 외환시장 비틀림 정도로 추산한 무역 개방도(以及外汇市场扭曲度測算貿易開放度), 넷째, 수량 개방도와 가격 개방도, 다섯째, 무역 개방도와 금융 개방도, 여섯째, 모델 추산법 등등이다. 우리는 무역 개방도와 금융 개방도를 선택해 경제 개방도를 판단하는 지표로 삼았다.

(2) 위안화지역 회원국 후보의 경제 개방도 측량

제2차 세계대전이 끝난 뒤 동아시아·동남아는 세계의 신흥경제체로서 외향성 경제 발전을 통해 경제의 빠른 발전을 이루었다. 전체적으로 볼 때 위안화지역의 회원국 후보는 경제 개방정도가 꾸준히 제고되고 대외경제무역 연계가 밀접해졌으며 경제 자유화와 일체화가 안정적으로 추진되었다. WTO 가입 시간의 길고 짧음을 한 경제체의 대외 개방 상황을 판단하는 지표로 삼을 경우 WTO 가입 시간이 길수록 대외개방정도가 높다는 것을 측면으로 반영할 수 있다. 위안화지역 회원국 후보의 대외개방 시간이 모두 비교적 이르다는 사실을 알 수 있다.(표 4-10)

[표 4-10] 위안화지역 전체 대외개방정도 상황

국가/지역	WTO가입시간	EFW2011	국가/지역	WTO가입시간	EFW2011
중국 대륙	2001.12.11	6.22(123)	베트남	2007.1.11	6.23(122)
캄보디아	2004.10.13	7.02(74)	필리핀	1995.1.1	7.21(56)
중국 홍콩	1995.1.1	8.97(1)	미얀마	1995.1.1	4.08(151)
인도네시아	1995.1.1	6.90(80)	싱가포르	1995.1.1	8.73(2)
일본	1995.1.1	7.50(33)	중국 대만	2002.1.1	7.77(15)
라오스	비WTO 회원국	—	한국	1995.1.1	7.50(33)
중국	1995.1.1	—	태국	1995.1.1	6.64(94)

마카오					
말레이시아	1995.1.1	7.06(68)	브루나이	1995.1.1	―

※자료출처 : WTO 사이트와 캐나다 프레이저연구소(Fraser Institute) 사이트 및 세계 경제 자유도: 2011년 본.

캐나다 프레이저연구소는 41가지 평가 지표에 따라 정부·법률·통화시장·국제무역자유도 및 요소시장의 5개 방면으로 세계 141개 경제체의 경제 자유도에 대해 지수계산을 진행했다. 캐나다 프레이저연구소의 추산과 평가에 따르면 위안화지역 여러 회원국 후보들 간의 경제자유도 차이가 비교적 큰바 자유도 최고인 중국 홍콩과 싱가포르도 있고 자유도가 비교적 낮은 미얀마·중국 대륙·베트남도 있다. 그러나 전반적으로 보면 위안화지역 회원국 후보의 경제 자유도가 모두 비교적 높은 편이며 이는 지역 비교적 개방적인 경제 발전 수준을 반영한다.

(3) 무역 개방도

최적통화지역을 창설하는 주요 목적의 하나가 지역 내 환율 리스크를 고정시켜 역내 통화가치의 대폭적인 변동을 피면함으로써 서로간의 무역에서 가격 변동을 낮추기 위한 것이다. 만약 통화지역 내 여러 국가와 지역의 대외무역이 역외 국가 및 지역과 더 많이 이루어질 경우 통화지역 환율시스템이 유지되기 어려울 뿐 아니라 새로운 환율 리스크가 생길 수 있어 통화지역이 붕괴될 가능성이 커진다. 일반적으로 통화지역 창설에서 미시적 수익과 거시적 원가의 차액, 다시 말하자면 통화지역의 순수익과 역내 경제체 내부의 경제 연계성이 정적 상관관계로 나타나며 역내 무역관계가 밀접할수록 통화지역 창설에서 거시적 원가는 낮아지며 미시적 수익은 높아진다.

역내 무역 개방도를 평가하는 지표에는 주로 무역의존도지수와 무역밀집도지수가 있다. 위안화지역은 위안화를 주도 통화로 하기 때문에 위안화지역 기타 회원국과 중국의 무역 연관성은 위안화지역의 창설 및 유지에 아주 중요한 영향을 준다. 이제부터 위안화지역 내 여러 회원국의 대 중국 무역의존도지수·무역밀집도지수를 각각 계산해 위안화지역 내부 무역 개방도를 고찰하고자 한다.

표 4-11은 중국의 주변 국가와 지역의 대 중국 무역의존도로서 여러 경제체의 대 중국 무역의존도가 꾸준히 증강하는 추세임을 알 수 있다. 특히 중국과의 국경무역이 발달한 경제체에 있어서 중국은 그 경제체가 국제무역을 전개하는 중요한 파트너국가이다.

[표 4-11] 여러 경제체의 대 중국 무역의존도지수

(단위: %)

	대외무역 의존도			
	1995년	2000년	2005년	2013년
중국 홍콩	25.6	26.6	46.8	57.5
중국 마카오	22.8	15.6	26.8	34.8
중국 대만	8.3	10.5	23.9	27.6
브루나이	0.77	1.5	3.4	8.4
캄보디아	2.8	6.7	8.0	11.5
인도네시아	4.1	6.8	10.3	14.8
일본	7.4	9.7	16.6	20.3
한국	6.5	10.4	20.5	23.2
라오스	6.0	4.8	9.0	31.0
말레이시아	2.2	4.5	12.0	20.4

미얀마	56.9	25.9	62.8	92.4
싱가포르	2.8	4.0	7.7	8.6
태국	2.6	5.1	9.5	14.0
베트남	7.7	8.1	11.8	19.2
브루나이	—	—	1.1	13.7

※자료출처 : 중국경제정보넷 데이터뱅크 및 WTO 사이트.

고토(后藤, 2001)[334]는 무역밀집도지수를 적용해 동아시아와 유럽의 1999년 무역일체화정도를 비교했다. 결과 동아시아 14개 경제체 사이의 무역밀집도지수가 5.51에 달해 유럽연합 회원국의 2.35보다 한 배 넘어 높은 것으로 나타났으며 이는 동아시아 지역 무역에서 높은 의존도를 반영한다. 표 4-12는 여러 경제체와 중국 간의 무역밀집도지수이다. 1995~2010년의 데이터를 보면 2000년에 중국과 주변 국가 간의 무역밀집도지수가 일정하게 하락한 것을 알 수 있는데 이는 아시아금융위기가 발생한 후 아시아 신흥 경제체 수출이 큰 타격을 받은 것과 관련이 있다. 평균치를 보면 중국의 주변국과의 무역밀집도지수가 1999년의 유럽연합보다 조금 낮은 수준인데 이는 주로 중국이 세계무역에서 차지하는 비중이 꾸준히 늘어난 데 원인이 있다.

[표 4-12] 중국과 여러 경제체 간의 무역밀집도 지수

	1995년	2000년	2005년	2010년
중국 홍콩	4.71	3.62	3.45	2.94
중국 마카오	4.19	2.12	1.97	1.79

334) Goto,J.,'Economic Interdependence and Cooperation with Reference to Asia',Paper presented at Capacity Building Workshop: Trade Policy Issues, February 25-March 1,2002,Singapore.

중국 대만	1.52	1.42	1.77	1.42
브루나이	0.77	1.5	3.4	8.4
캄보디아	0.52	0.91	0.59	0.58
인도네시아	0.75	0.93	0.76	0.76
일본	1.35	1.31	1.22	1.04
한국	1.2	1.41	1.51	1.19
라오스	1.11	0.64	0.66	1.6
말레이시아	0.41	0.61	0.89	1.05
미얀마	10.46	3.52	4.63	4.74
싱가포르	0.52	0.54	0.60	0.44
태국	0.49	0.69	0.70	0.72
베트남	1.42	1.11	0.87	0.98
브루나이	—	—	0.08	0.70
평균치	2.10	1.45	1.54	1.89

※자료출처 : WTO 사이트와 중국 해관총서 사이트의 데이터에 근거해 계산해 얻은 것임.

(4) 금융개방도 지수 추산

브레튼우즈체제가 붕괴된 후 금융일체화 과정은 많은 우여곡절을 겪었다. 한편으로는 금융 글로벌화와 경제 글로벌화가 서로 추진하면서 1990년대부터는 빠른 진전세가 나타나 공업화국가의 양적 발전을 추진했으며 또 개발도상국가에 기회를 가져다주었다. 다른 한편으로는 최근 몇 년간 잦은 금융위기와 그에 따른 심각한 후과로 인해 개발도상국 정책 입안자들은 금융 글로벌화 대응과 금융 개방 가속 여부 등 문제 앞에서 어찌할 바를 모르고 망설이게 되었다.(황링, 2007)[335]

---

335) 황링(黃玲) : 「금융개방에 대한 다각도 투시」, 『경제학계간』 2007년 제1기.

정부 측 자본 통제의 규칙조치가 다양하고, 통제 범위가 확대와 축소를 반복하며, 민간자본이 정부 통제의 막강한 힘을 피해가는 등 원인으로 말미암아 금융 개방도에 대한 평가가 줄곧 연구의 난제가 되어왔다. 다년간 학자들은 대대적인 국제 범위에서 횡적으로 그리고 시대를 뛰어넘어 종적으로 금융 개방도를 비교 분석할 수 있도록 마련된 양적인 지표에 대해 적극적인 탐색을 거쳐 현재 비교적 유행인 몇 가지 평가방법을 이미 갖추었다. 첫 번째는 공식적인 금융 개방도 평가지수인데 정부 자본통제 정도의 대립면을 평가한다. 이 지표 시스템 중에서 Chinn-Ito지수는 바로 IMF『태환제도와 태환규제연보』중 4개 기본 문제에 대한 각국의 제1표준화의 주성분으로서 그 지표의 범위는 -1.71과 2.65 사이이며 그 지수의 값이 클수록 자본시장의 개방 정도가 높음을 의미한다.(Chinn과 Ito, 2006) 두 번째는 실제 금융 개방도 평가지수로서 여러 국가의 현실적인 역외 자본거래활동 난이 정도와 활약 정도를 수량화한 것이다. 그중 보유량 지표는 기준화 인수 IFI시스템으로 평가할 수 있으며 한 국가의 모든 금융자산과 부채 보유량의 합계가 연도 경제규모 혹은 수출입총액 중에서 차지하는 비중을 반영한다. IFI 수치가 클수록 금융 개방도가 높다. 세 번째는 펠드스타인과 호리오카[Feldstein과 Horioka(堀岡), 1980]가 설계한 FH계수, 즉 저축률에 대한 투자율 회귀를 통해 얻은 경사도계수(将投资率对储蓄率进行回归所得的斜率系数)이다. 이 계수가 클수록 자본 이동성이 낮다. 극단적인 상황에서 이 계수가 0이라면 자본이 완벽한 자유이동을 실현했음을 의미하고 만약 이 계수가 1이면 자본의 역외 이동이 완전 불가능함을 의미한다.

표 4-13은 1970~2004년 사이 아시아 경제체와 유로존 회원국의 평균 Chinn-Ito지수와 평균 IFI6지수·FH계수이다.[336] 여러 가지 측정 지표가 다음과 같은 두 가지 기본 상황을 반영했다. 횡적으로 보면 아시아 경제체의 총체적인 금융 개방도가 비교적 낮으며 개방 수준이 유로존 회원국에 비해 현저하게 뒤처져 있다는 점이고, 종적으로 보면 아시아 여러 경제체의 금융 개방도가 꾸준히 높아지고 있으며 갈수록 개방되고 있는 추세라는 점이다. 예를 들어 벨기에의 FH계수는 대외 개방정도가 비교적 낮음을 반영하지만 평균 Chinn-Ito지수와 평균 IFI6지수는 금융 개방 정도가 비교적 높음을 반영한다. 이처럼 각각의 지표들을 통해 얻은 결론의 불일치 현상은 그리스·한국·중국·인도네시아 등 경제체들에도 존재하는데 이는 평가 지표의 국한성을 폭로했다.

[표 4-13] 아시아 여러 경제체와 유로존 경제체 금융개방지표 도표

경제체	1970~1994년 Chinn-Ito 지수	1995~2004년 Chinn-Ito 지수	1970~1994년 IFI6지수	1995~2004년 IFI6지수	1970~1994년 FH계수	1995~2004 년FH계수
일본	1.94	2.52	35.99	97.03	0.85	-0.26
한국	-0.63	-0.56	7	26	0.45	0.48
중국	-1.28	-1.08	3.89	10.52	0.6	0.79
인도네시아	1.92	1.62	4.7	6.5	0.46	1.49
말레이시아	1.64	0.37	30.33	51.86	0.62	0.46
필리핀	-0.82	0.33	5.61	11.61	1.31	-0.11

---

336) 구체적인 분석은 황링(黃玲) : 「금융개방에 대한 다각도 투시」를 참고하라. 『경제학계간』 2007년 제1기.

태국	-0.04	-0.04	5.97	16.14	1.04	3.35
캄보디아	-1.72	-0.86	4.4	11.57	—	0.28
라오스	-1.11	-0.74	2.03	8.88	-0.34	—
베트남	-1.6	-1.08	2.45	10.39	—	0.19
벨기에	1.46	2.24	126.62	384.8	0.49	0.54
핀란드	1.02	2.66	26.3	195.8	0.95	0.43
프랑스	1.02	2.66	54.65	211.5	0.94	0.43
독일	2.66	2.66	51.63	154.7	0.7	1.61
그리스	-0.96	1.48	21.5	46.13	0.92	1
이탈리아	-0.34	2.66	23.98	90.3	0.85	-0.26
네덜란드	2.19	2.66	117.2	362.2	0.68	-0.08
노르웨이	0.17	2.38	36.68	161.5	0.59	-0.51
포르투갈	-0.65	2.57	14.18	103.3	0.53	0.01
스웨덴	1.3	2.57	51.69	280.9	0.75	-0.11

※자료출처 : 황링(黃令): 「금융개방에 대한 다각도 투시」, 『경제학계간』 2007년 제1기.

(5) 중국—아세안 자유무역구 틀 내에서의 금융 개방도

WTO의 서비스무역양허승낙 규정에 따르면 서비스무역 방식에는 주로 국제 결제 · 해외 소비 · 상업 존재 · 자연인 이동의 네 가지가 포함된다.[337] 2007년, 중국—아세안 자유무역구가 『서비스무역협정』을 체결해 2007년 7월 1일부터 발효했다. 그 협정은 중국과 아세안 간 서비스무역시장 개방 및 서비스무역 관련 문제 처리에 대해 규범화한 법률 문서이다.

금융서비스는 서비스무역의 중요한 내용이다. 중국 — 아세

---

337) http://www.wto.org.com.

안 자유무역구 11개 회원국의『서비스무역협정』구체적 승낙
양허표에서 중국 · 싱가포르 · 태국 · 말레이시아 · 인도네시아 ·
브루나이 · 필리핀은 모두 금융 · 비즈니스서비스 · 관광 · 에너
지 등 서비스무역 분야에서 WTO보다 더 높은 수준의 개방을
승낙했다. 중국 ─ 아세안 자유무역구의 금융개방 정도가 갈수
록 심화되고 있다.

3. 상품 다양성 지표

동아시아 경제체 대다수가 원시적인 농업생산방식에서 벗어
나 점차 공업 완제품 수출 위주의 생산시스템을 형성하고 있
다. 공업 완제품의 생산 분업 시스템이 더욱 복잡해지고 제품
유형이 풍부해졌으며 가치의 우열이 일치하지 않다. 사용한
원자재에 별반 차이가 없을지라도 공업 완제품은 브랜드 · 기
술함량 등 전략적 자산 투입의 차이로 제품 가치가 크게 변하
기 때문에 제품 요소의 밀집도와 제품의 분류가 바뀌게 된다.
표 4-14는 2010년 여러 경제체의 수출입구조를 반영했다.

[표 4-14] 2010년 아시아 여러 경제체 수출입제품 구성표
(SITC에 따라 분류)[338]

	SITC	0+1	2+4	3	5	6	7	8	9
중국 대륙	수출	2.7	0.8	1.7	5.5	15.8	49.5	23.9	0.1
	수입	1.7	1.6	13.5	11	9.4	39.4	8.1	3.4
중국 홍콩	수출	1.6	0.7	0.2	4.5	9.9	55.9	23.7	3.4
	수입	4.3	0.8	3.3	5.2	11.5	54.6	18.9	1.4
중국 마카오	수출	2.2	0.1	0	0.2	3.6	7.1	17.3	69.5
	수입	16.6	0.5	10.9	6.4	6.2	21.7	31.6	6.2
일본	수출	0.6	1.4	1.7	10	13	59.5	7.6	6

	수입	8.6	8.1	28.7	8.8	8.5	23.3	12.2	1.9
캄보디아	수출	0.4	3.9	0	0.1	0.7	2.4	92.1	0.3
	수입	6.8	3	7.6	5.4	43.2	24.4	8.7	0.8
인도네시아	수출	5.7	23	29.6	5.2	13.9	12.4	9	0.7
	수입	7.5	5.5	20.4	12	15.1	35.8	3.4	0.1
말레이시아	수출	3.3	12	15.8	6.4	8.8	43.9	9.5	0.7
	수입	6.2	5	10	9.1	12.4	49.5	6	1.8
필리핀	수출	4.8	5.3	2.1	3	6.6	70.1	7.5	0.6
	수입	10.5	3.8	16.9	9.6	8	47.1	3.3	0.8
베트남	수출	20.5	3.5	14.9	2.2	9.1	13	34.8	2.1
	수입	7	5.3	10.7	15	25.4	31.3	4.7	0.9

※자료출처 : 유엔 Comtrade 데이터베이스 2010.

표 4-14를 보면 여러 경제체들은 수출에서든 수입에서든 모두 SITC5-8이 위주임을 알 수 있다. 다시 말하면 여러 경제체의 수출입이 주로 노동밀집형과 자본기술밀집형의 차별화 제품에 집중되었으며 제품 분공이 더욱 세분화된 것이다. 따라서 동류 제품일지라도 다양화한 차별화 특징을 보인다.

각국의 중국에 대한 무역 제품 유형별로 보면 중국과 주변 국가 및 지역 간의 무역제품 종류 차이가 비교적 크다. 『중국 해관 통계연감 2009』 (중권)의 통계수치에 따르면 해관이 수록한 7400여종의 분류 상품 중에서 중국과 아세안 신흥 경제체 간의 무역제품 종류가 비교적 풍부함을 알 수 있다.(표 4-15)

---

338) 국제표준무역상품 분류 SITC는 무역상품을 9대류로 분류한다. 0류는 식품 및 활동물, 1류는 음료와 담배 · 술, 2류는 비식용원료, 3류는 광물 연료 · 윤활유 및 관련 원료, 4류는 동식물유 · 지방 및 왁스, 5류는 화학 완제품 및 관련 제품, 6류는 원료에 따라 분류한 완제품, 7류는 기계 및 운송설비, 8류는 기타 항목의 제품, 9류는 미분류 제품이다. 일반적으로 0~4류를 자원밀집형제품으로 분류하고, 6류 · 8류를 노동밀집형제품으로, 5류 · 7류를 자본밀집형제품으로 분류한다.

[표 4-15] 2009년 중국과 아세안 각국 간 무역상품 HS코드 종류[339)]

HS코드 분류	브루 나이	미얀마	캄보 디아	인도 네시아	라오스	말레 이시아	필리핀	싱가 포르	태국	베트남
Ⅰ (01~05)	11	36	14	72	2	87	62	75	102	64
Ⅱ (06~14)	28	92	22	203	34	269	143	241	273	198
Ⅲ (15)	0	4	0	27	0	31	11	21	18	12
Ⅳ (16~24)	42	60	26	140	5	185	154	183	66	128
Ⅴ (25~27)	10	66	25	127	29	135	102	105	123	122
Ⅵ (28~38)	88	407	204	644	100	746	619	781	786	754
Ⅶ (39~40)	98	173	114	250	91	257	242	252	260	256
Ⅷ (41~43)	12	24	27	54	11	41	48	41	51	53
Ⅸ (44~46)	24	58	32	143	33	149	106	105	114	114
Ⅹ (47~49)	43	79	81	130	26	135	129	130	137	119
Ⅺ (50~63)	221	471	436	744	157	842	740	798	873	862
Ⅻ (64~67)	27	38	29	58	15	56	53	60	57	59
ⅩⅢ (68~70)	68	107	79	172	71	176	149	174	171	166
ⅩⅣ (71)	4	13	2	18	1	16	18	33	33	14
ⅩⅤ (72~83)	193	411	216	565	206	579	510	585	592	570

---

339) HS코드, 즉 해관 코드는 코드조율제도의 약칭이다. HS는 6자릿수 코드를 사용하며 모든 국제무역상품을 22류, 98장으로 분류했으며 장 아래에 또 목과 세목으로 분류했다. 제1류는 활동물과 동물제품, 제2류는 식물제품, 제3류는 동식물 지방 및 분해제품, 제4류는 식품·음료·술과 식초·담배와 담배 대용 제품, 제5류는 광물제품, 제6류는 화학공업 및 관련 제품, 제7류는 플라스틱 고무 및 그 제품, 제8류는 생가죽·피혁·모피 및 그 제품, 동물 거트(천연 잠사 제외)제품, 제9류는 나무 및 목제품, 볏짚·농작물줄기·나래새 등 자료로 엮은 제품, 제10류는 목재 펄프 및 기타 섬유모양 섬유소 펄프 제품, 제11류는 방직 원료 및 제품, 제12류는 신발·모자·우산·막대기·채찍 및 그 부속품, 제13류는 석재·석고·시멘트·석면·운모 및 비슷한 자재의 제품, 제14류는 천연 혹은 양식 진주·보석 혹은 반보석·귀금속 및 그 제품, 동전, 제15류는 싼 금속 및 그 제품, 제16류는 기계·기계기구·전기설비 및 그 부속품, 음향설비 및 그 부속품, 제17류는 차량·항공기구·선박 및 관련 운송 설비, 제18류는 광학·사진 촬영·영화·계량·검정·의료 혹은 외과용 기기 및 설비·정밀 기기 및 설비, 시계, 악기, 제19류는 무기·탄약 및 그 부속품, 제20류는 기타 항목의 제품, 제21류는 예술품·소장품 및 골동품, 제22류는 특수 거래품 및 미분류 상품이다.

X Ⅵ(84~85)	274	797	472	1216	474	1204	1094	1085	1269	1203
X Ⅶ(86~89)	67	155	75	182	86	185	184	194	178	205
X Ⅷ(90~92)	68	153	86	247	58	266	251	276	261	229
X Ⅸ(93)	0	1	2	0	1	3	5	3	1	2
X X(94~96)	106	112	98	168	57	168	169	174	174	168
X Ⅺ(97~98)	2	5	3	11	1	12	8	13	11	9
무역종류합계	1386	3262	2043	5171	1458	5542	4797	5329	5550	5307
점유율(%)	18.7	44.1	27.6	69.9	19.7	74.9	64.8	72.0	75.0	71.7

※자료출처 : 『중국해관 통계연감 2009』(중권)

특히 말레이시아 · 태국 · 싱가포르 · 베트남 · 인도네시아 ·
필리핀과의 무역상품 종류가 해관에 수록된 상품 종류 전체의
약 70%를 차지해 전체 분류 상품의 대다수를 포함했다. 그러
나 라오스 · 미얀마 · 캄보디아 · 브루나이 등 국가와의 무역
상품은 종류가 비교적 단일했으며 또 환율에 민감한 농산물과
에너지제품이 대다수로서 환율 안정에 대한 요구가 비교적 높
다. 이는 이들 국가의 위안화지역 가입 의욕을 증강하는데 이
롭다. 중국과 아세안 각국의 무역상품 중 HS 제6류 · 제11류 ·
제16류에 포함된 화학공업야금제품 · 방직품 · 음향 설비가 위
주인데 이들 제품은 혹자는 국제시장 경쟁이 치열하거나(예를
들면 방직품과 같은 것) 혹자는 생산 분업이 세분화되었으며 생산
주기가 길 뿐 아니라 대다수가 '같은 유형의 다양한 품질'의
차별화 제품들이다. 따라서 생산 과정의 여러 부분에서 가격
변동에 민감하며 결제통화가치의 안정에 대한 요구가 더 높기
때문에 위안화지역 창설에서 상품 다양성 요구를 만족시키는
데 이롭다. 중국과 주변 국가 및 지역 간의 무역상품 다양성
상황은 여러 경제체의 분공생산시스템이 갈수록 심화되어가고

있음을 반영하며 서로간의 무역 연계가 밀접해지고 있음을 보여준다. 이러한 요소들로 인해 중국 주변 경제체들의 지역 내 환율 안정에 대한 요구가 더 높아지고 있다.

4. 금융시장 일체화 지표

잉그램(Ingram, 1973)은 지역 내 금융시장 일체화 정도를 고찰해 그 지역이 최적통화지역이 될 수 있는지 여부를 판단하는 기준으로 삼을 것을 제기했다. 금융시장 일체화 정도가 낮은 지역 내에서 만약 한 국가 통화당국이 금융시장에 대한 간섭을 통해 자본의 이동을 저애하고자 한다면 금융시장은 다른 국가 나아가 다른 지역과 서로 분리될 것이며 그리 되면 수지의 불균형으로 인해 전반 지역이 최적통화지역이 될 수 있는 가능성을 떨어뜨리게 된다. 금융시장이 고도로 일체화된 후 국제 수지의 불균형으로 인한 미세한 금리의 변동에도 충분한 국제 자본 이동이 발생할 수 있으므로 자동 균형 체제를 갖추어 환율의 변동을 피면하게 된다.

스미스(Roy C. Smith)와 월터(Ingo Walter)[340]는 글로벌 금융시장의 일체화에는 다음과 같은 세 가지 함의가 포함된다고 주장했다. 첫째는 각국 금융시장 간의 상호 연관성이고, 둘째는 금융 거래량의 극대화이며, 셋째는 각국 금융시장의 금리 결정 체제들이 서로 영향을 주어 같은 금융 수단의 가격이 일치해지는 추세가 나타나는 것이다.

아래에 세 가지 큰 방면으로 각각 위안화지역의 금융시장 일

---

340) 양페이레이(楊蓓蕾) : 『국제금융』, 상하이(上海)재경대학출판사 2005년 본, 249~275쪽.

체화 정도에 대해 분석하고자 한다.

(1) 금융시장 관련 상황

원격통신기술과 인터넷기술이 금융 영역에 널리 응용됨에 따라 정보 전파의 신속성으로 인해 금융시장의 지리적 분포가 더 이상 중요하지 않게 되었으며 거래자들도 더 이상은 한 국가 혹은 한 지역에만 국한되지 않고 국경을 넘어 지역을 넘어 거래할 수 있게 되었다. 세계 여러 대 금융 중심의 다양한 시간대 분포와 영업시간도 금융거래가 더 이상 시간대의 제한을 받지 않도록 해 거래자들은 하루 24시간 내에 서로 다른 금융시장에서 금융거래를 진행할 수 있게 되었다. 글로벌 금융시장에서 자금 결제 시스템인 미국의 CHIPS · 영국의 CHAPS · 국제 은행 간 금융통신협회의 SWIFT 등등은 모두 국제 금융시장 거래에서 중요한 역할을 일으키고 있어 국제 금융시장을 점점 더 밀접하게 연결시키고 있다.

표 4-16은 위안화지역 회원국 후보와 유로존 회원국이 인터넷 사용 방면에서의 비교 상황이다. 도표를 통해 위안화지역 회원국 후보 중 중국 홍콩 · 중국 마카오 · 일본 · 한국 · 싱가포르의 광대역 통신망 사용자 사용 밀도가 비교적 크고 인터넷 보급률이 높다는 사실을 알 수 있다. 중국은 광대역 통신망 사용자 밀도가 비록 크진 않지만 사용자 총량이 매우 크다. 2010년, 중국의 광대역 통신망 사용자 총량이 이미 1억을 돌파했다. 이밖에 인도네시아 · 말레이시아 · 필리핀 · 태국 · 베트남의 광대역 통신망 사용자 총량도 빠른 성장세를 보이고 있다.

총체적으로 현재 위안화지역 내 원격통신기술과 인터넷기술의 금융 분야 응용 상황은 유로존에 미치지 못한다. 그러나 위안화지역 현 단계의 네트워크 정보전파 여건을 유로존 창설 초기인 2000년과 비교해 볼 때 위안화지역 네트워크 보급률이 유로존보다 훨씬 높아 지리적 거리가 역내 금융활동에 미치는 영향이 갈수록 작아지고 있다.

[표 4-16] 위안화지역 회원국 후보와 유로존 인터넷 사용
상황 비교표

	광대역 통신망 사용자(개)			1천 명 당 광대역 통신망 사용자(개/천 명)		
	2000년	2007년	2008년	2000년	2007년	2008년
중국 대륙	22660	66414000	83366000	0.02	50.38	62.89
중국 홍콩	444450	1898934	1948271	66.68	274.2	279.2
중국 마카오	3731	110498	121403	8.46	215.4	230.7
브루나이	1896	11181	—	5.55	28.72	—
캄보디아	—	8450	—	—	0.58	—
인도네시아	4000	294464	—	0.02	1.31	—
일본	854655	28287000	30107328	6.74	221.4	235.8
한국	3870000	14709998	15474931	82.33	303.6	318.4
라오스	—	3603	—	—	0.59	—
말레이시아	4000	1010900	1301600	0.17	38.08	48.22
미얀마	—	1479	—	—	0.03	—
필리핀	10000	496151	—	0.13	5.59	—
싱가포르	69000	896200	1003100	17.13	195.3	207.3
태국	1613	913000	—	0.03	13.63	—
베트남	—	1294111	—	—	15.2	—
프랑스	196000	15550000	17691000	3.33	252	285.1

독일	265000	19600000	22600000	3.22	238.2	275.1
이탈리아	115000	10122126	11283000	2.02	170.5	188.5
네덜란드	260000	5507000	5756000	16.33	336.2	350.1
폴란드	12000	3427578	—	0.31	89.91	—
스페인	76358	8070254	8995411	1.9	179.8	197.4

※자료출처 : 세계은행 WDI 데이터베이스.

(2) 여러 차원의 글로벌 금융시장의 발전

1980년대 후의 금융 자유화 물결, 정보기술의 빠른 발전·정보와 첨단과학기술산업의 비약적인 발전·금융 혁신과 파생 수단의 끊임없는 창출·신흥시장의 빠른 성장세가 전 세계에서 자본의 최적 회수율을 모색하는데 유리한 환경을 마련해 자본의 국제 이동이 전례 없는 규모와 속도에 달하게 되었다. 금융의 글로벌화 발전으로 세계 각지 금융시장이 서로 연결되어 여러 금융시장 간의 경계가 갈수록 희미해지고 금융시장의 일체화가 점점 깊어지고 있다.

아시아 통화시장은 아태지역의 은행이 해외 통화의 대차업무를 경영하면서 형성된 시장을 가리키는데 그 시장 거래액의 90% 이상이 달러화이기 때문에 아시아 달러화 시장이라고도 부른다. 아시아 통화시장이 최초에는 유럽 달러화 시장의 보완 수단으로 설립되었다. 1960년대부터 대체로 반세기의 발전을 거쳐 아시아 통화시장에 현재는 도쿄·홍콩·싱가포르 등 국제 금융 중심이 이미 설립되었으며 상하이(上海)도 적극 창설 중이다. 현재 아시아 통화시장은 이미 인터뱅크시장·어음할인시장·거액 정기 예금 양도 시장·단기 채권시장 등 업무를 포함한 비교적 완벽한 통화시장 시스템을 형성했다. 『치앙마이 이니셔티브』의 통화 스와프 체제 등 동아시아 통화협력 성과는 동아시아 각국이 아시아통화시장에서 서로 융합될 수 있는 계기를 마련했다.

아시아 자본시장의 일체화도 중요한 발전을 이루었다. 아시아 채권시장을 예를 들면 아시아 통일 채권시장의 주요 진전은 다음과 같다. 2000년 5월에 '아세안 10+3' 재무장관회의에서 『치앙마이 이니셔티브』를 통과시켰고, 2002년 8월 태국이 동아시아 및 태평양 중앙은행 은행장회의에서 아시아채권기금 설립 구상을 제기했으며, 2002년 9월에 중국 홍콩이 '자산 증권 화와 신용 담보시장을 발전시켜' 아시아지역 채권시장의 발전을 추진할 것을 제안했고, 2002년 11월에 한국이 조치를 대 각 회원국 국내 자본시장 발전에서 직면한 장애를 제거하고 지역적인 신용등급평가 · 담보 · 청산 등 방면의 제도와 기구 건설을 보완해 아시아채권시장의 발전을 추진할 것을 제안했으며, 2003년 2월에 일본이 '아시아채권시장가동방안'을 제안하는 한편 상응한 가동조치를 제안했고, 2003년 6월에 동아시아 및 태평양지역 중앙은행 은행장회의기구가 국제결제은행 (Bank for International Settlements, BIS)과 합작해 첫 아시아채권기금을 설립한다고 선포했다. 이로써 통일된 아시아채권시장이 정식 가동됐음을 의미한다. 이러한 조치는 아시아 자본시장의 발전을 추진함에 있어서 매우 적극적인 역할을 했다. 표 4-17에서는 위안화지역 여러 회원국 후보의 증권자산조합투자 · 주식투자 · 증권투자의 유입량을 기록했다.

[표 4-17] 위안화지역 샘플 멤버의 자본시장 유입 규모

(단위: 백만 달러)

	1997년	2001년	2005년	2009년
중국 대륙	19442	40586	107426	229692
중국 홍콩	135737	193356	216803	502173
중국 마카오	659	158	151	434
중국 대만	20738	82194	118135	316249
일본	608000	1084582	1467976	2579882
한국	38781	153579	246071	493715
싱가포르	40815	101387	110548	172857
말레이시아	39724	45175	70523	98948
필리핀	16276	25503	33504	45749
태국	16059	24016	54063	66250
미얀마	163	11	17	5
캄보디아	11	63	4	39
베트남	242	382	575	1935
라오스	—	—	—	2
세계	8481519	25416332	38253431	51919944

※자료출처 : IMF 사이트 CPIS 데이터베이스에 따라 정리함.

표 4-17에서 보면 아시아금융위기가 발생한 후 마카오 · 미얀마 · 캄보디아 · 라오스의 자본시장에서 각류 투자의 유입 규모가 뚜렷이 증가하지 않고 심지어 다소 하락한 것을 제외하고 기타 경제체의 자본시장에서는 투자 유입 규모가 모두 빠른 성장세를 보였는데 이는 아시아자본시장의 빠른 발전을 반영한다. 그러나 동시에 또 위안화지역 전반 자본시장의 각

류 투자 유입 규모가 세계에서 차지하는 비중은 아시아금융위기 발생 당시 다소 하락했으며 비중이 비교적 작다는 사실을 보아내야 한다. 이는 그 지역 자본시장의 발전이 충분하지 않은 현실과 일치한다.

(3) 글로벌 금융시장 자산 가격의 상관성

금리평가 설에 따르면 지역 금융시장 일체화 정도는 또 자산 가격의 차이 정도로 반영할 수 있다. 금융시장이 완전히 일체화 되었을 때 동종 자산 가격이 서로 다른 시장에서 일치하는 추세로 나타난다. 예대 금리를 예로 들어 지역 내 서로 다른 시장 간 금리 차이가 비교적 큰 원인에는 다음과 같은 가능성이 있다. 각 경제체 통화당국이 비교적 엄격한 금리 통제를 실행하고 있거나, 시장 진출 규제·자산 가격이 시장 공급과 수요 간의 관계를 여실히 반영할 수 없거나, 은행 신용대출 시장의 발전이 불충분한 등이다.

표 4-18은 동아시아 여러 경제체의 1986~2008년 사이 은행 예대 금리 평균치와 표준차 및 변이계수이다.

[표 4-18] 1986~2008년 동아시아 각 경제체 은행 예대 금리 비교

경제체	평균치(연이율%)	표준 차	변이계수
중국	2.088	1.416	0.68
인도네시아	3.861	2.896	0.75
한국	0.952	0.818	0.86
말레이시아	3.587	1.164	0.33
필리핀	4.700	0.845	0.18

싱가포르	3.678	0.865	0.24
태국	3.365	1.054	0.31
일본	2.357	0.855	0.36

※자료출처 : 장링(姜凌) · 세홍옌(謝洪燕) : 『경제 글로벌화 조건 하의 국제통화체제 개혁』, 경제과학출판사 2011년 본, 191쪽을 인용.

표 4-18에서 보면 동아시아 각국의 예대 금리 차이가 비교적 큰 것을 알 수 있다. 필리핀이 평균치 4.7%로 가장 높고 또 변동이 비교적 작으며 예대 금리가 비교적 안정적이고, 한국이 평균치 0.952%로 제일 낮고 변동도 크지 않다. 동아시아 각 국 은행 예대 금리의 차이가 곧 이 지역 은행의 불완전 경쟁 · 정부 통제 · 금융정책이 동기화되지 않았음을 반영하며 총적으로 동아시아 경제체 간 은행 신용대출시장이 분할상태에 처했음을 보여준다.

(2) 수렴성 지표

1. 경제주기의 일치성

최적통화지역 창설의 미시적 수익은 환율 리스크를 고정시킨 뒤 통화지역 내 거래비용을 최대한 낮출 수 있는데서 실현된다. 그러나 한편 통화지역 회원국(지역)이 환율을 주도 통화에 고정시킨 뒤 독립적인 반주기통화정책을 포기할 수 있으므로 거시적 경제조정의 비용이 늘어날 수 있다. 통화지역 내 여러 회원국(지역) 간 경제 주기가 일치할수록 본국 통화 포기에 따르는 거시적 조정 감당 비용이 더 적고 따라서 통화지역의 안정에 더 유리하다. 중국과 위안화지역 회원국 후보 간의 경제 주기가 대칭적이라면 국가별 충격이 회원국(지역) 간 경제주기의 동기화로 더 잘 전환될 수 있어 여러 회원국(지역) 정부는 수렴적인 거시적조정 정책을 채용하게 되므로 자주적 통화정책 포기에 따르는 거시적 비용이 비교적 적을 수 있다.

아래에 중국과 위안화지역 회원국 후보 간의 1998~2010년 기간 실제 GDP 변동성분상관계수로 중국과 회원국 후보의 경제 주기 일치성 정도를 평가하고자 한다. 경제주기 상관계수를 계산할 때 실제 GDP에 대한 처리는 다음과 같다. 첫째, 여러 경제체의 실제 GDP에 대한 대수화 처리를 한다. 둘째, 선형회귀법을 이용해 여러 경제체의 실제 GDP에 대해 추세 변동을 제거하고(利用线性回归法对各经济体的真实ＧＤＰ消除趋势波动) 순환성분(Cyclical Component)을 분해해낸 뒤 순환성분으로 양자 간 경제주기의 상관계수를 계산해낸다. 구체적인 공식은 다음과 같다.

$$corr(y_i, y_c) = \frac{\mathrm{cov}(\Delta \ln y_{it}, \Delta \ln y_{ct})}{\sqrt{\mathrm{var}(\Delta \ln y_{it})\,\mathrm{var}(\Delta \ln y_{ct})}}$$

(4-1)

그중, $corr(y_i, y_c)$은 위안화지역 회원국 후보 i와 중국 경제주기의 상관계수를 표시하고, $\Delta \ln y_{it}$는 제t번째 해에 경제체 i의 실제 GDP의 변동성분을 표시한다. (4-1)식의 수치가 클수록 아시아금융위기 후 i국가와 중국의 경제주기가 더 일치함을 표명한다. 추산결과는 표 4-19와 같다.

[표 4-19] 1998~2010년 기간 중국 대륙과 위안화지역
회원국 후보 간의 경제주기 상관계수표

중국 홍콩	중국 마카오	일본	한국	중국 대만
0.522	0.761	0.051	-0.445	0.407
태국	말레이시아	베트남	필리핀	미얀마
-0.064	0.242	0.522	0.616	-0.209
라오스	인도네시아	캄보디아	싱가포르	브루나이
0.842	0.867	0.247	—	—

※자료출처 : IMF, World Economic Outlook Database.

표 4-19를 보면 중국 대륙에 대한 의존도가 비교적 높은 아시아 경제체 중에서 한국·미얀마·태국을 제외한 대다수 회원국 후보의 경제주기가 중국과 양성 상관관계임을 알 수 있다. 이는 외부경제의 충격이 중국과 지역 내 대다수 경제체에 대한 영향이 대칭성을 나타냄을 말해준다. 중국 대륙과 홍콩·마카오·대만지역 및 인도네시아 등 동남아국가와 지역 간의 경제 상관계수는 비교적 밀접한 양성 상관성을 띤다. 만약 위안화지역이 창설되면 지역 내 회원국 후보들은 자주적인 통화정책 포기에 따른 거시적 경제 비용이 비교적 적을 수 있다.

비록 어떤 학자가 다른 각도에서 실업주기와 경제주기에 일정한 타임래그효과가 존재함을 분석했지만 총체적으로 보면 취업주기와 경제주기는 대체로 대응된다.

표 4-20에서는 여러 경제체의 1980~2010년 기간 실업률 상황을 기록했다.

표 4-20의 데이터가 밝혔다시피 평균 실업률수준을 보면 한편으로 여러 경제체의 평균 실업률수준이 엇비슷하다. 그중 중

국 대륙·중국 홍콩·중국 대만·일본의 실업률이 1980~2010년 기간에 비록 조금 상승했지만 모두 합리한 범위를 벗어나지 않았다. 동남아 신흥 경제체 중 싱가포르·말레이시아·태국·필리핀·인도네시아·캄보디아·베트남·브루나이 등 국가의 실업률은 총체적으로 하락세를 보였다. 다른 한편으로, 여러 경제체의 실업률이 상대적으로 안정적이었다. 1990~2010년 사이에 변동이 상대적으로 비교적 큰 외에 총적인 변동 폭이 크지 않았다. 이는 이 지역의 비교적 평온한 경제발전세를 보여준다.

[표 4-20] 위안화지역 여러 회원국 후보의 시기별 실업률 대비 상황

경제체	1980—1989년		1990—1999년		2000—2010년	
	평균치	표준차	평균치	표준차	평균치	표준차
중국 대륙	2.650	0.968	2.770	0.307	4.009	0.342
중국 홍콩	2.945	1.097	2.809	1.462	5.410	1.328
중국 대만	2.069	0.568	2.042	0.576	4.483	0.755
일본	2.496	0.258	3.044	0.831	4.691	0.500
한국	3.788	0.794	3.308	1.746	3.634	0.345
싱가포르	4.449	1.681	1.888	0.400	2.866	0.564
말레이시아	7.631	0.680	3.382	0.767	3.402	0.183
태국	4.000	0.400	2.719	1.026	2.025	0.781
필리핀	10.467	1.010	9.400	0.651	9.607	1.958
인도네시아	2.408	0.455	4.355	1.607	8.788	1.402
캄보디아	—	—	8.592	2.411	5.505	0.617
베트남	—	—	8.592	2.411	5.505	0.617
라오스	—	—	—	—	—	—

| 미얀마 | — | — | 4.060 | 0.010 | 4.020 | 0.004 |
| 브루나이 | — | — | 12.272 | 1.260 | 8.351 | 1.888 |

※자료출처 : 국제노동기구 사이트.

2. 경제구조의 유사성

경제구조가 비슷한 경제체 사이에는 왕왕 보다 대칭되는 충격 유형을 갖추었기 때문에 통화동맹 결성의 거시적 비용을 낮추는데 더 이로워 미시적 수익을 높일 수 있다. 경제구조의 내용이 풍부한바 개괄하면 산업구조ㆍ경제 수요구조 등 방면이 포함된다.

표 4-21은 여러 경제체의 2000년과 2010년 각자 국민 소득의 4대 수요 구성 및 대응되는 해 기타 경제체와 중국 수요구조 간의 상관계수이다.

표 4-21에서 보면 여러 경제체와 중국의 수요구조 상관계수가 모두 정수인데 이는 중국과 일치한 방향성을 띠는 여러 경제체의 국민소득 구성 상황을 반영한다. 이런 상관계수가 2010년에 크게 하락했는데 주요 원인은 경제 성장을 이끄는 동력으로서의 중국의 소비수요가 부족했기 때문이다. 소비가 국내총생산에서 차지하는 비중이 크게 하락해 위안화지역 내 여러 회원국 후보와 중국 간 경제수요구조의 유사성을 약화시켰기 때문이다. 그러나 중국의 '내수 촉진'전략이 심화됨에 따라 위안화지역 내 여러 경제체와 중국 간 경제구조가 더 일치하는 방향으로 발전할 수 있을 것으로 예견된다.

[표 4-21] 위안화지역 회원국 후보의 GDP 구성 및 이들 국가와
중국 대륙 간 상관계수

경제체	연도	소비(%)	투자(%)	정부 구입(%)	순수출 (%)	중국 대륙과의 상관계수
중국 대륙	2000	46.119	35.119	17.05	1.712	—
	2010	23.081	48.774	22.936	5.209	—
중국 홍콩	2000	50.629	27.456	17.779	4.136	0.963
	2010	51.537	23.846	18.04	6.577	0.293
중국 대만	2000	42.728	27.444	27.468	2.36	0.922
	2010	38.067	31.691	21.299	8.943	0.670
일본	2000	35.014	25.44	37.28	2.266	0.688
	2010	34.718	20.211	40.252	4.819	0.275
한국	2000	47.592	30.562	19.071	2.775	0.988
	2010	47.215	28.689	21.294	2.802	0.498
싱가포르	2000	30.464	37.191	16.941	15.404	0.846
	2010	37.433	21.071	14.158	27.338	-0.265
말레이시아	2000	38.459	42.973	24.405	-5.837	0.917
	2010	34.541	21.556	27.987	15.916	0.170
태국	2000	46.763	33.664	21.634	-2.061	0.986
	2010	45.905	26.434	21.312	6.349	0.422
필리핀	2000	59.731	24.776	20.664	-5.171	0.935
	2010	62.401	15.382	17.277	4.94	0.082
인도네시아	2000	62.704	22.246	16.644	-1.594	0.911
	2010	47.441	32.487	17.644	2.428	0.573
캄보디아	2000	71.46	15.02	12.417	1.103	0.947
	2010	70.014	18.33	14.11	-2.454	0.913
베트남	2000	55.779	28.3	21.603	-5.682	0.467

	2010	38.218	43.131	28.483	-9.832	0.842
미얀마	2000	90.419	12.504	7.676	-10.599	0.844
	2010	75.576	14.609	9.262	0.553	0.094

※자료출처 : IMF사이트 WEO데이터베이스.

최적통화이론에 따르면 만약 최적통화지역 내 여러 회원국이 대칭되는 충격과 호응체제를 갖춘다면 회원국들은 자동적으로 비교적 일치하는 정책조정을 달성해 다양한 경제충격이 가져다 주는 거시적 비용을 비교적 적게 감당하게 된다. 스테헨 폴로즈 (Stephen Poloz, 1990) · 배리 아이켄그린 (Barry J. Eichengreen, 1992) 폴 드 그로위와 뷤 반하버베케(Paul De Grauwe와 Wim Vanhaverbeke, 1993) · 바유미(Bayyumi)와 아이켄그린(1994) 등 학자들이 충격의 성질에 대한 연구를 거쳐 통화지역의 안정성을 고찰했다.[341]

올리비에 블랑샤르와 대니콰 (Olivier Blanchard와 Danny Quah, 1989)는 VAR형을 이용해 경제의 총공급충격과 총수요충격을 식별해냈고 바유미와 마우로(Bayyumi와 Mauro, 1990)는 이 방법을 응용해 동아시아지역의 1968~1998년 사이의 데이터에 대한 고찰을 거쳐 동아시아지역의 공급과 수요의 충격 상관성과 충격 강도 및 충격을 받은 뒤의 조정속도를 추산해냈으며 또 동아시아의 연구결론을 유럽연합의 상황과 비교했다. (표 4-22 참조.)

---

341) Tamin Bayoumi and Barry Eichengreen, 'One Money or Many? Analyzing the Prospects for Monetary Unification in Various Parts of the World, *Princeton Studies in International Finance,* No.75,Ste.1994.'

[표 4-22] 동아시아와 유럽 여러 경제체의 1968~1998년 사이
공급과 수요 충격 상황 비교

	국가/지역	공급 충격		수요 충격	
		충격 강도	조정 속도	충격 강도	조정 속도
동아시아 경제체	말레이시아	0.04	1.14	0.04	1.23
	인도네시아	0.07	1.19	0.14	0.74
	싱가포르	0.06	0.75	0.08	1.37
	필리핀	0.07	0.8	0.08	0.79
	태국	0.3	0.14	0.06	1.08
	중국 홍콩	0.05	0.9	0.05	1.08
	일본	0.12	0.18	0.02	0.54
	중국 대만	0.03	1.09	0.06	0.94
	한국	0.08	0.16	0.03	0.41
유럽경제체	프랑스	0.03	0.24	0.01	0.1
	독일	0.02	1.16	0.02	0.66
	아일랜드	0.02	1.22	0.04	0.38
	이탈리아	0.03	0.43	0.04	0.38
	포르투갈	0.06	0.43	0.03	0.37
	스페인	0.06	0.08	0.02	0.12

※자료출처 : Tamim Bayoumi and Paolo Mauro, 'The Suitability of ASEAN for a Regional Currency Arrangement', IMF Working Parer, No.99/162,1999.

표 4-22를 보면 말레이시아 · 인도네시아 · 싱가포르 · 중국 홍콩은 비슷한 충격유형에 속한다는 것과 필리핀과 태국은 이질성이 비교적 크다는 것을 알 수 있다. 고찰 기간에 동아시아지역의 충격강도가 유럽 국가에 비해 훨씬 컸다는 사실을 알 수

있다. 이는 동아시아지역의 비교적 불안정한 발전환경을 반영하
며 그중에 아시아금융위기의 충격도 포함된다. 조정속도 방면에
서 동아시아지역은 충격을 받은 뒤의 조정속도가 유럽 국가보
다 훨씬 빨랐다. 따라서 동아시아지역은 충격의 성질·충격에
대한 조정속도 방면에서 위안화지역 창설에 필요한 관련 조건
을 지지하고 있음을 알 수 있다.

3. 인플레이션의 유사성

하벌러(G. haberler, 1970)와 플레밍(J.M.Flemming, 1971)[342]은 인플레
율의 유사성을 최적통화지역 확정의 기준으로 삼을 것을 제기했다.

[표 4-23]   1981~2010년 사이 위안화지역 여러 회원국 후보의
인플레율 비교

		1981~1990년		1991~2000년		2001~2010년	
		평균치	표준차	평균치	표준차	평균치	표준차
중국 대륙	GDP deflator	0.112	0.22	0.07	0.07	0.04	0.03
	CPI(%)	7.20	6.46	7.50	8.56	2.16	2.25
중국 홍콩	GDP deflator	0.18	0.03	0.04	0.05	-0.01	0.03
	CPI(%)	8.01	2.78	5.47	5.44	0.46	2.36
중국 대만	GDP deflator	0.03	0.03	0.02	0.02	-0.01	0.01
	CPI(%)	3.15	4.91	2.59	1.48	0.94	1.37

342) G.Haberle, 'The International Monetary System: Some Recent Developments and
Discussions', George Halm(ed.), *Approaches to Greater Flexiblity in Exchange
Rates*, Princeton University Press, 1970, pp.115-123; M.Fleming, 'On Exchange
Rates Unification', *Economic Journal*, Vol.81, September 1971, pp.467-488.

일본	GDP deflator	0.01	0.01	0.00	0.01	-0.01	0.00
	CPI(%)	2.05	1.40	0.84	1.25	-0.25	0.76
한국	GDP deflator	0.07	0.04	0.05	0.03	0.03	0.01
	CPI(%)	6.39	5.73	5.10	2.44	3.19	0.76
싱가포르	GDP deflator	0.03	0.03	0.01	0.03	0.01	0.03
	CPI(%)	2.26	2.60	1.73	1.18	1.63	1.97
말레이시아	GDP deflator	0.02	0.04	0.04	0.02	0.03	0.05
	CPI(%)	3.27	2.85	3.55	1.09	2.21	1.43
태국	GDP deflator	0.04	0.02	0.04	0.03	0.03	0.01
	CPI(%)	2.90	5.45	4.53	2.27	2.62	1.94
필리핀	GDP deflator	0.15	0.14	0.09	0.03	0.05	0.02
	CPI(%)	13.67	13.29	8.71	3.87	5.23	2.27
인도네시아	GDP deflator	0.09	0.06	0.16	0.21	0.11	0.04
	CPI(%)	4.56	7.88	14.02	16.09	8.55	3.10
캄보디아	GDP deflator	0.49	0.81	0.32	0.46	0.05	0.06
	CPI(%)	49.34	72.91	43.40	64.03	5.34	7.52
베트남	GDP deflator	1.62	1.55	0.19	0.21	0.08	0.05
	CPI(%)	169.14	159.58	17.34	25.12	7.83	6.13
라오스	GDP deflator	0.45	0.23	0.31	0.38	0.08	0.05
	CPI(%)	39.78	39.17	33.62	41.28	7.60	4.11
미얀마	GDP deflator	0.14	0.18	0.23	0.10	0.19	0.11
	CPI(%)	12.61	8.76	24.86	13.82	22.92	16.55

※자료출처 : IMF 사이트 WEO 데이터베이스.

표 4-23에서 보면 30년간 중국 대만 · 일본 · 한국 · 싱가포르 ·
말레이시아 · 태국의 인플레가 안정세를 유지했음을 알 수 있다.
디플레이터와 CPI지수에 근거해 계산한 인플레율이 비슷한데
이는 동아시아 등 신흥 경제체의 비교적 평온한 경제발전형세
를 반영한다.

중국 대륙 · 중국 홍콩 · 필리핀 · 인도네시아는 1981~1990년
10년간 물가 변동이 비교적 컸다. 중국 대륙은 개혁개방 초기여
서 투자 규모가 증대하고 재정지출이 팽창했으며 화폐 신용대
출이 급격히 확장된 것이 주요 원인이다. 중국 홍콩은 증시 · 통
화 분야에서 영국 · 미국과 관계가 밀접했기 때문에 중국 홍콩
의 고인플레는 그때 당시 서방 국가의 '경기 정체'의 영향을 받
았기 때문이다. 필리핀과 인도네시아는 당시 에너지 위기의 기
회를 틈타 에너지를 대량 수출해 경제의 빠른 성장을 이루었다.
캄보디아 · 라오스 · 미얀마는 20세기 말에 약 20년간의 고인플
레를 겪은 뒤 최근 10년간 물가 안정세를 유지했다.

[표 4-24] 2001~2010년 위안화지역의 디플레이터에 따라 계산한
인플레율 상관계수 행렬표

	중국 대륙	중국 홍콩	중국 대만	일본	한국	싱가 포르	말레 이시아	태국	필리핀	인도 네시아	캄보 디아	베트 남	라오 스
중국 대륙	1												
중국 홍콩	0.49	1											
중국 대만	-0.54	-0.34	1										
일본	-0.08	0.31	.38	1									
한국	-0.20	-0.38	0.10	-0.25	1								
싱가 포르	0.51	0.39	0.32	0.43	-0.46	1							

말레이시아	0.82	0.21	-0.73	-0.36	-0.27	1							
태국	0.60	0.64	-0.47	0.16	-0.80	0.43	0.47	1					
필리핀	0.31	-0.03	-0.57	-0.02	-0.18	-0.17	0.48	0.34	1				
인도네시아	0.41	0.59	-0.63	0.34	-0.44	0.03	0.32	0.67	0.70	1			
캄보디아	0.63	0.44	-0.73	0.24	-0.15	0.03	0.65	0.44	0.63	0.75	1		
베트남	0.68	0.48	-0.74	-0.02	-0.07	-0.02	0.69	0.47	0.34	0.49	0.05	1	
라오스	0.09	-0.52	-0.27	-0.44	-0.25	-0.44	0.43	0.05	0.43	0.00	-0.02	-0.02	1

※자료출처 : IMF 데이터에 근거해 계산해 얻음.

표 4-24의 위안화지역 회원국 후보 사이 디플레이터로 계산한 인플레율의 상관관계 서열을 보면 중국 대만·일본·한국이 비교적 많은 역상관 관계를 보인 것을 제외하고 위안화지역 여러 회원국 후보들 사이는 디플레이터로 계산한 인플레율이 대다수가 양성 상관관계를 보였다. 이는 위안화지역의 비교적 유사한 인플레율을 표명한다. 위안화지역 주도통화의 발행 국으로써 중국은 경제 변동을 안정시키는 데서 더 많은 책임을 담당해야 한다. 따라서 기타 경제체와의 인플레 유사성과 관련해 중국에 요구하는 바가 더 크다.(표 4-24, 표 4-25)

[표 4-25]   2001~2010년 중국 대륙과 위안화지역 샘플
회원국의 CPI 상관계수

중국 홍콩	중국 대만	일본	한국	싱가포르	말레이시아	태국
0.713	0.866	0.786	0.4	0.827	0.563	0.672
캄보디아	베트남	라오스	미얀마	필리핀	인도네시아	브루나이
0.783	0.73	-0.003	-0.31	0.407	-0.2457	—

※자료출처 : IMF 데이터에 근거해 계산해 얻음.

4. 거시적정책의 일체화

일반적으로 여러 가지 거시적정책의 목표는 바로 충분한 취업과 경제 성장·물가 안정·국제 수지 균형을 실현하기 위한 데 있다. 따라서 비슷한 경제 구조를 갖추고 비슷한 거시적 경제 목표를 실현해야 하는 경제체들은 그 정책 목표가 일치할 가능성이 있다. 상기 여러 가지 지표에 대한 분석을 통해 위안화지역 여러 회원국 후보 간에는 경제적 차원에서 정책조정을 달성할 수 있는 현실적 토대가 갖추어졌음을 설명했다.

[표 4-26] 1990~2010년 사이 여러 경제체 정부 총부채율
비교 및 중국대륙과의 상관계수

국가/지역	평균치	표준차	최대치	최저치	중국 대륙과의 상관계수
중국 대륙	13.03	5.58	19.59	4.98	—
중국 홍콩	2.53	1.33	4.82	1.25	0.027
중국 대만	31.38	5.88	39.87	22.6	0.683
일본	139.37	51.41	220.28	67.48	0.906
한국	18.6	8.35	32.56	7.99	0.824
싱가포르	84.04	12.28	105.01	68.06	0.908
말레이시아	84.04	12.3	79.54	31.78	-0.292
태국	45.79	10.86	57.83	15.19	0.515
필리핀	58.48	7.98	74.89	47.34	-0.015
인도네시아	51.99	22.16	95.1	26.94	-0.059
캄보디아	34.43	5.14	43.6	25.32	0.262
베트남	41.43	7.29	52.85	31.65	-0.272

라오스	82.38	21.8	112.14	60.04	0.386
미얀마	81.58	30.92	140.95	42.45	-0.251

※자료출처 : IMF 사이트 WEO 데이터베이스.

재정정책 목표를 예를 들어 표 4-26에서는 1990~2010년 사이에 여러 경제체들의 정부 채무총량의 GDP 점유율 상황 및 중국과의 상관관계를 비교했다. 도표를 보면 중국 대륙·중국 홍콩·중국 대만·한국·캄보디아·베트남은 정부 총 부채 율이 비교적 낮아 모두 안전 범위에 속했고, 태국·필리핀·인도네시아는 WB와 IMF 등 기구가 공인하는 60%의 경계선에 접근했으며, 일본·싱가포르·말레이시아·라오스·미얀마는 모두 이미 안전경계선을 넘었음을 알 수 있다. 그중에서 일본의 정부 부채 율이 가장 두드러졌는데 가장 높은 해에는 220.28%에 달해 일본정부가 큰 압력에 맞닥뜨렸음을 분명하게 나타냈다. 상관성을 보면 말레이시아·필리핀·인도네시아·베트남·미얀마의 정부 부채 율이 중국과 역상관관계인 것을 제외하고 기타 경제체들은 모두 중국과 양성 상관관계로서 정책 목표 면에서 비교적 큰 조정공간이 존재함을 보여준다.

2. 위안화지역 창설 타당성에 대한 실증 분석

본 절에서는 최적통화지역 내생성 이론을 이용해 위안화지역이 최적통화지역으로 될 수 있을지 여부에 대한 실증분석을 진행하고 일체화 지표와 경제 수렴성 지표의 내재적 관계 수립의 실증 모델을 통해 무역 일체화가 경제주기 일치성·요소의 이동성·재정리스크 분담체제 수립에 일으키는 추동작용에 대해 연구하며 일체화 지표와 수렴화 지표의 상호 작용 관계에 대해 토론하고자 한다. 우리는 주로 무역과 경제주기의 상관성·무역 일체화가 통화지역 창설에 대한 작용·동아시아 통화지역의 내생성문제 이 세 가지 방면에 치중해 문헌 정리를 진행할 것이다. 그리고 무역 시각을 선정해 중국이 아시아 회원국 후보들과 통화지역을 창설하는 타당성에 대해 실증 분석을 진행하고 위안화지역이 무역 기반을 갖추었는지 여부에 대해 평가할 수 있는 데이터 의거를 찾고자 한다.

전통적인 통화지역이론에 따르면 최적통화지역 창설 기준은 외생적인 것으로서 통화지역 회원국 후보는 마땅히 통화지역 창설 전('사전')에 그 기준에 부합된 후에야 비로소 최적통화지역에 가입할 수 있다고 주장한다. 그러나 프랑켈과 로스(1998)[343])는 최적통화지역의 기준은 내생적인 것이며 특히 통화지역에 가입하면 회원국 내부 무역이 더욱 일체화 방향으로 발전할 수 있어 여러 회원국의 경제 상관성을 증강해 통화지역의 기준을 꾸준히 만족시킬 수 있기 때문에 '사전'에 전통적인 OCA이론을 완전히 만족시키지 못한 경제체일지라도 '사후'에 회원국 간 무역의 일체화를 통해 점차 OCA 기준을 만족시키게 될 수 있다고 주장했다. 이 이론은 최적통화지역 가입 문턱을 대폭 낮추었다.

최적통화지역의 내생성 이론을 바탕으로 다음과 같은 점을 미루어 알 수 있다. 즉 중국과 아시아 기타 국가 간 무역관계가 점점 밀접해짐에 따라 중국과 아시아 국가 간 경제주기의 대칭성이 강할수록 위안화지역 창설 시 여러 회원국의 거시적 경제

---

343) Jeffrey A. Frankel and Andrew K. Rose,'The Endogeneity of the Optimum Currency Area Criteria', *Economic Journal*, Vol.108, No.449, 1998, pp.1009~1025.

비용을 더 낮출 수 있으며 따라서 위안화지역 창설에서 여러 회원국에 대한 미시적 수익이 거시적 비용보다 훨씬 커지도록 함으로써 위안화지역이 유지되고 발전할 수 있을 것이라는 점이다. 최적통화지역 내생성 이론은 위안화지역 창설에 양호한 이론적 지탱 점을 마련해 주었다.

모델은 아세안 10개국과 중국 홍콩 · 중국 마카오 · 중국 대만 · 일본 · 한국을 위안화지역 창설의 샘플 회원국(지역)으로 선정해 이들 샘플 회원국(지역)과 중국 간의 양자 무역 관련도가 양자 경제주기의 상관성 · 생산요소의 이동 정도 · 재정리스크 분담체제의 수립에 대해 양성 추진 작용을 일으킬 수 있는지 여부를 고찰하고자 한다.

1. 중국대륙과 위안화지역 샘플 회원국(지역) 간 무역 관련도 추산

프랑켈과 로스(1998)의 방법을 참고해 다음과 같은 지표를 선정해 양자 무역 의존도를 평가하는 대리 변수로 삼는다.

$$trade \ (w)_{ict} = \frac{X_{ict} + M_{ict}}{(X_{it} + M_{it}) + (X_{ct} + M_{ct})} \qquad (4\text{-}2)$$

그중 $trade \ (w)_{ict}$ 는 제t번째 해에 위안화지역 샘플 멤버i와 중국 대륙의 무역 관련도를 표시하고, $X_{ict} \cdot M_{ict}$ 는 제 t번째 해에 i국(지역)과 중국 대륙의 수출과 수입 총액을 각각 표시하며, $(X_{it} + M_{it}) \cdot (X_{ct} + M_{ct})$ 는 제 t번째 해에 i국(지역)의 수출입총액과 중국대륙의 수출입총액을 각각 표시한다. 이 수치가 클수록 샘플 회원국(지역) i와 중국 대륙의 무역 관련도가 더 크며 중국 대륙과 위안화지역 기타 샘플 회원국(지역) 간의 무역 일체화 정도가 더 높다는 것을 의미한다. 중국 대륙과 기타 경제체의 양자무역 데이터의 출처는 중국경제정보사이트 데이터베이스이고 여러 국가(지역)의 대외무역 데이터의 출처는 WTO 사이트이다.

2. 무역 관련도와 경제주기 상관계수의 상관성 검증

Frankel과 Rose(1998)가 건립한 회귀모델을 참고로 아래 모델을 수립했다.

$$corr(y_i, y_c) = \alpha + \beta trade(w)_{ic} + \xi_i \qquad (4-3)$$

회귀모델(4-3)중에서 우리가 고찰해야 할 바는 β의 부호와 크기이다. β가 플러스이면 중국과 위안화지역 회원국 후보 간 무역연결이 더 밀접해 서로 간 경제주기의 일치성을 강화할 수 있을 것임을 의미한다. 반면에 β가 마이너스이면 $trade(w)_{ic}$의 증가가 $corr(y_i, y_c)$의 하락을 초래할 것임을 의미하므로 중국과 위안화지역 기타 회원국 간 더욱 밀접한 무역연결이 이들 국가(지역)의 더 불일치한 경제주기를 초래할 수 있음을 의미한다. β의 크기는 무역 관련도와 경제주기 상관성 사이의 순방향 혹은 역방향 효과의 크기를 나타낸다.

모델(4-3) 중 여러 계수에 대한 추측에서 일반적인 최소제곱법(OLS)을 적용할 수 없다. 그것은 모형 중의 해석 변수와 피해석 변수는 서로 작용하고 서로 영향주기 때문에 즉 $Cov(trade(w), \xi) \neq 0$, 이러한 내생성으로 인해 모델(4-3)은 계량경제학의 고전적 가정에 부합되지 않는다. 따라서 OLS

방법으로 추측해낸 매개 변수는 편불일치성을 띠므로 최적선형 불편추정량이 아니다. 그렇기 때문에 반드시 다른 방법을 모색해 β의 값을 추측해야 한다. 도구 변수를 도입해 모델(4-3)의 매개 변수에 대해 단계별로 추측하는 것은 선택할 수 있는 방법 중의 하나이다.

프랑켈과 로스(1998) · 세사르 등(2002) · 한민춘(韓民春) 등(2007)의 도구 변수 모델을 참고로 다음과 같은 도구 변수 회귀모델을 수립했다.

$$trade\,(w)_{ic} = \varphi_0 + \varphi_1 \ln\,(pop)_i + \varphi_2 \ln\,(dis)_{ic} + \varphi_3 open_i + \varphi_4 trastr_{ic} + \delta_i$$

$$(4\text{-}4)$$

그중 pop_i는 위안화지역 회원국 후보 i의 총 인구수이다. 데이터 출처는 IMF 사이트 WEO 데이터베이스이다. dis_{ic}는 위안화지역 샘플 회원국(지역)i와 중국 간의 지리적 거리를 표시하는데 두 곳 수도(혹은 행정중심) 간의 지리적 거리를 선정해 대리 관측 치로 했으며 구글 지도 소프트웨어에 근거해 추산해냈다. $open_i$는 위안화지역 샘플 회원국(지역) i의 대외무역의존도이다.344) $trastr_{ic}$는 위안화지역 샘플 회원국(지역) i와 중국 간 무역 구조 상관계수이다.345) 우리는 2010년의 데이터를 선정해 고

---

344) 무역의존도 계산공식: $open_{it} = \dfrac{X_{it} M_{it}}{GDP_{it}}$, 여러 경제 수치는 모두 명의 변수이다.

345) 무역구조 상관계수의 계산공식은 $trastr_{ict} = \sum\,(\mid s_{ki} - s_{kc} \mid_m + \mid s_{ki} - s_{kc} \mid_x)$, 그 중 k는 업종을 표시한다. WTO의 상품 분류에 따라 k는 3대류로 분류된다. 1= 농산물, 2= 광산물, 3= 공업 완제품이다. s는 여러 경제체에서 업종k의 수출입 비중을 표시한다. $trastr_{ict}$의 수치가 클수록 후보 회원국(지역)i와 중국 간 무역구조의 차이성이 더 크고 무역의 상호 보완성이 더 강하며 산업간 무역 규모가 더 크다.

찰을 진행했으며 도구 변수 법을 이용해 모델 매개 변수에 대해 두 단계의 최소제곱법을 진행해 추산했다. (4-1) 공식에 근거해 계산한 무역 관련도 수치가 매우 작기 때문에 계수 사이의 관계를 고찰하기 위해 그 수치를 10,000배 확대해 추산했으며 (4-3)공식의 추산결과를 얻었는데 표 4-27에 기록한 바와 같다.

[표 4-27]수단 변수 모델 추산 변수표

미추산변수	설명변수	예측결과	T통계량	p수치
φ_0	C	2.909	1.356	0.0245
φ_1	lnpop	0.837	2.356	0.0000
φ_2	lndis	-0.570	-2.463	0.1472
φ_3	$open$	0.762	2.303	0.0223
φ_4	$trastr$	-0.640	-2.367	0.0189
그중 조정을 거친 판정계수는 0.3666이다.				

표 4-27을 보면 수단 변수 모델 중에서 경제 개방도와 무역 구조 상관계수·인구가 5%인 유의수준 하에서 유의성 검증에 통과되었음을 알 수 있다. 그중 경제 개방도와 인구가 무역 관련도에 대해 순방향 작용을 일으켰다. 샘플 경제체의 대외 개방도가 높을수록, 자국 시장이 클수록 중국과의 무역 연결을 더욱 증강하고 중국과의 무역 일체화를 추진할 가능성이 커진다. 무역구조의 유사성과 무역 관련도는 역상관관계인데 이는 샘플 경제체와 중국이 무역 구조에서 상호 보완성이 클수록 무역활동을 전개할 수 있는 가능성이 더 크며 무역 관련도가 강화될

수 있다는 것을 의미한다. 동시에 지리적 거리가 중국과 기타 경제체 간 무역 관련도에 주는 영향은 뚜렷하지 않음을 알 수 있는데 이는 중국의 국경무역 잠재력이 여전히 충분히 개발되지 않았음을 어느 정도 반영하며 국경무역이 그 우월한 지연 우세를 채 발굴하지 못했음을 의미한다. 단면 데이터가 이분산 문제를 생성하기 쉬운 점을 감안하면 이분산으로 얻은 추산 결과는 여전히 불편 추정량이지만 추산 변수의 유효성을 상실시킬 수 있기 때문에 추정 변수가 유의미성 검증을 통과하지 않도록 한다. 때문에 stata 소프트웨어를 이용해 도구 변수 모델에 대한 안정성 수정을 진행한다. 이분산을 제거하기 전과 후의 추정 결과는 아래 공식 (4-5)와 (4-6)과 같다.

$$corr(y_i, y_c) = 0.486 + 0.0415trade\,(w)_{ic}$$
$$(0.0000) \quad (0.6070) \qquad\qquad (4\text{-}5)$$

그중 괄호 안에는 P수치이고 판정계수는 0.235이다.

$$corr(y_i, y_c) = 0.486 + 0.0415trade\,(w)_{ic}$$
$$(0.0000) \quad (0.0154) \qquad\qquad (4\text{-}6)$$

그중 괄호 안에는 P수치이고 판정계수는 0.238이다.

(4-6) 공식에서 이분산을 제거한 뒤의 추정 결과를 통해 알 수 있듯이 β가 5%인 유의수준 하에서는 뚜렷하고 게다가 β의 부호가 플러스이며 이는 중국과 샘플 경제체 간의 무역 관련도가 증강됨에 따라 경제주기의 일치성도 따라서 증강됨을 의미한다. 양자의 내생관계는 또 경제주기의 일치성을 보장해 무역 관련도를 한층 더 증강함으로써 양자 간에 양호한 상호 작용과 발전을 형성할 수 있도록 한다. 이러한 내재적 관계는 위안화지역 창설

의 거시적 비용을 크게 낮추어 주기 때문에 위안화지역 창설에서 필수 전제 조건을 마련해주게 된다. β수치의 크기로부터 무역 일체화와 경제주기 일체화의 순방향 효과의 크기를 본다. 프랑켈과 로스(1998)의 유럽연합국가에 대한 회귀 결과에 따르면 유럽연합의 무역 일체화가 경제주기에 대한 순방향 추진효과는 0.103으로서 중국과 상기 샘플 경제체 간의 추진효과 0.0415보다 크다. 이는 선진국 간 무역 일체화가 경제 상관성에 대한 영향이 개발도상국가 사이보다 높음을 표명하며 이 또한 세사르(2002)의 연구 결론과 일치한다. 그러나 β는 고정 불변하는 것이 아니라 무역일체화 정도의 강화에 따라 효과가 강화된다.

비록 (4-6) 공식에서 추정 변수가 모두 유의성 검증에 통과되었지만 모델의 판정 계수는 겨우 23.8%에 그쳤다. 이는 무역 일체화로 경제주기 일치성 23.8%를 해석할 수 있는 요소가 무역을 제외하고도 아시아 경제체들 사이의 경제주기 상관성에 중요한 영향을 주는 기타 요소가 존재한다는 사실을 표했다. 따라서 모델의 설정에 대해 J검증을 진행해 누락된 설명변수가 존재하는지 여부를 토론함으로써 모델 설정의 합리성 여부를 판단하고자 했다. J의 원 가설은 원 모델 설정이 합리적이고 누락변수(Omitted Variable)가 없다는 것이다. 위 문장의 모델에 대해 J검증을 거친 뒤 F통계량이 원 가설을 거절하면 모델 중에 누락된 설명변수가 존재한다는 것을 의미한다. 이 결론은 최적통화지역이론과 맞물린다. 최적통화지역은 역내 여러 회원국 경제발전수준·인플레율·금융 시스템의 유사성 및 정치적 조화성에 대한 요구가 매우 엄격하다.

매키넌과 스네이블(Gunther Schnabl)(2003)[346]은 최근 20년간 중

국은 경제 성장속도가 제일 빠를 뿐 아니라 아시아에서 제일 안정된 경제체로서 점차 일체화되어가고 있는 아시아지역에서 자동안정기 역할을 발휘해 동아시아지역 안정의 힘이 되었다고 주장했다. 지역통화협력의 배경 하에 중국은 여러 회원국 간 정책 분야의 소통과 조율을 추진할 수 있는 능력을 갖췄으며 게다가 제때에 지역협력을 추진할 수 있다. 현재의 무역 기반으로 여러 국가(지역)의 힘을 단합시켜 지역통화와 금융 협력을 강화할 수 있는 조건을 초보적으로 갖추었다. 만약 위안화지역이 창설된다면 아시아지역 내 무역구조가 꾸준히 최적화될 수 있고 각국의 정책조정 체제가 점차 완벽해질 수 있다.

---

346) 위융딩(余永定)·허판(何帆) : 『위안화의 궁금증』, 중국청년출판사 2004년 본, 21~55쪽.

제 5 장

위안화지역 : 추진 체제

중국
위안화지역
연구

堀起

> " 국가가 강성하려면 반드시
> 강대한 통화가 있어야 한다 "

제 5 장
위안화지역 : 추진 체제

....

　앞 장에서 우리는 논증을 거쳐 '위안화지역 창설이 실행가능
성을 갖추었다'는 기본 결론을 얻어냈다. 위안화지역 창설 과정
은 길고도 어려운 과정으로서 점진적 원칙에 좇아 '주변화—지
역화—국제화'의 경로를 따라 안정적으로 추진해야 한다. 위안
화가 국제시장에서 어느 정도로 인정받을 수 있느냐는 것은 주
로 시장 구동력에 의해 결정되지만 중국정부가 위안화의 '해외
진출전략(해외 진출)'에 어떤 태도를 취하고, 어떤 제도적 배치를
실행하며 또 이런 제도적 배치가 어느 정도의 예상 효과를 일
으킬 수 있느냐는 것도 위안화지역의 성공적인 창설 및 정상적
인 운행에 중요한 영향을 준다. 본 장에서는 우선 위안화가 주

변 국가와 지역에서의 유통 상황에 대해 정리한 다음 역외무역 위안화 결제·통화 스와프 협정·역외 위안화시장(CNH시장)의 발전·해외 직접투자 위안화 결제·중국(상하이) 자유무역시험구 등 위안화 '해외진출전략(해외 진출)' 추진 관련 일련의 제도적 조치에 대해 소개할 것이며 마지막으로 이들 조치가 위안화지역 창설 추진에 대한 정책적 효과에 대해 평가하고자 한다.

제1절 위안화 '해외진출전략(해외 진출)' : 스타트

한 가지 통화가 해외에서 일부 통화의 기능을 발휘할 때 그 통화의 '해외진출전략(해외 진출)'가 이미 시작된 것이다. 위안화는 새 중국이 창립된 뒤 발행한 주권 통화로서 비록 역사가 길지는 않지만 신예로 자리매김했다. 새 중국 창립 후 중국은 대외무역에서 한동안 위안화 가격표시와 결제를 실행한 적이 있다. 1960년대에 중국은 영국 파운드화를 대외무역 가격표시와 결제 통화로 사용했었지만 1967년 11월 파운드화가 대폭 평가 절하되고 그에 따른 연쇄반응이 일어나면서 약 30개 국가와 지역의 통화가 따라서 평가 절하되었다. 갈수록 심각해지는 서방의 통화위기 앞에서 외환 리스크를 줄이고 국가의 이익을 보호하기 위해 중국은 관련 금융기관을 적극 조직해 대응조치 연구에 돌입했다. 1968년 3월 중국은행은 홍콩과 마카오지역에 대한 수출입무역에서 위안화 가격표시 결제를 시행할 것을 제안했다.

1968년 4월 12일 국무원은 비준을 거쳐 1968년 봄철 광저우(廣州)교역회부터 홍콩과 마카오 지역에 대해 위안화 가격표시와 결제를 시행키로 결정지었다. 이어 위안화 가격표시와 결제 시행 범위를 서유럽 국가로 점차 확대했다. 1973년에 이르러 위안화로 가격표시와 결제를 실행하는 국가와 지역(협정국 포함)이 63개에 달했으며 1976년에는 더 늘어 120개에 달했다. 중국이 이 단계에서 위안화 계산과 결제를 시행한 것은 위안화의 국제 유통을 위한 것이 아니었다. 위안화는 여전히 휴대하고 출경하지 못하도록 금지시켰으며 국제 결제기능 혹은 보유기능을 갖추지 않았다.

개혁개방 후 '수출을 통한 외화 창출' 방침에 이끌려 위안화 가격표시와 결제가 점차 역사무대에서 퇴출하고 달러화가 중국 대외무역 결제에서 절대적인 주도 지위를 차지하게 되었다. 1990년대 초기에 중국 국경무역이 빠르게 발전했지만 중국과 인접한 국경 국가들 대다수가 내전과 정치체제의 격변을 겪으면서 주권통화가 보편적으로 신용을 잃게 됨에 따라 중국은 국경무역에서 위안화 결제와 사용을 추진하기 시작, 이로써 위안화가 진정으로 '해외진출전략(해외 진출)'의 길에 들어섰다. 중국 인민은행은 베트남·몽골·라오스·네팔·러시아·키르기스스탄·조선·카자흐스탄 등 8개 국가의 중앙은행과 양자 간 무역 본위화폐 결제협정을 잇따라 체결해 중국과 주변 국가의 국경 무역 결제에서 양국 본위화폐 혹은 위안화 사용을 허용했다. 실제로는 위안화를 사용한 결제가 더 많았다.

1990년 후부터 중국정부의 위안화 '해외진출전략(해외 진출)' 태도가 피동에서 주동으로 바뀌는 과정을 거쳤다. 피동 단계는 대체로 1990년대에서 2008년의 글로벌 금융위기 전까지인데 이 시기에 위안화는 주로 국경무역 방식을 통해 해외로 진출했으며 위안화의 태환·운송이 주로 비공식 금융경로를 거쳐 이루어졌으며 해외 보유 위안화는 주로 무역과 인적왕래에 사용되었다. 2008년에 글로벌 금융위기가 발생한 뒤 중국정부는 적극적 주동적으로 위안화 '해외진출전략(해외 진출)' 진전을 빠르게 추진하기 시작했다. 중앙부서들은 다양한 정책조치를 통해 공식적인 금융경로를 통한 위안화의 경외 유출을 추진했으며 위안화의 해외 수요 목적이 다원화 양상을 보이기 시작해 무역·인적왕래·투자·재부관리·외화보유 등 방면에 폭넓게 사용되었다.

1. 중국 주변 국가와 지역의 위안화 유통 상황

중국경제가 빠르게 발전하고 중국과 주변 국가·지역 간 국경 무역 규모가 꾸준히 확대됨에 따라 위안화가 중국 주변 국가와 지역에서 달러화·유로화 버금가는 경화로 부상했으며 특히 중국과 인접한 국경지역에서 위안화의 이동 량이 비교적 커 심지어 본위화폐보다도 더 환영을 받고 있다. 서남지역에서는 위안화가 라오스 동북3성에서 본국 통화 키프화를 전면 대체해 경내 자유 유통을 실현했으며 심지어 라오스 수도 비엔티안 일대에서도 위안화 수용 정도가 아주 높은 실정이다. 중국과 미얀마의 국경무역과 관광활동을 통해 매년 미얀마로 유출되거나 유입되는 위안화 수량은 방대하다. 베트남에서는 위안화가 베트남 전역에서 유통되고 있으며 베트남 국가은행은 이미 위안화 예금 업무를 전개하고 있다. 서북지역에서는 위안화가 주로 중앙아시아 5개국과 파키스탄에서 유통되고 있다. 동북지역에서는 위안화가 줄곧 중-조, 중-몽 국경에서 유통되고 있다. 특히 몽골에서는 위안화가 주요 외국 통화가 되었으며 몽골국 여러 은행들에서 위안화 예금업무를 전개했다.

홍콩·마카오·대만 지역에서는 위안화가 홍콩에서 유통량이 제일 크고, 마카오에서도 널리 사용되고 있으며 대만섬 내에서는 지하의 개인 금융업소 등 비정규 경로를 통해 실제로 일정 수량의 위안화가 유통되고 있다. 21세기에 들어선 뒤 위안화가 일부 선진국과 지역에서 사용되기 시작했으며 주변 국가의 중국인 거주지역에서도 위안화가 이미 사용되기 시작했다.

2. 중국 국경지역에서 위안화의 태환 경로

현재 중국 국경지역에서 위안화의 태환 경로는 주로 은행 태환·노점 은행이나 암시장에서의 환전·기업 환전소에서 태환하는 등 세 가지 경로가 있다.

(1) 은행 태환

1991년에 중국인민은행은 조선·카자흐스탄 등 8개의 이웃 국가의 중앙은행과 국경무역 본위화폐 결제협정을 잇따라 체결했다. 협정을 체결한 양국 은행은 상대국 통화를 자국 통화로 태환이 가능하다. 예를 들어 러시아 은행의 고객은 위안화를 루블화로 태환이 가능하고 중국 은행의 고객은 루블화를 위안화로 태환이 가능하다. 실제 경제활동 속에서 화폐의 태환이 중국 경내에서 더욱 활발하게 이루어졌는바 출경(出境) 시 위안화를 외화로 태환해야 하는 경우나 입경(入境) 시 외화를 위안화로 태환해야 하는 경우나 기본상 다 중국 경내에서 거래가 이루어졌다.

은행의 태환비용이 일반적으로 비교적 높은 편이고 또 은행 태환 영업소 분포 밀도가 낮아 편리도가 떨어지기 때문에 위안화가 은행의 태환을 거쳐 국경을 넘나들며 만족시켜야 하는 경제적 수요가 제한을 받게 된다.

(2) '노점 은행' 혹은 암시장에서 환전

2002년, 국무원 발전연구중심 연구팀이 국경무역과 위안화 지역화에 대해 조사할 때 일부 지하 개인 은행들이 경영 융통성성 우세를 이용해 호시무역도시와 국경 통상구 등에 영업지점을 설치하고 위안화 환전 업무를 제공하고 있는 현상을 발견했다. 이러한 현상은 연구팀이 2010년에 조사를 진행할 때도 여전히 아주 보편적으로 존재했다. 윈난(云南)성 루이리(瑞麗)에는 상업은행 외에도 위안화 환전 장사에 종사하는 사람들이 많았는데 그들은 '노점 은행'을 경영하고 있었다. 노점 은행이 중국 서남지역의 변경 호시무역지역에 널리 분포되었는데 그들은 일정한 영업장소가 없이 오고가는 상인들을 위해 전문적으로 양국 통화를 태환해주곤 했다.

(3) 기업 환전소에서 태환

2008년 8월 20일 국가외환관리국이 개인 외화태환업무 시행을 시작했다. 비준을 거쳐 중국 경내 일부 비금융류 일반 상공기업은 시행지역에서 해내외 개인에 외화로 위안화를 태환하고 위안화로 외화를 사는 양방향 태환서비스를 제공할 수 있게 되었다. 국가외환관리국의 설명에 따르면 개인 본위화폐와 외화 태환 업무를 시행하는 경영 기관은 외화 태환 특허기관으로써 해외의 태환소와 비슷하다. 현재 그 업무 시행 범위가 점차 확대되고 있다. 표 5-1에서는 현재 위안화가 중국 주변 국가와 지역에서 유통하는 주요 경로를 종합했다.

[표5-1] 주변 국가 혹은 지역 위안화 유통 경로

위안화의 주변 국가와 지역 유입	주요 경로	1. 달러화를 휴대하고 입경한 외국인들이 달러화 현찰로 위안화를 태환해 물건을 구입하고 남은 위안화를 휴대하고 출경함. 2. 일부 변경 소액 무역 결제에서 중국이 경내에서 위안화로 외국인 상인과 운전사 승무원에게 지급하는 잔돈과 소액의 운비와 잡비인데 외국인들이 귀국할 때 채 쓰지 못한 위안화를 휴대하고 출경함. 3. 중국인들이 해외여행·비즈니스·참배·친지 방문할 때 휴대하고 출경함. 4. 중국 사기업 혹은 개인이 주변 국가나 지역에 대한 해외 직접투자. 5. 중국인 혹은 외국인이 신고 제도를 엄격히 이행하지 않고 다양한 수단을 통해 휴대하고 출경함. 6. 민간 외화태환시장·지하 금융 등이 자금 회전 수요에서 위안화 현찰을 휴대하고 출경함. 7. 국경무역지역에서 은행을 통해 대외에 위안화를 지급.
	주요 행방	1. 휴대자가 스스로 소지하고 있다가 다음 번 입경시 사용함. 2. 민간 외화 환전소. 3. 국경통상지역·홍콩·마카오지역에서 관광·요식·교통·서비스 등 상대적으로 소액의 소비에 사용함. 4. 중국인들이 국외에 나가 전시판매회·상담회를 개최할 경우 쌍방 호시무역에서 사용함. 5. 주변 국가와 지역의 중국 상품시장에서 지급 결제에 사용함. 6. 홍콩 마카오지역 위안화업무 지정 은행의 예금.
주변 국가와 지역 위안화 환류	주요 경로	1. 국경무역 흑자가 이끄는 해외 잉여 위안화의 환류. 2. 국경무역에 종사하는 외국인이 위안화를 휴대하고 입경해 일부 소액 대출·결제 후 나머지·통상구의 소량의 비용·무역 종속비용 및 출입경 인원의 비용을 지급하는데 사용함. 3. 중국으로 친지방문이나 여행을 오는 외국인 위안화를 휴대하고 입경한 뒤 숙식비·교통비 등 소액 비용 지출에 사용함. 4. 비주민이 경외에서 부동산 구매·직접 투자·노무 지출 등에 위안화 사용. 5. 중국인 출국 인원이 귀국시 위안화를 휴대해 귀국함. 6. 민간 외환시장·지하 금융이 자금 회전의 수요에서 위안화 현찰을 휴대하고 입경함. 7. 홍콩·마카오 지역 위안화가 은행 경로를 통해 환류함.

주요 행방	1. 위안화 휴대자가 휴대했던 위안화를 재차 휴대하고 입경함.
	2. 중국인들이 입경 전에 해외 환전소에서 쓰고 남은 외화를 위안화로 태환해 입경함.
	3. 일부 국경 통상구를 통해 유출된 위안화를 중국인 혹은 외국인이 휴대해 입경함.
	4. 해외 민간 외환시장에서 유통되던 위안화가 환류함.

※자료출처 : 리둥룽(李東榮) : 『위안화 국제 가격표시와 결제: 문제와 사고』, 중국 금융출판사 2009년 본.

제2절 위안화 '해외진출전략(해외 진출)': 가속

최근 몇 년간 중국 중앙은행인 중국인민은행이 정책을 출범시켜 여러 경로와 다양한 방법으로 위안화가 보다 넓은 범위 내에서 유통할 수 있도록 추동해 위안화의 '해외진출전략'을 추진하고 있다. 이에 따라 위안화 환율 시장 형성 체제·대외무역 위안화 결제·통화 스와프·위안화 역외 시장 건설·대외 직접 투자에서 위안화 결제 추진 등 방면에서 모두 비교적 큰 발전을 이루었다.

1. 위안화 환율 시장 형성 체제 개혁을 꾸준히 추진
(1) 갈수록 시장화 되어 가는 위안화 환율 형성 체제

위안화 환율의 비시장화 문제가 줄곧 미국을 위수로 하는 서방 국가들이 '위안화가치가 평가 절하되었다', '중국정부가 위안화 환율을 조작한다'라는 등 언론을 발표하는 논거가 되어왔다. 미국은 최근 몇 년간 중국을 이른바 '환율조작국'에 포함시킬 것이라고 거듭 떠벌임으로써 중국의 수출상품에 대해 상계관세를 징수하는 등 변칙적인 무역보호를 진행하고자 했다. 이밖에 위안화 환율의 비시장화는 또 적지 않은 국가들이 위안화가 국제준비통화로 될 수 없다고 고집하는 이유이기도 하다.

사실상 1993년에 '시장을 토대로 하는 관리변동환율제도 수립'이라는 개혁 방향을 제기해서부터 현재까지 시장화가 곧 위안화환율제도개혁의 시종일관 견지해온 방향이다.[347]

1994년 1월 1일, 중국은 시장의 공급과 수요를 토대로 하는, 단일한, 관리변동환율제도를 실행하기 시작했다.

2005년 7월 21일 중국은 위안화환율시장 형성체제를 재차 보완해 시장의 공급과 수요를 토대로 하고, 바스켓 통화를 참고로 조절을 진행하는, 관리변동환율제도를 실행했다.

2010년 6월 19일 중국은 위안화환율 형성 체제 개혁을 한층 더 추진해 위안화 환율의 탄력을 증강했다. 2011년부터 위안화환율체제가 더욱 탄력을 갖춰 환율 가격 시장화 정도가 제고되었으며 관리변동환율제도가 점점 성숙되어 위안화환율이 빠른 평가 절상되면서 부터 양방향 변동성 특징이 점차 형성되기 시작했다.

(2) 외환거래시장에서 개업하는 통화의 종류가 꾸준히 늘어

1994년에 위안화환율 형성 체제 개혁을 실행해서부터 중국의 은행 간 외환시장에서 달러화·유로화·엔화·영국 파운드화·홍콩 달러화 5가지 국제준비통화가 잇따라 개업했다. 2010년 8월 19일에는 위안화와 말레이시아 링깃화 간 거래가 개업했고, 이

---

347) 인민은행 금융연구소가 편찬한 『위안화환율 형성 체제 개혁에 대한 회고와 전망』 보고에서는 사실과 데이터로 2011년 10월 11일 미국 국회 상원이 통과시킨 『2011년 통화환율감독개혁법안』에 대응했다.

어 같은 해 11월 22일에는 또 위안화와 루블화 간 거래가 개업했다. 2011년 11월 28일부터 중국인민은행이 매일 고시하는 위안화 환율 기준가 중 오스트레일리아 달러화와 캐나다 달러화 대 위안화 고시 환율이 추가되었다. 2012년 6월 1일부터는 은행 간 외환시장에서 엔화의 직접 거래를 허용했으며 2013년 10월 15일에는 중국과 영국이 위안화 — 파운드화 직접 거래와 관련해 협의를 달성함에 따라 중-영 양국이 런던에서 위안화 결제와 청산을 진행하는 데 동의하고 영국 중앙은행(BOE)은 중국의 은행이 영국에 도매은행 분행을 설립하는 것을 허용했다.

2. 역외무역 위안화 결제

(1) 역외무역 위안화 결제 시행 업무 가동

역외무역 위안화 결제는 줄곧 위안화의 국제화를 실현하는 돌파구로 간주되어 왔다. 2009년 후부터 중앙은 일련의 정책을 잇따라 출범시켰다.

2009년 4월, 국무원은 상하이(上海)시와 광둥(廣東)성 내 광저우(廣州)·선전(深圳)·주하이(珠海)·둥관(東莞) 4개 도시에서 역외무역 위안화결제업무를 시행키로 결정지었다. 이는 위안화의 지역화 국제화가 역사적인 한 걸음을 내딛었음을 의미한다. 2009년 7월에 중국이 역외무역 위안화 결제를 실험 가동한 뒤 약 500개 기업이 참여했으며 제1진 해외 시행지역은 홍콩·마카오와 아세안지역이었다.

2010년 6월, 중앙은행은 재정부 등 6개 부처와 연합해 위안화 국제결제 시행지역을 전면 확대한다고 선포하고 경내 시행지역을 상하이와 광둥성의 4개 도시에서 베이징(北京)·톈진(天津)

·네이멍구(內蒙古) 등 20개 성(자치구·직할시)으로 확대했으며 더 이상 해외 지역에만 국한하지 않기로 했다. 2010년 12월, 중앙은행은 수출화물무역에 참여하는 총 6만 7359개 기업을 역외무역 위안화 결제 시행대상으로 심의 결정했다는 공지를 발표함으로써 시행기업이 185배로 확대되었다.

2011년 1월, 중앙은행이 『해외 직접 투자 위안화 결제 시행대상 관리방법』을 발표했다.

2011년 8월, 인민은행 등 6개 부서가 연합으로 『역외무역 위안화 결제지역 확대 관련 통지』를 발표해 역외무역 위안화 결제지역을 전국으로 확대했음을 명확히 밝혔다. 그 업무 범위는 국제화물무역·서비스무역·기타 경상항목 위안화 결제가 포함되며 또 이들 업무는 더 이상 시행 기업에만 국한하지 않았으며 동시에 기업은 시장원칙에 따라 위안화 결제를 선택할 수 있고 더 이상 지역 제한을 받지 않게 되었다.

2011년 12월, 국가발전개혁위원회가 『샤먼(廈門)시 양안 교류 협력의 심화를 위한 종합 맞춤형 개혁 실험 관련 총체적 방안』을 인쇄 발행해 샤먼에 현대화한 결제 시스템을 갖춘 도시 처리중심을 건설하는 것에 대해 진일보로 연구하고 대만과의 무역에서 위안화 결제 업무를 진일보로 전개해 역외무역 위안화 결제 규모를 확대할 것을 제기했다.

2010년에 정부가 위안화 결제 시행범위를 확대한 후 각 지 인민은행 및 관련 정부 부서가 적극 호응해 시행 업무의 순조로운 전개를 위한 대량의 준비작업을 진행했다. 그 준비 작업에는 다음과 같은 내용이 포함됐다. 첫째, 역외무역 위안화 결제 시행업무 지도팀을 설립하고 관련 직책과 업무방법을 명확히 했다. 둘째, 역외무역 위안화 결제 실행방안을 작성하고 관련 정책을 출범시켰다. 예를 들면 『역외무역 위안화 결제 시행 가이드 라인』·『해외 기구의 경내 위안화 은행결제계정 관리 잠정방법』·『역외무역 위안화 결제 시행 기업 관리방법』 등이다. 셋째, 기존 국경무역항목 하의 역외무역 위안화 결제업무 성과를 공고히 하는 토대 위에 위안화 결제 의향이 있는 기업과 은행에 대한 조사와 정책 홍보를 전개했다. 넷째, 역외무역 위안화 결제 경로를 적극 개척해 경내 상업은행이 상대측 상업은행과 협력관계를 맺도록 지원했다. 한편 중국 은행도 동남아·남아시아·중앙아시아 등 국가 은행들과의 협력 문제에 대해 적극 탐색하고 해결해 은행의 국경무역 경로를 모색했다. 예를 들면 2009년 9월, 중국건설은행 윈난(雲南) 지점은 미얀마 경제은행과 『위안화 결제협정』을 맺고 거듭되는 교류와 협상을 거쳐 자금 결제 절차를 기본상 합리하게 조절했다. 인민은행 루이리(瑞麗)지점은 현지 해관·세무·외사판사처·변방·검험검역 등의 부서와 연합해 중국-미얀마 양국 간 현찰 역외 조달 운송 문제를 해결했으며 국경무역 은행 환율결제를 정식 취급했다.

2012년 3월 3일, 중국인민은행 등 6개 부서가 연합으로 『수출화물무역 위안화 결제 기업관리 문제에 대한 통지』를 발표해 수출입 경영 자격을 갖춘 모든 기업이 수출화물무역 위안화 결제업무를 전개할 수 있도록 명확히 규정지었다. 이는 수출입 화물무역·서비스무역·기타 경상항목에 종사하는 중국 기업이 모두 위안화로 계산과 결제를 진행하고 수불할 수 있게 됐음을 의미한다.

(2) 역외무역 위안화 결제 규모

2010년 상반기와 그 전까지 역외무역 위안화 결제가 별로 순조롭지 않았다. 2009년 역외무역 위안화 결제액이 고작 35억 8천만 위안이었고, 2010년 상반기에도 겨우 670억 위안이었다. 그러나 2010년 하반기에 4393억 위안으로 급증했으며 2011년 앞세 분기에 누계 기준으로 1조 5409억 8천만 위안에 달했다. 2013년 12월 말까지 역외무역 위안화 결제 금액이 이미 누계 기준으로 10조 1600억 위안에 달했다. 스탠다드차타드은행은 2015년에 이르러 홍콩 대외무역 위안화 결제액이 1조 달러와 대등한 규모에 달하고 연간 복합성장률 67%, 대외무역 위안화 결제 업무량이 대외무역총액에서 차지하는 비중이 15%에서 20%에 달할 것으로 예측했다.348)

[그래프 5-1] 위안화 역외무역 결제 규모

(단위: 10억 달러)

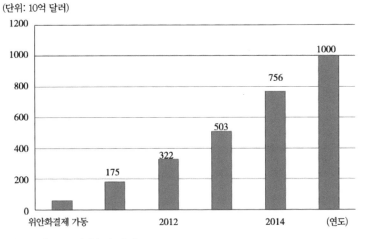

※자료출처: 중국인민은행 사이트.

---

348) 스탠다드차타드은행: 『역외 위안화시장(CNH)은 위안화의 준비통화로의 발전을 지탱해주는 수단』, 2011년 홍콩 위안화시장 특별보고서.

그래프 5-1은 역외무역 위안화 결제총액 및 예측 규모이다. 앞으로 역외무역에서 위안화 지급과 결제가 더 대규모로 이루어질 것으로 전망된다.

(3) 역외무역 위안화 결제의 특징

시행 상황을 보면 역외무역 위안화 결제업무는 다음과 같은 특징을 나타낸다.

첫째, 위안화가 국경무역활동에서의 수용 정도는 일반 무역과 서비스무역보다 크다. 윈난(雲南)의 국경무역 위안화 결제를 예로 들면 국경무역 위안화 결제의 비중은 86%를 차지하지만 일반 무역과 서비스무역은 겨우 14%를 차지한다.

둘째, 국경무역 위안화 결제업무는 대체로 지역 특징의 제한을 크게 받는다. 중국 서남국경지역에서는 중국과 외국 주민이 가까운 이웃으로 살고 있어 민족이 서로 통하고 풍속이 비슷하며 중국인 상인이 많아 위안화 수용도가 아주 높다. 예를 들어 윈난성 루이리 통상구에서는 위안화 결제 비중이 92%에 달한다. 그러나 서북국경지역의 신장(新疆)은 지역이 넓고 사막이 끝없이 펼쳐져 중국과 외국 주민이 서로 멀리 떨어져 살고 있다. 중앙아시아 국가들에서는 달러화 결제를 더 선호하는 편이어서 위안화의 수용도가 비교적 낮다.

셋째, 역외무역 위안화 결제 중 85%는 수입 업무이다. 그 원인을 분석해보면 한 가지 원인은 국내 수출 시행 기업이 제한적인데다 수입상에 비해 수출기업이 통화의 종류를 선택할 수 있는 권력이 비교적 낮기 때문이고, 다른 한 가지 원인은 시장에 존재하는 위안화 평가 절상 예기로 인해 해외 위안화 수요가 왕성하기 때문이다.

넷째, **90%**의 역외무역 위안화 결제업무가 홍콩지역과 싱가포르에서 이루어지며 다른 지역의 위안화에 대한 수용도는 여전히 제한적이다.

(4) 역외무역 위안화 결제가 중국에 주는 적극적인 영향

역외무역 위안화 결제는 중국이 위안화의 지역화와 국제화를 추진하는 중요한 돌파구로써 다음과 같은 몇 가지 방면에서 중국에 적극적인 영향을 준다.

첫째, 대외무역과 투자에서 위안화의 사용은 기업을 도와 해외 은행 혹은 비은행 경로를 통한 환전 결제로 인해 주기가 길고 비용이 높으며 위험이 큰 등 문제를 근본적으로 해결해 주어 환전 절차를 줄이고 환전비용을 절약해 기업의 무역 이윤을 늘림으로써 중국과 주변 국가 간의 더욱 빈번한 무역활동을 추진할 수 있다.

둘째, 위안화의 해외 진출은 중국 그리고 주변 국가와 지역의 경제무역 이익을 공고히 하는데 이로워 중국의 기존 국경협력 지역을 토대로 한 걸음 더 나아가서 이들과 경제무역 이익 공동체를 결성할 수 있다. 더욱 긴밀한 경제무역관계는 또 중국이 주변국과 정치적 상호 신뢰를 더욱 심화하고 문화 공동체 건설을 추진할 수 있어 중국의 외교적 주동성과 주도성을 제고하는데 이롭다.

셋째, 역외무역 위안화 결제는 중국 금융시장의 대외개방을 추진하고 중국 자본 금융기관의 업무 영역을 확장하며 중국 금융업의 국제 영향력과 경쟁력을 높이는데 이롭고 글로벌 금융시스템 속에서 중국의 발언권을 높이는 데 이롭다.

(5) 현재 역외무역 위안화 결제에 존재하는 문제

역외무역 위안화 결제는 수출기업의 원가를 낮추고 이윤을 증가할 수 있는 한편 또 금융기구의 업무를 개척할 수 있기 때문에 수출입상이나 금융기구나 모두 위안화 결제 업무의 추진을 크게 기대했다. 역외무역 위안화 결제가 이미 초보적인 효과를 거두었다. 그러나 한편 또 일부 문제들도 불거졌다. 예를 들면 위안화 결제액이 여전히 적은 편인 것이다. 2010년 위안화 결제액이 수출입 총액에서 차지하는 비중이 겨우 2%정도였으며 2013년에 그 비중이 비록 눈에 띄게 상승해 10%에 달했지만 여전히 낮은 편이며 정규적인 금융 경로를 통해 유통되는 위안화가 제한적이다.

중국사회과학원의 『2012년 세계 경제 형세 분석과 예측』 황서는 역외무역 위안화 결제에서 나타나는 결함에 대비해 위안화의 국제화 발걸음을 늦춰 신중하게 추진해야 하며 금리 및 환율의 시장화 개혁을 먼저 완성하고 나서 위안화의 국제화 추진을 시도할 것을 주장했다.[349]

따라서 중국 자본항목이 아직 전면적으로 개방되지 않고 금리와 환율의 시장화가 미완성인 상황에서 어떻게 보다 원활한 위안화 환류 경로를 구축하고 위안화 캐시 플링(종합자금센터)을 확대하며 여러 부서 사이의 정책적 조율을 강화해 역외무역 위안화 결제업무를 계속 추진할 것이냐가 하나의 시련이며 위

---

349) 재경넷, www.caijing.com.cn

안화 해외 진출을 추진하는 과정에서 마땅히 해결해야 할 문제이기도 하다.

3. 통화스와프협정

1997년 아시아금융위기가 불거진 후 『치앙마이 이니셔티브』하의 통화스와프체제가 위기 대처의 새로운 경로를 열었다. 2008년 글로벌금융위기로 인한 이동성 결핍이 외향형 경제를 주도로 하는 아시아 신흥경제체에 막대한 어려움을 가져다주었다. 통화스와프협정이 또 한 번 여러 신흥 경제체의 이동성 결핍문제를 해결하고 금융위기에 대처하는 중요한 조치가 되었다.

(1) 통화 스와프 개론

통화 스와프가 최초로 기원한 시기는 1970년대이다. 최초에는 주로 상업기구들 사이에서 이루어졌는데 목적은 비교 우위를 서로 이용해 각자 융자 비용을 낮추고 각자 환율 리스크를 고정시키기 위한 데 있었다.

중앙은행 간에 체결한 통화스와프협정은 외환시장의 통화스와프와 일정한 구별이 존재하는데 협정 체결 쌍방이 서로 간에 무역과 투자를 진행할 때 제3국의 통화를 사용할 필요가 없이 직접 본국 통화로 계산과 결제를 진행할 수 있어 불필요한 환손실을 피면하도록 하는 것을 가리킨다.

(2) 금융위기 대처에서 통화스와프협정의 역할

2008년 금융위기에 대처할 때 통화스와프협정은 적어도 다음과 같은 역할을 했다.

첫째, 통화스와프협정은 협정 체결 측으로 하여금 상대적으로 고정되었거나 안정된 환율에 따라 양자 간과 다자 간 무역 가격 표시와 결제를 진행하도록 했으며 또 신용장 업무를 전개해 환율 태환 리스크와 태환 비용을 피할 수 있게 했다.

둘째, 통화스와프는 일종의 금융 혁신으로서 양자 무역 및 직접 투자를 보장할 수 있다.

셋째, 신흥 시장 중앙은행의 자주성과 융통성을 크게 증강시켜 국제금융위기 대응 능력과 금융안정 유지 능력을 키워주었다.

총적으로 통화스와프협정은 지역과 세계 금융 안정을 유지하고 무역투자의 성장을 추진하는 방면에서 적극적인 역할을 했다.

(3) 통화스와프협정과 위안화의 '해외진출전략'

2008년의 글로벌 금융위기가 발생하기 전에 중국의 통화스와프 체결 진전이 더디고 계획과 전략이 부족했을 뿐 아니라 주동성과 적극성도 크지 않았다. 2008년 12월 12일, 중국인민은행과 한국은행이 통화스와프협정을 체결했는데 이는 그해 금융위기 발생 후 중국이 체결한 첫 대외 통화스와프협정이다. 그 뒤 중국인민은행은 통화스와프협정 체결의 발걸음을 가속했다.(표 5-2) 2013년 연말까지 중국인민은행이 체결한 통화스와프협정의 규모가 위안화로 2조 위안이 넘었으며 총 20여 개 통화당국과 협정을 체결했다. 그중 아태지역에서는 한국·중국 홍콩·말레이시아·인도네시아·몽골국·싱가포르·뉴질랜드·우즈베키스탄·카자흐스탄·태국·파키스탄·아랍에미리트·오스트레일리아가 포함되었고 유럽지역에서는 벨로루시·터키·아이슬란드·우크라이나·영국·유로존이 포함됐으며, 미주지역에서는 아르헨티나와 브라질이 포함됐다. 그리고 또 더 많은 국가와 통화스와프협정을 적극 체결했다.

[표 5-2] 글로벌 금융위기 후 중국인민은행 대외 통화스와프협정 체결 일람표

협정측	체결시간	금 액	목 적
한국	2008년 12월 12일	1800억 위안 상당의 위안화	중국 진출 한국기업에 융자의 편리를 마련해주고 중국투자환경을 안정시킴
중국 홍콩	2009년 1월 20일	2000억 위안 상당의 위안화	홍콩 금융안정에 대한 외부의 확신을 강화하고 내지와 홍콩 위안화 결제업무의 발전 추진
말레이시아	2009년 2월 8일	800억 위안 상당의 위안화	『치앙마이 이니셔티브』가 효과성 방면에서 거둔 발전을 공고히 하고 무역과 투자를 추진하며 경제 성장을 추진
벨로루시	2009년 3월 11일	200억 위안 상당의 위안화	위안화의 더 넓은 범위 내 유통을 추진하고 벨로루시에 필요한 위안화 보유고를 제공
인도네시아	2009년 3월 24일	1000억 위안 상당의 위안화	『치앙마이 이니셔티브』가 효과성 방면에서 거둔 발전을 공고히 하고 단기 이동성 지원을 제공
아르헨티나	2009년 3월 29일	700억 위안 상당의 위안화	달러 태환 비용을 절약하고 무역 발전을 추진하며 위안화가 지급과 결제 역할을 담당하도록 함
아이슬란드	2010년 6월 9일	35억 위안 상당의 위안화	아이슬란드의 경제 회복을 도움
싱가포르	2010년 7월 23일	1500억 위안 상당의 위안화	서로 간 당기 이동성 지원을 제공해 무역과 투자 결제에 편리 제공
뉴질랜드	2011년 4월 18일	250억 위안 상당의 위안화	금융 협력을 강화하고 무역과 투자를 추진
우즈베키스탄	2011년 4월 19일	7억 위안 상당의 위안화	위안화무역결제를 추진해 양국 중앙은행의 위안화 무역 결제에 편리 제공
몽골	2011년 5월 6일	50억 위안 상당의 위안화	양국 무역 발전을 추진하고 금융체제의 단기 이동성을 마련하며 몽골국 통화 투그릭화의 안정을 유지
카자흐스탄	2011년 6월 13일	70억 위안 상당의 위안화	금융협력을 강화하고 무역과 투자를 추진

한국 (재체결)	2011년 10월 26일	3600억 위안 상당의 위안화	금융협력을 강화하고 무역과 투자를 추진하 며 지역 금융안정을 수호
중국 홍콩 (재체결)	2011년 11월 22일	4000억 위안 상당의 위안화	내지와 홍콩·지역의 금융 안정을 수호하고 내지와 홍콩의 무역과 투자에 편리를 제공 하며 홍콩 위안화 역외시장의 발전을 지원
태국	2011년 12월 22일	700억 위안 상당의 위안화	양국 투자에 이동성 편리 제공
파키스탄	2011년 12월 23일	100억 위안 상당의 위안화	금융협력을 강화하고 무역과 투자를 추진
아랍에미리트	2012년 1월 17일	350억 위안 상당의 위안화	금융협력을 강화하고 무역과 투자를 추진
말레이시아 (재체결)	2012년 2월 8일	1800억 위안 상당의 위안화	지역 금융 안정을 수호하는데 이롭고 무역 과 투자에 편리 제공
터키	2012년 2월 21일	100억 위안 상당의 위안화	금융협력을 강화하고 무역과 투자 추진
몽골(추가)	2012년 3월 20일	100억 위안 상당의 위안화	지역 금융 안정을 수호하고 무역과 투자에 편리 제공
오스트레 일리아	2012년 3월 22일	2000억 위안 상당의 위안화	무역과 투자 추진, 특히 본 지역 통화로 가격 표시하는 거래를 추진하고 금융협력 강화
브라질	2013년 3월 26일	1900억 위안 상당의 위안화	금융협력을 강화하고 경제무역 왕래에 편리 를 제공하며 금융 안정을 공동으로 수호
우크라이나	2013년 6월 26일	150억 위안 상당의 위안화	금융협력을 강화하고 무역과 투자 추진
영국	2013년 6월 22일	2000억 위안 상당의 위안화	런던 위안화시장의 발전에 이동성 지원을 제공하고 위안화의 해외 사용을 추진하며 무역과 투자의 편리화를 추진
헝가리	2013년 9월 9일	100억 위안 상당의 위안화	금융협력을 강화하고 무역과 투자를 추진
알바니아	2013년 9월 12일	20억 위안 상당의 위안화	금융협력을 강화하고 무역과 투자를 추진
유럽 중앙은행	2013년 10월 9일	3500억 위안 상당의 위안화	경제무역 왕래를 지원하고 금융안정을 수호

※자료출처: 중국인민은행 사이트·신화넷·중국금융넷 등의 자료를 종합 정리.

통화스와프는 겉보기에는 중앙은행 간 대등한 통화 단기 대부 행위인 것 같지만 사실상 대부분은 외국의 중앙은행이 위안화를 빌려 중국과의 무역 결제와 외화보유에 사용하는 것이다. 이때 중국의 중앙은행이 보유한 외화는 담보물과 비슷하며 통화스와프는 사실상 위안화의 지역 범위 내 유통 정도를 확대하는 것이다. 통화스와프협정의 잇따른 체결은 꾸준히 상승하고 있는 위안화의 국제적 지위와 안정성에 대해 중국의 무역 파트너가 인정하고 있음을 표명하며 이는 위안화의 해외 진출에 양호한 기회를 마련해 주었다.

4. 역외 위안화시장의 형성

현재 역외무역 위안화 결제는 자본항목 하에 위안화 전면 태환이 실현되지 않은 상황에서 전개되는 것이다. 따라서 해외 위안화의 유통과 거래 문제를 해결해 위안화 보유 기업은 위안화를 유출시키게 하고 위안화가 필요한 기업은 위안화를 유입시킬 수 있게 함으로써 위안화 보유 기업이 상응한 수익을 얻을 수 있도록 해야 한다. 이러한 객관적 수요에 따라 역외 위안화 (CNH) 시장이 생겨났다.

(1) 홍콩 CNH 시장의 발전 과정

홍콩은 현재 대륙에 있어서 해외 위안화 체류 규모가 가장 큰 지역이다. 게다가 국제금융 중심으로서의 홍콩은 완벽한 금융시장과 관련 법규·완벽한 금융 기반시설·정책 특혜를 갖추었으며 위안화 역외 시장 발전 우위를 갖추었다. 최근 몇 년간 홍콩의 위안화 업무가 안정하게 발전해 위안화 실시간 결제 시

스템이 양호하게 운행 중이며 또 위안화 표사 채권발행과 위안
화 결제 경험도 어느 정도 쌓았다. 따라서 홍콩은 위안화 역외
시장 형성의 선행 우세를 갖추었다. 표 5-3은 홍콩 CNH시장의
발전 과정을 기록했다.

[표 5-3] 홍콩 CNH시장의 발전 과정

2003년	11월 19일	중국인민은행은 공고를 발표해 인민은행이 홍콩은행의 개인 위안화 업무 개설을 위한 결제를 제공할 것이라고 선포하고 홍콩 금융관리국과 협력 양해각서를 체결
	12월 31일	중국인민은행이 중국은행(홍콩)유한회사에 개인 위안화 업무 홍콩 결제 서비스에 참여할 수 있는 권한을 부여했으며 중국인민은행 선전지점과 중국은행(홍콩)이 홍콩 위안화 업무 결제 관련 협력 협의서를 체결하고 선전지점을 결제은행으로 삼아 결제계정을 개설할 수 있도록 함
2005년	11월 1일	중국인민은행이 공고를 발표해 소매·요식·운수 등 업종을 포함한 7개 업종의 위안화 예금계정 개설을 허용한다고 밝힘
2006년	3월 6일	새로운 위안화 결제 시스템 출범, 홍콩인이 홍콩 경내에서 위안화 수표계정을 개설해 광둥성 경내 소비 지출을 담당할 수 있게 했으며 한 계정의 1일 지급 한도는 위안화 8만 위안으로 제한
2007년	1월 20일	중국인민은행은 홍콩금융관리국과 통화스와프협정을 체결하고 후자를 위해 위안화 2000억 위안에 이르는 이동성 지원을 제공
	6월 26일	중국인민은행과 국가발전개혁위원회가 공동으로 『경내 금융기구 홍콩특별행정구 진출 위안화 표시 채권 발행 관리 잠정방법』을 발표해 내지의 정책성 및 상업은행의 대 홍콩 위안화 표시 채권 발행을 허용
2009년	6월 29일	중국인민은행이 역외무역 위안화 결제 시행업무를 가동, 홍콩이 시행 도시와의 무역에서 위안화 결제를 비준 받음
	9월 28일	중국재정부가 홍콩에서 총 60억 위안 규모의 위안화 국채를 발행, 이는 중국 국채가 최초로 중국 대륙 경외에서 발행하는 위안화 표시 주권 채권임
2010년	2월 11일	해당 위안화가 내지로 환류하지만 않는다면 홍콩은행은 보유한 위안화 자금을 자유로이 운용할 수 있고, 또 내지 비금융기관은 비준을 거쳐 홍콩에서 위안화 표시 채권을 발행할 수 있다고 홍콩금융관리국이 규정지음

	7월 19일	중국인민은행이 중국은행(홍콩)과 『홍콩은행 위안화 업무 결제 협정』수정안을 체결
	8월 16일	중국인민은행은 『해외 위안화 결제은행 등 세 부류 기구의 은행 간 채권시장 위안화 투자 시행 관련 사항에 대한 통지』를 발표해 해외 통화당국과 홍콩 마카오 위안화 업무결제은행·역외무역 위안화 결제 해외 참가은행이 합법적으로 수익한 위안화 자금을 은행 간 채권시장에 투자할 수 있도록 허용함
	8월 19일	맥도널드가 홍콩에서 총 2억 위안 규모의 3년 만기 위안화 표시 채권을 발행하는데 성공, 최초로 홍콩에서 위안화 표시 채권을 발행한 다국적기업이 됨
	10월 22일	HSBC은행이 첫 위안화 결제 금리스와프(IRS) 완성, 같은 날 아시아개발은행이 12억 위안의 위안화 표시 채권을 발행, 이는 최초로 홍콩에서 상장한 위안화 표시 상품임
	11월 30일	중국재정부가 홍콩에서 제2차로 총 80억 위안의 위안화 표시 채권을 발행
2011년	1월 13일	『해외 직접투자 위안화결제 시행 관리방법』이 발표돼 비준을 거친 경내 기업이 위안화로 해외에 직접 투자할 수 있도록 허용했으며 위안화 해외 사용 범위를 한층 더 확대해 홍콩의 새로운 위안화 원천을 마련
	2월 15일	여러 홍콩은행이 위안화 어음을 발행해 고객들이 어음으로 새 주식 구매와 자금조달 및 지급을 진행하도록 편리 제공
	6월 21일	중국인민은행이 『역외 위안화 업무 관련 문제를 명확히 하는데 대한 통지』를 발표해 외국인 직접 투자의 위안화 결제업무 시행 방법을 확립
	8월 17일	중국재정부가 제3차로 홍콩에서 200억 위안의 위안화 국채 발행을 정식 가동, 이번 위안화 국채 발행은 홍콩의 위안화 투자 품종을 풍부히 하고 홍콩의 위안화 국채시장의 범위와 깊이를 확대하는데 이로움
	12월 16일	중국증권감독위원회·중국인민은행·외환관리국이 『펀드관리회사·증권회사 위안화 적격 해외 기관 투자자의 경내 증권 투자 시행 방법』(RQFII)을 정식 발표함
2012년	2월 14일	최초 위안화 가격표시 거래소 매매 펀드 ETF '항셍위안화황금 ETF'가 홍콩증권거래소에서 상장
	4월 3일	증감회는 적격 해외기관 투자자 투자액 500억 달러를 신규 늘리고 또 위안화 적격 해외기관 투자자의 투자액을 위안화 500억 위안 증가한다고 선포

	4월 5일	증감회는 또 4월 3일 500억 위안의 신규 RQFII 투자액을 위안화 A주식 ETF상품에 쓸 것이라고 선포
	8월 1일	2012년 8월 1일부터 홍콩 인정 기관이 비홍콩주민 개인 고객에게 위안화 서비스를 제공할 수 있게 됨
	9월 17일	세계 첫 달러화 대 위안화 결제 가능 통화 선물계약이 홍콩증권거래소에서 정식 실행됨
	10월 29일	세계 첫 해외 상장 위안화 거래 주식증권이 홍콩증권거래소에서 정식 선보임
	12월 28일	중국인민은행이 『첸하이(前海) 해외 위안화대출 관리잠정방법』을 비준, 첸하이에서 등록 설립되고 첸하이에서 실제로 경영하거나 투자한 기업은 홍콩의 위안화 업무 경영 은행으로부터 위안화 자금을 빌릴 수 있으며 또 선전시의 은행업 금융기관을 통해 자금결제를 실현할 수 있다. 이는 선전 시 첸하이지역 해외 위안화 대출업무의 정식 가동을 상징함
2013년	6월 24일	홍콩금융관리국 및 재산시장 조합이 세계 최초로 역외 위안화 단기 기준 금리(CNH Hibor Fixing)체제를 출범시키고 가격 책정체제는 금리인(Hibor)을 기준으로 함
	8월 22일	국무원이 중국(상하이)자유무역 시험구 설립을 정식 비준함에 따라 각 계는 상하이가 경내 역외시장이 되어 홍콩 위안화시장과 서로 연결되고 상호 작용할 수 있는 체제가 형성될 수 있기를 기대

※자료출처: 중국인민은행·재정부 등 관영 사이트에 근거해 정리함.

(2) 홍콩 CNH시장의 발전 현황

홍콩에 위안화 역외시장을 건설하는 것은 한편으로 대륙 감독관리당국이 해외 위안화 유통 규모를 장악해 상응한 조치를 취하는데 도움이 되고, 다른 한편으로는 또 앞으로 국내 위안화 융자시장의 점차적인 개방을 위한 경험을 쌓을 수 있고 국내 외환시장의 조절에 참고를 제공할 수 있다. 2013년 6월 말까지 홍콩이 보유한 위안화 예금이 6980억 위안에 달해 세계 기업들은 무역과 투자 등 경로를 거쳐 얻은 위안화 보유 자금을 홍콩에 저금시키려는 의향이 매우 강하다. 2012년 12월까지

역외 위안화 표시 채권 발행 규모가 3000억 위안에 달했으며
게다가 위안화 표시 채권이 홍콩 발행 잠재력이 여전히 매우
크다. 그래프 5-2는 2004~2013년 홍콩 위안화 예금액 및 위안화
예금 총액에서 차지하는 비중이고 그래프 5-3은 골드만 삭스
은행이 홍콩 위안화 예금 규모에 대한 예측이다. 홍콩 위안화
예금 규모가 꾸준한 상승세를 보이고 있으며 홍콩의 위안화 역
외시장에 충분한 위안화 이동성을 제공해 주었다.

[그래프 5-2] 홍콩 위안화 예금 및 위안화 예금 총액에서 차지하는 비중

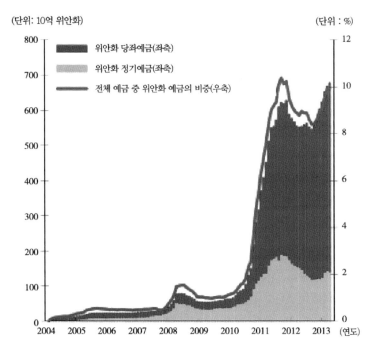

※자료출처 : 스위스은행 연구보고서, 『위안화 국제화의 길: 진전 · 계획 및 영향』,
        2013년 10월 17일, 8쪽.

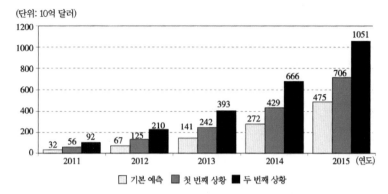

[그래프 5-3] 골드만 삭스가 CNH 예금량에 대한 예기

(단위: 10억 달러)

※주 : '기본 예측'은 무역과 관광 두 가지 경로를 바탕으로 CNH 예금 성장추세
를 예측한 것이다. '첫 번째 상황'은 경내 위안화 예금이 비무역 환결제의
경로를 통해 점차 홍콩으로 이전된다고 가정할 경우, 2015년까지 이 부분
의 예금이 경내 예금 총액에서 차지하는 비중이 1.0%에 이를 것이라고 예
측했다. '두 번째 상황'은 비무역 관련 위안화 이전 속도가 빨라진다고 가
정할 경우, 5년 내 이 부분 예금이 경내 예금 총액에서 차지하는 비중이
2.5%에 이를 것이라고 예측했다.

※자료출처 : 리샤오(李曉):「현 단계 위안화의 국제화 진전 및 직면한 문제」,『세
계경제가이드』2011년 제9기.

(3) CNH시장 발전과정에서 마땅히 주의해야 할 문제

위안화 역외시장 건설로 인해 경내와 경외에 두 개의 위안
화시장이 나타나게 된다. 하나는 자유 개방 시장 체제를 토대
로 하는 해외 역외 위안화시장이고 다른 하나는 상대적으로
통제 가능한, 금리의 전면 시장화를 실현하지 않은 경내 위안
화시장이다. 두 개의 시장은 반드시 서로 작용하게 되며 이는
중국의 거시적 조정정책, 특히 통화정책의 실행효과에 중대한
영향을 주게 되므로 중국 통화정책의 독립성에 도전하게 된다.
중국 통화당국은 위안화 역외시장 건설 과정에서 반드시 이에
대해 중시해 효과적인 조치를 대 역외 위안화 시장을 발전시

킴으로써 과거에 엔화 역외시장발전의 정체로 인해 엔화의 국제화를 억제하는 상황이 재연되는 것을 피해야 한다.350)

홍콩과 내지 금융시장의 분할과 투자 경로의 제한으로 인해 홍콩 역외 위안화시장의 금리가 줄곧 내지보다 낮은 수준이다. 달러화 결제 상황에서도 차익 융자 기업은 여전히 존재한다. 역외무역 위안화 결제를 전개한 뒤 해외에 장기적으로 존재해 온 위안화 평가 절상 예기로 인해 CNH의 위안화 대 달러화 환율 수준이 내지보다 높아졌다. 따라서 기업의 이중 차익 거래 공간이 대폭 확대되었다. 이러한 차익 거래 활동은 역외무역 위안화 결제의 초심을 벗어난 것으로서 위안화 유출을 가속했을 뿐 아니라 더욱이 CNH의 방화벽작용을 크게 낮추어 금융 불안을 더 쉽게 초래할 수 있게 되었다.

이로부터 CNH의 발전에 따라 환율압력에 어떻게 대처하고 전반 시장의 통화총량을 어떻게 관리하며 중국은행업의 금융서비스수준을 어떻게 하루 빨리 제고할 것이냐는 것이 시급히 해결해야 할 문제이며 위안화의 리스크관리 및 은행의 서비스수준에 모두 심각한 도전이 되고 있음을 알 수 있다.

5. 국제 직접 투자의 위안화 결제

2011년 1월, 중앙은행은 『해외 직접 투자 위안화 결제 시행 관리방법』을 발표해 역외무역 위안화 결제 시행지역의 은행과 기업이 해외 직접 투자 과정에서 위안화 결제를 시행할 수 있다고 명확히 규정지었다. 2011년 8월 22일 『국제 위안화 직

---

350) 스웨이린(石緯林)·딩이빙(丁一兵): 「현 단계에 위안화의 지역화를 추진하는 구체적 조치」, 『사회과학전선』 2009년 제1기.

접 투자 관련 문제에 대한 상무부의 통지』(의견 수렴안)에서는
외국인 투자자가 해외에서 합법적으로 보유한 위안화를 이용
해 중국에서 직접 투자 업무를 전개할 수 있도록 허용할 것을
제안했다. 2011년 10월 중앙은행은 『외국인 직접 투자 위안화
결제업무 관리방법』을 정식 발표해 해외 기업·경제기관 혹
은 개인이 중국에 위안화를 투자할 경우 중국의 외국인 직접
투자 관련 법률 규정을 준수하는 전제하에 은행에 위안화 결
제업무를 직접 신청할 수 있다고 명확히 규정했다.

[그래프 5-4] 해외 직접 투자 위안화결제 규모

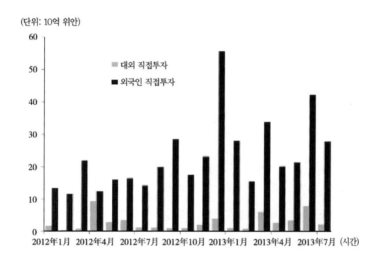

※자료출처: 스위스은행 연구보고서, 『위안화 국제화의 길: 진전·계획 및 영향』,
2013년 10월 17일, 5쪽.

통계수치에 따르면 2011년 10월 14일 『외국인 직접 투자 위안
화 결제업무 관리방법』이 출범해서부터 2011년 12월 14일까지의

2개월 사이에 74개 해외 위안화 직접 투자 프로젝트가 심사 비준을 거쳤으며 관련 자금이 위안화로 약 165억 위안에 달했다.[351] 2013년 한 해 동안 은행은 누계 기준으로 5337억 4천 만 위안에 달하는 위안화 해외 직접 투자 결제업무를 취급했다. 투자금 이동 방향을 보면 해외 직접 투자 위안화 결제 중 외국인의 대 중국 직접 투자가 위주였으며 중국 기업의 대외 직접 투자에서 위안화 결제 규모는 극히 작으나 상승세를 보였다.(그래프 5-4)

대외 직접 투자를 위주로 하는 '해외진출전략' 전략은 중국이 글로벌화로 나아가는 중요한 전략이 되고 있다.

6. 중국(상하이) 자유무역시험구 설립

2013년 8월, 국무원은 중국(상하이)자유무역시험구(이하 상하이자유무역구로 약칭) 설립을 정식 비준했다. 그 범위에는 상하이 시 와이가오챠오(外高橋)보세구·와이가오챠오 보세물류단지·양산(洋山)보세항구역 및 상하이 푸둥(浦東)공항 종합보세구 등 4개 해관 특별 감독관리구역이 포함되었으며 총면적은 28.78제곱킬로미터에 이른다. 상하이자유무역구의 설립은 중국이 무역과 투자·금융 등 영역에서 더 깊이 개방할 것임을 의미한다. 상하이자유무역구는 몇 가지 정책에 대한 시험이 아니며 일부 작은 지역에 대한 시험이 아니라 국가 전략적 차원에서 '정책적 시행착오'를 거쳐 진일보의 개방과 더 깊이 있는 개혁을 탐색하기 위한 것으로써 시험의 관건은 개방으로 개혁을 추진하는 것이며 금융

---

351) 장톈궈(張天國) :「해외 위안화 직접투자 위안화 165억 위안에 달함」, 신화사 2011년 12월 14일.

통화영역은 개혁의 중점이다. 2013년 7월에 국무원 상무회의에서 『중국(상하이)자유무역시험구 총체적 방안』을 통과시켰으며 방안의 내용은 다음과 같이 위안화의 시장화개혁에 집중되었다. 첫째, 상하이자유무역구가 위안화 자본항목 하의 개방을 우선적으로 시행하며 자유태환 등 금융 혁신을 점차적으로 실현한다는 것, 둘째, 앞으로 기업법인은 상하이자유무역구 내에서 위안화의 자유태환을 완성할 수 있으며 그러나 개인에 대해서는 당분간 시행하지 않는다는 것, 셋째, 상하이자유무역구에서도 위안화의 자유태환을 단계적으로 추진하는 방식을 취할 가능성이 있다는 것인데 예를 들면 경내 자본의 해외 투자와 해외 융자를 추진하는 것을 선행하는 것이다.

2013년 12월 2일, 중국인민은행은 『중국(상하이)자유무역시험구 건설에 대한 금융적 지원 관련 의견』(『의견』으로 약함)을 발표했다. 중국인민은행은 총 30조항의 금융개혁의견을 제공했는데 그 내용에는 주로 다음과 같은 5가지 방면이 포함된다. 첫째, 리스크 관리에 이로운 계정시스템을 혁신한다. 둘째, 투자와 융자 외환편리를 모색한다. 셋째, 위안화의 국경간 사용을 확대한다. 넷째, 금리의 시장화를 안정하게 추진한다. 다섯째, 외환관리개혁을 심화한다. 『의견』은 '실물 경제에 서비스를 제공하고 해외 투자와 무역에 편리를 제공하는 것'을 지도사상으로 하고 개방과 혁신·우선 시행 원칙에 따르며 투자와 융자의 외환편리를 모색하고 위안화의 해외 사용을 극력 추진하며 금리의 시장화를 안정적으로 추진하고 외환관리개혁을 심화해야 한다고 제기했다. 금융적 지원 조치를 통해 지역 내 실물경제의 성장공간을 넓히고 경쟁실력을 키워 더 높은 차원에서 국제 합작과 경쟁에 참여할 수 있도록 추진한다는 것이다.

상하이자유무역구에 금융개혁에 대한 큰 기대를 걸었다. 금융·세수·무역·정부관리 등 일련의 정책 변화를 이끎으로써 중국이 경제체제개혁을 심화할 수 있는 국면을 타개할 수 있기를 기대한다. 이는 위안화의 '해외진출전략'을 전면적으로 추진하는데 있어서 얻기 어려운 절호의 제도적 계기가 될 것임이 틀림없다.

제3절 위안화 '해외진출전략': 성과

아시아지역 일체화의 통화 후보로서 위안화와 엔화는 아시아 통화 일체화 실현의 두 갈래의 실행 가능한 경로를 대표한다. 엔화는 아시아에서 유일한 국제준비통화이긴 하지만 그 국제화의 진전이 순조롭지 않으며 엔화가 글로벌 외화보유자산 중에서 차지하는 비중도 매우 작아 2013년에 겨우 3.9%를 차지해 달러화와 유로화의 61.12%와 24.45%보다 훨씬 작았으며 엔화는 점차 비주류화되어 가는 추세를 보인다. 현실적으로 보면 중국은 경제·문화·외교적 분야에서나 군사적 분야에서나 모두 아시아 선두 지위를 차지했으며 아시아 인민의 폭넓은 지지와 신뢰를 얻고 있다. 특히 중국정부는 1997년 아시아금융위기 상황에서 위안화를 평가 절하시키지 않는 원칙을 견지하는 책임지는 자세를 보여 많은 아시아 국가들로부터 큰 신뢰를 얻었다. 2008년 글로벌금융위기 후 중국은 내수를 적극 확대하고 위안화 환율의 안정 속에서 소폭 상승을 실현해 세계 경제가 점차 위기에서 벗어날 수 있도록 중요한 역할을 발휘했다.

현재 적지 않은 국가들이 위안화를 자국 준비통화시스템에 도입시켰으며 위안화가 보다 폭넓은 국제 공신력과 상환력를 갖추었다. 2006년 필리핀 중앙은행이 위안화를 자국 준비통화로 받아들였고, 벨로루시·말레이시아·한국·캄보디아 및 나이지리아 중앙은행이 잇따라 위안화를 준비통화로 삼았으며, 러시아·베네수엘라 등 국가들도 위안화를 자국 준비통화시스템에 도입시킬 것에 대해 고려 중이다. 인도와 유럽의 중앙은행들은 2005년에 이미 위안화를 바스켓통화에 포함시켜 환율측정시스템에 가입한다고 선포했다.

사적요소로 보면 홍콩HSBC은행이 2011년 5월에 세계 21개 시장의 6390개 국제무역 종사 중소기업을 대상으로 HSBC무역확신지수 조사를 진행했는데 아시아 무역상들은 보편적으로 위안화가 2011년에 그들이 가장 자주 사용하는 3대 무역결제통화 (달러화와 유로화가 각각 제1과 제2위를 차지) 중의 하나가 될 수 있을 것이라고 주장했다. 이는 위안화가 최초로 영국 파운드화를 추월해 무역상이 가장 자주 사용하는 제3대 통화가 된 것이다.[352]

중국외환거래센터는 2012년 5월 29일, 중국인민은행으로부터 권한을 부여 받아 2012년 6월 1일부터 은행 간 외환시장에서 위안화 대 엔화 거래방식을 보완해 위안화 대 엔화의 직접 거래를 발전시킬 것이라고 선포했다. 이는 위안화가 최초로 달러화 이외의 주요 통화와 직접 거래를 진행하는 것이다. 위안화와 엔화의 직접 거래를 실현함으로써 외환거래에서 달러화에 대한 의존도를 낮출 수 있게 됐으며 또 무역결제통화로서의 위안화의 국제화를 가속시켰다. 2013년 10월 15일, 위안화와 영국 파운드화 간의 직접 거래가 가능해졌다. 이는 위안화의 국제화가

---

352) 중국금융넷, http://www.zgjrw.com/News/201155/home/482420346400.shtml.

또 앞으로 한 걸음 내디뎠음을 의미하며 그로 인해 중국과 영국의 대외무역기업 거래비용과 환율 위험을 낮추는데 이로우며 런던이 또 하나의 위안화의 글로벌 역외중심이 될 수 있도록 추진하는데 이롭다.

글로벌 금융위기가 불거진 뒤 중국은 위안화 '해외진출전략' 추진 방면에서 더욱 뚜렷한 발전을 가져와 위안화의 국제 영향력이 뚜렷이 증강되었으며 위안화 '해외진출전략'의 초보적인 효과가 나타나기 시작했다. 물론 한 국가 통화의 지역화와 국제화는 하루아침에 완성될 수 있는 것이 아니며 위안화지역의 창설은 더욱 복잡한 과정이다. 현재 위안화의 지위를 보면 위안화는 아직 국제통화가 아닌 것이 분명하다. 그러나 현 단계에서 중국정부가 시장을 기반으로 위안화의 국제화전략을 추진하고 있으며 위안화지역의 창설을 위한 새로운 국면을 마련해놓았다는 사실을 낙관적으로 볼 수 있어야 한다.

제 6 장

위안화지역 : 효과분석

중국
위안화지역
연구

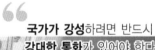

" 국가가 강성하려면 반드시
강대한 통화가 있어야 한다 "

제 6 장

위안화지역 : 효과분석

본 장에서는 국제경제학·국제정치경제학의 관련 이론을 종합적으로 운용해 위안화지역의 예기 수익과 잠재적 비용에 대해 비교적 전면적으로 평가하고 계량 실증방법을 이용해 위안화지역 창설이 지역 내 핵심 회원국 및 기타 회원국에 대한 이폐에 대해 분석함으로써 전면적인 계획을 세우고 두루 돌보는 전제하에 위안화지역 창설의 예기수익에 대해 중점적으로 파악하는데 이롭도록 할 것이다.

제1절 위안화지역 창설의 효과

1. 중국의 수익

(1) 국제 조화세 수입

조화세(Seigniorage)는 한 국가의 통화가 국제통화로 된 후 얻을 수 있는 가장 직접적인 경제수익이다. 협의적으로 말하면 조화세는 일반적으로 통화의 명의 가치가 그 생산원가를 초과한 부분을 가리킨다. 조화세의 영문 단어 Seigniorage는 프랑스어 Seigneur(봉건 영주·군주·제후)에서 변화되어 온 것이다. 중세기 서유럽 각국에서 봉건 영주들은 화폐를 자유로 주조할 수 있었는데 주조 화폐의 귀금속 함량을 줄이고 주조 화폐의 순도를 낮추는 등 수단으로 액면가치와 대등한 구매력수준을 얻곤 했다. 이는 화폐 주조 권을 가진 봉건 영주들이 조화세를 얻을 수 있는 상용 방법이었다. 신용화폐 시대에는 지폐와 은행 예금 등 통화형식을 포함해서 통화 발행 당국이 발행특권에 의지해 한 국가 통화의 거의 제로 원가 발행을 실현할 수 있었으며 이에 따라 통화 발행의 순수익이 발행된 통화의 액면 가치와 거의 같게 되었다. 통화 발행 당국은 저원가의 통화 창조를 통해 공중의 수중에서 가치가 있는 진실한 자원을 바꿔올 수 있으며 따라서 대량의 조화세 수입을 얻을 수 있다.

광의적으로 말하면 한 국가의 통화 발행 당국이 징수하는 조화세는 통화 창조와 연결되는 국내 진실한 자원의 유입으로서 주로 통화 발행 당국이 얻는 공중이 본위화폐 보유를 늘리기 위해 교환에 사용하는 비통화 자산의 진실한 가치, 비정부 채무 보유량의 이자수입, 및 시장에서 자산 매매 공개를 통해 실현하

는 자본 수익(혹은 손실) 등이 포함된다.[353]

한 국가의 통화가 국제통화로 되면 통화 발행국에 조화세 효과가 나타나게 된다. 국제 조화세는 흔히 본위화폐의 국제화로 인해 얻게 되는 본위화폐 및 그 표징의 금융자산의 순수출, 혹은 국제통화 발행 국이 그로 인해 얻게 되는 자산 수익과 외국인에 지급하는 이자 및 그 통화가 국제적으로 통용될 때 소모되는 관리비용의 차액으로 정의된다. 통화 발행국은 본국의 거의 제로 원가의 통화 수출을 통해 국외의 상응한 상품과 서비스·노무·직접 투자 등을 얻을 수 있는데 이는 국외로부터 동등한 가치의 무이자대출을 얻는 것에 해당하므로 통화발행국은 자원 이전 수익을 얻게 되는 것이다. 코헨(Cohen, 1971)[354]은 한 국가의 조화세 수익을 경상항목부분과 자본항목부분 두 종류로 나누었다. 경상항목부분에는 주로 본국이 경상항목적자를 통해 본국 통화를 수출함으로써 국외 상품·노무·자산 등의 진실한 수입의 증가를 가져올 수 있는 것이 포함되고, 자본항목부분의 수익은 주로 해외자산에 대한 본위화폐의 투자를 늘림으로써 비교적 높은 투자 회수율을 얻는 것을 통해 실현된다.

코헨(1971)은 국제통화 발행 국이 얻게 되는 국제 조화세 규모가 국제통화시스템 속에서 그 국가 통화의 독점지위에 따라 결정된다고 주장했다. 포르테스·레이(Portes와 Rey, 1998)[355]·파파

---

353) 왕리민(王利民)·쥐다페이(左大培):「예산적자·조화세와 통화 확장·통화팽창세 사이의 관계에 대해」,『경제연구』 1999년 제8기.

354) ohen,B.J.,*The Macrofoundations of Monetary Power*, London Basingstoke: Macmillan,1971.

355) R.Portes,H.Rey,'The Emergence of the Euro as an International Currency', NBER Working Paper, No.6424,April 1998.

요안누와 포르테스(Papaioannou와 Portes, 2006)[356] 등 이들의 연구는 마치 통화 국제화의 조화세가 비록 절대량이 비교적 클지라도 상대적으로 수익은 별로 중요하지 않다는 것을 표명하는 것 같다. 리빈(2005)[357]은 미국이 1967~2002년간에 평균 매년 조화세 수익 52억 2700만 달러, 총 1724억 7300만 달러 수익했다고 추산했다. 그래프 6-1은 추산한 달러화 국제 조화세 수익이 미국 GDP 중에서 차지하는 비중 추이이다.

[그래프 6-1] 1970~2002년 미국이 얻은 국제 조화세가
GDP에서 차지하는 비중

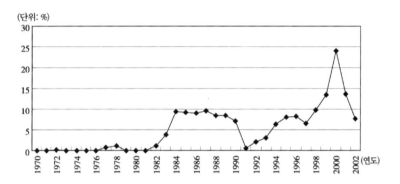

※자료출처 : 리빈(李斌) : 「국제통화의 조화세 수익」 , 『사회과학가』 2005년 제9기.

위안화가 국제통화로 되면 기존의 통화 패주로부터 일부 국제 조화세 수익을 나눠 가져 중국 경제 발전을 위한 분배 가능 자원을 늘릴 수 있다. 물론 국내외 학자들이 말했다시피 국제통화

356) Papaioannou, E.,R.Portes,'Optimal Currency Shares in International Reserves: The Impact of the Euro and the Prospects for the Dollar', Working Paper Series 694,European Central Bank, 2006.
357) 리빈(李斌) : 「국제통화의 조화세 수익」 , 『사회과학가』 2005년 제9기.

의 조화세 수익 규모를 결정짓는 것은 한 국가 통화의 국제적 지위이다. 위안화의 '해외진출전략'은 아직까지 중국 주변 국가와 지역에만 국한되어 있으며 심지어 진정한 의미에서의 지역화 수준에도 미치지 못하고 있어 달러화·유로화 등 강세 통화가 앞으로 비교적 긴 한시기 동안 여전히 절대적 우세를 유지하게 될 것이다. 따라서 각 측이 위안화의 국제화로 인해 실현할 수 있는 조화세 수입에 대해 지나치게 높이 예측해서는 안 된다.

(2) 중국의 외환보유고 규모와 구조의 최적화

1994년부터 중국 외환보유고가 줄곧 비교적 빠른 성장세를 이어왔다. 보유 규모에서 보면 중국은 1996년에 최초로 천억 달러 선을 돌파한 뒤 2001년부터 더욱 대폭적인 성장단계에 들어섰다. 2006년 연말에 이르러서 중국 외환보유고가 1조 달러 선을 넘어 1조 663억 달러에 달함으로써 세계 1위의 지위를 굳혔다. 보유 구조에서 보면 과거 약 10년 동안에 중국이 보유한 미국 증권자산 규모가 급속하게 성장했는데 2002년의 1810억 달러에서 2010년의 1조 6110억 달러로 급증했으며 성장 폭이 9배에나 달했다. 이에 따라 중국이 보유한 미국 채권 규모가 점차 벨기에·캐나다·룩셈부르크·영국·일본 등 국가를 추월해 세계 6위에서 세계 1위로 뛰어올랐다.

적지 않은 학자들은 비례법·원가수익법·품질분석법·수요함수분석법 등 방법을 운용해 중국의 최고 외화보유 규모와 구조를 추산해냈으며 중국이 외환보유고 과잉에 비합리적인 보유구조를 가지고 있다고 주장했다. 비록 고액의 외환보유고가 중앙은행의 외화 조작 공간을 확대하고 중국이 거시적 경제 환경에 대한 조정능력을 증강하며 위안화 환율의 충격저항능력을 증강할 수 있지만 외환보유고 과잉이 중국에 이동성 과잉·중앙은행의 상각비용 과다·통화 매칭 비용 상승·국가 실제 복지 손실 등 문제를 가져다줄 수 있다. 중국은 외환보유고 규모가 2006년 후부터 세계 1위를 차지했으며 이미 G7집단의 외환보유고 총합을 추월했다. 방대한 외환보유고 규모가 자산의 안전성 확보에 더 큰 도전을 제기했다.

국제 경험을 보면 한 국가가 통화의 국제화 혹은 지역화를 실현할 수 있다면 외환보유고 규모를 대폭 줄일 수 있다. 유로존을 예로 들면 유로화가 탄생하기 전에 유럽 각국의 중앙은행들은 비교적 큰 규모의 외환보유고를 유지하는 것으로 각국 통화 환율 변동에 대한 유럽 환율체제의 통제를 유지해야 했다. 유로화를 도입한 뒤 내부 통화 환율변동이 전면 사라졌으므로 유럽의 중앙은행은 유로화가 제3의 통화(주로는 달러화)에 대한 환율의 비정상 변동에 충분히 대처할 수 있는 외환보유고만 보유하면 되므로 총체적으로 외환보유고가 대폭 줄어들었다.358)

위안화의 국제화 과정 자체가 곧 통화체제 내재적인 체제를 정돈하고 외환보유고의 적절한 규모와 합리한 구조를 탐색하는 과정을 포함하고 있다. 위안화지역 건설을 추진하려면 첫째, 국가는 상대적으로 균형이 잡힌 환율 제도를 목표로 삼아 국제수지가 균형을 잡아가도록 보장해야 하고, 둘째, 자본시장을 더욱 개방해 국내외 자본의 더 자유로운 이동을 추진함으로써 중국의 글로벌 전략 자원에 대한 효과적인 배치에 도움이 되게 해

---

358) 레이즈웨이(雷志衛) : 「유럽 통화연합의 이론적 토대와 운행 체제」, 서남재경대학 우수 박사졸업논문, 1999년.

중국 외환보유고의 합리적인 이용을 위한 더욱 넓은 플랫폼을 마련하도록 해야 하며, 셋째, 중국 경제행위의 주체, 특히 금융기관과 수출입상이 더 큰 자주적 가격 책정 권과 가격 협상 능력을 갖춰야 하고 중국 금융시스템의 리스크 대처능력과 미시적 기반을 증강시켜 중국이 금융안전을 수호하기 위한 외환보유고 보유 증대라는 예방적 동기의 수요를 대폭 낮춰야 한다.

위안화가 일단 국제통화로 되면 전통 국제통화, 특히 달러화에 대한 중국의 의존도를 효과적으로 낮출 수 있으므로 외환보유고에 대한 수요가 자연히 대폭 낮아질 수 있다. 한편 위안화지역의 창설은 중국 외화보유자산의 가치 보존과 가치 증대를 실현하는 데도 도움이 된다. 위안화지역 건설은 중국이 국제시장에서 더욱 넓은 투자와 융자 경로를 개척했음을 의미하며 중국의 외환보유고 또한 더욱 탄력적인 선택공간이 마련될 수 있게 된다.

(3)중국의 국제수지 융자의 주도권 확대

위안화지역 창설은 반드시 중국의 대외무역전략과 밀접히 연결시켜야 한다. 국제수지의 균형을 실현하는 것은 한 국가 거시경제의 기본 목표 중의 하나이다. 위안화지역 창설로 인해 비록 중국이 더 복잡한 국내외 경제 환경에 처할 수 있고 중국의 국제 경제 변화 대응 어려움이 더 커질 수 있지만 한편으로는 중국이 국제수지 균형을 이룰 수 있는 효과적인 체제 형성에 도움이 된다.

위안화가 국제통화로 되기 전에 만약 외부경제에 경상계정 적자가 나타나게 되면 중국은 마땅히 긴축성 재정정책과 통화정책을 취해 그 부분의 적자를 위한 융자를 해결해 외부 균형을 실현해야 한다. 그런데 만약 때마침 국내경제가 침체기에 처했다면 긴축정책은 틀림없이 국내경제의 침체를 더 악화시킬 것이다. 반대로 만약 외부경제가 경상계정과잉일 경우 외부의 균형을 실현하기 위해 경제확장정책을 실행하게 될 것이며 이에 따라 국내 경제 과열을 격화시킬 것이다. 상기 상황은 곧 '미드 갈등(Meade Conflict)'인데 한 국가가 내·외부 경제균형에서 쉽게 맞닥뜨릴 수 있는 문제이다. 위안화가 국제통화로 된다면 중국이 직면한 '미드 갈등'을 효과적으로 해결할 수 있다. 첫 번째 상황에서, 중국은 위안화를 직접 수출해 외국기구와 무역결제를 진행하는 것을 통해 경상항목 적자에 대한 융자를 해결할 수 있어 비교적 적은 융자비용으로 외부경제 균형을 실현하는 한편 재정확장정책과 통화확장정책을 취해 국내 경제의 균형을 실현할 수 있다. 두 번째 상황에서, 중국은 대량의 국제수지 잉여의 지속으로 인해 외화가 평가 절하하고 본위화폐가 평가 절상하게 되는데 위안화지역 내 여러 통화 환율의 안정을 유지하기 위해 중국의 무역적자국들은 위안화를 매입하고 본위화폐를 매출하게 되므로 이에 따라 중국의 기초통화 공급량이 늘어나게 된다. 이로써 외부경제의 균형을 실현한다. 한편 중국은 재정긴축정책과 통화긴축정책을 실행해 국내경제의 균형을 실현한다.

위안화지역의 창설은 또 중국의 경상계정 적자를 위한 다른 융자경로를 마련해 준다. 즉, 자본규제가 느슨한 상황에서 금리인상을 통한 해외 자본의 대대적인 유입을 유인해 자본계정 잉여를 실현함으로써 경상항목 적자의 융자를 해결한다. 반대로 금리인하를 통한 경내 자본의 유출을 추진해 해외시장에 투자함으로써 자본항목의 적자를 실현해 국내 잉여자본의 가치 보존과 가치 증대를 위한 경로를 마련한다. 물론 위안화지역이 진정으로 국제수지 적자를 위한 융자를 실현할 수 있는지 여부와 융자의 효과가 어떠할지는 국가 거시경제정책과 국제시장의 변동 등 요소의 영향도 받게 된다. 또한 국제수지적자 융자 과정에 위안화지역의 운행이 융자정책의 실행과 조정 비용을 산생시키는 것 또한 불가피한 일이며 본 장의 제2절에서 이에 대해 구체적으로 분석하고자 한다.

(4) 중국 무역과 투자·금융업 발전 추진

위안화지역 창설은 중국의 무역과 투자 등 실물경제 분야의 발전을 유력하게 추진할 수 있을 뿐 아니라 중국 금융서비스업 등 가상경제의 개혁과 보완도 추진할 수 있다. 무역 방면에서, 중국의 수출입상은 국제무역에서 가격표시와 결제 통화로 위안화를 더 많이 사용함으로써 중국기업이 수출입과정에서 외환업무와 헤지 매매 등의 거래비용을 효과적으로 낮춰 환율변동에 따르는 리스크를 피할 수 있다. 그리고 또 위안화지역의 창설로 해외 수입상들에게 위안화를 제공해주어 중국의 수출 신용대출을 확대할 수 있는데 이는 중국 수출을 확대해 중국과 무역 파트너 간의 무역거래를 증강시킬 수 있을 뿐 아니라 또 위안화의 유출을 추진해 기타 국가의 위안화 보유자산 증대도 추진할 수 있다. 투자 방면에서, 위안화지역의 창설은 중국의 대외투자 자금 원천을 충분히 보장할 수 있고 해외 위안화 직접 투자 또한 투자이윤의 분배에 이로우며 환율변동리스크가 줄어든 것도 투자자를 위한 안정적인 예기수익을 마련할 수 있고 투자자를 도와 효과적인 국제자본운영전략을 제정할 수 있다.

금융은 경제활동에서 혈액과 같고 통화는 또 금융수단의 가장 효과적인 운반체이다. 꾸준히 늘어나고 있는 국제무역과 투자 왕래에서 반드시 국내외 금융시스템을 통해야만 자금의 수송이 이루어진다. 국내 금융기관은 보다 많은 해외금융서비스를 제공하는 것을 통해 수익을 확대해 경영의 다원화를 실현할 수 있을 뿐 아니라 금융건설의 경험을 쌓아 금융서비스 수준을 높일 수 있다. 금융발전방면에서 위안화지역 창설은 중국의 금융환경을 안정시키고 중국 금융혁신의 주동성과 융통성을 키울 수 있을 뿐 아니라 중국 금융기관이 보다 많은 외부 발전기회를 얻어 진일보의 국제경쟁에 참여함으로써 중국 금융기관의 다국적 경영을 실현할 수 있다. 이밖에 위안화가 아시아 관건 통화가 된 후 중국은 아시아지역 금융판도에서 핵심적 위치에 처하게 되므로 외부의 투기성 금융풍파에 직면하게 될 경우 중국은 그로 인한 악영향을 비교적 적게 받을 수 있다.

(5) 국가 안보와 국제 정치 경제 이익

국제통화는 통화 발행 국으로 하여금 경제활동에서 조정과 통제 권력을 장악할 수 있게 한다. 통화의 권력은 대개 진실한 경제자원에 대한 통제를 의미하는 것으로서 국가 권력의 중요한 구성부분이며 또 한 국가가 정치적 간섭을 진행하는 가장 효과적인 정책적 수단 중 하나이기도 하다. 많은 경제학자와 정책 제정자들은 한 국가 통화의 국제화로 인해 생겨나는 권력을 그 국가 정치권력의 원천으로 간주하고 있으며 한 국가가 그 국가 통화의 국제화를 통해 거대한 국제 정치 이익을 얻을 수 있다고 보고 있다.

국제통화 발행권이 있는 정부는 정치·경제 정책을 제정할 때 흔히 자체 이익 최대화를 목적으로 하고 다른 나라의 이익을 염두에 두지 않을 뿐 아니라 심지어 자국 통화의 국제 지위를 이용해 다른 나라 정책조치에 대해 간섭하거나 협박하기까지 한다. 미국을 예 들면 냉전 결속 초기에 미국은 국제통화기금과 세계은행의 승낙을 통해 소련에 쇼크 요법을 진행했는데 이로 인해 소련은 상당히 긴 한 시기 동안 미국의 억압을 받아왔다. 1999년에 나토(NATO, 북대서양조약기구)가 남아메리카국가연합을 폭격한 후 미국은 IMF를 통해 러시아 경제의 맥박을 통제함으로써 러시아가 감히 나토와 전쟁을 벌일 엄두를 내지 못하게 했다. 달러화는 서방 통화제도의 중심이므로 서방 국가들은 줄곧 그들 국가 경제에 대한 미국의 간섭과 영향에서 벗어날 수 없었다. 그러다 유로화가 탄생해서야 비로소 달러화에 맞설 수 있는 자그마한 힘이나마 생겼다.

한 국가 정부에 있어서 통화의 국제적 지위는 그 국가 정치 지위의 중요한 상징이기도 하지만 또 그 정치 지위에 역작용도 할 수 있다. 달러화의 글로벌화는 미국 정치 군사세력에 유력한 물질적 보장을 제공했으며 세계 판도에서 미국의 패주 지위를 공고히 하고 수호했다. 2011년 8월 초 스탠더드 푸어스가 미국 주권 채무의 신용등급을 낮춤으로써 미국 채무가 최초로 AAA 평가등급에서 떨어졌다. 그러나 단기적인 시장 파동과 정부의 담보 등 조정을 거쳐 데이터가 보여주다시피 투자자들이 미국 채무에 대한 관심에는 근본적인 흔들림 현상이 나타나지 않았다. 이에 비교할 때 유럽 채무위기가 발생한 후 유로존 내에서는 바로 격렬한 진동이 일어나 여러 회원국들 간에는 채무 삭

감 문제에서 줄곧 의견일치를 달성할 수가 없었으며 그리스·
이탈리아 등 '유럽의 5마리 돼지(유럽 5개국)'(PIIGS)는 심지어 한
때 정국이 혼란에 빠지는 현상까지 나타났다. 이로부터 통화의
지위가 한 국가의 정치 이익과 국가 안보 이익에 대한 작용력
을 알 수 있다.

위안화지역 창설은 대체로 국제통화체제 속에서 위안화의 발
언권과 영향력을 증강시킬 수 있으며 이러한 발언권은 국제규
칙을 제정하거나 수정하는 방면에서 위안화지역 회원국(지역)들
의 공동 이익 요구를 의미한다. 해외 유통 규모가 꾸준히 확대
됨에 따라 위안화는 아시아지역에서 제일 먼저 보편적으로 인
정받는 가치 척도와 유통 매개로 될 수 있는 능력과 조건을 갖
추었으며 중국이 아시아 나아가서 세계에서 전략적 안보를 공
고히 하는데 이롭다.

2. 위안화지역 기타 회원국(지역)의 수익

(1) 여러 회원국(지역)의 외환보유고 과다 보유 비용을 낮춤

1990년대 후기부터 세계 외화보유 규모가 급속하게 커졌다.
IMF의 통계수치에 따르면 1995년 세계 외환보유고는 1조 3800
억 달러였는데 2012년에 이르러 그 규모가 10조 9500억 달러
로 늘었다. 그 동안 개발도상국가와 전환기경제체의 외환보유
고 성장이 세계 외환보유고 총 성장의 71%를 차지했다. 1997
년 아시아 금융위기 후 동아시아지역 외환보유고 규모 및 성
장속도는 인류가 해석 가능한 범위를 훨씬 벗어났다.359) 아시

---

359) 쉬요후이(許躍輝)·천춘(陳春) : 「중국 고액의 외환보유고의 출처 구조 및 원인 분
  석」, 『학술계』 2008년 제2기.

아지역이 축적한 거액의 외화보유자산의 출처는 주로 다음과 같다. 무역 흑자의 지속적인 증가에 따른 국제수지 흑자총액의 꾸준한 확대, 외국인 직접 투자에 따른 외화 자금의 지속적인 주입, 해외 유휴 자금의 꾸준한 유입, 장기적인 정부의 정책적 유도, 경제의 빠른 발전과 구조조정의 낙후함 사이의 모순, 비합리적인 국제금융시스템 등이다. 용도를 보면 동아시아지역에서는 대체로 외환보유고를 본위화폐 환율의 안정을 유지하는데 사용했다.

지속적으로 축적된 외환보유고는 동아시아 경제체들의 갈수록 충족해지는 국제지급능력을 의미하며 또 어느 정도에서는 세계에 충분히 영향을 줄 수 있는 그 지역의 경제실력을 충분히 반영한다. 그러나 달러화에 지나치게 의존하는 동아시아의 외환보유고 구조는 자산의 리스크 분산화 관리 및 가치 보존과 증대에 불리하며 게다가 거시적 경제 과열의 압력을 가중시키고 동아시아지역의 외화보유 통화 불일치 및 투자 리스크를 가중시키며 외화보유 기회비용을 늘릴 수 있고 인플레 압력을 가중시키며 통화정책의 유효성을 떨어뜨리고 자본 이동의 이상현상을 초래하며 동아시아 여러 통화의 평가 절상 압력을 가중시키며 빈번한 무역마찰을 초래한다.360) 국제 투자자의 공격행위가 금융위기를 유발하기 쉽다. 이로써 각국은 달러화에 지나치게 집중된 외화보유 구조로 인해 본위화폐의 환율이 더욱 저격을 당하기 쉽다는 사실을 인식하게 되었다. 2008년 글로벌금융위기가 현재 달러화 본위의 국제통화체제는 반드시 변혁을 거

---

360) 정즈밍(曾之明) · 웨이딩(岳意定) : 「중국 외화보유 리스크 및 관리 최적화 탐구」, 『경제와 관리』 2014년 제4기.

쳐야 함을 제시했으며 동아시아를 포함한 각 지역은 지역 금융 통화협력을 심화할 필요가 있다는 이치를 깨우쳐주었다.

이러한 배경 하에 위안화지역의 창설은 달러화에만 의존하는 동아시아지역의 단일한 외화보유 구조를 바꿔 달러화의 파동에 따른 동아시아 거시경제의 파동, 자산의 대폭적인 수축 등 불리한 영향을 완화할 수 있다. 위안화지역의 기타 회원국(지역)에 있어서 각 측 통화를 위안화와 연결시키는 고정환율제도를 실행하는 것은 여러 회원국(지역)이 역외 유휴자금의 투기에 대처하기 위한 시장 간섭 강도를 낮추는데 도움이 되며 무역 흑자·FDI자금 유입에 따른 통화 종류 구성도 최적화될 수 있고 여러 회원국이 달러화 외화자산 보유에 따른 기회비용과 자산 평가 절하 리스크를 낮출 수 있다. 총적으로 말하면 통화의 가치가 상대적으로 안정된 위안화에 고정시키고 위안화 자산의 보유를 늘리는 등 방식을 통해 위안화지역의 기타 구성원들은 외화보유자산의 안전성과 이동성·영리성을 높일 수 있으며 현재의 달러화 자산에 대한 지나친 의존에 따른 외화자산 가치 증발 등 문제를 해결할 수 있다.

(2) 거래비용을 절약하고 지역 경제안정을 수호

거래비용을 낮추는 것은 통화 일체화의 주요 수익 중의 하나이며 무역소국에서는 더욱 뚜렷하게 나타난다. 동아시아 경제체들은 대다수가 수출에 의지해 경제성장을 이끌고 있어 대외무역 의존도가 보편적으로 비교적 높은 편이며 싱가포르 등 동아시아 신흥경제체의 수출입무역액은 더욱이 국내총생산의 1~2배도 넘는다. 달러화가 동아시아 경제체의 대외경제무역결제에서 상당히 큰 비중을 차지한다. 그 지역의 수출입상들은 미국을 제외한 제3국과 무역거래를 전개할 경우 무역 결제와 지급을 실현하려면 반드시 달러화와 본위화폐, 본위화폐와 제3국 통화의 2차례 외환업무를 거쳐야 하므로 경제운행효율이 떨어질 뿐 아니라 높은 거래비용이 발생해 수출입상이 외환 리스크를 통제하는데 불리하게 된다. 최근 몇 년간 달러화의 이동성 과잉으로 인해 달러화가 평가 절하되고 국제 대종제품과 중간 제품 가격이 꾸준히 상승했다. 이에 따라 동아시아지역의 생산원가 투입이 늘어 이 지역에서 수입성 인플레이션이 쉽게 일어날 뿐 아니라 동아시아 수출제품 가격을 높여 동아시아지역의 수출 경쟁력을 약화시켰다.

환율의 잦은 변동은 흔히 국제무역과 투자비용의 증가로 이어지는데 비록 무역상과 투자자들이 헤지 등 방식을 통해 리스크를 고정시킨다 해도 그로 인해 그들의 거래비용도 늘어나게 된다. 만약 경제무역 연계가 밀접한 경제지리구역 내에서 고정환율제를 실행할 수 있다면 지역 내 여러 회원국의 가격 예기가 안정세를 보이게 되므로 경제 주체의 조정 비용을 줄이고 정책 결정의 질과 효율을 높일 수 있다. 역으로 가격 안정은 또 역내 여러 회원국 간의 상대적 이율의 안정을 더 한층 추진하게 되어 투자자들이 리스크 방지를 위해 담당해야 하는 헤지 비용을 절약해 역내 시장 자원배치 효율을 효과적으로 높일 수 있다.

중국은 이미 세계에서 특히 아시아에서 가장 중요한 수출시장과 상품의 중계역 중의 하나가 되었으며 주변 국가와 지역들은 중국 경제의 장기적이고 빠른 발전의 혜택을 보고 있다. 위안화의 주변 자유 유통 범위를 확대하게 되면 동아시아지역의 거래비용을 효과적으로 낮추고 그 지역의 다자 무역관계 발전을 추진할 수 있으며 한 걸음 더 나아가 동아시아지역의 번영과 안정을 수호할 수 있다. 위안화지역의 창설은 여러 회원국(지역)이 무역 가격표시 단위와 결제 매개로서 위안화를 더 많이 사용할 수 있도록 추진해 역내 기타 통화와 위안화의 환율을 상대적으로 안정시킬 수 있어 역내 회원국(지역)간 물가수준의 상대적인 안정을 유지하는데 이로우며 환율 변동으로 발생하는 거래 비용을 통제할 수 있다.

(3) 국제통화 규칙 제정에서 주도권을 쟁취하고 지역 통화시장의 안정을 수호

경제발전 속도와 발전 잠재력을 보면 동아시아지역은 세계 경제구도에서 신흥 경제 역량을 대표하는 새로운 극으로 점차 부상하고 있다. 따라서 더욱 공정하고 합리적인 국제금융통화의 새 질서를 수립하는 과정에서 마땅히 경제실력에 어울리는 역할을 발휘해야 한다. 그런데 현실 상황은 세계통화체제에서 가장 주요한 참여자로서의 달러화와 유로화를 위주로 하는 2대 진영이 관련 정책을 제정할 때 본국 혹은 본 지역의 이익을 너무 많이 고려하고 다른 국가의 경제 이익을 아주 적게 고려하거나 심지어 침범하고 약탈하기까지 하고 있다. 현재 국제통화체제가 동아시아지역 경제 발전 현황에 고도로 어울리지 않는 현실과 유럽과 미국이 국제통화 규칙의 제정권을 독점하고 있는 사실은 세계 경제 발전의 객관적 수요에 불리하며 더욱이 세계와 지역 시장의 안정에 불리하다.

중국의 종합 국력이 뚜렷이 증강됨에 따라 위안화의 국제 지

위가 꾸준히 오르고 있다. 이로부터 위안화가 점차 여러 국가로
부터 인정을 받아 국제통화로 되어 다른 국제통화와 마찬가지
로 지역 금융 안정을 수호하는 더 많은 책임을 짊어지게 될 것
임을 예견할 수 있다. 위안화지역이 창설되면 국제통화시스템
규칙 제정권의 비 대칭성이 중국과 동아시아지역에 대한 부정
적인 효과를 일정한 정도에서 상쇄할 수 있어 동아시아지역의
국제금융 발언권을 확대할 수 있다. 위안화지역이 달러지역과
유로존 등 통화연합의 세계통화시스템에 융합되면 이들 통화연
합의 자가 단속에 도움이 될 수 있고 또 미국과 유럽이 국제통
화의 권력을 멋대로 행사하는 행위를 제약할 수 있으며, 각국이
국제금융통화영역의 합작을 강화해 조율 체제를 형성 보완해
국제금융시장의 안정을 수호하는데도 도움이 된다.

3. 위안화지역 효과의 실증분석

우리는 이런 발상을 해볼 수 있다. 위안화지역의 창설 절차
는 먼저 위안화를 지역 통화로 삼아 역내에서 자유롭게 유통
되고 태환할 수 있도록 하고, 역내에서 각 측이 본위화폐를
위안화에 연결시키는 고정환율제를 실행하며, 위안화가 역내
핵심 통화가 되도록 한다. 현재 세계 각 통화지역의 실제 상
황에 비추어 우리는 유로존을 위안화지역 창설 효과를 분석하
는데 참고 대상으로 삼았다. 비록 유로존이 최적통화지역의
창설에서 도달해야 하는 이론적 기준을 완벽하게 만족시킬 수
는 없지만 그래도 통화연합을 순조롭게 결성했고 실천적으로
최적통화지역을 창설했으므로 학계에서 최적통화지역 관련 연
구를 진행하는데 얻기 어려운 소중한 본보기를 마련했다.

통화동맹은 뚜렷한 무역추진효과가 있다. 헬리웰(Helliwell, 199
6)[361]은 무역인력모델을 토대로 분석을 거쳐 캐나다의 서로 이웃
해 있는 두 개의 성(省) 사이 무역량이 그와 경제조건이 비슷한
캐나다의 한 개 성과 미국의 한 개 주 사이의 무역량의 20배라는
사실을 발견했다. 이런 현상은 '국경의 미스터리'라고 불리기도
한다. 로스와 윈코프(Wincoop, 2000)[362]은 통화연합이 무역국 간에
각기 다른 통화의 사용으로 인한 통화의 장벽을 낮춰주어 무역국
간에 더 많은 무역량과 이익 개선을 실현할 수 있도록 했다고 주
장했다. 프랑켈과 로스(1998)는 통화연합의 결성으로 연합 내 여러
회원국 간 상업주기가 더욱 동기화 추세가 나타났으며 여러 회원
국의 통화정책 적용 기회비용을 효과적으로 줄였다고 분석했다.
알레시나와 배로(Alesina와 Barro, 2000)[363]는 통화연합이 신용대출문
제를 처리하는 효과적인 제도적 배치라고 주장했다.

글릭(Glick)과 로스(2002)[364]는 시간시스템 모델을 적용해 통화
연합이 무역에 주는 영향을 분석했다. 그들은 한 국가가 통화
연합에서 퇴출하게 될 경우 무역량이 급격히 줄어들 것이며
통화연합의 퇴출이 무역에 주는 영향은 비교적 강한 히스테리
시스와 지속성을 띤다고 주장했다. 로스(2000)는 1970~1990년

361) John F. Helliwell, 'Do National Borders Matter for Quebec's Trade?' *Canadian
Journal of Economics*, Canadian Economics Association, Vol.29, No.3, August
1996, pp.507~522.
362) Andrew K.Rose & Eric Van Wincoop, 'National Money as a Barrier to
International Trade: The Real Case for Currency Union', *American Economic
Review*, No.5,2001.
363) Alberto Alesina & Robert J. Barro, 'Currency Unions', *The Quarterly Journal
of Economics*, Vol. 117, No.2, 2002, pp. 409-436.
364) Reuven Glick & Andrew K. Rose, 'Does a Currency Union Affect Trade? The
Time-series Evidence', *European Economic Review*, No. 46, 2002.

사이 186개 국가와 지역의 패널데이터분석을 통해 통화연합이 국제무역에 대한 거대한 순방향작용을 한다는 사실을 발견했다. 동일 통화를 사용하는 두 개 국가 간의 무역량은 각기 다른 통화를 사용하는 두 개 국가 간의 무역량의 3배에 달한다는 결론이다. 또한 그 결론은 통계에서도 매우 뚜렷하다.

아직까지 아시아에는 성숙한 통화지역이 없고 또 이미 결성된 통화연합도 없기 때문에 아시아에 통화지역을 창설하는데 따른 무역 효과에 대해 분석하려면 반드시 기존의 통화연합을 참고대상으로 연구를 진행해야 한다. 기존의 문헌에 따라 우리는 로서(2000)·로스와 윈코프(2000), 그리고 글릭과 로스(2002)의 연구방법을 참고해 아시아에 통화연합을 결성한 뒤 무역에 대한 효과를 분석하고자 한다. 상기 세 편의 문헌은 모두 유로존 창설 후 유로존 내부 무역에 대한 영향에 대해 분석했다. 그때 당시는 유로화가 실제로 유통되기 전이어서 문헌에서 분석한 연도에는 유로화가 사용된 후의 연도가 포함되지 않았으며 그때 당시 세계의 모든 통화연합을 통해 유로존의 효과에 대해 분석을 진행했다. 이와 같은 방법은 현재 우리가 위안화지역 효과에 대한 연구에도 적용할 수 있다. 상기 세 편의 문헌은 견본과 참고대상 및 연도의 제한을 받기 때문에 선택된 통화연합의 회원국 수가 총 견본의 1%밖에 안 된다. 따라서 통화연합이 무역 분야에 대한 실제 영향이 저평가된 상황이 존재한다.(Glick, 2002) 이밖에 세 편의 문헌에 선택된 통화연합 회원국 중에 가난한 국가나 소국이 적지 않으며 또 일부는 이제 막 식민통치에서 벗어나 새롭게 독립한 국가들이다. 따라서 이들 국가를 유로존 통화연합의 무역량 추진효과분석 대상으로 삼게 됨으로써 통화연합이 유로존 무역량에 대한 추진효과가 더욱 저평가될 수 있다. 이를 감안해 본 절에서는 유로존 회원국을 위안화지역 무역효과를 연구하는 참고대상으로 삼았다.

앤더슨(Amderson)과 윈코프(2000)·로스(2000)는 인력모델을 이용해 통화연합의 무역효과를 분석하고 추산할 경우 다음과 같은 4대 우세가 있다고 주장했다. 첫째, 인력모델로는 통화연합이 임의의 국가 사이에서의 영향에 대해 분석할 수 있는데 이들 국가들이 한 번도 통화연합에 가입한 적이 없더라도 가능하다. 둘째, 인력모델은 일치한 관세 조건하에서 국가 통화 장벽에 대한 실증 추측결과를 제공할 수 있다. 셋째, 인력모델은 명확한 복지분석을 제공할 수 있다. 넷째, 인력모델은 우리가 통화연합의 무역 효과에 대한 더욱 정확한 실증추측결과를 얻는데 도움이 된다. 상기 4대 우세를 근거로 우리는 로스(2000)·로스와 윈코프(2000)·글릭과 로스(2002)가 수립한 인력모델을 참고로 삼아 위안화지역 창설의 무역 효과에 대한 실증분석을 진행했다.

우리는 다음과 같은 계량모델을 수립했다.

$$\ln(T_{ijt}) = \beta_0 + \beta_1 \ln(Y_i Y_j)t + \beta_2 \ln(Y_i Y_j / Pop_i Pop_j)_t + \beta_3 \ln D_{ij} +$$

$$\beta_4 Lang_{ij} + \beta_5 near + \beta_6 FTA_{ijt} + \beta_9 \ln(Area_i Area_j) + \delta CU_{ijt} + \theta V_{ijt} + \varepsilon_{ijt}$$

$$(6\text{-}1)$$

이중에서 i와 j는 국가 혹은 지역이고 t는 시간이며 기타 변수는 차례로 T_{ijt}는 t시기에 i와 j양자 실제 무역량이고, Y 는 실제 GDP, 즉 인플레 요소를 제거한 GDP이며 2005년을 기준연도로 한다. Y/Pop는 인구당 GDP인데 이 책에 등장하는 인구당

GDP는 모두 고정가 처리를 거쳤으며 기준연도는 2005년이다. D 는 i와 j 사이의 거리이고, $Area$는 한 개의 국가 혹은 지역의 육지 면적이며, V 는 환율변동을 표시하는데 한 국가 혹은 지역의 통화 환율로 목표국 통화를 태환할 때 환율의 로그수와 그 전 주기 환율의 로그수의 계차(一阶差分)로 표시한다.

이밖에 $Lang \cdot Near \cdot$ CU $\cdot$ FTA는 가상변수이다. $Lang$은 언어를 표시하는데 두 곳 간에 같은 공식 언어를 사용할 경우 1로 표시하고 그렇지 않을 경우에는 0으로 표시한다. $Near$는 이웃 국가를 표시하는데 만약 i와 j가 육지에서 인접해 있거나 혹은 양국이 같은 해협을 사이에 두고, 즉 바다를 사이에 두고 마주보고 있다면, 예를 들어 일본과 한국의 경우처럼, 그러면 1로 표시하고 그렇지 않으면 0으로 표시한다. FTA는 i와 j 사이에 자유무역구협정이 있느냐 여부를 표시하는데 있으면 1로 표시하고 없으면 0으로 표시한다. CU 는 양국이 하나의 통화연합에 속하느냐 여부를 표시하는데 속하면 1이고 속하지 않으면 0으로 표시한다.

GDP $\cdot$ 인구(Pop) $\cdot$ 면적($Area$)의 데이터 출처는 세계은행 데이터베이스이고 양국 사이의 거리 D 는 양국 정치 $\cdot$ 경제 $\cdot$ 문화의 중요 도시 사이의 거리로 표시하는데 대체로 양국 수도 사이의 거리로 표시하며 구체적인 데이터는 세계 지리적 거리를 계산기로 계산해서 결과를 얻는다. 환율 데이터와 인플레율의 출처는 모두 IMF의 IFS데이터베이스이다. T 는 양국 간의 실제 양자무역액을 표시하는데 데이터 출처는 유엔 Comtrade데이터베이스이고 FTA는 양국 간에 자유무역협정이 존재하느냐 여부 관련 가상변수인데 WTO와 관련 자료에서 찾아냈다.

본 절에서는 유로존의 11개 최초 회원국에다 그리스를 합쳐 유로존 참고 견본을 구성했는데 그리스는 2001년에 유로존에 가입했다. 슬로베니아 등 2006년 후에 유로존에 가입한 다른 국가들은 제외했는데 그 첫 번째 이유가 본 절에서 분석한 시간의 구간이 2006년에서 2010년까지이기 때문이다. 그리고 글릭과 로스(2002)가 제기한, 통화연합효과가 히스테리시스와 지속성을 갖는다는 이론에 근거해 유로존 최초의 11개 회원국과 그리스를 선택하게 되면 2006년 후 통화연합의 히스테리시스효과가 이미 발휘되기 시작했지만 그 후에 유로존에 가입한 회원국들은 본 모델의 참고견본으로 삼기에 적합하지 않다.

[표 6-1] 각 변수의 서술적 통계 특징

	비통합연합	통화연합
견본번호	525	330
LogT	21.11 (3.12)	43.69 (3.87)
logGDP	52.20 (2.33)	51.45 (6.20)
Log(GDP/Pop)	16.80 (2.07)	21.13 (0.52)
LogD	7.90 (0.72)	7.06 (0.66)
V	0.015 (0.087)	—
Near	0.2 (0.4)	0.18 (0.39)
Lang	0.26 (0.44)	0.17 (0.37)
FTA	0.46 (0.5)	—

Log(Area)	23.74 (4.65)	23.09 (1.97)

※주 : 괄호 안의 수치는 기대하는 기준차.

우리는 중국 대륙·중국 홍콩·중국 마카오·중국 대만·일본·
한국·인도네시아·싱가포르·말레이시아·태국·베트남·필리핀·
캄보디아·라오스·몽골·카자흐스탄·파키스탄·인도를 위안화지
역 창설의 회원국 후보 샘플로 삼았다. 데이터의 입수 가능성을
감안해 우리는 중국 대만·라오스·몽골은 제외했다.

위안화지역과 유로존의 샘플 서술적 통계특징은 표 6-1 참조.
표 6-1을 보면 양자 무역액과 인구당 GDP의 2대 규모 변수를
제외하고 통화연합과 비통화연합의 기타 주요 변수의 샘플 기
대치가 모두 비교적 비슷하다.

[표 6-2] 인력모델의 데이터패널 회귀 결과

견본번호	855		
변수	회귀 계수	T통계량	P수치
LogT	-3.75	-1.97	0.049
logGDP	0.25	11.86	0.000
Log(GDP/Pop)	0.81	11.43	0.000
LogD	-2.02	-10.36	0.000
V	-3.37	-2.51	0.0097
CU	7.16	41.99	0.000
Near	0.49	1.63	0.106
Lang	1.38	6.02	0.000
FTA	1.61	7.15	0.000

Log(Area)	0.55	14.63	0.000
R2	0.957		
Ad-R2	0.9568		

　우리는 2006~2010년 사이 유로존 12개 회원국과 위안화지역의 15개 회원국(지역) 후보가 구성하는 데이터패널에 대해 회귀를 진행했다. 반복적인 조정과 자가 상관성 검증을 거친 뒤 우리는 F검증과 Hausman 검증 결과에 따라 고정효과추측을 진행해야 한다고 확정지었다. 구체적인 회귀 결과는 표 6-2 참조.

　표 6-2의 회귀 결과를 통해 우리는 GDP · 인구당 GDP · 육지면적이 양자 무역액에 대해 순방향 추진 작용을 한다는 것과 게다가 통계적으로 식별력이 있음을 알 수 있다. 또 지리적 거리와 환율변동은 양자 무역액에 역작용을 한다는 것과 통계적으로 역시 식별력이 있음을 알 수 있다. 주의할 바는 가상변수 중에서 언어와 자유무역구협정은 양자 무역에 뚜렷한 긍정적인 영향을 주지만 국경의 상호 인접은 양자 무역에 대한 영향이 뚜렷하지 않다는 사실이다. 통화연합이 양자무역에 대한 추진 작용은 매우 뚜렷한데 이 역시 로스와 윈코프(2000)의 연구 결론과 일치한다. 이는 아시아에 유로존과 비슷한 통화연합을 창설하게 되면 그 통화지역 내부무역에 대한 뚜렷한 추진효과가 나타날 것이며 나아가서 지역 내 각국(지역)의 경제발전을 추진하고 환율변동이 각국(지역) 무역에 대한 부정적인 영향을 효과적으로 피면할 수 있음을 설명한다.

제2절 위안화지역 창설의 잠재 비용과 리스크

1. 중국의 잠재 비용과 리스크

(1) 국내 경제에 대한 부정적인 충격 확대

위안화지역의 창설은 중국과 세계의 연계를 밀접히 해 중국에 더 많은 발전 기회를 마련해 줄 수 있다. 그러나 한편 중국 경제가 외부 불안정요소의 충격을 더 쉽게 받게 된다. 당면 세계 형세가 복잡하고 변화다단하며 국제시장의 변동이 갈수록 빈번해지고 있어 위안화지역의 창설은 반드시 중국 경제가 직면해야 할 시련을 더 확대시킬 것이며 이에 따라 국내 금융안정을 위협하게 될 것이다.

위안화의 점진적인 지역화와 국제화 그리고 최종 위안화지역 창설에 이르는 과정에서 중국 자본 계정을 점차 개방하고 자본관제를 점차 취소해 자본시장이 점차 자유화로 나감과 동시에 대량의 해외 유휴자금에 틈 탈 수 있는 기회를 줄 위험이 존재한다. 특히 국제투기자본이 더 큰 규모와 더 빠른 속도로 중국 자본시장에 진출하게 될 것이어서 중국 금융기구는 금융조정과 자본리스크통제에서 더 큰 압력에 직면할 수 있다. 위안화 금리와 외화 금리에 차이가 존재하거나 위안화 환율이 불균형적인 수준에 처하게 된다면 국내외 자본시장에는 금리재정의 공간이 존재하게 되며 단시일 내에 거액의 국제자본이동을 유발해 자본시장의 극심한 불안정현상을 부를 수 있다. 만약 중국 관련 당국이 이에 대해 타당하게 처리하지 않고 제때에 대처하지 않는다면 중국의 금융시장과 실물경제에 심각한 부정적 충격을 가져다주게 된다.

(2) 통화 신용과 통화정책 선택의 딜레마

위안화가 국제통화로 된다면 '트리핀 딜레마'가 나타나는 것은 피할 수 없다. 한편으로, 위안화는 국제통화로서의 희소성을 유지함으로써 수출 과다에 따르는 대폭 평가 절하로 인해 국제 신용이 약화되는 것을 방지해야 한다. 다른 한편으로, 위안화는 국제준비통화로서 채무 상환과 세계경제발전 추진에 필요한 충분성을 만족시켜야 한다. 그러나 이 두 방면을 동시에 돌보기가 어렵기 때문에 확신과 상환능력을 겸할 수 없는 '트리핀 딜레마'가 나타나는 것이다.

중국의 거액의 무역 흑자 실현을 예 들면 무역 흑자는 위안화가 중국으로 환류 할 수 있도록 추진해 국제통화로서의 위안화가 갖는 희소성을 유지한다. 위안화의 이동성이 통제되면 위안화 가치는 국제시장에서 위안화의 상대적 부족으로 인해 평가 절상되는 경향이 나타나게 된다. 그러나 위안화의 환류로 인해 국제시장에서 위안화의 이동량이 줄어들고 또 위안화의 평가 절상 예기로 인해 해외 투자자들이 위안화 대출을 꺼리기 때문에 위안화가 세계시장에서 마땅히 갖춰야 할 이동성 수요를 만족시킬 수 없게 된다. 만약 중국에 국제 수지 적자가 나타나게 되면 작용 체제는 반대로 될 것이며 마찬가지로 확신과 이동성을 모두 가질 수 없다는 결론이 나온다. 국내에서도 금리 재정 기회가 존재함으로 인해 비슷한 상황이 나타날 수 있다. 즉 국내 금리가 비교적 높을 때에는 대량의 자본이 중국으로 유입되어 위안화의 국제적 자신감을 증강시켜 희소성 수요를 만족시킬 수 있다. 그러나 국제 차관인은 위안화 대출을 제공하는 것을 더 이상 원치 않아 국제시장에서 위안화 이동성이 부족하기 때문에 국제통화로서의 위안화의 충분성은 만족시킬 수가 없게 된다.

이밖에 위안화지역의 창설은 중국 통화정책에 일정한 구축효과를 일으켜 중국 통화정책의 이행 효과에 영향을 주게 된다. 예를 들어 중국의 중앙은행은 확장성 통화정책을 제정해 비교적 저조한 경제를 자극하려고 계획하고 있지만 국내 금융기관이 여유의 자금을 해외로 수출해 해외의 더 높은 자본 회수율을 추구하고자 하며 이익을 노리는 기타 자본도 빠르게 유출될 수 있다. 대량의 통화가 해외로 유출됨으로써 확장성 통화정책은 효과적인 역할을 발휘하기가 어렵게 된다.

(3) 가격 안정 선택에서의 딜레마

위안화가 국제통화로 되려면 반드시 위안화에 대한 국제시장의 확신을 공고히 함으로써 국내외 시장의 가격 안정을 유지해야 하며 특히 위안화로 가격을 표시하는 제품의 가격 안정이 매우 중요하다. 그런데 이 또한 위안화지역이 창설된 후 직면하게 될 최대 난제 중의 하나가 될 수 있다. 가격 안정은 대내와 대외 가격 안정의 두 가지 방면의 내용을 포함한다. 만약 국내외 시장 가격이 안정을 유지해 국내 인플레율이 상대적으로 비교적 낮을 경우에는 상대적 구매력평가 이론에 따라 위안화는 평가 절상의 압력에 직면하게 된다. 이때 국제시장의 대출자가 위안화 대출을 제공하는 것을 원치 않기 때문에 위안화의 유통량이 줄어들고 위안화 평가절상이 가중되며 대외 가격안정을 유지하기 어렵다.

위안화의 평가 절상은 투자자의 차관 비용을 높여 외국 투자자에 대한 흡인력이 줄어들게 된다. 이밖에 단기 필립스곡선의 원리에 따르면 국내 가격안정과 취업 증가·경제성장 추진 등 경제목표 사이에 뚜렷한 대체관계가 존재한다. 한 나라가 취업 추진과 성장 유지의 경제목표를 실현하려면 국내 가격의 상승을 초래하게 되어 국제통화가치 안정의 기준이 파괴될 수 있다. 통화가치의 불안정으로 인해 위안화는 국제통화로서 마땅히 갖춰야 할 시장의 확신을 잃게 된다. 이 딜레마를 어떻게 해결하느냐는 위안화지역 창설과 공고화 과정에서 직면하게 될 준엄한 시련이기도 하다.

(4) 국제수지 균형 선택에서의 딜레마

위안화지역이 창설되기 전에 국제수지의 불균형 조절에서 '역경제방향'원칙에 따라 상응한 재정정책과 통화정책 제정의 수요 조정수단을 이용해 실현할 수 있다. 그러나 위안화가 국제통화로 된 후에는 이러한 조정정책이 효력을 잃을 가능성이 크다.

국제수지 적자를 예 들면 위안화지역이 창설되기 전에 중국은 긴축성 통화정책을 통해 위안화 공급을 줄이고 국내 제품가격의 인하를 통해 자국 제품의 수출을 늘리고 자국의 수입을 줄이는 것으로써 국제수지 균형을 이루는 목표에 이를 수 있다. 위안화지역이 창설된 후이면 꼭 같은 긴축성 통화정책의 실행으로 위안화 평가 절하를 초래할 수 있다. 이로 인해 위안화의 국제 신용을 떨어뜨려 자본도피를 유발해 자본 및 금융계정의 적자가 나타나게 된다. 그리 되면 국제수지균형목표를 실현할 수 없을 뿐 아니라 국제수지의 불균형을 악화시키게 된다.

위안화지역의 창설은 또 중국재정과 통화정책조합의 예기 효과를 약화시킬 수 있다. 국제수지 적자의 발생과 국내 경제가 저조한 상황을 예 들면 위안화지역을 창설하기 전에는 긴축성 통화정책의 실행으로 자금을 회수할 수 있어 국제수지 적자를 줄일 수 있다. 그러나 국내의 워낙 저조한 경제에 더 한 층의 타격을 가하게 되는데 이때 확장성 재정정책을 보조적 수단으로 이용하게 되면 긴축성 통화정책이 국내 경제에 가져다주는 악영향을 상쇄할 수 있다. 그러나 위안화지역을 창설하면 상기 정책조합의 예상 효과를 크게 떨어뜨릴 수 있으며 심지어 역효과가 나타날 수도 있다. 한편으로 중국 긴축성 통화정책의 실행으로 국내 금리를 인상시킬 수 있다. 자본이동성이 아주 큰 상황에서 이율 차액이 존재함으로 인한 국제 유휴자금의 대규모 이동을 피면하기 위해서는 위안화지역 내 임의의 두 회원국 간 이율 차액이 너무 크면 안 된다. 따라서 위안화지역 기타 회원국도 상응하게 금리를 인상해야 하는데 이에 따라 긴축성 통화정책에 헤지 효과를 일으키게 된다. 다른 한편으로 고금리정책으로 인해 중국의 대외 이자지출이 늘어나게 되는데 이에 따라 새로운 통화 이동량 이자비용이 더 높아져 중국의 조화세 수입이 줄어들게 된다.

(5) 통화 유통의 감독 통제 어려움 확대

위안화가 해외에서 대규모로 유통될 경우 중국 중앙은행의 위안화 감독관리 비용은 국내 범위에만 국한되었을 때보다 반드시 커지게 된다. 위안화 수요는 통제하기가 더욱 어렵다. 국제 밀수·돈세탁 등 불법 활동으로 위안화 유통 규모에 대해 예측하기가 더욱 어려울 뿐 아니라 역내 심지어 국제 금융시장

의 정상적인 질서까지도 어지럽혀 통화유통에 대한 금융기관의
감독 관리에 어려움을 더하고 있다. 더 심할 경우 해외 위안화
의 광범위한 유통이 위안화 위조의 불법행위를 초래할 수 있다.
실제로 중국 주변 국가들에서 이미 대량의 위안화 위조현상이
나타나고 있으며 불법 위조활동이 갈수록 창궐하고 있어 중국
의 반(反)위폐투쟁에 새로운 도전을 제기했다. 이밖에 현금관리
방면에서 위안화의 해외 유통은 위안화 현금관리와 감시 방면
의 어려움을 가중시킬 수 있다.

(6) 국가의 정치 이익 비용 확대

위안화지역의 창설은 중국에 정치적 이익을 가져다줄 수 있
는 한편 또 필연적으로 더 큰 정치적 리스크를 감당해야 함을
의미한다. 위안화가 국제통화의 지위와 명성을 얻고 또 유지
하려면 중국은 반드시 국제형세의 안정 수호에서 더 큰 책임
을 짊어져야 한다. 중국의 정책이 기타 회원국에 가져다줄 수
있는 불리한 영향을 최대한 줄임으로써 관련 정책이 기타 회
원국의 강열한 저촉과 반대에 부딪치는 것을 피해야 한다.

위안화지역의 창설은 또 기타 국가가 중국을 '환율조작국'으
로 볼 수 있는 핑계를 제공하게 된다. 미국정부는 흔히 국내경
제 저조기 혹은 대통령 선거전을 앞두고 국내 모순을 전이시키
곤 한다. 위안화지역의 창설은 이러한 설에 더 큰 유세공간을
마련할 가능성이 있다. 그때가 되면 대량의 국제무역에서 위안
화를 중간 매개로 삼아야 하므로 임의의 두 가지 외화 사이의
환율변동의 원인을 모두 위안화 환율변동 탓으로 돌릴 가능성
이 있기 때문이다. 국외의 일부 정부는 국내경제가 어려움에 처

할 경우 책임을 회피하거나 혹은 정치적 수요에서 출발해 위안화환율의 인위적 조작이 원인이라고 귀결시켜 위안화를 자국 국내 경제위기의 '희생양'으로 삼곤 한다. 중국이 불리한 지위에 처했을 경우 국외 정부의 압력에 대항할 수 없어 하는 수없이 중국의 경제정책을 조정하게 되면 국내외의 균형이 심각하게 파괴될 수 있다.

2. 위안화지역 기타 회원의 잠재 비용과 리스크

(1) 조화세 수익 포기

위안화지역의 창설은 중국에 거액의 조화세 수익을 가져다줄 수 있다. 그러나 이는 실제로 일종의 재부의 이전으로서 원래 지역 내 기타 회원국 정부에게 속해야 할 수익이 중국으로 일방적으로 이전되는 것이며 이들 회원국이 위안화지역에 가입하는 기회에 해당하는 비용이다.

한 나라 정부가 통화 발행을 통해 얻을 수 있는 조화세 수입은 얼마나 될까? 스탠리 피셔(Stanley Fischer)와 윌리엄 이스털리(William Easterly, 1990)는 역사 기록을 보면 공업화국가의 조화세 수입이 그 나라 국내 GDP 중에서 차지하는 비중은 평균 1%이고 개발도상국에서는 GDP의 2.5%이하를 차지하며 GDP의 2.5%가 넘는 조화세 수입은 지속 가능한 수입일 리 없으며 오직 경제의 고속 성장 과정에서만 실현될 수 있다고 주장했다. 표 6-3은 젤리고 보제틱(Bogetic, 2000)이 라틴아메리카 6개국 조화세 수입에 대해 예측한 수치이다.

[표 6-3] 라틴아메리카 6개국 GDP 중 조화세 수익의 비중

(단위: %)

국가	시기	GDP 중 조화세 수익의 비중
아르헨티나	1991—1996년	0.5
브라질	1994—1996년	1.3
볼리비아	1991—1997년	0.8
엘살바도르	1991—1996년	2.3
멕시코	1991—1997년	0.8
페루	1991—1997년	2.5
평균치	—	1.4

※자료 출처: Bogetic,'Full Dollarization: Fad or Future', Challege, No.3,2000.

　동아시아국가들이 자국의 통화발행권을 양도하고 위안화지역에 가입하더라도 국내 GDP 중 조화세 수입의 비중은 크지 않다. 그러나 절대량을 보면 여전히 상당한 수량을 차지한다. 물론 경제구역 전반 이익 최대화 각도를 기반으로 삼으면 동아시아 기타 회원국이 위안화지역 가입에 따른 조화세 손실 부분은 사실 중국으로 이전된 것이다. 한편 중국은 이전 지불을 통해 회원국(지역)의 손실을 미봉할 수 있다. 실제적으로 중국이 위안화의 국제지위를 모색함에 있어서 국제 조화세 수익을 지나치게 추구한 적은 없다.

(2) 통화정책의 독립성 상실

　위안화지역 내 기타 회원국(지역) 통화를 위안화에 고정시킨 뒤 통화정책 수단을 더 이상 보유하지 않게 된다. 어느 한 회원국에 재정적자가 나타났을 경우 그 회원국은 더 이상 화폐를

임의로 추가 발행하는 것을 통해 재정적자를 위한 융자를 해결할 수 없으며 마땅히 인플레이션을 엄격히 통제해 물가의 변동에 따르는 환율의 대폭적인 변화를 방지함으로써 본위화폐와 위안화 간의 환율 안정을 수호해야 한다.

위안화지역 내 기타 회원국은 통화정책을 행사함에 있어서 마땅히 역내 전체 회원국의 전반 이익을 고려해야 한다. 때로는 심지어 경제정책의 제정 권리를 위안화지역연합에 양도해 통일적으로 행사하게 해야 하므로 정책 제정의 자주권을 상실할 수도 있다. 그러나 여러 국가의 경제 현황이 다 같지 않기 때문에 지역연합이 통일적으로 제정한 통화정책은 모든 회원국의 현실적인 수요를 다 만족시킬 수가 없다. 이에 따라 회원국 간의 경제 불균형을 가중시킬 뿐 아니라 정치적 분쟁의 존재와 이익분배의 불평등으로 인해 지역 각 회원국의 원심력을 심화시킬 수 있다.

(3) 환율의 비대칭성 리스크 확대

코트모스와 마르틴(Koutmos와 Martin, 2003)[365]은 독일·일본·미국·영국 4개국의 환율변동방향에 대한 산업의 리스크 표면화에 대한 연구를 거쳐 오직 평균 38.9% 산업만이 뚜렷하게 대칭되는 환율 리스크 표면화가 존재한다는 사실을 발견했다. 그중 영국의 비례가 66.7%로 최고였고 미국이 44.4%, 일본이 43.3%로 그 뒤를 이었으며 독일이 11.1%로 최저 수준에 머물렀다. 그밖에 40%가 넘는 산업이 리스크 비대칭 상황이 존재했으며 환율 리스크

---

365) Koutmos,G.,& A.D.Martin, 'Asymmetric Exchange Rate Exposure: Theory and Evidence', *Journal of International Money and Finance*, Vol.22,No.3,June 2003,pp.365~383.

비대칭 상황이 상당히 보편적인 것으로 드러났다.

위안화지역 가입이 동아시아 환율에 대한 비대칭 리스크는 주로 환율형성체제와 국제 외환시장의 비대칭에서 온다. 위안화가 국제통화시장에서 비교적 큰 변동이 나타날 경우 환율의 비대칭 리스크가 더욱 뚜렷해진다.

제 7 장

위안화지역 : 제약 요소

중국
위안화지역
연구

堀起

" **국가가 강성**하려면 반드시
강대한 통화가 있어야 한다 "

제 7 장
위안화지역 : 제약 요소

본 장에서는 중국 자체와 외부 환경 방면에서 위안화지역 창설의 제약 요소에 대해 탐구하고자 한다. 중국 글로벌 경쟁력의 상대적 결여, 금융시장의 미숙, 위안화 환율 변동의 집중효과, 국제통화에 존재하는 관성, 달러화의 변함없는 통치 지위, 중국 주변의 복잡한 정치 경제형세, 선진국이 기득 이익을 수호하고자 위안화의 국제통화로의 발전을 억제하는 등 방면에서 분석을 진행함으로써 위안화지역의 창설을 추진함에 도움이 되고자 한다.

제1절 중국 자체의 제약 요소

1. 산업구조의 업그레이드가 절실히 필요

개혁개방 이래 중국 3대 산업구조가 불균형적이던 상황이 개선되었으며 비례관계가 조화롭지 못하고 공급과 수요간 불균형 등 장기적으로 존재해오던 일부 문제가 기본상 해결되었다. 그러나 이와 동시에 또 새로운 모순이 나타났다. 중국 경제 고속 성장 숫자의 뒷면에는 중국 경제구조의 업그레이드가 절실한 근본적 문제가 여전히 숨어 있다.

(1) 3대 산업의 구조가 여전히 비합리적이다

3대 산업의 전반 구조를 보면 선진국과 비교해 중국은 2차 산업과 1차 산업의 비중이 높은 편이고 3차 산업의 비중은 상대적으로 비교적 낮은 편이다.(표 7-1)

[표 7-1] 2012년 세계 소득 수준이 각기 다른 국가 GDP의 3차 산업 구성

(단위: %)

	1차 산업	2차 산업	3차 산업
세계 평균	4.41	29.74	65.85
개발도상 경제체	9.35	39.22	51.44
과도기 경제체	5.29	36.14	58.56
선진 경제체	1.41	23.69	74.91
중국	5.7	48.7	45.6

※자료출처 : UNCTAD와 중국 국가통계국.

1차 산업과 2차 산업의 발전은 자금·자연자원·토지·환경의 영향을 비교적 많이 받으며 다 많은 제한을 받는다. 그러나 3차 산업은 고부가가치·저오염·고취업 등 우세를 띠며 일반적으로 경제구조 선진 정도가 비교적 높은 중요한 표현이다. 중국은 현재 지나치게 투자에 의존해 경제성장을 이끌고 있으며 이들 투자는 또 흔히 2차 산업에 집중되어 3차 산업 구조의 비합리화를 조성할 뿐 아니라 중국 경제를 '역동적 비효율'상태에 빠뜨려 경제발전을 저해하고 있다.

중국 3대 산업 내부구조를 보면 농업과 공업·서비스업 내부에도 각자 구조적 문제가 존재한다.

1. 농업 내부 구조 최적화해야

개혁개방이래 중국은 농업과 농업경제 면에서 큰 발전을 거두었으며 농업 산업구조가 꾸준한 조정을 거쳐 비교적 양호한 구도가 형성되었다. 그러나 현재 중국 농업 산업구조에는 여전히 적잖은 문제가 존재한다. 첫째, 농산물 품종과 품질 구조가 여전히 비합리적이고 농산물의 양질도가 비교적 낮다. 둘째, 농산물이 장기간 애벌 가공 단계에 머물러 있으며 신선도 유지·포장·저장 운송·판매시스템의 발전이 뒤처졌으며 미가공 제품과 가공제품의 비례가 균형적이지 않다. 셋째, 농산물의 지역 분포가 여전히 비합리적이며 각 지역이 자체의 비교우위를 충분히 발휘하지 못하고 있으며 뚜렷한 특색이 있는 농산물지역 분포 구조를 아직 형성하지 못했다.

2. 2차 산업 특히 공업이 '덩치만 클 뿐' '실력은 강하지 않다'

개혁개방이래 중국 공업경제가 빠르게 발전하고 경제실력이 전례 없이 증강되었다. 공업생산액이 1978년의 1745억 2000만 위안에서 2012년의 23조 5162억 위안으로 성장했다. 공업구조에 심각한 변화가 일어나 공업화 수준이 뚜렷이 제고되어 공업화 초기에서 공업화 중기로의 역사적인 도약을 실현하고 공업 기반이 취약하고 기술이 낙후하며 분류가 단일하던 공업기반이 뚜렷이 강화되고 기술수준이 안정적으로 제고되었으며 분류가 점차 구전한 중대한 변화를 실현했다. 또 적던 데서 많은 데로의 변화를 실현해 국내시장에서 공급이 수요를 만족시킬 수 없던 데서 공급이 상대적으로 과잉인 상태로 바뀌었으며 부족하던 데서 부유한 데로 발전하는 추를 보이기 시작했다. 공업은 중국의 국민경제 발전과 국제지위의 상승·국민 생활 질의 개선에 중대한 기여를 했다.

그러나 2차 산업은 생산구조가 비합리적이고 구조의 업그레이드가 비교적 더디며 경제성장의 질이 낮은 등 문제가 여전히 존재한다.

3. 3차 산업 발전이 뒤처져 있고 내부 구조에 대한 진일보의 조정과 보완이 필요하다

개혁개방이래 중국 3차 산업은 아주 빠른 성장을 이루었다. 그러나 총량이 적고 업종 구조가 비합리적이며 발전이 뒤처진 등 문제가 존재하며 내부 구조의 진일보의 조정과 보완이 필요하다.

(2) 산업구조의 비합리성이 위안화지역 창설에 걸림돌로 작용

산업구조의 합리성 여부는 중국이 빠르고 안정적인 발전세를 계속 이어갈 수 있을지 여부를 결정지으며 중국의 경제사회생

활의 여러 분야에 심각한 영향을 주게 된다. 중국의 산업구조는 개혁이 절실히 필요한 중요한 길목에 처했다. 중국의 당면한 비합리적인 산업구조에 대해 최적화 업그레이드를 실제적으로 진행해야만 위안화지역의 창설과 운행을 위한 튼튼한 경제적 보장을 마련할 수 있다. 그렇지 않으면 위안화지역의 창설은 뿌리 없는 나무요 발원지가 없는 강물과 같아 순조로운 창설 과정만으로도 어려움이 많은데 그 뒤의 후속적인 유지와 공론화는 더 논할 필요도 없다.

한 나라 비합리적인 산업구조가 그 나라 통화의 '해외진출전략(해외 진출)'에 가져다주는 불리한 영향은 엔화의 국제화를 통해 심각한 교훈을 얻을 수 있다. 일본이 자국의 경제구조 개혁을 통해 엔화의 국제화를 추진하고자 시도했던 것에서 두 가지 교훈을 얻을 수 있다. 첫째, 주민 소득이 늘어나지 않은 상황에서 통화의 국제화 추진 기간 통화 가치의 평가 절상이 반드시 내수 주도형 패턴의 실현을 추진할 수 있는 것은 아니다. 둘째, 통화의 국제화 추진 기간의 지나친 대외 투자와 산업 이전이 산업공동화를 초래해 구조조정에 불리하다.[366) 이에 비추어 볼 때 중국은 위안화의 '해외진출전략'에서 경제구조 제약 요소를 극복하는 과정에서 반드시 중국 자체의 상황에 따라 위안화지역의 창설 과정에서 구조적 걸림돌을 질서 있게 제거해야 한다.

2. 경제 성장이 갈수록 요소의 속박에 직면

중국 경제 분야에서 중대한 성과를 이룬 사실을 긍정하는

---

366) 덩신(鄧昕)·리야페이(李亞培)·시화제(席華潔):「위안화의 국제화가 중국 경제구조조정에 주는 영향」, 『과학 교육 논단(科敎論壇)』 2010년 제11기.

한편 중국 경제발전방식에서 장기간 에너지 자원 고소비·고오염·저효율의 조방형(粗放型) 발전패턴을 위주로 하였음을 반드시 인정해야 한다. 이러한 발전 패턴으로 중국 경제성장에서 큰 대가를 지불하였을 뿐 아니라 중국 산업구조체계의 전반적인 조화로움과 산업의 안전을 위협했다. 그래프 7-1을 보면 1985년에서 2012년까지 중국 에너지 생산 탄력계수의 변동이 비교적 크다는 사실을 발견할 수 있다. 국민경제 과열 시기인 1988년, 1994년 그리고 2003~2005년에 중국의 도시화건설이 비약적으로 팽창함에 따라 철강·시멘트·전해 알루미늄 등 에너지 고소비 산업이 빠르게 확장해 에너지 고소비 분야가 국내 총생산 증가액 중에서 차지하는 비중이 갈수록 커졌다.

[그래프 7-1] 1985—2012년 기간 중국 에너지 생산 탄력계수

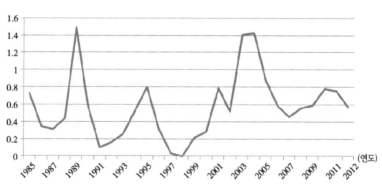

※자료출처 : 중국경제망(中經網) 통계 데이터뱅크.

2005년 이후 중국 경제성장의 단위 당 에너지 소모가 하락했다. 그러나 최근 몇 년간 국제 에너지 가격의 상승에 따라 중국 에너지 생산 탄력계수가 또 다시 상승세를 보였다.

조방형 경제성장 패턴으로 인해 중국 경제 성장치가 낮은 수준에 머물렀을 뿐 아니라 중국은 자원 결핍·환경 악화·경제 발전의 지속 불가능 등 문제가 갈수록 불거지고 있다. 원유는 중국의 중요한 에너지 투입 요소이다. 그래프 7-2에서 볼 수 있듯이 중국 원유 생산량은 공급이 수요를 만족시키지 못하는 상황으로서 중국 경제의 소비 수요를 만족시키기에는 턱없이 모자라다. 게다가 공급과 수요 차이가 해마다 늘어나는 추세를 보이고 있다. 2001년의 6400만 톤에서 2012년의 2억 8400만 톤으로 늘어났다.

[그래프 7-2] 2001—2012년 중국 원유 생산과 소비량

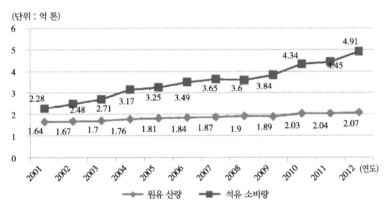

(단위 : 억 톤)

※자료출처 : 『2011년 중국 국토자원 공보』, 9쪽, 『2012년 중국 국토자원 공보』, 10쪽

국내 자원 공급이 심각하게 부족함에 따라 중국 에너지 분야 대외 의존도가 끊임없이 높아졌다. 중국 에너지 대외 의존도는 21세기 초의 7%에서 2011년의 14%로 상승했다. 대종 광산품의 대외 의존도가 높은 수준에 머물러 있다. 그래프 7-3을 보면

2001~2011년 기간, 중국 원유의 대외 의존도가 해마다 상승했음을 알 수 있다. 철광석의 대외 의존도는 비록 상하로 변동하는 추세를 보였지만 여전히 높은 수준에 머물러 있다. 2011년 중국 원유와 철광석의 대외 의존도가 각각 56.7%와 56.4%에나 달했다. 중국의 갈수록 준엄해지는 자원 속박은 위안화지역 창설에 더 많은 불리한 요소로 작용한다.

[그래프 7-3] 2001~2011년 중국 원유와 철광석 대외 의존도

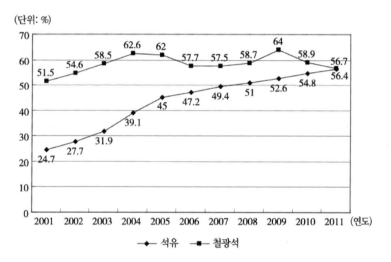

(단위: %)

※자료출처 : 『2011년 중국 국토자원 공보』, 12쪽.

3. 대외 경제 발전 패턴의 변화가 절실히 필요

30여 년의 대외 개방을 거쳐 중국은 경제의 글로벌화에 깊이 참여하게 되었으며 대외경제가 거대한 발전을 이루었다. 그러나 중국의 대외경제발전은 총량 우세에서 더 많이 반영될 뿐 구조적인 면에서는 여전이 제약적이라는 사실을 마땅히 알 수 있어

야 한다. 통화지역 창설에 있어서 구조적인 조건이 때론 총량적인 조건을 추월할 수 있으며 한 나라의 통화가 국제통화로 되는 면에서 더욱 관건적인 역할을 발휘할 수 있다. 중국의 대외경제 발전패턴에는 다음과 같은 문제점이 존재하는데 이는 위안화지역 창설에 불리한 요소이다.

(1) 대외 무역 방면에서

1. 대외무역 방식이 가공무역 위주이며 부가가치가 낮다

중국의 가공무역은 무에서 유를 창조했으며 규모가 작던 데서 크게 발전했다. 1996년, 가공무역 수출입액이 중국 수출입 총액 중에서 차지하는 비중이 최초로 절반을 넘었다. 중국 수출무역방식은 장기간 '원자재시장과 판매시장을 해외에 두고 대규모로 수입하고 대규모로 수출하는(两头在外, 大进大出)' 가공무역 위주의 방식을 유지해왔다. 이는 중국 수출기업의 이윤 공간을 좁혔을 뿐 아니라 대외무역마찰과 산업의 '비지화(飛地化)'·가공무역을 빌미로 한 밀수 등 현상을 악화시켰다. 1998년 가공무역 비중이 54.31%에나 달했으며 최근 몇 년간 그 비중이 다소 하락하긴 했지만 여전히 높은 수준이다.(표 7-2)

[표 7-2] 중국 무역방식별 수출입 비중

(단위: %)

연도	1995	1998	2001	2004	2007	2010	2012
가공무역	47.95	54.39	47.37	48.46	45.90	39.19	34.8
일반무역	40.85	36.38	42.95	42.59	44.49	50.07	52.0

※자료출처 : 중국경제망 데이터뱅크.

세계의 공장으로써 중국 제조기업의 가치사슬은 대부분 두 끝이 작고 중간이 큰 '럭비공형'이다. 즉 경쟁 우위가 중간 생산과 제조 부분에서 반영되며 양끝의 제품연구개발과 시장서비스부분은 아주 취약하다. 세계 가치 증가 중에서 겨우 10%~15%만 중국에 남고 85%~90%는 다국적 회사의 연구개발·마케팅 부분이 가져간다. '외국인 투자자가 30%의 자본을 투자해 50%의 주식을 보유하고 70%의 이윤을 가져가며, 중국 자본은 고작 30%의 이윤만 소유한다. OEM(Original Equipment Manufacturer, 주문자위탁생산) 주문자상표부착생산의 경우, 외국인이 92%의 이윤을 가져가고 중국은 많아서 8%의 이윤을 얻는다.' 이 말은 곧 상기 가치사슬 분배에 대해 여실하게 반영한 말이다. 2010년, 중국은 세계인 1인당 신발 1켤레(88억 켤레), 천 2미터(166억 미터), 옷 3견지(185억 견지)씩 가질 수 있을 만큼 생산했다. 그러나 옷 60견지를 수출해야만 겨우 1견지의 BOSS T셔츠를 바꿀 수 있으며 8억 2천 견지의 와이셔츠를 수출해야만 에어버스 380을 겨우 한 대 구매할 수 있다. 이러한 가치 차이가 바로 현재 중국 대외무역이 세계 가치사슬 분업의 저급 단계와 불리한 지위에 처해 있음을 여실히 반영한다.

2. 중국 수출입무역의 주체 구성에 리스크가 숨어있다

1991년부터 외자기업이 중국 수출입무역에서 차지하는 비중이 꾸준히 커져 2006년에 58.87%로 최고치에 달했다. 금융위기 전과 후에 비록 그 비중이 다소 하락하긴 했지만 2009년 후부터 또 상승세가 나타났다.(그래프 7-4) 외자의 원천지가 산업 분포를 새롭게 통합 조정할 경우 중국 경제에 짐작할 수 없는 영향을 주게 된다. 또한 가공무역 패턴의 주도로 인해 중국 본토 기업은 자체 브랜드에 의지해 국제시장을 개척하려 하지 않고 외국 기업의 주문에 심각할 정도로 의존하게 된다.

[그래프 7-4] 1991~2010년 외자기업 수출입 및 중국 수출입 중 비중

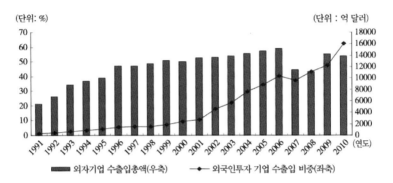

(단위: %)　　　　　　　　　　　　　　　　　　　(단위 : 억 달러)

외자기업 수출입총액(우축)　　　外국인투자 기업 수출입 비중(좌축)

※자료출처 : 중국해관총서

(2)FDI와 중국 산업구조의 업그레이드

외국인 직접투자는 중국 국내산업의 경쟁도를 확대하고 기술 진보를 추진했다. 그러나 외국인 직접 투자가 참여한 산업 구조 분포가 비합리적이다. 1차와 3차 산업에 외국 자본 투자가 비교적 적은 반면에 원래도 투자 과열인 2차 산업에 여전히 대량의 외국 자본이 몰려든 것이다.(표 7-3) 이러한 상황에서 외국 자본이 가져다준 경쟁체제는 중국의 산업 생산율을 개선하는 면에서 예기 역할을 발휘하지 못했을 뿐 아니라 중국 2차 산업과 1차·3차 산업 사이의 발전 차이를 확대시켰으며 국제 경쟁력도 외자의 참여에 따른 뚜렷한 제고를 가져오지 못했다. 어떤 학자는 심지어 FDI가 중국의 2차 산업에 대한 투자를 지나치게 선

호한 탓에 중국 3대 산업의 불균형적인 발전을 가중시켜 중국 3대 산업 구조 최적화의 어려움을 확대시켰다고까지 주장한다.

[표 7-3] 외국인 직접 투자의 중국 3대 산업에 대한 투자 구성표

(단위: %)

연도	2000	2003	2005	2007	2009
1차 산업	1.66	4.68	1.19	1.24	1.29
2차 산업	72.65	33.04	74.09	57.33	57.64
3차 산업	25.69	62.27	24.72	41.44	41.07

※자료출처 : 상무부『대외 투자합작 나라별(지역)지침』과『중국통계연감』.

[표 7-4] 2011년 중국 업종별 외국인 직접투자 분포 상황표

업 종	계약프로젝트(개)	실제이용액(만달러)	서비스업 중의 비중(%)	업 종	계약프로젝트(개)	실제이용액(만달러)	서비스업 중의 비중(%)
전력, 가스, 물의 생산과 공급업	214	211843	3.456	임대와 비즈니스 서비스업	3518	838247	13.67
건축업	215	91694	1.496	과학연구, 기술 서비스, 지질탐사업	1357	245781	4.010
교통운수, 창고저장, 우정업	413	319079	5.206	수리, 환경, 공공시설 관리업	151	86427	1.410
정보 전송, 컴퓨터 서비스, 소프트웨어업	993	269918	4.404	주민 서비스와 기타 서비스	212	188357	3.073
도매와 소매업	7259	842455	13.74	교육	15	395	0.006
숙박과 요식업	513	84289	1.375	위생, 사회보장, 사회복지업	11	7751	0.126
금융업	156	190970	3.116	문화, 체육, 오락업	152	63455	1.035
부동산업	466	2888152	43.860	공공관리와 사회조직	1	66	0.001

※자료출처 : 국가통계국 사이트

FDI의 3차 산업에 대한 투자가 증가세를 보인다. 이는 지나치게 자원에 의지하고 환경을 희생시켜 수출을 확대하고 있는 중국에는 좋은 일임이 틀림없다. 그런데 FDI가 제조업과 부동산업에 대한 투자 비중이 제일 크고 그 다음은 임대업·비즈니스서비스업·도매와 소매업 등 중국 전통 서비스업분야이다. 3차 산업 중의 지식과 기술 밀집형의 스필오버효과를 가져다줄 수 있는 정보 전송·컴퓨터 서비스·소프트웨어 및 과학연구·기술 서비스의 비중은 낮다.(표 7-4) 이런 FDI의 흐름이 중국 3대 산업 간의 구조 모순을 확대했으며 중국 산업 내부구조의 불균형을 악화시켰다.

4. 글로벌 경쟁력이 상대적으로 부족하다

세계 주요 통화지역의 발전을 종람해보면 통화지역의 창설 과정에 자국 핵심 경쟁우위의 확립을 동반했음을 알 수 있다. 영국은 산업혁명에 의지해 18세기에서 19세기 중엽에 이르기까지 세계에서 자국의 중심지위를 확립했으며 식민지의 수립을 통해 세계 범위 내에서 자본을 수출했다. 미국은 두 차례 세계대전의 시기와 공간을 이용해 자국의 핵심 산업을 발전시켰다. 핵심 산업에는 주로 첨단기술 제조업과 금융업이 포함되며 전후 글로벌 경제 회복의 주도적 역량이 되었다. 브레튼우즈체제가 달러화의 글로벌 확장에 가장 광범위한 기반과 플랫폼을 제공했다. 유럽연합은 회원국 간의 정치·경제·문화 등 방면의 천연적인 연계를 통해 정치실체와 경제실체가 통합된, 세계에서 중요한 영향력을 갖춘 지역 일체화 조직을 점차 형성했다. 통화지역의 창설은 주도 통화의 발행국이 강대한 국제경쟁력을 갖출 것을 요구한다. 그렇잖으면 통화지역이 창설되었다 하더라도 유지해나가기가 어렵다.

이 책 4장 1절에서 이미 여러 각도에서 세계와 지역경제 속에서 꾸준히 상승하고 있는 중국의 국제 지위와 갈수록 중요해지고 있는 영향력에 대해 논증했다. 이러한 유리한 조건들은 위안화지역 창설에 중요한 국력적으로 중요한 점과 확신적인 기반을 마련했다. 그러나 중국이 비록 경제 총량에서 비약적인 돌파를 이루었고 세계 최대 신흥 경제체 반열에 순조롭게 뛰어올랐지만 주류산업은 여전히 핵심경쟁우세가 부족한 저급 제조업에 집중되어 산업 부가가치가 낮고 산업구조조정의 복잡함과 장기적으로 말미암아 단기 내에 실물경제 분야에서 큰 돌파를 이루기가 어려우며 중국 산업구조 최적화 업그레이드는 책임은 무겁고 갈 길은 멀다는 사실을 명확하게 인식해야 한다. 표 7-5는 중국과 주요 선진국의 제조업과 첨단기술산업 분야 노동 생산율 비교 상황이다.

[표 7-5] 중국과 주요 선진국의 전원 노동 생산율 비교표

(단위: 만 달러/인)

	중국	미국	일본	독일	프랑스	이탈리아
제조업	9.1	37.0	30.5	30.4	37.0	27.0
첨단기술산업	9.2	38.8	33.2	31.3	54.4	26.7

※주 : 본 표의 노동 생산율=산업 증가치/그 산업 인원 총수.
※자료출처 : 중국 데이터의 출처는 국가통계국이고, 기타 국가 데이터의 출처는 OECD 『구조분석데이터뱅크 2011』 임.

30여 년의 발전을 거쳐 중국의 종합 국력이 뚜렷이 증강되었다. 그러나 위안화지역을 지탱하고 유지하기에 충분한 정도에 이

르려면 여전히 아주 큰 제고 공간이 존재한다. 세계경제포럼 (World Economic Forum, WEF)에서 발표한 글로벌경쟁력지수(Global Competitiveness Index, GCI)에 따르면 중국 대륙의 2011~2012 GCI 세계 순위는 제26위이다. 중국보다 앞 순위에 있는 아시아 국가와 지역에는 싱가포르(2), 일본(9), 중국 홍콩(11), 중국 대만(13), 말레이시아(21), 한국(24)이 포함된다. 표 7-6은 중국 대륙의 2011~2012년 글로벌경쟁력 각항 분지표의 순위 상황을 열거했다.

표 7-6에서 알 수 있듯이 중국의 기본조건·효율개선·혁신과 고급 요소 등 3개 분지수 세계 순위는 각각 30, 26, 31이다. 12개 기둥 지표의 표현을 보면 중국시장 규모와 거시적경제의 안정성 면에서 표현이 뛰어나며 혁신 면에서 발전이 뚜렷하지만 금융시장의 성숙도·고등교육과 양성·제도와 기술 준비도 등 면에서 열세에 처했음을 알 수 있다. 비록 중국이 2005년부터 GCI가 해마다 제고되고 있지만 아직까지는 여전히 효율 구동형 경제체에 속하며 아직 효율 구동에서 기술구동으로의 과도를 실현하지 못했다. 위안화지역의 창설은 중국이 고급 요소의 이용과 기술혁신에서 더 한 층의 제고를 실현할 것을 요구한다.

[표 7-6] 2011~2012년 중국 대륙 GCI지수 각항 분지표 순위 상황

지표 명칭	순위	기둥 지표 명칭	142개 경제체 중 순위
기본조건 지수	30	제도	48
		인프라시설	44
		거시적경제의 안정성	10
		건강과 기초 교육	32

		고등교육과 양성	58
효율 개진 지수	26	상품시장 효율	45
		노동력시장 효율	36
		금융시장 성숙도	48
		기술 준비도	77
		시장 규모	2
혁신과 고급 요소	31	기업 현대화	37
		혁신	29

※자료출처 : The Global Competitiveness Report 2011-2012, 30—37쪽.

5. 금융시장의 발전이 아직 미비하다

통화지역은 반드시 완벽하고 건전한 금융시장에 의지해야만 창설될 수 있다. 효과적인 통화시장·리스크 통제가 가능한 증권시장·이성적인 거래가 이루어지는 외환시장이 통화지역의 창설에 다양화한 투자경로와 리스크 방지 장소를 제공하며 국제통화가 기능을 충분히 발휘할 수 있는 중요한 보장이 된다. 중국 금융시장은 성숙도가 낮은 수준에 머물러 있어 그 발전의 깊이와 폭이 충분하지 않아 위안화지역 창설에 주요한 제약 요소 중의 하나가 되고 있다.

(1) 금융시장 주체 독점 정도가 비교적 높고 경쟁력이 부족하다

주식제 개혁은 중국 은행업 개혁 발전 과정의 키워드와 주선율로서 중국 은행업의 전반 경쟁력을 높이는데 결정적인 역할을 하고 있지만 중국 금융시장 주체 구성 방면에서 국유 상업은행이 여전히 독점 핵심 지위를 차지하고 있어 외자은행과 비은행 금융기관의 비중이 여전히 비교적 낮은 수준에 머물러 있다. 그래프 7-5에서 알 수 있듯이 2009년 대형 상업은행·기타 상업은행·여러 가지 정책성 은행 총 자산이 중국 은행업 금융기관 총 자산 중에서 지하는 비중이 80%이상에 달했다. 그중 국유 상업은행의 비중이 50.89%이고 외자은행과 비은행 금융기관이 차지하는 비중은 겨우 1.71%와 1.97%밖에 안 되며 비국유 은행 자산이 중국 은행업 금융기관 총 자산 중에서 차지하는 비중이 5% 미만이다. 2012년 대형 상업은행이 중국 은행 금융기관 총 자산 중에서 차지하는 비중이 다소 하락했으나 여전히 약 44%를 유지하고 있으며 외자은행이 중국 은행업 금융기관 총 자산 중에서 차지하는 비중은 서서히 올라 2%에 달했다.

[그래프 7-5]   2012년 중국 여러 은행업 기관 자산 보유 비중

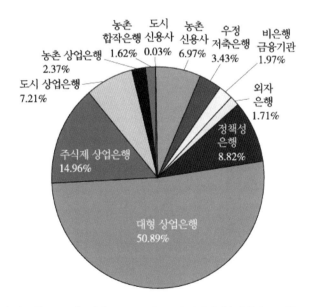

※자료출처 : 『중국 금융 연감 2013』, 중국금융연감잡지유한회사, 409쪽.

이처럼 실제로 여전히 국유자본이 독점하는 상업은행체계는 금융운행 효율을 떨어뜨리고 자원 배치 상태를 왜곡할 뿐 아니라 중국 금융체계 경쟁력의 결핍을 초래해 복잡한 국내외 금융 형세에 대처할 수 없게 된다. 지역 금융 일체화는 필연적으로 중국 금융체계에서 주체의 다원화를 실현할 것을 요구하게 된다. 이는 중국 금융체계의 국제경쟁력을 높이는데 이로울 뿐 아니라 위안화지역의 창설을 위한 필요한 금융 서비스를 제공할 수 있어 외자은행이 위안화업무를 전개하는데 이로우며 위안화 유통경로의 원활성을 보장할 수 있다.

(2) 중국 투자시장의 자본 이동성과 리스크 통제능력 강화해야

1. 중국 주식시장의 발전이 미비하고 융자능력이 약하다

표 7-7을 보면 중국 주식 시가총액이 GDP 중에서 차지하는 비중이 낮은 수준임을 알 수 있다. 그러나 선진국 주식 시가총액은 흔히 자국 GDP의 수 배가 넘곤 한다. 중국 기업은 주식을 통한 자금 조달 경로와 규모가 제한적이며 대다수는 대출 수단을 통해 생산경영에 필요한 자금을 해결하곤 한다. 비록 주식시장을 통한 자금 조달 비중이 1990년대 초기의 2% 미만이던 수준에서 2000년의 11.55%로 발전하긴 했지만 그 뒤 중국 주식시장의 자금 조달 능력이 대폭 약화되어 같은 시기 은행 대출의 평균 10%도 안 된다. 같은 시기 고정자산 투자와 비교해 볼 때 중국 주식시장의 융자 금액이 고정자산 투자의 평균 5%에도 미치지 못한다. 이는 중국 주식시장이 실제적으로 실물경제의 '저수지'가 되지 못했음을 반영한다. 중국의 주식시장이 중국 경제에 대한 추진역할은 전통적인 투자수단보다 훨씬 뒤처졌으

며 주식시장이 마땅히 갖춰야 할 투자와 융자 기능과 이윤 재
창조 기능이 충분히 발휘되지 못하고 있음을 알 수 있다. 이런
상황에서 중국 주식시장은 해외 위안화 보유자를 위한 선진적
이고 건전한 투자처를 제공할 능력이 없기 때문에 해외 투자자
들의 위안화 보유 의향을 떨어뜨려 위안화지역의 창설에 불리
하게 된다.

[표 7-7] 2001~2010년 중국 주식시장 융자 상황

(단위: %)

연도	주식 시가 /GDP	주식 조달금액 /동기 대출	주식 조달금액 /고정자산투자
2001	39.69	2.78	3.37
2002	31.85	2.01	2.21
2003	31.26	2.60	2.44
2004	23.18	2.82	2.14
2005	17.54	3.52	2.12
2006	41.33	9.00	5.09
2007	123.07	12.29	6.32
2008	38.65	5.12	2.23
2009	71.56	7.33	2.73
2010	66.16	—	4.30

※주 : 동기 대출에는 주로 공업 · 상업 · 건축업 · 농업 대출이 포함됨.
※자료출처 : 『중국 금융 연감 2011』, 및 중국경제망 통계 데이터뱅크.

2. 중국 채권시장의 발전이 상대적으로 더디다

중국 채권시장의 발행 주체를 보면 정부 채권·정책성 은행채
·중앙은행 어음이 중국 채권시장에서 주도적 지위를 차지한다.

표 7-8을 보면 2005년 이전에는 3대 공공기관의 채권이 중국 채권시장의 95%이상을 독점했음을 알 수 있다. 2005년 후부터 비록 그 비중이 다소 하락하긴 했지만 2007년에 그 비중이 여전히 90% 이상을 차지했다. 2008년에 이르러서야 3대 채권의 비중이 점차 줄어 80%까지 떨어졌다. 시장화한 상업은행채권·기업채권·단기 융자채권 등 채권에 비해 3대 공공기관 채권은 여전히 절대적 주도 지위를 차지한다. 기타 형태의 유가증권은 시작이 늦은데다 발전 또한 더뎌 규모효과를 형성하지 못했으며 채권시장의 융자기능을 충분히 발휘하지 못했다.

[표 7-8] 중국 채권시장 주요 채권 발행 구조

(단위: %)

연도	2004	2005	2006	2007	2008	2009	2010
정부채권	17.62	11.95	12.14	27.44	10.25	18.75	18.8
중앙은행 어음	62.42	66.1	64.06	51.06	60.74	45.96	49.02
정책성 은행채	15.93	14.35	15.73	13.71	15.28	13.5	13.87
상업은행 채권	2.74	2.46	0.92	1.03	1.38	3.29	0.98
비은행 금융기관 채권	0	0	0.05	0.19	0	0.26	0.05
기업 채권	1.2	1.55	1.74	2.16	3.35	4.92	3.81
단기융자채권	0	3.38	5.11	4.2	6.12	5.33	7.09
자산 지원 증권	0	0.1	0.2	0.22	0.43	0	0
중기 어음	0	0	0	0	2.46	7.96	5.18
외국 채권	0	0.05	0.02	0	0	0.01	0
채권 발행 총액	100	100	100	100	100	100	100

※자료출처 : 중국채권정보망.

위안화를 대량으로 보유한 자에게 있어서 위안화 자산의 가치 보유와 가치 증대를 어떻게 실현할 것이냐는 문제는 위안화 보유 의향 정도에 직접 영향을 준다. 일반적으로 자산 수익률은 리스크가 커짐에 따라 커진다. 그러나 표 7-9와 상기 중국 주식시장과 채권시장에 대한 분석을 통해 알 수 있듯이 중국 비금융기관의 융자경로 중에서 은행대출이 주도적 지위를 차지하며 이 부분 자금의 출처는 중국 주민과 비주민의 중국 금융시스템 내 위안화 예금이다. 그런데 그 예금 수익률은 매우 낮은데 심지어 인플레이션율 보다도 낮아 실제 수익률이 마이너스가 된다. 이밖에 국채의 수익률도 비교적 낮은 수준이다. 이 두 부분을 제외하면 주식과 기업채권을 통한 중국 비금융기관의 융자 비중은 고작 13.2%밖에 안 된다. 당면의 기본 상황을 보면 대부분 해외 위안화가 저장되었거나 국경을 넘어 국내은행에 예금된 상황이며 더 이상의 금융투자처가 존재하지 않는다. 따라서 완벽한 주식시장과 채권시장을 수립하고 건전히 하고 위안화자금의 융자경로와 투자처를 확장하는 것은 위안화지역 창설의 중요한 조건 중의 하나이다.

[표 7-9] 중국 비금융기관 융자 경로

융자 경로	2008년		2009년	
	금액 (억 위안)	비중(%)	금액 (억 위안)	비중(%)
대출	49854	82.1	105225	80.5
주식	3527	5.8	5020	3.8
국채	1027	1.7	8182	6.3
기업채권	6078	10.1	12320	9.4
합계	60486	100	130747	100

※자료출처 : 중국인민은행 사이트.

6. 위안화의 자유태환 아직 불가

위안화지역 창설의 중요한 전제조건 중의 하나가 바로 자본항목 하의 위안화 자유태환을 실현하는 것이다. 즉 해외 위안화 보유자가 보유한 위안화를 자국 통화로 아주 편리하게 태환할 수 있거나 혹은 위안화 자산을 편리하게 얻을 수 있어야 한다는 것이다. 이를 위해서는 중국에 위안화 자본계정을 개방할 것을 요구한다. 1996년부터 중국은 국제통화기금의 제8조항 멤버 국가(Article Ⅷ Member, 경상항목 하에 통화의 자유태환을 실현한 국가)로 되어 경상항목하의 위안화 자유태환을 정식 실행하기 시작했으며 자본항목 방면에서 외국인의 대 중국 투자를 격려하는 태도를 취하기 시작했다. 여러 해 동안 질서 있는 개방을 거쳐 중국은 외국인의 대 중국 투자 조건을 점차 완화해 외국인 투자를 허용하는 분야도 꾸준히 확대되었다. 그러나 현재까지도 위안화 자유태환 목표와 임무를 여전히 완성하지 못했으며 자본의 중국 진출 면에서 여전히 많은 규제가 존재한다.

개혁개방 전에 중국은 통일적인 수불과 고도로 집중된 외환관리 제도를 실행했다. 개혁개방 후에는 잇따라 각기 다른 개혁단계를 거치면서 중국 자본계정관리체제에서 지령적 계획을 점차 축소하고 사회주의 시장경제에 어울리는 외환시장을 양성하는 쪽으로 방향을 바꾸었다. 그러나 현재까지 중국의 금리·환율 등 중요한 가격형성체제는 전면적인 시장화를 실현하지 못했으며 자본계정도 전면 개방하지 못했다.367) 자본항목 43개 분항목 중에서 중국은 이미 12개 항목에서 전면적인 태

---

367) 실제로 세계적으로 전면 개방된 외환거래시장제도를 실현한 국가나 지역은 없다. 다만 제도 배치와 관리 강도 면에서 조금 다를 뿐이다.

환을 실현했고 16개 항목에서 일부 개방했으며 그 외 15개 항목은 자유태환할 수 없다. 이로부터 중국의 자본항목은 아직도 절반 이상이 자유태환을 실현하지 않았음을 알 수 있다.[368]

위안화 자유태환이 불가한 상황에서 외환 공급과 수요는 주로 경상항목 거래에서 생기는 경영성 외환결제의 수요에서 온다. 이에 따라 자본의 자유이동이 형성될 수 없어 중국의 외환시장은 '금리 변동─자본 진출─환율 변동'식의 운행체제를 발휘할 수 없어 해외 위안화를 위한 원활한 유통경로를 마련할 수 없다. 비록 중국이 이 책 5장에서 소개한 바와 같이 국제무역 위안화 결제체제, 통화 스와프 체제, 위안화 역외 시장 건설 등 자본계정 자유화의 일부 대체 체제를 이용해 자본항목하의 위안화 자유태환을 더 크게 추진하고 위안화와 기타 통화 간의 직거래를 가동했지만 이들 대체 체제는 설계 면에서 건전하지 않고 직거래가 아닌 등 결함으로 인해 여전히 일정한 자원배치 왜곡과 불필요한 추가 비용이 발생하게 되므로 이들 대체 조치로는 위안화의 자유태환을 실현할 수 없다.

해외 위안화 보유자는 위안화 자산의 안전성·이동성·수익성을 보장해야 하므로 위안화 자본항목의 자유태환을 실현하지 못한 상황에서 비주민의 위안화 자산 보유 리스크와 비용이 비교적 높은 수준에 이르게 되어 위안화는 기타 자유태환이 가능한 통화와의 경쟁에서 자연히 열세 지위에 처하게 된다. 이에 따라 해외 투자자들의 위안화 보유 의향에 영향을 줄 것임이 분명하다. 이런 상황에서 위안화의 국제통화기능이 충분히 발휘되지 못해 위안화 역시 국제사회가 보편적으로 받아들일 수 있

---

368) 정롄성(鄭聯盛) : 「위안화의 국제화, 거대한 비용 지불해야」, 『세계지식』 2010년 제6기.

는 통화로 되기 어렵게 되며 위안화지역의 창설은 더욱 많은 장애에 부딪치게 된다.

7. 위안화 환율 변동의 집중효과

경제 글로벌화의 중요한 구성부분으로서의 금융 글로벌화는 돌이킬 수 없는 역사 과정이다. 세계무역기구가 1997년에 통과시킨 「글로벌 금융서비스무역협의」는 금융서비스시장을 전면 개방하는 것은 중국을 망라한 개발도상 회원국의 필연적인 선택임을 결정지었다. 현재 위안화는 동아시아지역 금융통화협력을 주도하는 신흥 세력으로 점차 부상하고 있다.

[그래프 7-6] 2005년 8월~2011년 11월 주요 통화와 위안화
실제 환율 추이

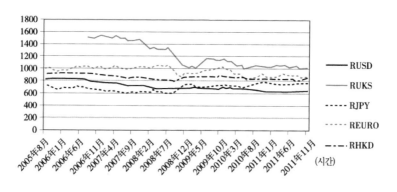

※주 : 달러화·유로화·파운드화는 100을 단위로 하고, 홍콩달러화는 1000을 단위로
하며, 엔화는 10000을 단위로 함.
※자료출처 : IMF 데이터베이스.

글로벌 금융위기가 있은 뒤 달러화의 일방적인 평가 절하의 영향을 받아 주요 통화 대비 위안화 가치가 꾸준히 평가 절상

되고 있다. 그래프 7-6을 보면 엔화에 대비한 경우를 제외하고 위안화는 전반적으로 평가 절상 추세를 보이고 있음을 발견할 수 있다. 비교 분석을 통해 위안화의 평가 절상은 기타 통화에 대비한 보편적인 현상이다. 위안화는 이미 주변 국가와 지역의 경화로 되었다. 그러나 위안화가 지역화를 실현하려면 위안화환율의 변동 집중효과는 반드시 직면해야 하는 중요한 문제이다.

환율 변동 집중효과에는 리스크 프리미엄 효과와 지렛대 효과가 포함된다. 일반적으로 자산의 리스크가 비교적 큰 것으로 예측될 경우 더 높은 평균 수익을 얻을 수 있다. 그 원인은 사람들이 금융자산의 수익은 마땅히 그 리스크와 정비례해야 한다고 여기기 때문이다. 즉 리스크가 클수록 예기 수익이 더 높다는 것이다. 이처럼 조건의 표준 편차로 예기 리스크를 표시하는 모델을 ARCH-M모델이라고 부른다. 이 모델은 엥겔(Engle) · 리렌(Lilien) · 로빈스(Ronins)(1987)가 도입했으며 그 표현식은 다음과 같다.

$$Y_t = a_0 + \rho_g(\sigma_t) + \varepsilon_t$$

$$(7\text{-}1)$$

$$\sigma_{2t} = \alpha_0 + \alpha_1 u_{2t-1} + \alpha_2 u_{2t-2} + \cdots + \alpha_p u_{2t-p}$$

$$(7\text{-}2)$$

그중 매개 변수 ρ는 조건 표준편차 σ_{2t}로 평가하며 관측 가능한 예기 리스크 변동이 Y_t에 영향을 주는 정도로서 리스크와 수익 간 일종의 권형을 대표한다. 만약 조건 표준편차가 $\sigma_{2t} = \alpha_0 + \alpha(L)u_{2t} + \beta(L)\sigma_{2t}$ 의 형태와 비슷할 경우 조건

표준 편차 방정식은 다음과 같이 쓸 수 있다.

$$\sigma_{2t} = \alpha_0 + \alpha_1 u_{2t-1} + \alpha_2 u_{2t-2} + \cdots + \alpha_p u_{2t-p} + \beta_1 \sigma_{2t-1} + \beta_2 \sigma_{2t-2} + \cdots + \beta_q \sigma_{2t-q}$$

(7-3)

이때:

$$Y_t = a_0 + \rho g(\sigma_t) + \varepsilon_t$$

(7-4)

GARCH-M모델의 의미는 GARCH가 가늠하는 시간에 따라 변화하는 리스크를 수익 평균치 방정식에 리스크 프리미엄을 도입한 모델에까지 확장시켜 이로써 금융시장에서 '높은 수익에 큰 리스크가 따르는' 현상을 서술하는 것이다. (7-4) 공식 중의 매개 변수 ρ는 리스크 프리미엄계수로서 GARCH-M모델 중점 관찰 대상이다. ρ는 조건 표준편차 σ_t와 관련되는 리스크함수 $g(\sigma_t)$로 평가하며 예기 리스크 변동이 자산 수익률 Y_t에 영향을 주는 정도를 나타내며, 즉 리스크와 수익 간 권형의 일종이다. 만약 모델이 추정해낸 $\rho>0$이면 그 나라 환율에 GARCH-M 효과가 존재한다는 사실을 반영한다. 즉 이때 그 통화 환율에 '큰 리스크에 높은 수익이 따르는' 리스크 프리미엄 효과가 존재한다는 사실을 설명한다.

자본시장에서는 자산가격의 하락이 자산가격의 상승보다 더 큰 변동을 부르는 경우가 흔히 존재한다. 그러한 현상을 설명하기 위해 엥겔 등은 좋은 소식과 나쁜 소식의 비대칭 정보곡선을 제작했으며 비대칭효과가 자본시장에 충격을 준다는 사실을 발견했다. 이런 비대칭효과가 존재함으로 인해 변동 폭이 시장 가격 하락에 대한 반응이 시장 가격 상승에 대한 반응보다 더 빠르게 나타났다. 그래서 이를 '지렛대효과'라고 부른다. 넬슨 (Nelson, 1991)의 EGARCH모델이 바로 이런 사상을 기반으로 제기된 것이다. EGARCH의 조건 표준편차 방정식에서 분석한 것은 σ_{2t}이 아니라 $ln(\sigma_{2t})$이다. 그리고 평균치 방정식의 간섭항 및 그 절대치와 간섭항 간의 표준 차의 비율을 각각 이용해 플러스 마이너스 충격이 변동성에 가져다주는 비대칭영향을 포착했다. EGARCH모델의 구체적 형태는 다음과 같다.

$$Y_t = \beta_1 X_t + \varepsilon_t$$

(7-5)

$$\log(\sigma_{2t}) = \alpha_0 + \alpha_1 \mid \varepsilon_{t-1}/\sigma_{t-1} \mid + \gamma\varepsilon_{t-1}/\sigma_{t-1} + \beta_1\log(\sigma_{2t-1})$$

(7-6)

(7-6)공식의 좌측은 조건 표준편차의 로그이다. 이는 지렛대의 영향은 2차적이 아니라 지수적인 것이어서 조건 표준편자의 예측치는 반드시 마이너스 값이 될 수 없음을 의미한다. 지렛대효과의 존재 여부는 $\gamma<0$이라는 설정에 대한 검증을 통해 판단할 수 있다. γ의 값이 0이 아니기만 하면 충격의 영향에는 비대칭성이 존재한다. (7-6) 공식에서 매개 변수 γ는 지렛대효과 계수로서 EGARCH모델의 중점 관찰 대상이다. 만약 추정 결과가 $\gamma<0$이면 그 나라 환율의 변동에 지렛대효과가 존재함을 나타낸다. 즉 그 나라 환율은 마이너스 수익이 나타났을 때 플러스 수익이 나타났을 때보다 더 큰 변동현상이 일어날 수 있

다. 이는 그 나라 외환시장이 플러스 마이너스 수익의 충격 영향에 대해 비대칭성이 존재함을 의미한다.

본 장절에서는 위안화·달러화·파운드화·엔화·유로화와 특별인출권(SDR) 도일 환율(日度兌換率)을 샘플로 삼아 1단위 본위화폐로 태환할 수 있는 SDR의 수량을 표시했다. 예를 들어 1USD=0.651SDR. 샘플 수량과 데이터의 연관성을 보장하기 위해 우리는 2006년 1월 1일부터 2011년 12월 30일까지의 데이터 샘플을 취해 여러 통화 환율의 변동성을 분석했다. 당일 장 마감 시각의 환율 중간가격으로 구성된 시간 서열 p_t 변수의 로그를 취해 $r_t = \ln(p_t/p_{t-1})$ 로 표시한다. 그리고 한 걸음 더 나아가 모델을 $r_t = \ln p_t - \ln p_{t-1}$ 로 변환시킨다. 그중 p_t 는 당일 환율의 중간가격이고 r_t 는 본위화폐/SDR의 환율 수익률이다.

수치의 안정성을 기반으로 여러 통화의 GARCH(1,1)모델 회귀결과는 표 7-10에 표시한 것과 같다.

[표 7-10] 환율변동 GARCH모델 회귀결과

통화	GARCH(1,1) 회귀결과
위안화 (r_{tr})	$r_{tr} = -0.0498\, r_{r,t-1}$ ／ $\sigma_t^2 = 3.988 + 0.0398\varepsilon_{t-1}^2 + 0.958\sigma_{t-1}^2$ (-1.95) ／ (2.464) ／ (10.997) ／ (283.3) $[0.0512]$ ／ $[0.013]$ ／ $[0.000]$ ／ $[0.000]$
달러화 (r_{tu})	$r_{tu} = 0.051\, r_{u,t-1}$ ／ $\sigma_t^2 = 2.41 + 0.034\varepsilon_{t-1}^2 + 0.965\sigma_{t-1}^2$ (1.823) ／ (2.464) ／ (10.997) ／ (225.089) $[0.0508]$ ／ $[0.0683]$ ／ $[0.000]$ ／ $[0.000]$
유로화 (r_{te})	$r_{te} = -0.0567\, r_{e,t-1}$ ／ $\sigma_t^2 = 6.041 + 0.0494\varepsilon_{t-1}^2 + 0.958\sigma_{t-1}^2$ (-2.142) ／ (2.464) ／ (6.435) ／ (120.53) $[0.0322]$ ／ $[0.0688]$ ／ $[0.000]$ ／ $[0.000]$

엔화 (r_{tj})	$r_{tj} = -0.1167r_{j,t-1} - 0.061r_{j,t-2}$ $\quad\quad(-4.191)\quad\quad(-2.237)$ $\quad\quad[0.000]\quad\quad[0.0253]$ $\sigma_t^2 = 1.68 + 0.114\varepsilon_{t-1}^2 + 0.857\sigma_{t-1}^2$ $\quad\quad(5.506)\quad\quad(8.401)\quad\quad(51.825)$ $\quad\quad[0.000]\quad\quad[0.000]\quad\quad[0.000]$	
파운드화 (r_{ts})	$r_{ts} = 0.0521r_{s,t-1} - 0.051r_{s,t-2}$ $\quad\quad(1.997)\quad\quad(-1.925)$ $\quad\quad[0.0458]\quad\quad[0.0543]$ $\sigma_t^2 = 1.18 + 0.114\varepsilon_{t-1}^2 + 0.857\sigma_{t-1}^2$ $\quad\quad(2.938)\quad\quad(7.767)\quad\quad(135.36)$ $\quad\quad[0.003]\quad\quad[0.000]\quad\quad[0.000]$	

※주: () 안의 수치는 T통계량이고, [] 안의 수는 P값임.

GARCH(1,1)모델을 응용해 회귀방정식에서 존재하는 이분산성을 배제한 뒤 GARCH-M모델과 EGARCH모델을 응용해 여러 나라 통화 환율의 리스크 프리미엄효과와 지렛대효과에 대해 고찰을 진행했다.(표 7-11)

[표 7-1] 여러 통화 환율 변동성의 실증 분석 결과

통화	GARCH-M	EGARCH
위안화 (r_{tr})	$\rho = 0.0493 > 0$ z-Stat.=1.8358 P=0.0664 뚜렷함 리스크 프리미엄 존재함	$\gamma = -0.0135 < 0$ z-Stat.=-2.4068 P=0.0626 뚜렷함 지렛대효과 존재함
달러화 (r_{tu})	$\rho = -0.0209 < 0$ z-Stat.=-0.820 P=0.0664 뚜렷하지 않음 리스크 프리미엄 존재하지 않음	$\gamma = -0.0098 < 0$ z-Stat.=-1.3588 P=0.174 뚜렷하지 않음 지렛대효과가 뚜렷하지 않음
유로화	$\rho = 0.00234 > 0$	$\gamma = -0.0147 < 0$ z-Stat.=-1.7745

(r_{te})	z -Stat.=0.4572 P=0.364 뚜렷하지 않음 리스크 프리미엄이 뚜렷하지 않음	P=0.076 뚜렷함 지렛대효과 존재함
엔화 (r_{tj})	ρ =0.0109 > 0 z -Stat.=0.3453 P=0.648 뚜렷하지 않음 리스크 프리미엄이 뚜렷하지 않음	γ =0.1289 > 0 z -Stat.=8.7729 P=0.000 뚜렷함 지렛대효과 존재하지 않음
파운드화 (r_{ts})	ρ =-0.0089 < 0 z -Stat.=-0.820 P=0.730 뚜렷하지 않음 리스크 프리미엄이 존재하지 않음	γ =0.1052 > 0 z -Stat.=7.2317 P=0.000 뚜렷함 지렛대효과 존재하지 않음

표 7-11을 통해 알 수 있듯이 위안화는 리스크 프리미엄효과도 존재하는 동시에 지렛대효과도 존재하고, 유로화는 지렛대효과만 존재하며, 기타 통화는 지렛대효과와 리스크 프리미엄효과가 모두 존재하지 않는다. 이는 위안화의 환율 수익률이 그 리스크와 정비례하며 리스크가 클수록 예기 수익이 높다는 사실을 표명한다. 한편 위안화 환율 수익률 하락이 상승보다 더 큰 파동을 가져다주기 때문에 충격이 비대칭성을 띤다.

2005년 7월 환율개혁을 실행해서부터 위안화환율이 전반적으로 평가 절상 추세가 나타났다. 환율 변동의 각도에서 보면 위안화환율의 지나치게 높은 리스크 프리미엄효과와 지렛대효과는 위안화지역 창설 과정에서 마땅히 중시해야 할 문제이다.

제2절 위안화지역 창설의 외부 제약 요소

1. 달러화의 패권 지위 여전

(1) 국제통화의 역사 관성은 지속시간이 길다

국제통화는 네트워크 외부성(Network Externality)을 띤다. 각국 정부와 주민은 현재 사용 범위가 가장 넓은 국제통화를 선택하는 경향이 있다. 기존의 국제통화에서 다른 한 새로운 국제통화로 전환할 경우에는 지불 전환 비용이 발생하는 외에도 네트워크 외부성에 따르는 불확정 요소가 증가하게 된다. 만약 대다수 정부의 공공부문과 개인 부문이 새로운 국제통화에 대한 사용과 보유를 원하지 않을 경우 새로운 국제통화는 네트워크 외부성을 형성할 수 없으며 그 사용자와 보유자는 더 많은 비용을 지불해야 한다.369) 국제통화가 띤 네트워크 외부성으로 인해 사람들은 현행의 널리 유통되는 국제통화의 사용을 더 원하게 되므로 국제통화 사용의 역사 관성(혹은 '타성'이라고 부름, Inertia)이 형성된다. 국제통화의 역사 관성을 타파하려면 당면 국제통화에 충분한 외부 충격을 가해야만 국제통화의 상대적 지위의 전환을 실현할 가능성이 있다. 그렇기 때문에 한 나라 통화가 국제통화의 지위를 잃게 하려면 아주 긴 시간 동안의 축적 과정을 거쳐 점차 변화해 어느 한 관건점에 이른 뒤에야 비로소 국제환구조의 '돌변'을 일으켜 국제통화 전환의 '전복'현상이 나타날 수 있다.370)

친과 프랑켈(Chinn과 Frankel, 2005)371)은 1973~1998년 세계 외환

369) Arellano, M., & S.Bond, 'Monte Carlo Evidenceand an Application to Employment Equation', *The Review of Economic Studies* , Vol.58, 1991, pp.277~297.

370) 쑹샤오링(宋曉玲) : 「위안화 국제화의 역사 관성 시각에 근거한 실증 분석」, 『상하이금융』 2010년 10기.

371) Chinn,M., & J.Frankel, 'Will the Euro Eventually Surpass the Dollar as Leading International Reserve Currency?'NBER Working Parpers, No.11510, 2005.

보유고 비중과 통화 선택의 결정적 요소의 시간 수치를 이용해 세계 외환보유고 비중을 종속 변수로 하고 통화 선택의 결정적 요소를 독립변수로 하는 회귀 모델을 창설해 한 기 지행 독립 회귀 변수 0.85~0.95를 계산해냈다. 회귀변수가 유의성 검증에 통화됨으로써 외환보유고 구조가 막강한 관성을 띤다는 사실을 표명한다. 엘리아스 파파이오아누와 리처드 포르테스(Elias Papaioannou와 Richard Portes, 2006)[372])는 정부가 외환보유고 선택에서 막강한 관성을 나타낸다면서 달러화가 과거 50여 년간 줄곧 주도적 지위를 차지했고 파운드화는 거의 전반 19세기에 줄곧 주도 통화였다고 주장했다. 마르크 플랑드로와 클레멘스 잡스트(Marc Flandreau와 Clemens Jobst, 2009)[373])는 19세기 후기 파운드화가 세계 주도 통화로 된 후의 역사 수치를 응용해 통화 선택의 미시적 경제 분석 모델을 구성했다. 그들은 국제통화 선택에 역사적 관성이 존재하는 것은 확실하지만 국제통화체제의 변화 발전과정은 단순하게 경로의 의존과 고정효과의 영향만 받는 것이 아니며 규모 요소가 최종 중요한 역할을 한다는 사실을 발견했다.

제2차 세계대전이 끝난 뒤 파운드화는 비록 국제통화 패주의 지위를 잃었지만 20세기 후기에 통화 평가절상과 국제지위가 상승하는 현상이 나타났다. 파운드화 보유국은 시스템의 외부성의 존재로 인해 보유 동기가 생긴 것이 아니라 주로 국민

372) Papaioannou, E., & R.Portes, 'Optinaml Currency Share in International Reserves: The Impact of the Euro and the Prospects for the Dollar', European Central Bank, Working paper Series, No. 694.

373) Marc Flandreau, Clemens Jobst, 'The Empirics of International Currencies: Network Externalities, History and Persistence', The Economic Journal, Vol. 119, No. 537. April 2009, pp.643~644.

재부 소유자 및 그 식민지의 충성심 때문이다.(배리 아이켄그린)[374] 국제 정치경제지위의 반복적인 작용을 거쳐 특히 유로화지역이 탄생되면서 파운드화는 비로소 최종 유로화에게 자리를 양보하게 되어 국제통화체제 내 주도적 지위에서 밀려났으며 달러화와 유로화 2대 서로 겨루는 국제통화만 남게 되었다.

(2) 달러화가 여전히 현재 국제통화시스템에서 절대적 우세를 차지한다

1973년 브레튼우즈체제가 무너진 뒤 국제경제에서 달러화의 영향력이 다소 약화되었다. 특히 2008년 금융위기에 따른 일련의 연쇄반응으로 인해 달러화의 국제 신용이 크게 떨어져 달러화가 주도하는 국제통화체제가 격렬하게 흔들렸으며 달러화의 본위도 널리 질의를 받았다. 그 뒤 주요 신흥 경제체가 본위화폐의 국제화를 가속 추진했다. 즉 러시아가 자본계정의 전면 개방을 선포하고 모스크바를 국제금융 중심으로 건설하고자 적극 기획했으며, 브라질과 아르헨티나가 무역 본위화폐결제협정을 체결하고 '탈(脫)달러화' 과정을 적극 추진했으며, 중국은 더욱 이왕의 소극적인 태도를 바꿔 일련의 실질적인 조치를 출범시켜 위안화의 국제화를 추진했다.

비록 위안화를 위수로 하는 신흥 경제체 통화의 국제 지위가 다소 올라가 어느 정도에서 달러화의 국제중심통화지위에 도전장을 내밀긴 했지만 아시아와 유럽 각국 자체가 대량의 달러화 자산을 보유하고 있었으며 금융위기 기간에 달러화 환율이 오히

---

374) Eichengreen.B.,& A.Caimcross,*Sterling in Dedine: The Devaluations of 1931, 1949 and 1967*, Second Edition, Palgrave Macmillan, 2003.

려 다소 오르기까지 해 대다수 국가는 리스크를 피하고 가치를 보유하는 효과적인 수단이 여전히 달러화라고 보고 있었다. 그래서 달러화가 여러 차례 위기를 겪었지만 세계적으로 그 어느 통화나 통화연합이건 아직 달러화를 대체할 수는 없으며 현재 달러화 자산은 여전히 가장 안전한 외환자산으로 간주되고 있으며 달러화 본위제는 여전히 근본적으로 흔들리지 않고 있다.

1. 국제무역 가격표시 방면에서 달러화가 여전히 절대적 우세를 차지한다

세계 국제무역 결제통화 중에서 달러화가 절대적 점유율을 차지했다. 지역경제무역 연계가 더 밀접한 자유무역구 내일지라도 대부분 국가 간에는 여전히 달러화를 주요 결제통화로 선택하고 있다. 표 7-12에서 알 수 있듯이 유럽 각국의 국제무역은 대다수가 유로화로 결제를 진행하고 있지만 달러화도 일정한 비중을 차지한다. 달러화는 아태지역의 국제무역 결제에서 절대적 우세 지위를 차지한다. 엔화가 일정한 정도에서 국제화를 실현하긴 했지만 달러화가 여전히 주도적 지위를 차지한다.

[표 7-12] 2004년 세계무역 결제통화 비중

(단위: %)

	수출				수입			
	유로화	달러화	파운드화	엔화	유로화	달러화	파운드화	엔화
유럽	53.7	27.9	6.1	—	49.5	37.5	4.1	—
아태지역	7.9	64.8	—	19.3	5.5	70.3	—	12
독일	61.1	24.1	—	—	52.8	35.9	—	—
프랑스	52.7	33.6	—	—	45.3	46.9	—	—

영국	21	26	51	—	27	37	33	—
네덜란드	52	35.2	—	—	48	43.8	—	—
이탈리아	59.7		—	—	44.5		—	—
벨기에	57.7	29.6	—	—	55.5	35.1	—	—
일본	9.6	48	—	38.4	4.5	68.7	—	24.6
한국	7.6	84.6	—	—	6.1	78.3	—	—
인도네시아	1.2	93.6	—	—	5.7	82.5	—	—
말레이시아	—	90	—	—	—	—	—	—
오스트레 일리아	1.4	67.5	9.4	47.9	—	—	—	—
태국	2.7	84.4	—	—	4.3	76	—	—
미국	—	—	—	—	2	90.3	—	—
캐나다	—	70	—	—	—	—	—	—

※자료출처: Kamps,A., 'The Euro as Invoicing Curreney in International Trade', ECB Working paper, No. 665, Aug. 2006

오늘날까지 달러화는 여전히 국제적으로 중요한 실물자산과 연결되어 있다. 브레튼우즈체제 하에 달러화는 황금과 직접 연결되었었고, 브레튼우즈체제가 무너진 뒤 달러화는 현재 중요한 전략적 준비자원의 가격표시단위로 되는데 성공했다. 이로 인해 달러화는 국제통화 권력 쟁탈전에서 감제고지를 차지했다. 위안화가 달러화와 유로화의 국제지위에 도전한다는 것은 결코 쉬운 일이 아니다.

2. 국제준비통화에서 달러화의 우세 지위는 장기간 상대적으로 안정되었다

많은 나라에 있어서 달러화는 여전히 가장 중요한 국제준비자산이다. 그 원인은 미국이 당면 세계에서 가장 강대한 경제체로서 국제시장의 확신이 여전히 막강한 것, 국제통화준비체제개혁은 어려움이 너무 커 각국은 현 상태를 유지하는 수밖에 없다는 것, 현재까지는 달러화에 맞설 수 있는 준비통화가 나다나지 않아 달러화 사용이 여전히 최선의 선택이라는 것 등이다.

유로화가 탄생된 후 비록 각국 외환보유고 중 달러화 비중이 다소 하락하긴 했지만 여전히 세계 보유고 총액의 3분의 1 비중을 줄곧 유지하고 있으며 게다가 그 비중은 유로화의 비중을 훨씬 초과했다. 2009년 달러화의 세계 보유 비중이 역사 최저수준으로 떨어졌을 때에도 여전히 유로화 비중의 2배에 달했다. 2008년 금융위기 기간에 달러화 평가 절하 현상이 나타난 상황에서도 중국을 포함한 외환보유 대국들은 미국 국채를 위주로 하는 대량의 달러화자산의 보유를 꾸준히 늘렸다. 이는 달러화의 강력한 대외 영향력과 통제력을 충분히 설명해준다.

한편 세계 외환거래시장에서도 달러화는 독보적인 존재이다. 국제 보유고 구성과 마찬가지로 비록 유로화 등 주요 통화의 거래량이 다소 상승하긴 했지만 여전히 달러화 거래량의 절반 수준에도 못 미친다. 표 7-13과 표 7-14에서 알 수 있듯이 달러화는 세계 외환시장에서 절대적 우세지위를 차지하며 세계 외환시장거래량의 절반을 차지한다. 국제채권시장잔고 구성 비중은 비록 그처럼 높지 않고 게다가 매년 점차 줄어드는 추세를 보이고 있지만 여전히 우세지위를 차지했다. 2010년 위안화의 외환시장 거래 비중은 1%(표 7-13)에 접근했지만 이는 중국의 경제발전 속도 및 규모와 지극히 어울리지 않는 수준이다.

이 책 4장에서 소개한 바와 같이 필리핀·벨로루시·말레이시아·한국·캄보디아·나이지리아·러시아·베네수엘라 등 국가들은 위안화를 준비통화체제에 이미 포함시켰거나 혹은 포함시키려고 생각 중이다. 비록 세계 기타 국가와 지역이 위안화와의 협력을 갈수록 중시하고 있지만 필경은 중국과 무역투자왕래가 밀접한 소수의 국가(지역)만 위안화를 자국 외환보유 통화체제에 포함시켰을 뿐이다. 선진국이 위안화에 대한 중시도는 더욱 제한적이다. 2011년 연말 중-일 양국이 달성한 공동 인식에 따르면 만약 일본이 최고로 100억 달러 규모의 중국 국채를 구입할 경우 위안화를 외환보유고통화에 포함시킨 최초의 선진국이 될 수 있다. 2012년 6월 1일, 중국과 일본이 위안화와 엔화의 직거래를 정식으로 가동했다. 그러나 그럼에도 불구하고 중국 국채가 일본 외환보유고 총액 중에서 차지하는 비중은 겨우 0.77% 밖에 안 되었다. 세계 제2위의 외환보유국과 중국의 세 번째 무역파트너국가인 일본이 보유한 외환보유고 총액은 약 1조 3천억 달러로서 여전히 70%가 넘는 달러화자산을 보유했다. 위안화가 국제준비통화로 되는 길은 멀고도 험난하다.

[표 7-13] 일부 통화의 세계 외환시장 거래액 구성

(단위: %)

통화 \ 연도	2001	2004	2007	2010
달러화	89.9	88.0	85.6	84.9
유로화	37.9	37.4	37.0	39.1
엔화	23.5	20.8	17.2	19.0
파운드화	13.0	16.5	14.9	12.9
스위스프랑화	6.0	6.0	6.5	6.4
한화	0.8	1.1	1.2	1.5

싱가포르달러화	1.1	0.9	1.2	1.5
위안화	0.0	0.1	0.5	0.9
대만달러화	0.3	0.4	0.4	0.5
인도루피화	0.2	0.3	0.7	0.9
러시아루블화	0.3	0.6	0.7	0.9
말레이시아링기트화	0.1	0.1	0.1	0.3
태국타이밧화	0.2	0.2	0.2	0.2
필리핀페소화	0.0	0.0	0.1	0.2
인도네시아루피아화	0.0	0.1	0.1	0.2

※주 : 매 한 건의 거래가 두 개의 국가와 관련이 되기 때문에 통화 거래액 비중은 2배로 계산되었다.
※자료출처: BIS, Report on Global Foreign Exchange Market Activity in 2010.

[표 7-14] 1999~2008년 국제 채권 잔고의 통화 구성

(단위: %)

연도 통화	1999	2000	2001	2002	2003	2004	2005	2006	2007	2008
달러화	41.5	41.2	41.3	41.2	40.2	39.6	39.3	39.5	39.5	39.8
유로화	26.5	27.4	27.7	27.9	28.0	28.0	28.1	28.3	28.4	29.5
엔화	19.1	19.1	19.0	18.6	18.5	18.1	17.8	16.4	14.8	14.2
기타	12.9	12.3	11.8	12.3	13.3	14.3	14.8	15.8	17.3	16.6

※자료출처: ECB, http://www.ecb.int/stats.

3. 달러화가 여전히 '통화의 축(닻 锚)' 역할을 발휘한다

기존의 자메이카체제는 어이없게도 '체제가 없는 체제'로 불린다. 이 체제는 비록 변동환율제의 합법성을 인정해 각국의 자유로운 환율제도의 실현을 허용하지만 실제로 이 체제는 여전

히 달러화가 관건 통화가 되고 미국이 실제 주도 세력이 된 독점적인 시장체제이다.

　1990년대 후 라틴아메리카지역·동남아지역 금융위기가 발생함에 따라 원래 변동환율제를 실행하던 경제체들이 잇따라 자본관제를 강화하면서 자국 통화를 다시 달러화에 고정시키기 시작해 달러화를 환율변동중심으로 하는 국가가 꾸준히 늘어났다. 자본관제를 실행하지 않은 상황에서 자본 이동의 급격한 변동은 통화의 명목환율에 아주 쉽게 영향을 끼칠 수 있다. 그리고 명목환율의 변동은 또 일련의 가격전도체제를 통해 그 나라의 실제 환율 수준에 영향을 주게 된다. 달러화가 국제무역 가격표시권을 주도하는 상황에서 자국 통화를 달러화에 고정시키는 것은 그 나라 가격수준을 안정시키는데 도움이 된다. 그래서 동아시아 여러 신흥 경제체들은 더욱 달러화에 고정시킨 외환제도를 실행해 자국 가격수준을 안정시키는 경향이 있다. 그래프 7-7을 보면 1960~2011년 기간 동아시아 경제체 통화의 달러화 대비 환율 변동이 상대적으로 비교적 작음을 알 수 있다. 홍콩 금융관리국은 연계환율제도(페그제)를 실행해 통화발행량을 홍콩이 보유한 외환보유고와 직접 연결시켰다. 그 외환보유고는 주로 달러화자산이다. 싱가포르달러화·말레이시아링기트화·위안화는 장기적으로 달러화 대비 환율의 안정을 유지해오고 있으며 그 변동 폭이 아주 작다. 달러화는 동아시아 신흥 경제체에서 '통화의 축' 역할을 발휘하고 있다.

　아시아 신흥 경제체의 통화 자본시장체제가 아직 미비해 효과적인 리스크 헤징수단의 결핍으로 환율의 헤지를 실현하지 못했고, 국내 투자에서 통화 환율 불균형(currency misalignment)

혹은 기한 불균형의 상황이 흔히 나타나고 있으며, 자국 통화
도 해외 대출 심지어 국내 장기 대출에 사용할 수 없어 '원죄'
현상이 나타나곤 한다. 그래서 리스크 예방 차원에서 출발해
수출주도형 신흥경제국들은 비공식 헤지 체제를 통해 환율의
중단기 안정을 유지하고 본위화폐를 달러화에 고정시켜 환율
의 대폭적인 변동을 방지하는 쪽으로 치우치고 있다.

2008년 글로벌 금융위기로 인해 미국 경제가 엄청난 타격을 입
었지만 세계 최대 경제국으로서 미국은 여전히 세계 총생산액의
4분의 1 비중을 차지하고 있으며 이는 중국 GDP의 2배에 달하는
수준이다. 국제통화의 관성으로 인해 국제통화체제에서 달러화의
패주 지위가 단시일 내에는 쉽게 흔들리지 않을 것이며 달러화는
앞으로 상당히 긴 시간 동안 여전히 주도적 지위를 차지할 것이
다. 중국이 달러화의 통화 관성을 무너뜨리고 점차 위안화의 통화
관성을 수립하려면 비교적 큰 저애를 극복해야 한다.

[그래프 7-7] 1960~2013년 아시아 주요 통화와 달러화 간
환율의 시간 추이

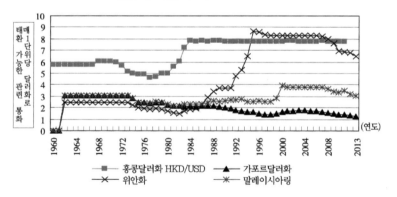

※자료출처: IMF 사이트와 중국 홍콩금융관리국.

2. 동아시아 국제정치경제환경이 복잡하다

동아시아·동남아지역은 지리적으로 특별한 전략적 위치에 처해 있어 역대로 전술가들이 서로 다투어 쟁탈하는 곳이 되었다. 동남아국가 간에는 역사적으로 남아내려 온 영토주권분쟁·종교문화충돌이 존재할 뿐 아니라 동남아 역시 미국 등의 대국이 글로벌 이익을 쟁탈하는 전략적 배치의 요충지이기도 하다. 동남아 각국이 중국의 고속 발전을 두고 크게 우려하고 있는 상황이어서 '중국위협론'은 동남아에서 아주 큰 시장을 갖추었다. 정치적으로 고려하고 경제적 이익을 따져본 중국 주변의 국가와 지역은 위안화지역 창설에 조심스럽고 신중한 태도를 취했다.

(1) 중국 주변 경제체와 중국 간 정치적 상호 신뢰가 부족하다

제2차 세계대전이 끝난 뒤 세계에는 미국을 위수로 하는 자본주의 진영과 소련을 위수로 하는 사회주의 진영이 아주 빠르게 형성되었다. 미국은 소련을 비롯한 공산주의 국가를 상대로 억제전략을 실시했는데 많은 동남아국가가 미국 편에 서서 중국을 고립시켰다. 냉전이 끝난 뒤 미국이 아태지역에서 '패권관리전략'을 펴면서 아태지역 정치의 긴장 국면을 악화시켰다. 소련이 해체된 후 러시아의 경제실력이 대폭 약화되었으나 군사실력은 여전히 존재했다. 2008년 금융위기를 겪은 뒤 오바마 정부의 일련의 대 아시아 행동 중에는 이른바 '미국의 동남아 복귀'현상이 나타났다. 미국과 러시아를 제외하고 일본도 'FTA/EPA 전략'의 제정을 통해 중국을 제약하려는 목적을 달성하려는 의도를 내비쳤다. 이들 대국의 요소들이 중국과 동아시아 각국의 관계에 구체적이고 장기적인 영향을 주고 있다. 동남아 '대국 평형’의 외교 전략으로 인해 이 지역은 경제·군사·안보 영역에서 미국과 일본 등 선진 경제체에 대한 의존도가 아주 높으며 중국과 주변 경제체의 정치 환경 또한 더 많은 불확정 요소에 직면하게 되었다. 비록 최근 몇 년간 중국과 주변 국가 및 지역 간에 상당한 정치성과를 거두긴 했지만 민감한 문제에서는 여전히 폭넓은 공동 인식을 달성하기 어려웠다.

첫째, 정치제도 면에서 보면 베트남을 제외하고 중국은 아시아 기타 경제체와 국체(국가의 성질)·정체(국가 정권의 조직형태)에서 본질적인 차이가 존재한다. 같은 사회주의 국가 혹은 자본주의 국가라 할지라도 각기 다른 역사 발전과정에서 각기 다른 발전의 길을 점차 형성하게 된다. 예를 들어 사회주의 국가체제 중에서 중국은 개혁개방 과정에 점차 중국 특색의 사회주의 길을 형성했고, 베트남은 1990년대에 이르러서야 비로소 혁신 개방정책을 실행하기 시작했으며 발전 패턴도 중국과 비교적 큰 차이가 존재한다. 자본주의 국가체제에서 인도네시아는 독재자가 정치무대에서 내려간 후 사회질서가 붕괴되고 민족이 분열되는 조짐이 나타났으며 정치와 사회기반이 아주 큰 충격을 받았다. 한편 태국과 필리핀은 헌법과 선거절차에 대한 수정과 제정을 통해 정권교체를 순조롭게 완성했다. 발전패턴과 발전의 길 선택이 다양함으로 인해 비록 다년간 대다수 국가가 서로 차이를 극복하고 공존의 길을 모색해오고 있지만 일부 관건적인 개혁 영역에서는 여전히 비교적 큰 분기가 존재하며 의견 일치를 달성하기가 어렵다.

둘째, 중국과 일부 국가 사이에 영토·영해·국가안보 등 핵심 이익 면에서 충돌과 분쟁이 존재한다. 중국의 국가 주권과 영토의 완전성 수호 의식이 증강됨에 따라, 더욱이 일부 국가들이 역사 사실을 무시하고 중국 영토 주권의 완전성을 고의로 파괴함으로 인해 중국과 주변 국가 사이에 영토·영해 주권 문제에서의 모순도 더욱 첨예해졌다. 대만문제는 줄곧 중-미 양국 관계에 영향을 주는 가장 민감한 문제이다. 미국은 중-미 '세 가지 공동 성명'의 승낙을 거듭 어겼으며 또 중국의 강렬한 반대에도 불구하고 대만지역에 여러 가지 선진적인 무기장비를 판매함으로써 대만을 이용해 중국 경제발전을 견제하고 태평양에 자국의 군사 전략 진지를 배치하는데 편리를 도모하고자 꾀하고 있다. 중국과 일본 간 댜오위다오(釣魚島) 문제·중국과 동남아 일부 국가 간의 난사(南沙)군도 문제 등도 얼기설기 복잡하게 엉켰으며 단시일 내에 해결하기가 어렵다. 2012년 필리핀이 중국 황옌다오(黃岩島) 주권에 도발한 것은 바로 그 지역 긴장한 국면의 축소판이라 할 수 있다. 그밖에도 조선의 핵문제 해결에 목적을 둔 6자 회담은 이익 조율이 어려워질 경우 수시로 난국에 빠질 가능성이 존재한다. 이러한 정치 문제는 동아시아 여러 국가(지역)의 핵심이익과 연결되어 만약 타당하게 처리하지 못할 경우 위안화지역의 창설에 직접적인 영향을 주게 된다.

먼델은 '최강의 통화는 최강의 정치실력이 제공하며 이는 역사전통이 있는 사실이다.'라고 주장한 바 있다. 통화지역을 성공적으로 창설함에 있어서 지역 내의 정치 안정과 정치적 신뢰는 빠질 수 없는 전제조건이다. 어지러운 정치 환경은 지역 경제의 발전을 심각하게 파괴하게 되며 나아가서 통화 가치의 안정에 영향을 주어 통화지역도 매우 위험하게 된다.

(2) 동아시아 경제체는 중국을 막강한 경제 경쟁상대로 간주한다

경제적 방면에서 보면 중국과 주변 대다수 국가 및 지역은 경제발전구조가 비교적 비슷하다. 특히 노동밀집산업과 수출의 존산업이 서로 간에 뚜렷한 경쟁관계가 형성되기 쉽다. 따라서 이들 국가는 중국의 통화협력정책에 대해 왕왕 의심하는 태도를 취하곤 한다.

[표 7-15] 주요 선진국이 아세안과 중국 수출입무역에서 차지하는 비중

(단위: %)

연도	유럽연합 수출입에서 차지하는 비중			중국 수출입에서 차지하는 비중		
	미국	유럽연합	일본	미국	유럽연합	일본
1998	20.1	14.5	14.1	17.0	15.1	17.9
2000	16.1	13.5	15.3	15.7	14.6	17.5
2003	14.3	12.3	13.8	14.8	14.7	15.7
2007	11.1	11.6	10.7	13.9	16.4	10.9
2009	9.7	11.2	10.5	13.5	16.5	10.4
2011	8.3	9.8	11.4	12.3	15.6	9.4

※자료출처: ASEAN Community in Figures 2012, 14쪽; 중국경제망 데이터뱅크.

중국과 아세안 국가 사이의 시장경쟁은 주로 양자 간 경내 시장에 존재하는 것이 아니라 제3자의 시장에 대한 쟁탈이며 특히 유럽·미국·일본 등 선진국 시장에 대한 쟁탈이다. 표 7-15를 보면 중국 수출입 분야에서 차지하는 미국의 비중은 1998~2003년 기간에 아세안보다 낮았는데 2003년 후에 이르러서는 중국과 미국의 무역관계가 꾸준히 밀접해졌다. 중국과 유

럽연합의 무역규모가 꾸준히 늘어 중국 수출입에서 미국의 비중이 1998년의 15.1%에서 2009년의 16.5%로 늘었다가 2011년에 15.6%로 소폭 하락했다. 이에 비해 같은 시기 유럽연합이 아세안 수출입 분야에서 차지하는 비중은 꾸준히 하락했다. 중국 대외무역량의 기준수가 큰 것을 고려할 경우 중국과 구미 간 무역의 절대금액이 더 커지며 아세안의 상응한 수치는 더 줄어들게 된다. 적잖은 아세안 국가들이 중국을 자국 시장의 약탈자로 보고 중국의 발전을 크게 경계하고 있기 때문에 자연히 위안화 지역을 쉽게 받아들일 리 없다.

중국과 아세안 경제는 모두 노동 비용이 낮고 기술수준이 낮으며 자본이 결핍한 특징을 띤다. 이는 양자 모두 국제 분업 중에서 노동밀집 제품과 자원 밀집 제품 생산을 위주로 해야 하는 상황을 결정지었다. 이들 제품의 동질성과 경쟁성이 중국과 아세안국가 간의 경쟁관계를 악화시켰다. 표 7-16은 라일(Lall, 2000)[375] · 양루다이(楊汝岱)와 주스어(朱詩娥)(2008)[376]의 국제무역제품 품질등급에 대한 연구 성과를 기반으로 계산해낸 중국과 아세안의 10개 제품 품질 등급 아래 수출입무역 상황이다.[377]

---

375) Lall, Sanjaya, 'The Technological Structure and Performance of Developing Country Manufactured Exports 1985~1998', *Oxford Development Studies*, Vol. 28, No. 3, 2000, pp.337~369.

376) 양루다이(楊汝岱) · 주스어(朱詩娥) :「중국 대외무역구조와 경쟁력 연구: 1978~2006」, 『재정무역경제(財貿經濟)』 2008년 제2기.

377) Lall(2000) · 양루다이 · 주스어(2007, 2008) 등 학자가 SITC 세자릿수에 따라 분류한 200여 종의 상품을 자원밀집형 제품(PP) · 노동밀집형 제품(LT) · 자본밀집형 제품(MT) · 기술밀집형 제품(HT) 4대류로 분류하고 또 이를 토대로 또 다음과 같은 10개 유형으로 각각 세분했다. 그 10개 유형은 각각 초급 제품(PP) · 농업가공제품(RB1) · 기타 자원형 제품(RB2) · 방직의류제품(LT1) · 기타 저급기술 제품(LT2) · 자동화 제품(MT1) · 가공제품(MT2) · 엔진제품(MT3) · 전자전기제품(HT1) · 기타 첨단기술제품(HT2)이다.

[표 7-16] 중국과 아세안의 각기 다른 제품등급별 무역잔고 및 구성

(단위: 억 달러)

		PP	RB1	RB2	LT1	LT2	MT1	MT2	MT3	HT1	HT2
1998년	잔액	-7.42	-6.53	-4.16	6.59	14.10	2.14	10.02	5.07	3.13	1.81
	비중 (%)	12.13	10.58	9.11	5.07	5.90	0.27	8.01	6.83	26.57	1.32
2002년	잔액	4.62	-14.08	-4.91	7.42	7.03	0.60	-0.18	14.88	-10.52	0.56
	비중 (%)	7.05	8.12	11.28	3.35	6.08	1.46	8.49	7.90	34.05	1.52
2005년	잔액	-7.55	-19.04	1.27	18.88	11.49	5.72	-8.03	28.36	-60.45	0.13
	비중 (%)	4.05	3.48	7.96	2.25	5.71	0.91	5.97	5.64	44.89	1.97
2008년	잔액	-22.95	-17.35	8.81	40.95	34.29	10.99	7.54	57.37	-226.11	6.60
	비중 (%)	4.12	3.40	8.49	2.51	8.47	1.27	4.98	9.08	38.88	1.92
2010년	잔액	-15.78	-19.10	-21.64	94.67	140.58	28.50	32.18	179.26	-271.48	29.82
	비중 (%)	4.47	4.13	10.72	4.40	8.12	1.15	4.94	9.19	37.67	2.35

※자료출처: 유엔 **COMTRADE** 데이터베이스.

표 7-16을 통해 알 수 있듯이 한편으로 중국은 미가공 제품 (PP)·농업가공제품(RB1)·기타 자원형 제품(RB2)·전자전기제품 (HT1) 분야에서 아세안과의 무역 적자가 비교적 큰 규모를 유지 하고 있으며 게다가 확대되는 추세가 나타났다.

이밖에 중국경제의 발전에 따라 일본도 중국과 더 많은 경쟁 과 겨룸을 벌이고 있다. 중-일 양국은 경제구조 면에서 무역 흑 자가 뚜렷하고 외환보유고가 크며 국내 예금률이 비교적 높은 등 비슷한 점이 존재한다. 장기적으로 일본은 엔화 국제화의 길 을 꾸준히 모색해왔다. 비록 대다수 학자들이 엔화의 국제화가 실패했다고 주장하지만 엔화는 필경은 특별인출권 준비통화바

스켓 중에서 한 자리를 차지한다. 현재 일본은 저비용의 자본수출을 이용해 이미 아시아 자본시장에서 비교적 큰 점유율을 차지했으며 엔화가 아시아 자본시장에서 발휘하는 가격표시역할도 국제무역에서 결제통화로서 발휘하는 역할보다 훨씬 크다. 따라서 위안화지역의 창설은 일본의 배척을 받아 일정한 영향을 받을 가능성이 아주 크다. 위안화지역의 창설은 반드시 중·일 양국 간의 치열한 겨룸을 부를 것이다. 어떻게 위안화와 엔화의 관계를 조화롭게 하고 2대 지역 통화의 협력을 강화할 것이냐는 것이 위안화지역 창설에서 반드시 직면해야 할 중요한 과제 중의 하나이다.

3. 미국 · 유럽 선진국의 배척

개혁개방이래 중국은 중국 특색의 사회주의라는 바른 길을 모색해냈으며 성과를 거두어 세계의 주목을 받음으로써 위안화지역의 창설을 위한 양호한 조건을 마련했다. 위안화가 일단 국제통화로만 되면 중국은 기존의 전통 선진국이 주도하고 분배하던 국제 조화세를 공유할 수 있으며 특히 그 과정에서 국제무역 · 투자 대출의 편리화 등 이익을 얻을 수 있다. 이에 따라 필연적으로 선진국 기존의 방대한 이익을 강제로 나눠가지게 되기 때문에 위안화에 대한 선진국의 배척과 공격을 일으키기 쉽다.

오바마 정부는 위험한 시기에 임무를 받아 글로벌 금융위기의 엄청난 타격을 겪은 뒤 '국내 제조업 재기'구호를 제기했으며 '수출 배가 계획'을 제정함으로써 미국의 취업을 늘리고 미국제조업을 다시 진작시키고자 했다. 미국은 주의력을 '아시아 제조'에 기울여 직접 중국을 겨냥해 중국이 환율조작 혐의가 있다면서 인위적으로 평가 절하시킨 환율을 이용해 무역에서 비교 우위를 얻고자 한다고 비난했다.

『1988년 옴니버스 무역과 경쟁력 법안(미국종합무역법)』(the Omnibus Trade and Competitiveness Act of 1988)에 따라 미국 재정부는 반년에 한 차례씩 미 국회에 '국제경제와 환율정책 보고서'를 제출해 지난 반년도 미국 주요 무역 파트너국가의 환율정책을 각각 평가하고 이들 국가에 '환율조작'이 존재하는지 여부를 확정지어야 한다. 미국은 중국을 이른바 '환율조작국'에 포함시켜야 한다고 꾸준히 떠벌여왔다. 실질적으로는 변칙적인 무역보호주의정책을 실행하기 위한 것이다. 2006년 중-미 경제전략 대화가 가동된 후 여러 차례 대화 중에서 미국은 언제나 위안화환율문제에 대해 강조해왔으나 결국 중국을 '환율조작국'에 포함시키는 것을 항상 거부해왔다. 결국은 미국이 실제 이익을 따져보고 얻어낸 결과이다.

미국은 세계 슈퍼대국으로서 달러화의 세계 패주지위를 수호하기 위해 국제통화체제에서 달러화의 비중을 절대 쉽게 양도하지 않을 것이다. 미국이 일본·영국 등과 결성한 정치경제동맹 및 유로화지역 국가들은 모두 기득 이익과 기정 구도를 수호하기 위해 조치를 취해 위안화자본의 국제 유통을 저지하고자 할 것이다. 2009년에 저우샤오촨(周小川) 중국인민은행 총재가 기존의 국제통화체제를 개혁하고 초주권국제통화를 창설하자는 주장을 제기했으며 특히 특별인출권을 초주권준비통화로 삼으면 주권신용통화의 내재적 리스크를 극복할 수 있다고 강조했다. 그런데 그 주장은 미국의 강력한 반대를 받았다. 미국 정부는 미국이 세계에서 가장 안정적인 경제체라며 새로운 국제통화를 창설해 달러화를 대체할 필요가 없다는 주장을 널리 알리고 있다. 미국이 그 제안에 반대하는 근본적인 이유는 국제 통화체제에서 달러화의 중심지위가 흔들리지 않도록 굳게 지켜 내 달러화의 거액의 기득 이익을 수호하기 위한 데 있다.

국제통화기금·세계은행 등 국제조직은 줄곧 미국 등 선진국의 조종을 받고 있으며 세계무역기구도 '부유한 자의 클럽'으로 불리고 있다. 원래는 중립적인 국제경제결책체제를 실행해야 할 이들 기구들은 왕왕 미국이 자국의 이익을 모색하는 수단으로 되었기 때문에 이들 기구의 국제통화체제개혁의 길은 비정상적으로 더디다. 국제통화기금은 흔히 선진국들이 위안화자본을 배척하는 효과적인 수단으로 이용되곤 한다. 선진국들은 특별인출권에 대한 조종을 이용해 국제 유통에서 위안화의 영향력을 아주 크게 저애했다. IMF가 공표해 2011년 1월 1일 발효된 SDR 재심사에서는 다만 SDR 바스켓통화의 비중을 조금 조절했을 뿐 화제의 위안화는 그 심의에 포함되지 않았다. 그 이유는 위안화가 '아직 국제적으로 자유태환이 가능한 통화가 되지 못한' 때문이다.

이밖에 유럽이 곤경에 처해 꼼짝달싹 못하고 있을 때 유럽중앙은행은 중국이 유로화지역을 지원할 것을 희망했다. 중국은 유럽 지원에 대한 세 가지 조건을 잇따라 제기했다. 그중 가장 주의를 끄는 것은 중국이 위안화를 국제통화기금 특별인출권 통화의 반열에 올리는 것을 포함해 국제통화기금 내에서 위안화의 더 큰 영향력 행사를 유럽연합에 요구한 것이다. 이는 외국통화의 유입에 따른 수입성 인플레이션을 방지하는데 도움이 되며 국제통화기금에서 중국의 발언권을 확대할 수 있다. 그러나 유럽과 미국의 입장에서는 이러한 조건이 IMF에서 유럽의 대표성을 떨어뜨리고 미국의 영향력을 약화시키는 것을 의미하기 때문에 유럽과 미국 등 주요 선진국의 반대를 받게 된다.

중국
위안화지역
연구

제 8 장
위안화지역 : 자유무역구 전략과 상호 작용

앞 장절의 연구를 토대로 본 장에서는 중국이 자유무역구전략의 대대적인 실시를 통해 위안화지역의 건설을 추진해야 한다는 주장을 밝혔다. 자유무역구 전략은 중국과 협의 파트너 간의 경제무역 연계와 문화교류를 강화하고 무역·투자·금융·사회문화·국제사무 등 영역에서 폭넓은 합작을 이루는데 이로우며 위안화지역의 순조로운 건설에 이롭다. 위안화지역의 창설은 또 역으로 자유무역구전략의 성과를 공고히 할 수 있다. 자유무역구전략과 위안화지역 간에는 양성의 상호 작용관계를 형성해 공동의 발전을 이룰 수 있다.

제1절 동아시아의 자유무역구 개황

아시아지역의 자유무역구전략은 비록 시작이 늦고 일체화 수준이 낮은 수준이지만 아시아 금융위기의 충격·구미 일체화 과정의 '도미노'현상·도하개발어젠다의 실패 등 여러 가지 영향하에[378] 아시아국가와 지역은 이왕의 소극적이고 피도적인 자세를 바꿔 지역 일체화에 적극 참여하기 시작했다. 2013년 12월 31일까지 아시아지역에서 WTO에 통보한 지역적 무역협정은 2000년의 15항에서 115항으로 늘었으며[379] 21세기 앞 십여 년간 아시아 경제 일체화과정이 대폭적으로 속도를 냈다.

그것과 비교하면 동아시아 지역 일체화과정은 21세기에 더 빠른 행보를 보였다. 표 8-1에 열거했다시피 2000년 이전에는 동아시아지역에서 『방콕협정』(1976, 현재 『아태무역협정』으로 개칭)·『라오스—태국특혜무역협정』(1991)·『아세안 자유무역구협정』(1992)의 오직 3가지 자유무역협정만 체결했었는데 2000년 후에 체결한 자유무역구협정이 54개에나 달해 같은 시기 세계 신규 체결 협정의 20.6%를 차지했다. 거기에 체결 대기 중인 프로젝트와 협상 중인 프로젝트, 그리고 검토 중인 프로젝트까지 합치면 그 비중이 더 커진다.

---

378) Masdhiro Kawai & Ganeshan Wignaraja, 'The Asian 'Noodle Bowl' : Is It Serious for Business?' ADBI Working Paper Series, No.136, April 2009,p.5.

379) 세계무역기구 사이트, http://rtais.wto.org/UI/publicPreDefRepByCountry.aspx.

[표 8-1] 동아시아지역에서 체결한 자유무역협정 일람표

협정 명칭	발효시간	협정 명칭	발효시간
『방콕협정』	1976년 6월 17일	『라오스─태국 특혜무역협정』	1991년 6월 20일
『아세안자유무역협정』	1992년 1월 28일	『뉴질랜드─싱가포르 자유무역협정과 경제일체화협정』	2001년 1월 1일
『아태무역협정-중국 WTO 가입』	2002년 1월 1일	『일본─싱가포르 자유무역협정과 경제일체화협정』	2002년 11월 30일
『유럽자유무역연합─싱가포르 자유무역협정과 경제일체화협정』	2003년 1월 1일	『중국 대륙─홍콩 자유무역협정과 경제일체화협정』	2003년 6월 29일
『싱가포르─오스트레일리아 자유무역협정과 경제일체화협정』	2003년 7월 28일	『중국 대륙─마카오 자유무역협정과 경제일체화협정』	2003년 10월 17일
『파나마─중국 타이펑진마(臺澎金馬,대만지역) 자유무역협정과 경제일체화협정』	2004년 1월 1일	『한국─칠레 자유무역협정과 경제일체화협정』	2004년 4월 1일
『태국─오스트레일리아 자유무역협정과 경제일체화협정』	2005년 1월 1일	『아세안─중국 자유무역협정과 경제일체화협정』	2005년 1월 1일(G) 2007년 7월 1일(S)
『일본─멕시코 자유무역협정과 경제일체화협정』	2005년 4월 1일	『태국─뉴질랜드 자유무역협정과 경제일체화협정』	2005년 7월 1일
『인도─싱가포르 자유무역협정과 경제일체화협정』	2005년 8월 1일	『요르단─싱가포르 자유무역협정과 경제일체화협정』	2005년 8월 22일
『한국─싱가포르 자유무역협정과 경제일체화협정』	2006년 3월 2일	『환태평양 전략적 경제동반자협정』	2006년 5월 28일
『과테말라─중국 타이펑진마 자유무역협정과 경제일체화협정』	2006년 7월 1일	『일본─말레이시아 자유무역협정과 경제일체화협정』	2006년 7월 13일
『파나마─싱가포르 자유무역협정과 경제일체화협정』	2006년 7월 24일	『유럽자유무역연합─한국 자유무역협정과 경제일체화협정』	2006년 9월 1일
『칠레─중국 자유무역협정과 경제일체화협정』	2006년 10월 1일(G) 2010년 8월 1일(S)	『파키스탄─중국 자유무역협정과 경제일체화협정』	2007년 7월 1일(G) 2009년 10월 10일(S)
『칠레─일본 자유무역협정과 경제일체화협정』	2007년 9월 3일	『일본─태국 자유무역협정과 경제일체화협정』	2007년 11월 1일
『파키스탄─말레이시아 자유무	2008년	『일본─인도네시아 자유무역	2008년

	1월 1일		7월 1일
역협정과 경제일체화협정』	1월 1일	협정과 경제일체화협정』	7월 1일
『브루나이—일본 자유무역협정과 경제일체화협정』	2008년 7월 1일	『중국—뉴질랜드 자유무역협정과 경제일체화협정』	2008년 10월 1일
『아세안—일본 자유무역협정』	2008년 12월 1일	『일본—필리핀 자유무역협정과 경제일체화협정』	2008년 12월 11일
『중국—싱가포르 자유무역협정과 경제일체화협정』	2009년 1월 1일	『페루—싱가포르 자유무역협정과 경제일체화협정』	2009년 8월 1일
『일본—스위스 자유무역협정과 경제일체화협정』	2009년 9월 1일	『일본—베트남 자유무역협정과 경제일체화협정』	2009년 10월 1일
『한국—인도 자유무역협정과 경제일체화협정』	2010년 1월 1일	『아세안—한국 자유무역협정과 경제일체화협정』	2009년 5월 1일(S) 2010년 1월 1일(G)
『아세안—인도 자유무역협정』	2010년 1월 1일	『아세안—오스트레일리아—뉴질랜드 자유무역협정과 경제일체화협정』	2010년 1월 1일
『페루—중국 자유무역협정과 경제일체화협정』	2010년 3월 1일	『뉴질랜드—말레이시아 자유무역협정과 경제일체화협정』	2010년 8월 1일
『홍콩—뉴질랜드 자유무역협정과 경제일체화협정』	2011년 1월 1일	『인도—말레이시아 자유무역협정과 경제일체화협정』	2011년 7월 1일
『유럽연합—한국 자유무역협정과 경제일체화협정』	2011년 7월 1일	『페루—한국 자유무역협정과 경제일체화협정』	2011년 8월 1일
『중국—코스타리카 자유무역협정과 경제일체화협정』	2011년 8월 1일	『칠레—말레이시아 자유무역협정과 경제일체화협정』	2012년 2월 15일
『일본—페루 자유무역협정과 경제일체화협정』	2012년 3월 1일	『한국—미국 자유무역협정과 경제일체화협정』	2012년 3월 15일
『유럽자유무역연합—중국 홍콩 자유무역협정과 경제일체화협정』	2012년 10월 1일	『말레이시아—오스트레일리아 자유무역협정과 경제일체화협정』	2013년 1월 1일
『한국—터키 자유무역협정』	2013년 5월 1일	『코스타리카—싱가포르 자유무역협정과 경제일체화협정』	2013년 7월 1일
『뉴질랜드—중국 대만 자유무역협정과 경제일체화협정』	2013년 12월 1일		

※주 : ①S는 협정이 서비스무역을 아우름을 표시하고 G는 협정이 화물무역을 아우름을 표시함.
②중국—아세안 자유무역구는 2010년 1월 1일 정식 설립됨.
※자료출처 : WTO 사이트.

제2절 자유무역구전략과 위안화지역 창설의 상호 작용 체제

중국 — 아세안 자유무역구(CAFTA)는 중국 최초로 가동 설립한 자유무역구로써 동아시아 자유무역구전략의 구조 내에서 위안화지역 창설에 대한 자유무역구전략의 추진 체제를 연구함에 있어서 CAFTA가 가장 대표성과 중요성을 띤다. 중국 — 아세안 자유무역구의 회원국 중에는 최대 외환보유고를 보유하고 또 세계 최대무역국인 중국이 포함될 뿐 아니라 또 동아시아 주요 신흥경제체도 포함된다. 이 지역은 또 미국 무역적자의 주요 원천지 중의 하나로서 달러화에 맞설 힘을 모아 이익 공동체를 형성할 수 있다. 본 절에서는 무역 일체화·투자 일체화·환율체제개혁·지역통화협력 등 방면에서 중국 — 아세안 자유무역구가 어떻게 위안화지역 창설을 추진할 수 있는지에 대해 논증하고자 한다.

1. 역내 무역을 확대해 미국시장에 대한 의존도를 낮춘다

그래프 8-1을 보면 동남아 금융위기 후 아태지역의 대 미 무역흑자가 꾸준히 확대되는 추세임을 알 수 있다. 그중 중국의 대 미 흑자가 유난히 뚜렷해 어느 정도에서는 아태지역의 대미 흑자를 결정했다고 할 수 있다. 일본의 대 미 흑자 수량은 하락세를 보였다. 중국과 동남아가 미국과 대외무역을 전개할 때 절대다수는 달러화로 결제하게 된다. 따라서 CAFTA 내부 무역을 확대하는 것으로 동남아국가의 대 미 의존도를 낮추면 일정한 정도에서 달러화의 국제결제지위를 떨어뜨릴 수 있다.

[그래프 8-1] 1999~2011 아태 국가와 지역의 대 미 무역흑자 추이

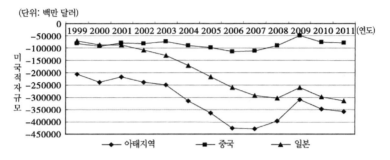

(단위: 백만 달러)

※자료 출처: 미국경제분석국 사이트.

CAFTA는 2002년 11월에 가동해 2010년 1월 1일 정식 설립
되었다. 이는 18억 5천 만 인구와 1400만 제곱킬로미터 면적을
아우르고 GDP와 국제무역총액이 각각 6조와 4조 5천 억 달러
에 달하는 세계 최대 자유무역구가 제로관세시대에 들어섰음을
의미한다. 중국 — 아세안 경제협력 전문가팀(2001) · 치라티왓
(Chirathivat, 2002)380) · 로버츠(Roberts, 2004)381) 등 이들의 CAFTA
관련 무역효과 연구가 이미 아주 풍부하고 신복할만한 결론을
얻어냈다.

아래에 중국 — 아세안 무역결합도지수와 현시비교우위지수의
측정을 통해 CAFTA의 가동에 따르는 무역효과를 검증하고자 한다.

---

380) Chirathivat, S., 'ASEAN-China Free Trade Area: Background, Implications and
    Future Development', Journal of Asian Economics, No.13,2002, pp.671~686.
381) Roberts,D.A., 'Gravity Study of the Proposed China-ASEAN Free Trade Area',
    International Trade Journal, No.18, 2004, pp.335~353.

(1) 중국—아세안 무역결합도지수(TCD)

무역결합도(Trade Combined Degree, TCD)지수는 일반적으로 무역연계의 밀접정도를 가늠하는데 쓰이며 그 계산공식은 다음과 같다:

$$TCD_{ijt} = \frac{X_{ijt}/X_{it}}{M_{jt}/M_{wt}}$$

$$(8\text{-}1)$$

그중 TCD_{ijt} 는 제 t년 중에 i국과 j국의 무역결합도를 표시하고, $X_{ijt} \cdot X_{it}$ 는 각각 제 t년 중에 i국이 j국에 대한 수출총액과 i국의 수출총액을 표시하며 X_{ijt}/X_{it} 는 제 t년 중에 i국이 j국에 대한 수출액이 i국 수출총액에서 차지하는 비중을 표시한다. $M_{jt} \cdot M_{wt}$ 은 각각 제t년에 j국과 세계의 수입총액을 표시하고, M_{jt}/M_{wt} 는 제t년에 j국의 수입총액이 세계 수입총액 중에서 차지하는 비중을 표시한다. 만약 TCD_{ijt} <1이면 상응 연도 중에 i국과 j국 간의 무역관계가 소원함을 나타내고, 만약 TCD_{ijt} =1이면 제t년에 i국과 j국 간 무역결합도가 세계 평균 수준에 달했음을 나타내며, 만약 TCD_{ijt} >1이면 제t년에 i국과 j국 간 무역관계가 밀접했음을 의미한다.

표 8-2와 표 8-3은 각각 1998—2011년 중국—아세안 양자 무역 결합도지수에 대한 측정 수치이다.

[표 8-2] 중국의 아세안 5개국에 대한 TCD지수

연도	인도네시아	태국	필리핀	상가포르	말레이시아	아세안5개국
1998	1.03	0.91	1.48	1.2	0.85	1.09
1999	1.62	0.87	1.29	1.17	0.78	1.12
2000	1.89	0.98	1.07	1.16	0.84	1.13
2001	1.84	0.92	1.13	1.22	1.06	1.19
2002	1.85	0.95	1.03	1.24	1.29	1.24
2003	1.91	0.91	1.3	1.17	1.32	1.25
2004	1.84	0.99	1.49	1.18	1.24	1.26
2005	1.58	0.94	1.35	1.18	1.32	1.23
2006	1.51	0.97	1.36	1.25	1.32	1.25
2007	1.59	1.00	1.51	1.32	1.41	1.33
2008	1.56	1.01	1.69	1.17	1.58	1.31
2009	1.73	1.05	1.98	1.29	1.68	1.43
2010	1.62	1.05	1.93	1.01	1.41	1.26
2011	1.89	1.09	1.94	1.12	1.57	1.34
평균	1.68	0.97	1.47	1.19	1.26	1.25

※자료출처: 유엔 COMTRADE 데이터베이스에 근거해 계산해 얻음.

[표 8-3] 아세안 5개국의 중국에 대한 TCD지수

연도	인도네시아	태국	필리핀	싱가포르	말레이시아	아세안5개국
1998	1.47	1.31	0.47	1.5	1.10	1.27
1999	1.4	1.14	0.56	1.22	0.98	1.11
2000	1.26	1.22	0.50	1.17	1.13	1.07
2001	1.02	1.17	0.65	1.17	1.16	1.10

2002	1.12	1.19	0.88	1.25	1.30	1.19
2003	1.13	1.35	1.13	1.21	1.24	1.22
2004	1.11	1.26	1.14	1.32	1.14	1.23
2005	1.26	1.35	1.63	1.42	1.08	1.32
2006	1.27	1.43	1.53	1.53	1.14	1.39
2007	1.23	1.45	1.70	1.45	1.31	1.4
2008	1.22	1.31	1.63	1.34	1.39	1.34
2009	1.22	1.34	0.97	1.23	1.53	1.30
2010	1.09	0.70	1.23	1.14	1.39	1.10
2011	1.11	0.72	1.15	1.20	1.33	1.12
평균	1.21	1.21	1.08	1.30	1.23	1.23

※자료출처: 유엔 COMTRADE 데이터베이스에 근거해 계산해 얻음.

표 8-2와 표 8-3에서 볼 수 있듯이 1998~2011년 기간 아세안 5개국은 중국과의 TCD가 전반적으로 1보다 컸다. 이는 중국과 아세안 간에 무역 밀접관계가 존재함을 의미한다. 2002년 CAFTA가 정식 가동됨에 따라 중국과 아세안 5개국의 무역결합도가 매년 커지는 추세가 나타났다. 비록 중국과 아세안의 단일 회원국 간의 무역결합도는 커지기도 작아지기도 했지만 중국과 아세안 간의 전반 무역을 보면 무역결합도가 안정적으로 커졌다. 2008년 글로벌 금융위기로 인해 아세안의 대 중국 수출이 비교적 크게 약화되었지만 중국의 대 아세안 수출은 안정을 유지했으며 게다가 글로벌 경제가 점차 회복됨에 따라 중국과 아세안의 무역결합도도 위기 전의 수준으로 점차 회복되고 있다. 특별히 강조할 것은 2005년 중국—아세안이 관세양허를 실행한 뒤 무역창조효

과가 아세안에서 특히 뚜렷하게 나타나 아세안의 대 중국 TCD 지수가 뚜렷하게 커진 사실이다. 이는 중국시장이 아세안 경제에 대한 견인역할을 충분히 반영했다.

(2) CAFTA 회원국 각기 다른 제품의 현시비교우위지수(RCA)

현시비교우위지수(Revealed Comparative Advantage Index, RCA)는 발라사(Bela Balassa)가 최초로 제기했으며 그 뒤 고지마 기요시(小島淸) 등이 그에 대해 추론해냈다. 계산공식은 다음과 같다:

$$RCA_{kit} = \frac{X_{kit}/X_{it}}{X_{kwt}/X_{wt}}$$

(8-2)

그중 RCA_{kit}는 제 t년에 i국의 k류 상품 수출에서의 현시비교우위지수이고, $X_{kit} \cdot X_{it}$는 제 t년에 i국의 k류 상품 수출액과 수출총액을 각각 표시하며, $X_{kwt} \cdot X_{wt}$는 제 t년에 세계의 k류 상품 수출액과 세계 수출총액을 각각 표시한다. 만약 $RCA_{kit}<1$이면 제t년 중에 i국이 k류 상품에서 비교열세임을 설명하고, 만약 $1.25<RCA_{kit}<2.5$이면 제t년 중에 i국이 k류 상품에서 비교적 강한 비교우위가 존재함을 설명하며, 만약 $RCA_{kit}>2.5$이면 제t년 중에 i국이 k류 상품에서 아주 강한 비교우위가 존재함을 설명한다. 표 8-4는 각기 다른 상품분류에서 중국과 아세안 5개국의 현시비교우위지수를 계산한 것이다.

[표 8-4] 2010년 중국과 아세안 5개국 SITC상품분류[382] 하의 RCA지수표

제품	중국	인도네시아	태국	필리핀	싱가포르	말레이시아	아세안5개국
미가공 제품(0—4류)							
SITC-0	0.49	1.00	2.31	0.79	0.21	0.54	0.88
SITC-1	0.17	0.62	0.47	0.84	0.93	0.6	0.72
SITC-2	0.19	3.36	1.50	0.74	0.15	0.79	1.14
SITC-3	0.14	2.46	0.41	0.18	1.34	1.32	1.28
SITC-4	0.05	20.4	0.38	4.88	0.26	16.7	7.36
공업완제품(5—8류)							
SITC-5	0.54	0.51	0.85	0.30	1.11	0.62	0.82
SITC-6	1.33	1.17	1.02	0.55	0.32	0.74	0.71
SITC-7	1.60	0.40	1.36	2.26	1.65	1.42	1.38
SITC-8	2.41	0.92	1.03	0.76	0.70	0.96	0.87
미분류 기타 상품							
SITC-9	0.02	0.15	0.68	0.13	1.68	0.14	0.83

※자료출처: 유엔 COMTRADE 데이터베이스에 근거해 계산해 얻음.

표 8-4에서 알 수 있듯이 SITC0—5 분류상품 중 중국의 RCA 가 1보다 훨씬 작다. 이는 중국의 미가공 제품·화학제품이 국제무역시장에서 뚜렷한 비교열세에 처한 반면에 아세안 5개국 은 비교적 강한 비교 우위임을 설명하며 특히 SITC4분류 하의

---

382) SITC0식품 및 주요 식용 활동물, SITC1음료 및 담배, SITC2연료를 제외한 비식용 미가공 원료, SITC3 광물연료·윤활유 및 관련 연료, SITC4동식물지방 및 파라핀, SITC5미배열 화학품 및 관련 제품, SITC6 주로 원료에 따라 분류한 완제품, SITC7 기계 및 운송설비, SITC8 기타 항목 제품, SITC9 미분류 기타 완제품.

동식물 지방 및 파라핀의 비교우위가 두드러졌다. 공업완제품과 자본재 생산에서 중국은 아세안에 비해 일정한 비교우위가 존재한다. 전반적으로 말해 중국과 아세안은 무역 분야에서 상호 보완성이 경쟁성보다 크기 때문에 CAFTA의 무역창조효과를 위한 유리한 조건을 구성한다.

[그래프 8-2] 1994~2010년 중국의 대 미·대 아세안 수출 추이

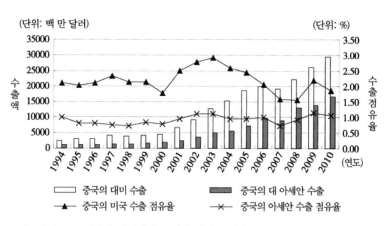

※자료출처: 중국경제망 데이터뱅크 해관 월간 데이터베이스

CAFTA의 무역창조효과는 자유무역구 역내 무역을 최대한 추진할 수 있어 미국시장에 대한 의존도를 낮추고 대미 수출을 줄여 동아시아 신흥 경제체의 대미 무역 부족을 점차 메울 수 있다. 그래프 8-2와 그래프 8-3은 CAFTA 설립 전과 후 중국과 아세안 양자 간 무역 일체화정도가 꾸준히 제고된 반면에 미국시장에 대한 의존도는 점차 하락세가 나타났음을 각각 반영했다. 이로부터 CAFTA 건설이 심화됨에 따라 CAFTA 여러 회원국의 리스크 극복능력이 꾸준히 증강되어 역내 시장이 상대적

으로 안정되고 역내 무역일체화정도가 더 한층 심화될 것임을 예견할 수 있다. 이는 아시아 신흥 경제체의 구미 시장에 대한 의존도를 점차적으로 낮춰 위안화지역 창설을 위한 필요한 무역일체화조건을 마련할 수 있다.

[그래프 8-3]　1998~2011년 중국과 미국의 아세안 대외무역 점유율

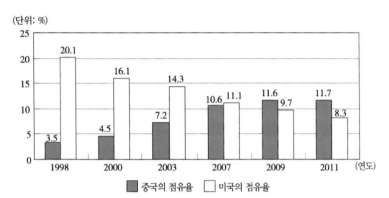

(단위: %)

※자료출처: Association of Southeast Asian Nations Community in Figures 2013, 14쪽.

2. 지역 내 투자를 늘리고 무역적자의 이전을 줄인다

제2차 세계대전이 끝난 뒤 아태지역 경제발전은 심각한 자금 제약을 받았다. 각국은 외자를 유치해 자국 경제를 진흥시키는 중요성에 대해 심각하게 인식했고 잇따라 구미에 러브콜을 보냈으며 우대적인 외자유치정책을 실행했다. 동아시아 경제체들 최초의 외자유치 목적은 주로 수출을 통한 외화 창출 능력을 증강해 심각한 외환 결핍에 따른 어려움을 해결하기 위한 것이었다. 게다가 자국의 산업을 보호하기 위해 왕왕 외국인직접투자기업에 수출임무를 규정해 절반이상의 수출 비중

을 차지하게 했다. 선궈빙(沈國兵, 2007)[383]은 연구를 거쳐 미국의 대 중국 무역적자는 FDI에 따른 무역적자의 이전과 무역창조효과·무역교체효과에 따른 것이 매우 큰 정도라는 사실을 발견했다. 수직형 FDI가 중국에 설립한 하위권 업체와 수평형 FDI가 중국에 설립한 투자기업 모두 중-미·중-일 무역의 불균형을 가중시킨다. Yuan Hu(2011)[384]는 중국이 지속적으로 대규모 대미 무역흑자를 유지하는 것은 주로 글로벌 산업이전 추세에서 대 중국 직접투자에 따른 것이라고 주장했다.

중국은 한때 '백방으로 수출을 확대하자'는 전략적 방침을 제정하고 장기적으로 이행해왔다. 각급 정부의 정치 업적과 기업의 경영실적 심사에서 대부분 수출액과 연결시켰으며 외자유치와 수출을 통한 외화 창출 능력이 중국의 중요한 흑자의 근원이었다. 중국 외국인 투자 기업은 중국의 수출을 이끄는데서 중요한 기여를 했다. 1986년에는 외국인 투자기업의 수출이 중국 수출에 대한 기여도가 겨우 5.82%였으나 1992년 덩샤오핑(鄧小平) 남방지역 순찰 연설이 있은 뒤 외자가 중국으로 대량 유입되었으며 외국인 투자기업의 수출 비중이 상승하기 시작했다. 2001년에 이르러 그 비중이 최초로 50%를 초과한 뒤 줄곧 높은 수준에 머물렀으며 2007년에는 심지어 58.18%에까지 달했다. 외국인 투자기업이 중국의 수출을 통한 외화 창출 능력을 증강시키는데 중요한 기여를 했으며 중국이 장기적인 외화결핍 곤경에서 빠르게 벗어날 수 있도록 했다. 그러나 한편으로 외국인 투자기업은 가공무역 위주의 수출무역 패턴으로 중국의 대규모

---

383) 선궈빙(沈國兵) : 『중미 무역균형문제 연구』, 중국재정경제출판사 2007년 본.
384) 제5회 관리와 서비스과학 국제회의 교류 논문.

무역흑자를 창조했다. 2011년을 예 들어 외국인 투자기업 가공무역 수출입액이 중국 가공무역 수출입총액 중에서 차지하는 비중은 83.07%에 달했으며 그중 가공무역 수출액이 전국 가공무역수출총액 중에서 차지하는 비중은 83.71%에 달했다.[385) 다른 한편으로는 국제 직접투자기업과 자본 원천지국가 간 무역이 빈번한데 이들 자본의 출처는 대부분 구미 등 선진국이다. 수요선호유사성이론(Theory of Preference Similarity, preference similarity theory)은 중국 내 외국인 투자기업의 대 구미 무역흑자가 갈수록 확대되는 원인에 대해 밝혔다.[386) 그래프 8-4를 보면 1991~2005년 기간 외국인투자기업이 1991년과 1992년에 약간의 대 미 무역적자를 유지한 외 그 이외의 연도에는 모두 무역흑자를 유지했으며 게다가 흑자 규모가 매년 확대되고 유럽연합에 대한 흑자수준보다 높았음을 알 수 있다. 글로벌 금융위기가 일어나기 전에 중국 국내 외국인투자기업의 대 미 수출이 한층 더 확장되었다. FDI는 중-미 양국 무역의 불균형에 중요한 영향을 주었다. 주의할 점은 중국 국내 외국인투자기업의 대 일본 무역이 적자를 유지했으며 게다가 적자 규모가 꾸준히 확대되었다는 사실이다. 이는 국제 대외직접투자의 지리적 위치의 이전을 충분히 설명해준다. 국제분업시스템으로 인해 중국을 대표로 하는 동아시아 신흥 경제체가 일본 등 국가와 지역의 산업이전을 수용한 것이다. 동아시아 신흥 경제체는 대다수가 상기 중국과 비슷한 외자유치정책을 실행하기 때문에[387) 구미 선

---

385) http://www.fdi.gov.cn/pub/FDI/wztj/wstztj/wstzjckkx/t20120119_140563.htm.
386) 수요선호유사성이론은 린더(S.B.Linder)가 제기한 신흥 국제무역이론이다. 하이원(海聞) · P.린더트(Lindert) · 왕신쿠이(王新奎)의 『국제무역』, 상하이인민출판사 2003년 본을 참고.

진국의 직접 투자는 기타 지역이 동아시아 신흥경제체로 무역 적자를 이전하는 상황을 조성하기 쉽다. 이에 따라 CAFTA의 지역 내 투자를 강화하는 것은 CAFTA의 대 미 무역흑자를 줄이는 데 중요한 역할을 한다.

2009년 4월, 중국 ― 아세안 간 투자협정을 체결해 CAFTA 회원국 사이에 협정에 따라 본국의 외국인 직접투자영역을 점차 개방하고 투자의 제약요소를 점차 제거하며 투자 체제를 보완하고 투자 자유화를 추진키로 했다.

[그래프 8-4] 1991~2005년 중국 외국인투자기업 무역잔액 원천

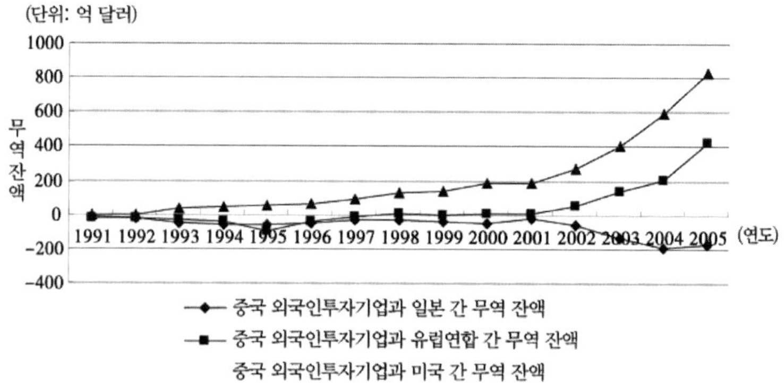

(단위: 억 달러)

— ◆— 중국 외국인투자기업과 일본 간 무역 잔액
— ■— 중국 외국인투자기업과 유럽연합 간 무역 잔액
중국 외국인투자기업과 미국 간 무역 잔액

※자료출처 : 외국인투자기업 수입과 수출 상품 나라별과 지역 분포 자료의 출처는 상무부 사이트이며 이에 근거해 무역잔액을 계산했다.

표 8-5는 2001~2011년 아세안이 중국과 구미에서 유치한 직접 투자 순액표이다.

---

387) 구체적인 자료는 *ASEAN Investment Report* 2011를 참고.

[표 8-5] 2001~2011년 아세안이 중국과 구미에서 유치한 직접투자 순액

(단위: 백 만 달러)

연도	중국의 대 아세안 FDI 순액	미국의 대 아세안 FDI 순액	유럽연합의 대 아세안 FDI 규모	아세안이 유치한 FDI 순액	중국의 점유율(%)	구미의 점유율(%)
2001	-133	7293	13469	23541	-0.56	88.20
2002	148	4653	7671	20111	0.74	61.28
2003	-84	675	4145	17224	-0.49	27.98
2004	201	1363	6866	24512	0.82	33.57
2005	740	4548	11610	36315	2.04	44.49
2006	608	3216	11290	40714	1.49	35.63
2007	1035	3041	13387	56648	1.83	29.00
2008	1741	8340	18611	75650	2.3	35.63
2009	1874	3518	7010	47076	3.98	22.36
2010	3926	4087	9113	37881	10.36	34.85
2011	2701	8578	16984	75758	3.57	33.74

※주: FDI 순액=주식가치+양국 회사 간 대출 순액+재투자수익.
※자료출처: 아세안 사이트 ASEAN Investment Peport 2011, 31쪽.

표 8-5를 보면 약 십여 년간 중국과 아세안 서로 간 직접투자 규모가 꾸준히 확대되었음을 알 수 있다. 특히 중국의 아세안에 대한 직접투자가 빠르게 발전해 직접투자 순액이 2001년의 마이너스에서 2011년의 27억 달러로 성장했으며 중국이 아세안 외국인직접투자 유치에서 차지하는 비중이 점차 늘어나는 추세가 나타났다. 2010년에 아세안이 유치한 FDI총액이 급격히 하락한 반면에 중국이 아세안에 대한 투자규모는 확대되어 2010년 아세안 외국인 직접투자에서 중국의 점유율이 10.36%에나 달했다. 유럽연합과 미국의 아세안 FDI 점유율은 변동이 비

교적 크며 비록 전반적으로 하락세가 나타나긴 했지만 여전히
아주 큰 비중을 차지하고 있어 중국의 투자비중보다 훨씬 높은
수준이다.

[표 8-6] 1995~2011년 중국의 아세안 · 미국 직접투자 유치 규모

(단위: 억 달러)

연도	아세안의 대 중국 FDI 규모	미국의 대 중국 FDI 규모	유럽연합의 대 중국 FDI 규모	중국의 FDI 유치 규모	아세안 점유율(%)	구미 점유율(%)
1995	26.54	30.83	21.31	375.21	7.07	13.90
1996	31.93	34.43	27.3	417.26	7.65	14.79
1997	34.28	32.39	41.7	452.57	7.57	16.37
1998	42.23	38.98	39.7	454.63	9.29	17.31
1999	32.89	42.16	44.79	403.19	8.16	21.57
2000	28.45	43.84	44.8	407.15	6.99	21.77
2001	29.84	44.33	41.83	468.78	6.37	18.38
2002	32.56	54.24	37	527.43	6.17	17.30
2003	29.25	41.83	39.3	535.05	5.47	15.16
2004	30.41	39.41	42.39	606.3	5.02	13.49
2005	31.05	30.61	51.94	603.25	5.15	13.68
2006	33.51	28.65	54.39	630.21	5.32	13.18
2007	43.91	26.16	38.38	747.68	5.87	8.63
2008	54.61	29.44	51.2	923.95	5.91	8.73
2009	46.78	35.76	59.52	900.33	5.20	10.58
2010	63.23	40.52	65.89	1057.35	5.98	10.06
2011	—	29.95	63.48	1160.11	—	8.05

※주 : 2004년 이전에는 유럽연합 회원국이 원래 15개국이었고 2004년부터 동부로
확장한 뒤 27개 회원국이 포함됨.

※자료출처 : 아세안의 대 중국 **FDI** 데이터 출처는 국가 통계국이고, 구미와 중국 **FDI** 데이터 출처는 중국투자지침망 임.

아세안 10개국뿐 아니라 미국과 유럽연합은 중국이 외자를 유치하는 주요 원천지국가이기도 하다. 이 부분의 외자는 중국의 수출을 이끄는데 중요한 역할을 했다. 구미의 재중 직접투자 기업은 또 중국의 대미 무역흑자의 중요한 기여자이기도 하다. 표 8-6은 1995~2011년 기간 아세안·미국과 유럽연합의 대 중국 직접투자 규모 및 점유율을 열거한 것이다. 절대 금액을 보면 아세안의 대 중국 직접투자가 서서히 성장하는 추세를 보였다. 특히 2009년 중국—아세안 자유무역구가 투자협정을 체결한 뒤 그 규모가 뚜렷하게 확대되어 자유무역구의 투자창조효과를 나타냈다. 유럽연합이 점차 미국을 추월해 중국 홍콩과 중국 대만 버금가는 대 중국대륙의 직접투자 원천지로 부상했다. 상대 금액을 보면 아세안이 중국의 외국인 직접투자 유치 액 중에서 차지하는 비중이 하락세가 나타났으며 구미의 재중 직접투자는 1998년 아시아 금융위기 후에 비교적 큰 비중을 차지한 것으로 나타났다. 그 주요 원인은 아태지역이 위기에 빠져 중국에 대한 아세안의 투자가 다소 줄어들었기 때문이다.

3. 역내 회원국의 환율제도를 개혁하고 리스크 분담 체제를 수립한다

시간이 흐름에 따라 상황도 바뀌는 법이다. 동아시아 여러 경제체들이 애써 얻은 외화가 이제는 '뜨거운 감자' 꼴이 되어버렸다. 달러화 평가절하로 인한 외환보유고 자산 가치 하락의 우려 때문에 중국을 위수로 하는 동아시아 여러 경제체들은 하는 수 없이 외환보유고를 미국채권시장에 투자해 미국 국채와 같은 회수율이 낮은 투자 상품을 구매해 거액의 투기비용과 불확실성 리스크를 극복해야만 한다. 한편 동아시아 통화 저평가문제가 계속 불거지고 있어 미국이 중국을 비롯한 아시아 신흥 경제체에 꾸준히 압박을 가해 동아시아 국가 통화 가치를 다시 평가할 것을 요구하고 있다. 동아시아 환율제도와 외환보유고시스템이 개혁하지 않으면 안 될 상황에 이르렀다.

1990년대 초 대다수 동아시아 경제체들은 기존의 환율제도가 자원배치에 대한 왜곡에 대해 인식하기 시작했으며 자국 환율제도에 대한 개혁을 시도해 변동환율제를 실행하기 시작했다. 그러나 1997년 아시아 금융위기의 발발로 동아시아 신흥 경제체들은 자본 관제의 중요성을 인식하게 되면서 변동환율제를 잇따라 포기하고 다시 달러화에 고정시키게 되었다.(표 8-7)

[표 8-7] CAFTA 일부 회원국의 환율제도 개황

국가	환율제도 개황
중국	1994년 1월 1일, 중국인민은행은 중국이 시장 공급과 수요를 기반으로 하는, 단일적인 관리변동환율제도를 실행한다고 발표했다. 2005년 7월 21일 중국은 환율체제개혁을 실행해 시장 공급과 수요를 기반으로 하고, 바스켓통화를 참고해 조절을 진행하는, 관리변동환율제도를 실행하기 시작한다고 발표했다.
캄보디아	1990년, 캄보디아 통화 리엘(Riel)화를 창설하고 관리변동과 평행 환율의 이중환율제를 실행했다. 국제통화기금은 캄보디아가 관리변동환율제 실행에 더 치우쳤다고 주장했다.
인도네시아	1997년 8월 이전에는 관리변동환율제를 실행하고 그 후에는 자유변동환율제를 실행했다.
말레이시아	1997년 아시아 금융위기 발발 전에는 바스켓 대표성 통화를 참고한 변동환율제를 실행하고 아시아금융위기가 발발한 뒤에는 달러화에 고정시킨 고정환율제를 실행했다.

필리핀	1984년 후 외환시장의 공급과 수요를 기반으로 한 변동환율제를 실행하고, 1998년 3월, 필리핀 당국이 필리핀 페소화의 달러화 대비 더욱 자유로운 변동을 허용한다고 선포했다. 그러나 시장질서와 정치 목표를 수호하기 위한 목적에서 정부가 간여할 수 있도록 했다.
싱가포르	국제통화기금은 싱가포르의 환율체제를 관리변동환율제도에 분류시켰다.
태국	1984~1997년 기간 달러화에 고정시킨 환율제도를 실행하고, 1997년 7월부터 관리변동환율제를 실행했다. 경내와 해외 투자자에 대해 각기 다른 환율제도를 실행한다.

※자료출처: World Currency Yearbook 관련 연도에 따라 정리함.

달러화에 고정시킨 고정환율제는 비록 자국 수출입업체를 위한 상대적으로 안정적인 대외무역환경을 마련하는데 이롭긴 하지만 국내외 시장의 상대적 가격을 왜곡해 상품의 비합리적인 배치를 초래할 수 있다. 외환보유고의 축적으로 인해 동아시아 경제체 외환시장에서 공급이 늘어나게 된다. 이때 달러화에 고정시킨 환율제도는 한편으로는 본위화폐의 저평가를 초래해 지나치게 많은 상품이 미국으로 흘러들게 되어 자국 주민의 실제 복지상황을 감소할 뿐 아니라 더 많은 달러화가 축적되어 달러화의 이동성이 넘쳐 많은 문제가 나타날 수 있다. 다른 한편으로는 환율의 상대적 안정을 유지하려면 반드시 중앙은행이 본위화폐를 투매하고 달러화 외환을 구매하는 헤징 수단을 통해 본위화폐의 유통량을 늘려야 하기 때문에 수입성 인플레이션을 초래할 수 있다. 환율정책은 한 나라의 대외경제활동 중에서 중요한 경제변량으로서 국내 경제를 조정하는 정책적 수단으로 삼을 수 있지만 각국이 '근린궁핍화' 환율책략을 잇따라 실행할 경우 왕왕 개체의 이성 때문에 단체의 비이성을 부르는 '죄수의 딜레마'에 빠져들 수 있다.

CAFTA 회원국 환율문제는 같은 상황에 처해 환율방면의 협력과 조율이 여러 회원국이 공동으로 환율 압력을 극복하는데 지극히 중요하다. 비록 어떤 학자(Cline, 2005)[388]가 G20국 사이에 1985년 『플라자 합의』와 같은 국제환율 체제를 수립해야 한다고 제기했다. 그러나 당면의 국제경제관계가 복잡해 그러한 합의를 체결하는데 저애력이 너무 크다. 그래도 국부 지역에 대해서는 실행 가능성이 있다. CAFTA은 무역·투자 등 실물경제 분야에서 합작 기반이 있다. 여러 회원국은 무역·투자 등 영역에서 아주 많은 공동 이익이 존재하기 때문에 환율방면에서 공동 인식을 달성하게 되면 서방시장에 대한 아태지역의 지나친 의존 문제를 해결하는데 이롭다.

4. 역내 통화협력을 강화하고 국제통화시스템 개혁을 적극 추진한다

브레튼우즈체제가 달러화에 천혜의 우세 지위를 부여했다. 1971년 '닉슨 쇼크' 후 비록 브레튼우즈체제가 무너졌지만 현재의 국제통화체제는 여전히 달러화 본위가 주요 특징이다. '트리핀 딜레마'는 한 통화가 국내 통화 역할을 담당하는 한편 국제통화 역할도 담당함에 있어서 직면하게 되는 모순을 파헤쳤다. 미국의 대외 경제가 장기적인 흑자 혹은 장기적인 적자가 나타남에 따라 각국 달러화 보유 자산의 결핍 혹은 범람

---

388) Cline, William R., 'The Case for a New Plaza Agreement', *Policy Briefs in International Economics*, Washington, D. C.: Institute for International Economics, No.PB 05-4, December 2005.

현상이 나타날 수 있다. 현재 미국은 경상항목 적자의 거대한 소용돌이 속에 처해 있다. 미 연방준비위원회가 화폐의 인쇄를 가속해 세계에 달러화를 수송함에 따라 세계 달러화 이동성 과잉을 초래했다. 그 비용은 흑자국이 부담하고 있다.

아태지역은 비록 경제활동이 활발하지만 줄곧 역내 주도 통화가 결여되어 있는 상황이다. 비록 일본이 일찍 1980년대 후기에 달러화와 독일 마르크화에 맞먹는 '엔화지역' 창설을 시도했었지만 '잃어버린 20년'을 겪고 또 중국과 같은 동아시아 신흥 경제체의 빠른 발전 앞에서 일본이 '엔화지역' 창설의 꿈을 실현하기에는 이미 무기력해졌다. 역내 주도 통화의 부족으로 동아시아 신흥 경제체들은 대량의 달러화 외환보유고를 보유하게 되었다. '계란을 몽땅 한 바구니에 담아두지 말아야 한다'는 투자책략은 이런 외환보유 구조의 잠재적 리스크를 명시해준다.

중국을 위수로 하는 아시아 신흥 경제체들은 본위화폐의 국제화 경로를 적극 모색하는 것으로써 국제통화체제 개혁을 추진했다. 중국은 2008년부터 위안화 '해외진출전략(해외 진출)'과정을 적극 추진하기 시작해 국제무역에서의 위안화 결제 · 다른 국가와 지역 중앙은행과의 통화스와프협정 체결 · 위안화 역외시장 창설 · 국제투자에서 위안화결제 등 다원화한 경로를 통해 위안화의 해외유통범위를 확대하고 위안화의 국제 영향력을 높였다.

동남아 저개발 국가와 지역에는 경화가 결핍하다. 이에 따라 위안화는 베트남 · 라오스 · 캄보디아 등 국가에서 이미 '제2의 달러화' 대우를 받고 있으며 심지어 그 국내 통화보다도 더 환영받고 있다. 위안화는 이미 주변화를 실현하고 지역화 · 국제화 단계를 향해 순서에 따라 앞으로 발전하고 있다. 현재 동남아 국가와 지역에서 위안화의 유통은 대부분 시장의 자발적인 과정이다. 중국은 마땅히 CAFTA 시스템을 충분히 이용해 위안화의 국제화를 제도적으로 추진해야 한다. CAFTA의 무역 효과·투자효과가 위안화 지역화를 위한 튼튼한 경제적 기반을 마련할 수 있는 한편 중국과 아세안 각국 간의 사회문화교류활동을 강화하는 것을 통해 중국에 대한 아세안 각국의 이해를 증진하고 인지도를 높이며 동아시아의 지역통화협력과 금융협력을 더욱 추진할 수 있고 위안화지역 건설로써 당면의 국제통화시스템개혁을 추진할 수 있다. 한편 꾸준히 최적화되고 있는 국제통화시스템은 또 CAFTA 기존의 경제무역연계를 공고히 할 수 있어 자유무역구의 잠재력을 한 층 더 발굴할 수 있다.

이로 보아 CAFTA 건설과 위안화지역 사이에는 양성 상호작용관계가 존재한다. 자유무역구 전략을 대대적으로 실행하는 것은 위안화지역 건설에 이롭다.

제 9 장

위안화지역 : 유로존에 대한 유럽
채무위기 충격의 시사점

중국
위안화지역
연구

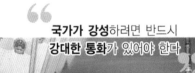

" 국가가 **강성**하려면 반드시
강대한 통화가 있어야 한다 "

제 9 장
위안화지역 방화벽
: 유로존에 대한 유럽 채무위기 충격의 시사점

2008년 미국의 서브 프라임 모기지로 인한 글로벌 금융위기가 발생한 뒤 각국 정부는 잇따라 구제정책을 출범했다. 2009년 연말 그리스 주권채무위기가 발생해 유럽에 빠르게 확산되었으며 글로벌 경제형세가 불확실해졌다. 외환시장에서 유로화가 지속적으로 평가 절하되고 노동력시장에서 파업이 자주 발생하며 상품시장에서 구매력이 부족하고 정부차원에서 의견이 일치하지 않고 서로 인정하지 않는 등 이 모든 현상이 유로화지역(유로존)이 곤경에 빠졌음을 진실하게 반영한다. 유럽 채무위기가 지속적으로 발효됨에 따라 각계가 유로존 설계에 대해 돌이켜 생각하게 되었다. 사람들이 각기 다른 상황에서 유로존이 감당해야 할 비용에 대해 예측을 진행했는데 희비가 엇갈리는 결론이 나왔으며 비관적인 논조가 조금 우세인 듯했다.

유럽 채무위기가 발생한 근원은 대체 무엇일까? 위안화지역 창설에서 거울로 삼을 수 있는 하나의 예로서 유로존 위기가 위안화지역에 주는 의미는 무엇일까? 위안화지역은 이를 통해 어떤 깨우침을 얻을 수 있을까? 본 장에서는 이 일련의 문제에 대해 깊이 파헤치려고 시도함으로써 위안화지역의 창설에 조금이나마 도움이 될 수 있기를 기대한다.

제1절 유럽 채무위기 및 진전

그리스 재무장관이 2009년 11월에 재정적자가 그 나라 당해 GDP의 12.7%에 달해 예측치보다 6%나 높아졌고 더욱이 『마스트리히트조약』에서 규정된 3%의 상한선을 훨씬 넘어섰다고 선포하자 국제시장은 격렬한 반응을 보였다. 세계 3대 국제신용평가기관은 그 다음 달 그리스 주권 채무 신용등급을 잇따라 하향 조절했다. 그리스가 유럽 경제총량에서 차지하는 비중이 겨우 2%정도여서 그때 당시 금융계는 그리스의 채무위기를 별로 대수롭지 않게 여겼으며 이 '한 점의 불꽃'이 유로존 전역 '넓은 벌판을 다 태울 기세로' 빠르게 확산될 줄은 미처 예견치 못했다. 포르투갈·이탈리아·아일랜드·스페인(그리스와 함께 '유럽의 5마리 돼지'로 불림)도 잇따라 위기에 빠져들면서 영향을 받은 국가의 경제총량이 유로존에서 차지하는 비중이 37%로 급격히 확대되었다. 이어 위기가 독일·프랑스 등 유로존 핵심국가로 확산됨에 따라 금융시장에 공황 분위기가 나타나기 시작했다.

심지어 유로화를 투매하는 뱅크런(bank run)현상까지 나타나면서 유로화 가치가 대폭 하락하고(그래프 9-1) 유럽 주가가 폭락했으며 유로존 전체가 창설 이래 가장 준엄한 시련에 직면했다.

위급한 시점에서 유럽 중앙은행과 IMF가 7500억 유로의 긴급 구제조치를 출범시켰다. 상기 두 건의 대출자금을 지원 받은 뒤 그리스 위기가 다소 완화되었지만 아일랜드 채무문제가 또 수면 위로 떠오르면서 유로존은 또 다시 비상 신호를 울렸다. 아일랜드 정부가 2010년 재정적자가 GDP에서 차지하는 비중을 32%로 예측한다는 소식이 유럽 주권채무위기를 또 다른 절정으로 끌어올렸다. 유로화의 지속적인 평가 절하로 인해 일부 유로화 보유국들이 유로화 보유를 줄였고 국제여론들 중에서도 짐 로저스(Jim Rogers)의 '유로화 붕괴론'과 조지 소로스(George Soros)의 '유로화 종결론'과 같은 논조들이 꾸준히 나타났으며 유로화는 앞날을 예측할 수 없는 처지가 되었다.389)

2012년에 들어선 뒤 스탠더드앤드푸어스(Standard & Poor's)가 유로존 9개국의 주권 신용등급을 하향 조절했다. 그중 유로존 제 2위 경제체인 프랑스가 AAA주권신용등급에서 떨어졌다. 이와 동시에 은행은 그리스와 채무 개편 협상을 중단함으로써 그리스를 유로존에서 강제 퇴출시킬 것이라는 소식 관련 의혹이 증폭되었다. 그리스 정국이 불안정한 영향을 받아 유럽 주식 시장이 부진한 상황에 처했다. 이 모든 상황들은 유로존이 도탄 속에 빠져 허덕이고 있음을 표명한다.

---

389) 웡웨이(翁瑋)・우핑(吳萍):「유로존 주권 채무위기가 위안화 지역화에 주는 시사점」, 『경제문제탐구』 2011년 제2기.

2009년 9월부터 2013년 9월 유로화 실제 유효 환율지수

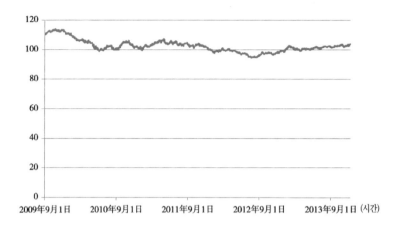

120

100

80

60

40

20

0

2009年9月1日　　2010年9月1日　　2011年9月1日　　2012年9月1日　　2013年9月1日 (시간)

※주 : 실제 환율지수의 통화바스켓은 유로존 최대 21개 무역파트너국 통화로 구성됨.
※자료출처 : 유럽 중앙은행 사이트.

제2절 유럽채무위기 발생 원인

유럽 주권 채무위기는 유로존 각국에 막대한 부정적인 충격을 가져다주었을 뿐 아니라 세계 기타 국가와 지역에도 심각한 영향을 주었다. 위기가 발생한 원인에 대해 깊이 파헤쳐보는 것은 그 위기에 대해 이해하고 대처하는 데 지극히 중요하다. 우리는 그 위기의 발생에 유로존 자체 내부적 원인과 외부적인 원인이 모두 존재한다고 주장한다.

1. 내부적 원인

첫째, 유로존 제도 설계의 결함 — 통일적인 통화정책과 분산적인 재정정책은 유럽채무위기를 초래한 관건적인 원인이다. 그

어떠한 통화체제의 창설과 유지든 모두 통화정책과 재정정책의 양호한 협조가 필요하다. 2대 정책의 합리적인 배합은 통화지역 경제의 건전하고 안정적인 발전·통화지역 여러 회원국의 경제구조조정의 추진·충분한 취업 실현·물가 안정 유지 등 거시적경제목표의 실현에 중요한 의미가 있다. 예를 들면 위기가 임박했을 때 중앙은행은 이동성 제공을 담당해야 하고 재정부서는 공적채무문제를 맡아 해결해야 한다. 그런데 유로존은 오직 통일된 초주권은행기관 — '유럽중앙은행'만 갖추었을 뿐 공동의 '유럽재정부'가 없다. 유럽 중앙은행은 저인플레이션율과 유로화 가치 안정을 유지한다는 목표를 둘러싸고 통일적인 통화정책을 제정 실행해왔으며 여러 회원국들은 자주적인 재정정책을 제정해 각자 경제발전 중의 문제를 해결해왔다. 통화정책과 재정정책이 분리되어 2대 정책 간 조율과 협조가 부족해 협동 효과가 효과적으로 발휘될 수 없었다. 때로는 심지어 서로 어긋나고 서로 충돌하는 상황까지 나타나 결국 유로존의 내부 모순을 격화시키기에 이르렀다. 그리스의 위기가 곧 그 전형적인 예이다. 그리스는 주권채무위기가 실제로 이미 발생했으나 아직 발발하지 않았을 때 주권통화의 부족으로 통화완화정책의 실시를 통해 어려운 문제를 해결할 수가 없었으며 또 유럽 중앙은행에 자금지원을 신청할 수도 없어 재정긴축정책에 의지해 채무를 내재화하는 수밖에 없었다. 이는 또 자국 경제의 형세를 더욱 악화시켰으며 결국 준엄한 주권채무위기를 빚어내기에 이르렀다.

둘째, 유로존 각국 경제발전수준이 일치하지 않아 통일된 통화정책이 지역 내 모든 국가에 적합한 것은 아니다. 통일된 통화의 사용을 통해 회원국 간의 경제수준 차이를 해소하고 최종적으로 각국 경제의 수렴을 실현하려는 것이 유로존 창설 최초의 소망이었다. 게다가 최적통화지역이론은 통화지역의 창설이 여러 회원국 경제발전수준과 경제구조가 고도의 수렴성을 갖추는 것을 기반으로 한다고 강조한다. 그런데 과거 10년간 유로존은 공동체 실현을 갈망한 나머지 서둘러 목적을 달성하고자 잇따라 세 차례나 새 회원국을 끌어들여 범위를 확장함으로써 지역 내 회원국 간의 경제 차이가 줄어들기는커녕 오히려 갈수록 확대되는 결과를 초래했다. 독일·프랑스를 위수로 하는 유로존 북부 국가와 그리스·스페인을 위수로 하는 유로존 남부 국가 간에 거대한 경제적 차이가 존재한다. 이것이 바로 유럽채무위기가 발발한 심층 차원의 원인이다. 글로벌 금융위기의 배경 하에 관광·해운업 의존도가 높은 그리스가 심각한 충격을 받았으며 대외 채무량이 꾸준히 늘어났다. 한편 독일과 프랑스 양국은 비교적 선진적인 핵심기술을 보유하고 상대적으로 완정한 산업시스템을 갖추었으며 비교적 많은 경상 항목 흑자를 축적했기 때문에 빠르게 위기에 대처할 수 있었다. 글로벌 금융위기가 발생한 후 유로존은 통일적인 재정통화조율정책이 결여되고 각국 경제수준·경제구조에서 또 객관적인 차이가 존재하기 때문에 유럽채무위기가 발발한 것도 전혀 이상하지 않다.

셋째, 유로존은 집단적으로 확장성 재정정책을 추진해 채무의 누적을 초래함으로써 이번 위기의 발생에 복선을 묻어두었다. 유로존에 가입한 후 회원국들은 반드시 통화주권을 양도해야 했기 때문에 통화정책을 상실한 상황에서 회원국들은 확장성 재정정책을 경제를 자극하고 내수를 이끄는 거시적 조정수단으로 삼는 수밖에 없었다. 2008년 글로벌 금융위기에 대처하기 위해 유로존 회원국들은 약속이나 한 듯이 케인즈 주의를 선택 신봉하고 재정완화정책을 추진했으며 대량의 빚을 냄으로써 각국 정부의 채무가 단기 내에 급팽창하고 재정적자가 급증해 결국 위기가 발생한 것이다.

넷째, 유럽채무위기의 발발은 서방 경제가 내생동력을 상실한 것과 밀접한 관련이 있다. 1990년대 서방 선진국들은 정보과학기술이 이끄는 황금 발전기를 맞이해 경제가 빠른 발전을 이루었다. 그러나 21세기에 들어선 뒤 정보 거품이 붕괴됨에 따라 서방 경제성장의 동력이 감퇴되고 과학기술혁신에서 돌파가 적으며 전통산업 또한 개발도상국으로 대대적으로 이전되었다. 이에 따라 제조업을 핵심으로 하는 실물경제의 발전이 점차 가상 경제로 대체되어 제조업이 갈수록 '공동화'됨으로써 유로존 각국 경쟁력의 점차적인 상실을 초래해 정부 재정 지출이 수입을 초과해 거액의 공적채무를 상환할 힘이 없게 되었다. 때문에 경제 성장 각도에서 보면 유럽채무위기의 최대 문제점은 각국이 새로운 경제성장점을 찾지 못해 경제 가상화·산업 공심화(공동화)·인구 노령화 등 일련의 문제가 나타난 데 있다.

다섯째, 유로존은 상응한 감독제도와 구조체제가 결핍하다. 유로화의 안정을 보장하고 지역 내 인플레이션을 방지하기 위해 유로존 회원국들은 공동으로 지켜야 할 기본 협정 — 『안정 및 성장 협약』(Stability and Growth Pact)을 체결했다. 협약의 규정에 따르면 지역 내 회원국 재정적자와 공공부채가 GDP 중에서 차지하는 비중이 각각 3%와 60%를 초과할 수 없다. 만약 문제가 생겼을 경우에는 반드시 제때에 바로잡아야 하며 그렇게 하지 않을 경우 반드시 유럽 중앙은행에 일정한 금액의 무이자

준비금을 납부하고 문제 시정 시기를 규정해놓아야 한다. 만약 규정 시기 내에도 여전히 규정된 지표에 도달하지 못할 경우 그 나라가 납부한 준비금은 벌금으로 삼아 유럽 중앙은행에 들어가게 된다. 그런데 협약은 이행 과정에 감독과 구속 체제의 결여로 조약을 어긴 수익을 위약국이 독점하고 상응한 비용은 유로존 전체가 분담하는 결과를 초래했다. 그 게임에서 돈을 빌리려는 국가는 위약에 따르는 수익을 독식하고자 일부러 재정 리스크를 감추려는 동기가 생겨 비협력이 그 게임의 내시균형(Nash equilibrium)이 된다. 한편 구조 체제의 결여로 그리스 주권 채무문제 해결의 최적 시기를 놓쳐 위기가 확산되어 점차 유로존 전체의 위기로 변화한 것이다.

여섯째, 유로존 정치 일체화 발전이 뒤처졌다. 현재 상황을 보면 유로존은 오로지 하나의 통화연합일 뿐 정치연합이 아니다. 특히 충격을 받은 뒤 국가 이익 지상주의가 남김없이 드러났다. 이때 '유럽 중앙은행'은 유명무실하여 '최후 대출자'기능을 이행할 수 없게 되었다. 『안정 및 성장 협약』을 실행하자고 강력히 요구하던 독일이 글로벌 금융위기가 발생한 뒤 일방적으로 자국 경제의 발전만 자극할 뿐 『안정 및 성장 협약』의 존재를 완전히 무시했으며 과도한 부채로 재정적자의 고공행진을 초래했다. 한편 그리스 주권 채무위기 발생 초기에 독일은 자체 이익을 위해 강 건너 불구경하는 자세를 취했다. 유로화의 창시자 중의 한 사람인 오트마 이싱(Otmar Issing)도 '정치연합이 설립되기 전에 통화연합을 창설하는 것은 본말을 전도하는 행위라는 것'390)을 인정했다.

---

390) 리창지우(李長久) : 「유로화 위기에 대한 모독의 목소리 이어져」, 『가격과 시

2. 외부적 원인

첫째, 유로화가 날로 번영함에 따라 달러화는 전통 금융세력 범위를 지키려고 있는 힘을 다하고 있다. 1999년 1월 1일 유로존이 정식 가동된 후 유럽 경제 일체화가 중요한 발전을 이루어 세계 인구의 7%밖에 안 되는 경제연합지역이 세계 GDP 총량 중에서 차지하는 비중이 4분의 1이나 되었다. 유로화의 국제 지위도 갈수록 올라가 국제금융시장·국제무역 및 국제준비시스템에서 가격표시와 결제 및 국제 보유고 3대 기능을 발휘하기에 이르렀으며 점차 달러화의 유력한 경쟁자로 부상했다.

[표 9-1] 유로화와 달러화의 각기 다른 시장에서의 점유율

(단위: %)

연도	광의국제채권		주권채권		국제예금		국제대출		국제외환보유고	
	유로화	달러화	유로화	달러화	유로화	달러화	유로화	달러화	유로화	달러화
1999	26.5	43.2	17.3	32.9	—	—	—	—	17.5	74.2
2000	28.9	43.4	15.6	31.6	18.6	62.0	14.4	53.9	18.1	74.8
2001	31.1	44.2	13.5	30.1	19.2	59.3	15.0	58.0	19.6	73.9
2002	32.8	44.1	11.8	29.4	21.5	55.3	17.0	55.6	25.3	68.6
2003	35.1	42.2	10.5	26.6	23.6	54.7	19.4	54.9	30.2	63.1
2004	36.9	40.3	9.2	24.9	24.3	54.0	21.7	52.4	29.3	63.0
2005	38.6	38.2	8.8	21.7	21.7	55.7	18.7	55.2	29.2	62.7
2006	39.4	37.6	7.9	16.7	20.4	56.9	18.5	56.5	29.5	61.5
2007	39.2	37.2	6.9	13.7	20.9	58.7	22.2	55.4	28.6	62.0
2008	40.0	35.1	6.6	11.6	21.0	60.2	22.1	56.5	30.0	60.7
2009	40.6	35.0	7.2	12.1	21.4	58.4	20.7	57.8	30.2	58.5

장』 2010년 제6기.

2010	40.0	35.7	7.2	12.3	21.1	60.7	20.1	58.4	28.4	58.3
2011	39.6	36.6	7.8	12.2	20.7	60.7	20.7	56.8	27.4	57.5
2012	38.7	37.8	7.3	14.0	19.6	56.3	25.5	51.6	24.2	57.0

※자료출처: 유럽통화 중앙은행·국제통화기금.

표 9-1을 보면 유로화가 비록 탄생 시간은 길지 않지만 광의
국제채권시장 점유율은 이미 달러화를 추월했으며 기타 시장
점유율이 비록 달러화와의 거리가 비교적 크긴 하지만 이미 무
시할 수 없는 시장 지위를 차지했음을 알 수 있다. 달러화가 광
의국제채권·주권채권·국제예대금과 국제외환보유고 시장에서의
점유율이 전부 하락세가 나타났기 때문에 유로화는 달러화의
도전자라고 하지 않을 수 없다. 유로화는 현재까지 달러화에 맞
먹는 유일한 국제통화로서 유로화의 탄생이 달러화의 국제지위
를 위협하고 있기 때문에 미국은 반드시 유로화지역의 발전을
저애하는 행동을 취하게 된다.

국내 경상항목 적자와 외채 규모의 꾸준한 확대·해외 이동
성이 더욱 강한 통화의 흥기로 인해 달러화가 전례 없는 압력
에 직면했다. 채권시장에서 유로화 가격표시 비중의 확대·유로
존과 주요 신흥시장 간의 더욱 밀접한 무역교류·더욱 많은 기
타 통화가 유로화에 고정시키는 것 이 모든 것이 달러화의 패
주지위에 도전했다.391) 이에 미국은 불안감을 느끼게 되었으며
기회를 보아 행동을 취할 계획이었다. 그리스 주권채무위기를

---

391) Elias Papaioannou, Richard Portes, Gregorios Siourounis, 'Pptimal Currency
Shares in International Reserves: The Impact of the Euro and the Prospects for
the Dollar', Journal of the japanese and International Economics, Vol.20, No.4,
December 2006, pp.508-547.

예 들면 미국은 그 과정에서 '막후 조종자' 역할을 했다. 2000년에 골드만 삭스(Goldman Sachs)그룹이 부정적인 수단으로 재무상황이 아예 기준 미달인 그리스가 유로존에 가입할 수 있게 도움으로써 유로존에 '시한폭탄'을 묻어놓았다. 그리스위기 발생 초기에 미국 3대 신용평가기관은 단체로 그리스의 주권 신용평가등급을 하향 조절했다. 이런 '우물에 빠진 사람에게 돌을 던지는' 행위는 분명 유럽채무위기 상황에서 불난 집에 부채질하는 격이다.

둘째, 미국이 국채 판매 목적으로 고의적으로 유로화를 공매도했다. 미국이 발등의 불을 끄기 위해 대외에 채권을 발행하는 것은 이미 흔하게 사용해온 수법이다. 2010년에 미국은 2조2200억 달러를 발행할 것으로 예견된다. 그러나 미 연방준비위원회가 매입할 수 있는 금액은 고작 1900억 달러이다. 약 2조 달러의 국채는 시장에서 사가야 하는데 이는 2009년의 10배에 달하는 규모이다.[392] 국채를 판매하기 위해 그리고 달러화의 패권지위를 공고히 하기 위해 미국은 유럽시장을 겨냥했다. 이른 바 일석이조인 셈이다. 그리스 주권채무위기가 발생한 뒤 미국의 금융학자와 매체들이 일제히 유로화를 모독하는데 기세를 올렸으며 유로화가 곧 붕괴될 것이라고 떠벌임으로써 유럽의 리스크방지용 자금이 유로화 가치가 폭락할 무렵 빠르게 미국으로 빠져나가는 현상을 초래했다. 이에 따라 미국은 국채판매 문제를 손쉽게 해결할 수 있었다.

---

392) 장팅빈(張庭賓) : 「유로화위기: 글로벌 지폐 위기의 첫 도미노」, 『제일재경일보』 2010년 5월 24일.

제3절 유럽채무위기 해결방안과 유로존의 전망

유럽채무위기가 2009년 연말에 발생한 뒤 다음과 같은 중요한 사건들이 일어났다. 첫째, 프랑스의 주권 신용평가등급이 하향 조절된 것이 상징이 되어 유럽채무위기가 유럽 변두리의 그리스·아일랜드 등 국가에서 독일·프랑스 등 유로존 핵심국가로 확산되었으며 위기가 한 점으로부터 전반으로 점차 확산되었다. 둘째, 유럽 금융위기를 안정시키는 수단(EFSF)의 신용평가등급이 하향 조절된 것은 유럽채무위기가 관건적이고도 위험한 시기에 들어섰음을 예시한다. 2011년 11월 유럽연합위원회가 출범시킨 '유로화채권'이 위기의 완화에 일정한 작용을 일으키긴 했지만 각국 간 이익 겨룸 과정에서 나타난 도덕 리스크문제는 또 이 방안의 폐단을 폭로했으며 다음 단계에 어떤 조치를 취할지가 유로존의 미래 방향과 직접적인 관계가 있다. 셋째, 유로존의 부채율이 갈수록 늘어나 2012년 한 해에만 유럽은 1조 1천 억 유로의 만기 채권을 상환해야 했다. 유럽채무위기에 따른 고실업률·경제의 저성장의 형세 하에 유로존 각국은 산 넘어 산이 되었다. 넷째, 위기가 경제영역에서 이미 사회·정치 영역으로 확산되기 시작했다. 2011년 7월 스페인의 수도 마드리드에서 일어난 '분노의 대시위', 8월에 런던에서 일어난 대규모 폭동, 9월에 미국에서 시작된 '월 스트리트 점거'운동은 모두 위기가 사회·정치 영역으로 확산되었음을 진실하게 반영한다. 위기가 더 한 층 발전함에 따라 글로벌 경제 환경이 갈수록 복잡해지고 형세가 더욱 준엄해졌다.

이러한 배경 하에 학술계와 정계에서는 유로존 전망에 대한 토론이 잇따라 전개되었다. 사회 각계에서는 유럽통화연합이 여전히 최적통화지역의 길로 나아가고 있는지 여부에 대해 거듭 의심하기도 했다. 비관파 학자들은 유럽채무위기가 제2차 글로벌 금융위기로 진화할 것이며 글로벌 경제가 또 한 번 바닥을 칠 것이라고 주장했다. 그들은 심지어 유로존이 최종 해체될 것이라는 예측까지 내놓았다. 중간파 학자들은 당면한 유럽채무위기의 형세가 비교적 복잡하며 미래 발전방향은 불확실성으로 가득 찼다고 주장했다. 낙관파 학자들은 유로존의 채무상황이 미국에 비해 훨씬 양호하기 때문에 IMF와 유럽연합의 공동 노력 하에 주권 채무위기에서 벗어나는 것은 시간문제이며 이번 위기의 세례를 거친 뒤 유로화가 더 강대해질 것이라고 주장했다. 그렇다면 유로존의 미래 발전방향은 대체 어떠할까? 우리는 위기 속의 유로존은 마땅히 다음과 같은 건설에 착수해야 한다고 주장한다.

1. '재정지원계획+실물경제로의 회귀'

유럽연합이 지역 내 각국의 채무문제를 해결하려면 반드시 공공재정적자 규모를 엄격히 통제해 재정적자 금액이 GDP 중에서 차지하는 비중을 대폭 낮춰야 한다. 이 목표를 순조롭게 실현하려면 적자국은 두 가지 방식을 취할 수 있다. 첫째, 분자를 축소하는 것, 즉 IMF와 유럽연합으로부터 대규모의 지원자금을 계속 받아들여 적자규모가 계속 확대되는 것을 방지하는 것이다. 둘째, 분모를 확대하는 것, 즉 새로운 경제성장점을 모색해 경제회복 속도를 제고하는 것으로 GDP의 성장을 추진하는 것이다. 위융딩(余永定, 2010)은 국채잔액과 GDP 비율의 동적

경로는 경제성장속도와 국채 실제 이자율의 대비 관계에 의해 결정된다고 주장했다. 기본 재정적자를 해마다 조금씩 삭감하는 동시에 재정적자국은 또 채무잔액/GDP가 안정 치로 향해야 한다는 조건을 반드시 만족시켜야 한다. 즉 경제성장속도가 이율(국채수익률)과 인플레이션율을 합친 합을 초과해야 한다.

유로존 주권 채무문제를 해결하기 위해 유럽연합은 이미 7500억 유로의 구조자금을 제공했으며 거기에 IMF가 제공한 2500억 유로와 2011년 7월 21일 유로존이 긴급정상회담을 통해 2차로 그리스에 제공한 1090억 유로의 대출지원금까지 합치면 이미 1조가 넘는 자금이 유로존에 투입되었다. 그런데 만약 그리스를 구조하는 것처럼 유로존의 리스크가 큰 매개 회원국을 구조하려면 유럽의 모든 구조금을 다 써버려도 이 '밑 빠진 항아리'를 메우기에는 태부족이다. 따라서 첫 번째 방식으로 유럽 주권채무 위기를 해결하는 것은 장구지책이 아님이 분명하다.

유로존의 2위 경제체인 프랑스의 주권신용평가등급이 하향 조절되고 2012년 2월 유로존 재무장관회의에서 제2차 그리스구조계획이 통과되지 못한 등 상황은 지원계획의 불확정성을 확대시켰다. 그래서 위기가 갈수록 악화되는 배경 하에 유로존 국가들은 가상 경제의 과도한 발전·실물경제의 공심화 패턴의 위험성에 대해 돌이켜보기 시작했으며 제조업을 핵심으로 하는 실물경제야말로 국가 경쟁력과 경제의 지속 가능한 발전을 유지할 수 있는 기반임을 인식하게 되었다. 이 점을 고려해 일부 유로존 국가들은 모두 '재공업화' 전략을 제기했으며 신에너지·정보기술·생명과학 등 신흥 산업을 대거 발전시키고 제조업을 다시 진작시킴으로써 실물경제로 회귀하기 위해 애썼다.

2. 통화 일체화에서 정치 일체화로 매진

유로존은 창설 초기부터 오직 하나의 통화연합일 뿐으로서 비정치연합이다. 이러한 사실은 유럽채무위기 속에서 특히 돌출하게 반영되었다. 독일은 최초에는 그리스 주권채무위기에 강 건너 불 보듯 하는 자세를 취했고 현재는 또 '각자 자기 집 마당의 눈만 쓸 것'을 제창하며 자신의 문제만 해결하고 있다. 이 모든 것은 유로존 각국 간 이익 구분이 아주 분명하고 정치일체화가 결여된 표현이다.

제2장에서 우리는 최적통화지역의 평가기준시스템에 대해 종합 서술했다. 그중 에드워드 토어(Edward Tower)와 토마스 윌레트가 제기한 경제정책일체화 기준은 통화지역의 정상적인 운행을 보장하기 위해 여러 회원국이 반드시 그 통화·재정 등 경제정책에 대한 조율을 진행해 일치화를 모색하는 것이다. 유로존 운영 과정에서 통일적인 통화정책과 분산적인 재정정책이 유로존체제의 취약성을 결정지었다. 유럽 통화연합이 재정정책에서의 불일치는 대개 정치적 불일치에서 비롯되었다고 말할 수 있다. 물론 이 문제는 위기가 발생하고 나서야 유로존 각국의 주의를 불러일으킨 것이 아니다. 2007년 연말 유럽연합 비공식 정상회의에서 『리스본조약』을 달성했다. 2009년 1월 이 조약이 정식 발효되었으며 이는 유럽연합이 정치일체화를 향해 튼튼하게 한 걸음을 내디뎠음을 상징한다.

그러나 입법은 쉬워도 집법은 어려운 법이다. 실제로 각국은 여전히 자국 이익을 우선순위에 두었으며 정치일체화의제는 여전히 비주류화 상태에 처해 있었다. 만약 유로존의 정치일체화가 실질적으로 추진되지 않으면 유로존은 튼튼한 기반이 없어 성공을 눈앞에 두고 실패해버리는 위험에 직면하게 된다. 역사적으로 내부 정치 모순, 심지어 정치 분열로 인해 통화연합이 붕괴된 선례가 적지 않다. 예를 들어 유럽에서 19세기에 발생한 일련의 전쟁으로 라틴통화연합과 스칸디나비아통화연합의 해체를 직접 초래한 바 있다.

유로존 회원국 간에 경제발전수준과 경제구조 방면에서 뚜렷한 차원적인 차이가 존재하며 비대칭 충격이 객관적으로 존재하기 때문에 더더욱 지역 내 여러 회원국이 공동으로 노력해 난관을 함께 극복해나가야 한다. 그런데 원래도 재정기율감독이 결여된 체제적 결함이 존재하는 배경 하에 비교적 낮은 수준의 정치일체화 정도가 유로존 재정 목표의 불일치현상을 심화시켜 유럽채무위기기간에 각국은 자체 이익에서만 출발해 얼핏 보기에는 '남에게 손해를 끼치고 자신의 이익만을 챙기는 것' 같지만 실제로는 '남도 자신도 모두 해치는' 재정정책을 출범시켰다. 중점 피해지역 국가들은 유로존의 대국들이 위기 해소를 위한 더 많은 책임을 담당하기를 바랐지만 유로존 대국들은 스스로를 보호하는 데만 급급해 위기 국가들에게 스스로 자구책을 더 많이 취할 것을 요구했다. 양측이 서로 양보하지 않고 버티는 사이 채무위기가 지속되었을 뿐 아니라 또 유로존 내부의 정치 모순도 확대되었다.

그래서 정치적 각도에서 보면 유로존에 나타난 문제를 더 잘 해결하기 위해서는 반드시 유로존이 더 밀접한 정치연합으로 발전하도록 추진해야 한다. 유럽연합 정치일체화는 다음과 같은 세 가지 방면에서 유로존이 최적통화지역의 기준에 더 접근할 수 있도록 추진할 수 있다.393) 첫째, 재정이전결제시스템을 구축하고 보완함으로써 재정자금을 경기가 좋은 회원국에서 불경기 회원국으로 이동시켜 비대칭성 충격을 막아낼 수 있는 보장체제를 마련하는 것이다. 둘째, 정치적 분쟁으로 인한 비대칭충격을 줄이는 것이다. 예를 들면 여러 회원국이 임금체제·법률제도·관세시스템 협상에서 공동 인식을 달성하는 것이다. 셋째, 유로존 인민의 '유럽 공민'이라는 신분에 대한 정체성을 강화해 하나의 공동체로서의 공민의식을 증진하는 것이다.394)

3. 유로존 탈퇴체제 구축

『마스트리히트조약』은 회원국 후보의 유로존 가입 기준에 대해서는 구체적으로 규정지었지만 일단 회원국이 그 기준을 벗어났을 경우의 거취 문제에 대한 규정은 없다. 다시 말하면 유로존은 가입체제를 구축했으나 탈퇴체제를 구축하지 않았다. 유로존에 있어서 회원국들이 탈퇴하지 않도록 애써 보호하는 것은 유로화 유통범위를 보장하고 유로화의 국제신용을 안정시킬 수 있지만 이미 유로존 기준에 부합하지 않는 회원국을 무조건적으로 남겨두면 이익이 되지 않고 오히려 해만 될 뿐이다.

이탈리아에서 주권채무위기가 발생한 후 각계는 다음과 같은 처방을 내놓았다. 첫째, 유럽 중앙은행이 이탈리아 채권을 대량 구입하는 것, 둘째, 이탈리아 채권을 대량 구입할 '큰손'을 찾는

---

393) 적지 않은 연구 결과가 유로존은 현재까지 최적통화지역이 아니라고 주장한다. 예를 들어 야오다칭(姚大慶, 2012)은 현재 유로존 핵심국가 간에 공동 경계 효과가 존재하지 않기 때문에 유로존 일체화정도가 최적통화지역의 요구에 달성하기 어렵다고 주장했다. 왕옌(王燕)·두베이베이(杜蓓蓓) (2013)는 현재 유로존이 인플레 유사성 기준과 제품 다양성 기준에 부합되지 않기 때문에 최적통화지역이 아니라고 주장했다.

394) 리차오(李超) : 「유럽연합 최적통화지역 건설 현실과 전망」, 『금융종횡』 2011년 제7기.

것, 셋째, 독일·프랑스 등 국가가 대규모로 출자해 유럽 금융안정수단을 통해 이탈리아의 불안정한 금융시장을 안정시키는 것 등이다.395) 앞 두 가지 처방이 비현실적인 것임은 분명하다. 유로존 기타 회원국들은 '한 사람이 저지른 잘못 때문에 모든 사람이 재난을 당해야 하는' 처리방안을 받아들이지 않을 것이며 또 이탈리아도 '관례에 따르지 않는' '큰손'을 찾는다는 것은 불가능한 일이다. 세 번째 처방의 경우는 또 프랑스와 독일이 유럽채무위기의 소용돌이에 휩쓸려 빠져나가지 못할까봐 두려워 감히 무모하게 증시 부양책을 취하지 못할 수 있다.

이탈리아·그리스 등 국가를 유로존에서 탈퇴시키는 것은 한 번 고생으로 훗날의 번거로움을 없앨 수 있는 해결방법일 수 있다. 그러나 유럽의 정치가들은 또 이탈리아·그리스 등 국가를 유로존에서 감히 지금 당장 퇴출시키지 못한다. 그 이유는 주로 다음과 같은 세 가지 방면을 고려해서다. 첫째, 단기적으로 보면 이들 회원국의 퇴출이 유로존 기타 회원국에 직접적인 경제 손실을 가져다줄 수 있다. 그리스를 예 들어 만약 유로존에서 퇴출할 경우 다른 회원국들이 그리스에 빌려준 2000여 억 유로의 채무를 기본상 날려버리게 되며 유로존 중앙은행 결제 시스템 중 1300억 유로의 그리스 위험 노출도의 손실에 직면하게 된다. 둘째, 유로존에서 퇴출하면 연쇄반응을 일으켜 부채가 심각한 다른 국가들이 재융자를 실현할 능력이 없어 잇따라 위약하게 됨으로써 유럽 은행업에 치명타를 가하게 되며 나아가서 유럽연합과 세계를 더 위험한 상황으로 몰아갈 수 있다. 셋

---

395) 「이탈리아 채무위기가 일단 악화되면 체계적 위험을 유발—독일과 프랑스가 유로존 퇴출체제를 고려」, 『인민일보』 2011년 11월 11일.

째, 회원국들의 유로존 퇴출은 과거 수십 년간 이뤄온 유럽일체화가 중대한 좌절을 겪게 됨을 의미한다. 이는 현직 집권자 혹은 집권을 준비 중인 지도자의 정치 미래를 망칠 수 있다.[396] 유로존은 이런 점을 고려해 회원국의 퇴출문제를 신중하게 대할 수는 있으나 이미 유로존에 계속 남아 있기에 부적절한 회원국을 이러한 이유 때문에 무조건적으로 구제할 수는 없다. 회원국의 퇴출이 유럽연합과 세계에 감당할 수 없는 아픔에 직면하게 하는 원인은 대체로 유로존체제가 애초부터 들어올 수만 있고 나갈 수 없게 되어있기 때문이라고 할 수 있다. 만약 유로존 창설 초기에 높은 곳에 서서 멀리 내다보는 넓은 식견을 갖추고 사전에 미리 준비해 일부 회원국이 유로존 수렴조건에서 벗어나는 상황이 나타날 수 있음을 고려했더라면 퇴출체제를 적극 제정해 통제 불능의 국면이 나타나는 것을 막을 수 있었을 것이다. 위기가 발생한 뒤에야 유럽연합 지도자들은 애당초 유로존에 왜 퇴출체제를 설치하지 않았을까 후회했지만 비극은 이미 시작되었고 수습할 수 없는 상태에 이른 뒤였다.

소 잃고 외양간 고친다 해도 늦은 것은 아니다. 현재 유로존을 탈퇴한 회원국이 아직 없는 상황에서 유로존은 마땅히 회원국의 퇴출 여부의 결정 기준·퇴출 경로·퇴출 대우·지원 조치 등등을 포함한 일련의 완벽한 퇴출체제를 서둘러 설계해야 한다. 유로존 퇴출체제를 설계함에 있어서 퇴출체제와 퇴출 회원국을 이해하고 지지해야 하며 위협하고 억눌러서는 안 되며[397] 퇴출비용을 인위적으로 끌어올려서는 안 된다. 가입과

---

396) 천둥하이(陳東海) : 「유로존 질서 있는 퇴출체제를 제때에 제정해야」, 『증권시보』 2012년 5월 23일.

퇴출의 통합 조정을 통해 유로존의 수렴성이 오히려 제고될 것이며 유로존의 안정성도 회복되고 증강될 수 있다.

4. 유로존의 미래

장기적으로 보면 유로화는 붕괴되지 않을 뿐 아니라 위안화와 함께 국제준비통화로서의 달러화의 핵심지위에 도전할 수 있다고 본다. 우리가 이러한 판단을 내릴 수 있은 데는 다음과 같은 이유가 기반이 되었다. 첫째, 유로존은 약 반 세기에 가까운 준비 과정을 거쳐 비로소 탄생한 것으로서 몇 세대 유럽인의 심혈과 노력이 깃들어 있으며 몇 세기에 걸친 유럽인의 꿈을 이룬 것이기 때문에 유럽 정치가들은 유로존을 지켜내야 할 사명감과 책임감을 갖춰야 하며 부득이한 경우가 아니면 절대 포기한다고 쉽게 말할 수 없다. 둘째, 유로화가 정식 유통되기 시작해서부터 이미 국제준비통화의 반열에 오르는데 성공해 유로존의 경제발전 · 문화적 융합 · 정치적 상호 신뢰를 유력하게 추진했을 뿐 아니라 세계경제의 발전에도 불멸의 공헌을 함으로써 절대다수 경제체들이 유로화에 위기가 나타나는 것을 바라지 않는다. 셋째, 역사적으로 그 어떠한 통화지역이든 건설 과정이 순풍에 돛단 격으로 순조로운 것이 아니라 기복을 반복하며 나선식으로 발전했다. 비록 유럽채무위기로 인해 유럽 금융시장에 혼란이 일었지만 각국이 한 마음 한 뜻으로 뭉쳐 힘을 합친다면 유로존의 경제능력에 의지해 문제를 해결할 수 있다.

우리는 유럽 주권 채무문제의 최종 해결은 다음과 같은 몇

---

397) 장클로드 트리셰 유럽 중앙은행 전 총재는 무릇 유로존에서 퇴출한 회원국은 반드시 동시에 유럽연합에서도 퇴출해야 한다고 위협한 바 있다.

가지 절차를 거쳐야 한다고 추측한다. 첫 번째 단계는 유로존 각국이 계속 여러 측의 지원 자금을 받아들여 위기가 더 한 층 확산되는 것을 막는 것, 두 번째 단계는 그리스·아일랜드·스페인 등 중점 위기피해국이 강제 재정 개편을 진행해 재정적자를 줄이고 재정세수를 늘려 재정적자금액 / GDP와 국채 잔액 / GDP 이 두 관건적인 지표를 통제하는 것, 세 번째 단계는 유로존 내 각국이 새로운 경제 성장점을 적극 모색하고 실물경제로 회귀해 경제 회복을 추진하는 것, 네 번째 단계는 유럽채무위기 속에서 교훈을 섭취해 정치일체화를 추진하는 것, 다섯 번째 단계는 유로존 각국이 곤경에서 벗어나 뜨거운 불 속에서 엄청난 고통을 딛고 새롭게 태어남으로써 유로존이 점차 성숙과 안정으로 향하는 것이다. 물론 그 과정은 유로존 재정정책일체화체제·질서적인 퇴출체제 등 프로젝트 건설이 동반되어 유로존이 자아시정 과정 속에서 꾸준히 완벽해지도록 한다.

제4절 유럽채무위기가 위안화지역 창설에 주는 시사점

위안화지역 창설은 방대하고도 복잡한 시스템 프로젝트로서 통화일체화의 객관 법칙에 따라야 하고 여러 통화지역의 경험과 교훈을 충분히 섭취해 이론과 실천 속에서 위안화지역 프로젝트에 힘을 보태야 한다. 이 책 4장 2절에서 우리는 이미 OCA표준시스템을 토대로 비교적 상세한 데이터를 이용해 위안화지역 창설의 타당성에 대한 분석을 거쳐 위안화지역 창설이 유리한 조건을 초보적으로 갖추었으나 조건을 여전히 강화해야 한다는 기본 결론을 얻어냈다. 유로존의 성공적인 창설이 위안화지역의 창설에 확신을 가져다주었으며 더욱이 훌륭한 참고가치를 제공했다. 특히 지역경제일체화가 통화지역 창설에 대한 추진역할 면에서 시사하는 바가 더욱 크다. 갈수록 심각해지는 유럽채무위기 앞에서 위안화지역 창설은 교훈을 섭취해 유로존의 전철을 밟지 않도록 해야 한다. 아래에 유럽채무위기가 위안화지역 창설에 주는 시사점에 대해 중점적으로 분석하고자 한다.

1. 위안화가 지역 '주도 통화'로 부상하는 것을 추진

'조기수확계획'과 『중국 — 아세안 자유무역구 화물무역협정』을 실행하기 시작해서부터 중국과 아세안 10개국 간의 무역액이 줄곧 고속 성장세를 보였다. 중국 — 아세안 자유무역구를 전형적인 모델로 삼아 위안화는 '주변화 — 지역화 — 국제화'의 점진적 발전의 길을 따라, 중국과 주변 국가 및 지역 간 더욱 밀접한 경제무역관계 구축의 체제 배치의 힘을 빌려, 서로 간 빈번하고 대규모의 무역교류를 통해 위안화지역의 사실적 기반을 꾸준히 형성해 나가고 있다.

아시아금융위기가 발생한 뒤 동아시아 국가와 지역은 지역통화협력 의향이 강열해졌다. 유로화의 탄생으로 더욱이 돌멩이 하나가 수많은 물결을 일으키듯이 대량의 학자들 가운데서 동아시아 통화연합 창설에 대한 연구 붐을 일으켰다. 각계에서는 잇따라 유럽 경제통화협력 역사과정에 비추어 동아시아 통화협력에서 취해야 할 패턴에 대해 생각을 진행했다. 연구를 거쳐 비록 동아시아 여러 경제체 간 경제발전수준·정치제도·사회문화 등 방면의 차이가 비교적 크지만 동아시아 통화협력의 목표는 여전히 마땅히 단일 통화연합 창설이라는 보편적인 주장을 얻어냈다.398) 그런데 유럽채무위기는 회원국 간에 너무 큰 경제 차이와 서로 어긋난 재정목표가 가져다준 여러 가지 폐단에 대해 심각하게 폭로했다. 현재 위안화가 비록 아세안에서 '제2의 달러화' 대우를 받고 있지만 각국 간 경제목표 차이가 크고 각국 정부가 자국 경제에 대한 통화정책의 조정역할을 중시해 일반적으로 통화주권의 양도를 아직은 원치 않고 있기 때문에 각국 정부에 통화를 위안화에 고정시키도록 요구하는 것 역시 비교적 어려우며 CAFTA 범위 안에서 위안화를 통일적으로 사용하려면 어려움이 더욱 크다. 그러니 재정일체화와 정치일체화는 더더욱 말할 나위도 없다. 게다가 현재 지역 내 대외 경제활동에서 달러화로 결제하는 것이 보편적이어서 위안화가 단시일 내에는 달러화를 대체하는 것이 아예 불가능하다. 위안화지역의 창설은 먼저 각국 통화정책과 재정정책의 독립을 보류하는 전제하에 자유무역구협정을 통해 위안화의 실제 사용을 확대해 위안화 가격표시와 결제에 대한 자유무역구 회원국의 사실적 의존관계를 수립함으로써 위안화가 점차 자유무역구 '주도 통화'의 지위를 얻을 수 있도록 해야 한다.

이러한 경제 사실을 실현하려면 세 개의 단계로 나누어 추진할 수 있다. 첫 번째 단계는 중국 — 아세안 자유무역구에 의탁해 국제무역에서 위안화결제업무를 확대하는 것을 통해 양자·다자 무역에서 위안화 가격표시와 결제기능을 실현하는 것이고, 두 번째 단계는 자유무역구 내 위안화 사용 범위를 확대해 위안화가 구내 달러화·엔화 등 주요 통화의 경쟁자가 될 수 있도

---

398) 덩진펑(鄧金鵬)·예더레이(葉德磊) : 「동아시아 통화일체화 문헌 총론」, 『금융이론과 실천』 2008년 제 6기.

록 점차 추진해 위안화가 이들 통화와 나란히 자유무역구 결제
·가격표시·준비통화 역할을 할 수 있도록 하는 것이며, 세 번째
단계는 자유무역구 내 위안화의 유통을 꾸준히 확대해 점차 기
타 경쟁 통화를 추월할 수 있도록 해 한 걸음 더 나아가 이들
경쟁 통화를 대체할 수 있는 기반을 마련하는 것이다. 장구한
이익으로부터 볼 때 각계는 마땅히 중국 자유무역구전략의 공
간적 분포를 충분히 이용해 협정협력지역 경제무역투자영역에
서 위안화의 폭넓은 사용을 대대적으로 추진함으로써 위안화지
역 창설 목표를 실현해야 한다.

2. 채무수준을 엄히 통제할 수 있는 효과적인 체제를 수립해야

위에서 서술했다시피 유로존의 장기적인 재정완화정책으로 축
적된 거액의 채무적자가 이번 유럽채무위기의 발생에 우환을 심어

[그래프 9-2] 미국·유로존·영국·일본 재정적자의 GDP 중 비중 추이

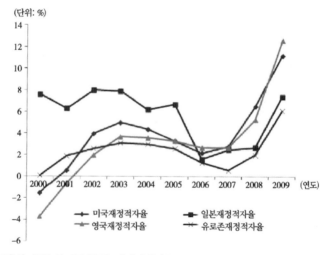

※자료출처: IMF 사이트 WEO 데이터베이스

놓은 것이다. 그런데 유로존 창설에서 유럽 위기가 발생한 기간까지 유로존의 재정적자수준이 줄곧 현재 특별인출권 바스켓통화 발행국 중 제일 낮은 수준이라는 사실을 발견할 수 있다.(그래프 9-2)

[그래프 9-3] 미국 · 유로존 · 영국 · 일본 공적채무의 GDP 중 비중 추이

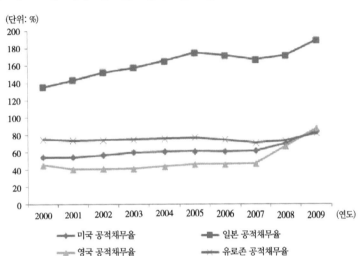

(단위: %)

미국 공적채무율　　　　　일본 공적채무율

영국 공적채무율　　　　　유로존 공적채무율

※자료출처: IMF 사이트 WEO 데이터베이스

유로존의 정부적자수준·공적채무수준이 모두 최고 수준이 아닌데(최저수준인 때가 아주 많음) 국가 주권 채무위기가 왜 하필 유로존에서 발생했으며 미국 · 영국 · 일본 3개국은 아무런 손해도 입지 않고 평안 무사한 것일까?

이론적으로 미국 · 일본 · 영국 · 유로존은 가만히 앉아서 국제통화특권을 누릴 수 있다. 세계시장의 확신을 유지하기만 하면 국내(지역 내) 정부적자와 외부차입에 대해서는 지폐를 추가 인쇄해 상환하는 것으로 채무를 전 세계에 전가함으로써 채무위약

문제가 나타나는 것을 피면할 수 있다. 그러나 국제통화발행국이 화폐화 수단을 통해 채무문제를 해결함에 있어서 실제로 많은 제약 조건을 받게 된다. 첫째, 국제통화지위를 보존해야만 이런 채무해결 수단을 이용할 수 있다. 한편 한 나라가 국제통화지위를 얻을 수 있느냐 없느냐는 그 나라 경제 기본면의 양호 여부에 의해 결정된다. 경제운행이 양호해야만 그 나라 통화가 계속 국제시장의 신뢰를 얻을 수 있다. 만약 재정적자와 부채 규모가 너무 크면 그 나라 통화는 국제통화지위를 잃게 된다. 따라서 이성적인 국가는 국제통화의 여러 가지 이점을 누리기 위해 자국 경제의 기본면을 가급적 유지하고자 한다. 둘째, 국제통화는 마땅히 충분한 영향력을 갖춰야만 자국의 문제를 세계에 분담시키기가 쉬워진다. 현재 그런 영향력을 갖춘 국가는 오직 미국뿐이다. 그래서 미국은 전력을 다해 지폐를 인쇄발행함으로써 국내 문제를 국제화하고 있다. 다른 국가와 지역은 모두 그런 패권을 갖추지 못했다. 셋째, 유로화의 상황은 달러화·엔화·파운드화에 비해 더 특별하다. 유로화는 유로존 회원국 통화로 구성된 바스켓 통화로서 통화지수단위의 일종이다. 유로화 속성은 유로존 모든 회원국 경제운행상황에 의해 결정된다. 유로존 회원국의 재정적자와 외채가 단일 회원국에 대해서는 외부적인 것이지만 전반 유로존에 대해서는 내부적인 것이다. 따라서 유로존 임의의 회원국 재정적자와 공적채무문제 모두 유로존의 전반적인 안정에 영향을 줄 수 있다.

자국 통화의 국제화를 아직 실현하지 못한 국가에서 '채무의 화폐화'를 추진하게 되면 자국을 벼랑 끝으로 몰아가는 격이 된다. 이러한 사건은 역사상에서 이미 여러 차례 발생한 바 있다. 예를 들어 1980년대의 라틴아메리카 채무위기·1998년의 러시아 채무위기·2001년의 아르헨티나 채무위기 등이 그러하다. 현재 중국은 전반 채무 규모에 대해 통제가 가능하다. 2009년 연말 중국 정부의 총 부채 규모가 약 15조 7천 억 위안으로 중국 당해 GDP 중에서 차지하는 비중이 48%에 달했다. 2011년 연말 정부 채무가 GDP 중에서 차지하는 비중이 38%로 하락해 상대적 안전 상태에 처했다. 그러나 일부 지방 정부 부채가 산더미처럼 높아졌는데 개별적 성의 정부 채무는 심지어 300%도 넘었다. 이는 중앙정부의 큰 중시를 불러일으켜야 한다. 게다가 중국의 단기 채무는 아시아 금융위기 발생 전 관련국 수준에 접근했는데 역시 충분한 경계심을 가져야 한다.

개발도상 대국으로서 중국은 비록 경제총량이 세계 2위, 무역총량이 세계 1위에 올랐지만 위안화의 국제지위는 아직 높지 않다. 채무 리스크를 효과적으로 통제하지 못한다면 CAFTA 중 위안화의 지위에 직접적인 영향을 주게 되며 힘겹게 걸어온 위안화 국제화의 길이 중단될 수도 있다. 중국은 위안화지역의 주도 세력으로서 마땅히 제일 먼저 과학적이고 엄격한 채무감독 통제제도를 수립해 지역 내 위안화의 양호한 신용을 수호해야 한다. 위안화지역이 일정한 차원의 협력수준에 오르게 되면 역내 재정지표시스템을 보완하는데 주력해 역내 여러 회원국의 채무수준을 통제할 수 있도록 협력해야 한다. 이와 동시에 위안화지역은 상응한 구제체제를 수립해 사전에 미리 준비해 우환이 없도록 해야 한다. 일단 개별적 회원국에 위기가 나타나면 가장 긴요한 순간에 공동 조치를 취해 해결할 수 있도록 한다.

3. 실물경제와 가상경제를 조화롭게 발전시켜야

실물경제가 충분히 발전하면 기본생활자료를 제공하고, 국민의 생활수준을 높이며, 국민의 종합 소질을 증강할 수 있기 때문에 실물경제는 인류사회가 생존하고 발전할 수 있는 기반이고 또 한 나라 사회경제질서의 안정적인 운행을 실현할 수 있는 보장이기도 하다. 가상경제는 실물경제의 발전수요에 순응해 나타났으며 시장경제가 고도로 발전한 산물로서 이동성이 빠르고 위험이 크며 불안정성과 고투기성 등 특징을 띤다. 가상경제는 실물경제를 위한 집중적인 저축과 거래비용 절감, 수요 증진, 자원배치 최적화를 실현할 수 있으며 가상경제의 발전이 의존하는 금융시장은 더욱이 한 나라 통화가 세계로 진출하는 보장이 된다. 그러나 가상경제의 지나친 발전이 또 실물경제의 비확정성과 투기성을 확대시켜 경제 거품을 일으켜 경제 위기를 유발하기 쉽다.

최근 20년간 경제 글로벌화의 추진과 신흥 경제체의 굴기 및 국제 분업의 진일보 심화에 따라 유럽연합은 가상경제 발전에 주력하면서 전통제조업을 개발도상국가로 대규모로 이전시켰기 때문에 실물경제 '빈혈'현상을 초래했으며 산업 공심화 문제가 갈수록 두드러지고 있다. 국제 금융위기가 유럽연합으로 빠르게 확산되면서 유럽연합의 가상경제가 비교적 큰 영향을 받아 각국 정부 재정상황이 꾸준히 악화되어 채무규모가 꾸준히 확대됨으로써 결국 유럽 채무위기를 부르게 되었다. 그렇기 때문에 위안화지역 창설을 준비하는 과정에서 우리는 반드시 실물경제를 주도로 하는 원칙을 고수하면서 가상경제를 적극 발전시켜 실물경제와 가상경제의 균형적이고 조화로운 발전을 유지해야 한다. 구체적으로 말하면 반드시 다음의 두 가지 방면에서 잘해야 한다.

첫째, 위안화지역 여러 회원국은 현대 경제사회발전에서 실물경제의 기반역할에 대해 충분히 인식하고 실물경제 발전을 위주로 하는 원칙에 따라 기술밀집형 산업 발전을 애써 추진해 첨단산업에서 감제고지를 점령하기 위해 노력해야 한다. 위안화지역의 주도 역량으로서 중국은 더욱이 자본과 기술 함량이 높은 제품의 수출에 치중해 지도세력이 갖춰야 할 경제실력을 강화함으로써 위안화지역 창설을 위한 튼튼한 물질적 기반을 마련해야 한다.

둘째, 실물경제가 충분한 발전을 이룬 뒤 이를 기반으로 가상경제를 적극 발전시키고 국내 금융개혁을 가속화시켜 자본계정에 대한 관제를 점차 완화함으로써 위안화 역외시장 건설을 적극 추진해야 한다. 위안화지역 창설의 가장 직접적인 목적은 위안화의 '해외진출전략'을 추진하는 것이며 위안화의 '해외진출전략'은 또 반드시 완벽한 금융시스템을 기반으로 삼아 실현되어야 한다. 그렇기 때문에 중국은 가상경제의 발전을 적극적이고도 안정적으로 추진하고 금융시장화개혁을 이끌어 자본항목의 태환을 점차 실현함으로써 위안화 주변화·지역화·국제화의 순조로운 실현을 보장해야 한다. 물론 위안화지역의 창설은 마땅히 신중하게 행해야 하고 '점진적'원칙에 따라야 하며, 모든 금융개혁은 반드시 리스크 통제가 가능한 전제하에 진행해야 한다.

中文部分

1. [澳]A.G.肯伍德、A.L.洛赫德:《国际经济的成长　1820-1990》,王春法译,经济科学出版社 1997年版。

2. Robert Mundell:《开拓者》1983年 春季号。

3. 白当伟:《东亚货币联盟的收益与成本分析》,《亚太经济》2002年 第3期。

4. [美]保罗·R.克鲁格曼:《国际经济学:理论与政策》,人民大学出版社,2002年版。

5. [日]滨田宏一:《国际金融》,岩波书店,1996年版。

6. 蔡辉明、易纲:《美元化利弊及美国的态度》,《国际经济评论》,2003年 第3、4期。

7. 曹和平:《20世纪世界货币体系的三大缺陷-兼论21世纪世界货币体系和亚元建立设想》,《北京大学学报(哲学社会科学版)》,2003年 第4期。

8. 曹红辉、王深:《人民币汇率预期:基于 ARCH 族模型的实证分析》,《国际金融研究》2008年 第4期。

9. 曹勇:《论人民币的国际化》,《特区经济》2004年 第10期。

10. 曾庆宾、刘明勋:《中华经济圈实行"中元"的可行性分析》,《中央财经大学学报》, 2004年 第3期。

11. 曾之明、岳意定:《中国外汇储备风险及优化管理探讨》,《经济与管理》, 2010年 第4期。

12. 陈晖:《日元国际化的经验与教训》,社会科学文献出版社, 2011年版。

13. 陳凌岚、沈红芳:《东亚货币金融合作的深化:从"清迈倡议"到"清迈倡议多边化"》,《东南亚纵横》, 2011年 第5期。

14. 陈全功、程蹊:《人民币国际化的条件和前景》,《华中科技大学学报(社会科学版)》2003年 第1期。

15. 陈文彬:《东亚货币互换机制的进展及其前景》,《东南亚》2003年 第3期。

16. 陈晞、朱孟楠:《中国货币一体化:经济基础、实证研究与路径》,《金融发展研究》2010年 第1期。

17. 陈妍:《欧洲的抉择－－－欧元的诞生与欧元区建设》,《经济视角》2011年 第2期。

18. 陈雨露、王芳、杨明:《作为国家竞争战略的货币国际化:美元的经验证据－兼论人民币的国际化问题》,《经济研究》2005年 第2期。

19. 陈雨露:《国际金融理论前沿问题述评》,《国际金融研究》2002年 第7期。

20. 陈治国:《人民币国际化问题研究》,吉林大学博士学位论文,2011年。

21. 程恩富、周肇光:《关于人民币区域化和国际化可能性探析》,《当代经济研究》2002年 第11期。

22. 程绍海:《日元国际化与日元区》,《现代日本经济》1990年 第6期。

23. 储玉冲:《战后美国第九次经济危机的特点及其发展趋势》,《上海社会科学院学术季刊》1991年 第3期。

24. 褚华:《人民币国际化的路径依赖和模式安排》,《新金融》2009年 第9期。

25. 褚华:《人民币国际化研究》,复旦大学博士学位论文,2009年。

26. 崔历、舒畅、常健:《中国出口中的汇率传递和计价货币》,《新金融》2009年 第10期。

27. 邓金鹏、叶德磊:《东亚货币一体化文献综述》,《金融理论与实践》2008年 第6期。

28. 邓昕、李亚培、席华洁:《人民币国际化对我国经济结构调整的影响》,《科教论坛》2010年 第11期。

29. 丁川:《英镑和英镑区》,《世界知识》1965年 第3期。

30. 丁剑平、王婧婧、付兴中:《培育人民币计价货币功能》,《中国金融》2013年 第6期。

31. 樊华、余佩珍:《论拉美经济的美元化》,《世界经济研究》1999年第5期。

32. 樊勇明:《区域性国际公共产品:解析区域合作的另一个理论试点》,《世界经济与政治》2008年 第1期。

33. 樊勇明:《从国际公共产品到区域性公共产品:区域合作理论的新

增长点》，《世界经济与政治》2010年 第1期。

34.　[法]费尔南·布罗德尔：《法国经济与社会史(50年代至今》，复旦大学出版社，1990年版。

35.　冯郁川：《人民币渐进国际化的路径与政策分析》，西南财经大学优秀博士毕业论文，2007年。

36.　高海红、余永定：《人民币国际化的含义与条件》，《国际经济评论》2010年 第1期。

37.　高海红：《人民币成为区域货币的潜力》，《国际经济评论》2011年 第2期。

38.　高洪：《人民币国际化与上海国际金融中心互促发展的机理和渠道研究》，《世界经济研究》2010年 第10期。

39.　葛林：《英镑情结》，《金融经济》2004年 第6期。

40.　公衍照：《内外部条件视角下的人民币国际化》，《开放导报》2010年 第2期。

41.　关志雄：《亚洲日元区:一种一体化的途径》，《太平洋学报》1997年 第3期。

42.　关志雄：《亚洲货币一体化研究－日元区发展趋势》,中国财政经济出版社，2002年版。

43.　管涛：《国际金融危机与储备货币多元化》，《国际经济评论》2009年 第5期。

44.　郭灿：《最优货币区理论研究进展》，《经济学动态》2004年 第4期。

45.　郭华：《非洲法郎区货币合作路径探析》，《西亚非洲》2007年 第2期。

46.　国家外汇管理局课题组：《人民币在对外交往中计价结算问题研究》，《金融研究》2009年 第1期。

47.　国务院发展研究中心课题组：《人民币区域化条件与路径》,中国发展出版社，2011年版。

48.　韩民春、袁秀林：《基于贸易视角的人民币"区域化"的微观经济分析》，《国际贸易问题》2006年 第9期。

49.　何帆：《人民币国际化的现实选择》，《国际经济评论》2009年 第7-8期。

50.　何帆：《危机之后的亚洲货币合作》，《国际经济评论》2001年 第1期

51.　何国华：《西方货币国际化理论综述》，《经济评论》2007年 第4期。

52.　何慧刚：《人民币国际化:模式选择与路径安排》，《财经科学》

2007年 第2期。

53. 何兴强、刘醒云：《我国股市波动非对称性和混合分布假定的经验分析》，《南开经济研究》2005年 第3期。

54. 何燕：《区域货币合作模式及东亚的选择》，《财经论坛》2009年 第1期。

55. 洪林：《东亚货币合作－－－基于最优货币区理论的分析》，《世界经济研究》2007年 第4 期。

56. 洪维智：《发展中国家如何吸引和管理国际资本》，《中国外汇管理》2003年 第6期。

57. 胡九龙：《试论冷战后东盟与美国在亚太安全事务中的新关系》，《东南亚》2003年 第3-4 期。

58. 胡智、文启湘：《人民币国际化模式探讨》，《河北经贸大学学报》2002年 第5期。

59. 黄德发：《对广东开放水平的测度与研判》，《统计与预测》2000年 第5期。

60. 黄玲：《金融开放的多角度透析》，《经济学季刊》2007年 第1期。

61. 黄梅波、熊爱宗：《论人民币国际化的空间和机遇》，《上海财经大学学报》2009年 第2期。

62. 黄梅波、朱丹丹：《亚洲货币基金建设及其与 IMF 的关系》，《亚太经济》2013年 第2 期。

63. 黄文方：《关于西欧经济混战的若干名词浅释》，《世界知识》1959年 第2期。

64. 惠晓峰、柳鸿生、胡伟、何丹青：《基于时间序列 GARCH模型的人民币汇率预测》，《金融研究》2003年 第5期。

65. 霍克：《国际货币基金组织对发展中国家所起的作用》，《世界经济》1982年 12期。

66. 霍伟东、杨碧琴：《自由贸易区战略助推人民币区域化》，《国际贸易问题》2013年 第2期。

67. 纪锋：《凯恩斯计划、美元本位与特别提款权改革:兼论对我国的公共政策含义》，《公共管理评论》2010年 第1期。

68. 江瑞平：《东亚货币体系危机与重建背景下的日元国际化问题》，《世界经济》2001年 第1期。

69. 江涛：《基于 GARCH与半参数法 VAR模型的证券市场风险的度量和分析:来自中国上海股票市场的经验证据》，《金融研究》

2010年 第6期。

70. 江涌:《"国际金融恐怖平衡"与美国的金融陷阱》,《现代国际关系》2005年 第7期。

71. 姜波克、李心丹:《货币替代的理论分析》,《中国社会科学》1998年 第3期。

72. 姜凌、谢洪燕:《经济全球化条件下的国际货币体系改革》,经济科学出版社,2011年版。

73. 金国基:《从英国国际收支的恶化看英镑危机》,《经济研究》1965第 10期。

74. 金资:《什么是英镑区》,《中国金融》1965年 第 13期。

75. 靳晓婷、张晓峒、栾惠德:《汇改后人民币汇率波动的非线性特征研究－基于门限自回归TAR模型》,《财经研究》2008年 第9期。

76. [日]菊地悠二:《日元国际化－进程与展望》,中国人民大学出版社2002年版。

77. 兰宜生:《对外开放度与地区经济增长的实证分析》,《统计研究》2002年 第2期。

78. 雷志卫:《欧洲货币联盟的理论基础与运作机制》,西南财经大学优秀博士毕业论文,1999年。

79. 黎平海:《亚洲区域金融合作中的日本与中国》,《日本学刊》2006年 第2期。

80. 黎文龙:《"拯救"还是"干预":国际货币基金组织的悖论分析》,《东南横》2008年 第5期。

81. 李斌:《国际货币的铸币税收益》,《社会科学家》2005年 第9期。

82. 李超:《欧盟建设最优货币区的现实和前景》,《金融纵横》2011年 第7期。

83. 李翀:《我国对外开放程度的度量与比较》,《经济研究》1998年第1期。

84. 李存训:《一九七四－一九七五年美国经济危机对第三世界的影响》,《武汉大学学报(哲学社会科学版)》1978年 第5期。

85. 李稻葵、徐欣、伏霖:《人民币国际化的路径研究》,"国际货币体系的未来与人民币的角色"研讨会研究报告,2011年 第11期。

86. 李东荣:《人民币跨境计价结算:问题与思路》,中国金融出版社2009年版。

87. 李海峰、郑长德、张合金：《中国大陆、港澳台区域货币一体化分析》，《金融与经》2011年 第1期。

88. 李青：《美元国际循环机制及其启示》，《中国金融》2012年 第2期。

89. 李世安、臧瑞杰：《1964年英镑危机与威尔逊政府的对美经济政策》，《武汉大学学报(人文科学版)》2011年 第3期。

90. 李巍：《东亚经济地区主义的终结？－制度过剩与经济整合的困境》，《当代亚太》2011年第4期。

91. 李维刚：《日元国际化:进程、动因、问题》，《日本学刊》2001年 第2期。

92. 李晓、丁一兵：《人民币区域化问题研究》，清华大学出版社 2010年版。

93. 李晓、李俊久、丁一兵：《论人民币的亚洲化》，《世界经济》2004年 第2期。

94. 李晓：《日元国际化的困境及其战略调整》，《世界经济》2005年 第6期。

95. 李晓：《东亚货币合作为何遭遇挫折:兼论人民币国际化及其对未来东亚货币合作的影響》，《国际经济评论》2011年 第1期。

96. 李晓：《后危机时代的东亚货币金融合作－人民币与日元的协调是可能的吗？》，吉林大学出版社 2010年版。

97. 李长久：《欧元危机延续唱衰声音》，《价格与市场》2010年 第6期。》

98. 梁隆斌、张华：《东亚货币一体化的要素流动性问题》，《重庆与世界》2010年 第11期。

99. 刘昌黎：《日元国际化的发展及其政策课题》，《世界经济研究》2002年 第4期。

100. 刘橙、王东峰、刘志伟:4《区域经济一体化的最优货币区理论分析》，《经济经纬》2006年 第3期。

101. 刘崇：《贸易发展、金融发展与货币国际化》，吉林大学优秀博士学位论文,2007年。

102. 刘光溪：《人民币国际化路径选择与云南实践》，《中共中央党校学报》2012年 第6期。

103. 刘红忠、戚海：《亚元诞生的现实性思考》，《世界经济文汇》2001年第2期。

104. 刘洪钟、杨攻研：《"欧元乐园"的迷失与重建－－－兼论对东亚区域货币合作的启示》，《当代亚太》2011年 第2期。

105. 刘力臻：《人民币国际化的独特路径及发展前景》，《华南师范大学学报(社科学版)》2010年第1期。

106. 刘曙光:《人民币国际化条件分析》,《国际经济合作》2009年 第4期。

107. 刘锡良、王丽娅:《国际货币竞争理论评述》,《经济学动态》2008年 第5期。

108. 刘颖、马智伟、张爽:《人民币区域化的现实条件和战略机遇》, 《国际经济合作》2009年 第10期。

109. 刘振林:《东亚货币合作与人民币国际化的前景》,"第五届两岸经 贸论坛后金融危机时期区域货币合作学术"研讨会论文,2011年。

110. [日]泷田洋一:《日美货币谈判:内幕20年》,陈昊、杨旭译,清华大学 出版社,2009年版。

111. [日]露口洋介:《人民币国际化的现状和展望》,《国际经济评论》 2011年 第3期。

112. [美]罗伯特 · 特里芬:《黄金与美元危机－自由兑换的未来》,商务 印书馆 1997年版

113. [美]罗伯特 · 蒙代尔:《蒙代尔经济学文集》,向松祚译,中国金融出 版社,2003年版。

114. 罗明忠等:《欧元创世纪》,广东经济出版社 1998年版。

115. 马根喜:《欧元与欧元区市场:欧洲经济一体化发展的战略性举 措》,《国际贸易》1998年 第12期。

116. 马荣升:《美国在东亚一体化中的角色扮演:以区域主义为视角》, 《国际论坛》2007年 第3期。

117. [美]麦金农:《东亚美元本位、浮动恐惧和原罪》,《经济社会体制 比较》2003年 第3期。

118. [英]米切尔 · 帕尔格雷夫:《世界历史统计(欧洲卷)1750 － 1993 年》,经济科学出版社 2002年版。

119. 朱雄兵:《三百年沉浮－－－国际货币秩序的变迁》,经济管理出 版社 2011年版。

120. 木泽姆:《非洲法郎区的演进及运行机制》,张延良译,《西亚非 洲》2003年 第2期。

121. 潘英丽:《SDR 是国际货币改革的良药吗?》,《经济》2011 年 第4期。

122. 钱文锐、潘英丽:《SDR 需要人民币:基于 SDR 定值稳定性的研 究》,《世界经济研究》2013年 第1期。

123. 青禾:《日益分崩离析的英镑区》,《世界知识》1966年 第3期。

124. 邱兆祥、张爱武:《货币区域化与可自由兑换的相关性研究－－－

基于交换媒介职能的分析》，《金融理论与实践》2008年 第10期。

125. 邱兆祥：《人民币区域化问题研究》,光明日报出版社 2011年版。

126. 曲博：《后金融危机时代的东亚货币合作:一种亚洲模式?》，《当代亚太》2012年 第6期。

127. 冉生欣：《布雷顿森林体系的不对称性及其启示》，《新金融》2006年 第2期。

128. 任锦华：《以市场之手引导境外交易所实施人民币计价》，《中国证券报》2011年 4月 21日。

129. 任玮：《人民币国际化的路径选择》，《华南金融研究》2003年 第5期。

130. 任兆璋、唐国兴：《EU 统一货币征程上的不统一》，《广东金融》1998年 第10期。

131. [美]塞缪尔·亨廷顿：《文明的冲突与世界秩序的重建》,周琪译,新华出版社 1999年版。

132. [英]桑晓霓(Henny Sender)：《中日或竞争亚洲开发银行行长一职》，英国《金融时报》2013年 3月 1日。

133. 申皓、蔡铭华：《欧元区单一货币政策浅析》，《武汉大学学报》2004年 第9期。

134. 沈国兵：《中美贸易平衡问题研究》,中国财政经济出版社 2007年版。

135. 沈国兵、王元颖：《论"中元"共同货币区的构想与实现路径》，《财经研究》2003年 第6期。

136. 沈绿珠：《我国区域经济外向化程度的实证分析》，《厦门大学学报》2000年 第4期。

137. 盛晓白：《论经济一体化形成和发展的内在动因》，《世界经济研究》1995年 第5期。

138. 施峰：《单一货币:中国和平崛起新思路－关于主导推动两岸四地和亚洲逐步实现单一货币的考析》，《经济研究参考》2004年 第5期。

139. 石杰：《人民币国际化战略的现实选择》，《经济研究参考》2008年 第64期。

140. 石纬林、丁一兵：《现阶段推进人民币区域化的具体措施》，《社会科学战线》2009年 第1期。

141. 史亚荣：《人民币国际化可行性分析》，《求索》2011年 第 10 期。

142. 宋敏、屈宏斌、孙增元：《走向全球第三大货币:人民币国际化问题研究》,北京大学出版社 2011年版。

143. 宋卫刚:《货币区问题研究》,中国财政经济出版社 2009年版。

144. 宋晓玲:《人民币国际化:基于历史惯性视角的实证分析》,《上海金融》2010年 第10期。

145. 孙东升:《人民币跨境流通的理论与实证分析》,对外经济贸易大学出版社,2008年版。

146. 孙立、王东东:《人民币国际化的约束条件分析》,《当代经济研究》2005年 第8期。

147. 孙沛宇:《欧元区国家硬币概说》,世界知识出版社 2003年版。

148. 孙志军:《基于跨境贸易人民币计价使用视角下人民币国际化的思路》,《金融理论与实践》2012年 第9期。

149. 覃延宁:《中国－东盟自由贸易区与人民币国际化》,《东南亚纵横》2003年 第5期。

150. 唐永光:《关于东亚区域货币合作问题的分析》,《国际经济观察》2011年 第1期。

151. 陶为群、曹清、束斌:《人民币计价出口决定要因的研究－基于江苏的实证分析》,《金融发展评论》2012年 第11期。

152. 滕茂桐:《战后的英镑》,《安徽大学学报》1979年 第8期。

153. 田立:《人民币国际化的深层阻力》,《上海证券报》2009年 1月16日。

154. 汪慕恒:《90年代亚太发展中国家与地区的国际资本流动》,《厦门大学学报》1996年 第4期。

155. 汪文卿、黄中文:《从最优货币区理论看东亚货币一体化》,《商业时代》2010年 第13期。

156. 王浩志等:《CNH市场支撑人民币走向储备货币之路》,《金融发展评论》2011年 第3期。

157. 王军、苏星:《新兴经济体资产泡沫风险及其未来趋势》,《经济研究参考》2010年 第38期。

158. 王利民、左大培:《关于预算赤字、铸币税和货币扩张通货膨胀税的关系》,《经济研究》1999 年 第8期。

159. 王烈望:《世界金融中心》,中国对外经济贸易出版社,1988年版。

160. 王洛林、余永定、李薇:《日本宏观经济政策的重大转变》,《国际经济评论》1998年 第7-8期。

161. 王明权:《认识欧元》,复旦大学出版社 1998年版。

162. 王全意、郑冬阳:《人民币国际化与自由兑换:始于国际结算》,《西南汽车息》2010年 3期。

163. 王新奎：《国际贸易》，上海人民出版社，2003年版。

164. 王新连：《非洲法郎 150 年的漫长历程》，《西亚非洲》2000年 第5期。

165. 王雅炯：《人民币国际化的路径和时间窗口－经济结构调整的视角》，《国际经济合作》2012年 第5期。

166. 王勇辉：《东亚货币合作的政治经济学分析》,复旦大学优秀博士毕业论文,2007年。

167. 王元龙、吴雪林：《欧元帝国的崛起》,中央民族大学出版社 1999年版。

168. 王允贵：《"广场协议"对日本经济的影响及启示》，《国际经济评论》2004年 第1期。

169. 文庄：《关于法国黄金外汇储备增长的一些资料》，《国际贸易问题》1965年 第2期。

170. 翁东玲：《2001 年以来亚洲新兴和发展中经济体的资本流动与应对之策》，《东南亚研究》2010 年 第5期。

171. 翁东玲：《东亚地区的国际资本流动:1997 年前后的比较与未来展望》，《东南学术》2010年 第6期。

172. 翁东玲：《国际资本流动对亚太地区经济发展的影响》，《福建农林大学学报》2003年 第1期。

173. 翁东玲：《亚洲地区国际资本流动的主要特点》，《亚太经济》2002年 第6期。

174. 翁东玲：《印度尼西亚资本项目开放研究》，《亚太经济》2010年 第6期。

175. 翁洪服：《人民币发挥国际计价货币职能的路径选择:驻锚货币的视角》，《金融发展研究》2013年 第2期。

176. 翁玮、吴萍：《欧元区主权债务危机给人民币区域化带来的启示》，《经济问探索》2011年 第2 期。

177. 吴峰：《东亚货币合作的模式选择与中国的对策研究》，《东南亚纵横》2010年 第6期。

178. 吴官政：《人民币国际化目标定位及路径分析》，《经济学家》2012年 第2期。

179. 吴念鲁、杨海平、陈颖：《论人民币可兑换与国际化》，《国际金融研究》2009年 第11期。

180. 伍贻康：《欧洲共同体与第三世界的经济关系》,经济科学出版社

1989年版。

181. 习辉:《国际金融危机后的东亚货币合作》,《中国金融》2011年第10期。

182. 夏斌、陈道富:《人民币区域化的路径及相关风险防范》,《国际金融》2011年 第4期。

183. 夏长源、卜英文:《对外贸易使用人民币计价弊多利少》,《国际贸易问题》1979年 第4期。

184. 谢国忠:《亚洲和美国如何应对金融恐怖平衡》,《证券日报》2005年 1月 18日。

185. 谢谦:《对国际货币体系重构与人民币国际化的若干思考》,《中国发展观察》2010年 第11 期。

186. 谢太峰:《人民币国际化:效应、可能性与推进策略》,《首都经贸大学学报》2007年 第 1期。

187. 熊爱宗、黄梅波:《国际储备体系改革的东亚视角》,《全球宏观经济政策系列研究报告》,2010年 7月。

188. 熊洁敏:《最优货币区理论与东亚货币合作的思考》,《经济问题》2005年 第1期。

189. 熊智敏:《基于 G-PPP理论的人民币国际化可行性分析》,《湖南商学院学报》2010年 第1 期。

190. 徐明棋:《最优货币区理论:能否解释东亚货币合作》,《世界经济研究》2003年 第10期。

191. 徐韬:《人民币国际化的收益》,《经济研究参考》2011年 第6期。

192. 徐万胜:《浅析日元国际化》,《现代日本经济》1999年 第6期。

193. 徐以升:《对话上海交通大学现代金融研究中心主任潘英丽:人民币国际化核心是计价功能》,《第一财经日报》2012 年 2月 13日。

194. 许跃辉、陈春:《我国高额外汇储备的来源结构及成因分析》,《学术界》2008年 第2期。

195. 杨洪亮:《"广场协议"及日本鼓噪人民币升值的图谋》,《国际关系学院学报》2004年 第3期。

196. 杨慧梅:《东亚货币一体化与我国的对策研究》,《现代商贸工业》2010年 第1期。

197. 杨炯:《亚太地区证券市场的发展趋势》,《亚太经济》1996年 第6期。

198. 杨明秋、何德媛:《论人民币国际化的亚洲策略》,《中央财经大学学报》2009年 第11期。

199. 杨培雷:《国际金融》,上海财经大学出版社,2005年版。

200. 杨汝岱、朱诗娥:《中国对外贸易结构与竞争力研究:1978－2006》,《财贸经济》2008年 第2期。

201. 杨伟国:《欧元生成论》,社会科学文献出版社 2002年版。

202. 杨锃:《经济危机下,能否拒绝社会性危机20世纪80年代的"广场协议"和日本经济衰退》,《社会》2009年 第1期。

203. 杨长湧:《人民币国际化可能的路线图及相关问题分析》,《国际金融研究》2010年 第11期。

204. 姚大庆:《对欧元区共同边界效应的检验－兼论欧元区是否满足最优货币区的条件》,《世界经济研究》2012年 第5期。

205. 姚莉、姚晓东:《"中华经济圈"货币合作的基础及发展设想》,《华北金融》2012年 第3期。

206. 姚余栋、唐欣雨:《借钱还是印钱:美元流动性和"特里芬困境"的理论证明》,《金融发展评论》2011年 第6期。

207. 姚枝仲:《不对称竞争压力与人民币的亚洲战略》,《世界经济与政治》2004年 第7期。

208. [日]伊藤隆敬:《实现日元的国际化地位》,《日本瞭望》1999年 第47期。

209. 益田安良等:《欧元与日元－关于日元国际化的提案》,日本评论社 1998年版。

210. 殷剑峰:《人民币国际化:"贸易结算+离岸市场",还是"资本输出+跨国企业"?－以日元国际化的教训为例》,《国际经济评论》2011年 第4期。

211. 于中琴:《试论中国人民币走向国际化的必要条件》,《当代经济研究》2002年 第10期。212. 余永定、何帆:《人民币悬念》,中国青年出版社,2004年版。

213. 俞国斌:《当代世界经济与政治》,西南财经大学出版社,2008年版。

214. 玉素甫 · 阿布来提:《人民币与中亚五国对外贸易中计价结算问题的研究》,《俄罗斯研究》2008年 第1期。

215. [加]约翰 · 史密森(JOHN SMITHIN):《货币经济学前沿:论争与反思》,柳永明、王蕾译,上海财经大学出版社,2004年版。

216. [美]约翰·肯尼斯·加尔布雷思:《货币简史》,苏世军、苏京京译,上海财经大学出版社 2010 年版。

217. 张灿华:《拉美经济"美元化":原因、利弊与前景》,《现代国际关系》2000年 第10期。

218. 张德明:《从科伦坡计划到东盟－美国对战后亚洲经济组织之政策的历史考察》,《史学集刊》2012年 第5期。

219. 张国庆、刘骏民:《日元国际化:历史、教训与启示》,《上海金融》2009年 第8期。

220. 张宏明:《法郎贬值对法郎区非洲成员国经济的影响:兼论贬值效应理论在法郎区经济实践中的偏差》,《西亚非洲》1991年 第1期。

221. 张宏明:《法郎区机制对其非洲成员国经济发展的作用》,《西亚非洲》1991年 第3期。

222. 张宏明:《法郎区剖析》,《世界经济》1988年 第10期。

223. 张继军、孙伯银:《人民币国际化:机遇与挑战》,《农村金融研究》2009年 第10期。

224. 张荐华:《中国不能重蹈广场协议覆辙》,《国际融资》2008年 第2期。

225. 张青龙:《人民币国际化的经济效应:一般均衡分析》,《世界经济研究》2005年 第8期。

226. 张全、宰飞:《美欲借 TPP 全面主导亚太经济》,《解放日报》2011 年 11月 12日。

227. 张庭宾:《欧元危机:全球纸币危机的第一块多米诺骨牌》,《第一财经日报》2010年 5月 24日。

228. 张新:《推动涉外经济采用人民币计价》,《中国金融》2013年 第6期。

229. 张彦:《人民币国际化的现状、障碍与相关对策》,《金融理论与实践》2011年 第2期。

230. 张义龙:《欧元启动对日元国际化的影响》,《日本学论坛》1999年 第2期。

231. 赵海宽:《人民币可能发展成为世界货币之一》,《经济研究》2003年 第3期。

232. 赵浪:《最适度货币区理论评析》,《国际金融研究》1991年 第8期。

233. 赵冉冉:《人民币国际化背景下我国推动人民币加入 SDR 的动机及路径》,《国际金融研究》2013年 第3期。

234. 赵锡军、宋晓玲:《全球金融危机下的人民币国际化:机遇与挑战》,《亚太济》2009年 第6期。

235. 郑联盛:《人民币国际化,要付出巨大成本》,《世界知识》2010年第6期。

236. 郑木清:《论人民币国际化的经济效应》,《国际金融研究》1995年第7期。

237. 志学:《美法非洲法郎之争》,《世界知识》1992年 第12期。

238. 中国贸易结构优化课题组:《欧洲经济一体化的历史性变革与我国的对策》,《管理世界》1991年 第6期。

239. 中国人民银行哈尔滨中心支行课题组:《人民币区域化与中俄边境贸易本币结算研究》,《黑龙江金融》2007年 第5期。

240. 周先平:《国际贸易计价货币研究述评－兼论跨境贸易人民币计价结算》,《国外社会科学》2010年 第4期。

241. 朱孟楠、陈硕:《"中元区"的构建:现实可行性及前景展望》,《厦门大学学报(哲学社会科学版)》2004年 第4期。

242. 朱孟楠、郭春松、王俊方:《"中元"货币区的可行性研究与现实思考》,《亚太经济》2005年 第4期。

243. 朱小梅、丁艳如:《欧元区扩大对欧元区金融一体化深化的影响》,《湖北大学学报》2009年 第5期。

244. 朱晓勤:《国际货币基金组织对发展中国家的金融援助》,《发展研究》1995年 第10期。

245. 朱雄兵:《三百年沉浮－－－国际货币秩序的变迁》,经济管理出版社 2011年版。

246. 祝丹涛:《最优货币区批判性评析》,《世界经济》2005年 第1期。

247. 祝小兵:《东亚金融合作抵御金融危机的路径分析》,《世界经济研究》2010年 第3期。

英文部分

1. Alberto Alesina & Robert J. Barro,"Currency Unions", The Quarterly Journal of Economics, Vol. 117, No.2, 2002, pp.409-436.

2. Alberto Trejos, Randall Wright, "Search, Bargaining, Money and

Prices", Journal of Political Economy, Vol. 103, No.1, 1995, pp.118-141.

3. Alberto Trejos, Randall Wright, "Toward a Theory of International Currency : A Step Further", PIER Working Paper, September 1996, pp.95-114.

4. Alberto Giovannini, "Exchange Rates and Traded Goods Prices ", Journal of International Economics, Vol.24, No.1, 1988, pp.45-68.

5. Alberto Giovannini, Bart Turtelboom, "Currency Substitution", NBER Working Paper, No.4232, Dec.1992.

6. Andrew K.Rose & Eric van Wincoop, "National Money as a Barrier to International Trade : The Real Case for Currency Union", American Economic Review, No.5, 2001.

7. Andrew Walter, World Power and World Money : The Role of Hegemony and International Monetary Order, Harvester Wheatsheaf, 1991.

8. Arellano, M. & Bond,S., "Monte Carlo Evidenceand an Application to Employment Equation", The Review of Economic Studies, Vol.58, 1991, pp.277-297.

9. Bacchetta,P., Wincoop, E. A., "A Theory of the Currency Denomination of International Trade", NBER Working Paper, No.9039, 2002.

10. Baek, SEUng Gwan & Song, Chi Yong, "Is Currency Union a Feasible Option in EastAsia?" in Han Gwang Choo and Yunjong Wang eds., "Currency Union in East Asia", Korea Institute for International Economic Policy, Vol.20, No.1, 2006, pp.107-145.

11. Bayoumi,Tamim and Barry Eichengreen, "One Money or Many? Analyzing theProspects for Monetary Unification in Various Parts of the World ", Princeton Studies in International Finance, Vol.9, 1994.

12. Bourguinat, H., "La concurrence des monnaies véhiculaires:vers le polycentrisme monétaire?" en Croissance, échange et monnaie en économie internationale, Mélanges en 1' honnEUr de J.Weiller, Economica, Paris, 1985.

13. Calvo, Guillermo, "Testimony on Dollarization ", memo University of Maryland, 2000.

14. Calvo, G.& C.Reinhart, "Fear of Floating", Quarterly Journal of

Economics, Vol.9, 2002, pp.379-408.

15. Cf:M.Lebart. Le, "Systeme Moinetaire EUropeen et le Systeme Moinetaire France Africain", EUrepargne, 1985.

16. Chinn, M. & J. Frankel, "Will the EUro Eventually Surpass the Dollar as Leading International Reserve Currency?" NBER Working Papers, No.11510,2005.

17. Chirathivat, "ASEAN China Free Trade Area : Background,Implications and Future Development", Journal of Asian Economics, No.13, 2002, pp.671-686.

18. Cline, William R., "The Case for New Plaza Agreement," Policy Briefs in International Economics, Washington, D. C. : Institute for International Economics, No. 05 - 4, December 2005.

19. Cohen B.J., "The Macrofoundations of Monetary Power", in Andrews, D.M., eds.,International Monetary Power, Ithaca and London : Cornell University Press.

20. Cohen, B. J., The Macrofoundations of Monetary Power, Lond on Basingstoke : Macmillan,1971.

21. Dam,Kenneth W., The Rules of the Game : Reform and Evolution in the International Monetary System, University of Chicago Press, 1987, p.6.

22. Deane, P. & H. J. Habakkuk, "The Take Off in Britain", paper submitted to the September 1960 meeting of the International Economic Association at Constance, 1960.

23. Eichengreen, Barry & Tamim Bayoumi, "Is Asia an Optimum Currency Area? CanIt Become One?", prepared for the CEPII / AMUE / KDI conference on exchange ratearrangements for East Asian countries, 1996.

24. Eichengreen, B.& A.Cairncross,Sterling in Decline : The Devaluations of 1931, 1949and 1967, Second Edition, Palgrave Macmillan.

25. Elias Papaioannou & Richard Portes, "Gregorios Siourounis. Optimal Currency Shares in International Reserves : The Impact of the EUro and the Prospects for the Dollar", Journal of the Japanese and International Economics,Vol. 20, No. 4, December 2006,

pp.508-547.

26. Flemming, J.M., "On Exchange Rate Unification", The Economic Journal,Vol.81, No.320,1971, pp.467-488.

27. G. Haberle, "The International Monetary System : Some Recent Developments and Discussions", George Halm(ed.), Approaches to Greater Flexibility in Exchange Rates, Princeton University Press,1970, pp.115-123.

28. Goto.J., "Economic Interdependence and Cooperation with Reference to Asia", paper presented at Capacity Building Workshop : Trade Policy Issues,February 25-March 1, 2002, Singapore.

29. Goto,Junichi & Koichi Hamada, "Economic Preconditions for Asian RegionalIntegration", in Takatoshi Ito and Annoe Kruger eds., Marcoeconomic Linkage : Savings, Exchange Rates and Capital Flows, Chicago:University of Chicago Press, 1994, pp.359-385.

30. Haberler, Gottfreid, "The International Monetary System : Some RecentDevelopments and Discussions", in Halm, G.edi., Approaches to Greater Flexiblity of Exchange Rates,Princeton : Princeton University Press,1970.

31. Howard R. Vane & Chris Mulhearn, "Interview with Robert A. Mundell", The Journal of Economic Perspectives, Vol.20, No.4,2006, pp.89-110.

32. Ingram,James C., "Comment : The Currency Area Problem", in R. Mundell, A.Swoboda, Monetary Problems of the International Economy, Chicago : University of Chicago Press, 1969

33. J. A. S. Grenville, A History of the World in the Twentieth Century, Cambridge: Belknap Press of Harvard University Press, 1994, pp.859-862.

34. Jeffrey A.Frankel & Andrew K. Rose, "The Endogeneity of the Optimum Currency Area Criteria", Economic Journal, Vol.108, No.449, 1998, pp.1009-1025.

35. John F.Helliwell, "Do National Borders Matter for Quebec's Trade?", The Canadian Journal of Economics, Vol.29, No.3 ,August 1996, pp.507-522.

36. K. Matsuyama, N. Kiyotaki & A. Matsui, "Toward a Theory of International Currency", Review of Economic Studies, Vol.60, No.2, 1993, pp.283-307.

37. Kamps,A., "The EUro as Invoicing Currency in International Trade", ECB Working Paper, No.665, Aug 2006.

38. Kenen, Peter, "The Theory of Optimum Currency Areas : An Eclectic View", in R. Mundell and A. Swoboda,eds., Monetary Problems in the International Economy, Chicago : University of Chicago Press, 1969.

39. Koichiro, Arai, Framework for Regional Monetary Stabilization in East Asia, 2nd, Nov.2000.

40. Kornai, Janos, "The Soft Budget Constraint", Kyklos, No.1, 1986, pp.3-30.

41. Koutmos,G. & A. D. Martin, "Asymmetric Exchange Rate Exposure : Theory andEvidence", Journal of International Money and Finance, Vol. 22, No. 3, June 2003, pp.365-383.

42. Krugman, Paul, Lessons of Massachusetts for EMU, New York : Cambridge University Press, 1993.

43. Krugman, Paul, "Vehicle Currencies and the Stucture of International Exchange", Journal of Money, Credit and Banking, No.12, 1980, pp.513-526.

44. Kuo Chun Yeh, "Renminbi in the Future International Monetary System", International Review of Economics and Finance, Vol.21, No.1, 2011, pp.106-114.

45. Lall, Sanjaya, "The Technological Structure and Performance of Developing CountryManufactured Exports 1985 ‑ 1998", Oxford Development Studies, Vol. 28, No. 3, 2000, pp.337-369.

46. Linda S. Goldberg, Cédric Tille, "Vehicle Currency Use in International Trade", Journal of International Economics, Vol.76, No.2, 2008, pp.177-192.

47. Masahiro Kawai & Ganeshan Wignaraja, "The Asian 'Noodle Bowl' : Is It Seriousfor Business?" ADBI Working Paper Series, No.136, April 2009, p.5.

48. McKinnon,R. I., Two Concepts of International Currency Substitution,

New York : Praeger Publishers, 1985, pp.101-113.

49. Mckinnon,Ronald, Money in International Exchange : The Convertible Currency System,London : Oxford University Press, 1979.

50. McKinnon,Ronald, "Optimum Currency Areas", American Economic Review, Vol.53, No.4, Sep.1963, pp.717-725.

51. Michae B. DeverEUx, Charles Engel & Storegaard, "Endogenous Exchange Rate Pass Through when Nominal Prices are Set in Advance", Journal of International Economics, Vol.63, No.2, 2004, pp.263-291.

52. Michael D.Bordo & Ehsan U.Choudhri, "Currency Substitution and the Demand for Money : Some Evidence for Canada", Journal of Money, Vol.14, No.1, 1982, pp.48-57.

53. Miles, Marc, "Currency Substitution, Flexible Exchange Rates and Monetary Independence", American Economic Review, Vol.68, No.3, 1978, pp.428-436.

54. Nathalie Aminian, "Economic Integration and Prospects for Regional Monetary Cooperation in East Asia", Structural Change and Economic Dynamics, Vol. 16, 2005, pp.91-110.

55. P.A.Diamond, "Aggregate Demand Management in Search Equilibrium", Journal of Political Economy, Vol.90, No.5, 1982, pp.881-894.

56. Papaioannou,E. & R. Portes, "Optinaml Currency Share in International Reserves : The Impact of the EUro and the Prospects for the Dollar", EUropean Central Bank, Working Paper Series No.694.

57. Patricia S. Pollard, "The Creation of the EUro and the Role of the Dollarin International Markets", Federal Bank of S.T.Louis, Vol.83, No.5, 2001, pp.17-36.

58. Peter B. Kenen, "Currency Union and Policy Domain", NBER Working Paper, Novermber 2000.

59. Peter Kenen, The Theory of Optimum Currency Areas : An Eclectic View, Chicago : University of Chicago Press,1969.

60. Public Papers of the Presidents of the United States : Lyndon B. Johnson, 1968 - 1969, Book 1, Washiongton D.C. : USGPO 1970,

p.9, p.128.

61. R.Portes & H. Rey, "The Emergence of the Euro as an International Currency", NBER Working Paper No.6424, April, 1998.

62. REUven Glick & Andrew K. Rose, "Does a Currency Union Affect Trade? TheTime series Evidence", EUropean Economic Review, No.46, 2002.

63. Rey, Helene, "International Trade and Currency Exchange", Review of Economic Studies, No.68, 2001, pp.443-464.

64. Robert A. Mundell, "A Theory of Optimum Currency Areas", American Economic Review, Vol.51, No.4, 1961, pp.657-665.

65. Roberts, D. A., "Gravity Study of the Proposed China ASEAN Free Trade Area", International Trade Journal, No.18, 2004, pp.335-353.

66. Roland Oliver & Anthony Atmore,Africa Since 1800, Cambridge University Press, 1994, pp.41-42.

67. Shingo Watanabe & Masanobu Ogura, "How Far Apart are the Two ACUs fromEach Other? Asian Currency Unit and Asian Currency Union", Emerging Markets Review, Vol.11, 2010, pp.152-172.

68. Shouyong Shi, "Money and Prices : A Model of Search and Bargaining", Journal of Economic Theory, Vol.67, No.2, 1995, pp.461-496.

69. Stephen S. Poloz, "Simultaneity and the Demand for Money in Canada", The Canadian Journal of Economics, Vol.13, No.3, 1980, pp.407-420.

70. Sung YEUng Kwack, "An Optimum Currency Area in East Asia : Feasibility, Coordination, and Leadership Role", Journal of Asian Economics, Vol.15, 2004, pp.153-169.

71. Sven Grassman, "A Fundamental Symmetry in International Payments Pattern", Journal of International Economics, Vol.3, No.2, 1973, pp.105-116.

72. Swoboda, Alexander, "The EUro Dollar Market : An Interpretation", Essays in International Finance 64, International Finance Section, Princeton University, 1968.

73. T. O. Lloyd, Empire, Welfare State, EUrope : English History

1906 - 1992, Oxford: Oxford University Press, 1993, p.407.

74. Tower,Edward & Thomas D. Willett,The Theory of Optimum Currency Areas and Exchange Rate Flexibility, Princeton : Princeton University Press, 1976.

75. V. K. Chetty, "On Measuring the Nearness of Near Moneys", American Economic Review, Vol.59, No.3, 1969, pp.270-281.

76. Victor E.Li, "Is why We Use Money Important?" Economic Review, Vol.86, No.1, 2001, pp.17-30.

77. Warren Coats, "A Global Currency for a Global Economy : Getting from Here to There", IV Astana Economic Forum, No.4, 2011.

78. Wendy Dobson & Paul R.Masson, "Will the Renminbi Become a World Currency?" China Economic Review, Vol.20, No.1, 2009, pp.124-135.

∕ 후 기

한 나라 통화가 국계를 뛰어넘어 국제통화로 되어 세계 통화의 기능을 이행하려면 경제·정치·사회문화 등 방면에서 엄격한 조건을 만족시켜야 한다. 위안화지역의 창설은 과거 자본주의국가가 패권 쟁탈과 세계 분할을 위해 세력범위를 형성하던 그런 패턴과는 전혀 달리 평등하고 서로에 이득이 되며 서로 의존하고 협력하며 이익을 공유하는 원칙에 따라 현재 중국 경제와 아시아경제·세계경제 발전의 새로운 형세에 맞춰 달러화 약세와 유로화 위기·엔화 무기력화의 객관적 사실에 직면해 중국 자유무역구 전략적 배치와 결부시켜 중국과 자유무역구협정 파트너 간 위안화의 보편적인 사용을 추진해 무역·투자·인적교류 등 경제무역교류활동과정에서 위안화가 결제통화·가격표시통화·준비통화로 될 수 있도록 추진함으로써 최종적으로 위안화의 주변화·지역화·국제화 과정에서 빈틈없이 짜인 통화제도 배치를 갖춘 경제지리구역을 형성하는 것이다. 위안화의 주변화·지역화·국제화는 위안화지역 창설의 전제와 중요한 과정이며 위안화지역 창설은 점진적·안정적 원칙에 따라야 한다. 위안화지역 구상은 더욱 전략성과 제도성을 갖춘 국가이익 배치와 글로벌경제가 중국의 홍리(紅利, 보너스)를 공유할 수 있는 배치이다. 위안화지역의 창설은 단번에 성공할 수 있는 것이 아니다. 반드시 국내외 경제발전의 객관 법칙에 따라야 한다. 이 책은 동아시아 금융협력과 통화협력이 돌파적인 발전을 이룰 수 없는 심층 원인에 대한 분석을 통해 위안화지역 창설이 동아시아 통화협력의 새로운 탐구가 될 수 있다는 관점을 제기했다. 또한 파운드지역·프랑화지역·달러지역·엔화지역과 유로화지역(유로존)의 심각한 경험교훈을 총화하고 받아들였으며 국제통화 관련 이론을 이용해 위안화지역 창설의 타당성을 분석하고 위안화지역 창설 뒤 예기 수익과 리스크 가능성에 대해 평가를 진행했으며 당면한 위안화지역 창설 제약요소에 대해 분석한 뒤 마지막에 자유무역구 전략을 대대적으로 추진하는 것을 통해 위안화지역의 글로벌 분포를 실현해야 한다고 제기했다.

우리는 '국가가 강성하려면 반드시 강대한 통화가 있어야 한다'고 주장한다. 위안화지역의 창설은 세계경제발전의 객관적 추세에 순응하고 세계경제발전의 객관적 요구에 부합하는 것이며 중국이 국제무대에서 더 큰 역할을 발휘하고 있는 중요한 표현이다. 위안화지역의 창설은 순차적·점진적·장기적인 과정이 될 것이며 반드시 통화의 국제사용에서의 객관법칙에 따라야 한다. 현재 위안화지역의 창설이 경제적으로는 이미 비교적 유리한 조건을 갖추었으나 정치적 상호 신뢰와 문화적 공감 방면에서 여전히 대대적으로 강화되어야 한다. 위안화지역 창설은 국제통화체제개혁의 발전을 추진하고 달러화의 통화 패권지위에 맞설 수 있으며 중국에 일련의 예견할 수 있는 수익을 가져다줄 수 있다. 몰론 그에 따르는 잠재적 리스크도 예방해야 한다. 위안화지역의 창설은 자유무역구 전략의 대대적인 추진을 통해 안정적으로 추진하고 수호할 수 있다.

본 연구는 다음과 같은 방면에서 계속 연구를 계속할 수 있다. 첫째, 주요 통화지역의 패턴을 참고하는 과정에서 달러지역과 유로화지역의 경험, 특히 교훈을 중점적으로 연구하여 2008년 글로벌 금융위기와 미국채무위기·유럽채무위기를 결부해 경제발전 추진·지역 공동발전 조율 등 문제를 깊이 있게 토론할 수 있다. 둘째, 주요 전략조치 중에서 위안화지역 창설에 대한 자유무역구의 전략적 의미에 대해 더 한층 발굴할 수 있다. 특히 어떻게 자유무역구 전략의 실시가 정치적 상호 신뢰·문화적 공감 등에 일으키는 영향을 통해 위안화지역의 창설을 이끌 것인지에 대해 연구할 수 있다. 셋째, 위안화지역 창설에서 직면한 제도체제적 제약에 대해 분석할 때 국내 금융체제개혁에 대해 탐구해야 할 뿐 아니라 시야를 국제로 넓혀 개방경제의 배경 하에 중국 은행업 '해외진출전략'을 추진해 위안화지역의 창설을 위한 체제적 보장을 마련하며 원활한 위안화결제와 환류경로를 구축할 수 있다.

『위안화지역연구』의 과제 선정은 훠웨이동(霍偉東)과 궈쉬안(郭璇)이 2010년 7월 중국국가안전포럼에서 「위안화지역의 창설 — 대외무역발전과 위안화 평가절상 압력 방지의 선택」이라는 제목으로 연설할 때 최초로 이론계에서 '위안화지역'이라는 개념에 대해 제기하고 또 초보적으로 정의를 내린 것이 근원이 된다. 이 개념의 제기는 학계와 정·재계의 큰 관심을 모았다. 『인민일보』판공청은 『정보속보(信息快報)』형태로 중국공산당 중앙선전부에, 『인민일보 내부참고』방식으로 중앙 고위층에 각각 보고하고 또 성부급(省部級) 정부부서에 보고해 서면 결재를 받았으며 국가 관련 정책 차원에서 중시 받고 채택되었다. 『광명일보(光明日報)』와 『고교이론전선(高校理論戰線)』도 관련 관점에 대해 보도했다.

이 책은 과제 선정에서 탈고까지 4년이 걸렸다. 짧은 4년 동안 위안화 '해외진출전략'은 튼튼한 발걸음을 내디뎠으며 알찬 열매를 맺었다. '위안화지역' 개념은 학계와 매체들에 갈수록 많이 받아들여지고 국가정책의 지도 방향이 되었으며 기업 운행에서 실제로 응용되었다. 18기 3중전회의 진일보의 전면적 개혁 심화를 실현함에 따라 중국은 안정적인 발전을 유지할 것이며 나아가 위안화지역의 현실화를 유력하게 추진할 것임을 믿어 의심치 않는다. 물론 그 과정에 우여곡절도 많을 겪었고 앞으로 연구할 과제도 더 많고 더 복잡할 것이다. 그러나 각계가 '세상을 다스리고 백성을 구제하며 꾸준히 탐구하는' 탐색과 지식에 대한 탐구정신에 따라 백가쟁명(百家爭鳴)하게 되면 위안화지역 건설과정에서 맞닥뜨리게 될 여러 가지 문제에 대해 모두 비교적 이상적인 해결방안을 찾을 수 있을 것이며 최종적으로 공동으로 노력해 위안화지역의 창설에 성공할 수 있다.

이 책에는 우리 과학연구팀의 열정적인 땀방울이 깃들어 있다. 팀원에는 휘웨이동(霍偉東)·양삐친(楊碧琴)·리핑(李萍)·궈쉬안(郭璇)·류페이위(劉飛宇)·덩카이(鄧凱)·지전톈(姬振天)·허쥐안(何娟)·뤄훙(羅虹)·장즈뭐(張子默)가 포함된다. 궈웨이동이 전체적인 구상과 틀을 제기한 뒤 모든 팀이 거듭되는 토론과 치열한 변론을 진행했으며 초고의 모든 관련 장과 절을 모두 다시 작성할 정도로 수정을 거쳤다. 훠웨이둥·양삐친·리핑은 초고를 바탕으로 자료 보충·데이터의 업데이트 및 문자 다듬기 등의 작업을 진행하면서 원고에 대한 총편집과 심사를 하여 최종적으로 이 책을 탈고했다.

박사연구생과 석사연구생들인 왕자(王佳)·수싱(舒杏)·리싱윈(李行雲)·천뤄위(陳若愚)·왕밍빈(王明彬)·리샤오린(李曉琳)·량니스(梁妮斯) 등도 자료수집과 정리 방면에서 많은 수고를 했는데 이에 감사를 전한다.

인민출판사 정하이옌(鄭海燕)은 이 책의 창작과 본 과제 선정의 기금 신청 작업을 줄곧 도왔으며 그의 섬세하고 전문적인 편집 교정 과정을 거쳐 이 책의 오류 부분과 빠진 부분을 줄임으로써 이 책이 더욱 정리되고 합리적이 되도록 했다. 이에 감사를 전한다.

서남재경대학(西南財經大學) 당위서기인 자오더우(趙德武) 교수·교장인 장중이(張宗益) 교수·전임 부교장 류찬(劉燦) 교수·서남재경대학 전임 부교장이며 쓰촨(四川)사범대학 현임 교장인 딩런중(丁任重) 교수·부교장인 인칭솽(尹慶雙) 교수·과학연구처 처장 차이춘(蔡春) 교수·과학연구처 부처장 마오중건(毛中根) 교수·발전규획처 전임 처장 쉬더창(許德昌) 교수·쓰촨대학 경제학원 전임 원장 리톈더(李天德) 교수 및 필자의 지도교사인 류충이(劉崇儀) 교수가 이 책의 구체적인 관점 제시에서 수정 보완에 이르기까지 많은 도움과 지지를 보내주었다. 이는 채찍이 되어 필자가 감히 게으름을 피우지 않고 신중하고 빈틈없이 대하도록 요구했다.

　유명한 경제학자이시며 서남재경대학 명예교장이신 류스바이 (劉詩白) 교수도 우리에게 지도를 해주었고 출판을 앞두고 이 책에 서언을 써주기도 했다. 이는 우리 젊은 후배에 대한 최대의 격려가 아닐 수 없다. 우리는 마땅히 선배 학자들을 본 받아 앞으로도 공부하고 일함에 있어서 더욱 노력해 그들의 두터운 신망을 저버리지 말아야 한다.

　이 책 중에 오류가 있을 수도 있으니 독자들의 비평과 시정을 고대하는 바이다.

훠웨이둥

2014년 11월 청뚜(成都)에서

/ 후 기

인민폐 국제화의 의지는 확고하다

인민폐의 국제화는 중국이 대외적인 개방을 확대하고 더욱 적극적이고 주도적인 개방전략을 실행하며 개방형 경제체제를 구축하는 중요한 내용이다. 중국정부는 2008년 이래 점차적으로 여러 가지 조치를 취하여 적극적으로 인민폐 국제화의 진전을 추진해 왔으며, 오늘날까지 이미 10년이나 되었다. 오늘날 인민폐 국제사용의 제도적인 구속은 점차적으로 해제되면서 인민폐의 국제화는 중대한 발전을 가져왔다. 국제무역에 있어서 인민폐의 결제금액은 상당히 빠르게 성장하였고, 국제적 직접투자, 증권투자, 인민폐 결제업무 등은 끊임없이 새롭게 진척되어 갔으며, 통화스와프의 규모는 지속적으로 확대되어 감으로서 인민폐는 더욱 많은 국가에서 정부의 공식적인 외환보유액에 포함되어 갔다. 2016년 10월 1일 인민폐는 정식으로 SDR통화바스켓에 포함되어 달러, 유로, 파운드, 엔화와 함께 세계에서 제일 중요한 보유 화폐의 행렬에 들어갔으며, 달러와 유로다음으로 3번째의 중요한 화폐가 되었다. 같은 해 12월에 인민폐는 전 세계에서 6번째로 지급화폐가 되었고, 시장점유율은 1.68%였다. 2016년 말 중국 경내(홍콩, 마카오, 대만지역은 미포함) 은행의 비거주민 인민폐 저금잔액은 9154.7억 위안이고, 주요 역외시장의 인민폐 저금잔액은 대략 1.12조 위안이며 인민폐 국제채권 미상환액은 7132.9억 위안이었다. 모두 18개 국가와 지역이 인민폐에 의한 외국인투자자(RQFII)한도를 받았고, 407개 외국기관이 은행 간 채권시장에 들어왔으며, 시장 총투자 등록규모는 1.97조 위안이고, 60여 개 국가와 지역이 인민폐를 외환보유액에 포함시킬 것이다.

(1) '일대일로', '아시아 인프라 투자은행'(AIIB)은 인민폐의 국제화가 새로운 단계에 오르는 것을 추진하였다.

2013년 여름 시진핑 국가주석이 '일대일로'를 제창한 이래 '5통'건설을 중심으로 인민폐를 '일대일로'의 주변국가에서 받아드리는 수준은 빠르게 상승하자 같은 해 10월 중국은 AIIB구축을 제기하였다. 즉 아시아지역 건설의 상호연결, 상호소통과 경제의 일체화 발전을 촉진시키고, 동시에 중국 및 기타 주변국가와 지역 합작을 강화하자는 것이었다. 2014년 10월 창립의향을 밝힌 21개 회원국은 AIIB 설립을 결의하였다. 2017년 5월 13일까지 AIIB는 총 77개의 정식 회원국이 참여했다. AIIB는 처음으로 중국이 제안하여 설립한 다국적 금융기관이고, 중국경제와 대외무역은 '일대일로'경제권에서 점유율이 제일 높으며, 또한 중국은 AIIB를 발의한 나라이므로 인민폐가 AIIB의 결제화폐가 되는데 강력한 경제와 무역의 뒷받침이 되었다. 동시에 중국경제 총생산량은 전 세계에서 두 번째이고, 대외무역은 전 세계 첫 번째로 인민폐가 지역 금융기관 결제통화가 되는 것을 뒷받침해주고 있다. 이 외에도 인민폐는 이미 홍콩, 런던 금융타운, 싱가포르 등 세계금융센터에서 오프쇼어센터를 설립하였고, 세계 각 금융센터에서는 지금 인민폐 오프쇼어센터의 자리를 확보하기 위해 쟁탈하고 있으며, 중국은 이미 많은 국가와 통화스와프를 구축하였다. 이렇게 인민폐는 이미 AIIB결제화폐가 될 수 있는 글로벌 기초를 구비하고 있는 것이다.

중국과 통화스와프를 체결한 국가중앙은행/화폐당국

체결시간	상대방 중앙은행/화폐당국	규모 (인민폐 억 위안)	유효기간 (년)
2008-12-12	한국은행	1,800	3
2009-01-20	홍콩금융관리국	2,000	3
2009-02-08	말레시아 국가은행	800	3
2009-03-11	벨라루시 공화국 국가은행	200	3
2009-03-23	인도네시아은행	1,000	3
2009-04-02	아르헨티나 중앙은행	700	3
2010-06-10	아이슬란드중앙은행	35	3
2010-07-23	싱가포르 금융관리국	1,500	3
2011-04-18	뉴질랜드 비축(儲備)은행	250	3
2011-04-19	우즈베키스탄 공화국 중앙은행	7	3
2011-05-06	몽골은행	50	3
2011-06-13	카자흐스탄 공화국 국가은행	70	3
2011-10-26	한국은행	3,600	3

2011-11-22	홍콩금융관리국	4,000	3
2011-12-22	태국은행	700	3
2011-12-23	파키스탄 국가은행	100	3
2012-01-17	아랍에미리트 중앙은행	350	3
2012-02-08	말레시아 국가은행	1,800	3
2012-02-21	터키 중앙은행	100	3
2012-02-30	몽고은행	100	3
2012-03-22	호주 비축(儲備)은행	2,000	3
2012-06-26	우크라이나 국가은행	150	3
2013-03-07	싱가포르 금융관리국	3,000	3
2013-03-26	브라질 중앙은행	1,900	3
2013-06-22	잉글랜드은행	2,000	3
2013-09-09	헝가리 중앙은행	100	3
2013-09-12	알바니아 중앙은행	20	3
2013-10-09	유럽 중앙은행	3,500	3
2013-09-16	스리랑카 중앙은행	100	3
2014-10-13	러시아연방 중앙은행	1,500	3
2014-11-03	카타르 중앙은행	350	3
2014-11-08	캐나다 중앙은행	2,000	3
2015-03-18	수리남 중앙은행	10	3
2015-03-25	아르메니아 중앙은행	10	3
2015-04-10	남아프리카 비축(儲備)은행	300	3
2015-05-25	칠레 중앙은행	220	3
2015-09-07	체코공화국 중앙은행	30	3

인민폐가 SDR에 가입한 이후 '일대일로'주변 각 나라들의 인민폐에 대한 인정수준과 수요수준은 빠르게 상승했다. 국경무역, 투자활동 중 주변 국가들은 인민폐업무를 발전시키는데 매우 지지하는 태도를 취하였으며, 쌍방본위화폐결제를 힘껏 추진

할 것을 희망하였으며, 일부 나라와 지역은 또 영향력 있는 인민폐 역외금융센터를 육성하는데 노력하였다. 국제통화기금의 통계에 따르면 현재 전 세계외환보유 중 인민폐가 차지하는 비율은 이미 1%에 가깝다. 이런 것은 모두 '일대일로'건설에서 인민폐 사용을 촉진시키는데 좋은 기초를 쌓았으며, 또한 더욱 좋은 기회를 제공하였다. '일대일로'주변의 국가들은 많은 자금이 필요하며, 중국은 이러한 자본을 수출하는 주요 근원지임에 틀림없으며, 동시에 주변 국가들은 중국의 상품과 서비스에 대해서도 많이 수입할 필요성이 있고, 수출한 인민폐 자금은 중국의 상품과 서비스를 구입하는데 직접적으로 사용할 수 있다.이런 방법은 제3 화폐의 관리를 벗어날 수 있으며, 이로 인한 환전위험이나 원가를 낮출 수 있고, 또한 자본유동충격의 위험을 피할 수도 있다. 이 외에도 기타 화폐에 비하여 인민폐의 자금규모는 크고 풍부하다. 인민폐자금 융자회사의 조직구조는 매우 풍부하며, 주식투자자도 있고, 채권투자자도 있으며, 어떤 회사는 실물로 투자를 원하고, 또 어떤 회사는 무역융자를 원하기도 한다. 그리하여 '일대일로'건설 중에서 인민폐의 역할이 잘 작용될 수 있는 견고한 기초를 가지고 있는 것이다.

2017년 5월 14일 중국의 시진핑 주석은 '일대일로'국제합작포럼에 참가하여 중국은 '일대일로'건설자금에 대한 지원을 강화할 것이며, 실크로드기금에 새롭게 인민폐 1,000억 위안을 추가 지원하고, 금융기관이 인민폐 해외펀드업무를 전개하는 것을 격려하며, 그 규모는 약 인민폐 3,000억 위안이라고 발표하였다. 중국국가개발은행, 중국수출입은행은 각각 2,500억 위안과 1,300억 위안과 동등가치의 특별대출을 제공할 것이며, '일대일로'의 기초시설 건설, 생산능력, 금융합작을 지원하는데 사용한다. 이런 것은 인민폐로 출자하는 중대한 자금 분배이며, 또 인민폐의 '일대일로'건설에서의 작용을 진일보 촉진할 것이다.

(2) 인민폐 국제화의 가속화를 추진하는 중요한 접점

1) 인민폐 'SDR'통화바스켓에 포함되다.

2016년 10월 1일 인민폐는 정식으로 SDR통화바스켓에 포함되었으며 달러, 유로, 파운드와 엔화와 함께 전 세계에서 제일 중요한 보유통화의 행렬에 들어서 미국달러와 유로 다음으로 세 번째 중요한 화폐가 되었다. 인민폐가 SDR에 들어간 것은 중국경제가 전 세계 금융체계에 융합된 중요한 이정표이며 또 중국정부의 과거 수년간 화폐와 금융체계의 개혁방면에서 진보를 가져왔다는 데 대한 인정이기도 하다.

인민폐가 SDR에 들어감으로써 해외의 인민폐 자산 분배가 가속화되었다. 먼저 인민폐가 SDR에 참여함으로 점차적으로 전 세계의 중요한 화폐 중의 하나가 될 것이며, 앞으로 미국달러, 유로, 인민폐에 의한'3족 정립'의 국면이 나타날 것이다. 국제통화기금(IMF), 국제청산은행(BIS), 세계은행(WB)등의 국제조직은 SDR이 가격을 계산하는 자산을 관리하고 있으며, 그들은 SDR 바스켓통화의 가중에 따라 자산분배를 진행하고 그에 상응하여 인민폐 자산을 증가할 것이며, 동시에 많은 국제금융기관과 개발기관의 대출 및 많은 나라들의 부채는 모두 SDR로 가격을 계산하고, 이런 기관과 나라들은 모두 SDR바스켓 통화이율과 환율 리스크에 대한 헤징수요1)가 있을 것이며, 그리하여 그들은 인민폐가 역내시장과 역외시장에서 인민폐 자산을 분배하는 것을 촉진시킬 것이다. 인민폐가 SDR에 참여함으로써 또한 쌍방 본위화폐스와프의 매력을 증가시킬 수 있다. 통화스와프를 통하여 얻은 인민폐자금은 직접적으로 외환보유에 기입할 수 있으며, 또 유동성 지원을 제공하고 국제수지의 부족함을 채우는 데도 사용할 수 있다. 해외인민폐 자산도 각종 채널을 통하여 중국 국내에서 오갈 수 있게 된다.

SDR바스켓에 들어감으로써 진일보하게 중국금융개혁을 추진하게 된다. 인민폐가 국제 보유통화가 된 것은 중국이 보유통화 발행국이 되는 것이며, 중국통화정책의 틀과 환율제도에 더욱 높은 요구를 할 것임을 의미한다. 인민폐가 광범위하게 사용됨에 따라 중국의 화폐정책은, 특히 환율정책의 제정과 집행은 '노출효과'가 발생함을 피할 수 없을 것이며, 기타 국가 및 인민폐를 사용하는 기업과 개인에 영향을 끼치게 될 것이다. 기타 국가와 해외투자자도 중국 화폐정책의 틀과 환율제도가 더욱 시장화 되고, 융통성 있게 되며, 정책의 투명도가 더욱 높아지고, 정책소통이 더욱 효율적이 되기를 바랄 것이다. 그리하여 중국은 주식시장, 채권시장, 선물시장, 파생상품시장, 대종 상품시장, 외환시장 등을 포함한 다방면의 금융시장을 발전시켜 가야 하며, 인민폐 자산시장의 폭과 깊이를 확장시켜야 한다. 중국은 질서 있게 인민폐 자본프로젝트의 교환가능을 실현하여 자본시장을 쌍방향으로 개방하는 것을 추진시킬 것이다.

---

1) 헤징수요 : 무역거래, 무역외거래 또는 자본거래에 수반하는 환리스크를 피하기 위하여 선물환을 수요하는 경우, 이와 같은 수요를 말하며 거래적 수요라고도 한다.

2) 상해 원유 선물시장은 인민폐 국제화를 빠르게 촉진시킬 것이다

2018년 3월 26일 상해 원유 선물시장은 예정대로 상장하였으며, 인민폐결재의 원유 선물거래를 시작하였다. 비록 그러기 전에 일부국가들은 이미 중국과 인민폐로 석유 결제를 하기로 협의한 바 있지만, 이것은 개별적이었고 현재 상해의 원유 선물거래는 전 세계를 향해 개방한 인민폐 석유결제이며, 현재 세계 3개 원유 선물거래 시장에서 유일하게 인민폐로 결제하는 원유 선물이다. 그리하여 인민폐는 정식으로 석유 결제의 세계무대에 올랐다고 말할 수 있으며, 중국은 인민폐 국제화의 발걸음을 가속화하였다.

중국은 석유 소비대국이 되었고 또한 수입이 세계 제일을 차지하였으며, 이로부터 인민폐로 결제하는 석유거래량은 갈수록 증가할 것이고 인민폐는 갈수록 석유거래의 발언권뿐만 아니라, 나아가서는 금융결제의 발언권이 진작될 것이다. 이는 세계 금융결제의 역사에서 또 하나의 분명한 상징적인 사건이라고 할 수 있다. 이러한 의미는 AIIB를 창설한 것보다 더 진일보 적이라 할 수 있다. 석유 선물거래를 인민폐로 사용한 것은 의심할 것도없이 세계적인 결제시스템에서 인민폐 결제의 시스템을 연 것이며, 한 시대의 획을 긋는 의미도 있다.

물론 우리는 반드시 원유 선물시장을 개방하고, 경쟁하는 석유시장 구도의 기초 위에서 구축되어야 한다. 즉 성공한 선물시장은 매우 치열한 경쟁성이 있는 시장이다. 또한 영향력 있고 성공한 원유 선물시장은 반드시 발달한 현물시장에 의지해야 하며, 원유 선물시장의 출시와 운영은 해외자금의 유입과 투기

리스크를 가져올 수 있다는 점을 인식해야 할 것이다. 현재 중국의 자본계좌는 완전히 개방되지 않았고, 국내의 금융시장은 아직 완벽하지 않으며, 제도시스템 또한 아직은 온전하지 못하므로 우리는 반드시 리스크를 방지하는 의식을 강화해야 하고, 리스크를 감독 관리하는 능력을 키워야 하며, 국제 투기자본의 충격을 받아 국내경제의 발전이 영향 받는 것을 피해야 한다.

3) 금융개방을 지속적으로 확대하여 인민폐 국제화에 힘을 보태야 한다

개방은 나라가 번영 발전하기 위해 반드시 걸어야 하는 길이다. 개방으로 개혁과 발전을 촉진시키는 것은 중국 현대화 건설이 끊임없이 새로운 성과를 얻게 하는 중요한 방법이다. 당의 19차 대회 보고에서 시진핑 총서기는 "전면적으로 개방하는 새로운 국면을 추진하고 형성하자"라고 제기했고, "개방은 진보를 가져오고 폐쇄는 필연코 낙후한다"는 점을 강조하였다. 2018년 아시아 보아오 포럼 개막식 연설에서 시진핑은 세계를 향해 명확하게 입장을 밝혔다. 중국 개방의 대문은 갈수록 크게 열 것이며, 국내와 국제를 통합하고 두 개의 시장을 이용한다. 2008년 국제금융위기가 지난 후 인민폐의 국제화가 직면한 외부환경은 전반적으로 유리해 졌으며, 그 이전에 인민폐를 위한 기초도 비교적 튼튼하였다. 중국은 반드시 국내개혁과 대외개방을 동시에 진행해야만 전면적인 대외개방의 새로운 국면을 구축할 수 있는 것이다.

이를 위하여 중국은 자체적으로 금융개방 확대를 지속하여 인민폐의 국제화에 힘을 보탰다. 서비스 특히 금융업 방면에서 은행, 증권, 보험업계의 외자의 투자비율 제한을 완화하는 중대한 조치이 구체적인 실시를 확보하였고, 특히 보험업계의 개방속도를 가속화하였으며, 외자 금융기관 설립 제한을 완화시켰으며, 외자금융기관의 중국내 업무범위를 확대하였으며, 국내외 금융시장 합작영역을 확장시켰다.

중국정부는 아래의 금융영역에 대해 개방조치를 실시할 것이다.

은행과 금융자산관리회사의 외자지분비율의 제한을 취소하고 국내외투자를 동일시한다. 외국은행의 중국 경내에서 동시에 분점과 지점의 설립을 허락한다. 증권회사, 펀드관리회사, 선물회사, 생명보험회사의 외자 지분비율 상한을 51%까지 완화하고, 3년 후에는 더 이상 제한하지 않으며, 합자증권회사의 국내주주는 최소한 한 회사가 증권회사여야 함을 요구하지 않고, 외자보험관리회사의 경영범위의 규제를 풀며, 국내투자기관과 동일하게 조건에 부합되는 외국투자자가 중국에 와서 보험대리 업무와 보험공천 업무를 경영하는 것을 허락하며, 한 발 더 나아가 내륙과 홍콩 두 곳 주식시장의 상호연결 상호소통 체제를 개선한다.

중국정부는 2018년 말 개방하는 금융영역에 대한 조치를 약속한다

신탁, 금융임대, 자동차금융, 자금중개, 소비금융 등 은행업계의 금융영역에서 외자를 유치하는 것을 격려하며,

전면적으로 외자보험회사가 설립 전에 2년 동안 연락사무소를 설립해야 한다는 요구를 취소하고, 외자은행의 업무범위를 대폭 확대하여 더 이상 합자증권회사의 업무 범위를 단독으로 제한하지 않고, 국내외 투자를 일치하게 하며, 상업은행이 새롭게 설립하는 금융자산투자회사와 재테크회사의 외자 지분비율에 상한선을 두지 않는다.

이 외에 상해와 홍콩 간 증시의 교차거래제도, 심천과 홍콩 간 증시의 교차거래제도를 순리롭게 실시한 이후 중국과 영국 쌍방의 노력을 통하여 상해와 런던 간 증시 교차거래제도 준비 업무를 순조롭게 했으며, 중국은 2018년 내에'상해와 런던 간 증시 교차거래제도'를 개통하는데 힘쓸 것이다. 이전에 선포한 각종 개방조치는 모두 순조롭게 추진되고 있다. 현재 각 부문은 법률법규수정의 관련 절차를 서두르고 있으며, 위에서 예상한 시간 안에 실시할 수 있을 것이다. 금융업 개방과 관련된 업무를 순조롭게 실시하기 위하여 이에 상응하는 맞춤 조치를 잘 해야 할 것이고, 금융업 개방을 확대시키는 동시에 금융감독관리를 강화해야 하며, 효과적으로 금융리스크를 방지하고 해결할 수 있도록 하여 금융의 안정을 보장해야 할 것이다. 시진핑 중국 국가주석은 이런 대외개방의 중대한 조치를 중국은 빠른 시일 내에 실시할 것이며, 늦는 것보다 이른 게 좋고, 더딘 것보다 빠른 게 좋다고 강조하였다.

"세월은 새가 날 듯이 재빠르게 지나가고, 세상사는 바둑 두는 것처럼 매 판마다 새롭다."인민폐 국제화의 10년 역사를 뒤돌아보면, 여러 곡절 속에서 어렵게 앞으로 나아갔다고 할 수 있다. 인민폐가 SDR바스켓에 가입한 것을 계기로 인민폐의 국제화는 새로운 역사적 기점에 서게 되었다. 즉 중국 금융업의 경쟁력은 개방 확대를 통해 뚜렷하게 향상될 것이고, 자본시장은 지속적으로 건강하게 발전할 것이며, 현대산업의 시스템 건설도 빠르게 추진될 것이고, 중국시장의 환경도 대폭 개선되어 지적소유권은 확고하게 보호될 수 있을 것이므로 궁극적으로는 전면적인 대외개방의 새로운 국면을 형성하게 될 것임을 확신한다. "웅장한 관문이 철옹성일 지라도 지금 우리는 거뜬히 넘어가고 있다." 앞으로 중국정부는 계속해서 각 나라들과 함께 전 세계 경제일체화의 발전을 유지하기 위해 노력하고 함께 인류운명공동체를 만들어 갈 것이며, 기존의 국제경제 무역규칙을 개혁 개선하고, 안정적으로 국제경제 금융시스템 개혁을 추진하며, 전 세계의 관리체제를 완벽하게 하고, 세계경제의 건강하고 안정적인 성장을 위한 보장을 제공할 것이다. "현명한 자는 때에 따라 변할 줄 알고, 지혜로운 자는 일에 따라 새로운 결정을 한다." 시대에 부적합한 낡은 관념을 버리고, 발전을 제약하는 낡은 틀에서 벗어나, 중국은 각 나라들과 적극적으로 '일대일로' 건설을 추진할 것이고, 중국은 각 나라들과 중국 발전의 배당금을 공유하기를 원하며, 다른 국가들이 중국의 급행열차에 탑승하는 것을 환영한다. "거친 바람으로 파도가 울렁일 때, 구름 같은 돛단배에 의지하여 창망 대해를 건너리라."중국은 각 나라들과 함께 손을 잡고 앞으로 전진 하여 새로운 역사의 장을 열게 될 것을 기대한다.

최근 10여 년 동안의 인민폐 국제화의 실천은 인민폐의 공급이든 아니면 인민폐에 대한 수요든 인민폐구역의 형성은 모

두 견고한 기초를 구비했음을 밝혔다. 우리는 중국이 인류운명
공동체 건설을 위하여 공헌을 할 것을 기대하며, 동시에 인민폐
가 세계금융체계에서 더욱 큰 작용을 발휘할 구 있기를 바란다.

경지리(吉利)학원에서 훠웨이동
2018년 5월 6일